全国计算机技术与软件专业技术资格（水平）考试用书

信息系统管理工程师教程

第2版

李 超　岳素林　主 编

吴庆云　李美翠　方春燕　副主编

U0275124

清华大学出版社

北京

内 容 简 介

本书是由工业和信息化部教育与考试中心组织编写的考试用书。本书根据《信息系统管理工程师考试大纲》（2024 年审定通过）编写，对信息系统管理工程师岗位所要求的主要知识以及应用技术做了阐述。

本书主要内容包括信息化发展、信息技术发展、信息系统架构、信息系统治理、信息技术服务管理、软件开发过程管理、系统集成实施管理、信息系统运维管理、云服务及其运营管理、项目管理、应用系统管理、网络系统管理、数据中心管理、桌面与外设管理、数据管理、信息安全管理、人员管理、知识管理、IT 管理标准化、职业素养与法律法规。

本书可作为信息系统管理工程师资格考试的教材，也可以作为信息化教育的培训和辅导用书，还可以作为高等院校信息管理专业的教学和参考用书。由于书中提供的一些技术、工具和方法具有较强的实践性，本书也能够作为在职人员的工具用书。

图书在版编目 (CIP) 数据

信息系统管理工程师教程 / 李超，岳素林主编 . —2 版 .
北京：清华大学出版社，2024. 9（2025.1 重印）. — （全国计算机技术与软件专业技术资格（水平）考试用书）. — ISBN 978-7-302-67362-0

Ⅰ . C931.6
中国国家版本馆 CIP 数据核字第 202493VT42 号

责任编辑：杨如林　邓甄臻
封面设计：杨玉兰
版式设计：方加青
责任校对：徐俊伟
责任印制：刘　菲

出版发行：清华大学出版社
　　　　网　　　址：https://www.tup.com.cn，https://www.wqxuetang.com
　　　　地　　　址：北京清华大学学研大厦 A 座　　　　邮　　编：100084
　　　　社 总 机：010-83470000　　　　　　　　　　邮　　购：010-62786544
　　　　投稿与读者服务：010-62776969，c-service@tup.tsinghua.edu.cn
　　　　质 量 反 馈：010-62772015，zhiliang@tup.tsinghua.edu.cn
印 装 者：三河市龙大印装有限公司
经　　销：全国新华书店
开　　本：185mm×230mm　　　印　张：41.25　　插页：1　　字　数：980 千字
版　　次：2006 年 1 月第 1 版　　2024 年 10 月第 2 版　　印　次：2025 年 1 月第 2 次印刷
定　　价：159.00 元

产品编号：107479-01

前　言

计算机技术与软件专业技术资格（水平）考试（以下简称软考）通过以考代评为我国信息技术及其应用创新领域培育了大量的专业技术人才，这些人才在新时代建设与发展过程中，发挥了重要作用，有力地支撑了各行业多领域的创新发展和转型升级，为各类组织的持续高质量发展作出了积极贡献。

信息系统的有序建设、稳定运行和安全可靠等，不仅是新时代组织转型升级的基础，也是其创新发展的关键，为其紧抓时代脉搏，乃至引领时代发展，提供了重要的环境支撑。随着信息技术与组织业务的深度融合，以及数据作为新生产要素的快速发展，信息系统的重要程度和对其的重视程度被提到了新的高度。同时，信息技术的高速发展，以及信息系统部署与运行模式的多元化等，给信息系统管理和持续发展带来了诸多挑战，科学高效的信息系统管理已经成为组织在新时代关键能力建设的重要组成部分。

信息系统管理不仅涉及众多知识领域，还关联多个管理域，需要进行多维度立体化建设。信息系统管理覆盖了信息技术、信息化、数字化转型等整体发展战略，IT治理、项目管理、集成实施、IT服务、IT运维等信息系统全生命周期体系化管控，云服务、应用系统、数据中心、数据资源、网络、桌面与外设、信息安全等领域的运行管理，以及人员、知识、标准化等关键能力支撑等内容。信息系统管理工程师需要在充分掌握相关知识和技术的基础上，结合组织的不同发展阶段、不同发展环境等，在信息系统发展目标的牵引下，因地制宜、因势利导地持续改进管理措施、落实管理要求、实施技术操作等，从而确保组织的信息系统高可用和各项管理活动的高效等。

随着"数字中国"等国家战略的深度推进，组织的信息系统无论是数量、可靠性需求、部署方法，还是迭代升级模式等都发生了巨大变化，局部、单项建设与管理等，被体系化建设、服务化管理和敏捷化升级所替代，相对单一的管理模式走向了多元融合模式，信息系统管理需要持续适应新的发展需求。2024年为了适应新技术、新方法、新思想的需求以及信息系统管理领域的发展需要，工业和信息化部教育与考试中心广泛吸纳当前最新的研究成果，在原大纲的基础上，组织专家对《信息系统管理工程师考试大纲》进行了较大幅度的修改，更新了信息化发展、信息技术等信息系统基础的知识要求，增强了信息系统治理、系统架构、服务管理、运行维护、集成实施、项目管理等方面的知识要求，并结合新一代信息技术，针对各类信息系统管理对象，更新、丰富和完善了信息系统管理相关知识体系的要求，以及以体系化能力建设为目标，强化了人员、知识等方面的知识要求，更新、丰富和完善了信息系统管理相关标准与法律法规的要求。

依据新修订的《信息系统管理工程师考试大纲》（2024年审定通过），工业和信息化部教育与考试中心组织专家对《信息系统管理工程师教程》（以下简称教程）进行了修订。针对信息化和信息技术等基础知识的论述尽量兼顾最新发展情况及成熟的技术基础。针对信息系统建设与运行的全生命周期部分，采用从治理到管理、从总体到分项的模式进行论述，力求确保管控、管理、操作的层次化和立体化。针对管理对象部分，充分借鉴了我国信息技术服务标准化工作的成果，重点考虑执行的全面性，同时兼顾标识的一致性，强调对全生命周期管理的承接和一体化。将能力建设作为信息系统各项活动的关注重点，在各项管理中的人员管理和知识管理的基础上，增加了这些内容的体系化知识。

另外，为了便于参加软考的专业技术人员复习应考，修订教程为每章提供了相应的练习题。

第 1 章信息化发展由吴庆云、冯浩、张树玲编写；第 2 章信息技术发展由李超、冯浩、张树玲编写；第 3 章信息系统架构由李美翠、吴庆云、冯浩编写；第 4 章信息系统治理由尹宏、董雷、李瑞鑫编写；第 5 章信息技术服务管理由李世喆、刘成江、刘玲编写；第 6 章软件开发过程管理由方春燕、孙佩、曾寰嵩、黄锋编写；第 7 章系统集成实施管理由肖筱华、曹峥、李美翠编写；第 8 章信息系统运维管理由郭鑫伟、刘成江、岳素林编写；第 9 章云服务及其运营管理由陈宏峰、张一恒、李超编写；第 10 章项目管理由张伟、陈和兰、王东东编写；第 11 章应用系统管理由唐百惠、张伟娜、刘玲编写；第 12 章网络系统管理由王伟、申雅辉、岳素林编写；第 13 章数据中心管理由熊健淞、岳素林、陈睿编写；第 14 章桌面与外设管理由郭浩、于浩、张淑忠编写；第 15 章数据管理由马宁、方春燕、张树玲编写；第 16 章信息安全管理由孙佩、董涛、刘玲编写；第 17 章人员管理由岳素林、赵翔、薛丽编写；第 18 章知识管理由邓金花、黄国彬、沈顺厚编写；第 19 章 IT 管理标准化由郭创、毛慧丽、刘莹编写；第 20 章职业素养与法律法规由李修仪、李超编写。

另外，李超、岳素林依据考试大纲对全书做了内容统筹、章节结构设计和统稿，吴庆云、李美翠、方春燕等参加了本书的策划以及部分章节的审校，李京、申雅辉、陈睿、马婧、张艺淼、刘莹、李晴参与了本书部分章节的审校工作。清华大学出版社为本书的编写做了大量的组织管理工作，在此表示感谢。

由于编者水平所限，书中难免有不当之处，恳请读者不吝赐教并提出宝贵意见，相信读者的反馈将会为本书的再次修订提供良好的帮助。

编　者
2024 年 8 月

目　录

第 1 章　信息化发展

广义的信息技术可以追溯到 3500—5000 年前人类语言的形成和使用，信息技术持续经历了文字的创造、印刷术的发明、电脉冲和电磁的发现与应用、计算机技术发展、新一代信息技术应用等历程。可以看出，信息技术的发展历程，伴随着人类信息沉淀的丰富、信息传播的高效以及信息应用的泛化，信息技术发展的价值侧重点由传播转型到知识沉淀，进而演进到以模拟和预测为主要特征的知识自动化应用。自 20 世纪 90 年代以来，电子信息技术不断创新，伴随着信息产业的持续发展，信息网络广泛普及，信息化成为全球经济社会发展的显著特征，并逐步向一场全方位的社会变革演进。

进入 21 世纪，信息技术与经济社会发展深度融合，孕育了一系列的重大发展突破，互联网开辟了无限广阔的信息空间，成为信息传播和知识扩散的崭新的重要载体，同时也加剧了各种文化、思想的相互交流和融合。近年来，随着以大数据、人工智能等为代表的新一代信息技术的高速发展和深化应用，数据成了继土地、劳动力、技术和资本后，经济与社会发展的新型生产要素，正在孕育和促进新一轮的科技革命和产业革命，成为经济社会高质量发展和人类命运共同体的重要驱动因素。

在新一代信息技术的推动下，人类社会正在加速进入全新发展时期，以智能化、网络化、数字化等为典型特征的新模式、新经济、新业态等正在加速形成，电子政务、消费互联网、工业互联网、智能制造和智慧城市等正在深刻影响人们的生产、消费和生活方式。随着数据的广泛链接和共享、数字孪生广泛建设，重新定义了信息空间的内涵，基于已发生的信息快照已经无法满足人民对美好生活的需求。通过对物理世界的模拟以及对未来的预测，从而优化物理社会，将成为新的核心关注点，个性化需求的高效率满足成为发展的主要方向之一。

继工业化后，信息化正在催生一场新的人类社会革命，其影响更加广泛、变革更加深入，已经成为世界各国的关注焦点和共同选择。一方面信息化的发展水平代表一个国家的信息能力，信息产业成为国家核心竞争力的新战略高地，信息技术成为国家间竞争的核心聚焦；另一方面数字经济、数字人才成为区域经济与社会发展的重要支点，这不仅需要各类组织持续强化信息技术人才的业务能力建设，也需要更加关注业务技术人才的信息技术能力建设，从而形成立体化、多元化的新型人才体系。这是因为，作为数字化转型主体的计算机信息系统工程是一项复杂的社会和技术工程，无论是内容、规模、深度和广度，还是技术、工具、业务和流程，都在不断地发展和创新。

1.1　信息与信息化

信息是指音讯、消息、信息系统传输和处理的对象，泛指人类社会传播的一切内容。人通过获得、识别自然界和社会的不同信息来区别不同事物，得以认识和改造世界。在一切通信和控制系统中，信息是一种普遍联系的形式。信息化是指在国家宏观信息政策指导下，通过信息技术的开发、信息产业的发展、信息人才的配置，最大限度地利用信息资源以满足全社会的信息需求，从而加速社会各个领域的共同发展以推进信息社会发展的过程。

1.1.1　信息基础

信息是物质、能量及其属性的标示的集合，是确定性的增加。它以物质介质为载体，传递和反映世界各种事物存在方式、运动状态等的表征。信息不是物质、也不是能量，它以一种普遍形式，表达物质运动规律，在客观世界中大量存在、产生和传递。

1. 信息的定义

1948 年，数学家香农（Claude E. Shannon）在题为《通讯的数学理论》的论文中指出："信息是用来消除随机不定性的东西"。创造一切宇宙万物的最基本单位是信息。香农还给出了信息的定量描述，并确定了信息量的单位为比特（bit）。1 比特的信息量，在变异度为 2 的最简单情况下，就是能消除非此即彼的不确定性所需要的信息量。这里的"变异度"是指事物的变化状态空间为 2，例如大和小、高和低、快和慢等。

同时，香农将热力学中的熵引入信息论。在热力学中，熵是系统无序程度的度量，而信息与熵正好相反，信息是系统有序程度的度量，表现为负熵，计算公式如下：

$$H(x) = -\sum_{i=1}^{n} P(x_i)\log_2 P(x_i)$$

式中，x_i 代表 n 个状态中的第 i 个状态；$P(x_i)$ 代表出现第 i 个状态的概率；$H(x)$ 代表用以消除系统不确定性所需的信息量，即以比特为单位的负熵。

信息的目的是用来"消除不确定的因素"。信息由意义和符号组成，信息就是指以声音、语言、文字、图像、动画、气味等方式所表示的实际内容。信息是抽象于物质的映射集合。

2. 信息的特征

香农关于信息的定义揭示了信息的本质，同时，人们通过深入研究，发现信息还具有很多其他的特征，主要包括客观性、普遍性、无限性、动态性、相对性、依附性、变换性、传递性、层次性、系统性和转化性等。

（1）客观性。信息是客观事物在人脑中的反映，而反映的对象则有主观和客观的区别。因此，信息可分为主观信息（例如：决策、指令和计划等）和客观信息（例如：国际形势、经济发展和一年四季等）。主观信息必然要转化成客观信息，例如，决策和计划等主观信息要转化成实际行动。因此，信息具有客观性。

（2）普遍性。物质决定精神，物质的普遍性决定了信息的普遍存在。

（3）无限性。客观世界是无限的，反映客观世界的信息自然也是无限的。无限性可分为两个层次，一是无限的事物产生无限的信息，即信息的总量是无限的；二是每个具体事物或有限个事物的集合所能产生的信息也可以是无限的。

（4）动态性。信息是随着时间的变化而变化的。

（5）相对性。不同的认识主体从同一事物中获取的信息及信息量可能是不同的。

（6）依附性。信息的依附性可以从两个方面来理解：一方面，信息是对客观世界的反映，任何信息必然由客观事物所产生，不存在无源的信息；另一方面，任何信息都要依附于一定的载体而存在，需要有物质的承载者，信息不能完全脱离物质而独立存在。

（7）变换性。信息通过处理可以实现变换或转换，使其形式和内容发生变化，以适应特定的需要。

（8）传递性。信息在时间上的传递就是存储，在空间上的传递就是转移或扩散。

（9）层次性。客观世界是分层次的，反映它的信息也是分层次的。

（10）系统性。信息可以表示为一种集合，不同类别的信息可以形成不同的整体。因此，可以形成与现实世界相对应的信息系统。

（11）转化性。信息的产生不能没有物质，信息的传递不能没有能量，但有效地使用信息，可以将信息转化为物质或能量。

3. 信息的质量

由于获取信息满足了人们消除不确定性的需求，因此信息具有价值，而价值的大小决定于信息的质量，这就要求信息满足一定的质量属性，主要包括精确性、完整性、可靠性、及时性、经济性、可验证性、安全性等。

（1）精确性。精确性指对事物状态描述的精准程度。

（2）完整性。完整性指对事物状态描述的全面程度，完整信息应包括所有重要事实。

（3）可靠性。可靠性指信息的来源、采集方法、传输过程是可以信任的，符合预期。

（4）及时性。及时性指获得信息的时刻与事件发生时刻的间隔长短。例如，昨天的天气信息不论怎样精确、完整，对指导明天的穿衣并无帮助，从这个角度出发，这个信息的价值为零。

（5）经济性。经济性指信息获取和传输带来的成本在可以接受的范围之内。

（6）可验证性。可验证性指信息的主要质量属性可以被证实或者证伪的程度。

（7）安全性。安全性指在信息的生命周期中，信息可以被非授权访问的可能性，可能性越低，安全性越高。

信息应用的场合不同，其侧重面也不一样。例如，对于金融信息而言，其最重要的特性是安全性；而对于经济与社会信息而言，其最重要的特性是及时性。

4. 信息的传输模型

信息是有价值的一种客观存在，信息只有流动起来，才能体现其价值。信息的传输通过信息传输技术（通常指通信、网络等）来实现，信息的传输模型如图 1-1 所示。

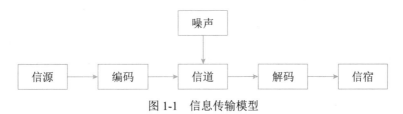

图 1-1　信息传输模型

信息传输通常包括信源、编码、信道、解码、信宿和噪声等。

（1）信源。信源产生信息的实体，信息产生后，由这个实体向外传播。

（2）编码。编码是将信源产生的信息转换为适合在信道上传输的信号的过程。这一过程主要由编码器完成。编码器在信息论中泛指所有变换信号的设备，实际上就是终端机的发送部分。它包括从信源到信道的所有设备，如量化器、压缩编码器和调制器等。从信息安全的角度出发，编码器还可以包括加密解密设备。

（3）信道。信道是传送信息的通道，如 TCP/IP 网络。信道可以从逻辑上理解为抽象信道，也可以是具有物理意义的实际传送通道。TCP/IP 网络是逻辑上的概念，这个网络的物理通道可以是光纤、同轴电缆、双绞线、移动通信网络，甚至是卫星或者微波。

（4）解码。解码是编码的逆过程，它将信道中接收到的信号（原始信息与噪声的叠加）转换成信宿能接收的信号，这一过程主要由解码器完成。解码器包括解调器、译码器和数模转换器等。

（5）信宿。信宿是信息的归宿或接收者。

（6）噪声。噪声可以理解为干扰，干扰可以来自于信息系统分层结构的任何一层，当噪声携带的信息达到一定程度的时候，在信道中传输的信息可能被噪声掩盖导致传输失败。

当信源和信宿已给定，信道也已选定后，决定信息系统性能的关键就在于编码器和解码器。设计一个信息系统时，除了选择信道和设计其附属设施外，主要工作也就是设计编码器和解码器。一般情况下，信息系统的主要性能指标是有效性和可靠性。有效性就是在系统中传送尽可能多的信息；而可靠性是要求信宿收到的信息尽可能地与信源发出的信息一致，或者说失真尽可能小。为了提高可靠性，可以在信息编码时增加冗余编码，犹如"重要的话说三遍"，恰当的冗余编码可以在信息受到噪声侵扰时被恢复，而过量的冗余编码将降低信道的有效性和信息传输速率。

概括起来，信息系统的基本理论应包括信息的度量、信源特性和信源编码、信道特性和信道编码、检测理论、估计理论以及密码学。

1.1.2　信息系统

信息系统（Information System，IS）一般指收集、存储、处理和传播各种信息的具有完整功能的集合体。现代信息系统总是与计算机技术和互联网技术的应用联系在一起，主要是指以计算机为信息处理工具，以网络为信息传输手段的信息系统。

1. 信息系统定义

信息系统是由计算机硬件、网络和通信设备、计算机软件、信息资源、信息用户和规章制度组成的以处理信息流为目的的人机一体化系统。从技术上可以定义为一系列支持决策和控制的相关要素，这些要素主要包括信息的收集、检索、加工处理和信息服务。除了支持决策、协作和控制外，信息系统还帮助管理人员和生产人员分析问题，使复杂问题可视化，创造产生新的产品和服务。它的任务是对原始数据进行收集、加工、存储，并处理产生各种所需信息，以不同的方式提供给各类用户使用。

信息系统的 5 个基本功能：输入、存储、处理、输出和控制。

- 输入功能。输入功能决定于系统所要达到的目的及系统的能力和信息环境的许可。
- 存储功能。存储功能指的是系统存储各种信息资料和数据的能力。
- 处理功能。处理功能是数据的处理工具，它基于数据仓库技术的联机分析处理（OLAP）和数据挖掘（DM）技术。
- 输出功能。信息系统的各种功能都是为了保证最终实现最佳的输出功能。
- 控制功能。控制功能对构成系统的各种信息处理设备进行控制和管理，对整个信息加工、处理、传输和输出等环节通过各种程序进行控制。

从概念上说，任何一个组织都有信息系统的存在，例如，一个工厂的正常运转，离不开计划的执行情况、物资器材的库存情况、流动资金的周转情况以及市场情况等信息。因而，任何组织单位占有信息的数量和质量以及处理信息的能力决定了其工作成效。进一步说，人类社会的发展速度，将取决于人们对信息的利用水平。信息系统既可以是基于计算机的，又可以是基于手工的。手工的信息系统采用纸和笔等手段实现信息的传递和交流，而基于计算机的信息系统则是依赖于计算机硬、软件技术来加工处理和传输信息的。人们通常说的"信息系统"这一术语，是指基于计算机的信息系统，即依赖于计算机技术的规范的、有组织的信息系统。计算机信息系统是利用计算机技术将原始数据处理加工成为有意义的信息，但从某种意义上讲，计算机和信息系统之间仍存在着明显的区别。计算机只提供了存储、处理信息的设备和现代管理信息系统的技术功能，但信息系统的许多工作，诸如输入数据或使用系统的输出结果等还需要作为用户的人来完成，计算机仅仅是信息系统中的一部分。用户和计算机共同构成了一个整合的系统，提出问题以及对问题的具体解答都是通过计算机和用户之间的一系列交互活动来实现的，这充分体现了信息系统的性质所在，即信息系统是以计算机为基础的人机交互系统。

信息系统的性质影响着系统开发者和系统用户的知识需求。"以计算机为基础"要求系统设计者必须具备计算机及其在信息处理中的应用知识。"人机交互"要求系统设计者还需要了解人作为系统组成部分的能力以及人作为信息使用者的各种行为。

从广域上讲，信息化工作是信息系统发展带来的系统层面上的信息战略规划。所谓信息化（Informationalization）是指在国家宏观信息政策指导下，通过信息技术开发、信息产业的发展、信息人才的配置，最大限度地利用信息资源以满足全社会的信息需求，从而加速社会各个领域的共同发展，以推进信息社会的过程。信息化应该是以信息资源开发利用为核心，以网络技术、通信技术等高科技技术为依托的一种新技术扩散的过程。在信息化过程中，信息技术自身和整个社会都发生着质的变化。信息化不仅仅是生产力的变革，而且伴随着生产关系的重大变革。

2. 信息系统发展

现代信息系统与计算机技术和网络技术的发展保持同步。随着社会的进步和技术的发展，信息系统的内容和形式也都在不断发生着巨大的变化，1979 年，美国管理信息系统专家理查德·诺兰（Richard L. Nolan）通过对 200 多个组织和部门发展信息系统的实践和经验做出的总结，提出了著名的信息系统进化的阶段模型，即诺兰模型。诺兰认为，任何组织由手工信息系统向以计算机为基础的信息系统发展时，都存在着一条客观的发展道路和规律。数据处理的发展涉及技术的进步、应用的拓展、计划和控制策略的变化以及用户的状况等 4 个方面。诺兰将计算机信息系统的发展道路划分为 6 个阶段，即：初始阶段、传播阶段、控制阶段、集成阶段、数据管理阶段和成熟阶段。

1）初始阶段

计算机刚进入组织时只作为办公设备使用，应用非常少，通常用来完成一些报表的统计工作，甚至大多数时候被当作打字机使用。在这一阶段，IT 的需求只被作为简单的办公设施改善的需求来对待，采购量少，只有少数人使用，在组织内没有普及。这一阶段的主要特点是：

- 组织中只有个别人具有使用计算机的能力；
- 该阶段一般发生在一个组织的财务部门。

2）传播阶段

组织对计算机有了一定了解，想利用计算机解决工作中的问题，比如进行更多的数据处理，给管理工作和业务带来便利。于是，应用需求开始增加，组织对 IT 应用开始产生兴趣，并对开发软件的热情高涨，投入也开始大幅度增加。这一阶段的主要特点是：

- 数据处理能力得到迅速提高；
- 出现许多新问题（如数据冗余、数据不一致性、难以共享等）；
- 计算机使用效率不高等。

3）控制阶段

在经历前一阶段盲目购机、盲目定制开发软件之后，组织管理者意识到计算机的使用超出控制、IT 投资增长快、效益不理想的问题，于是开始从整体上控制计算机信息系统的投入与发展，组织需要协调并解决数据共享问题。此时，组织的 IT 建设更加务实，对 IT 的利用有了更明确的认识和目标。在这一阶段，一些职能部门在部门内部实现了网络化，例如财务系统、人事系统和库存系统等，但各软件系统之间还存在"部门壁垒"与"信息孤岛"。信息系统呈现单点、分散的特点，系统和资源的利用率不高。这一阶段的主要特点是：

- 出现了计算机系统的管理组织；
- 数据库（DB）技术得以应用；
- 开始从计算机管理向数据管理转变。

4）集成阶段

在控制的基础上，组织在集成阶段开始重新进行规划设计，建立基础数据库并建成统一的信息管理系统。组织的 IT 建设开始由分散和单点发展为成体系。组织的 IT 主管开始把内部不同的 IT 机构和系统统一到一个系统中进行管理，使人、财、物等资源信息能够在组织中集成共享，从而更有效地利用现有的 IT 系统和资源。这一阶段的主要特点是：

- 建立集中式的数据库及相应的信息系统；
- 增加大量硬件，预算费用随之迅速增长。

5）数据管理阶段

组织高层意识到信息战略的重要性，信息作为组织的重要资源，组织的信息化建设也真正进入到数据处理阶段。在这一阶段中，组织开始选定统一的数据库平台、数据管理体系和信息管理平台，统一数据的管理和使用，各部门、各系统基本实现资源整合和信息共享。IT 系统的规划及资源利用更加高效。

6）成熟阶段

信息系统已经可以满足组织各个层次的需求，从简单的事务处理到支持高效管理的决策。组织真正把 IT 与管理过程结合起来，将组织内部与外部的资源充分整合和利用，从而提升了组织的竞争力和发展潜力。

这 6 个阶段模型反映了计算机应用发展的规律性，前 3 个阶段具有计算机时代的特征，后 3 个阶段具有信息时代的特征，其转折点是进行信息资源规划的时机。诺兰模型的预见性，被其后国际上许多组织的计算机应用与发展情况所证实。

3. 信息系统及其特性

简单地说，信息系统就是通过对输入的数据进行加工处理，产生信息的系统。面向管理和支持生产是信息系统的显著特点，以计算机为基础的信息系统可以定义为：结合管理理论和方法，应用信息技术解决管理问题，提高生产效率，为生产或信息化过程以及管理和决策提供支撑的系统。信息系统是管理模型、信息处理模型和系统实现条件的结合，其抽象模型如图 1-2 所示。

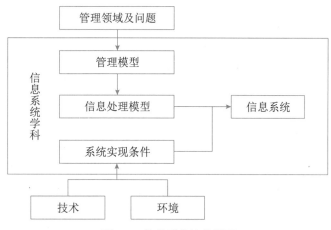

图 1-2　信息系统抽象模型

管理模型是指系统服务对象领域的专门知识，以及分析和处理该领域问题的模型，也称为对象的处理模型。信息处理模型指系统处理信息的结构和方法。管理模型中的理论和分析方法，在信息处理模型中转化为信息获取、存储、传输、加工和使用的规则；系统实现条件是指可供应用的计算机技术和通信技术、从事对象领域工作的人员，以及对这些资源的控制与融合。

广义的信息系统可以是手工的，也可以是电子化的。电子化信息系统的组成部件包括硬件、软件、数据库、网络、存储设备、感知设备、外设、人员以及把数据处理成信息的规程等。从用途类型来划分，常见的信息系统一般包括电子商务系统、事务处理系统、管理信息系统、生产制造系统、电子政务系统、决策支持系统等。对于信息系统而言，信息系统的开放性、脆弱性和健壮性等特性会表现得比较突出。

（1）开放性。系统的开放性是指系统的可访问性。这个特性决定了系统可以被外部环境识别，外部环境或者其他系统可以按照预定的方法，使用系统的功能或者影响系统的行为。系统的开放性体现在系统有可以清晰描述并被准确识别和理解的所谓接口层。

（2）脆弱性。这个特性与系统的稳定性相对应，即系统可能存在着丧失结构、功能、秩序的特性，这个特性往往是隐蔽的且不易被外界感知的。脆弱的系统一旦被侵入，整体性会被破坏，甚至面临崩溃和系统瓦解。

（3）健壮性。当系统面临干扰、输入错误和入侵等因素时，系统可能会出现非预期的状态而丧失原有功能、出现错误甚至表现出破坏功能。系统具有能够抵御出现非预期状态的特性称为健壮性，也称鲁棒性（robustness）。一般来说，具有高可用性的信息系统，会采取冗余技术、容错技术、身份识别技术和可靠性技术等来抵御系统出现非预期的状态并保持系统的稳定性。

4. 信息系统生命周期

信息系统是面向现实世界人类生产和生活中的具体应用的，是为了提高人类活动的质量、效率而存在的。信息系统的目的、性能、内部结构和秩序、外部接口、部件组成等由人来规划，它的产生、建设和运行完善构成一个循环的过程，这个过程遵循一定的规律。另外，信息系统的建设周期长、投资大、风险高，比一般技术工程有更大的难度和复杂性，其在使用过程中，随着其生存环境的变化，要不断维护和修改，当它不再适应的时候就要被淘汰，由新系统代替老系统。为了工程化的需要，有必要把这些过程划分为一些具有典型特点的阶段，每个阶段有不同的目标和工作方法，阶段中的任务也由不同类型的人员来负责。这个过程称为信息系统的生命周期。

软件在信息系统中属于较复杂的部件，可以借用软件的生命周期来表示信息系统的生命周期。软件的生命周期通常包括：可行性分析与项目开发计划、需求分析、概要设计、详细设计、编码、测试和维护等阶段。

信息系统的生命周期可以简化为：系统规划（可行性分析与项目开发计划），系统分析（需求分析），系统设计（概要设计、详细设计），系统实施（编码、测试），系统运行和维护等阶段，如图 1-3 所示。

1）系统规划阶段

系统规划阶段的任务是对组织的环境、目标及现行系统的状况进行初步调查，根据组织目标和发展战略，确定信息系统的发展战略，对建设新系统的需求做出分析和预测，同时考虑建设新系统所受的各种约束，研究建设新系统的必要性和可能性。根据需要与可能，给出报建系统的备选方案。对这些方案进行可行性研究，写出可行性研究报告。可行性研究报告审议通过后，将新系统建设方案及实施计划编写成系统设计任务书。

2）系统分析阶段

系统分析阶段的任务是根据系统设计任务书所确定的范围，对现行系统进行详细调查，描述现行系统的业务流程，指出现行系统的局限性和不足之处，确定新系统的基本目标和逻辑功能要求，即提出新系统的逻辑模型。

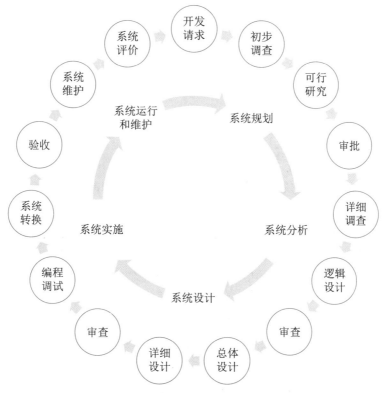

图 1-3　信息系统全生命周期示意图

系统分析阶段又称为逻辑设计阶段。这个阶段是整个系统建设的关键阶段，也是信息系统建设与一般工程项目的重要区别所在。系统分析阶段的工作成果体现在系统说明书中，这是系统建设的必备文件。它既是和用户确认需求的基础，也是下一个阶段的工作依据。因此，系统说明书既要通俗又要准确。用户通过系统说明书可以了解未来系统的功能，判断是不是所要求的系统。系统说明书一旦讨论通过，就是系统设计的依据，也是将来验收系统的依据。

3）系统设计阶段

简单地说，系统分析阶段的任务是回答系统"做什么"的问题，而系统设计阶段要回答的问题是"怎么做"。该阶段的任务是根据系统说明书中规定的功能要求，考虑实际条件，具体设计实现逻辑模型的技术方案，也就是设计新系统的物理模型。这个阶段又称为物理设计阶段，可分为总体设计（概要设计）和详细设计两个子阶段。这个阶段的技术文档是系统设计说明书。

4）系统实施阶段

系统实施阶段是将设计的系统付诸实施的阶段。这一阶段的任务包括计算机等设备的购置、安装和调试、程序的编写和调试、人员培训、数据文件转换、系统调试与转换等。这个阶段的特点是几个互相联系、互相制约的任务同时展开，必须精心安排、合理组织。系统实施是按实施计划分阶段完成的，每个阶段应写出实施进展报告。系统测试之后写出系统测试分析报告。

5）系统运行和维护阶段

系统投入运行后，需要经常进行维护和评价，记录系统运行的情况，根据一定的规则对系统进行必要的修改，评价系统的工作质量和经济效益。另外，为了便于论述针对信息系统的项目管理，信息系统的生命周期还可以简化为立项（系统规划）、开发（系统分析、系统设计、系统实施）、运维及消亡四个阶段。在开发阶段不仅包括系统分析、系统设计、系统实施，还包括系统验收等工作。如果从项目管理的角度来看，项目的生命周期又划分为启动、计划、执行和收尾四个典型阶段。

5. 信息系统建设原则

为了能够适应开发的需要，在信息系统规划设计以及系统开发的过程中，必须要遵守一系列原则，这是系统成功的必要条件。以下是信息系统开发的常用原则。

1）高层管理人员介入原则

一个信息系统的建设目标总是为组织的总体目标服务，否则，这个系统就不应当建设。而真正能够理解组织总体目标的人必然是组织的高层管理人员，只有他们才能知道组织究竟需要什么样的信息系统，不需要什么样的信息系统；也只有他们才知道组织有多大的投入是值得的，而超过了这个界限就是浪费。这是那些身处某一部门的管理人员或者技术人员所无法做到的。因此，信息系统从概念到运行都必须有组织高层管理人员介入。当然，这里的"介入"有着其特定的含义，它可以是直接参加，也可以是决策或指导，还可以是在政治、经济和人事等方面的支持。

这里需要说明的是，高层管理人员介入原则在现阶段已经逐步具体化，那就是组织的"首席信息官"（Chief Information Officer，CIO）的出现。CIO 是组织设置的相当于副总裁的一个高级职位，负责组织信息化的工作，主持制定组织信息规划、政策和标准，并对全组织的信息资源进行管理控制的组织行政官员。在大多数组织里，CIO 是组织最高管理层中的核心成员之一。毫无疑问，深度介入信息系统开发建设以及运行是 CIO 的职责所在。

2）用户参与开发原则

在我国信息系统开发中流行所谓"用户第一"或"用户至上"的原则。当然，这个原则并没有错，一个成功的信息系统，必须把用户放在第一位，这应该是毫无疑义的。用户参与开发原则主要包括以下几项含义：

（1）用户有确定的范围。人们通常把"用户"仅仅理解成为用户单位的领导，其实，这是很片面的。当然，用户单位领导应该包括在用户范围之内，但是，更重要的用户或核心用户是那些信息系统的使用者，而用户单位的领导只不过是辅助用户或是外围用户的。

（2）用户参与。特别是那些核心用户，不应是参与某一阶段的开发，而应当是参与全过程的开发，即用户应当参与从信息系统概念规划和设计阶段，直到系统运行的整个过程。而当信息系统交接以后，他们就成为系统的使用者。

（3）用户应当深度参与系统开发。用户以什么身份参与开发是一个很重要的问题。一般说来，参与开发的用户人员，既要以甲方代表身份出现，又应成为真正的系统开发人员，与其他开发人员融为一体。

3）自顶向下规划原则

在信息系统开发的过程中，经常会出现信息不一致的问题，这种现象的存在对于信息系统来说往往是致命的，有时一个信息系统会因此而造成报废的结果。研究表明，信息的不一致是由计算机应用的历史性演变造成的，它通常发生在没有一个总体规划的指导就来设计实现一个信息系统的情况之下。因此，坚持自顶向下规划原则对于信息系统的开发和建设来说是至关重要的。自顶向下规划的一个主要目标是达到信息的一致性。同时，自顶向下规划原则还有另外一个方面，那就是这种规划绝不能取代信息系统的详细设计。必须鼓励信息系统各子系统的设计者在总体规划的指导下，进行有创造性的设计。

4）工程化原则

在 20 世纪 70 年代，出现了世界范围内的"软件危机"。所谓软件危机是指一个软件编制好以后，谁也无法保证它能够正确地运行，也就是软件的可靠性成了问题。软件危机曾一度引起人们特别是工业界的恐慌。人们经过探索认识到，之所以会出现软件危机，是因为软件产品是一种个体劳动产品，最多也就是作坊式的产品。因此，没有工程化是软件危机发生的根本原因。此后，发展出了"软件工程"这门工程学科，在一定程度上解决了软件危机。

信息系统也经历了与软件开发大致相同的经历。在信息系统发展的初期，人们也像软件开发初期一样，只要做出来就行，根本不管实现的过程。这时的信息系统，大都成了少数开发者的"专利"，系统的可维护性、可扩展性都非常差。后来，信息工程、系统工程等工程化方法被引入到信息系统开发过程之中，才使问题得到了一定程度的解决。其实，工程化不仅是一种有效的方法，它也应当是信息系统开发的一项重要原则。

5）其他原则

对于信息系统开发，人们还从不同的角度提出了一系列原则，例如：创新性原则，用来体现信息系统的先进性；整体性原则，用来体现信息系统的完整性；发展性原则，用来体现信息系统的超前性；经济性原则，用来体现信息系统的实用性。

1.1.3　信息化基础

信息化是一个过程，与工业化、现代化一样，是一个动态变化的过程。信息化是指培养、发展以计算机为主的智能化工具为代表的新生产力，并使之造福于社会的历史过程。与智能化工具相适应的生产力，称为信息化生产力。信息化是以现代通信、网络、数据库技术为基础，将所研究对象各要素汇总至数据库，供特定人群生活、工作、学习和辅助决策等，是和人类息息相关的各种行为相结合的一种技术，使用该技术可以极大地提高行为的效率，并且可以降低成本，为推动人类社会进步提供技术支持。

1. 信息化内涵

信息化在不同的语境中有不同的含义。信息化用作名词时，通常指信息技术应用，特别是促成应用对象或领域（如政府、企业或社会）发生转变的过程。例如，"企业信息化"不仅指在企业中应用信息技术，更重要的是通过深入应用信息技术，促进企业的业务模式、组织架构乃至经营战略发生革新或转变。信息化用作形容词时，常指对象或领域因信息技术的深入应用所达成的新形态或状态。例如，"信息化社会"指信息技术应用到一定程度后达成的社会形态，它只有充分应用信息技术才能达成。综上所述，信息化是推动经济社会发展与转型的一个历史性过程。在这个过程中，综合利用各种信息技术，支撑改善人类的各项政治、经济和社会活动，并把贯穿于这些活动中的各种数据有效、可靠地进行管理，经过符合业务需求的数据处理，形成信息资源，通过信息资源的整合与融合，促进信息交流和知识共享，形成新的经济和社会形态，推动各方面的高质量发展。

信息化的核心是要通过全体社会成员的共同努力，在经济和社会各个领域充分应用基于信息技术的先进社会生产工具（表现为各种信息系统或软硬件产品），提高信息时代的社会生产力，并推动生产关系和上层建筑的改革（表现为法律、法规、制度、规范、标准和组织结构等），使国家的综合实力、社会的文明程度和人民的生活质量全面提升。信息化的内涵主要包括以下内容。

- 信息网络体系：包括信息资源、各种信息系统和公用通信网络平台等。
- 信息产业基础：包括信息科学技术研究与开发、信息装备制造和信息咨询服务等。
- 社会运行环境：包括现代工农业、管理体制、政策法律、规章制度、文化教育和道德观念等生产关系与上层建筑。
- 效用积累过程：包括劳动者素质、国家现代化水平和人民生活质量的不断提高，物质文明和精神文明建设不断进步等。

信息化的基本内涵给人们的启示是：信息化的主体是全体社会成员，包括政府、企业、事业、团体和个人。它的时域是一个长期的过程；它的空域是政治、经济、文化、军事和社会的一切领域；它的手段是基于现代信息技术的先进社会生产工具；它的途径是创建信息时代的社会生产力，推动社会生产关系及社会上层建筑的改革；它的目标是使国家的综合实力、社会的文明程度和人民的生活质量得到全面提升。我国大规模开展信息化工作已经 30 多年，已成为保障国家安全、支撑政府行政职能、维护社会和谐稳定、促进民生经济发展等各大战略层面的重要支柱。

2. 信息化体系

信息化代表了一种信息技术被高度应用，信息资源被高度共享，从而使得人的智能潜力以及社会物质资源潜力被充分发挥，个人行为、组织决策和社会运行趋于合理化的理想状态。1997 年召开的首届全国信息化工作会议，对信息化和国家信息化定义："信息化是指培育、发展以智能化工具为代表的新的生产力并使之造福于社会的历史过程。国家信息化就是在国家统一规划和组织下，在农业、工业、科学技术、国防及社会生活各个方面应用现代信息技术，深入开发广泛利用信息资源，加速实现国家现代化进程。"国家信息化体系包括信息技术应用、信息资源、信息网络、信息技术和产业、信息化人才、信息化政策法规和标准规范 6 个要素，这 6 个要素的关系构成了一个有机的整体，如图 1-4 所示。

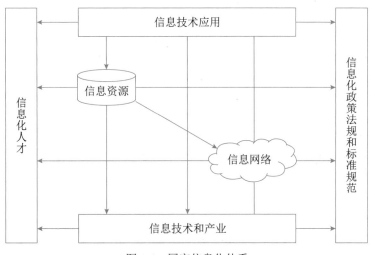

图 1-4　国家信息化体系

（1）信息技术应用。信息技术应用是指把信息技术广泛应用于经济和社会各个领域，它直接反映了效率、效果和效益。信息技术应用是信息化体系六要素中的龙头，是国家信息化建设的主阵地，集中体现了国家信息化建设的需求和效益。

（2）信息资源。信息资源的开发和利用是国家信息化的核心任务，是国家信息化建设取得实效的关键，是衡量国家信息化水平的一个重要标志。

（3）信息网络。信息网络是信息资源开发和利用的基础设施，包括电信网、广播电视网和计算机网络。这三种网络有各自的形成过程、服务对象和发展模式，它们的功能有所交叉，又互为补充。

（4）信息技术和产业。信息产业是信息化的物质基础，包括微电子、计算机、电信等产品和技术的开发、生产、销售，以及软件、信息系统开发和电子商务等。从根本上来说，国家信息化只有在相关产品和技术方面拥有雄厚的自主知识产权，才能提高综合国力。

（5）信息化人才。人才是信息化的成功之本，而合理的人才结构更是信息化人才的核心和关键。合理的信息化人才结构要求不仅要有各个层次的信息化技术人才，还要有精干的信息化管理人才，营销人才，法律、法规和情报人才。

（6）信息化政策法规和标准规范。信息化政策和法规、标准、规范用于规范和协调信息化体系各要素之间的关系，是国家信息化快速、有序、健康和持续发展的保障。

3. 信息化趋势

信息化是信息产业发展与信息技术在经济与社会各方面扩散的基础上，不断运用信息技术改造传统的经济与社会结构，通往如前所述的理想状态的一段持续的过程。随着数字化、网络化和智能化的持续深化，信息化成为重塑国家竞争优势的重要力量。信息化跟各行业领域业务现代化在更广范围、更深程度、更高水平上实现融合发展，新一代信息技术向组织各领域加速渗透，促进组织数字化转型步伐加快，并驱动经济与社会的高质量发展。

1）组织信息化趋势

随着计算机技术、网络技术和通信技术的发展和应用，组织信息化已成为业务价值实现、可持续化发展和提高经济与社会竞争力的重要保障。组织应该采取积极的应对措施，推动其信息化的建设进程。品牌 2.0 理论指出，信息化建设是品牌母体树冠部分的支持网络，庞大的品牌识别系统必须对应强大的信息化建设体系。如果信息化建设不能满足品牌识别系统的要求，品牌识别系统也将受到伤害，会自动调低到现有的信息化建设体系可以支撑的大小，这是品牌母体的自我调整过程。根据这个原理我们可以解释一种现象：为什么有的品牌进行了很好的品牌识别系统设计，初看起来是一个极具竞争力和发展前景的品牌，但却不能持久，并马上出现了负品牌效应。

各行业领域组织的信息化是国家经济与社会信息化的基础，指组织在产品的设计、开发、生产、管理、经营等多个环节中广泛利用信息技术，并大力培养信息人才，完善信息服务，加速建设组织信息系统。组织的信息化建设体现了组织在通信、网站、电子商务方面的投入情况，在客户和服务对象资源管理、质量管理体系方面的建设成就等。信息化建设日渐成为组织影响力、生产、销售、服务等各环节的核心支撑，并随着信息技术在组织中应用的不断深入显得越来越重要，未来甚至许多组织必须依托信息化建设才能生存。

组织信息化除驱动和加速组织转型升级和生产力建设外，还呈现出产品信息化、产业信息化、社会生活信息化和国民经济信息化等趋势和方向。①产品信息化包含两层含义：产品中各类信息比重日益增大、物质比重日益降低，其物质产品的特征向信息产品的特征迈进；越来越多的产品中嵌入了智能化元器件，使产品具有越来越强的信息处理功能。②产业信息化指农业、工业、服务业等传统产业广泛利用信息技术，大力开发和利用信息资源，建立各种类型的产业互联网平台和网络，实现产业内各种资源、要素的优化与重组，从而实现产业的升级。③社会生活信息化指包括市场、科技、教育、军事、政务、日常生活等在内的整个社会体系采用先进的信息技术，建立各种互联网平台和网络，大力拓展人们日常生活的信息内容，丰富人们的精神生活，拓展人们的活动时空等。④国民经济信息化指在经济大系统内实现统一的信息大流动，使金融、贸易、投资、计划、营销等组成一个信息大系统，生产、流通、分配、消费等经济的四个环节通过信息进一步连成一个整体。国民经济信息化是世界各国急需实现的目标。

2）国家信息化趋势

党中央、国务院一直高度重视信息化工作。2016 年 7 月中共中央办公厅、国务院办公厅颁布的《国家信息化发展战略纲要》强调国家信息化发展战略总目标是建设网络强国，分"三步走"：第一步到 2020 年，核心关键技术部分领域达到国际先进水平，信息产业国际竞争力大幅提升，信息化成为驱动现代化建设的先导力量；第二步到 2025 年，建成国际领先的移动通信网络，根本改变核心关键技术受制于人的局面，实现技术先进、产业发达、应用领先、网络安全坚不可摧的战略目标，涌现一批具有强大国际竞争力的大型跨国网信企业；第三步到 21 世纪中叶，信息化全面支撑富强民主文明和谐的社会主义现代化国家建设，网络强国地位日益巩固，在引领全球信息化发展方面有更大作为。当前，我国全面部署了"构建产业数字化转型发展体系"重大任务，明确我国信息化进入加快数字化发展、建设数字中国的新阶段。

4. 国家信息化规划

《"十四五"国家信息化规划》明确了：建设泛在智联的数字基础设施体系，建立高效利用的数据要素资源体系，构建释放数字生产力的创新发展体系，培育先进安全的数字产业体系，构建产业数字化转型发展体系，构筑共建共治共享的数字社会治理体系，打造协同高效的数字政府服务体系，构建普惠便捷的数字民生保障体系，拓展互利共赢的数字领域国际合作体系和建立健全规范有序的数字化发展治理体系等重大任务。今后一段时间，我国信息化的发展重点主要聚焦在数据治理、密码区块链技术、信息互联互通、智能网联和网络安全等方面。

1）数据治理

深化数据资源调查，推进数据标准规范体系建设，制定数据采集、存储、加工、流通、交易、衍生产品等标准规范，提高数据质量和规范性。建立完善数据管理国家标准体系和数据治理能力评估体系。聚焦数据管理、共享开放、数据应用、授权许可、安全和隐私保护、风险管控等方面，探索多主体协同治理机制。

2）密码区块链技术

着力推进密码学、共识机制、智能合约等核心技术研究，支持建设安全可控、可持续发展的底层技术平台和区块链开源社区。构建区块链标准规范体系，加强区块链技术测试和评估，制定关键基础领域区块链行业应用标准规范。开展区块链创新应用试点，聚焦金融科技、供应链服务、政务服务、商业科技等领域开展应用示范。

3）信息互联互通

打造市场化、法治化、国际化营商环境，深化电子证照、电子合同、电子发票、电子会计凭证等在政务服务、财税金融、社会管理、民生服务等重要领域的有序有效应用。推进涉企政务事项的全程网上办理，大力推进公共资源全流程电子化交易，构建覆盖全国、透明规范、互联互通、智慧监管的公共资源交易体系。

4）智能网联

遴选打造国家级车联网先导区，加快智能网联汽车道路基础设施建设和 5G-V2X 车联网示范网络建设，提升车载智能设备、路侧通信设备、道路基础设施和智能管控设施的"人、车、路、云、网"协同能力，实现 L3 级以上高级自动驾驶应用。

5）网络安全

全面加强网络安全保障体系和能力建设。深化关口前移、防患于未然的安全理念，压实网络安全责任，加强网络安全信息统筹机制建设，形成多方共建的网络安全防线。开发网络安全技术及相关产品，提升网络安全自主防御能力。加强网络安全核心技术联合攻关，开展高级威胁防护、态势感知、监测预警等关键技术研究，建立安全可控的网络安全软硬件防护体系。强化 5G、工业互联网、大数据中心、车联网等安全保障。完善网络安全监测、通报预警、应急响应与处置机制，提升网络安全态势感知、事件分析以及快速恢复能力。

结合国家信息化发展趋势，国家各部委将加速推进各领域信息化进程，尤其是数据赋能、5G 等新兴技术应用、数字化转型等多方面的建设。例如，国家发展和改革委员会明确了相关信息化的发展目标和方向。即政务信息化建设总体迈入以数据赋能、协同治理、智慧决策、优质服务为主要特征的融慧治理新阶段，跨部门、跨地区、跨层级的技术融合、数据融合、业务融合成为政务信息化创新的主要路径，逐步形成平台化协同、在线化服务、数据化决策、智能化监管的新型数字政府治理模式，经济调节、市场监管、社会治理、公共服务和生态环境等领域的数字治理能力显著提升，网络安全保障能力进一步增强，有力支撑国家治理体系和治理能力现代化。

1.2 现代化基础设施

基础设施包括交通、能源、水利、物流等传统基础设施以及以信息网络为核心的新型基础设施，在国家发展全局中具有战略性、基础性、先导性作用。统筹推进传统基础设施和新型基础设施建设，打造系统完备、高效实用、智能绿色、安全可靠的现代化基础设施体系，是我国当前在该领域的发展战略和导向。

1.2.1 新型基础设施建设

2018 年召开的中央经济工作会议，首次提出"加快 5G 商用步伐，加强人工智能、工业互联网、物联网等新型基础设施建设"，简称"新基建"。"新型基础设施建设"的提法由此产生，主要包括 5G 基建、特高压、城际高速铁路和城际轨道交通、新能源汽车充电桩、大数据中心、人工智能、工业互联网等七大领域。"新基建"是立足于高新科技的基础设施建设，与传统"铁公基"相对应，是结合新一轮科技革命和产业变革特征，面向国家战略需求，为经济社会的创新、协调、绿色、开放、共享发展提供底层支撑的具有乘数效应的战略性、网络型基础设施。"新基建"的内涵更丰富，更能体现数字经济的特征，能够更好地推动中国经济转型升级。

1. 概念定义

新型基础设施是以新发展理念为引领，以技术创新为驱动，以信息网络为基础，面向高质量发展需要，提供数字转型、智能升级、融合创新等服务的基础设施体系。目前，新型基础设施主要包括信息基础设施、融合基础设施、创新基础设施。

（1）信息基础设施。信息基础设施主要指基于新一代信息技术演化生成的基础设施。信息基础设施包括：①以 5G、物联网、工业互联网、卫星互联网为代表的通信网络基础设施；②以人工智能、云计算、区块链等为代表的新技术基础设施；③以数据中心、智能计算中心为代表的算力基础设施等。信息基础设施凸显"技术新"。

（2）融合基础设施。融合基础设施主要指深度应用互联网、大数据、人工智能等技术，支撑传统基础设施转型升级，进而形成的融合基础设施。融合基础设施包括智能交通基础设施、智慧能源基础设施等。融合基础设施重在"应用新"。

（3）创新基础设施。创新基础设施主要指支撑科学研究、技术开发、产品研制的具有公益属性的基础设施。创新基础设施包括重大科技基础设施、科教基础设施、产业技术创新基础设施等。创新基础设施强调"平台新"。

伴随技术革命和产业变革，新型基础设施的内涵、外延也将持续变化和演进。新型基础设施建设比传统基建内涵更加丰富、涵盖范围更广，更能体现数字经济特征，能够更好推动经济与社会转型升级。

2. 发展重点

新型基础设施建设更加侧重于突出产业转型升级的新方向，无论是人工智能还是物联网，都体现出加快推进产业高质量发展的大趋势。我国持续加快建设新型基础设施，将重点围绕：①强化数字转型、智能升级、融合创新支撑，布局建设信息基础设施、融合基础设施、创新基础设施等新型基础设施；②建设高速泛在、天地一体、集成互联、安全高效的信息基础设施，增强数据感知、传输、存储和运算能力；③加快 5G 网络规模化部署，持续提高用户普及率，推广升级千兆光纤网络；④前瞻布局 6G 网络技术储备；⑤扩容骨干网互联节点，新设一批国际通信出入口，全面推进互联网协议第六版（IPv6）商用部署；⑥实施中西部地区中小城市基础网络完善工程；⑦推动物联网全面发展，打造支持固移融合、宽窄结合的物联接入能力；⑧加快构建全国一体化大数据中心体系，强化算力统筹智能调度，建设若干国家枢纽节点和大数据中心集群，建设 E 级和 10E 级超级计算中心；⑨积极稳妥发展工业互联网和车联网；⑩打造全球覆盖、高效运行的通信、导航、遥感空间基础设施体系，建设商业航天发射场；⑪加快交通、能源、市政等传统基础设施数字化改造，加强泛在感知、终端联网、智能调度体系建设；⑫发挥市场主导作用，打通多元化投资渠道，构建新型基础设施标准体系等。

1.2.2　工业互联网

工业互联网（Industrial Internet）是新一代信息通信技术与工业经济深度融合的新型基础设施、应用模式和工业生态，通过对人、机、物、系统等的全面连接，构建起覆盖全产业链、全价值链的全新制造和服务体系，为工业乃至产业数字化、网络化、智能化发展提供了实现途径，是第四次工业革命的重要基石。

1. 内涵和外延

工业互联网不仅仅是互联网在工业的简单应用，还具有更为丰富的内涵和外延。它既是工业数字化、网络化、智能化转型的基础设施，也是互联网、大数据、人工智能与实体经济深度融合的应用模式，同时也是一种新业态、新产业，将重塑组织形态、供应链和产业链。

从工业经济发展角度看，工业互联网为制造强国建设提供关键支撑。一是推动传统工业转型升级。通过跨设备、跨系统、跨厂区、跨地区的全面互联互通，实现各种生产和服务资源在更大范围、更高效率、更加精准的优化配置，实现提质、降本、增效、绿色、安全发展，推动制造业高端化、智能化、绿色化，大幅提升工业经济发展质量和效益。二是加快新兴产业培育壮大。工业互联网促进设计、生产、管理、服务等环节由单点的数字化向全面集成演进，加速创新方式、生产模式、组织形式和商业范式的深刻变革，催生平台化设计、智能化制造、网络化协同、个性化定制、服务化延伸、数字化管理等诸多新模式、新业态、新产业。

从网络设施发展角度看，工业互联网是网络强国建设的重要内容。一是加速网络演进升级。

工业互联网促进人与人相互连接的公众互联网、物与物相互连接的物联网，向人、机、物、系统等的全面互联拓展，大幅提升网络设施的支撑服务能力。二是拓展数字经济空间。工业互联网具有较强的渗透性，可以与交通、物流、能源、医疗、农业等实体经济各领域深度融合，实现产业上下游、跨领域的广泛互联互通，推动网络应用从虚拟到实体、从生活到生产的科学跨越，极大地拓展了网络经济的发展空间。

2. 平台体系

工业互联网平台体系具有四大层级，它以网络为基础，平台为中枢，数据为要素，安全为保障。

1）网络体系是基础

工业互联网网络体系包括网络互联、数据互通和标识解析三部分。网络互联实现要素之间的数据传输，包括组织外网和组织内网。典型技术包括传统的工业总线、工业以太网以及创新的时间敏感网络（TSN）、确定性网络、5G等技术。组织外网根据工业高性能、高可靠、高灵活、高安全网络需求进行建设，用于连接组织各地机构、上下游组织、用户和产品。组织内网用于连接组织内人员、机器、材料、环境和系统，主要包含信息（IT）网络和控制（OT）网络。当前，内网技术发展呈现三个特征：IT和OT正走向融合，工业现场总线向工业以太网演进，工业无线技术加速发展。数据互通是通过对数据进行标准化描述和统一建模，实现要素之间传输信息的相互理解，数据互通涉及数据传输、数据语义语法等不同层面。标识解析体系实现要素的标记、管理和定位，由标识编码、标识解析系统和标识数据服务组成，通过为物料、机器、产品等物理资源和工序、软件、模型、数据等虚拟资源分配标识编码，实现物理实体和虚拟对象的逻辑定位和信息查询，支撑跨组织、跨地区、跨行业的数据共享共用。

我国标识解析体系包括五大国家顶级节点、国际根节点、二级节点、组织节点和递归节点。国家顶级节点是我国工业互联网标识解析体系的关键枢纽；国际根节点是各类国际解析体系跨境解析的关键节点；二级节点是面向特定行业或者多个行业提供标识解析公共服务的节点；递归节点是通过缓存等技术手段提升整体服务性能，加快解析速度的公共服务节点。标识解析应用按照载体类型可分为静态标识应用和主动标识应用。静态标识应用以一维码、二维码、射频识别码（RFID）、近场通信标识（NFC）等作为载体，需要借助扫码枪、手机App等读写终端触发标识解析过程。主动标识通过在芯片、通信模组、终端中嵌入标识，主动通过网络向解析节点发送解析请求。

2）平台体系是中枢

工业互联网平台体系包括边缘层、IaaS、PaaS和SaaS四个层级，相当于工业互联网的"操作系统"，它有四个主要作用：

（1）数据汇聚。网络层面采集的多源、异构、海量数据，传输至工业互联网平台，为深度分析和应用提供基础。

（2）建模分析。提供大数据、人工智能分析的算法模型和物理、化学等各类仿真工具，结合数字孪生、工业智能等技术，对海量数据挖掘分析，实现数据驱动的科学决策和智能应用。

（3）知识复用。将工业经验知识转化为平台上的模型库、知识库，并通过工业微服务组件方式，方便二次开发和重复调用，加速共性能力沉淀和普及。

（4）应用创新。面向研发设计、设备管理、组织运营、资源调度等场景，提供各类工业App、云化软件，帮助组织提质增效。

3）数据体系是要素

工业互联网数据有三个特性：

（1）重要性。数据是实现数字化、网络化、智能化的基础，没有数据的采集、流通、汇聚、计算和分析，各类新模式就是无源之水，数字化转型也就成为无本之木。

（2）专业性。工业互联网数据的价值在于分析利用，分析利用的途径必须依赖行业知识和工业机理。制造业千行百业、千差万别，每个模型、算法的背后都需要长期积累和专业队伍，只有精耕细作才能发挥数据价值。

（3）复杂性。工业互联网运用的数据来源于"研产供销服"各环节，"人机料法环"各要素，ERP、MES、PLC 等各系统。数据的维度和复杂度远超消费互联网，面临采集困难、格式各异、分析复杂等挑战。

4）安全体系是保障

工业互联网安全体系涉及设备、控制、网络、平台、工业 App、数据等多方面网络安全问题，其核心任务就是要通过监测预警、应急响应、检测评估、功能测试等手段确保工业互联网健康有序发展。与传统互联网安全相比，工业互联网安全具有三大特点：

（1）涉及范围广。工业互联网打破了传统工业相对封闭可信的环境，网络攻击可直达生产一线。联网设备的爆发式增长和工业互联网平台的广泛应用，使网络攻击面持续扩大。

（2）造成影响大。工业互联网涵盖制造业、能源等实体经济领域，一旦发生网络攻击等破坏行为，安全事件影响严重。

（3）组织防护基础弱。目前我国广大工业组织安全意识、防护能力仍然薄弱，整体安全保障能力有待进一步提升。

3. 融合应用

工业互联网融合应用推动了一批新模式、新业态孕育兴起，提质、增效、降本、绿色、安全发展成效显著，初步形成了平台化设计、智能化制造、网络化协同、个性化定制、服务化延伸和数字化管理六大类典型应用模式。

（1）平台化设计。平台化设计是依托工业互联网平台，汇聚人员、算法、模型、任务等设计资源，实现高水平高效率的轻量化设计、并行设计、敏捷设计、交互设计和基于模型的设计，变革传统设计方式，提升研发质量和效率。

（2）智能化制造。智能化制造是互联网、大数据、人工智能等新一代信息技术在制造业领域加速创新应用，实现材料、设备、产品等生产要素与用户之间的在线连接和实时交互，逐步实现机器代替人工生产，智能化代表制造业未来发展的趋势。

（3）网络化协同。网络化协同是通过跨部门、跨层级、跨组织的数据互通和业务互联，推动供应链上的组织和合作伙伴共享客户、订单、设计、生产、经营等各类信息资源，实现网络化的协同设计、协同生产、协同服务，进而促进资源共享、能力交易以及业务优化配置等。

（4）个性化定制。个性化定制是面向消费者个性化需求，通过对客户需求的准确获取和分析、敏捷产品开发设计、柔性智能生产、精准交付服务等，实现用户在产品全生命周期中的深度参与，是以低成本、高质量和高效率的大批量生产实现产品个性化设计、生产、销售及服务的一种制造服务模式。

（5）服务化延伸。服务化延伸是制造与服务融合发展的新型产业形态，指的是组织从原有制造业务向价值链两端高附加值环节延伸，从以加工组装为主向"制造＋服务"转型，从单纯出售产品向出售"产品＋服务"转变，具体包括设备健康管理、产品远程运维、设备融资租赁、分享制造、互联网金融等。

（6）数字化管理。数字化管理是组织通过打通核心数据链，贯通制造全场景、全过程，基于数据的广泛汇聚、集成优化和价值挖掘，优化、创新乃至重塑组织战略决策、产品研发、生产制造、经营管理、市场服务等业务活动，构建数据驱动的高效运营管理新模式。

工业互联网已延伸至众多个国民经济大类，涉及原材料、装备、消费品、电子等制造业各大领域，以及采矿、电力、建筑等实体经济重点产业，实现更大范围、更高水平、更深程度发展，形成了千姿百态的融合应用实践。

1.2.3 城市物联网

物联网是一个基于互联网、传统电信网等信息承载体，让所有能够被独立寻址的普通物理对象实现互联互通的网络。物联网是城市智慧化建设中非常重要的元素，它侧重于底层感知信息的采集与传输，属于城市范围内泛在网建设的重要方面。

1. 物联网与智慧城市

物联网（Internet of Things，IoT）起源于 20 世纪 90 年代末期，是指通过信息传感设备，按约定的协议，将任意物体与网络相连接，物体通过信息传播媒介进行信息交换和通信，以实现智能化识别、定位、跟踪、监管等功能。通信与识别、智能化、互联性是其主要特征。①通信与识别。一般来说，在物联网上需要安装海量的各类型传感器，每个传感器均是一个信息源，各种类型的传感器所接收到的信息在格式及内容上是不同的，因此物联网必须具备极强的识别功能。另外，物联网作为一个集信息收集、处理为一体的综合系统，其必定需要一个完善的通信系统。②智能化。与其他一些系统相比，物联网不但具备信息收集的功能，其还具备极强的信息处理功能，可对物体进行有效的智能管理，物联网通过一些设备与传感器相连接，利用云计算、智能识别等各种先进的自动化反馈技术可大范围实现对事物的智能化管控。③互联性。物联网技术的核心和基础仍是互联网，其主要是通过各类有线及无线设备与互联网相融合，将事物信息及时准确地反映出去。物联网上的传感设备可将信息定时传输，由于所要传输的信息量极大，出现了海量信息，因此在传输过程中，为了保证数据具备正确性与及时性，物联网需要适应各种类型的网络及协议。

智慧城市（Smart City）一词较早出现在 20 世纪 80 年代中期，是指在城市规划、设计、建设、管理与运营等领域中，通过物联网、云计算、大数据、空间地理信息集成等智能计算技术的应用，使得城市管理、教育、医疗、房地产、交通运输、公用事业和公众安全等城市组成的关键基础设施组件和服务更互联、高效和智能，从而为市民提供更美好的生活和工作服务，为组织创造更有利的商业发展环境，为政府赋能更高效的运营与管理机制。系统感知、传递可靠、高度智能等是智慧城市重要特征。①系统感知。更加全面、更加系统地感知是智慧城市发展的基础也是其基本特性，以使得城市中需求感知的人和物可实现相互感知，且可随时获得所需求的各种信息及数据。物联网通过一些设备与传感器相连接，可保证智慧城市内的一切动态被实时感知与协调。②传递可靠。在实现全面的互联之后形成可靠的传递是智慧城市发展的基础特征之一，并且这使得各种信息的采集及控制能做到可靠传递。要做到可靠的信息传递，物联网的互联性必不可少。试想一下，在物联网的帮助下，各类传感器敏捷采集数据，使得整个城市的各类公开信息都能唾手可得。③高度智能。更具深度及更具智能的信息管控能力是智慧城市的又一基础特征，对收集系统收集到的各类信息进行快速、准确、有效的处理，并做出智能控制管理。物联网的信息收集功能和极强的信息处理功能可对物体进行有效的智能管理。

物联网与智慧城市特征的高度重合，证明了智慧城市是物联网集中应用的平台之一，也是物联网技术综合应用的典范，是由 N 个物联网功能单元组合而成的更大的示范工程，承载和包含着几乎所有的物联网、云计算等相关技术。通过传感技术，实现对城市管理中的能源生产、运输、转换及消耗的监测和全面感知，实时智能识别、立体感知城市能源各方面情况。

2. 城市物联网应用场景

智慧城市是物联网解决方案的主要应用场景之一。物联网在智慧城市发展中的应用涉及从市政管理智能化、农业园林智能化、医疗智能化、楼宇智能化、交通智能化到旅游智能化及其他应用智能化等方面，均离不开物联网技术。物联网技术采集特定数据，然后数据被用于改善城市的营运，优化城市服务的效率并与市民连接。典型应用领域包括智慧物流、智能交通、智能安防、智慧能源环保、智能医疗、智能建筑、智能家居和智能零售等。

1）智慧物流

智慧物流是新技术应用于物流行业的统称，指的是以物联网、大数据、人工智能等信息技术为支撑，在物流的运输、仓储、包装、装卸、配送等各个环节实现系统感知、全面分析及处理等功能。智慧物流的实现能大大地降低各行业的运输成本，提高运输效率，提升整个物流行业的智能化和自动化水平。智慧物流的应用场景包括三个主要方向，即仓储管理、运输监测、冷链物流等。①仓储管理。仓储管理通常采用基于 LoRa（Long Range Radio，远距离无线电）、NB-IoT（Narrow Band Internet of Things，窄带物联网）等传输网络的物联网仓库管理信息系统，完成收货入库、盘点、调拨、拣货、出库以及整个系统的数据查询、备份、统计、报表生产及报表管理等任务。尤其在无人仓、智能立体库、金融监管库里面，有大量的物联网设备，通过物联网设备实时监控货品的状态，指引设备运营。②运输监测。实时监测货物运输中的车辆行驶情况以及货物运输情况，包括货物位置、状态环境以及车辆的油耗、油量、车速及刹车次数等驾驶行为。③冷链物流。冷链物流对温度要求比较高，温湿度传感器可将仓库、冷链车的温度实时传输到后台，便于监管。

2）智能交通

智能交通是物联网的一种重要体现形式，利用信息技术将人、车和路紧密地结合起来，改善交通运输环境、保障交通安全以及提高资源利用率。运用物联网技术的具体应用领域，包括智能公交车、共享单车、车联网、智慧停车以及智能红绿灯等。①智能公交车。结合公交车辆的运行特点，建设公交智能调度系统，对线路、车辆进行规划调度，实现智能排班。②共享单车。运用带有全球定位系统（Global Positioning System，GPS）或北斗、NB-IoT 模块的智能锁，通过应用程序相连，实现精准定位、实时掌控车辆状态等。③车联网。利用先进的传感器及控制技术等实现自动驾驶或智能驾驶，实时监控车辆运行状态，降低交通事故发生率。④智慧停车。通过安装地磁感应设备，连接进入停车场的智能手机，实现停车自动导航、在线查询车位等功能。⑤智能红绿灯。依据车流量、行人及天气等情况，动态调控灯信号，来控制车流，提高道路承载力。⑥汽车电子标识。采用射频识别（Radio Frequency Identification，RFID）技术，实现对车辆身份的精准识别、车辆信息的动态采集等功能。⑦充电桩。通过物联网设备，实现充电桩定位、充放电控制、状态监测及统一管理等功能。⑧高速无感收费。通过摄像头识别车牌信息，根据路径信息进行收费，提高通行效率、缩短车辆等候时间等。

3）智能安防

传统安防对人员的依赖性比较大，非常耗费人力，而智能安防能够通过设备实现智能判断。目前，智能安防最核心的部分在于智能安防系统，该系统是对拍摄的图像进行传输与存储，并对其进行分析与处理。一个完整的智能安防系统主要包括三大部分，即门禁、监控和报警，行业中主要以视频监控为主。①门禁系统。主要以感应卡、指纹、虹膜以及面部识别等为主，有安全、便捷和高效的特点，能联动视频抓拍、远程开门、手机位置探测及轨迹分析等。②监控系统。监控系统主要以视频为主，通过视频实时监控，使用摄像头进行抓拍记录，将视频和图片进行数据存储和分析，实现实时监测并确保安全。③报警系统。报警系统主要通过报警主机进行报警，同时可以将语音模块以及网络控制模块置于报警主机中，缩短报警响应时间。

4）智慧能源环保

智慧能源环保物联网应用主要集中在水能、电能、燃气、路灯等能源和用电装置以及井盖、垃圾桶等环保装置。如智慧井盖可用于监测水位及其状态，智能水电表可实现远程抄表，智能垃圾桶可实现自动感应等。将物联网技术应用于传统的水、电、光能设备，通过联网进行监测，从而提高利用效率，减少能源损耗。①智能水表。利用先进的 NB-IoT 技术，可远程采集用水量以及提供用水提醒等服务。②智能电表。自动化、信息化的新型电表，具有远程监测用电情况并及时反馈等功能。③智能燃气表。通过网络技术将用气量传输到燃气集团，无须入户抄表，即可实现显示燃气用量及用气时间等功能。④智慧路灯。通过给路灯搭载传感器等设备，实现远程照明控制以及故障自动报警等功能。

5）智能医疗

在智能医疗领域，新技术的应用必须以人为中心。而物联网技术是获取数据的主要途径，能有效地帮助医院实现对人和物的智能化管理。对人的智能化管理指的是通过传感器对人的生理状态（如心跳频率、体力消耗、血压高 / 低等）进行监测，主要指的是通过医疗可穿戴设备，将获取的数据记录到电子健康文件中，方便病人或医生查阅。除此之外，对物的智能化管理指的是通过 RFID 技术对医疗设备、物品进行监控与管理，实现医疗设备和用品的可视化，主要用于实现为数字化医院。

6）智慧建筑

建筑是城市的基石，技术的进步促进了建筑的智能化发展，以物联网等新技术为主的智慧建筑越来越受到人们的关注。当前的智慧建筑主要体现在节能方面，用设备进行感知和数据传输，从而实现远程监控，不仅能够节约能源也能减少楼宇人员的运维工作量。根据亿欧智库的调查，目前智慧建筑主要体现在照明用电、消防监测、智慧电梯、楼宇监测以及运用于古建筑领域的白蚁监测。

7）智能家居

智能家居指的是使用不同的方法和设备来提高人们的生活能力，使家庭变得更舒适、安全和高效。物联网应用于智能家居领域，能够对家居类产品的位置、状态和变化进行监测，通过分析其变化特征并结合人的需求，在一定程度上进行反馈。智能家居行业的发展主要分为三个阶段：单品连接、物物联动和平台集成。智能家居的发展方向首先是连接智能家居单品，然后是实现不同单品之间的联动，最后向智能家居系统平台发展。

（8）智能零售

零售行业按照距离将零售分为三种不同的形式：远场零售、中场零售和近场零售，三者分别以电商、商场和超市、便利店和自动售货机为代表。物联网技术可以用于近场和中场零售，且主要应用于近场零售，即无人便利店和自动（无人）售货机。智能零售通过将传统的售货机和便利店进行数字化升级与改造，打造无人零售模式。通过数据分析并充分运用门店内的客流和活动，可以为用户提供更好的服务，可以使商家提高经营效率。

1.3　产业现代化

党的十九届五中全会着眼 2035 年基本实现社会主义现代化，提出"关键核心技术实现重大突破，进入创新型国家前列"的远景目标。建设创新型国家，完善科技创新体系是关键。当前，我国经济发展正处于转型升级的关键时期，突破一系列瓶颈，解决深层次矛盾问题的根本出路和动力在于把发展基点放在创新上，发挥科技创新在全面创新中的引领作用，通过建设科技强国，全面塑造发展新优势。

1.3.1　农业农村现代化

实现农业农村现代化是全面建设社会主义现代化国家的重大任务，需要将先进技术、现代装备、管理理念等引入农业，将基础设施和基本公共服务向农村延伸覆盖，提高农业生产效率，改善乡村面貌，提升农民生活品质，促进农业全面升级、农村全面进步、农民全面发展。

1. 农业现代化

农业现代化是用现代工业装备农业，用现代科学技术改造农业，用现代管理方法管理农业，用现代科学文化知识提高农民素质的过程；是建立高产、优质、高效农业生产体系，把农业建成具有显著经济效益、社会效益和生态效益的可持续发展的农业的过程；也是大幅度提高农业综合生产能力，不断增加农产品有效供给和农民收入的过程，同时，农业现代化又是一种手段。

农业信息化是农业现代化的重要技术手段。所谓农业信息化是指利用现代信息技术和信息系统为农业产供销及相关的管理和服务提供有效的信息支持，以提高农业的综合生产力和经营管理效率的过程；就是在农业领域全面地发展和应用现代信息技术，使之渗透到农业生产、市场、消费以及农村社会、经济、技术等各个具体环节，加速传统农业改造，大幅度地提高农业生产效率和农业生产力水平，促进农业持续、稳定、高效发展的过程。农业信息产业化是发展"一优两高"农业的需要，是农民进入市场的需要，是推进农村社会化服务的需要，是农业信息部门转变职能、自我发展的需要，是农村经济发展的必然趋势。它是以信息化的方式改造传统农业，把农业发展推进到更高阶段，实现信息时代的农业现代化。

2. 乡村振兴战略

近年来我国加快实施数字乡村战略，深入推进"互联网＋农业"，扩大农业物联网示范应用。持续推进重要农产品全产业链大数据建设，加强国家数字农业农村系统建设。实施"互联网＋"农产品出村进城工程。全面推进信息进村入户，依托"互联网＋"推动公共服务向农村延伸。"十四五"时期，我国开启全面建设社会主义现代化国家新征程，为加快农业农村现代化带来难得机遇。政策导向更加鲜明，全面实施乡村振兴战略，将为推进农业农村现代化提供有力保障。生物技术、信息技术等加快向农业农村各领域渗透，乡村产业加快转型升级，数字乡村建设不断深入，将为推进农业农村现代化提供动力支撑。

随着数字技术与农业农村的加速融合，不断涌现出新技术、新产品和新模式。推进农业农村数字化发展，重点是完善农村信息技术基础设施建设，加快数字技术推广应用，让广大农民共享数字经济发展红利。围绕数字赋能农业农村现代化建设，重点将围绕建设基础设施、发展智慧农业和建设数字乡村等方面。

（1）加强基础设施建设。一手抓新建、一手抓改造，提出推动农村千兆光网、5G、移动物联网与城市同步规划建设，提升农村宽带网络水平，推动农业生产加工和农村基础设施数字化、智能化升级。

（2）发展智慧农业。建立和推广应用农业农村大数据体系，推动物联网、大数据、人工智能、区块链等新一代信息技术与农业生产经营深度融合，建设一批数字田园、数字灌区和智慧农（牧、渔）场，不断提高农业发展数字化水平，让农业资源利用更加合理、农业经营管理更加高效。

（3）建设数字乡村。构建线上线下相结合的乡村数字惠民便民服务体系，推进"互联网＋"政务服务向农村基层延伸，深化乡村智慧社区建设，促进农村教育、医疗、文化与数字化结合，提升乡村治理和服务的智能化、精准化水平。

1.3.2　工业现代化

"坚持自主可控、安全高效，推进产业基础高级化、产业链现代化，保持制造业比重基本稳定，增强制造业竞争优势，推动制造业高质量发展"是工业发展的重要战略。"深入实施智能制造和绿色制造工程，发展服务型制造新模式，推动制造业高端化智能化绿色化"是我国推动制造业优化升级的重点方向。

1. 新型工业化

新型工业化是发展经济学的概念，知识化、信息化、全球化、生态化是其本质特征。该概念始于 2002 年党的十六大，即："坚持以信息化带动工业化，以工业化促进信息化，走出一条科技含量高、经济效益好、资源消耗低、环境污染少、人力资源优势得到充分发挥的新型工业化路子。"习近平总书记强调：中国梦具体到工业战线就是加快推进新型工业化。新型工业化是现代化的必由之路，加快建设现代化产业体系是高质量发展的首要任务。推进新型工业化是党中央统筹中华民族伟大复兴战略全局和世界百年未有之大变局作出的重要决策部署。

1）发展历程

党的十六大报告中第一次提出走新型工业化道路的战略部署。

党的十七大报告指出，坚持走中国特色新型工业化道路。加快建立以企业为主体、市场为主导、产学研相结合的技术创新体系，大力推进信息化与工业化融合。

党的十八大报告提出，推动信息化和工业化深度融合、工业化和城镇化良性互动、城镇化和农业现代化相互协调，促进工业化、信息化、城镇化、农业现代化同步发展。

党的十九大报告提出，更好发挥政府作用，推动新型工业化、信息化、城镇化、农业现代化同步发展。

党的二十大报告提出，到 2035 年基本实现新型工业化，强调坚持把发展经济的着力点放在实体经济上，推进新型工业化，加快建设制造强国、质量强国、航天强国、交通强国、网络强国、数字中国。

2）关键特征

我国工业化的任务远未完成，但工业化必须建立在更先进的技术基础上。坚持以信息化带动工业化，以工业化促进信息化，是我国加快实现工业化和现代化的必然选择。要把信息产业摆在优先发展的地位，将高新技术渗透到各个产业中去。这是新型工业化道路的技术手段和重要标志。与传统的工业化相比，新型工业化有三个重要突破方向：①以信息化带动的、实现跨越式发展的工业化；②增强可持续发展能力的工业化；③充分发挥我国人力资源优势的工业化。

2. 智能制造

智能制造（Intelligent Manufacturing，IM）是基于新一代信息通信技术与先进制造技术深度融合，贯穿于设计、生产、管理、服务等制造活动的各个环节，具有自感知、自学习、自决策、自执行、自适应等功能的新型生产方式。智能制造是一项重要的国家战略，也是各个国家推动新一代工业革命的关注焦点。

　　智能制造是一种由智能机器和人类专家共同组成的人机一体化智能系统，它在制造过程中能进行智能活动，诸如分析、推理、判断、构思和决策等。通过人与智能机器的合作共事，去扩大、延伸和部分地取代人类专家在制造过程中的脑力劳动。它把制造自动化的概念更新，扩展到柔性化、智能化和高度集成化。

　　智能制造的建设是一项持续性的系统工程，涵盖企业的方方面面。GB/T 39116《智能制造能力成熟度模型》明确了智能制造能力建设服务覆盖的能力要素、能力域和能力子域，如图 1-5 所示。

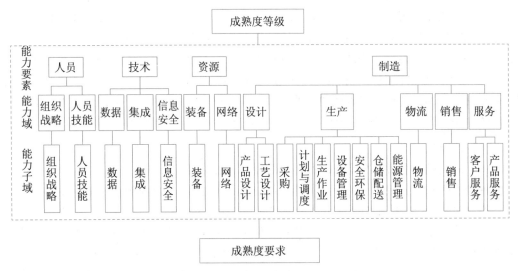

图 1-5　智能制造能力成熟度模型

　　能力要素提出了智能制造能力成熟度等级提升的关键方面，包括人员、技术、资源和制造。人员包括组织战略、人员技能 2 个能力域。技术包括数据、集成和信息安全 3 个能力域。资源包括装备、网络 2 个能力域。制造包括设计、生产、物流、销售和服务 5 个能力域。设计包括产品设计和工艺设计 2 个能力子域；生产包括采购、计划与调度、生产作业、设备管理、安全环保、仓储配送、能源管理 7 个能力子域；物流包括物流 1 个能力子域；销售包括销售 1 个能力子域；服务包括客户服务和产品服务 2 个能力子域。

　　GB/T 39116《智能制造能力成熟度模型》还规定了企业智能制造能力在不同阶段应达到的水平。成熟度等级分为五个等级，自低向高分别是一级（规划级）、二级（规范级）、三级（集成级）、四级（优化级）和五级（引领级）。较高的成熟度等级涵盖了低成熟度等级的要求，如图 1-6 所示。

- 一级（规划级）。企业应开始对实施智能制造的基础和条件进行规划，能够对核心业务活动（设计、生产、物流、销售、服务）进行流程化管理。
- 二级（规范级）。企业应采用自动化技术、信息技术手段对核心装备和业务活动等进行改造和规范，实现单一业务活动的数据共享。

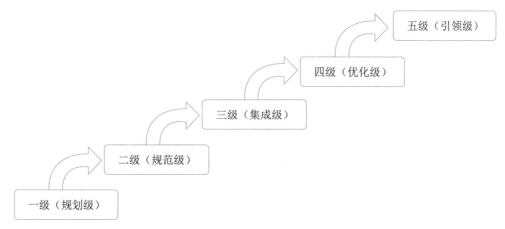

图 1-6　智能制造能力成熟度等级

- 三级（集成级）。企业应对装备、系统等开展集成，实现跨业务活动间的数据共享。
- 四级（优化级）。企业应对人员、资源、制造等进行数据挖掘，形成知识、模型等，实现对核心业务活动的精准预测和优化。
- 五级（引领级）。企业应基于模型持续驱动业务活动的优化和创新，实现产业链协同并衍生新的制造模式和商业模式。

1.3.3　服务现代化

　　服务现代化是使用信息技术手段，推动服务的效能提升、质量提高、风险降低和成本优化，也包括基于信息环境下的服务创新。以现代服务业为代表的服务模式变革，正在改变人们的生活模式、消费体验等。现代服务业是相对于传统服务业而言，适应现代人和现代城市发展的需求，而产生和发展起来的具有高技术含量和高文化含量的服务业。现代服务业主要包括四大类：①基础服务（包括通信服务和信息服务）；②生产和市场服务（包括金融、物流、批发、电子商务、农业支撑服务以及中介和咨询等专业服务）；③个人消费服务（包括教育、医疗保健、住宿、餐饮、文化娱乐、旅游、房地产、商品零售等）；④公共服务（包括政府的公共管理服务、基础教育、公共卫生、医疗以及公益性信息服务等）。

1. 融合形态

　　以先进制造业与现代服务业融合发展为例。在工业化后期，服务业内部结构调整加快，新型业态开始出现，广告、咨询等中介服务业、房地产、旅游、娱乐等服务业发展较快，生产和生活服务业互动发展，催生了先进制造业与现代服务业的融合，主要表现出结合型融合、绑定型融合和延伸型融合。

　　（1）结合型融合。结合型融合是指在制造业产品生产过程中，中间投入品中服务投入所占的比例越来越大，如在产品中的市场调研、产品研发、员工培训、管理咨询和销售服务的投入日益增加；同时，在服务业最终产品的提供过程中，中间投入品中制造业产品投入所占比重也越来越大，如在移动通信、互联网、金融等服务提供过程中无不依赖于大量的制造业"硬件"

投入。这些作为中间投入的制造业或制造业产品，往往不出现在最终的服务或产品中，而是在服务或产品的生产过程中与之结合为一体。发展迅猛的生产性服务业，正是服务业与制造业结合型融合的产物，服务作为一种软性生产资料正越来越多地进入生产领域，促使制造业生产过程的"软化"，并对提高经济效率和竞争力产生重要影响。

（2）绑定型融合。绑定型融合是指越来越多的制造业实体产品必须与相应的服务产品绑定在一起使用，才能使消费者获得完整的功能体验。消费者对制造业产品的需求已不仅仅是有形产品，而是从产品的购买、使用、维修、报废、回收全生命周期的服务保证，产品的内涵已经从单一的实体扩展到提供全面解决方案。很多制造业的产品就是为了提供某种服务而生产，如通信产品与家电等；部分制造企业还将技术服务等与产品一同出售，如电脑与操作系统软件等。在绑定型融合过程中，服务正在引导制造业部门的技术变革和产品创新，服务的需求与供给指引着制造业的技术进步和产品开发方向，如对拍照、发电邮、听音乐等服务的需求，推动了由功能单一的普通手机向功能更强的多媒体手机升级。

（3）延伸型融合。延伸型融合是指以体育文化产业、娱乐产业为代表的服务业引导周边衍生产品的生产需求，从而带动相关制造产业的共同发展。电影、动漫、体育赛事等能够带来大量的衍生品消费，包括服装、食品、玩具、装饰品、音像制品、工艺纪念品等实体产品，这些产品在文化、体育和娱乐产业周围构成一个庞大的产业链，这个产业链在为服务业供应商带来丰厚利润的同时，也给相关制造产业带来了巨大商机，从而把服务业同制造业紧密结合在一起，推动着整个连带产业共同向前发展。

2. 消费互联网

消费互联网对消费影响最明显的特点是，从商品消费逐渐向服务型消费转变，无论是经济增长还是消费升级，服务贸易的比重会越来越大，数字和服务对未来经济和生活的影响作用也会越来越突出。它是以个人为用户，以日常生活为应用场景的应用形式，满足消费者在互联网中的消费需求而生的互联网类型。消费互联网以消费者为服务中心，针对个人用户提升消费过程中的体验，在人们的阅读、出行、娱乐、生活等诸多方面进行改善，让生活变得更方便、更快捷。消费互联网的本质是个人虚拟化和增强个人生活消费体验。

消费互联网依托于强大的信息与数据处理能力以及多样化的移动终端，在电子商务、社交网络、搜索引擎等行业出现规模化发展态势并形成各自的生态圈，奠定了稳定的行业发展格局。消费互联网具有的属性包括：

- 媒体属性。消费互联网是由自媒体、社会媒体以及资讯为主的门户网站组成。
- 产业属性。消费互联网是由在线旅行和为消费者提供生活服务的电子商务等其他组成的。

这些属性影响着人们的生活方式，渗透到人们生活的各个领域，改善消费体验等。

近年来，我国以网络购物、移动支付、线上线下融合等新业态新模式为特征的新型消费迅速发展，特别是新冠疫情发生以来，传统接触式线下消费受到影响，新型消费发挥了重要作用，有效保障了居民的日常生活需要。

社交网络的出现，极大地推动了社会化信息的传播效率。社交网络中每个用户实际上是一个点，一个网络上有无数的点；点与点之间相连成线，线与线之间相连成网。社交网络本身具有发散性，发散性是指信息的扩散速度。伴随社交网络出现的社交圈，并不仅仅只是发散性，还体现出一定的聚集性。社交圈会因特定的因素而聚集，从而带来了新型网络经济，如网络商城、快递、餐饮外卖、网红带货等，成就了社交网络的消费互联网的核心地位。

消费互联网不仅仅给人们带来了生活方式的变化和生活质量的提高，还推动了社会生活的深层变革，也就是"无身份社会"的建立。互联网环境下的"无身份社会"不仅使社会活动更加快捷，还提高了经济效能，相关参与者可以不用消耗时间、精力来完成共同参与者的"身份认定"，这是因为互联网搭建了更高层级的信任校验模式，其通过数据记录、存储、整合与共享等方面的能力，实现了社会活动在一定程度上的复杂校验和过程可回溯，正是这种天然模式，进一步强化了"无身份社会"的发展进程。

数字技术在消费领域的场景应用得到了多元拓展。新冠疫情后，消费者日益习惯在数字空间进行消费、娱乐和社交，为不断拓展多元、新型的数字消费场景奠定了基础。因此，消费互联网经济未来仍有广阔前景，消费领域平台组织可以充分挖掘经济与社会潜力，增加优质产品和服务供给，并为消费者实现数字化生活方式提供高效连接，创造和普及消费新场景，培育消费新行为和新需求。同时，加快发展线下向"上"融合和线上向"下"拓展的双向消费形态。

1.4　数字化转型

随着众多信息通信新技术的迅速发展与普及应用，信息空间成长为第三空间，并与物理空间和社会空间共同构成人类社会的三元空间。新一轮科技革命与产业革命交互演进，面向组织的战略发展、业务模式、生产管理、运行管理等全方位的数字化转型，已成为数字经济时代广大组织的必选题。以云计算、大数据、人工智能等为代表的新一代信息技术发展迅猛，成为驱动组织数字化转型的关键要素。组织需要通过深化应用数字技术，打造敏捷、韧性、创新的数字化能力，重构传统业务流程和价值链，推动实现全要素、全链条、全层级的数字化转型。

1.4.1　驱动因素

数字化转型（Digital Transformation）是建立在数字化转换、数字化升级基础上，进一步触及组织核心业务，以新建一种业务模式为目标的高层次转型。数字化转型是开发数字化技术及支持能力以新建一个富有活力的数字化商业模式，只有组织对其业务进行系统性、彻底的（或重大和完全的）重新定义，而不仅仅是 IT，而是对组织活动、流程、业务模式和员工能力的方方面面进行重新定义的时候，成功才会得以实现。

从全球视角来看，当前国际社会的主要矛盾聚焦在发达国家企图垄断市场、资源和技术与发展中国家的发展愿望之间的矛盾。发达国家生产力没有飞跃式发展（第四次科技革命姗姗来迟），世界范围内的市场、资源开发程度越来越充分，众多发展中国家想进一步改善人民生活，进一步参与到世界市场和资源的竞争中。纵观历史，无论是国际竞争关系、产业转型升级和新经济发展，还是当前我国社会主要矛盾变化带来的新特征、新要求，都有其发展规律和演进范式，即"生产力飞跃、生产要素变化、信息传播效率突破和社会'智慧主体'规模扩容的叠加，将会促使人类社会生产关系的创新变革，最终引发经济与民生的深层发展"。这个范式驱动完成了原始经济到农业经济，再到工业经济的转型过程，同样会驱动工业经济向数字经济的转型。

1. 第四次科技革命

科学技术是第一生产力，近代人类发展过程中，已经完成了三次科技革命，正在经历第四次科技革命，每次科技革命都对应一个科学范式，其深刻影响着世界格局的变化，是人类社会发展的根本动力，也是国际社会主要矛盾的发源地。

第一科学范式为经验范式。它偏重于经验事实的描述和明确具体的、实用性的科学研究范式。在研究方法上以归纳为主，带有较多盲目性的观测和实验。第二科学范式为理论范式。它主要指偏重理论总结和理性概括，强调较高普遍的理论认识而非直接实用意义的科学研究范式。第三科学范式为模拟范式。它是一个由数据模型构建、定量分析方法以及利用计算机来分析和解决科学问题的研究范式。第四科学范式为数据密集型研究范式。它针对数据密集型科学，是由传统的假设驱动向基于科学数据进行探索的科学方法转变而生成的科学研究范式。其研究方法是基于计算机生产实践产生的数据，按照驱动理论获得猜想与假设，完成数据自动化的计算和原理探索，即由计算机实施第一、第二、第三科学范式。第四范式通过新型信息技术的数据洞察，从大数据中自动化挖掘实践经验和理论原理并自行开展模拟仿真，完成基于数据的自决策和自优化，这极大地繁荣了应用科学技术。

2. 数据要素的诞生

数据是与土地、劳动力、资本和技术并列的主要生产要素，表明数据将会是未来社会数字化、智能化发展的重要基础。数据是一项重要的经济资源，其对经济社会的全面持续发展、经济组织转型和参与个体生活质量非常重要且不可或缺。数据记载信息，信息融合知识，知识孕育智慧，过去人们已经持续了几十年的信息化建设，人们把智慧解构成知识，把知识分解为信息，把信息拆解为数据。随着人工智能、区块链和大数据等技术的出现，过去分散在各个环节的数据，重新归集为显性信息、知识和智慧，数据的经济价值越发凸显，因此数据对我国高质量发展的作用，与土地、设备、原材料、资本、劳动、技术同等重要，具备了单列为生产要素的现实条件。

3. 信息传播效率突破

随着科学技术的发展，各种网络服务随之而来，互联网社交网络就是其中之一。人们的日常生活逐渐从现实社交网络转移到互联网虚拟社交网络中。互联网社交网络下，人们可以跟不在身边的朋友进行面对面的交流，还可以寻找有共同爱好的陌生人。从而形成在线社区，构成了庞大的社交网络平台，为用户提供便捷交流的渠道。

社交网络信息传输具有永生性、无限性、即时性以及方向性的特征。永生性指尽管在传播过程中可以控制信息，但它并不会被破坏或者消灭。比如：收到一条信息，且尚未传播该消息，但该消息实实在在地存在，信息的载体还可以继续传播。无限性是指信息可以像病毒一样无限地传播下去。即时性是社交网络信息传播的速度从通信器向接收者传播信息的时间大幅缩短，甚至可以忽略。方向性意味着信息传播具有目的性，某些信息的传播仅是为了传递给特定的人。

随着互联网的发展，在互联网上传播信息已成为信息扩散的主要渠道。互联网的特性是信息可以跨越时间和地理障碍在网络上迅速传播。

4. 社会"智慧主体"快速增加

过去，我们认为的"智慧主体"都是自然人，复制一个"智慧主体"的难度很大，需要教育、培育、培养等众多的手段方法。同时，其周期也较为漫长，培育一个自然人的"智慧主体"，往往需要超过 20 年的时间。另外，智慧融合也需要经历漫长而复杂的交互环境以及自然环境因素等限制，都制约了社会"智慧主体"规模的扩大与繁荣，从而使互联网的节点容量出现瓶颈，随着社会的进一步演进，这种瓶颈会阻碍人类社会的高质量建设，影响人类社会的进一步发展和演进。

现在，社会的"智慧主体"已经不单纯是自然人，它可以是一个互联网账号、一台自动驾驶的汽车、一部智能手机，或者是工厂中的一套智能机器人。这些新兴"智慧主体"具有不同于自然人的全量社会化活动模式，如消费选择等，但其在数据生产、数据开发利用、劳动力贡献和决策能力等方面，具备了自然人很多关键特征，不知不觉中已经让这些新主体参与到了人们社会活动的方方面面，乃至与自然人享有同等的社会空间，如未来某一时刻无人驾驶的汽车主体与自然人道路参与主体享有同等的道路权。

新兴的"智慧主体"具备较强的可复制性、自我学习能力、更加广泛的连接能力和更加标准的交互手段等。新兴"智慧主体"规模和种类的快速扩张，会引发人类社会的深层次变革，改变自然人主体的劳动方式，劳动密集型的社会劳动逐步消退、智力密集型的社会劳动持续强化，自然人"智慧主体"甚至会全面退出生产制造过程领域，让自然人的竞争力聚焦在新兴"智慧主体"不会具备的领域。这个领域是以"服务"为典型代表，因为该领域会面对更加复杂的交互过程、更多的风险融合应对和情感因素管控等。

1.4.2　基本原理

随着经济与社会的持续发展，同领域相关参与者因为数量的持续增多和发展水平趋于一致等，再加上我国处在中高速发展阶段，这些因素共同导致了经济与社会的竞争越来越充分，甚至越来越激烈。随着我国社会主要矛盾从人民日益增长的物质文化需要同落后的社会生产之间的矛盾，转变为人民日益增长的美好生活需要和不平衡、不充分的发展之间的矛盾，以及信息时代带来的信息高效、充分且大规模传播，信息对象过程加速，乃至出现信息淹没等情况，这进一步加剧了经济与社会参与者的竞争，这表现在产品和服务的生命周期迭代越来越快，组织运行决策越来越高效，组织的转型升级周期越来越短，组织的业务发展越来越敏捷等。

传统发展视角下，组织为提升自身的竞争力，往往通过优化组织结构体系（如组织结构扁平化），提升工艺技术与装备（如应用新技术或自动化装备），降低业务成本（如人员容量、材料成本、加工成本等）等方式展开，这种优化与提升从某种程度上实现了对组织竞争力和竞争优势的保持和增强。这种发展模式下，组织通过治理和管理体系强化组织的协同性和创新力，并降低组织风险；通过减少客户个性选择来驱动业务规模化发展，以优化产品生产和服务交付成本。

数字经济时代，经济与社会竞争的进一步加剧，传统发展视角下的竞争力与竞争优势的保持和增强方法，越来越难以支撑组织的发展需求，主要体现在：

- 决策瓶颈。以组织架构构建的治理与管理体系决策效率容易遇到瓶颈，并且组织规模越大、行政层级越多、决策效率效能越容易达到瓶颈。
- 变革制约。组织变革是一项系统工程，这不仅仅包括新组织、新工艺、新产品、新营销等的策划、规划和设计等，其部署落实也是一组复杂的工作，变革的效能常常受组织文化、人员技能、技术现状等方面的制约，太多的变革一致性无法解决。
- 知识资产流失。组织研发或沉淀的各类经验，如使用传统的知识体系（如用文档资料管理），容易随着人员流动而流失，这是因为传统知识方法需要相关人员全部掌握。
- 需求响应延迟。组织为了有效地控制成本，最常用的方法是固化管理和工艺等，通过"简单可复制"的模式，达到一致性和成本最优化，这会导致组织对客户或服务对象的个性化需求延迟满足乃至放弃满足。

组织的数字化转型就是基于组织既有的治理与管理体系、工艺路径和产品技术、服务活动定义等，打造更加高效的决策效率、更灵活的工艺调度、更多元的产品与服务技术应用和更丰富的业务模式等。数字化转型需要组织结合信息技术的开发利用，对组织完成深层次变革，可参考如图1-7所示的模型。

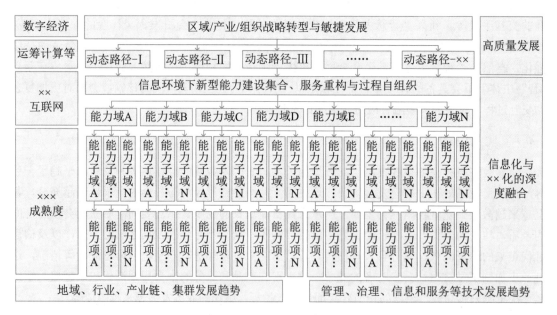

图 1-7　数字组织运行参考框架

1. 能力因子定义和数字化"封装"

实施数字化转型，组织需要把各项能力和活动进行清晰的结构化并定义，形成细化的可灵活调度和编排的能力因子，这些能力因子是有层次或可组合的，如能力域、能力子域、能力项、能力分项、能力子项等，对于数字化转型不同成熟度的组织来说，主要体现在能力因子定义颗粒度、学科性和有效性等方面。

能力因子的定义可驱动组织的管理精细化，更重要的是能够实现对这些能力因子的数字化"封装"，这种封装不只是对业务流程、工艺过程和技术内容的"包装"，而是需要向具体活动的人员、技术（含内部控制等）、资源、数据、流程（过程和动作）的模块化"封装"，打造基于数据的标准化输入与输出，形成类似信息化系统中的对象、类、模块等组件。在工业类组织中体现为数字装备、数字化管理单元、数字产品等，其目的是实现"智能 +"。

2. 基于"互联网 +"的调度和决策

实施数字化转型，组织需要在既有治理与管理体系、工艺体系、服务体系、产品体系的基础上，通过使用"互联网 +"的模式，将组织沉淀的各类知识经验进行数字化提炼，形成数字算法、模型和框架等，以信息系统能够理解和使用的方式，让调度和决策脱离"自然人"，从而提高调度和决策的效率及其科学性。这部分工作是数字化转型中的一项持续性工作，其科技含量比较高，也是组织数字化转型中的难点，主要体现在：

- 业务融合。将知识经验形成数字化调用模式，需要业务和信息技术的充分融合，需要实施这些工作的业务人员具备一定的数字技能，或者信息技术人员能够深入理解业务。
- 持续坚持。通过数字模式开展决策与调度活动，开始时的效果、效率、效能并不一定理想，这就需要组织能够持续坚持，通过持续改进活动，提升数据模式的价值。
- 文化冲突。调度与决策的科学化、敏捷化，依赖组织的知识沉淀，这就需要组织解决文化冲突，引导组织成员适应数字化带来的各种变化，积极贡献知识经验，消除自我成长顾虑以及驾驭数字的"恐惧"等。
- 效果判别。通常情况下，治理和管理关注判断与决策的正确性，执行操作关注过程的精确性，而使用数字模式实施决策和调度时，其精确性被凸显出来，对决策和调度的数据及应用过程提出了更高的要求，需要组织投入更多的智力资源。

3. 转型控制

数字化转型往往不是指一个结果的表达，而是一个持续的过程，组织需要有效地管控转型过程，无论是服务组织还是工业组织，都不能一蹴而就地完成转型升级。组织需要充分借鉴信息化与工业化、信息化与领域现代化等深度融合的最佳实践，结合自身的实际情况，持续建设、优化和改进数字化转型过程。

1.4.3　转型成熟度模型

对任何组织来说，数字化转型既是当前时期的重要发展战略，也是组织的各领域的转型发展，数字化转型能力成熟度国家标准 GB/T 43439《信息技术服务 数字化转型 成熟度模型与评估》给出了各类组织数字化转型的成熟度模型和转型路径等。

1. 成熟度模型

GB/T 43439 给出了组织数字化转型的模型框架（见图 1-8 所示），模型框架有成熟度等级、能力域和成熟度要求描述，其中能力域由能力子域构成。各类组织数字化转型主要涉及组织、技术、数据、资源、数字化运营、数字化生产和数字化服务。组织能力域包括组织建设、转型战略、流程管理和变革管理 4 个能力子域；技术能力域包括研发管理、技术创新、信息安全 3 个能力子域；数据能力域包括业务数据化、数据管理、数据资产、数据业务化 4 个能力子域；资源能力域包括基础设施、应用支撑资源、资金、知识 4 个能力子域；数字化运营能力域包括数字化营销、数字化财务、数字化供应链 3 个能力子域；数字化生产包括产品设计、工艺设计、计划调度、生产作业、质量管控、设备管理、仓储配送 7 个能力子域；数字化服务包括服务产品、服务能力、服务交付、服务运行 4 个能力子域。针对不同类型的组织及其基于所在行业的属性等，可对能力域或能力子域进行裁剪和补充。

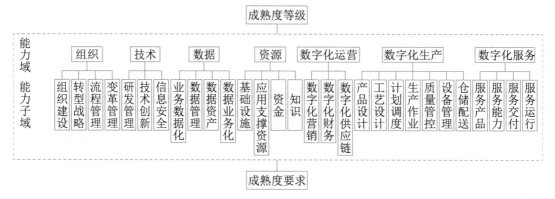

图 1-8　数字化转型能力成熟度模型

2. 成熟度等级

GB/T 43439 给出的数字化转型成熟度等级适用于根据组织现状和业务目标明确转型工作所要达成的成熟度等级目标，并根据目标等级的分级特征和要求制定详细的转型工作路径和各细项目标。成熟度等级分为五个等级，自低向高分别为一级、二级、三级、四级和五级，如图 1-9 所示。

数字化转型成熟度等级中的各级特征如下。

- 一级：组织应具备转型意识，开始对实施数字化转型的基础和条件进行规划，在运营、生产、服务等业务领域基于内外部需求开展数字化转型的探索工作。
- 二级：组织应对数字化转型的组织、技术、数据和资源进行规划，完成局部业务的数据收集、整合与应用，初步具备基于数据的运营和优化能力。
- 三级：组织应具备数字化转型总体规划并有序实施，完成关键业务的系统集成和数据交互，在运营、生产和服务领域实现基于数据的效率提升。

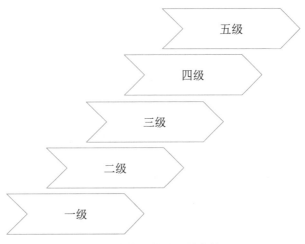

图 1-9　数字化转型成熟度等级

- 四级：组织应将数据作为支撑运营、生产和服务关键领域业务能力提升优化的核心要素，构建算法和模型为业务的相关方提供数据智能体验。
- 五级：组织应基于数据持续推动业务活动的优化和创新，实现内外部能力、资源和市场等多要素融合，构建独特的生态价值。

3. 能力发展路径

成熟度通常指事物发展到最高级或某理想目标状态过程中的一个成熟阶段。就信息技术与组织业务融合发展来看，大家通常将其成熟度定义为 5 个等级。在数字化转型等各领域中，虽然成熟度名称受行业领域的习惯影响，其能力定义的名称不同，但成熟度等级定义的基本内涵是相近的。

- 一级：以确立业务领域需要完成的主要工作为主，以及完成这些工作通常要开展哪些规范化建设，以及推动该领域数字化转型的基本策划的。
- 二级：侧重管理的精细化和流程化，并以解决业务领域的运行效率为聚焦点，强调在业务领域中，信息技术手段的使用（以数据为重点的部分）以及信息应用系统的部署（以流程为重点的部分）。
- 三级：侧重业务流域中部分职能、分工之间的协同一体化，以数据流动逐步替代业务流程化管理，强化集成平台化、数据平台化等对业务协同的优化和改革，以及对组织知识、技能的沉淀与创新的支撑等。
- 四级：侧重组织的敏捷能力建设，强调如何快速响应客户的各种服务需求，以数据模型应用与预测和快速决策为重点，驱动组织治理与决策体系的深度改革。
- 五级：侧重围绕组织生态一体化建设为重点，持续推进业务自组织、管理自组织、生产自组织、服务自组织等，以期通过自组织模式，强化对未知风险的应对能力。

以 GB/T 43439 中数字化运营能力域中的数字化营销能力子域为例，标准中给出的该能力发展路径基本要求如下。

- 一级：①应基于市场变化，利用信息技术手段进行客户需求管理；② 应利用信息技术手段管理销售订单和合同等信息。
- 二级：①应通过信息技术手段编制营销计划，覆盖营销各环节，根据市场反馈实现营销计划的迭代更新；②应通过信息技术手段实现对客户静态、动态信息的管理，形成数字化客户档案。
- 三级：①应基于区域市场、客户反馈、历史数据等进行统计分析，以此指导营销活动；②应建立销售、商务、生产与交付、研发与设计等与客户的交互规范，并开展客户满意度调查。
- 四级：①应综合运用各种渠道，实现线上线下协同，统一管理所有营销方式，并根据客户需求的变化情况进行预测，动态调整研发、采购、生产与交付等方案；②适用时，通过数字化技术实现与客户的深度交互、产品与服务的个性化定制；③应建立客户关系管理系统，开展客户分级分类评价、客户画像绘制等工作。
- 五级：①应动态跟踪客户战略和中长期发展计划，实现自身产品与服务的优化；②适用时，应通过虚拟现实等技术，建立满足营销过程中客户对产品与服务使用场景及使用方式的虚拟体验。

1.5 本章练习

1. 选择题

（1）关于信息的描述，不正确的是：_____。

    A. 信息是用来消除随机不定性的东西

    B. 信息量的单位为比特（bit）

    C. 在热力学中，信息是系统有序程度的度量

    D. 信息由符号组成，是抽象于物质的映射集合

参考答案：D

（2）关于信息系统的描述不正确的是：_____。

    A. 信息系统就是输入数据，通过加工处理，产生信息的系统

    B. 人员及数据处理规程是信息系统得以运行的外部环境

    C. 信息系统是管理模型、信息处理模型和系统实现条件的结合

    D. 信息系统的显著特点是面向管理和支持生产

参考答案：B

（3）_____不属于新型基础设施。

    A. 信息基础设施   B. 融合基础设施

    C. 创新基础设施   D. 多元基础设施

参考答案：D

（4）在先进制造业与现代服务业融合发展过程中，越来越多的制造业实体产品必须与相应

的服务产品一起使用，才能使消费者获得完整的功能体验。这种融合形态属于_____。

  A. 结合型融合   B. 绑定型融合

  C. 延伸型融合   D. 以上都不正确

参考答案：B

（5）组织应具备数字化转型总体规划并有序实施，完成关键业务的系统集成和数据交互，在运营、生产和服务领域实现基于数据的效率提升，这是 GB/T 43439 中数字化转型成熟度_____的特征。

  A. 一级   B. 二级   C. 三级   D. 四级

参考答案：C

2. 思考题

（1）请简述信息系统的五个基本功能。

（2）请简述数字化转型的基本原理。

参考答案：略

第 2 章　信息技术发展

信息技术是研究如何获取信息、处理信息、传输信息和使用信息的技术。信息技术是在信息科学的基本原理和方法下的关于一切信息的产生、信息的传输、信息的发送、信息的接收等应用技术的总称。从信息技术的发展过程来看，信息技术在传感器技术、通信技术和计算机技术的基础上，融合创新和持续发展，孕育和产生了物联网、云计算、大数据、区块链、人工智能和虚拟现实等新一代信息技术，成为支撑当今经济活动和社会生活的基石，代表着当今先进生产力的发展方向。

从宏观上讲，信息技术与信息化、信息系统是密不可分的。信息技术是实现信息化的手段，是信息系统建设的基础。信息化的巨大需求驱使信息技术高速发展，信息系统的广泛应用促进了信息技术的迭代创新。近年来，随着新一代信息技术的发展，使得信息及其相关的数据成为重要生产要素和战略资源，使得人们能更高效地进行资源优化配置，持续推动传统产业不断升级、社会劳动生产率的不断提升，从而带动全球信息化发展的浪潮、数字化发展的转型，新一代信息技术已成为世界各国竞相投资和重点发展的战略性产业。

2.1　信息技术及其发展

信息技术是以微电子学为基础的计算机技术和电信技术的结合而形成的，对声音、图像、文字、数字和各种传感信号的信息进行获取、加工、处理、储存、传播和使用的能动技术。按表现形态的不同，信息技术可分为硬技术（物化技术）与软技术（非物化技术）。前者指各种信息设备及其功能，如传感器、服务器、智能手机、通信卫星、笔记本电脑等。后者指有关信息获取与处理的各种知识、方法与技能，如语言文字技术、数据统计分析技术、规划决策技术、计算机软件技术等。

2.1.1　计算机软硬件

计算机硬件（Computer Hardware）是指计算机系统中由电子、机械和光电元件等组成的各种物理装置的总称。这些物理装置按系统结构的要求构成一个有机整体，为计算机软件运行提供物质基础。计算机软件（Computer Software）是指计算机系统中的程序及其文档，程序是计算任务的处理对象和处理规则的描述；文档是为了便于了解程序所需的阐明性资料。程序必须安装入机器内部才能工作，文档一般是给人看的，不一定安装入机器。

硬件和软件互相依存。硬件是软件赖以工作的物质基础，软件的正常工作是硬件发挥作用的重要途径。计算机系统必须要配备完善的软件系统才能正常工作，从而充分发挥其硬件的各种功能。硬件和软件协同发展，计算机软件随硬件技术的迅速发展而发展，而软件的不断发展与完善又促进了硬件的更新，两者密切交织发展，缺一不可。随着计算机技术的发展，在许多情况下，计算机的某些功能既可以由硬件实现，也可以由软件来实现。因此硬件与软件在一定意义上说没有绝对严格的界线。

1.计算机硬件

计算机硬件主要分为：控制器、运算器、存储器、输入设备和输出设备。

1）控制器

控制器（Controller）根据事先给定的命令发出控制信息，使整个电脑指令执行过程一步一步地进行。控制器是整个计算机的中枢神经，其功能是对程序规定的控制信息进行解释，根据其要求进行控制，调度程序、数据和地址，协调计算机各部分工作及内存与外设的访问等。

控制器的具体功能主要是：从内存中取出一条指令，并指出下一条指令在内存中位置，对指令进行译码或测试，并产生相应的操作控制信号，以便启动规定的动作；指挥并控制 CPU、内存和输入 / 输出设备之间数据流动的方向。

2）运算器

运算器（Arithmetic Unit）的功能是对数据进行各种算术运算和逻辑运算，即对数据进行加工处理。运算器的基本操作包括加、减、乘、除四则运算，与、或、非、异或等逻辑操作，以及移位、比较和传送等操作，亦称算术逻辑部件（ALU）。计算机运行时，运算器的操作和操作种类由控制器决定，运算器接受控制器的命令而进行动作，即运算器所进行的全部操作都是由控制器发出的控制信号来指挥的。

3）存储器

存储器（Memory）的功能是存储程序、数据和各种信号、命令等信息，并在需要时提供这些信息。存储器分为：计算机内部的存储器（简称内存）和计算机外部的存储器（简称外存）。内存储器从功能上可以分为：读写存储器 RAM、只读存储器 ROM 两大类；计算机的外存储器一般有：软盘和软驱、硬盘、光盘等，以及基于 USB 接口的移动硬盘、可擦写电子硬盘（优盘）等。

计算机存储容量以字节为单位，它们是：字节 B（1Byte=8bit）、千字节 kB（1kB=1024B）、兆字节 MB（1MB=1024kB）、吉字节 GB（1GB=1024MB）、太字节 TB（1TB＝1024GB）。

4）输入设备

输入设备（Input Device）是计算机的重要组成部分，输入设备与输出设备合称为外部设备，简称外设。输入设备的作用是将程序、原始数据、文字、字符、控制命令或现场采集的数据等信息输入计算机。常见的输入设备有键盘、鼠标、麦克风、摄像头、扫描仪、扫码枪、手写板、触摸屏等。

5）输出设备

输出设备（Output Device）也是计算机的重要组成部分，它把计算机的中间结果或最后结果、机内的各种数据符号及文字或各种控制信号等信息输出出来。计算机常用的输出设备有显示器、打印机、激光印字机和绘图仪等。

2.计算机软件

计算机软件分为系统软件、应用软件和中间件。如果把计算机比喻为一个人的话，那么硬件就表示人的身躯，而软件则表示人的思想或灵魂。一台没有安装任何软件的计算机被称为"裸机"。

1）系统软件

系统软件（System Software）是指控制和协调计算机及外部设备，支持应用软件开发和运行的系统，是无须用户干预的各种程序的集合。系统软件的主要功能是调度、监控和维护计算机系统，负责管理计算机系统中各种独立的硬件，使得它们可以协调工作。系统软件使得计算机使用者和其他软件将计算机当作一个整体而不需要顾及底层每个硬件是如何工作的。

2）应用软件

应用软件（Application Software）是用户可以使用的各种程序设计语言，以及用各种程序设计语言编制的应用程序的集合，分为应用软件包和用户程序。应用软件包是利用计算机解决某类问题而设计的程序的集合，供多用户使用。用户程序是为满足用户在不同领域、不同问题的应用需求而提供的软件。

3）中间件

中间件（Middleware）是处于操作系统和应用程序之间的软件。它使用系统软件所提供的基础服务（功能），衔接网络上应用系统的各个部分或不同的应用，能够达到资源共享和功能共享的目的。中间件是位于平台（硬件和操作系统）和应用之间的通用服务，这些服务具有标准的程序接口和协议。针对不同的操作系统和硬件平台，不管底层的计算机硬件和系统软件怎样更新换代，只要将中间件进行升级和更新，并保持中间件对外的接口定义不变，应用软件几乎无需任何修改，从而保证了应用软件的持续稳定运行。

2.1.2　计算机网络

在计算机领域中，网络就是用物理链路将各个孤立的工作站或主机连接在一起，组成数据链路，从而达到资源共享和通信的目的。计算机网络将地理位置不同的具有独立功能的多个计算机系统，通过通信设备和线路连接起来，结合网络软件（网络协议、信息交换方式及网络操作系统等），实现不同计算机资源之间的共享。

1. 通信基础

通信是指人与人、人与自然之间通过某种行为或媒体进行的信息交流与传递。电（光）通信是指由一地向另一地进行信息的传输与交换的传递过程。通信的目的是传递消息（Message）中包含的信息（Information）。连续消息是指消息的状态随时间变化而连续变化，如话音等；离散消息指消息的状态是离散的，如符号、数据等。

1）通信系统和模型

一个通信系统包括三大部分：源系统（发送端或发送方）、传输系统（传输网络）和目的系统（接收端或接收方），如图 2-1 所示。

2）现代通信的关键技术

从总体上看，通信技术实际上就是通信系统和通信网的相关技术。通信系统是指点对点通信所需的全部设施，而通信网是由许多通信系统组成的多点之间能相互通信的全部设施。现代的关键通信技术有数字通信技术、信息传输技术、通信网络技术等。

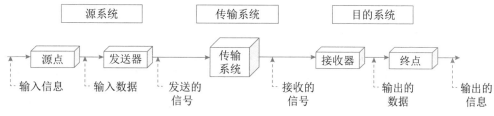

图 2-1　通信系统模型

- 数字通信技术：是用数字信号作为载体来传输消息，或用数字信号对载波进行数字调制后再传输的通信方式。它可传输电报、数字数据等数字信号，也可传输经过数字化处理的语声和图像等模拟信号。
- 信息传输技术：是主要用于管理和处理信息所采用的各种技术的总称，它主要是应用计算机科学和通信技术来设计、开发、安装和实施信息系统及应用软件；它也常被称为信息和通信技术。
- 通信网络技术：是指将各个孤立的设备进行物理连接，实现人与人、人与计算机、计算机与计算机之间进行信息交换的链路，从而达到资源共享和通信的目的。

2. 网络基础

从网络的作用范围可将网络类别划分为个人局域网（Personal Area Network，PAN）、局域网（Local Area Network，LAN）、城域网（Metropolitan Area Network，MAN）、广域网（Wide Area Network，WAN）。

- 个人局域网（PAN）。个人局域网是指在个人工作的地方把属于个人的电子设备（如便携式电脑等）用无线技术连接起来的自组网络，因此也常称为无线个人局域网WPAN（Wireless PAN）。从计算机网络的角度来看，PAN是一个局域网，其作用范围通常在10m左右。
- 局域网（LAN）。局域网通常指用微型计算机或工作站通过高速通信线路相连（速率通常在10Mb/s以上），其地理范围通常为1km左右，通常覆盖一个校园、一个单位、一栋建筑物等。
- 城域网（MAN）。城域网的作用范围可跨越几个街区甚至整个城市，其作用距离约为5～50km。
- 广域网（WAN）。广域网使用节点交换机连接各主机，节点交换机之间的连接链路一般是高速链路，具有较大的通信容量。广域网的作用范围通常为几十公里到几千公里，可跨越一个国家或一个洲进行长距离传输数据。

从网络的使用者角度可以将网络分为公用网（Public Network）和专用网（Private Network）。

- 公用网。公用网指电信组织出资建造的面向大众提供服务的大型网络，也称为公众网。

- 专用网。专用网指某个组织为满足特殊业务工作所建造的网络，这种网络不向本组织以外的人提供服务，如电力、军队、铁路、银行等均有本系统的专用网。

3. 网络设备

信息在网络中的传输主要有以太网技术和网络交换技术。网络交换是指通过一定的设备（如交换机等）将不同的信号或者信号形式转换为对方可识别的信号类型，从而达到通信目的的一种交换形式，常见的有数据交换、线路交换、报文交换和分组交换。在计算机网络中，按照交换层次的不同，网络交换可以分为物理层交换（如电话网）、链路层交换（二层交换——对 MAC 地址进行变更）、网络层交换（三层交换——对 IP 地址进行变更）、传输层交换（四层交换——对端口进行变更）（比较少见）和应用层交换。

在网络互连时，各节点一般不能简单地直接相连，而是需要通过一个中间设备来实现。按照 OSI 参考模型的分层原则，中间设备要实现不同网络之间的协议转换功能。根据它们工作的协议层的不同进行分类，网络互连设备有中继器（实现物理层协议转换，在电缆间转换二进制信号）、网桥（实现物理层和数据链路层协议转换）、路由器（实现网络层和以下各层协议转换）、网关（提供从最底层到传输层或以上各层的协议转换）和交换机等。在实际应用中，各厂商提供的设备都是多功能组合且向下兼容的。表 2-1 则是对以上设备的一个总结。

表 2-1　网络互连设备

互连设备	工作层次	主 要 功 能
中继器	物理层	对接收的信号进行再生和发送，只起到扩展传输距离的作用，其对高层协议是透明的，但使用个数有限（例如，在以太网中只能使用 4 个）
网桥	数据链路层	根据帧物理地址进行网络之间的信息转发，可缓解网络通信繁忙度，提高效率。只能够连接相同 MAC 层的网络
路由器	网络层	通过逻辑地址进行网络之间的信息转发，可完成异构网络之间的互联互通，只能连接使用相同网络层协议的子网
网关	高层（第 4～7 层）	最复杂的网络互联设备，用于连接网络层以上执行不同协议的子网
集线器	物理层	多端口中继器
二层交换机	数据链路层	是指传统意义上的交换机或多端口网桥
三层交换机	网络层	带路由功能的二层交换机
多层交换机	高层（第 4～7 层）	带协议转换的交换机

随着无线技术运用的日益广泛，目前，市面上基于无线网络的产品非常多，主要有无线网卡、无线 AP、无线网桥和无线路由器等。

4. 网络标准协议

网络协议是为网络中的数据交换构建的规则、标准或约定的集合。网络协议由三个要素组成，分别是语义、语法和时序。语义是解释控制信息每个部分的含义，它规定了需要发出何种控制信息，完成的动作以及做出什么样的响应；语法是用户数据与控制信息的结构与格式，以及数据出现的顺序；时序是对事件发生顺序的详细说明。人们形象地将这三个要素描述为：语义表示要做什么，语法表示要怎么做，时序表示做的顺序。

1）OSI 协议

国际标准化组织（ISO）和国际电报电话咨询委员会（CCITT）联合制定的开放系统互连参考模型（Open System Interconnect，OSI），其目的是为异构计算机互连提供一个共同的基础和标准框架，并为保持相关标准的一致性和兼容性提供共同的参考。OSI 采用了分层的结构化技术，从下到上共分七层：

- 物理层。物理层包括物理连网媒介，如电缆连线连接器。该层的协议产生并检测电压以便发送和接收携带数据的信号。物理层的具体标准有RS-232、V.35、RJ-45、FDDI。
- 数据链路层。数据链路层控制网络层与物理层之间的通信。它的主要功能是将从网络层接收到的数据分割成特定的可被物理层传输的帧。数据链路层常见的协议有IEEE 802.3/2、HDLC、PPP、ATM。
- 网络层。网络层的主要功能是将网络地址（如IP地址）翻译成对应的物理地址（如网卡地址），并决定如何将数据从发送方路由到接收方。在TCP/IP中，网络层的具体协议有IP、ICMP、IGMP、IPX、ARP等。
- 传输层。传输层主要负责确保数据可靠、顺序、无错地从 A 点传输到 B 点。如提供建立、维护和拆除传送连接的功能；选择网络层提供最合适的服务；在系统之间提供可靠、透明的数据传送，提供端到端的错误恢复和流量控制。在TCP/IP中，传输层的具体协议有TCP、UDP、SPX。
- 会话层。会话层负责在网络中的两节点之间建立和维持通信，以及提供交互会话的管理功能，如三种数据流方向的控制，即一路交互、两路交替和两路同时会话模式。会话层常见的协议有RPC、SQL、NFS。
- 表示层。表示层如同应用程序和网络之间的翻译官，将数据按照网络能理解的方案进行格式化，这种格式化也因所使用网络的类型不同而不同。表示层管理数据的解密与加密、数据转换、格式化和文本压缩。表示层常见的协议有JPEG、ASCII、GIF、DES、MPEG。
- 应用层。应用层负责对软件提供接口以使程序能使用网络服务，如事务处理程序、文件传送协议和网络管理等。在TCP/IP中，常见的协议有HTTP、Telnet、FTP、SMTP。

2）IEEE 802 协议族

IEEE 802 规范定义了网卡访问传输介质（如光缆、双绞线和无线等），以及在传输介质上传输数据的方法，还定义了传输信息的网络设备之间连接的建立、维护和拆除的途径。遵循IEEE 802 标准的产品包括网卡、桥接器、路由器以及其他一些用来建立局域网络的组件。IEEE 802 规范包括一系列标准的协议族，其中以太网规范 IEEE 802.3 是重要的局域网协议，内容包括：

- IEEE 802.3　　　　标准以太网　　　　10Mb/s　　　　传输介质为细同轴电缆
- IEEE 802.3u　　　快速以太网　　　　100Mb/s　　　双绞线

- IEEE 802.3z　　　　　千兆以太网　　　　　1000Mb/s　　　　光纤或双绞线

3）TCP/IP

TCP/IP 是互联网协议的核心。在应用层中，TCP/IP 定义了很多面向应用的协议，应用程序通过本层协议利用网络完成数据交互的任务，这些协议主要有：

- FTP（File Transfer Protocol，文件传输协议）是网络上两台计算机传送文件的协议，其运行在TCP之上，是通过Internet将文件从一台计算机传输到另一台计算机的一种途径。FTP的传输模式包括Bin（二进制）和ASCII（文本文件）两种，除了文本文件之外，都应该使用二进制模式传输。
- TFTP（Trivial File Transfer Protocol，简单文件传输协议）是用来在客户机与服务器之间进行简单文件传输的协议，提供不复杂、开销不大的文件传输服务。TFTP建立在UDP（User Datagram Protocol，用户数据报协议）之上，提供不可靠的数据流传输服务，不提供存取授权与认证机制，使用超时重传方式来保证数据的到达。
- HTTP（Hypertext Transfer Protocol，超文本传输协议）是用于从WWW服务器传输超文本到本地浏览器的传送协议。它可以使浏览器更加高效，减少网络传输量。HTTP建立在TCP之上，它不仅保证计算机正确快速地传输超文本文档，还可以确定传输文档中的哪一部分，以及哪部分内容首先显示等。
- SMTP（Simple Mail Transfer Protocol，简单邮件传输协议）建立在TCP之上，是一种提供可靠且有效传输电子邮件的协议。SMTP是建模在FTP文件传输服务上的一种邮件服务，主要用于传输系统之间的邮件信息并提供与电子邮件有关的通知。
- DHCP（Dynamic Host Configuration Protocol，动态主机配置协议）建立在UDP之上，是基于客户机/服务器模型设计的。所有IP网络设定的数据都由DHCP服务器集中管理，并负责处理客户端的DHCP要求；而客户端则会使用从服务器分配下来的IP环境数据。DHCP分配的IP地址可以分为三种方式：固定分配、动态分配和自动分配。
- Telnet（远程登录协议）是登录和仿真程序，建立在TCP之上，它的基本功能是允许用户登录进入远程计算机系统。以前，Telnet是一个将所有用户输入送到远程计算机进行处理的简单的终端程序。目前，它的一些较新的版本可以在本地执行更多的处理，可以提供更好的响应，并且减少了通过链路发送到远程计算机的信息数量。
- DNS（Domain Name System，域名系统）在Internet上的域名与IP地址之间是一一对应的，域名虽然便于人们记忆，但机器之间只能相互识别IP地址，它们之间的转换工作称为域名解析，域名解析需要由专门的域名解析服务器来完成，DNS就是进行域名解析的服务器。DNS通过对用户友好的名称来查找计算机和服务。
- SNMP（Simple Network Management Protocol，简单网络管理协议）是为了解决Internet上的路由器管理问题而提出的，它可以在IP、IPX、AppleTalk和其他传输协议上使用。SNMP是指一系列网络管理规范的集合，包括协议本身、数据结构的定义和一些相关概念。目前，SNMP已成为网络管理领域中事实上的工业标准，并被广泛支持和应用，大多数网络管理系统和平台都是基于SNMP的。

4）TCP 和 UDP

在 OSI 的传输层有两个重要的传输协议，分别是 TCP（Transmission Control Protocol，传输控制协议）和 UDP（User Datagram Protocol，用户数据报协议），这些协议负责提供流量控制、错误校验和排序服务。

- TCP是整个TCP/IP协议族中最重要的协议之一，它在IP协议提供的不可靠数据服务的基础上，采用了重发技术，为应用程序提供了一个可靠的、面向连接的、全双工的数据传输服务。TCP协议一般用于传输数据量比较少且对可靠性要求高的场合。
- UDP是一种不可靠的、无连接的协议，可以保证应用程序进程间的通信，与TCP相比，UDP是一种无连接的协议，它的错误检测功能要弱得多。可以这样说，TCP有助于提高可靠性，而UDP则有助于提高传输速率。UDP协议一般用于传输数据量大，对可靠性要求不是很高，但要求速度快的场合。

5. 第五代移动通信技术

第五代移动通信技术（5th Generation Mobile Communication Technology，5G）是具有高速率、低时延等特点的新一代移动通信技术。

国际电信联盟（ITU）定义了 5G 的八大指标，与 4G 的对比如表 2-2 所示。

表 2-2　4G 与 5G 主要指标对标

指标名称	流量密度 /（Tb/s·km²）	连接数密度 /（万·km²）	时延 / ms	移动性 / km·h⁻¹	能效 / 倍	用户体验速率 /（b·s⁻¹）	频道效率 / 倍	峰值速率 /（Gb·s⁻¹）
4G	0.1	10	空口 10	350	1	10M	1	10
5G	10	100	空口 1	500	100	0.1 ～ 1G	3	20

5G 国际技术标准重点满足灵活多样的物联网需要。在正交频分多址（Orthogonal Frequency Division Multiple Access，OFDMA）和多入多出（Multiple Input Multiple Output，MIMO）基础技术上，5G 为支持三大应用场景，采用了灵活的全新系统设计。在频段方面，与 4G 支持中低频不同，考虑到中低频资源有限，5G 同时支持中低频和高频频段，其中中低频满足覆盖和容量需求，高频满足在热点区域提升容量的需求，5G 针对中低频和高频设计了统一的技术方案，并支持百兆赫兹的基础带宽。为了支持高速率传输和更优覆盖，5G 采用 LDPC（一种具有稀疏校验矩阵的分组纠错码）、Polar（一种基于信道极化理论的线性分组码）新型信道编码方案、性能更强的大规模天线技术等。为了支持低时延、高可靠，5G 采用短帧、快速反馈、多层 / 多站数据重传等技术。

5G 采用全新的服务化架构，支持灵活部署和差异化业务场景。5G 采用全服务化设计，将网络功能模块化，支持按需调用，可以实现功能重构；采用服务化描述，易于实现能力开放，有利于引入 IT 开发实力，发挥网络潜力。5G 支持灵活部署，基于网络功能虚拟化（NFV）和软件定义网络（SDN），实现硬件和软件解耦以及控制和转发分离；采用通用数据中心的云化组网，使得网络功能部署更灵活，资源调度更高效；支持边缘计算，将云计算平台下沉到网络边缘，支持基于应用的网关灵活选择和边缘分流。通过网络切片技术满足 5G 差异化需求。网络切片是指从一个网络中选取特定的特性和功能，定制出的一个逻辑上独立的网络，它使得运营商可以部署功能、特性服务各不相同的多个逻辑网络，为各自的目标用户服务。

国际电信联盟（ITU）定义了 5G 的三大类网络切片应用场景，即增强移动宽带（eMBB）、超高可靠低时延通信（uRLLC）和海量机器类通信（mMTC）。增强移动宽带主要面向移动互联网流量爆炸式增长，为移动互联网用户提供更加极致的应用体验；超高可靠低时延通信主要面向工业控制、远程医疗、自动驾驶等对时延和可靠性具有极高要求的垂直行业应用需求；海量机器类通信主要面向智慧城市、智能家居、环境监测等以传感和数据采集为目标的应用需求。

2.1.3　存储和数据库

存储是计算机系统的重要组成部分，一般以存储器的方式存在。存储器的主要用途是存放程序和数据，程序是计算机操作的依据，数据是计算机操作的对象。

数据库是以一定方式存储在一起，可供多个用户共享，并与应用程序彼此独立的数据的集合。数据库的存储空间很大，可以存放百万条、千万条、上亿条数据。

存储和内存技术对数据库操作产生了巨大影响。存储和数据库系统一直处于相同的发展曲线。随着技术的发展，数据库从传统的结构化查询语言（Structured Query Language，SQL）数据库已经从垂直可扩展的系统发展为新型的非关系型（Not only SQL，NoSQL）数据库，后者是水平可扩展的分布式系统。同样，存储技术已经从垂直扩展的阵列发展到水平扩展的分布式存储系统。

1. 存储技术

存储分类根据服务器类型分为：封闭系统的存储和开放系统的存储。封闭系统主要指大型机等服务器。开放系统指基于包括麒麟、欧拉、UNIX、Linux 等操作系统的服务器。开放系统的存储分为：内置存储和外挂存储。外挂存储根据连接的方式分为直连式存储（Direct Attached Storage，DAS）和网络化存储（Fabric Attached Storage，FAS）。网络化存储根据传输协议又分为：网络接入存储（Network Attached Storage，NAS）和存储区域网络（Storage Area Network，SAN）。

1）DAS（直连式存储）

DAS 也可称为 SAS（Server Attached Storage，服务器附加存储）。DAS 被定义为直接连接在各种服务器或客户端扩展接口下的数据存储设备，它依赖于服务器，其本身是硬件的堆叠，不带有任何存储操作系统。在这种方式中，存储设备是通过电缆（通常是 SCSI 接口电缆）直接到服务器的，I/O（输入 / 输出）请求直接发送到存储设备。

2）NAS（网络接入存储）

NAS 也称为网络直联存储设备或网络磁盘阵列，是一种专业的网络文件存储及文件备份设备，它是基于局域网（LAN）的，按照 TCP/IP 进行通信，以文件的 I/O 方式进行数据传输。一个 NAS 里面包括核心处理器、文件服务管理工具以及一个或者多个硬盘驱动器用于数据的存储。

3）SAN（存储区域网络）

SAN 是一种通过光纤集线器、光纤路由器、光纤交换机等连接设备将磁盘阵列、磁带等存储设备与相关服务器连接起来的高速专用子网。SAN 由三个基本的组件构成：接口（如 SCSI、光纤通道、ESCON 等）、连接设备（交换设备、网关、路由器、集线器等）和通信控制协议（如 IP 和 SCSI 等）。这三个组件再加上附加的存储设备和独立的 SAN 服务器，就构成一个 SAN 系统。

SAN 主要包含 FC SAN 和 IP SAN 两种，FC SAN 的网络介质为光纤通道（Fibre Channel），IP SAN 使用标准的以太网。采用 IP SAN 可以将 SAN 为服务器提供的共享特性以及 IP 网络的易用性很好地结合在一起，并且为用户提供了类似服务器本地存储的较高性能体验。

DAS、NAS、SAN 等存储模式之间的技术与应用对比如表 2-3 所示。

表 2-3　常用存储模式的技术与应用对比

存储系统架构	DAS	NAS	SAN
安装难易度	不一定	简单	困难
数据传输协议	SCSI/FC/ATA	TCP/IP	FC
传输对象	数据块	文件	数据块
使用标准文件共享协议	否	是（NFS/CIFS…）	否
异种操作系统文件共享	否	是	需要转换设备
集中式管理	不一定	是	需要管理工具
管理难易度	不一定	以网络为基础，容易	不一定，但通常很难
提高服务器效率	否	是	是
灾难忍受度	低	高	高，专有方案
适合对象	中小组织服务器 捆绑磁盘（JBOD）	中小组织 SOHO 族 组织部门	大型组织 数据中心
应用环境	局域网 文档共享程度低 独立操作平台 服务器数量少	局域网 文档共享程度高 异质格式存储需求高	光纤通道存储区域网 网络环境复杂 文档共享程度高 异质操作系统平台 服务器数量多
业务模式	一般服务器	Web 服务器 多媒体资料存储 文件资料共享	大型资料库 数据库等
档案格式复杂度	低	中	高
容量扩充能力	低	中	高

4）存储虚拟化

存储虚拟化（Storage Virtualization）是"云存储"的核心技术之一，它把来自一个或多个网络的存储资源整合起来，向用户提供一个抽象的逻辑视图，用户可以通过这个视图中的统一逻辑接口来访问被整合的存储资源。

存储虚拟化使存储设备能够转换为逻辑数据存储。虚拟机作为一组文件存储在数据存储的目录中。数据存储是类似于文件系统的逻辑容器。它隐藏了每个存储设备的特性，形成一个统一的模型，为虚拟机提供磁盘。存储虚拟化技术帮助系统管理虚拟基础架构存储资源，提高资源利用率和灵活性，提高应用正常运行时间。

5）绿色存储

绿色存储（Green Storage）技术是指从节能环保的角度出发，用来设计生产能效更佳的存储产品，降低数据存储设备的功耗，提高存储设备每瓦性能的技术。

绿色存储技术的核心是设计运行温度更低的处理器和更有效率的系统，生产更低能耗的存储系统或组件，降低产品所产生的电子碳化合物，其最终目的是提高所有网络存储设备的能源效率，用最少的存储容量来满足业务需求，从而消耗最低的能源。以绿色理念为指导的存储系统最终是存储容量、性能和能耗三者的平衡。

绿色存储技术涉及所有存储分享技术，包括磁盘和磁带系统、服务器连接、存储设备、网络架构及其他存储网络架构、文件服务和存储应用软件、重复数据删除、自动精简配置和基于磁带的备份技术等存储技术。绿色存储技术可以提高存储利用率，降低建设成本和运行成本，其目的是提高所有网络存储技术的能源效率。

2. 数据结构模型

数据结构模型是数据库系统的核心。数据结构模型描述了在数据库中结构化和操纵数据的方法，模型的结构部分规定了数据如何被描述（例如树、表等）。模型的操纵部分规定了数据的添加、删除、显示、维护、打印、查找、选择、排序和更新等操作。

常见的数据结构模型有三种：层次模型、网状模型和关系模型，层次模型和网状模型又统称为格式化数据模型。

1）层次模型

层次模型是数据库系统最早使用的一种模型，它用"树"结构表示实体集之间的关联，其中实体集（用矩形框表示）为结点，而树中各结点之间的连线表示它们之间的关联。在层次模型中，每个结点表示一个记录类型，记录类型之间的联系用结点之间的连线（有向边）表示，这种联系是父子之间的一对多的联系，这就使得层次数据库系统只能处理一对多的实体联系。每个记录类型可包含若干个字段，这里记录类型描述的是实体，字段描述实体的属性。每个记录类型及其字段都必须命名。各个记录类型、同一记录类型中各个字段不能同名。每个记录类型可以定义一个排序字段，也称码字段，如果定义该排序字段的值是唯一的，则它能唯一标识一个记录值。

一个层次模型在理论上可以包含任意有限个记录类型和字段，但任何实际的系统都会因为存储容量或实现复杂度而限制层次模型中包含的记录类型个数和字段个数。在层次模型中，同一双亲的子女结点称为兄弟结点，没有子女结点的结点称为叶结点。层次模型的一个基本的特点是任何一个给定的记录值只能按其层次路径查看，没有一个子女记录值能够脱离双亲记录值而独立存在。

层次模型的主要优点包括：

● 层次模型的数据结构比较简单清晰。

● 层次数据库查询效率高，性能优于关系模型，不低于网状模型。

● 层次模型提供了良好的完整性支持。

层次模型的主要缺点包括：

● 现实世界中很多联系是非层次性的，不适合用层次模型表示结点之间的多对多联系。

● 如果一个结点具有多个双亲结点等，用层次模型表示这类联系就很笨拙，只能通过引入冗余数据或创建非自然的数据结构来解决。

● 对数据的插入和删除操作限制比较多，因此应用程序的编写比较复杂。

● 查询子女结点必须通过双亲结点。

● 由于结构严密，层次命令趋于程序化。

2）网状模型

现实世界中事物之间的联系更多的是非层次关系的，一个事物和另外的几个都有联系，用层次模型表示这种关系很不直观，网状模型克服了这一弊病，用网状结构可以清晰表示这种非层次关系。这种用有向图结构表示实体类型及实体间联系的数据结构模型称为网状模型。网状模型突破了层次模型不能表示非树状结构的限制，两个或两个以上的结点都可以有多个双亲结点，将有向树变成了有向图。

网状模型中以记录作为数据的存储单位。记录包含若干数据项。网状数据库的数据项可以是多值的和复合的数据。每个记录有一个唯一标识它的内部标识符，称为码（Database Key，DBK），它在一个记录存入数据库时由数据库管理系统（Database Management System，DBMS）自动赋予。DBK 可以看作记录的逻辑地址，可作记录的"替身"或用于寻找记录。网状数据库是导航式（Navigation）数据库，用户在操作数据库时不但说明要做什么，还要说明怎么做。例如，在查找语句中不但要说明查找的对象，而且要规定存取路径。

网状模型的主要优点包括：

● 能够更为直接地描述现实客观世界，可表示实体间的多种复杂联系。

● 具有良好的性能，存取效率较高。

网状模型的主要缺点包括：

● 结构比较复杂，用户不容易使用。

● 数据独立性差，由于实体间的联系本质上是通过存取路径表示的，因此应用程序在访问数据时要指定存取路径。

3）关系模型

关系模型是在关系结构的数据库中用二维表格的形式表示实体以及实体之间联系的模型。关系模型是以集合论中的关系概念为基础发展起来的。关系模型中无论是实体还是实体间的联系均由单一的结构类型——关系来表示。

关系模型允许设计者通过数据库规范化的提炼，去建立一个信息一致性的模型。访问计划和其他实现与操作细节由 DBMS 引擎来处理，而不反映在逻辑模型中。关系模型的基本原理是信息原理，即所有信息都表示为关系中的数据值。所以，关系变量在设计时是相互无关联的；反而，设计者在多个关系变量中使用相同的域，如果一个属性依赖于另一个属性，则通过参照完整性来强制这种依赖性。

关系模型的主要优点包括：

- 数据结构单一。在关系模型中，不管是实体还是实体之间的联系，都用关系来表示，而关系都对应一张二维数据表，这种数据结构简单且清晰。
- 关系规范化，并建立在严格的理论基础上。构成关系的基本规范要求关系中每个属性都不可再分割，同时关系建立在具有坚实的理论基础的严格数学概念基础上。
- 概念简单，操作方便。关系模型最大的优点就是简单，用户容易理解和掌握，一个关系就是一张二维表格，用户只需使用简单的查询语言就能对数据库进行操作。

关系模型的主要缺点包括：

- 存取路径对用户透明，查询效率往往不如格式化数据模型。
- 为提高性能，必须对用户查询请求进行优化，增加了开发数据库管理系统的难度。

3. 常用数据库类型

数据库根据存储方式可以分为关系型数据库（SQL）和非关系型数据库（NoSQL）。

1）关系型数据库

网状数据库和层次数据库已经很好地解决了数据的集中和共享问题，但是在数据独立性和抽象级别上仍有很大欠缺。用户在对这两种数据库进行存取时，仍然需要明确数据的存储结构，指出存取路径。为解决这一问题，关系型数据库应运而生，它采用关系模型作为数据的组织方式。

关系数据库是在一个给定的应用领域中，所有实体及实体之间联系的集合。关系型数据库支持事务的 ACID 原则，即原子性（Atomicity）、一致性（Consistency）、隔离性（Isolation）和持久性（Durability），这四种原则保证在事务过程当中数据的正确性。关系型数据库主要特征包括：

- 表中的行、列次序并不重要。
- 行（row）。表中的每一行又称为一条记录。
- 列（column）。表中的每一列，称为属性字段field域。
- 主键PK（Primary key）。用于唯一确定一条记录的字段外键FK域。
- 领域（domain）。属性的取值范围，如，性别只能是"男"和"女"两个值。

2）非关系型数据库

非关系型数据库是分布式的、非关系型的、不保证遵循 ACID 原则的数据存储系统。NoSQL 数据存储不需要固定的表结构，通常也不存在连接操作。在大数据存取上具备关系型数据库无法比拟的性能优势。非关系型数据库的主要特征包括：

- 非结构化的存储。
- 基于多维关系模型。
- 具有特有的使用场景。

常见的非关系型数据库分为：

- 键值数据库。类似传统语言中使用的哈希表。可以通过key来添加、查询或者删除数据库，因为使用key主键访问，所以会获得很高的性能及扩展性。Key/Value模型对于信息系统来说，其优势在于简单、易部署、高并发。
- 列存储（Column-oriented）数据库。列存储数据库将数据存储在列族中，一个列族存储经常被一起查询，如人们经常会查询某个人的姓名和年龄，而不是薪资。这种情况下姓名和年龄会被放到一个列族中，薪资会被放到另一个列族中。这种数据库通常用来应对分布式存储海量数据。
- 面向文档（Document-Oriented）数据库。文档型数据库可以看作是键值数据库的升级版，允许之间嵌套键值。文档型数据库比键值数据库的查询效率更高。面向文档数据库会将数据以文档形式存储。
- 图形数据库。图形数据库允许人们将数据以图的方式存储。实体会被作为顶点，而实体之间的关系则会被作为边。例如，有三个实体：Steve Jobs、Apple和Next，则会有两个"Founded by"的边将Apple和Next连接到Steve Jobs。

3）不同类型数据库的优缺点

关系型数据库和非关系型数据库的优缺点如表 2-4 所示。

表 2-4　常用存储数据库类型优缺点

数据库类型	特点类型	描述
关系型数据库	优点	● 容易理解。二维表结构是非常贴近逻辑世界的一个概念，关系模型相对于网状模型、层次模型等其他模型来说更容易理解 ● 使用方便。通用的SQL语言使得操作关系型数据库非常方便 ● 易于维护。丰富的完整性（实体完整性、参照完整性和用户定义的完整性）大大减低了数据冗余和数据不一致的概率
	缺点	● 数据读写必须经过SQL解析，大量数据、高并发下读写性能不足（对于传统关系型数据库来说，硬盘I/O是一个很大的瓶颈） ● 具有固定的表结构，因此扩展困难 ● 多表的关联查询导致性能欠佳
非关系型数据库	优点	● 高并发。大数据下读写能力较强（基于键值对的，可以想象成表中的主键和值的对应关系，而且不需要经过SQL层的解析，所以性能非常高） ● 基本支持分布式。易于扩展，可伸缩（因为基于键值对，数据之间没有耦合性，所以非常容易水平扩展） ● 简单。弱结构化存储
	缺点	● 事务支持较弱 ● 通过性差 ● 无完整约束，复杂业务场景支持较差

4. 数据仓库

传统的数据库技术在联机事务处理中获得了成功，但缺乏决策分析所需的大量历史数据信息，因为传统的数据库一般只保留当前或近期的数据信息。为了满足预测、决策分析的需要，在传统数据库的基础上产生了能够满足预测、决策分析需要的数据环境——数据仓库（Data Warehouse，DW）。数据仓库的相关基础概念包括：

- 清洗/转换/加载（Extract/Transformation/Load，ETL）。用户从数据源中抽取出所需的数据，经过数据清洗、转换，最终按照预先定义好的数据仓库模型，将数据加载到数据仓库中去。
- 元数据。元数据是关于数据的数据，指在数据仓库建设过程中所产生的有关数据源定义、目标定义、转换规则等相关的关键数据。同时元数据还包含关于数据含义的商业信息。典型的元数据包括：数据仓库表的结构、数据仓库表的属性、数据仓库的源数据（记录系统）、从记录系统到数据仓库的映射、数据模型的规格说明、抽取日志和访问数据的公用例行程序等。
- 粒度。粒度指数据仓库的数据单位中保存数据的细化或综合程度的级别。细化程度越高，粒度级就越小；相反，细化程度越低，粒度级就越大。
- 分割。结构相同的数据被分成多个数据物理单元。任何给定的数据单元属于且仅属于一个分割。
- 数据集市。数据集市指小型的、面向部门或工作组级的数据仓库。
- 操作数据存储（Operation Data Store，ODS）。能支持组织日常全局应用的数据集合，是不同于数据库的一种新的数据环境，是数据仓库扩展后得到的一个混合形式。
- 数据模型。逻辑数据结构，包括由数据库管理系统为有效进行数据库处理提供的操作和约束。
- 人工关系。人工关系是指在决策支持系统环境中用于表示参照完整性的一种设计技术。
- 数据仓库是一个面向主题的、集成的、非易失的且随时间变化的数据集合，用于支持管理决策。

常见的数据仓库的体系结构如图 2-2 所示。

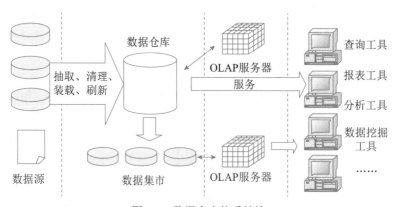

图 2-2　数据仓库体系结构

（1）数据源。数据源是数据仓库系统的基础，是整个系统的数据源泉，通常包括组织内部信息和外部信息。内部信息包括存放于关系型数据库管理系统中的各种业务处理数据和各类文档数据。外部信息包括各类法律法规、市场信息和竞争对手的信息等。

（2）数据的存储与管理。数据的存储与管理是整个数据仓库系统的核心。数据仓库的真正关键是数据的存储和管理。数据仓库的组织管理方式决定了它有别于传统数据库，同时也决定了其对外部数据的表现形式。要决定采用什么产品和技术来建立数据仓库的核心，则需要从数据仓库的技术特点着手分析。针对现有各业务系统的数据，进行抽取、清理并有效集成，按照主题进行组织。数据仓库按照数据的覆盖范围可以分为组织级数据仓库和部门级数据仓库。

（3）联机处理分析（OnLin Analytical Processing，OLAP）服务器。OLAP 服务器对分析需要的数据进行有效集成，按多维模型予以组织，以便进行多角度、多层次的分析，并发现趋势。其具体实现可以分为：基于关系数据库的 OLAP（Relation OLAP，ROLAP）、基于多维数据组织的 OLAP（MultimenSional OLSP，MOLAP）和基于混合数据组织的 OLAP（Hybrid OLAP，HOLAP）。ROLAP 基本数据和聚合数据均存放在 RDBMS 之中；MOLAP 基本数据和聚合数据均存放于多维数据库中；HOLAP 基本数据存放于关系数据库管理系统（Relational Database Management System，RDBMS）之中，聚合数据存放于多维数据库中。

（4）前端工具。前端工具主要包括各种查询工具、报表工具、分析工具、数据挖掘工具以及各种基于数据仓库或数据集市的应用开发工具。其中数据分析工具主要针对 OLAP 服务器，报表工具、数据挖掘工具主要针对数据仓库。

2.1.4　信息安全

常见的信息安全问题主要表现为：计算机病毒泛滥、恶意软件的入侵、黑客攻击、利用计算机犯罪、网络有害信息泛滥、个人隐私泄露等。随着物联网、云计算、人工智能、大数据等新一代信息技术的广泛应用，信息安全也面临新的问题和挑战。

1. 信息安全基础

信息安全三要素（CIA）是保密性（Confidentiality）、完整性（Integrity）和可用性（Availability）三个词的缩写。CIA 是系统安全设计的目标。保密性、完整性和可用性是信息安全最为关注的三个属性，因此这三个特性也经常被称为信息安全三元组，这也是信息安全通常所强调的目标。信息安全已经成为一门涉及计算机科学、网络技术、通信技术、密码技术、信息安全技术、应用数学、数论和信息论等多种学科的综合性学科。从广义上来说，凡是涉及网络上信息的保密性、完整性、可用性、真实性和可核查性的相关技术和理论都属于信息安全的研究领域。

保密性是指"信息不被泄露给未授权的个人、实体和过程，或不被其使用的特性"。简单地说，就是确保所传输的数据只被其预定的接收者读取。同时，使用什么样的方式来实现保密性以保护数据、对象、资源机密性尤为关键。加密、访问控制、信息隐写都是实现保密性的方式。机密性还涉及其他概念、条件和方面，如敏感度、自由裁量权、危机程度、隐蔽、保密、隐私、隔离。

完整性是指"保护资产的正确和完整的特性"。简单地说，就是确保接收到的数据就是发送的数据。数据不应该被改变。完整性保证没有未授权的用户修改数据，可以从以下三个方面检验完整性：

- 阻止未授权主体做出的修改。
- 阻止授权主体做未授权的修改，例如：误操作。
- 确保数据没有被改变，这需要某种方法进行验证。

完整性还包括其他概念、条件和方面，如准确度、真实性、不可抵赖性、责任和职责、全面性等。

可用性是指"需要时，授权实体可以访问和使用的特性"。可用性确保数据在需要时可以使用。尽管传统上认为可用性并不属于信息安全的范畴，但随着拒绝服务攻击的逐渐盛行，要求数据总能保持可用性就显得十分关键了。

CIA 三要素有其局限性。CIA 三元组关注的重心在信息，虽然这是大多数信息安全的核心要素，但对于信息系统安全而言，仅考虑 CIA 是不够的。信息安全的复杂性决定了还存在其他重要因素。CIA 给出了一个信息系统整体安全模型框架，能帮助信息化工作人员在制定安全策略时形成思路，但这并不是所有需要考虑的策略。CIA 三元组可以作为规划、实施量化安全策略的基本原则，但是我们也应该认识到它的局限性。

信息必须依赖其存储、传输、处理及应用的载体（媒介）而存在，因此针对信息系统，安全可以划分为以下四个层次：设备安全、数据安全、内容安全和行为安全。

1）设备安全

信息系统设备的安全是信息系统安全的首要问题，主要包括三个方面：

- 设备的稳定性。设备在一定时间内不出故障的概率。
- 设备的可靠性。设备能在一定时间内正常执行任务的概率。
- 设备的可用性。设备随时可以正常使用的概率。

信息系统的设备安全是信息系统安全的物质基础。除了硬件设备外，软件系统也是一种设备，也要确保软件设备的安全。

2）数据安全

数据安全属性包括秘密性、完整性和可用性。很多情况下，即使信息系统设备没有受到损坏，但其数据安全也可能已经受到危害，如数据泄露、数据篡改等。由于危害数据安全的行为具有较高的隐蔽性，数据应用用户往往并不知情，因此危害性很高。

3）内容安全

内容安全是信息安全在政治、法律、道德层次上的要求。内容安全包括：信息内容在政治上是健康的；信息内容符合国家的法律法规；信息内容符合中华民族优良的道德规范等。除此之外，广义的内容安全还包括信息内容保密、知识产权保护、信息隐藏和隐私保护等诸多方面。如果数据中充斥着不健康的、违法的、违背道德的内容，即使它是保密的、未被篡改的，也不能说是安全的。

4）行为安全

数据安全本质上是一种静态的安全，而行为安全是一种动态安全，主要包括：

- 行为的秘密性。行为的过程和结果不能危害数据的秘密性。必要时，行为的过程和结果也应是秘密的。
- 行为的完整性。行为的过程和结果不能危害数据的完整性，行为的过程和结果是可预期的。
- 行为的可控性。行为的过程出现偏离预期时，能够发现、控制或纠正。

行为安全强调过程安全，体现在组成信息系统的硬件设备、软件设备和应用系统协调工作的程序（执行序列）符合系统设计的预期，这样才能保证信息系统的整体安全。

2. 加密解密

为了保证信息的安全性，就需要采用信息加密技术对信息进行伪装，使得信息非法窃取者无法理解信息的真实含义，信息的合法拥有者可以利用特征码对信息的完整性进行校验。采用加密算法对信息使用者的身份进行认证、识别和确认，以对信息的使用进行控制。

加密技术包括两个元素：算法和密钥。密钥加密技术的密码体制分为对称密钥体制和非对称密钥体制两种。相应地，对数据加密的技术分为两类，即对称加密（私人密钥加密）和非对称加密（公开密钥加密）。对称加密以数据加密标准（Data Encryption Standard，DES）算法为典型代表，非对称加密通常以 RSA（Rivest Shamir Adleman）算法为代表。对称加密的加密密钥和解密密钥相同，而非对称加密的加密密钥和解密密钥不同，加密密钥可以公开而解密密钥需要保密。

1）对称加密技术

对称加密采用了对称密码编码技术，它的特点是文件加密和解密使用相同的密钥，即加密密钥也可以用作解密密钥，这种方法在密码学中叫作对称加密算法，对称加密算法使用起来简单快捷，密钥较短，且破译困难。

2）非对称加密技术

公开密钥密码的基本思想是将传统密码的密钥 K 一分为二，分为加密钥 Ke 和解密钥 Kd，用加密钥 Ke 控制加密，用解密钥 Kd 控制解密，这样即使是将 Ke 公开也不会暴露 Kd，也不会损害密码的安全。由于 Ke 是公开的，只有 Kd 是保密的，所以便从根本上克服了传统密码在密钥分配上的困难。当前公开密钥密码有基于大合数因子分解困难性的 RAS 密码类和基于离散对数问题困难性的 ElGamal 密码类。由于 RSA 密码既可用于加密，又可用于数字签名，安全、易懂，因此 RSA 密码已成为目前应用最广泛的公开密钥密码。

3）Hash 函数

Hash 函数将任意长的报文 M 映射为定长的 Hash 码，也称报文摘要，它是所有报文位的函数，具有错误检测能力：即改变报文的任何一位或多位，都会导致 Hash 码的改变。在实现认证过程中，发送方将 Hash 码附于要发送的报文之后发送给接收方，接收方通过重新计算 Hash 码来认证报文，从而实现保密性、报文认证以及数字签名的功能。

4）数字签名

签名是证明当事者的身份和数据真实性的一种信息。在信息化环境下，以网络为信息传输基础的事务处理中，事务处理各方应采用电子形式的签名，即数字签名（Digital Signature）。目前，数字签名已得到一些国家的法律支持。完善的数字签名体系应满足：

● 签名者事后不能抵赖自己的签名。

● 任何其他人不能伪造签名。

● 如果当事的双方关于签名的真伪发生争执，能够在公正的仲裁者面前通过验证签名来确认其真伪。

利用 RSA 密码可以同时实现数字签名和数据加密。

5）认证

认证（Authentication）又称鉴别或确认，它是证实某事是否名副其实或是否有效的一个过程。

认证和加密的区别在于：加密用以确保数据的保密性，阻止对手的被动攻击，如截取、窃听等；而认证用以确保报文发送者和接收者的真实性以及报文的完整性，阻止对手的主动攻击，如冒充、篡改、重播等。认证往往是许多应用系统中安全保护的第一道防线，因而极为重要。认证系统常用的参数有口令、标识符、密钥、信物、智能卡、指纹、视网纹等。认证和数字签名技术都是确保数据真实性的措施，但两者有着明显的区别：

● 认证总是基于某种收发双方共享的保密数据来认证被鉴别对象的真实性，而数字签名中用于验证签名的数据是公开的。

● 认证允许收发双方互相验证其真实性，不准许第三者验证，而数字签名允许收发双方和第三者都能验证。

● 数字签名具有发送方不能抵赖、接收方不能伪造，以及具有在公证人面前验证签名真伪的能力，帮助解决纠纷的能力，而认证则不一定具备。

3. 信息系统安全

信息系统一般由计算机系统、网络系统、操作系统、数据库系统和应用系统组成，与此对应，信息系统安全主要包括计算机设备安全、网络安全、操作系统安全、数据库系统安全和应用系统安全等。

1）计算机设备安全

保证计算机设备的运行安全是信息系统安全最重要的内容之一。除完整性、机密性和可用性外，计算机设备安全还要包括：

● 抗否认性。抗否认性是指能保障用户无法在事后否认曾经对信息进行的生成、签发、接收等行为的特性。一般通过数字签名来提供抗否认服务。

● 可审计性。利用审计方法，可以对计算机信息系统的工作过程进行详尽的审计跟踪，同时保存审计记录和审计日志，从中可以发现问题。

● 可靠性。可靠性指计算机在规定的条件下和给定的时间内完成预定功能的概率。

2）网络安全

网络作为信息的收集、存储、分配、传输、应用的主要载体，其安全对整个信息的安全起着至关重要甚至是决定性的作用。网络环境是信息共享、信息交流、信息服务的理想空间。互联网（Internet）与生俱来的开放性、交互性和分散性特征在满足人们开放、灵活、快速分享信息的同时，也同时带来了网络安全的相关问题。

- 信息泄露、信息污染、信息不易受控。
- 信息泄密、信息破坏、信息侵权和信息渗透。
- 网站遭受恶意攻击而导致损坏和瘫痪。

互联网是以 TCP/IP 网络协议为基础的，没有针对信息安全问题在协议层面做专门的设计，这是网络信息安全问题频繁出现且不易解决的根本原因。常见的网络威胁包括：

- 网络监听。
- 口令攻击。
- 拒绝服务（Dos）攻击及分布式拒绝服务（DDos）攻击。
- 漏洞攻击。例如，利用Web安全漏洞和OpenSSL安全漏洞实施攻击。
- 僵尸网络（Botnet）。
- 网络钓鱼（Phishing）。
- 网络欺骗。网络欺骗主要有ARP欺骗、DNS欺骗、IP欺骗、Web欺骗、E-mail欺骗等。
- 网站安全威胁。网站安全威胁主要有SQL注入攻击、跨站攻击、旁注攻击等。
- 高级持续性威胁（APT）。

3）操作系统安全

操作系统是计算机系统最基础的软件。操作系统实质上是一个资源管理系统，管理着计算机系统的各种资源，用户通过它获得对资源的访问权限。

操作系统安全是计算机系统软件安全的必要条件，若没有操作系统提供的基础安全性，信息系统的安全性是没有基础的。按照安全威胁的表现形式来划分，操作系统面临的安全威胁主要有：

- 计算机病毒。计算机程序中插入的破坏计算机功能和破坏数据，影响计算机使用并且能够自我复制的一组计算机指令或者程序代码。计算机病毒具备感染性、潜伏性、触发性和破坏性。
- 逻辑炸弹。逻辑炸弹指在满足特定逻辑条件时，实施破坏的计算机程序，该程序触发后会造成计算机数据丢失，计算机不能从硬盘或者软盘引导，甚至会使整个系统瘫痪，并出现物理损坏的虚假现象。逻辑炸弹引发时的故障与某些病毒的作用结果相似，但与病毒相比，它强调破坏作用本身，而实施破坏的程序不具有传染性。
- 特洛伊木马。木马是黑客用来盗取其他用户的个人信息，甚至是远程控制对方的计算机而加壳制作。木马通过各种手段进行传播或者骗取目标用户执行该程序，以达到盗取密码和各种数据资料等目的。特洛伊木马是一种木马程序，它与病毒相似，具有很强的隐秘性，随操作系统启动而启动。

- 后门。后门指的是嵌入在操作系统中的一段非法代码，渗透者可以利用这段代码侵入系统。安装后门的目的就是为了渗透。
- 隐蔽通道。隐蔽通道可定义为系统中不受安全策略控制的、违反安全策略、非公开的信息泄露路径。

4）数据库系统安全

数据库系统是存储、管理、使用和维护数据的平台。数据库系统安全主要指数据库管理系统安全，其安全问题可以认为是用于存储而非传输的数据的安全问题。

5）应用系统安全

应用系统安全是以计算机设备安全、网络安全和数据库安全为基础的，采取有效的防病毒、防篡改和版本检查审计，确保应用系统自身执行程序和配置文件的合法性、完整性是极其重要的安全保证措施。

当前大部分应用系统的数据管理、业务处理逻辑、结果展现控制、并发处理等都是由服务器端完成的，而服务器端的应用大部分是基于 Web 的，因此围绕 Web 的安全管理是应用系统安全最重要的内容之一。

4. 网络安全技术

网络安全技术主要包括防火墙、入侵检测与防护、VPN、安全扫描、网络蜜罐技术等。

1）防火墙

防火墙是建立在内外网络边界上的过滤机制，内部网络被认为是安全和可信赖的，而外部网络被认为是不安全和不可信赖的。防火墙可以监控进出网络的流量，仅让安全、核准的信息进入，同时抵制组织内部发起的安全威胁。防火墙的主要实现技术有：数据包过滤、应用网关和代理服务等。

2）入侵检测与防护

入侵检测与防护技术主要有两种：入侵检测系统（Intrusion Detection System，IDS）和入侵防护系统（Intrusion Prevention System，IPS）。

入侵检测系统（IDS）注重网络安全状况的监管，通过监视网络或系统资源寻找违反安全策略的行为或攻击迹象，并发出报警。因此绝大多数 IDS 系统都是被动的。

入侵防护系统（IPS）倾向于提供主动防护，注重对入侵行为的控制。IPS 的设计宗旨是预先对入侵活动和攻击性网络流量进行拦截，避免造成损失。IPS 是通过直接嵌入到网络流量中来实现这一功能的，即通过一个网络端口接收来自外部系统的流量，经过检查并确认其中不包含异常活动或可疑内容后，再通过另外一个端口将它传送到内部系统中。这样一来，有问题的数据包以及所有来自同一数据流的后续数据包，都能在 IPS 设备中被清除掉。

3）虚拟专用网络（Virtual Private Network，VPN）

VPN 是依靠 ISP（Internet 服务提供商）和其他 NSP（网络服务提供商），在公用网络中建立专用的、安全的数据通信通道的技术。VPN 可以认为是加密和认证技术在网络传输中的应用。

VPN 网络连接由客户机、传输介质和服务器三部分组成，VPN 的连接不是采用物理的传输介质，而是使用称之为"隧道"的技术作为传输介质，这个隧道是建立在公共网络或专用网络基础之上的。常见的隧道技术包括：点对点隧道协议（Point-to-Point Tunneling Protocol，PPTP）、第 2 层隧道协议（Layer 2 Tunneling Protocol，L2TP）和 IP 安全协议（IPSec）。

4）安全扫描

安全扫描包括漏洞扫描、端口扫描、密码类扫描（发现弱口令密码）等。安全扫描可以应用被称为扫描器的软件来完成，扫描器是最有效的网络安全检测工具之一，它可以自动检测远程或本地主机、网络系统的安全弱点以及已存在的可能被利用的系统漏洞。

5）网络蜜罐技术

蜜罐（Honeypot）技术是一种主动防御技术，是入侵检测技术的一个重要发展方向，也是一个"诱捕"攻击者的陷阱。蜜罐系统是一个包含漏洞的诱骗系统，它通过模拟一个或多个易受攻击的主机和服务，给攻击者提供一个容易攻击的目标。攻击者往往在蜜罐上浪费时间，可延缓对真正目标的攻击。由于蜜罐技术的特性和原理，使得它可以对入侵的取证提供重要的信息和有用的线索，便于研究入侵者的攻击行为。

5. Web 威胁防护技术

基于 Web 的业务平台已经得到广泛应用，网络攻击者利用相关漏洞获取 Web 服务器的控制权限，轻则篡改网页内容，重则窃取重要内部数据，更为严重的则是在网页中植入恶意代码，带来严重的安全事故。当前 Web 面临的主要威胁包括：可信任站点的漏洞、浏览器和浏览器插件的漏洞、终端用户的安全策略不健全、携带恶意软件的移动存储设备、网络钓鱼、僵尸网络、带有键盘记录程序的木马等。

Web 威胁防护技术主要包括 Web 访问控制技术、单点登录技术、网页防篡改技术和 Web 内容安全等。

1）Web 访问控制技术

访问控制是 Web 站点安全防范和保护的主要策略，它的主要任务是保证网络资源不被非法访问者访问。访问 Web 站点要进行用户名、用户口令的识别与验证、用户账号的默认限制检查。只要其中任何一关未过，该用户便不能进入某站点进行访问。Web 服务器一般提供通过 IP 地址、子网或域名；通过用户名 / 口令；通过公钥加密体系 PKI（CA 认证）等访问控制方法。

2）单点登录技术

单点登录（Single Sign-On SSO）技术为应用系统提供集中统一的身份认证，实现"一点登录、多点访问"。单点登录系统采用基于数字证书的加密和数字签名技术，基于统一策略的用户身份认证和授权控制功能，对用户实行集中统一的管理和身份认证。

3）网页防篡改技术

网页防篡改技术包括时间轮询技术、核心内嵌技术、事件触发技术、文件过滤驱动技术等。

● 时间轮询技术。时间轮询技术利用网页检测程序，以轮询方式读出要监控的网页，通过与真实网页相比较来判断网页内容的完整性，对于被篡改的网页进行报警和恢复。

- 核心内嵌技术。核心内嵌技术即密码水印技术，该技术将篡改检测模块内嵌在Web服务器软件里，它在每一个网页流出时都进行完整性检查，对于篡改网页进行实时访问阻断，并予以报警和恢复。
- 事件触发技术。事件触发技术是利用操作系统的文件系统或驱动程序接口，在网页文件被修改时进行合法性检查，对于非法操作进行报警和恢复。
- 文件过滤驱动技术。文件过滤驱动技术是一种简单、高效且安全性又极高的一种防篡改技术，通过事件触发方式，对Web服务器所有文件夹中的文件内容，对照其底层文件属性，经过内置散列快速算法进行实时监测；若发现属性变更，则将备份路径文件夹中的内容复制到监测文件夹的相应文件位置，使得公众无法看到被篡改页面。

4）Web 内容安全

内容安全管理分为电子邮件过滤、网页过滤、反间谍软件三项技术，这三项技术不仅对内容安全市场发展起到决定性推动作用，而且对于互联网的安全起到至关重要的保障作用。

6. 下一代防火墙

下一代防火墙（Next Generation Firewall，NGFW）是一种可以全面应对应用层威胁的高性能防火墙。通过深入洞察网络流量中的用户、应用和内容，并借助全新的高性能单路径异构并行处理引擎，NGFW 能够为组织提供有效的应用层一体化安全防护，帮助组织安全地开展业务并简化组织的网络安全架构。

随着信息系统采用面向服务架构（SOA）和 Web 2.0 普及使用，更多的通信量都只是通过少数几个端口及采用有限的几个协议进行，这也就意味着基于端口 / 协议类安全策略的关联性与效率都越来越低，传统防火墙已基本无法探测到利用僵尸网络作为传输方法的威胁。

NGFW 在传统防火墙数据包过滤、网络地址转换（NAT）、协议状态检查以及 VPN 功能的基础上，新增如下功能：

- 入侵防御系统（IPS）。NGFW的DPI功能中包含IPS。
- 基于应用识别的可视化。NGFW根据数据包的去向，阻止或允许数据包。它们通过分析第7层（应用程序层）的流量来做到这一点。传统的防火墙不具备这种能力，因为它们只分析第3层和第4层的流量。
- 智能防火墙。智能防火墙可收集防火墙外的各类信息，用于改进阻止决策或作为优化阻止规则的基础。例如，利用目录集成来强化根据用户身份实施的阻止或根据地址编制黑名单与白名单。

随着云计算的深入应用，NGFW 的发展面临巨大挑战：网络边界"消失"、新型架构的涌现以及安全人员的不足等，都在驱动着 NGFW 的变革。

7. 安全行为分析技术

传统的安全产品、技术、方案基本上都是基于已知特征进行规则匹配，从而进行分析和检测。然而，以"特征"为核心的检测分析存在安全可见性盲区，如滞后效应、不能检测未知攻击、容易被绕过，以及难以适应攻防对抗的网络现实和快速变化的组织环境、外部威胁等。另一方面，大部分造成严重损坏的攻击往往来源于内部，只有管理好内部威胁，才能保证信息和网络安全。

用户和实体行为分析（User and Entity Behavior Analytice，UEBA）技术提供了用户画像及基于各种分析方法的异常检测，结合基本分析方法（利用签名的规则、模式匹配、简单统计、阈值等）和高级分析方法（监督和无监督的机器学习等），用打包分析来评估用户和其他实体（主机、应用程序、网络、数据库等），发现与用户或实体标准画像或行为相异常的活动所相关的潜在事件。

UEBA 是一个完整的系统，涉及算法、工程等检测部分以及用户与实体风险评分排序、调查等用户交换、反馈。从架构上来看，UEBA 系统通常包括数据获取层、算法分析层和场景应用层。

8. 网络安全态势感知

网络安全态势感知（Network Security Situation Awareness）是在大规模网络环境中，对能够引起网络态势发生变化的安全要素进行获取、理解、显示，并据此预测未来的网络安全发展趋势。安全态势感知不仅是一种安全技术，也是一种新兴的安全概念。它是一种基于环境的、动态、整体地洞悉安全风险的能力。安全态势感知的前提是安全大数据，其在安全大数据的基础上，进行数据整合、特征提取等，然后应用一系列态势评估算法生成网络的整体态势状况，应用态势预测算法预测态势的发展状况。并使用数据可视化技术，将态势状况和预测情况展示给安全人员，方便安全人员直观便捷地了解网络当前状态及预期的风险。

网络安全态势感知的相关关键技术主要包括海量多元异构数据的汇聚融合技术、面向多类型的网络安全威胁评估技术、网络安全态势评估与决策支撑技术、网络安全态势可视化等。

1）海量多元异构数据的汇聚融合技术

目前，在大规模网络中，网络安全数据和日志数据由海量设备和多个应用系统中产生，且这些安全数据和日志数据缺乏统一标准与关联，在此基础上进行数据分析，无法得到全局精准的分析结果。新的网络安全分析和态势感知要求对网络安全数据的分析能够打破传统的单一模式，打破表与表、行与行之间的孤立特性，把数据融合成一个整体，能够从整体上进行全局的关联分析，可以对数据整体进行高性能的处理，以及以互动的形式对数据进行多维度的裁剪和可视化。

因此需要通过海量多元异构数据的汇聚融合技术实现 PB 量级多元异构数据的采集汇聚、多维度深度融合、统一存储管理和安全共享。将采集到的多元异构数据进行清洗、归一化后，采用统一的格式进行存储和管理。通过属性融合、关系拓展、群体聚类等方式挖掘数据之间的直接或潜在的相关性，进行多维度数据融合。这样才可以为网络安全分析、态势感知与决策提供高效、稳定、灵活、全面的数据支撑。

2）面向多类型的网络安全威胁评估技术

从流量、域名、报文和恶意代码等多元数据入手，有效处理来自互联网探针、终端、云计算和大数据平台的威胁数据，分解不同类型数据中潜藏的异常行为，对流量、域名、报文和恶意代码等安全元素进行多层次的检测。通过结合聚类分析、关联分析和序列模式分析等大数据分析方法对发现的恶意代码、域名信息等威胁项进行跟踪分析。利用相关图等相关性方法检测并扩建威胁列表，对网络异常行为、已知攻击手段、组合攻击手段、未知漏洞攻击和未知代码攻击等多种类型的网络安全威胁数据进行统计、建模与评估。

只有通过网络安全威胁评估完成从数据到信息、从信息到网络安全威胁情报的完整转化过程，网络安全态势感知系统才能做到对攻击行为、网络系统异常等的及时发现与检测，实现全貌还原攻击事件和攻击者意图，客观评估攻击投入和防护效能，为威胁溯源提供必要的线索支撑。

3）网络安全态势评估与决策支撑技术

网络安全态势评估与决策支撑技术需要以网络安全事件监测为驱动，以安全威胁线索为牵引，对网络空间安全相关信息进行汇聚融合，将多个安全事件联系在一起进行综合评估与决策支撑，实现对整体网络安全状况的判定。

对安全事件尤其是对网络空间安全相关信息进行汇聚融合后所形成针对人、物、地、事和关系的多维安全事件知识图谱，是网络安全态势评估分析的关键。

网络安全态势评估与决策支撑技术从"人"的角度评估攻击者的身份、团伙关系、行为和动机意图；从"物"的角度评估其工具手段、网络要素、虚拟资产和保护目标；从"地"的角度评估其地域、关键部位、活动场所和途径轨迹；从"事"的角度评估攻击事件的相似关系、同源关系。

4）网络安全态势可视化

网络安全态势可视化的目的是生成网络安全综合态势图，使网络安全态势感知系统的分析处理数据可视化、态势可视化。

网络安全态势可视化是一个层层递进的过程，包括数据转化、图像映射、视图变换 3 个部分。数据转化是把分析处理后的数据映射为数据表，将数据的相关性以关系表的形式存储；图像映射是把数据表转换为对应图像的结构和图像属性；视图变换是通过坐标位置、缩放比例、图形着色等方面来创建视图，并可通过调控参数，完成对视图变换的控制。

2.1.5　信息技术发展

作为信息技术的基础，计算机软硬件、网络、存储和数据库、信息安全等都在不断发展创新，引领着当前信息技术发展的潮流。

在计算机软硬件方面，计算机硬件技术将向超高速、超小型、平行处理、智能化的方向发展，计算机硬件设备的体积越来越小、速度越来越高、容量越来越大、功耗越来越低、可靠性越来越高。计算机软件越来越丰富，功能越来越强大，"软件定义一切"概念成为当前发展的主流。

在网络技术方面，计算机网络与通信技术之间的联系日益密切，甚至是已经融为一体。面向物联网、低时延场景的 NB-IoT 和 eMTC 增强、IIoT 和 URLLC 增强技术等，将进一步得到充分发展。

在存储和数据库方面，随着数据量的不断爆炸式增长，数据存储结构也越来越灵活多样，日益变革的新兴业务需求催生数据库及应用系统的存在形式愈发丰富，这些变化均对各类数据库的架构和存储模式提出了挑战，推动数据库技术不断向着模型拓展、架构解耦的方向演进。

在信息安全方面，传统计算机安全理念将过渡到以可信计算理念为核心的计算机安全，由网络应用、普及引发的技术与应用模式的变革，正在进一步推动信息安全网络化关键技术的创新；同时信息安全标准的研究与制定，信息安全产品和服务的集成和融合，正引领着当前信息安全技术朝着标准化和集成化的方向发展。

总之，信息技术在智能化、系统化、微型化、云端化的基础上不断融合创新，促进了物联网、云计算、大数据、区块链、人工智能、虚拟现实等新一代信息技术的诞生。

2.2　新一代信息技术及应用

物联网、云计算、大数据、区块链、人工智能和虚拟现实等是新一代信息技术与信息资源充分利用的全新业态，是信息化发展的主要趋势，也是信息系统集成行业未来的主要业务范畴。

2.2.1　物联网

物联网主要解决物品与物品（Thing to Thing，T2T）、人与物品（Human to Thing，H2T）、人与人（Human to Human，H2H）之间的互连。另外，许多学者在讨论物联网时，经常会引入 M2M 的概念，可以解释为人与人（Man to Man）、人与机器（Man to Machine），或机器与机器（Machine to Machine）。

1. 技术基础

物联网架构可分为三层：感知层、网络层和应用层。感知层由各种传感器构成，包括温度传感器、二维码标签、RFID 标签和读写器、摄像头、GPS 等感知终端。感知层是物联网识别物体、采集信息的来源。网络层由各种网络，包括互联网、广电网、网络管理系统和云计算平台等组成，是整个物联网的中枢，负责传递和处理感知层获取的信息。应用层是物联网和用户的接口，它与行业需求结合实现物联网的智能应用。

物联网的产业链包括传感器和芯片、设备、网络运营及服务、软件与应用开发和系统集成。物联网技术在智能电网、智慧物流、智能家居、智能交通、智慧农业、环境保护、医疗健康、城市管理（智慧城市）、金融服务与保险业、公共安全等方面有非常关键和重要的应用。

2. 关键技术

物联网关键技术主要涉及传感器技术、传感网和应用系统架构等。

1）传感器技术

传感器是一种检测装置，它能"感受"到被测量的信息，并能将检测到的信息，按一定规律变换成为电信号或其他所需形式的信息输出，以满足信息的传输、处理、存储、显示、记录和控制等要求。它是实现自动检测和自动控制的首要环节，也是物联网获取物理世界信息的基本手段。传感器的种类很多，常用分类方法有：

- 按传感器的物理量分类，可分为位移、力、速度、温度、流量、气体成分等传感器。
- 按传感器工作原理分类，可分为电阻、电容、电感、电压、霍尔、光电、光栅热电偶等传感器。
- 按传感器输出信号的性质分类，可分为：输出为开关量（"1"和"0"或"开"和"关"）的开关型传感器；输出为模拟量的模拟型传感器；输出为脉冲或代码的数字型传感器。
- 按传感器的生产工艺分类，可分为普通工艺传感器、微机电系统型传感器等。

射频识别技术（Radio Frequency Identification，RFID）是物联网中使用的一种传感器技术，在物联网发展中备受关注。RIFD 可通过无线电信号识别特定目标并读写相关数据，而无须识别系统与特定目标之间建立机械或光学接触。RFID 是一种简单的无线系统，由一个询问器（或阅读器）和很多应答器（或标签）组成。标签由耦合元件及芯片组成，每个标签具有扩展词条唯一的电子编码，附着在物体上标识目标对象，它通过天线将射频信息传递给阅读器，阅读器就是读取信息的设备。RFID 技术让物品能够"开口说话"。这就赋予了物联网一个特性——可跟踪性，即可以随时掌握物品的准确位置及其周边环境。

2）传感网

微机电系统（Micro-Electro-Mechanical System，MEMS）是由微传感器、微执行器、信号处理和控制电路、通信接口和电源等部件组成的一体化的微型器件系统。其目标是把信息的获取、处理和执行集成在一起，组成具有多功能的微型系统，集成于大尺寸系统中，从而大幅度地提高系统的自动化、智能化和可靠性水平。MEMS 赋予了普通物体新的"生命"，它们有了属于自己的数据传输通路、存储功能、操作系统和专门的应用程序，从而形成一个庞大的传感网子系统。

3）应用系统框架

物联网应用系统框架是一种以机器终端智能交互为核心的、网络化的应用与服务。它将使对象实现智能化的控制，涉及 5 个重要的技术部分：机器、传感器硬件、通信网络、中间件、应用。基于云计算平台和智能网络，可以依据传感器网络获取的数据进行决策，改变对象的行为进行控制和反馈。

3. 应用和发展

物联网的应用领域涉及方方面面，在工业、农业、环境、交通、物流、安保等基础设施领域的应用，有效地推动了这些方面的智能化发展，使得有限的资源更加合理地使用分配，从而提高了行业效率、效益。在家居、医疗健康、教育、金融与服务业、旅游业等与生活息息相关领域的应用，从服务范围、服务方式到服务的质量等方面都有了极大的改进。

2.2.2　云计算

云计算（Cloud Computing）是分布式计算的一种，指的是通过网络"云"将巨大的数据计算处理程序分解成无数个小程序，然后通过多台服务器组成的系统进行处理和分析这些小程序得到结果并返回给用户。在云计算早期，就是简单的分布式计算，解决任务分发并对计算结果进行合并。当前的云计算已经不单单是一种分布式计算，而是分布式计算、效用计算、负载均衡、并行计算、网络存储、热备份冗余和虚拟化等计算机技术混合演进并跃升的结果。

1. 技术基础

云计算是一种基于互联网的计算方式，通过这种方式，将网络上配置为共享的软件资源、计算资源、存储资源和信息资源，按需求提供给网络终端设备和终端用户。云计算也可以理解为向用户屏蔽底层差异的分布式处理架构。在云计算环境中，用户与实际服务提供的计算资源相分离，云端集合了大量计算设备和资源。

当使用云计算服务时，用户不需要配置专门的维护人员，云计算服务的提供商会为数据和服务器的安全做出相对较高水平的保护。由于云计算将数据存储在云端（分布式的云计算设备中承担计算和存储功能的部分），业务逻辑和相关计算都在云端完成，因此，终端只需要一个能够满足基础应用的普通设备即可。

按照云计算服务提供的资源层次，可以分为基础设施即服务（Infrastructure as a Service，IaaS）、平台即服务（Platform as a Service，PaaS）和软件即服务（Software as a Service，SaaS）三种服务类型。

（1）IaaS。IaaS 向用户提供计算机能力、存储空间等基础设施方面的服务。这种服务模式需要较大的基础设施投入和长期运营管理经验，但 IaaS 服务单纯出租资源的盈利能力有限。

（2）PaaS。PaaS 向用户提供虚拟的操作系统、数据库管理系统、Web 应用等平台化的服务。PaaS 服务的重点不在于直接的经济效益，而更注重构建和形成紧密的产业生态。

（3）SaaS。SaaS 向用户提供应用软件（如 CRM、办公软件等）、组件、工作流等虚拟化软件的服务，SaaS 一般采用 Web 技术和 SOA 架构，通过 Internet 向用户提供多租户、可定制的应用能力，大大缩短了软件产业的渠道链条，减少了软件升级、定制和运行维护的复杂程度，并使软件提供商从软件产品的生产者转变为应用服务的运营者。

2. 关键技术

云计算的关键技术主要涉及虚拟化技术、云存储技术、多租户和访问控制管理、云安全技术等。

1）虚拟化技术

虚拟化是一个广义的术语，在计算机领域通常是指计算元件在虚拟的基础上而不是真实的基础上运行。虚拟化技术可以扩大硬件的容量，简化软件的重新配置过程。CPU 的虚拟化技术可以单 CPU 模拟多 CPU 并行，允许一个平台同时运行多个操作系统，并且应用程序都可以在相互独立的空间内运行而互不影响，从而显著提高计算机的工作效率。

虚拟化技术与多任务以及超线程技术是完全不同的。多任务是指在一个操作系统中多个程序同时并行运行；而在虚拟化技术中，则可以同时运行多个操作系统，而且每个操作系统中都有多个程序运行，每个操作系统都运行在一个虚拟的 CPU 或者是虚拟主机上；而超线程技术只是用单 CPU 模拟双 CPU 来平衡程序的运行性能，这两个模拟出来的 CPU 是不能分离的，只能协同工作。

容器（Container）技术是一种全新意义上的虚拟化技术，属于操作系统虚拟化的范畴，也就是由操作系统提供虚拟化的支持。容器技术将单个操作系统的资源划分到孤立的组中，以便更好地在孤立的组之间平衡有冲突的资源使用需求。使用容器技术将应用隔离在一个独立的运行环境中，可以减少运行程序带来的额外消耗，并可以在几乎任何地方以相同的方式运行。

2）云存储技术

云存储技术是基于传统媒体系统发展而来的一种全新信息存储管理方式，该方式整合应用了计算机系统的软硬件优势，可较为快速、高效地对海量数据进行在线处理，通过多种云技术平台的应用，实现了数据的深度挖掘和安全管理。

分布式文件系统作为云存储技术中的重要组成部分，在维持兼容性的基础上，对系统复制和容错功能进行提升。同时，通过云集群的管理实现云存储的可拓展性，借助模块之间的合理搭配，完成解决方案拟定解决的网络存储、联合存储、多节点存储、备份处理、负载均衡等问题。云存储的实现过程中，结合分布式的文件结构，在硬件支撑的基础上，对硬件运行环境进行优化，确保数据传输的完整性和容错性；结合成本低廉的硬件的扩展，大大降低了存储的成本。

3）多租户和访问控制管理

云计算环境下访问控制的研究是伴随着云计算的发展而发展的，访问控制管理是云计算应用的核心问题之一。云计算访问控制研究主要集中在以下几个方面：云计算访问控制模型、基于 ABE 密码机制的云计算访问控制、云中多租户及虚拟化访问控制研究。

（1）云计算访问控制模型就是按照特定的访问策略来描述安全系统，建立安全模型的一种方法。用户（租户）可以通过访问控制模型得到一定的权限，进而对云中的数据进行访问，所以访问控制模型多用于静态分配用户的权限。云计算中的访问控制模型都是以传统的访问控制模型为基础，在传统的访问控制模型上进行改进，使其更适用于云计算的环境。根据访问控制模型功能的不同，研究的内容和方法也不同，常见的有基于任务的访问控制模型、基于属性模型的云计算访问控制、基于 UCON 模型的云计算访问控制、基于 BLP 模型的云计算访问控制等。

（2）基于 ABE 密码机制的云计算访问控制，包括 4 个参与方：数据提供者、可信第三方授权中心、云存储服务器和用户。首先，可信授权中心生成主密钥和公开参数，将系统公钥传给数据提供者；数据提供者收到系统公钥之后，用策略树和系统公钥对文件加密，将密文和策略树上传到云服务器；然后，当一个新用户加入系统后，将自己的属性集上传给可信授权中心，并提交私钥申请请求，可信授权中心针对用户提交的属性集和主密钥计算生成私钥，传给用户；

最后，用户下载感兴趣的数据。如果其属性集合满足密文数据的策略树结构，则可以解密密文；否则，访问数据失败。

（3）云中多租户及虚拟化访问控制是云计算的典型特征。由于租户间共享物理资源，并且其可信度不容易得到，所以租户之间就可以通过侧通道攻击来从底层的物理资源中获得有用的信息。此外，由于在虚拟机上要部署访问控制策略可能会带来多个租户访问资源的冲突，导致物理主机上出现没有认证的或者权限分配错误的信息流。这就要求在云环境下，租户之间的通信应该由访问控制来保证，并且每个租户都有自己的访问控制策略，使得整个云平台的访问控制变得复杂。目前，对多租户访问控制的研究主要集中在对多租户的隔离和虚拟机的访问控制。

4）云安全技术

云安全研究主要包含两个方面的内容，一是云计算技术本身的安全保护工作，涉及相应的数据完整性及可用性、隐私保护性以及服务可用性等方面的内容；二是借助于云服务的方式来保障客户端用户的安全防护要求，通过云计算技术来实现互联网安全，涉及基于云计算的病毒防治、木马检测技术等。

在云安全技术的研究方面，主要包含以下几个方面：

- 云计算安全性。云计算安全性主要是对于云自身以及所涉及的应用服务内容进行分析，重点探讨其相应的安全性问题，这里主要涉及如何有效实现安全隔离互联网用户数据的安全性，如何有效防护恶意网络攻击，如何提升云计算平台的系统安全性、用户接入认证以及相应的信息传输的审计与安全等方面的工作。
- 为保障云基础设施的安全性。保障云基础设施的安全性主要就是如何利用互联网安全基础设备的相应资源，有效实现云服务的优化，从而保障满足预期的安全防护的要求。
- 云安全技术服务。云安全技术服务的重点集中于如何保障实现互联网终端用户的安全服务工作要求，能有效实现客户端的计算机病毒防治相关服务工作。从云安全架构的发展情况来看，关键点则在于云计算服务商的安全等级不高的情况下，会造成服务用户需要具备更强的安全能力以及承担更多的管理职责。

为了提升云安全体系的能力，保障其具有较强的可靠性，云安全技术要从开放性、安全保障、体系结构的角度考虑。首先，云安全系统具有一定的开放性，要保障开放环境下可信认证；其次，在云安全系统方面，要积极采用先进的网络技术和病毒防护技术；最后，在云安全体系构建过程中，要保证其稳定性，以满足海量数据动态变化的需求。

3. 应用和发展

云计算经历十余年的发展，已逐步进入成熟期，涉及众多领域，发挥着越来越大的作用，"上云"将成为各类组织加快数字化转型、鼓励技术创新和促进业务增长的第一选择甚至前提条件。

云计算将进一步成为创新技术和最佳工程实践的重要载体和试验场。从 AI 与机器学习、IoT 与边缘计算、区块链到工程实践领域的 DevOps、云原生和 Service Mesh，都有云计算厂商积极参与、投入和推广的身影。以人工智能为例，不论是前面提到的 IaaS 中 GPU 计算资源的提供，还是面向特定领域成熟模型能力开放（如各类自然语言处理、图像识别、语言合成的

API），再到帮助打造定制化 AI 模型的机器学习平台，云计算已经在事实上成为 AI 相关技术的基础。

云计算将顺应产业互联网大潮，下沉行业场景，向垂直化、产业化的纵深发展。随着通用类架构与功能的不断完善和对行业客户的不断深耕，云计算自然渗透进入更多垂直领域，提供更贴近行业业务与典型场景的基础能力。以金融云为例，云计算可针对金融保险机构特殊的合规和安全需要，提供物理隔离的基础设施，还可提供支付、结算、风控、审计等业务组件。

多云和混合云将成为大中型组织的刚需，得到更多重视与发展。当组织大量的工作负载部署在云端，新的问题则会显现：①虽然云端已经能提供相当高的可用性，但为了避免单一供应商出现故障时的风险，关键应用仍须架设必要的技术冗余；②当业务规模较大时，从商业策略角度看，也需要避免过于紧密的厂商绑定，以寻求某种层面的商业制衡和主动权。

云的生态建设重要性不断凸显，成为影响云间竞争的关键因素。当某个云发展到一定规模和阶段之后，恐怕不能仅仅考虑技术和产品，同样重要的是建立和培养具有生命力的繁荣生态和社区，此为长久发展之道。云生态的另一个重要方面是面向广大开发者、架构师和运维工程师的持续输出、培养和影响。只有赢得广大技术人员的关注和喜爱，才能赢得未来的云计算市场。

综上所述，"创新、垂直、混合、生态"这四大趋势，将伴随云计算走向繁荣。云计算历史性地对 IT 硬件资源与软件组件进行了标准化、抽象化和规模化，从某种意义上颠覆和重构了 IT 业界的供应链，是当前新一代信息技术发展的巨大的革新与进步。

2.2.3 大数据

大数据（Big Data）指无法在一定时间范围内用常规软件工具进行捕捉、管理和处理的数据集合，是需要新处理模式才能具有更强的决策力、洞察发现力和流程优化能力的海量、高增长率和多样化的信息资产。

1. 技术基础

大数据是具有体量大、结构多样、时效性强等特征的数据，处理大数据需要采用新型计算架构和智能算法等新技术。大数据从数据源到最终价值实现一般需要经过数据准备、数据存储与管理、数据分析和计算、数据治理和知识展现等过程，涉及的数据模型、处理模型、计算理论，以及与其相关的分布计算、分布存储平台技术、数据清洗和挖掘技术、流式计算、增量处理技术、数据质量控制等方面的研究。

一般来说，大数据包含以下主要特征：数据海量、数据类型多样、数据价值密度低、数据处理速度快等。

（1）数据海量。大数据的数据体量巨大，从 TB 级别跃升到 PB 级别（1PB=1024TB）、EB 级别（1EB=1024PB），甚至于达到 ZB 级别（1ZB=1024EB）。

（2）数据类型多样。大数据的数据类型繁多，一般分为结构化数据和非结构化数据。相对于以往便于存储的以文本为主的结构化数据，非结构化数据越来越多，包括网络日志、音频、视频、图片、地理位置信息等，这些多类型的数据对数据的处理能力提出了更高要求。

（3）数据价值密度低。数据价值密度的高低与数据总量的大小成反比。以视频为例，一部1小时的视频，在连续不间断的监控中，有用数据可能仅有一两秒。如何通过强大的机器算法更迅速地完成数据的价值"提纯"，成为目前大数据背景下亟待解决的难题。

（4）数据处理速度快。为了从海量的数据中快速挖掘数据价值，一般要求要对不同类型的数据进行快速处理，这是大数据区别于传统数据挖掘的最显著特征。

2. 关键技术

大数据技术作为信息化时代的一项新兴技术，技术体系处在快速发展阶段，涉及数据的处理、管理、应用等多个方面。从总体上说，大数据技术架构主要包含大数据获取技术、分布式数据处理技术和大数据管理技术，以及大数据应用和服务技术。

1）大数据获取技术

大数据获取的研究主要集中在数据采集、整合和清洗三个方面。数据采集技术实现数据源的获取，然后通过整合和清理技术来提升数据质量。

数据采集技术主要是通过分布式爬取、分布式高速高可靠性数据采集、高速全网数据映像技术，从网站上获取数据信息。除了网络中包含的内容之外，对于网络流量的采集可以使用DPI 或 DFI 等带宽管理技术进行处理。

数据整合技术是在数据采集和实体识别的基础上，实现数据到信息的高质量整合。数据整合技术需要建立多源多模态信息集成模型、异构数据智能转换模型、异构数据集成的智能模式抽取和模式匹配算法、自动的容错映射和转换模型及算法、整合信息的正确性验证方法、整合信息的可用性评估方法等。

数据清洗技术一般根据正确性条件和数据约束规则，清除不合理和错误的数据，对重要的信息进行修复，保证数据的完整性。数据清洗技术需要建立数据正确性语义模型、关联模型和数据约束规则、数据错误模型和错误识别学习框架、针对不同错误类型的自动检测和修复算法、错误检测与修复结果的评估模型和评估方法等。

2）分布式数据处理技术

分布式计算是随着分布式系统的发展而兴起的，其核心是将任务分解成许多小的部分，分配给多台计算机进行处理，通过并行工作的机制，达到节约整体计算时间，提高计算效率的目的。目前，主流的分布式计算系统有 Hadoop、Spark 和 Storm。Hadoop 常用于离线的复杂的大数据处理，Spark 常用于离线的、快速的大数据处理，而 Storm 常用于在线的、实时的大数据处理。

大数据分析技术主要指改进已有数据挖掘和机器学习技术；开发数据网络挖掘、特异群组挖掘、图挖掘等新型数据挖掘技术；创新基于对象的数据连接、相似性连接等大数据融合技术；突破用户兴趣分析、网络行为分析、情感语义分析等面向领域的大数据挖掘技术。

大数据挖掘就是从大量、不完全、有噪声、模糊和随机的实际应用数据中，提取隐含在其中的、人们事先不知道的、但又是潜在有用的信息和知识的过程。目前，大数据的挖掘技术也是一个新型的研究课题，国内外研究者从网络挖掘、特异群组挖掘、图挖掘等新型数据挖掘技术展开，重点突破基于对象的数据连接、相似性连接、可视化分析、预测性分析、语义引擎等大数据融合技术，以及用户兴趣分析、网络行为分析、情感语义分析等面向领域的大数据挖掘技术。

3）大数据管理技术

大数据管理技术主要集中在大数据存储、大数据协同和安全隐私等方面。

大数据存储技术主要有三个方面。第一，采用 MPP 架构的新型数据库集群，通过列存储、粗粒度索引等多项大数据处理技术和高效的分布式计算模式，实现大数据存储。第二，围绕 Hadoop 衍生出相关的大数据技术，应对传统关系型数据库较难处理的数据和场景，通过扩展和封装 Hadoop 来实现对大数据存储、分析的支撑。第三，基于集成的服务器、存储设备、操作系统、数据库管理系统，实现具有良好稳定性和扩展性的大数据一体机。

多数据中心的协同管理技术是大数据研究的另一个重要方向。通过分布式工作流引擎实现工作流调度和负载均衡，整合多个数据中心的存储和计算资源，从而为构建大数据服务平台提供支撑。

大数据安全隐私技术的研究，主要是在数据应用和服务过程中，尽可能少损失数据信息的同时最大化地隐藏用户隐私，从而实现数据安全和隐私保护的需求。

4）大数据应用和服务技术

大数据应用和服务技术主要包含分析应用技术和可视化技术。

大数据分析应用主要是面向业务的分析应用。在分布式海量数据分析和挖掘的基础上，大数据分析应用技术以业务需求为驱动，面向不同类型的业务需求开展专题数据分析，为用户提供高可用、高易用的数据分析服务。

可视化通过交互式视觉表现的方式来帮助人们探索和理解复杂的数据。大数据的可视化技术主要集中在文本可视化技术、网络（图）可视化技术、时空数据可视化技术、多维数据可视化和交互可视化等。

3. 应用和发展

大数据像水、矿石、石油一样，正在成为新的资源和社会生产要素，从数据资源中挖掘潜在的价值，成为当前大数据时代研究的热点。如何快速对数量巨大、来源分散、格式多样的数据进行采集、存储和关联分析，从中发现新知识、创造新价值、提升创新能力，是大数据应用价值的重要体现。

（1）在互联网领域，网络的广泛应用和社交网络已深入社会工作、生活的方方面面，海量数据的产生、应用和服务一体化，每个人都是数据的生产者、使用者和受益者。从大量的数据中挖掘用户行为，反向传输到业务领域，可以支持更准确的社会营销和广告，可直接增加业务的收入，促进业务的发展。同时，随着数据的大量产生分析和应用，数据本身也成为可以交易的资产，大数据交易和数据资产化成为当前具有价值的领域和方向。

（2）在政府的公共数据领域，结合大数据的采集、治理和集成，将各个部门搜集的组织信息进行剖析和共享，能够发现管理上的纰漏，提高执法水平，增进财税增收和加大市场监管程度，大大改变政府管理模式、节省政府投资、增强市场管理，提高社会治理水平、城市管理能力和人民群众的服务能力。

（3）在金融领域，大数据征信是重要的应用领域。通过大数据的分析和画像，能够实现个人信用和金融服务的结合，从而服务于金融领域的信任管理、风控管理、借贷服务等，为金融业务提供有效支撑。

（4）在工业领域，结合海量的数据分析，能够为工业生产过程提供准确的指导，如在航运大数据领域，能够使用大数据对将来航路的国际贸易货量进行预测和分析，预知各个口岸的热度；能够利用天气数据对航路的影响进行分析，提供对相关业务的预警、航线的调整和资源的优化调配，避免不必要的亏损发生。

（5）在社会民生领域，大数据的分析应用能够更好地为民生服务。以疾病预测为例，基于大数据的积累和智能分析，通过统计人们搜索流感、肝炎、肺结核等信息的时间和地点分布，并结合气温变化、环境指数、人口流动等因素建立预测模型，能够为用户提供多种传染病的趋势预测，帮助其提早进行预防部署。

2.2.4 区块链

"区块链"概念于 2008 年在《比特币：一种点对点电子现金系统》中被首次提出，并在比特币系统的数据加密货币体系中成功应用，已成为政府、组织和学者等重点关注和研究的热点。区块链技术具有去中心化存储、隐私保护、防篡改等特点，提供了开放、分散和容错的事务机制，给金融及其监管机构、科技创新、社会发展等领域都带来了深刻的变革。

1. 技术基础

区块链概念可以理解为以非对称加密算法为基础，以改进的默克尔树（Merkle Tree）为数据结构，使用共识机制、点对点网络、智能合约等技术结合而成的一种分布式存储数据库技术。

区块链分为公有链（Public Blockchain）、联盟链（Consortium Blockchain）、私有链（Private Blockchain）和混合链（Hybrid Blockchain）四大类。

（1）公有链。公有链是网络中任何人都可以随时访问的区块链系统，通常被认为是完全去中心化、匿名性高和数据不可篡改的区块链。

（2）联盟链。联盟链为若干组织或机构共同管理的区块链，参与者要事先进行注册认证，因此相对于公有链来说，联盟链的参与节点较少。数据由认证后的参与者共同记录和维护，这类节点拥有读取数据的权限。

（3）私有链。私有链是一种由某个组织或某个用户控制的区块链，控制参与节点个数的规则严格，因此交易速度极快，隐私等级更高，不容易遭受攻击，相比于公有链系统有更高的安全性，但去中心化程度被极大削弱。

（4）混合链。混合链是公有链和私有链的混合体，结合了公有链和私有链的特性。混合链允许用户决定区块链的参与成员，以及交易是否可以被公开，因此混合区块链是可定制的，所以它的混合架构通过利用私有区块链的限制访问来确保隐私，同时保持了公共区块链的完整性、透明度和安全性。

一般来说，区块链具有以下特征：

- 去中心化。链上数据的验证、核算、存储、维护和传输等过程均依赖分布式系统结构，运用纯数学方法代替中心化组织机构在多个分布式节点之间构建信任关系，从而建立去中心化的、可信的分布式系统。
- 多方维护。激励机制可确保分布式系统中的所有节点均可参与数据区块的验证过程，并通过共识机制选择特定节点，将新产生的区块加入到区块链中。
- 时序数据。区块链运用带有时间戳信息的链式结构来存储数据信息，为数据信息添加时间维度的属性，从而可实现数据信息的可追溯性。
- 智能合约。区块链技术能够为用户提供灵活可变的脚本代码，以支持其创建新型的智能合约。
- 不可篡改。在区块链系统中，因为相邻区块间的后序区块可对前序区块进行验证，篡改某一区块的数据信息，则须递归修改该区块及其所有后序区块的数据信息，且须在有限的时间内完成，然而每一次哈希的重新计算代价是巨大的，因此可保障链上数据的不可篡改性。
- 开放共识。在区块链网络中，每台物理设备均可作为该网络中的一个节点，任意节点可自由加入且拥有一份完整的数据库拷贝。
- 安全可信。数据安全可通过基于非对称加密技术对链上数据进行加密来实现，分布式系统中各节点通过区块链共识算法所形成的算力来抵御外部攻击，保证链上数据不被篡改和伪造，从而具有较高的保密性、可信性和安全性。

2. 关键技术

从区块链的技术体系视角看，区块链基于底层的数据基础处理、管理和存储技术，以区块数据的管理、链式结构的数据、数字签名、哈希函数、默克尔树、非对称加密等，通过基于 P2P 网络的对称式网络，组织节点参与数据的传播和验证，每个节点均会承担网络路由、验证区块数据、传播区块数据、记录交易数据、发现新节点等功能，包含传播机制和验证机制。为保障区块链应用层的安全，通过激励层的发行机制和分配机制，在整个分布式网络的节点以最高效率的方式达成共识。

1）分布式账本

分布式账本是区块链技术的核心之一。分布式账本的核心思想是：交易记账由分布在不同地方的多个节点共同完成，而且每一个节点都会保存一个唯一、真实账本的副本，它们可以参与监督交易的合法性，同时也可以共同为其作证；账本里的任何改动都会在所有的副本中被反映出来，反映时间会在几分钟甚至是几秒之内，而且由于记账节点足够多，从理论上来讲，除非所有的节点被破坏，整个分布式账本系统是非常稳健的，从而保证了账目数据的安全性。

分布式账本技术能够保障资产的安全性和准确性，具有广泛的应用场景，特别在公共服务领域，能够重新定义政府与公民在数据分享、透明度和信任意义上的关系，目前已经广泛应用到金融交易、政府征税、土地所有权登记、护照管理、社会福利等领域。

2）加密算法

区块数据的加密是区块链研究和关注的重点，其主要作用是保证区块数据在网络传输、存储和修改过程中的安全。区块链系统中的加密算法一般分为散列（哈希）算法和非对称加密算法。

（1）散列算法也叫数据摘要或者哈希算法，其原理是将一段信息转换成一个固定长度并具备以下特点的字符串：如果某两段信息是相同的，那么字符也是相同的；即使两段信息十分相似，但只要是不同的，那么字符串将会十分杂乱、随机并且两个字符串之间完全没有关联。典型的散列算法有 MD5、SHA 和 SM3，目前区块链主要使用 SHA256 算法。

（2）非对称加密算法由对应的一对唯一性密钥（即公开密钥和私有密钥）组成的加密方法。任何获悉用户公钥的人都可用用户的公钥对信息进行加密，与用户实现安全信息交互。由于公钥与私钥之间存在的依存关系，只有用户本身才能解密该信息，任何未授权用户甚至信息的发送者都无法将此信息解密。常用的非对称加密算法包括 RSA、ElGamal、D-H、ECC（椭圆曲线加密算法）等。

3）共识机制

在区块链的典型应用——数字货币中，面临着一系列相关的安全和管理问题，例如：如何防止诈骗？区块数据传输到各个分布式节点的先后次序如何控制？如何应用传输过程中数据的丢失问题？节点如何处理错误或伪造的信息？如何保障节点之间信息更新和同步的一致性？这些问题就是所谓的区块链共识问题。

区块链共识问题需要通过区块链的共识机制来解决。在互联网世界中，共识主要是计算机和软件程序协作一致的基本保障，是分布式系统节点或程序运行的基本依据。共识算法能保证分布式的计算机或软件程序协作一致，对外系统的输入输出做出正确的响应。

区块链的共识机制的思想是：在没有中心点总体协调情况下，当某个记账节点提议区块数据增加或减少，并把该提议广播给所有参与节点，所有节点要根据一定的规则和机制，对这一提议是否能够达成一致进行计算和处理。

目前，常用的共识机制主要有 PoW、PoS、DPoS、Paxos、PBFT 等。根据区块链不同应用场景中各种共识机制的特性，共识机制的分析可基于以下几个维度：

- 合规监管。合规监管指是否支持超级权限节点对全网节点和数据进行监管。
- 性能效率。性能效率指交易达成共识被确认的效率。
- 资源消耗。资源消耗指共识过程中耗费的CPU、网络输入输出、存储等资源。
- 容错性。容错性指防攻击、防欺诈的能力。

3. 应用和发展

从区块链技术研究层面看：①在共识机制方面，如何解决公有链、私有链、联盟链的权限控制、共识效率、约束、容错率等方面的问题，寻求针对典型场景的、具有普适性的、更优的共识算法及决策将是研究的重点。②在安全算法方面，目前采用的算法大多数是传统的安全类算法，存在潜在的"后门"风险，算法的强度也需要不断升级；另外，管理安全、隐私保护、监管缺乏以及新技术（如量子计算）所带来的安全问题需要认真对待。③在区块链治理领域，如何结合现有信息技术治理体系的研究，从区块链的战略、组织、架构以及区块链应用体系的各个方面，研究区块链实施过程中的环境与文化、技术与工具、流程与活动等问题，进而实现区块链的价值，开展相关区块链的审计，是区块链治理领域需要核心关注的问题。④在技术日益成熟的情况下，研究区块链的标准化也是需要重点考虑的内容。

从区块链技术应用层面看，区块链在其发展过程中，必然会面临各种制约其发展的问题和障碍，特别是在安全、效率、资源和博弈方面有待深入研究和讨论，未来的区块链应用和发展将聚焦以下 3 个方面。

（1）区块链将成为互联网的基础协议之一。本质上，互联网同区块链一样，也是个去中心化的网络，并没有一个"互联网的中心"存在。不同的是，互联网是一个高效的信息传输网络，并不关心信息的所有权，没有内生的、对有价值信息的保护机制；区块链作为一种可以传输所有权的协议，将会基于现有的互联网协议架构，构建出新的基础协议层。从这个角度看，区块链（协议）会和传输控制协议／因特网互联协议（TCP/IP）一样，成为未来互联网的基础协议，构建出一个高效的、去中心化的价值存储和转移网络。

（2）区块链架构的不同分层将承载不同的功能。类似 TCP/IP 协议栈的分层结构，人们在统一的传输层协议之上，发展出了各种各样的应用层协议，最终构建出了今天丰富多彩的互联网。未来区块链结构也将在一个统一的、去中心化的底层协议基础上，发展出各种各样应用层协议。

（3）区块链的应用和发展将呈螺旋式上升趋势。如同互联网的发展一样，在发展过程中会经历过热甚至泡沫阶段，并以颠覆式的技术改变和融合传统产业。区块链作为数字化浪潮的下一个阶段的核心技术，其发展周期将比大多数人预想得要长，影响的范围和深度也会远远超出人们的想象，最终将会构建出多样化生态的价值互联网，从而深刻改变未来商业社会的结构和每个人的生活。

2.2.5　人工智能

人工智能是指研究、开发用于模拟、延伸和扩展人类智能的理论、方法、技术及应用系统的一门技术科学。这一概念自 1956 年被提出后，已历经半个多世纪的发展和演变。21 世纪初，随着大数据、高性能计算和深度学习技术的快速迭代和进步，人工智能进入新一轮的发展热潮，其强大的赋能性对经济发展、社会进步、国际政治经济格局等具有重大且深远的影响，已成为引领新一轮科技革命和产业变革的重要驱动力量，是推动人类进入智能时代的核心和重要抓手。

1. 技术基础

人工智能从产生到现在，其发展历程经历了以下 6 个阶段。

（1）起步发展期。1956 年至 20 世纪 60 年代初。人工智能概念提出后，相继取得了一批令人瞩目的研究成果，如机器定理证明、跳棋程序等，掀起人工智能发展的第一个高潮。

（2）反思发展期。20 世纪 60 年代至 70 年代初。人工智能发展初期的突破性进展大幅提升了人们对人工智能的期望，人们开始尝试更具挑战性的任务，并提出了一些不切实际的研发目标。然而接二连三的失败和预期目标的落空，使人工智能的发展走入低谷。

（3）应用发展期。20世纪70年代初至80年代中。20世纪70年代出现的专家系统模拟人类专家的知识和经验解决特定领域的问题，实现了人工智能从理论研究走向实际应用、从一般推理策略探讨转向运用专门知识的重大突破，推动人工智能走入应用发展的新高潮。

（4）低迷发展期。20世纪80年代中至90年代中。随着人工智能应用规模的不断扩大，专家系统存在的应用领域狭窄、缺乏常识性知识、知识获取困难、推理方法单一、缺乏分布式功能、难以与现有数据库兼容等问题逐渐暴露出来。

（5）稳步发展期。20世纪90年代中至2010年。由于网络技术特别是互联网技术的发展，加速了人工智能的创新研究，促使人工智能技术进一步走向实用化。

（6）蓬勃发展期。2011年至今。随着大数据、云计算、互联网、物联网等信息技术的发展，泛在感知数据和图形处理器等计算平台推动以深度神经网络为代表的人工智能技术飞速发展，并取得相关的技术突破，迎来爆发式增长的新高潮。

从当前的人工智能技术进行分析可知，在技术研究方面主要聚焦在热点技术、共性技术和新兴技术三个方面。其中以机器学习为代表的基础算法的优化改进和实践，以及迁移学习、强化学习、多核学习和多视图学习等新型学习方法是研究探索的热点；自然语言处理相关的特征提取、语义分类、词嵌入等基础技术和模型研究，以及智能自动问答、机器翻译等应用研究也取得诸多成果；以知识图谱、专家系统为逻辑的系统化分析也在不断取得突破，大大拓展了人工智能的应用场景，对人工智能未来的发展具有重要的潜在影响。

2. 关键技术

人工智能的关键技术主要涉及机器学习、自然语言处理、专家系统等技术，随着人工智能应用的深入，越来越多的新兴技术也在快速发展中。

1）机器学习

机器学习是一种自动将模型与数据匹配，并通过训练模型对数据进行"学习"的技术。机器学习的研究主要聚焦在机器学习算法及应用、强化学习算法、近似及优化算法和规划问题。其中，常见的学习算法主要包含回归、聚类、分类、近似、估计和优化等基础算法的改进与研究，迁移学习、多核学习和多视图学习等强化学习方法是当前的研究热点。

神经网络是机器学习的一种形式，该技术出现在20世纪60年代，并用于分类型应用程序。它根据输入、输出、变量权重或将输入与输出关联的"特征"来分析问题。它类似于神经元处理信号的方式。深度学习是通过多等级的特征和变量来预测结果的神经网络模型，得益于当前计算机架构更快的处理速度，这类模型有能力应对成千上万个特征。与早期的统计分析形式不同，深度学习模型中的每个特征通常对于人类观察者而言意义不大，这导致的结果就是该模型的使用难度很大且难以解释。深度学习模型使用一种称为反向传播的技术，通过模型进行预测或对输出进行分类。强化学习是机器学习的另外一种方式，指机器学习系统制订了目标而且迈向目标的每一步都会得到某种形式的奖励。

机器学习模型是以统计为基础的，而且应该将其与常规分析进行对比以明确其价值增量。它们往往比基于人类假设和回归分析的传统"手工"分析模型更准确，但也更复杂和难以解释。相比于传统的统计分析，自动化机器学习模型更容易创建，而且能够揭示更多的数据细节。

2）自然语言处理

自然语言处理（Natural Language Processing，NLP）是计算机科学领域与人工智能领域中的一个重要方向。它致力于研究实现人与计算机之间使用自然语言进行有效通信的各种理论和方法。自然语言处理是一门融语言学、计算机科学、数学于一体的科学。因此，这一领域的研究将涉及自然语言，即人们日常使用的语言，所以它与语言学的研究有着密切的联系，但又有重要的区别。自然语言处理并不是一般地研究自然语言，而是专注于研制能够有效实现自然语言通信的计算机系统，尤其是软件系统。因而它是计算机科学的一部分。

自然语言处理主要应用于机器翻译、舆情监测、自动摘要、观点提取、文本分类、问题回答、文本语义对比、语音识别、中文 OCR 等方面。

自然语言处理，即实现人机间自然语言通信、自然语言理解和自然语言生成是十分困难的，造成困难的根本原因是自然语言文本和对话的各个层次上广泛存在着各种各样的歧义性或多义性。自然语言处理主要解决的核心问题是信息抽取、自动文摘（分词）、识别转化等，用于解决内容的有效界定、消歧和模糊性、有瑕疵的或不规范的输入、语言行为理解和交互。当前，深度学习技术是自然语言处理的重要支撑，在自然语言处理中需应用深度学习模型，如卷积神经网络、循环神经网络等，通过对生成的词向量进行学习，以完成自然语言分类、理解的过程。

3）专家系统

专家系统是一个智能计算机程序系统，通常由人机交互界面、知识库、推理机、解释器、综合数据库、知识获取等 6 个部分构成，其内部含有大量的某个领域专家水平的知识与经验，它能够应用人工智能技术和计算机技术，根据系统中的知识与经验，进行推理和判断，模拟人类专家的决策过程，以便解决那些需要人类专家处理的复杂问题。简而言之，专家系统是一种模拟人类专家解决领域问题的计算机程序系统。

在人工智能的发展过程中，专家系统的发展已经历了三个阶段，正向第四代过渡和发展。第一代专家系统以高度专业化、求解专门问题的能力强为特点。但在体系结构的完整性、可移植性、系统的透明性和灵活性等方面存在缺陷，求解问题的能力弱。第二代专家系统属单学科专业型、应用型系统，其体系结构较完整，移植性方面也有所改善，而且在系统的人机接口、解释机制、知识获取技术、不确定推理技术、增强专家系统的知识表示和推理方法的启发性、通用性等方面都有所改进。第三代专家系统属多学科综合型系统，采用多种人工智能语言，综合采用各种知识表示方法和多种推理机制及控制策略，并开始运用各种知识工程语言、骨架系统及专家系统开发工具和环境来研制大型综合专家系统。

当前人工智能的专家系统研究已经进入到第四个阶段，主要研究大型多专家协作系统、多种知识表示、综合知识库、自组织解题机制、多学科协同解题与并行推理、专家系统工具与环境、人工神经网络知识获取及学习机制等。

3. 应用和发展

经过 60 多年的发展，人工智能在算法、算力（计算能力）和算料（数据）等方面取得了重要突破，正处于从"不能用"到"可以用"的技术拐点，但是距离"很好用"还有诸多瓶颈。实现从专用人工智能向通用人工智能的跨越式发展，既是下一代人工智能发展的必然趋势，也是研究与应用领域的重大挑战，还是未来应用和发展的趋势。

1）从人工智能向人机混合智能发展

借鉴脑科学和认知科学的研究成果是人工智能的一个重要研究方向。人机混合智能旨在将人的作用或认知模型引入到人工智能系统中，提升人工智能系统的性能，使人工智能成为人类智能的自然延伸和拓展，通过人机协同更加高效地解决复杂问题。

2）从"人工 + 智能"向自主智能系统发展

当前人工智能领域的大量研究集中在深度学习，但是深度学习的局限是需要大量人工干预，比如人工设计深度神经网络模型、人工设定应用场景、人工采集和标注大量训练数据、用户需要人工适配智能系统等，非常费时费力。因此，科研人员开始关注减少人工干预的自主智能方法，提高机器智能对环境的自主学习能力。

3）人工智能将加速与其他学科领域交叉渗透

人工智能本身是一门综合性的前沿学科和高度交叉的复合型学科，研究范畴广泛而又异常复杂，其发展需要与计算机科学、数学、认知科学、神经科学和社会科学等学科深度融合。借助于生物学、脑科学、生命科学和心理学等学科的突破，将机理变为可计算的模型，人工智能将与更多学科深入地交叉渗透。

4）人工智能产业将蓬勃发展

随着人工智能技术的进一步成熟以及政府和产业界投入的日益增长，人工智能应用的云端化将不断加速，全球人工智能产业规模在未来 10 年将进入高速增长期。"人工智能 +X"的创新模式将随着技术和产业的发展日趋成熟，对生产力和产业结构产生革命性影响，并推动人类进入普惠型智能社会。

5）人工智能的社会学将提上议程

为了确保人工智能的健康可持续发展，使其发展成果造福于民，需要从社会学的角度系统全面地研究人工智能对人类社会的影响，制定完善人工智能法律法规，规避可能的风险，旨在"以有利于整个人类的方式促进和发展友好的人工智能"。

2.2.6　虚拟现实

自从计算机创造以来，计算机一直是传统信息处理环境的主体，这与人类认识空间及计算机处理问题的信息空间存在不一致的矛盾，如何把人类的感知能力和认知经历及计算机信息处理环境直接联系起来，是虚拟现实产生的重大背景。如何建立一个能包容图像、声音和化学气味等多种信息源的信息空间，将其与视觉、听觉、嗅觉、口令、手势等人类的生活空间交叉融合，虚拟现实的技术应运而生。

1. 技术基础

虚拟现实（Virtual Reality，VR）是一种可以创立和体验虚拟世界的计算机系统（其中虚拟世界是全体虚拟环境的总称）。通过虚拟现实系统所建立的信息空间，已不再是单纯的数字信息空间，而是一个包容多种信息的多维化的信息空间（Cyberspace），人类的感性认识和理性认识能力都能在这个多维化的信息空间中得到充分发挥。要创立一个能让参与者具有身临其境感，具有完善的交互作用能力的虚拟现实系统，在硬件方面，需要高性能的计算机软硬件和各类先进的传感器；在软件方面，主要是需要提供一个能产生虚拟环境的工具集。

虚拟现实技术的主要特征包括沉浸性、交互性、多感知性、构想性和自主性。

（1）沉浸性。沉浸性指用户成为并感受到自己是计算机系统所创造环境中的一部分。虚拟现实技术的沉浸性取决于用户的感知系统，当使用者感知到虚拟世界的刺激时，包括触觉、味觉、嗅觉、运动感知等，便会产生思维共鸣，造成心理沉浸，感觉如同进入了真实世界。

（2）交互性。交互性指用户对模拟环境内物体的可操作程度和从环境得到反馈的自然程度。使用者进入虚拟空间，相应的技术让使用者跟环境产生相互作用，当使用者进行某种操作时，周围的环境也会做出某种反应。

（3）多感知性。多感知性表示计算机技术应该拥有很多感知方式，比如听觉、触觉、嗅觉等等。理想的虚拟现实技术应该具有一切人类所具有的感知功能。

（4）构想性。构想性也称想象性，使用者在虚拟空间中，可以与周围的物体进行互动，可以拓宽认知范围，创造客观世界不存在的场景或不可能发生的环境。

（5）自主性。自主性指虚拟环境中物体依据物理定律动作的程度。如当受到力的推动时，物体会向力的方向移动、翻倒或从桌面落到地面等。

随着虚拟现实技术的快速发展，按照其"沉浸性"程度的高低和交互程度的不同，虚拟现实技术已经从桌面虚拟现实系统、沉浸式虚拟现实系统、分布式虚拟现实系统等，向着增强式虚拟现实系统（Augmented Reality，AR）和元宇宙的方向发展。

2. 关键技术

虚拟现实的关键技术主要涉及人机交互技术、传感器技术、动态环境建模技术和系统集成技术等。

（1）人机交互技术。虚拟现实中的人机交互技术与传统的只有键盘和鼠标的交互模式不同，是一种新型的利用 VR 眼镜、控制手柄等传感器设备，能让用户真实感受到周围事物存在的一种三维交互技术，将三维交互技术与语音识别、语音输入技术及其他用于监测用户行为动作的设备相结合形成了目前主流的人机交互手段。

（2）传感器技术。VR 技术的进步受制于传感器技术的发展，现有的 VR 设备存在的缺点与传感器的灵敏程度有很大的关系。例如 VR 头显（即 VR 眼镜）设备过重、分辨率低、刷新频率慢等，容易造成视觉疲劳；数据手套等设备也都有延迟大、使用灵敏度不够的缺点，所以传感器技术是 VR 技术更好地实现人机交互的关键。

（3）动态环境建模技术。虚拟环境的设计是 VR 技术的重要内容，该技术是利用三维数据建立虚拟环境模型。目前常用的虚拟环境建模工具为计算机辅助设计（Computer Aided Design，

CAD），操作者可以通过 CAD 技术获取所需数据，并通过得到的数据建立满足实际需要的虚拟环境模型。除了通过 CAD 技术获取三维数据，多数情况下还可以通过视觉建模技术或者两者相结合来更有效地获取数据。

（4）系统集成技术。系统集成（System Integration，SI）是通过各种技术整合手段将各个分离的信息和数据集成到统一的系统中。VR 系统中的集成技术包括信息同步、数据转换、模型标定、识别和合成等技术，由于 VR 系统中储存着许多的语音输入信息、感知信息以及数据模型，因此 VR 系统中的集成技术就变得非常重要。

3. 应用和发展

虚拟现实技术已经取得了一定的应用和发展，当前的技术趋势和方向主要聚焦在以下 4 个方面。

（1）硬件性能优化迭代加快。轻薄化、超清化的加速演进使虚拟现实终端市场迅速扩大，开启了虚拟现实产业爆发增长新空间，虚拟现实设备的显示分辨率、帧率、自由度、延时、交互性能、重量、眩晕感等性能指标日趋优化，用户体验感不断提升。

（2）网络技术的发展有效助力其应用化的程度。泛在网络通信和高速的网络速度，有效提升了虚拟现实技术在应用端的体验。借助于终端轻型化和移动化 5G 技术，高峰值速率、毫秒级的传输时延和千亿级的连接能力，降低了对虚拟现实终端侧的要求。

（3）虚拟现实产业要素加速融通。技术、人才多维并举，虚拟现实产业核心技术不断取得突破，已形成较为完整的虚拟现实产业链条。虚拟现实产业呈现出从创新应用到常态应用的产业趋势，在舞台艺术、体育智慧观赛、新文化弘扬、教育、医疗等领域普遍应用。"虚拟现实 + 商贸会展"成为未来的新常态，"虚拟现实 + 工业生产"是组织数字化转型的新动能，"虚拟现实 + 智慧生活"大大提升了未来智能化的生活体验，"虚拟现实 + 文娱休闲"成为新型信息消费模式的新载体等。

（4）新技术驱动新商业。元宇宙等新兴概念为虚拟现实技术带来了"沉浸和叠加""激进和渐进""开放和封闭"等新的商业理念，大大提升了其应用价值和社会价值，将逐渐改变人们所习惯的现实世界物理规则，以全新方式激发产业技术创新，以新模式、新业态等方式带动相关产业跃迁升级。

2.2.7　新一代信息技术发展

近年来，我国新一代信息技术不断突破，信息技术产业蓬勃发展，产业规模迅速扩大，产业结构不断优化，对经济社会发展和人民生活质量提高的引擎作用不断强化，信息技术产业已发展成为推动国民经济高质量发展的先导性、战略性和基础性产业。

2021 年 12 月，国家发布了《"十四五"国家信息化规划》，该规划明确指出，"十四五"信息化进入加快数字化发展、建设数字中国的新阶段，为未来信息技术的发展指明了方向。

（1）泛在智能的网络连接设施将是网络技术的发展重点，能够实现网络、应用、终端向下一代互联网平滑演进升级，物联数通的新型感知基础设施将会成为国家战略的组成部分，云网一体化建设发展将实现云计算资源和网络设施有机融合，算力和算法中心的构建将提供低时延、高可靠、强安全边缘计算能力。

（2）大数据技术将继续成为未来发展主流，以数据资源开发利用、共享流通、全生命周期治理和安全保障为重点，建立完善数据要素资源体系，激发数据要素价值，提升数据要素赋能作用，数据治理技术、数据应用和服务技术、数据安全技术将会进一步加强。

（3）新一代信息技术的持续创新将会成为国家战略，坚持创新在国家信息化发展中的核心地位，把关键核心技术自立自强作为数字中国的战略支撑，面向世界科技前沿、面向经济主战场、面向国家重大需求、面向人民生命健康，深入实施创新驱动发展战略，构建以技术创新和制度创新双轮驱动、充分释放数字生产力的创新发展体系。

（4）从信息化技术转向数字化技术，将是未来国家、社会、产业数字化转型的重要支撑。关键软硬件技术的突破将持续引领技术的发展前沿，先进专用芯片生态、协同优化计算机软硬件生态、完善开源移动生态将会成为未来信息化生态的基础。

（5）新一代信息技术将继续深入与产业结合，引领产业数字化转型发展。互联网、大数据、人工智能等同各产业深度融合，推进产业数字化和绿色化协同转型，发展现代供应链，提高全要素生产率，促进节能减排，有力提升经济质量效益和核心竞争力，将成为技术发展的重要落脚点和支撑点。

（6）新一代信息技术的发展，将有效支撑社会治理现代化的发展，从而有效地构建共建、共治、共享的数字社会治理体系。深化大数据、人工智能等信息技术在立体化智能化社会治安防控体系、一体化智慧化公共安全体系、平战结合的应急信息化安全体系的应用，将会有效推进新型智慧城市的高质量发展。

（7）新一代信息技术的融合发展，将会打造协同高效的数字政府服务体系，提升党政机关信息化建设水平，推动政务数据共享流通，推进"一网通办"让群众办事更便捷，打造市场化法治化国际化营商环境。

（8）信息技术发展落脚点将更加聚焦"以信息技术健全基本公共服务体系，改善人民生活品质，让人民群众共享信息化发展成果"。数字教育、普惠数字医疗、数字社保、就业和人力资源服务、数字文旅和体育服务将会成为信息技术价值的重要价值体现。

（9）提升信息技术的国际竞争力，积极参与全球网络空间治理体系改革，推动"数字丝绸之路"高质量发展，加强数字领域国际规则研究制定、多层次的全球数字合作伙伴关系构建、高质量引进来、高水平走出去将会成为信息技术竞争力的重要体现。

（10）信息技术有序发展的治理体系是基础，网络安全、信息安全、数据安全的监管技术，数字技术应用审查机制、监管法律体系、网络安全保障体系和技术能力的建设将会成为技术和管理融合的重要方向。

综上，未来的信息技术将继续成为引领产业发展的重要引擎，加快建设宽带、泛在、融合、安全的信息网络基础设施，推动新一代移动通信、下一代互联网核心设备和智能终端的研发及产业化，促进物联网、云计算的研发和示范应用，发展集成电路、新型显示、高端软件、高端服务器等核心基础产业，提升软件服务、网络增值服务等信息服务能力，加快重要基础设施智能化改造、大力发展数字虚拟等技术，将会是未来技术的主要发展方向。

2.3　本章练习

1. 选择题

（1）_____是指控制和协调计算机及外部设备，支持应用软件开发和运行的系统，是无须用户干预的各种程序的集合。

　　　　A. 系统软件　　　　B. 应用软件　　　　C. 中间件　　　　D. 办公软件

参考答案：A

（2）_____是物联网中使用的一种传感器技术，可以通过无线电信号识别特定目标并读写相关数据，让物品能够"开口说话"。

　　　　A. RFID　　　　B. MEMS　　　　C. M2M　　　　D. GPS

参考答案：A

（3）云计算服务中的_____层向用户提供计算机能力、存储空间等基础设施方面的服务。

　　　　A. SaaS　　　　B. PaaS　　　　C. IaaS　　　　D. DaaS

参考答案：C

（4）根据正确性条件和数据约束规则，删除不合理和错误的数据，对重要的信息进行修复，保证数据完整性的数据获取技术是_____。

　　　　A. 数据采集　　　　B. 数据整合　　　　C. 数据清洗　　　　D. 数据处理

参考答案：C

（5）_____不属于虚拟现实技术的主要特征。

　　　　A. 沉浸性　　　　B. 交互性　　　　C. 隐私性　　　　D. 自主性

参考答案：C

2. 思考题

（1）请简述云计算主要涉及的关键技术。

（2）请简述大数据的主要特征。

（3）请简述区块链的四大分类。

参考答案：略

第 3 章 信息系统架构

电气和电子工程师协会（Institute of Electrical and Electronics Engineers，IEEE）认为系统的架构是构成一个系统的基础组织结构，包括系统的组件构成、组件间的相互关系、系统和其所在环境的关系，以及指导架构设计和演进的相关准则。如果该系统范畴包括了整个组织的系统，架构就定义了组织级信息系统架构的方向、结构、关系、原则和标准等。

信息系统架构是指体现信息系统相关的组件、关系以及系统的设计和演化原则的基本概念或特性。信息系统集成项目涉及的架构通常有系统架构、数据架构、技术架构、应用架构、网络架构、安全架构等类型，组织级的信息系统集成架构向上承载了组织的发展战略和业务架构，向下指导着信息系统具体方案的实现，发挥着承上启下的中坚作用。该层级架构需要根据组织的战略目标、运营模式和信息化程度来确定，并且紧密支持业务价值的实现。

3.1 架构基础

架构的本质是决策，是在权衡方向、结构、关系以及原则各方面因素后进行的决策。信息系统项目可基于项目建设的指导思想、设计原则和建设目标等展开各类架构的设计。

3.1.1 指导思想

满足一个组织战略实现、匹配信息系统发展阶段的信息系统集成目标的方法有很多，路径也很多元，这就需要在开展信息系统集成架构设计时，明确相应的指导思想，从而最大程度地确保集成的有效性和价值性等。指导思想是开展某项工作所必须遵循的总体原则、要求和方针等，站在宏观的角度、总体的高度指示引导工作的进行，通过指导思想的贯彻实施，推动项目多元参与者能保持对集成关键价值的一致性理解，从而减少不必要的矛盾与冲突。

举例 某城市社会保险智慧治理中心建设的指导思想，定义为：以习近平新时代中国特色社会主义思想为指导，全面贯彻党的二十大精神，坚持以人民为中心的发展思想，坚持一切为了人民、一切依靠人民，始终把人民放在心中最高位置、把人民对美好生活的向往作为奋斗目标，适应新时代社会保险事业改革发展需要，聚焦社会保险工作的重要领域和关键环节，统筹规划、创新驱动、数据赋能，全面开展城市智慧人社治理中心建设，推动新时期智慧社会保险体系创新体系和能力建设，不断提升社会保险治理能力和服务水平，为新时代社会保险事业高质量发展提供强有力的信息化支撑，推动实现城市治理体系和治理能力的现代化。

3.1.2 设计原则

各个组织的业务战略、运营模式、信息化与数字化远景不同，其架构的设计原则也必将有所不同。所遵循的原则应体现在组织的信息化与数字化总体架构指导思想之下。一组良好的原则是建立在组织的信念和价值观上，并以组织能理解和使用的语言（显性知识方式）表达。设计原则为架构和规划决策、政策、程序和标准制定，以及矛盾局势的解决提供了坚实的基础。原则不需要多，要面向未来，并得到相关方高级管理人员的认可、拥护和支持。太多的原则会降低架构的灵活性，许多组织倾向于只界定更高级别原则，并通常将数目限制在 4 ~ 10 项。

举例　某城市社会保险智慧治理中心建设的设计原则包括：坚持以人为本、坚持创新引领、坚持问题导向、坚持整体协同、坚持安全可控、坚持科学实施等。

（1）坚持以人为本。坚持以人民为中心的发展思想，紧扣群众的服务需求和服务体验，以群众满不满意、答不答应、高不高兴作为工作的目标，通过城市社会保险智慧治理中心建设，支撑构建群众满意的城市社会保险公共服务体系。

（2）坚持创新引领。综合利用互联网 +、大数据 +、智能 +、物联网 +、5G+、AI+、GIS+ 等主流技术，以机制改革、模式创新、数据驱动、技术赋能为动力，建设社会保险智慧治理中心，推进城市社会保险现代化治理体系和治理能力的现代化。

（3）坚持问题导向。将破解制约城市社会保险事业发展的重点、难点、痛点问题作为建设城市社会保险智慧治理中心的着力点，找准突破口、增强针对性、突出全局性，提高服务标准化、专业化、协同化水平和治理智能化、精准化、科学化水平。

（4）坚持整体协同。城市社会保险智慧治理中心建设，必须围绕城市社会保险系统的全局工作，从制度衔接、政策配套、部门联动、业务协同、数据共享多个维度着手，打造业务与技术、内部与外部、横向与纵向、线上与线下融合的社会保险智慧治理新体系，形成支撑新时期社会保险高质量发展新动力。

（5）坚持安全可控。城市社会保险智慧治理中心建设，必须正确处理创新发展与保障安全的关系，强化信息安全和个人隐私保护，健全多层次的社会保险风险防控体系，夯实可靠、可用、可持续的信息化支撑能力。

（6）坚持科学实施。按照城市社会保险智慧中心的总体规划和建设方案，厘清社会保险智慧治理中心建设与金保工程整体建设的边界、关系与侧重点，充分运用现有信息化基础设施和应用系统，统筹规划、精心实施，注重可落地、可操作、可考核，确保城市社会保险智慧治理中心建设的效能得以充分释放。

3.1.3　建设目标

建设目标是指集成建设的最终目的，达到什么样的效果，为什么而服务，是一种概念性的方针，通常相关方高层领导提出的构想和愿景等便是建设目标。信息系统集成架构服务于各项建设目标的达成，各项业务目标都是为建设目标而服务的。

举例　某城市社会保险智慧治理中心的建设目标定义为：基于新时期社会保险事业职能使命与发展方向，按照"放管服"改革要求，依据新公共管理理论，综合运用"互联网 +""大数据 +""智能 +""物联网 +""5G+""AI+""GIS+"等现代思维与主流技术，以业务治理、综合治理、大数据治理为抓手。到某年，初步建成泛连、开放、融合、联动、智能、在线、可视、安全的城市社会保险智慧治理中心，全面提高城市社会保险系统的经办服务能力、智能监管能力、风险防控能力、决策分析能力、全域联动能力，推动构建全国领先的社会保险智能治理体系、智控风险体系、智联业务体系、智惠群众体系，树立城市治理行业新标杆，创建社会保险治理全国新范式，为推进新时期城市社会保险事业高质量发展提供新动能，助力提升城市治理科学化、精细化、智能化水平。

3.1.4　总体框架

框架是用于规划、开发、实施、管理和维持架构的概念性结构，框架对架构设计是至关重要的。框架将组织业务内容的关注度进行了合理的分离，以角色为出发点从不同视角展示组织业务的内容。框架为架构设计提供了一张路线图，引导和帮助架构设计达到建设起一个先进、高效且适用架构的目标。

信息系统体系架构总体参考框架由四个部分组成，即战略系统、业务系统、应用系统和信息基础设施。这四个部分相互关联，并构成与管理金字塔一致的层次，如图 3-1 所示。战略系统处在第一层，其功能与战略管理层次的功能相似，一方面向业务系统提出创新、重构与再造的要求，另一方面向应用系统提出集成的要求。业务系统和应用系统同在第二层，属于战术管理层，业务系统在业务处理流程的优化上对组织进行管理控制和业务控制，应用系统则为这种控制提供有效利用信息和数据实现的手段，并提高组织的运行效率。信息基础设施处在第三层，是组织实现信息化、数字化的基础部分，相当于运行管理层，它为应用系统和战略系统提供计算、传输、数据等支持，同时也为组织的业务系统实现重组提供一个有效的、灵活响应的技术与管理支持平台。

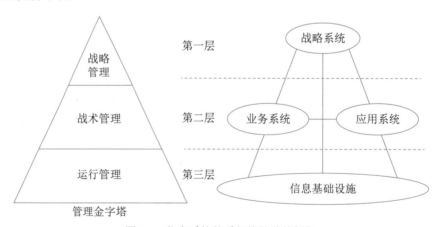

图 3-1　信息系统体系架构的总体框架

1. 战略系统

战略系统是指组织中与战略制定、高层决策有关的管理活动和计算机辅助系统。在信息系统架构（Information System Architecture，ISA）中战略系统由两个部分组成，其一是以信息技术为基础的高层决策支持系统，其二是组织的战略规划体系。在 ISA 中设立战略系统有两重含义：一是它表示信息系统对组织高层管理者的决策支持能力；二是它表示组织战略规划对信息系统建设的影响和要求。通常组织战略规划分成长期规划和短期规划两种，长期规划相对来说比较稳定，如：调整产品结构等；短期规划一般是根据长期规划的目的而制订，相对来说，容易根据环境、组织运作情况而改变，如：决定新产品的类型等。

2. 业务系统

业务系统是指组织中完成一定业务功能的各部分（物质、能量、信息和人）组成的系统。组织中有许多业务系统，如：生产系统、销售系统、采购系统、人事系统、会计系统等，每个业务系统由一些业务过程来完成该业务系统的功能，例如会计系统常包括应付账款、应收账款、开发票、审计等业务过程。业务过程可以分解成一系列逻辑上相互依赖的业务活动，业务活动的完成有先后次序，每个业务活动都有执行的角色，并处理相关数据。当组织调整发展战略，为了更好地适应内外部发展环境（如部署使用信息系统）等的时候，往往会开展业务过程重组。业务过程重组是以业务流程为中心，打破组织的职能部门分工，对现有的业务过程进行改进或重新组织，以求在生产效率、成本、质量、交货期等方面取得明显改善，提高组织的竞争力。

业务系统在 ISA 中的作用是：对组织现有业务系统、业务过程和业务活动进行建模，并在组织战略的指导下，采用业务流程重组（Business Process Reengineering，BPR）的原理和方法进行业务过程优化重组，并对重组后的业务领域、业务过程和业务活动进行建模，从而确定出相对稳定的数据，以此相对稳定的数据为基础，进行组织应用系统的开发和信息基础设施的建设。

3. 应用系统

应用系统即应用软件系统，指信息系统中的应用软件部分。对于组织信息系统中的应用软件（应用系统），一般按完成的功能可包含：事务处理系统（Transaction Processing System，TPS）、管理信息系统（Management Information System，MIS）、决策支持系统（Decision Support System，DSS）、专家系统（Expert System，ES）、办公自动化系统（Office Automation System，OAS）、计算机辅助设计（CAD）/计算机辅助工艺设计（CAPP）/计算机辅助制造（CAM）、制造执行系统（Manufacturing Execution System，MES）等。对于其中的 MIS 又可按所处理的业务，再细分为子系统：销售管理子系统、采购管理子系统、库存管理子系统、运输管理子系统、财务管理子系统、人事管理子系统等。

无论哪个层次上的应用系统，从架构的角度来看，都包含两个基本组成部分：内部功能实现部分和外部界面部分。这两个基本部分由更为具体的组成成分及组成成分之间的关系构成。界面部分是应用系统中相对变化较多的部分，主要由用户对界面形式要求的变化引起，在功能实现部分，相对来说，处理的数据变化较小，而程序的算法和控制结构的变化较多，主要由用户对应用系统功能需求的变化和对界面形式要求的变化引起。

4. 信息基础设施

组织信息基础设施是指根据组织当前业务和可预见的发展趋势及对信息采集、处理、存储和流通的要求，构筑由信息设备、通信网络、数据库、系统软件和支持性软件等组成的环境。这里可以将组织信息基础设施分成三部分：技术基础设施、信息资源设施和管理基础设施。

（1）技术基础设施。技术基础设施由计算机设备、网络、系统软件、支持性软件、数据交换协议等组成。

（2）信息资源设施。信息资源设施由数据与信息本身、数据交换的形式与标准、信息处理方法等组成。

（3）管理基础设施。管理基础设施指组织中信息系统部门的组织架构、信息资源设施管理人员的分工、组织信息基础设施的管理方法与规章制度等。

由于技术的发展和组织系统需求的变化，技术基础设施在信息系统的设计、开发和维护中，面临的变化因素较多，并且由于实现技术的多样性，完成同一功能有多种实现方式。信息资源设施在系统建设中的相对变化较小，无论组织完成何种功能，业务流程如何变化，都要对数据和信息进行处理，它们中的大部分不随业务改变而改变。管理基础设施相对变化较多，这是组织为了适应环境的变化和满足竞争的需要，尤其在我国向市场经济转型升级的阶段，经济政策的出台或改变、业务模式改革等，将在很大程度上造成组织规章制度、管理方法、人员分工以及组织架构的改变。

上面只是对信息基础设施中的三个基本组成部分的相对稳定与相对变化程度的总体说明，在技术基础设施、信息资源设施、管理基础设施中都有相对稳定的部分和相对易变的部分，不能一概而论。

3.2 系统架构

信息系统架构是一种体系结构，它反映了一个组织信息系统的各个组成部分之间的关系，以及信息系统与相关业务、信息系统与相关技术之间的关系。

3.2.1 架构定义

随着技术的进步，信息系统的规模越来越大，复杂程度越来越高，系统的结构显得越来越重要。对于大规模的复杂系统来说，对总体的系统结构设计比起对计算算法和数据结构的选择已经变得更重要。在这种情况下，人们认识到系统架构的重要性，设计并确定系统整体结构的质量成为了重要的议题。系统架构对于系统开发时所涉及的成熟产品与相关的组织整合问题具有非常重要的作用。系统架构作为集成技术框架规范了开发和实现系统所需技术层面的互动，作为开发内容框架影响了开发组织和个人的互动，因此，技术和组织因素也是系统架构要讨论的主要话题。

信息系统架构伴随技术发展和信息环境变化，一直处于持续演进和发展中，不同的视角对其定义也不尽相同，常见的定义主要有：①软件或计算机系统的信息系统架构是该系统的一个（或多个）结构，而结构由软件元素、元素的外部可见属性及它们之间的关系组成。②信息系统架构为软件系统提供了一个结构、行为和属性的高级抽象，由构成系统元素的描述、这些元素的相互作用、指导元素集成的模式及这些模式约束组成。③信息系统架构是指一个系统的基础组织，它具体体现在系统的构件、构件之间、构件与环境之间的关系，以及指导其设计和演化的原则上。前两个定义都是按"元素—结构—架构"这一抽象层次来描述的，它们的基本意义相同。该定义中的"软件元素"是指比"构件"更一般的抽象，元素的"外部可见属性"是指其他元素对该元素所做的假设，如它所提供的服务、性能特征等。

对信息系统架构的定义描述，可以从以下 6 个方面进行理解。

（1）架构是对系统的抽象，它通过描述元素、元素的外部可见属性及元素之间的关系来反映这种抽象。因此，仅与内部具体实现有关的细节是不属于架构的，即定义强调元素的"外部可见"属性。

（2）架构由多个结构组成，结构是从功能角度来描述元素之间的关系的，具体的结构传达了架构某方面的信息，但是个别结构一般不能代表大型信息系统架构。

（3）任何软件都存在架构，但不一定有对该架构的具体表述文档，即架构可以独立于架构的描述而存在。如文档已过时，则该文档不能反映架构。

（4）由架构的内容元素及其行为的集合构成，它揭示了系统由哪些元素组成，这些元素各有哪些功能（外部可见），以及这些元素间如何连接与互动。架构在两个方面进行抽象：在静态方面，关注系统的大粒度（宏观）总体结构（如分层）；在动态方面，关注系统内关键行为的共同特征。

（5）架构具有"基础"性，它通常涉及解决各类关键重复问题的通用方案（复用性），以及系统设计中影响深远（架构敏感）的各项重要决策（一旦贯彻，更改的代价昂贵）。

（6）架构隐含有"决策"，即架构是由架构设计师根据关键的功能和非功能性需求（质量属性及项目相关的约束）进行设计与决策的结果。不同的架构设计师设计出来的架构是不一样的，为避免架构设计师考虑不周，重大决策应经过评审。特别是架构设计师自身的水平是一种约束，不断学习和积累经验，才是摆脱这种约束走向优秀架构师的必经之路。

在设计信息系统架构时也必须考虑硬件特性和网络特性，因此，信息系统架构与系统架构二者间的区别其实不大。但是，在大多情况下，架构设计师在软件方面的选择性较之硬件方面，其自由度大得多。因此，使用"信息系统架构"这一术语，也表明了一个观点：架构设计师通常将架构的重点放在软件部分。

将信息系统架构置于经济与社会背景中进行观察，可以发现信息系统架构对组织非常重要，主要体现在：①影响架构的因素。软件系统的项目干系人（客户、用户、项目经理、程序员、测试人员、市场人员等）对软件系统有不同的要求、开发组织（项目组）不同的人员知识结构、架构设计师的素质与经验、当前的技术环境等方面都是影响架构的因素。这些因素通过功能性需求、非功能性需求、约束条件及相互冲突的要求，影响架构设计师的决策，从而影响架构。②架构对上述诸因素具有反作用，例如，影响开发组织的结构。架构描述了系统的大粒度（宏观）总体结构，因此可以按架构进行分工，将项目组分为几个工作组，从而使开发有序；影响开发组织的目标，即成功的架构为开发组织提供了新的商机，这归功于系统的示范性、架构的可复用性及团队开发经验的提升，同时，成功的系统将影响客户对下一个系统的要求等。

3.2.2　架构分类

信息系统架构通常可分为物理架构与逻辑架构两种：物理架构是指不考虑系统各部分的实际工作与功能架构，只抽象地考察其硬件系统的空间分布情况；逻辑架构是指信息系统各种功能子系统的综合体。在组织实际架构定义过程中，为确保表达的有效性和友好性等，也会将这两种架构进行融合使用。

1. 物理架构

按照信息系统在空间上的拓扑关系，其物理架构一般分为集中式与分布式两大类。

1）集中式架构

集中式架构是指物理资源在空间上集中配置。早期的单机系统是最典型的集中式架构，它将软件、数据与主要外部设备集中在一套计算机系统之中。由分布在不同地点的多个用户通过终端共享资源组成的多用户系统，也属于集中式架构。

集中式架构的优点是资源集中，便于管理，资源利用率较高。但是随着系统规模的扩大，以及系统的日趋复杂，集中式架构的维护与管理越来越困难，常常不利于调动用户在信息系统建设过程中的积极性、主动性和参与感。此外，资源过于集中会造成系统的脆弱，一旦核心资源出现异常，容易使整个系统瘫痪。

2）分布式架构

随着数据技术与网络技术的发展，分布式架构的信息系统开始产生，分布式系统是指通过计算机网络把不同地点的计算机硬件、软件、数据等资源联系在一起，实现不同地点的资源共享。各地的计算机系统既可以在网络系统的统一管理下工作，也可以脱离网络环境利用本地资源独立运作。由于分布式架构适应了现代组织管理发展的趋势，即组织架构朝着扁平化、网络化方向发展，分布式架构成为信息系统的主要模式。

分布式架构的主要特征是：可以根据应用需求来配置资源，提高信息系统对用户需求与外部环境变化的应变能力，系统扩展方便，安全性好，某个节点所出现的故障不会导致整个系统停止运作。然而由于资源分散，且又分属于各个子系统，系统管理的标准不易统一，协调困难，不利于对整个资源的规划与管理。

分布式架构又可分为一般分布式与客户端/服务器模式。一般分布式系统中的服务器只提供软件、计算与数据等服务，各计算机系统根据规定的权限存取服务器上的数据与程序文件。客户端/服务器架构中，网络上的计算机分为客户端与服务器两大类。服务器包括文件服务器、数据库服务器、打印服务器等；网络节点上的其他计算机系统则称为客户端。用户通过客户端向服务器提出服务请求，服务器根据请求向用户提供经过加工的信息。

2. 逻辑架构

信息系统的逻辑架构是其功能综合体和概念性框架。由于信息系统种类繁多，规模不一，在功能上存在较大差异，其逻辑架构也不尽相同。

对于一个生产组织的管理信息系统，从管理职能角度划分，包括采购、生产、销售、人力资源、财务等主要功能的信息管理子系统。一个完整的信息系统支持组织的各种功能子系统，使得每个子系统可以完成事务处理、操作管理、管理控制与战略规划等各个层次的功能。在每个子系统中可以有自己的专用文件，同时可以共享信息系统中的各类数据，通过网络与数据等规范接口实现子系统之间的联系。与之相类似，每个子系统有各自的应用程序，也可以调用服务于各种功能的公共程序以及系统模型库中的模型等。

3. 系统融合

从不同的角度，人们可对信息系统进行不同的分解。在信息系统研制和集成建设的过程中，最常见的方法是将信息系统按职能划分成一个个职能子系统，然后逐个研制、开发和建设。显然，即使每个子系统的性能均很好，并不能确保系统的优良性能，切不可忽视对整个系统的全盘考虑，尤其是对各个子系统之间的相互关系应做充分的考虑。因此，在信息系统开发与集成建设中，强调各子系统之间的协调一致性和整体性。要达到这个目的，就必须在构造信息系统时注意对各种子系统进行统一规划，并对各子系统进行整体融合。常见的融合方式包括横向融合、纵向融合和纵横融合。

（1）横向融合。横向融合是指将同一层次的各种职能与需求融合在一起，例如，将运行控制层的人事和工资子系统综合在一起，使基层业务处理一体化。

（2）纵向融合。纵向融合是指把某种职能和需求的各个层次的业务组织在一起，这种融合沟通了上下级之间的联系，如组织分支机构会计系统和整体组织会计系统融合在一起，它们都有共同之处，能形成一体化的处理过程。

（3）纵横融合。纵横融合是指主要从信息模型和处理模型两个方面来进行综合，做到信息集中共享，程序尽量模块化，注意提取通用部分，建立系统公用数据体系和一体化的信息处理系统。

3.2.3　一般原理

在信息系统中使用体系架构一词，不如使用计算机体系架构，网络体系架构和数据体系架构那么显而易见。这是因为信息系统是基于计算机、通信网络等现代化工具和手段，服务于信息处理的人机系统，不仅包括了计算机、网络和数据等，还包含了大量人的因素，因此对信息系统架构的研究比计算机体系架构、网络体系架构、数据体系架构要复杂得多。

信息系统架构指的是在全面考虑组织的战略、业务、组织、管理和技术的基础上，着重研究组织信息系统的组成成分及成分之间的关系，建立起多维度分层次的、集成的开放式体系架构，并为组织提供具有一定柔性的信息系统及灵活有效的实现方法。

对于每个具体的组织，其管理方式、运作模式、组织形式、机构大小、工作习惯、经营策略都各不相同，反映在信息系统的建设、软硬件产品的选择、系统环境的构造、用户界面的形式、数据库的要求，以及程序的编制都不一样。随着社会的变革、组织的发展、技术的进步等，不仅要求信息系统具有较强的适应性，即在环境变化的情况下，系统的变化能达到最小，而且要求信息系统具有对自身进行改进、扩充和完善的能力，同时不影响组织的正常运转，对组织不造成风险。虽然软件工程在软件开发方法学、软件工具与软件工程环境，以及软件工程管理方法学上都取得了很大进展，极大地提高了软件的生产率与可靠性，实现了软件产品的优质高产；随着云计算、物联网等新技术的成熟度应用，信息系统基础设施的弹性、柔性、韧性和敏捷等都得到了大幅提升，但是，对信息系统柔性化需求没有实质性的改变。

一个事物对环境的变化具有适应能力，意味着该事物能根据环境变化进行适当的改变，这种改变可能是局部的、表面的，也可能是全局的、本质的。事物改变自己的程度与环境的变化程度，以及环境变化对事物产生的压力程度有关。事物之所以具有适应能力，是因为该事物中存在着一些基本部分，无论外界环境怎样变化，这些基本部分始终不变，另外还存在一些可随环境变化而变化的部分。对于不同的事物，不变的部分和变化的部分所占的比例是不同的。

因此，这里认为架构包含两个基本部分：组成成分和组成成分之间的关系。在外界环境方式变化时，架构中组成成分和关系有些可能是不变的，有些则可能要产生很大的变化。在信息系统中，分析出相对稳定的组成成分与关系，并在相对稳定部分的支持下，对相对变化较多的部分进行重新组织，以满足变化的要求，就能够使得信息系统对环境的变化具有一定的适应能力，即具有一定的柔性，这就是信息系统架构的基本原理。

3.2.4　常用架构模式

常用架构模式主要有单机应用模式、客户端 / 服务器模式、面向服务架构（SOA）模式、组织级数据交换总线等。

1. 单机应用模式

准确地讲，单机（Standalone）应用系统是最简单的软件结构，是指运行在一台物理机器上的独立应用程序。当然，该应用可以是多进程或多线程的。

在信息系统普及之前的时代，大多数软件系统其实都是单机应用系统。这并不意味着它们简单，实际情况是这样的系统有时更加复杂。因为软件技术最初普及时，多数行业只是将软件技术当作辅助手段来解决自己专业领域的问题，其中大多都是较深入的数学问题或图形图像处理算法的实现。

有些系统非常庞大，可多达上百万行代码，而这些程序当时可都是一行行写出来的。这样一个大型的软件系统，要有许多个子系统集成在一个图形界面上执行，并可在多种平台下运行，如 Linux、UNIX、Windows 等。而这些软件系统，从今天的软件架构上来讲，是很简单是标准的单机系统。当然至今，这种复杂的单机系统也有很多，它们大多都是专业领域的产品，如计算机辅助设计领域的 CATIA、Pro/Engineer、AutoCAD，还有在图片处理与编辑领域被大家熟悉的 Photoshop、CorelDRAW 等。

2. 客户端 / 服务器模式

客户端 / 服务器模式（Client/Server）是信息系统中最常见的一种结构。C/S 概念可理解为基于 TCP/IP 的进程间通信 IPC 编程的"发送"与"反射"程序结构，即 Client 方向 Server 方发送一个 TCP 或 UDP 包，然后 Server 方根据接收到的请求向 Client 方回送 TCP 或 UDP 数据包。下面介绍四种常见的客户端 / 服务器的架构。

1）两层 C/S

两层 C/S，其实质就是 IPC 客户端 / 服务器结构的应用系统体现。两层 C/S 结构通俗地说就是人们常说的"胖客户端"模式。在实际的系统设计中，该类结构主要是指前台客户端＋后台数据库管理系统。

在两层 C/S 结构中，前台界面＋后台数据库服务的模式最为典型，传统的很多数据库前端开发工具（如 Power Builder、Delphi、VB）等都是用来专门制作这种结构的软件工具。两层 C/S 结构实际上就是将前台界面与相关的业务逻辑处理服务的内容集成在一个可运行单元中。

2）三层 C/S 与 B/S 结构

三层 C/S 结构，其前台界面送往后台的请求中，除了数据库存取操作以外，还有很多其他业务逻辑需要处理。三层 C/S 的前台界面与后台服务之间必须通过一种协议（自开发或采用标准协议）来通信（包括请求、回复、远程函数调用等），通常包括以下几种：

- 基于TCP/IP，直接在底层Socket API基础上自行开发。这样做一般只适合需求与功能简单的小型系统。
- 首先建立自定义的消息机制（封装TCP/IP与Socket编程），然后前台与后台之间的通信通过该消息机制来实现。消息机制可以基于XML，也可以基于字节流（Stream）定义。虽然是属于自定义通信，但是它可以基于此构建大型分布式系统。
- 基于RPC编程。
- 基于CORBA/IIOP协议。
- 基于Java RMI。
- 基于J2EEJMS。
- 基于HTTP协议，比如，浏览器与Web服务器之间的信息交换。这里需要指出的是HTTP不是面向对象的结构，面向对象的应用数据会被首先平面化后进行传输。

目前最典型的基于三层 C/S 结构的应用模式便是人们最熟悉、较流行的 B/S（Browser/Server，浏览器 / 服务器）模式。

Web 浏览器是一个用于文档检索和显示的客户应用程序，并通过超文本传输协议 HTTP（Hyper Text Transfer Protocol）与 Web 服务器相连。该模式下，通用的、低成本的浏览器节省了两层结构的 C/S 模式客户端软件的开发和维护费用。这些浏览器大家都很熟悉，包括 MS Internet Explorer、Mozilla FireFox、NetScape 等。

Web 服务器是指驻留于因特网上某种类型计算机的程序。当 Web 浏览器（客户端）连到服务器上并请求文件或数据时，服务器将处理该请求并将文件或数据发送到该浏览器上，附带的信息会告诉浏览器如何查看该文件（即文件类型）。服务器使用 HTTP 进行信息交流，可称为 HTTP 服务器。

人们每天都在 Web 浏览器上进行各种操作，这些操作中绝大多数其实都是在 Web 服务器上执行的，Web 浏览器只是将人们的请求以 HTTP 协议格式发送到 Web 服务器端或将返回的查询结果显示而已。当然，驻留 Web 浏览器与服务器的硬件设备可以是位于 Web 网络上的两台相距千里的计算机。

应该强调的是 B/S 模式的浏览器与 Web 服务器之间的通信仍然是 TCP/IP，只是将协议格式在应用层进行了标准化。实际上 B/S 是采用了通用客户端界面的三层 C/S 结构。

3）多层 C/S 结构

多层 C/S 结构一般是指三层以上的结构，在实践中主要是四层，即前台界面（如浏览器）、Web 服务器、中间件（或应用服务器）及数据库服务器。多层客户端 / 服务器模式主要用于较有规模的组织信息系统建设，其中中间件一层主要完成以下几个方面的工作：

- 提高系统可伸缩性，增加并发性能。在大量并发访问发生的情况下，Web 服务器可处理的并发请求数可以在中间件一层得到更进一步的扩展，从而提高系统整体并发连接数。
- 中间件/应用层这一层专门完成请求转发或一些与应用逻辑相关的处理，具有这种作用的中间件一般可以作为请求代理，也可作为应用服务器。中间件的这种作用在 J2EE 的多层结构中比较常用，如 BEA WebLogic、IBM WebSphere 等提供的 EJB 容器，就是专门用以处理复杂组织逻辑的中间件技术组成部分。
- 增加数据安全性。在网络结构设计中，Web 服务器一般都采用开放式结构，即直接可以被前端用户访问，如果是一些在公网上提供服务的应用，则 Web 服务器一般都可以被所有能访问与联网的用户直接访问。因此，如果在软件结构设计上从 Web 服务器就可以直接访问组织数据库是不安全的。因此，中间件的存在，可以隔离 Web 服务器对组织数据库的访问请求：Web 服务器将请求先发给中间件，然后由中间件完成数据库访问处理后返回。

4）模型 - 视图 - 控制器模式

模型 - 视图 - 控制器（Model-View-Controller，MVC）的概念在信息系统设计中非常流行，严格来讲，MVC 实际上是上述多层 C/S 结构的一种常用的标准化模式，或者可以说是从另一个角度去抽象这种多层 C/S 结构。

在 J2EE 架构中，View 表示层指浏览器层，用于图形化展示请求结果；Controller 控制器指 Web 服务器层；Model 模型层指应用逻辑实现及数据持久化的部分。目前流行的 J2EE 开发框架，如 JSF、Struts、Spring、Hibernate 等及它们之间的组合，如 Struts+Spring+Hibernate(SSH)、JSP+Spring+Hibernate 等都是面向 MVC 架构的。另外，PHP、Perl、MFC 等语言都有 MVC 的实现模式。

MVC 主要是要求表示层（视图）与数据层（模型）的代码分开，而控制器则可以用于连接不同的模型和视图来完成用户的需求。从分层体系的角度来讲，MVC 的层次结构，其控制器与视图通常处于 Web 服务器一层，而根据"模型"有没有将业务逻辑处理分离成单独服务处理，MVC 可以分为三层或四层体系结构。

3. 面向服务架构模式

上面所论述的客户端 / 服务器模式，无论多少层的 C/S 软件结构，对外来讲，都只是一个单结点应用（即使它由多个不同层的"服务"相互配合来完成其功能），具体表现为一个门户网站、一个应用系统等。而多个单点应用相互通信的多服务结构也是一种信息系统常用的架构模式。

1）面向服务架构

如果两个多层 C/S 结构的应用系统之间需要相互进行通信，那么就产生了面向服务架构（Service Oriented Architecture，SOA）。在 SOA 的概念中，将由多层服务组成的一个结点应用看作是一个单一的服务。在 SOA 的定义里，对"服务"的概念进行了广义化，即它不是指计算机层面的一个守护进程（Daemon），而是指向提供一组整体功能的独立应用系统。所谓独立应用系统是指无论该应用系统由多少层服务组成，去掉任何一层，它都将不能正常工作，对外可以是一个提供完整功能的独立应用。这个特征便可以将面向服务架构与多层单服务体系完全区分开来。

两个应用之间一般通过消息来进行通信，可以互相调用对方的内部服务、模块或数据交换和驱动交易等。在实践中，通常借助中间件来实现 SOA 的需求，如消息中间件、交易中间件等。面向服务架构在实践中，又可以具体分为异构系统集成、同构系统聚合、联邦体系结构等。

2）Web Service

面向服务架构体现在 Web 应用之间，就成为了 Web Service，即两个互联网应用之间可以相互向对方开放一些内部"服务"（这种服务可以理解为功能模块、函数、过程等）。目前，Web 应用对外开放其内部服务的协议主要有 SOAP 与 WSDL，具体资料可以查阅相关标准。

Web Service 是面向服务架构的一个最典型、最流行的应用模式，但除了由 Web 应用为主而组成的特点以外，Web Service 最主要的应用是一个 Web 应用向外提供内部服务，而不像传统意义上 SOA 那样有更加丰富的应用类型。

3）面向服务架构的本质

面向服务架构的本质是消息机制或远程过程调用（RPC）。虽然其具体的实现底层并不一定是采用 RPC 编程技术，但两个应用之间的相互配合确实是通过某种预定义的协议来调用对方的"过程"实现的，这与前节所讲多层架构的单点应用系统中，两个处于不同层的运行实例相互之间通信的协议类型基本是相同的。

4. 组织级数据交换总线

实践中，还有一种较常用的架构，即组织级数据交换总线，即不同的组织应用之间进行信息交换的公共通道。这种架构在大型组织的不同应用系统之间进行信息交换时使用较普遍。在国内，主要是信息化、数字化程度较高的组织采用此种结构，其他的许多组织虽然也有类似的需求，但大多仍处于局部信息化、数字化阶段，没有达到"组织数据交换总线"的层次。

关于数据总线本身，其实质应该是一个称之为连接器的软件系统（Connector），它可以基于中间件（如：消息中间件或交易中间件）构建，也可以基于 CORBA/IOP 协议开发，主要功能是按照预定义的配置或消息头定义，进行数据（data）、请求（request）或回复（response）的接收与分发。

从理论上来讲，组织级数据交换总线可以同时具有实时交易与大数据量传输的功能，但在实践中，成熟的组织数据交换总线主要是为实时交易而设计的，而对可靠的大数据量级传输需求往往要单独设计。如果采用 CORBA 为通信协议，交换总线就是对象请求代理（ORB），也被称为"代理（Agent）体系"。另外，在交换总线上挂接的软件系统，有些也可以实现代理的功能，各代理之间可以以并行或串行的方式进行工作，通过挂接在同一交换总线上的控制器来协调各代理之间的活动。

3.2.5　规划与设计

信息系统规划与设计因组织的业务类型不同而各异，还要结合组织的发展阶段和数字化转型成熟度，不同阶段和成熟度条件下，其系统集成架构和设计导向差异较大。

1. 集成架构演进

对任何组织来说，其信息系统集成架构随其业务发展、数字化转型成熟度和信息技术发展等持续演进和变化。以工业企业为例，其集成架构演进通常为：以应用功能为主线架构、以平台能力为主线架构和以互联网为主线架构。采用不同的主线架构，本质上取决于组织业务发展的程度，表现为组织数字化转型的成熟度。

1）以应用功能为主线架构

对于中小型工业企业或者处于信息化、数字化发展初级阶段的工业企业来说，其信息系统集成建设的主要目标是提高工作效能、降低业务风险。同时，受制于自身信息化队伍和人才的不足，以及业务体系对信息化、数字化理解得不深入等，组织往往采用"拿来主义"来构建其信息系统，即直接采购成套且成熟的应用软件，并基于应用软件的运行需求，建设相关的基础设施。

组织发展在该阶段重点关注的是组织职能的细化分工以及行业最佳实践的导入。因此，组织的信息化建设往往以部门或职能为单元，核心关注点是信息系统的软件功能，如财务管理、设备管理、资产管理等，从而进行信息系统规划、设计、部署和运行等。同时，通过成套软件的部署，强化自身的管理或工艺水平等。应用软件或模块间的集成融合，主要通过系统的软件接口来完成。组织往往采用统一规划、分步实施的方式进行，即需要什么功能，部署上线什么功能，如图 3-2 所示。

2）以平台能力为主线架构

随着工业企业发展，其组织规模和数字化转型能力成熟度往往会得到持续提升，组织会逐步从直接获取行业最佳实践，逐步进入自主知识沉淀和自主创新的发展时期。组织个性化、特色化得到快速发展，同时组织也会更加关注各业务体系的融合协同，需求信息系统能够基于数据的共享等，提升数据集成的灵活性和便捷性。这种情况下，以成套软件标准功能为基础的应用主线架构，往往无法满足组织的需求，大多数组织开始加强以平台化为基础，应用功能灵活可快速定制的新型系统集成架构，即以平台能力为主线的系统集成架构，如图 3-3 所示。

以平台能力为主线的系统集成架构起源于云计算的技术发展和云服务的逐步成熟。其核心理念是将"竖井式"信息系统各个组成部分转化为"平层化"建设方法，包括数据采集平层化、网络传输平层化、应用中间件平层化、应用开发平层化等，并通过标准化接口和新型信息技术，

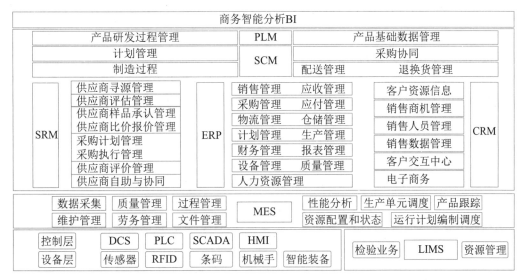

图 3-2　以应用功能为主线的工业组织信息系统集成架构

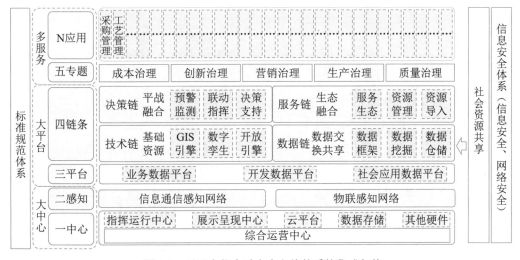

图 3-3　以平台能力融合为主线的系统集成架构

实现信息系统的弹性、敏捷等能力建设。通过平台化架构支撑的信息系统应用，可以结合专题建设或独立配置（或少量开发），快速得到组织需求的应用系统功能，从而突破成套软件商在个性化软件定制方面的不足。

在具体实践中，组织的架构转型是一个持续的过程，组织会将成熟度高、少变化的应用继续使用成套软件部署模式，对新型的、多变化的应用采用平台化架构，最终保持两种架构并存（也称双态 IT，即敏态与稳态融合）或全部转换到平台化架构中。

3）以互联网为主线架构

当组织发展到产业链或生态链阶段，或者成为复杂多元的集团化组织，以平台能力为主线的架构往往也无法满足组织需求。组织开始寻求向以互联网为主线的系统集成架构方向转移或过渡。这是因为组织需要包容集团分支机构、生态伙伴或产业链伙伴等，发展水平或数字化转型能力成熟度水平存在不一致的情况。在以平台能力为主线的架构中，全集团、生态链或产业链都使用相同的信息系统功能模块，会因各机构的管理或工艺水平差异，造成相关系统模块无法满足各单位的实际需求的情况。比如采购管理，在数字化转型成熟度较高的组织中，其管理颗粒度往往比较细致，每一种物料编码的获取与定义都有可能使用独立的管理流程，然而数字化转型成熟度相对较低的组织，其物料编码采用直接分配（乃至不关注物料编码）的方法，过高的管理要求反倒成为了相关机构的负担。

以互联网为主线的系统集成架构，强调将各信息系统功能最大限度地 App 化（微服务），如把采购管理中的编码管理作为一项 App 存在。如图 3-4 所示，通过 App 的编排与组合，生成可以适用各类成熟度的组织应用。面向具体工业企业场景，其 App 的组合模式与方法，可以借助面向不同组织的能力成熟度控制来定义实施（可具体到能力项的成熟度）。因为所有组织的相关管理处于同一个信息系统中，数据的互通和共享等，也可以基于成熟度等级控制来进行，比如采购管理的编码管理过程数据，可以在相同等级的组织间实现共享，而缺乏物料编码管理控制的组织，可以与更高水平或同等水平组织共享物料采购、物料信息等。

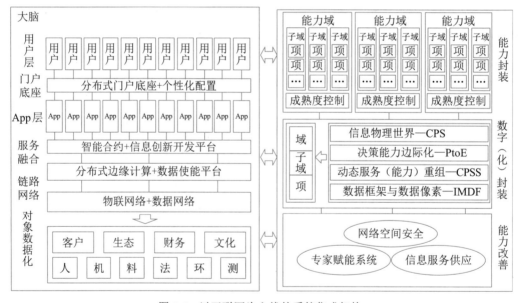

图 3-4　以互联网为主线的系统集成架构

以互联网为主线的系统集成架构，整合应用了更多的新一代信息技术及其应用创新，比如区块链与 App 编排的融合应用、数字化能力封装与成熟度发展过程的融合应用、边缘计算与人工智能的融合应用、广域物联网技术应用、云原生技术的应用等。形象的比喻，就是把组织的各项业务职能和工艺活动等进行细化拆分，并实施数字化封装，从而通过云、边、端的融合，实现对职能或工艺活动的动态重组和编排，达到对不同成熟度组织的适配以及组织各项能力的敏捷组合与弹性变革。

2. TOGAF 架构开发方法

TOGAF（The Open Group Architecture Framework）是一种开放式企业架构框架标准，它为标准、方法论和企业架构专业人员之间的沟通提供一致性保障。

1）TOGAF 基础

TOGAF 由国际组织 The Open Group 制定。该组织于 1993 年开始应客户要求制定系统架构标准，在 1995 年发表 TOGAF 架构框架。TOGAF 的基础是美国国防部的信息管理技术架构（Technical Architecture For Information Management，TAFIM）。它是基于一个迭代（Iterative）的过程模型，支持最佳实践和一套可重用的现有架构资产。它可用于设计、评估并建立企业适合的架构。在国际上，TOGAF 已经被验证，可以灵活、高效地构建企业 IT 架构。

该框架旨在通过以下四个目标帮助企业组织和解决所有关键业务需求：

- 确保从关键利益相关方到团队成员的所有用户都使用相同语言。这有助于每个人以相同的方式理解框架、内容和目标，并让整个企业在同一页面上打破任何沟通障碍。
- 避免被"锁定"到企业架构的专有解决方案。只要该组织在内部使用TOGAF而不是用于商业目的，该框架就是免费的。
- 节省时间和金钱，可以更有效地利用资源。
- 实现可观的投资回报（ROI）。

TOGAF 反映了企业内部架构能力的结构和内容，TOGAF 9 版本包括 6 个组件：

- 架构开发方法。这部分是TOGAF的核心。它描述了TOGAF架构开发方法（Architecture Development Method，ADM），ADM是一种开发企业架构的分步方法。
- ADM指南和技术。这部分包含一系列可用于应用ADM的指南和技术。
- 架构内容框架。这部分描述了TOGAF内容框架，包括架构工件的结构化元模型、可重用架构构建块（ABB）的使用以及典型架构可交付成果的概述。
- 企业连续体和工具。这部分讨论分类法和工具，用于对企业内部架构活动的输出进行分类和存储。
- TOGAF参考模型。这部分提供了两个架构参考模型，即TOGAF技术参考模型（Technical Reference Model，TRM）和集成信息基础设施参考模型（Integrated Information Infrastructure Reference Model，III-RM）。
- 架构能力框架。这部分讨论在企业内部建立和运营架构实践所需的组织、流程、技能、角色和职责。

TOGAF 框架的核心思想是：

- 模块化方法。TOGAF标准采用模块化结构。
- 内容框架。TOGAF标准包括了一个遵循架构开发方法（ADM）所产出的结果更加一致的内容框架。TOGAF内容框架为架构产品提供了详细的模型。
- 扩展指南。TOGAF标准的一系列扩展概念和规范为大型组织的内部团队开发多层级集成架构提供支持，这些架构均在一个总体架构治理模式内运行。
- 架构风格。TOGAF标准在设计上注重灵活性，可用于不同的架构风格。

TOGAF 的关键是架构开发方法（ADM），它是一个可靠的、行之有效的方法，能够满足商务需求的组织架构。

2）ADM 方法

架构开发方法（ADM）为开发企业架构所需要执行的各个步骤以及它们之间的关系进行了详细定义，同时它也是 TOGAF 规范中最核心的内容。一个组织中企业架构的发展过程可以看成是其企业连续体从基础架构开始，历经通用基础架构和行业架构阶段而最终达到组织特定架构的演进过程，而在此过程中用于对组织开发行为进行指导的正是架构开发方法。由此可见，架构开发方法是企业连续体得以顺利演进的保障，而作为企业连续体在现实中的实现形式或信息载体，企业架构资源库也与架构开发方法有着千丝万缕的联系。企业架构资源库为架构开发方法的执行过程提供了各种可重用的信息资源和参考资料，而企业架构开发方法中各步骤所产生的交付物和制品也会不停地填充和刷新企业架构资源库中的内容，因此在刚开始执行企业架构开发方法时，各个企业或组织常常会因为企业架构资源库中内容的缺乏和简略而举步维艰，但随着一个又一个架构开发循环的持续进行，企业架构资源库中内容将日趋丰富和成熟，从而企业架构的开发也会越发明快。

ADM 方法是由一组按照架构领域的架构开发顺序而排列成一个环的多个阶段所构成。通过这些开发阶段的工作，设计师可以确认是否已经对复杂的业务需求进行了足够全面的讨论。TOGAF 中最为著名的一个 ADM 架构开发的全生命周期模型将 ADM 全生命周期划分为预备阶段、需求管理、架构愿景、业务架构、信息系统架构（应用和数据）、技术架构、机会和解决方案、迁移规划、实施治理、架构变更管理等 10 个阶段，这 10 个阶段是反复迭代的过程。

ADM 方法被迭代式应用在架构开发的整个过程中、阶段之间和每个阶段内部。在 ADM 的全生命周期中，每个阶段都需要根据原始业务需求对设计结果进行确认，这也包括业务流程中特有的一些阶段。确认工作需要对企业的覆盖范围、时间范围、详细程度、计划和里程碑进行重新审议。每个阶段都应该考虑到架构资产的重用。

因此，ADM 便形成了 3 个级别的迭代概念：

- 基于ADM整体的迭代。用一种环形的方式来应用ADM方法，表明了在一个架构开发工作阶段完成后会直接进入随后的下一个阶段。
- 多个开发阶段间的迭代。在完成了技术架构阶段的开发工作后又重新回到业务架构开发阶段。
- 在一个阶段内部的迭代。TOGAF支持基于一个阶段内部的多个开发活动，对复杂的架构内容进行迭代开发。

ADM 各个开发阶段的主要活动如表 3-1 所示。

表 3-1   ADM 架构设计方法各阶段主要活动

ADM 阶段	ADM 阶段内的活动
预备阶段	为实施成功的企业架构项目做好准备，包括定义组织机构、特定的架构框架、架构原则和工具

ADM 阶段	ADM 阶段内的活动
需求管理	完成需求的识别、保管和交付,相关联的 ADM 阶段则按优先级顺序对需求进行处理;TOGAF 项目的每个阶段,都是建立在业务需求之上并且需要对需求进行确认
阶段 A:架构愿景	设置 TOGAF 项目的范围、约束和期望。创建架构愿景,包括:定义利益相关者、确认业务上下文环境、创建架构工作说明书、取得上级批准等
阶段 B:业务架构 阶段 C:信息系统架构(应用和数据) 阶段 D:技术架构	从业务、信息系统和技术三个层面进行架构开发,在每一个层面分别完成以下活动:开发基线架构描述、开发目标架构描述、执行差距分析
阶段 E:机会和解决方案	进行初步实施规划并确认在前面阶段中确定的各种构建块的交付物形式,确定主要实施项目,对项目分组并纳入过渡架构,决定途径(制造/购买/重用、外包、商用、开源),评估优先顺序,识别相依性
阶段 F:迁移规划	对阶段 E 确定的项目进行绩效分析和风险评估,制订一个详细的实施和迁移计划
阶段 G:实施治理	定义实施项目的架构限制,提供实施项目的架构监督,发布实施项目的架构合同,监测实施项目以确保符合架构要求
阶段 H:架构变更管理	提供持续监测和变更管理的流程,以确保架构可以响应企业的需求并且将架构对于业务的价值最大化

3.2.6　价值驱动的体系结构

系统存在的目的是为利益相关方创造价值。然而,这种理想往往无法完全实现。当前开发方法给利益相关方、架构师和开发人员提供的信息是不完全和不充分的。这里介绍两个概念:价值模型和体系结构策略。它们似乎在许多开发过程中被遗忘,但创造定义完善的价值模型可以为提高折中方案的质量提供指导,特别是那些部署到不同环境中且用户众多的系统。

1. 模型概述

开发建设有目的的系统,其目的是为其利益相关者创造价值。在大多数情况下,这种价值被认为是有利的,因为这些利益相关者在其他系统中扮演着重要角色。同样,其他系统也是为其利益相关者创造价值。系统的这种递归特性是分析和了解价值流的一个关键。价值模型的核心特征可以简化为三种基本形式:价值期望值、反作用力和变革催化剂。

(1)价值期望值。价值期望值表示对某一特定功能的需求,包括内容(功能)、满意度(质量)和不同级别质量的实用性。例如,汽车驾驶员对汽车以 60km/h 的速度进行急刹车的快慢和安全性有一种价值期望值。

(2)反作用力。系统部署实际环境中,实现某种价值期望值的难度,通常期望越高难度越大,即反作用力。例如,汽车以 60km/h 的速度进行紧急刹车的结果取决于路面类型、路面坡度和汽车重量等。

(3)变革催化剂。变革催化剂表示环境中导致价值期望值发生变化的某种事件,或者是导致不同结果的限制因素。

反作用力和变革催化剂称为限制因素，这三个统称为价值驱动因素。如果系统旨在有效满足其利益相关者的价值模型要求，那么它需要能够识别和分析价值模型。

一般方法，如用例方案和业务 / 营销需求，都是通过聚焦于与系统进行交互的参与者的类型开始的，这种方法有如下 4 个突出的局限性。

（1）对参与者的行为模型关注较多，而对其中目标关注较少。

（2）往往将参与者固化地分成几种角色，其中每个角色所在的个体在本质上都是相同的（例如，商人、投资经理或系统管理员）。

（3）往往忽略限制因素之间的差别（例如，纽约的证券交易员和伦敦的证券交易员是否相同，市场开放交易与每天交易是否相同）。

（4）结果简单。要求得到满足或未得到满足，用例成功完成或未成功完成。

这种方法有一个非常合乎逻辑的实际原因，它使用顺序推理和分类逻辑，因此易于教授和讲解，并能生成一组易于验证的结果。

2. 结构挑战

体系结构挑战是因为一个或多个限制因素，使得满足一个或多个期望值变得更困难。在任何环境中，识别体系结构挑战都涉及评估。

（1）哪些限制因素影响一个或多个期望值。

（2）如果知道了影响，它们满足期望值更容易（积极影响）还是更难（消极影响）。

（3）各种影响的影响程度如何，在这种情况下，简单的低、中和高三个等级通常就已经够用了。

评估必须在体系结构挑战自己的背景中对其加以考虑。虽然跨背景平均效用曲线是可能的，但对于限制因素对期望值的影响不能采用同样的处理方法。例如，假设 Web 服务器在两种情况下提供页面：一种情况是访问静态信息，如参考文献，它们要求响应时间为 $1 \sim 3s$；另一种情况是访问动态信息，如正在进行的体育项目的个人得分表，其响应时间为 $3 \sim 6s$。

两种情况都有 CPU、内存、磁盘和网络局限性。不过，当请求量增加 10 倍或 100 倍时，这两种情况可能遇到大不相同的可伸缩性障碍。对于动态内容，更新和访问的同步成为重负载下的一个限制因素。对于静态内容，重负载可以通过频繁缓存读写来克服。

制定系统的体系结构策略始于：

（1）识别合适的价值背景并对其进行优先化。

（2）在每一背景中定义效用曲线和优先化期望值。

（3）识别和分析每一背景中的反作用力和变革催化剂。

（4）检测限制因素使其满足期望值变难的领域。

最早的体系结构决策产生最大价值才有意义。有几个标准可用于优先化体系结构，建议对重要性、程度、后果和隔离等进行权衡。

（1）重要性。受挑战影响的期望值的优先级有多高，如果这些期望值是特定于不多的几个背景，那么这些背景的相对优先级如何。

（2）程度。限制因素对期望值产生了多大影响。

（3）后果。大概多少种方案可供选择，这些方案的难度或有效性是否有很大差异。

（4）隔离。对最现实的方案的隔离情况如何。

影响越广，该因素的重要性越高。一旦体系结构挑战的优先级确定之后，就要确定处理最高优先级挑战的方法。尽管体系结构样式和模式技术非常有用，不过在该领域中，在问题和解决方案领域的经验仍具有无法估量的价值。应对的有效方法源于技能、洞察力、奋斗和辛勤的工作。这个论断千真万确，不管问题是关于科学、行政管理还是软件体系结构。

当制定了应对高优先级的方法之后，体系结构策略就可以表达出来了。架构师会分析这组方法，并给出一组关于组织、操作、可变性和演变等领域的指导原则。

（1）组织。如何系统性地组织子系统和组件？它们的组成和职责是什么？系统如何部署在网络上？都有哪些类型的用户和外部系统？它们位于何处，是如何连接的？

（2）操作。组件如何交互？在哪些情况下通信是同步的，在哪些情况下是异步的？组件的各种操作是如何协调的？何时可以配置组件或在其上运行诊断？如何检测、诊断和纠正错误条件？

（3）可变性。系统的哪些重要功能可以随部署环境的变化而变化？对于每一功能，哪些方案得到支持？何时可以做出选择（例如，编译、链接、安装、启动或在运行时）？各个分歧点之间有什么相关性？

（4）演变。为了支持变更同时保持其稳定性，系统是如何设计的？哪些特定类型的重大变革已在预料之中？应对这些变更有哪些可取的方法？

总之，体系结构策略就像是帆船的舵和龙骨，可以确定方向和稳定性。它应该是简短的、高标准的方向陈述，必须能够被所有利益相关者所理解，并应在系统的整个生命期内保持相对稳定。

3. 模型与结构的联系

价值模型有助于了解和传达关于价值来源的重要信息。它解决一些重要问题，如价值如何流动，期望值和外部因素中存在的相似性和区别，系统要实现这些价值有哪些子集。架构师通过分解系统产生一般影响的力、特定于某些背景的力和预计随着时间的推移而变化的力，以实现这些期望值。价值模型和软件体系结构的联系是明确而又合乎逻辑的，可以用以下9点来表述。

（1）软件密集型产品和系统的存在是为了提供价值。

（2）价值是一个标量，它融合了对边际效用的理解和诸多不同目标之间的相对重要性，目标折中是一个极其重要的问题。

（3）价值存在于多个层面，其中某些层面包含了目标系统，并将其作为一个价值提供者。用于这些领域的价值模型包含了软件体系结构的主要驱动因素。

（4）该层次结构中高于上述层面的价值模型可以导致其下层价值模型发生变化。这是制定系统演化原则的一个重要依据。

（5）对于每一个价值群，价值模型都是同类的。暴露于不同环境条件的价值背景具有不同的期望值。

（6）对于满足不同价值背景需要，系统的开发赞助商有着不同的优先级。

（7）体系结构挑战是由环境因素在某一背景中对期望的影响引起的。

（8）体系结构方法试图通过首先克服最高优先级体系结构挑战来实现价值的最大化。

（9）体系结构策略是通过总结共同规则、政策和组织原则、操作、变化和演变从最高优先级体系结构方法综合得出的。

3.3　应用架构

应用架构的主要内容是规划出目标应用分层分域架构，根据业务架构规划目标应用域、应用组和目标应用组件，形成目标应用架构逻辑视图和系统视图。从功能视角出发，阐述应用组件各自及应用架构整体上，如何实现组织的高阶 IT 需求，并描述主要目标应用组件之间的交互关系。

3.3.1　基本原则

常用的应用架构规划与设计的基本原则有：业务适配性原则、应用聚合化原则、功能专业化原则、风险最小化原则和资产复用化原则。

（1）业务适配性原则。应用架构应服务和提升业务能力，能够支撑组织的业务或技术发展战略目标，同时应用架构要具备一定的灵活性和可扩展性，以适应未来业务架构发展所带来的变化。

（2）应用聚合化原则。基于现有系统功能，通过整合部门级应用，解决应用系统多、功能分散、重叠、界限不清晰等问题，推动组织集中的"组织级"应用系统建设。

（3）功能专业化原则。按照业务功能聚合性进行应用规划，建设与应用组件对应的应用系统，满足不同业务条线的需求，实现专业化发展。

（4）风险最小化原则。降低系统间的耦合度，提高单个应用系统的独立性，减少应用系统间的相互依赖，保持系统层级、系统群组之间的松耦合，规避单点风险，降低系统运行风险，保证应用系统的安全稳定。

（5）资产复用化原则。鼓励和推行架构资产的提炼和重用，满足快速开发和降低开发与维护成本的要求。规划组织级共享应用成为基础服务，建立标准化体系，在组织内复用共享。同时，通过复用服务或者组合服务，使架构具有足够的弹性以满足不同业务条线的差异化业务需求，支持组织业务持续发展。

3.3.2　分层分组

对应用架构进行分层的目的是要实现业务与技术分离，降低各层级之间的耦合性，提高各层的灵活性，有利于进行故障隔离，实现架构松耦合。应用分层可以体现以客户为中心的系统服务和交互模式，提供面向客户服务的应用架构视图。对应用分组的目的是要体现业务功能的分类和聚合，把具有紧密关联的应用或功能内聚为一个组，可以指导应用系统建设，实现系统内高内聚，系统间低耦合，减少重复建设。图 3-5 给出了某城市社会保险智慧治理中心的应用架构示意。

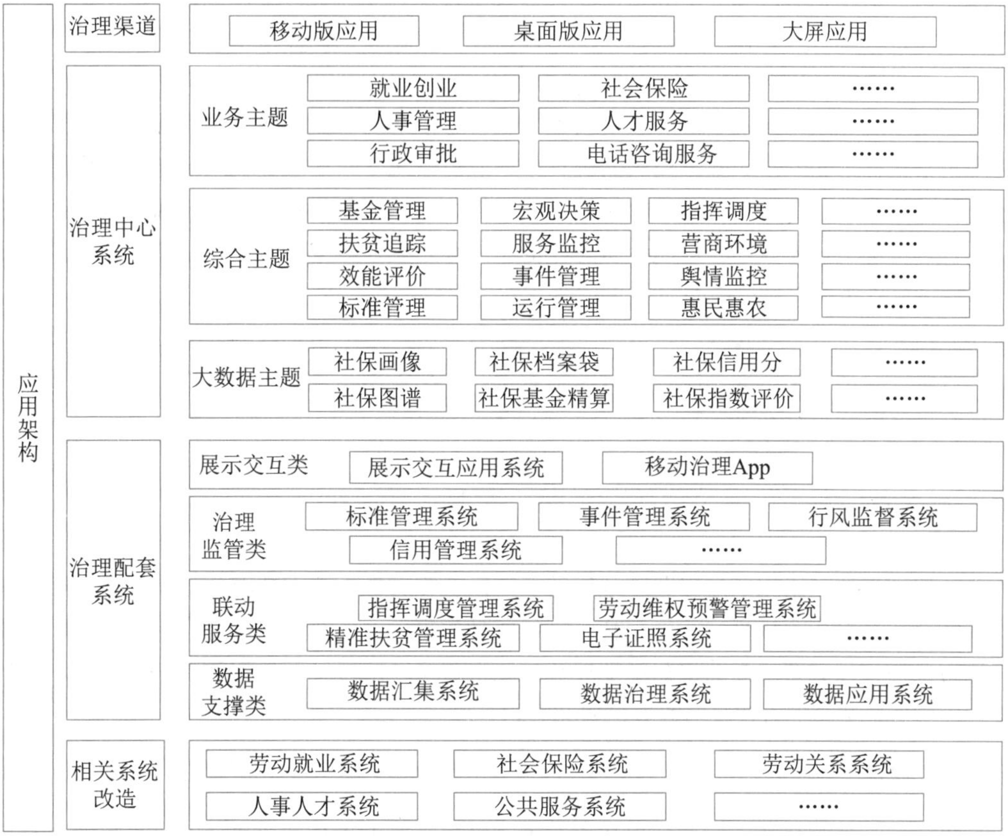

图 3-5　某城市社会保险智慧治理中心的应用架构示意

某城市社会保险智慧治理中心应用系统规划为治理渠道、治理中心系统、治理配套系统及相关系统改造四大类。

（1）治理渠道。应用根据不同的使用群体提供移动版应用、桌面版应用及大屏应用。移动版应用主要为各级管理者提供各类重要主题、热门主题、业务主题及大数据主题的可视化视图、重要指标监控、指数分析、绩效评价、趋势分析、指挥调度等应用功能，实现治理中心不同应用场景下社会保障发展事业数据、营商环境指数和相关报告的同步查阅。桌面版应用面向城市社会保险各业务领域及信息部门管理人员，提供社会保险领域的综合主题、各业务领域的业务主题及大数据主题的人本化服务、可视化监管、智能化监督、科学化决策、在线化指挥等应用功能，实现指挥调度、会议会商、任务分发、协查协办、专项整治等不同应用场景的智慧治理。大屏应用面向城市社会保险各级领导及部门管理人员，提供各类重要主题、热门主题、业务主题及大数据主题的重要指标监控、决策分析、绩效评价、趋势分析等可视化呈现。

（2）治理中心系统。治理中心系统主要集中展示交互三大类主题，其中业务主题包括就业创业、社会保险、劳动维权、人事管理、人才服务、人事和职业考试、行政审批、电话咨询服务、社会保障卡等。综合主题包括宏观决策、指挥调度、廉政风控、基金管理、事业发展、营商环境、扶贫追踪、服务监控、舆情监控、行风监督、效能评价、事件管理、电子证照、标准管理、惠民惠农等。大数据主题包括社保画像、社保档案袋、社保信用分、人社地图、社保图谱、社保基金精算、社保指数评价、社保全景分析等。

（3）治理配套系统。治理配套系统为本项目智慧治理中心提供四大类应用，其中数据支撑类应用包括数据汇聚系统、数据治理系统、数据应用系统。联动服务类应用包括指挥调度管理系统、精准扶贫管理系统、劳动维权预警管理系统、电子证照系统、用户画像系统。治理监管类应用包括标准管理系统、行风监督系统、信用管理系统、基金精算分析系统、服务效能评价系统。展示交互类应用包括移动治理 App 等。

（4）相关系统改造。相关系统改造主要涉及与本次智慧治理中心相关主题数据的汇聚、展现、交互等关联的劳动就业系统、社会保险系统、劳动关系系统、人事人才系统、公共服务系统、风险防控系统等的改造。

3.4　数据架构

数据架构描述了组织的逻辑和物理数据资产以及相关数据管理资源的结构。数据架构的主要内容涉及数据全生命周期之下的架构规划，包括数据的产生、流转、整合、应用、归档和消亡。数据架构关注数据所处的生命周期环节中数据被操作的特征和数据类型、数据量、数据技术处理的发展、数据的管控策略等数据领域的相关概念。

3.4.1　发展演进

作为信息系统架构的组成，数据架构在不同时代其形态也是不一样的，它是随着信息技术的不断发展而向前演进，主要经历了单体应用架构时代、数据仓库时代和大数据时代等。

1. 单体应用架构时代

在信息化早期（20 世纪 80 年代），信息化初步建设，信息系统以单体应用为主，例如：早期的财务软件、OA 办公软件等。这个时期数据管理的概念还在萌芽期，数据架构比较简单，主要就是数据模型、数据库设计，满足系统业务使用即可。

2. 数据仓库时代

随着信息系统的使用，系统的数据也逐步积累起来。这时候，人们发现数据对组织是有价值的，但是割裂的系统导致了大量信息孤岛的产生，严重影响了组织对数据的利用。于是，一种面向主题的、集成的、用于数据分析的全新架构诞生了，它就是数据仓库。

与传统关系数据库不同，数据仓库系统的主要应用是联机分析处理（OnLine Analytic Processing，OLAP），支持复杂的分析操作，侧重决策支持，并且提供直观易懂的查询结果。这个阶段，数据架构不仅关注数据模型，还关注数据的分布和流向。

3. 大数据时代

大数据技术的兴起，让组织能够更加灵活高效地使用自己的数据，从数据中提取出更多重要的价值。与此同时，在大数据应用需求的驱动下，各类大数据架构也在不断发展和演进着，从批处理到流处理，从大集中到分布式，从批流一体到全量实时。

3.4.2　基本原则

数据架构的设计原则是在遵循架构设计通用原则的情况下，有数据架构自身的特殊考虑。合理的数据架构设计应该是解决以下问题：功能定位合理性问题，面向未来发展的可扩展性问题，处理效率高效或者高性价比的问题，数据合理分布和数据一致性问题。

1. 数据分层原则

首先，组织数据按照生命周期就是分层次的，因此数据分层原则更多应该解决的是层次定位合理性的问题。在给每个层次进行定位的同时，对每个层次的建设目标、设计方法、模型、数据存储策略及对外服务原则进行一定的约束性定义和控制。

2. 数据处理效率原则

合理的数据架构需要解决数据处理效率的问题。所谓的数据处理效率并不是追求高效率，而是追求合理，因为所有的数据存储和处理都是有代价的。换句话讲：数据处理效率的问题也可以理解为解决满足数据处理效率要求的成本合理化的问题。

数据处理的代价主要就是数据存储与数据变迁的成本，在实践中，真正影响数据处理效率的是大规模的原始数据的存储与处理。在这些原始明细数据的加工、处理、访问的过程中，尽量减少明细数据的冗余存储和大规模的搬迁操作，可以提升数据处理效率。

3. 数据一致性原则

合理的数据架构能够有效地支持数据管控体系，很多的数据不一致性问题是因为数据架构不合理所导致的。其中，最大的原因就是数据在不同层次分布中的冗余存储以及按照不同业务逻辑的重复加工。因此，如何在数据架构中减少数据重复加工和冗余存储，是保障数据一致性的关键所在。

4. 数据架构可扩展性原则

数据架构设计的可扩展性原则可以从以下角度来保障：
- 基于分层定位的合理性原则之上。只有清晰的数据层次定位，以及每个数据层次合理的模型和存储技术策略，才能更好地保证数据架构在未来支持新增业务类型、新增数据整合要求、新增数据应用要求的过程中的可扩展性。
- 架构的可扩展性需要对数据存储模型和数据存储技术也进行考虑。

5. 服务于业务原则

合理的数据架构、数据模型、数据存储策略，最终目标都是服务于业务。例如，社会保险快速的业务流程运转以及高效而且精准的业务决策支持，是社会保险行业两方面的业务目标。因此，有时候在面临满足某种业务特殊目标的时候，可以为了业务的体验放弃之前的某些原则。

3.4.3　架构案例

图 3-6 给出了某城市社会保险智慧治理中心的数据架构示意。

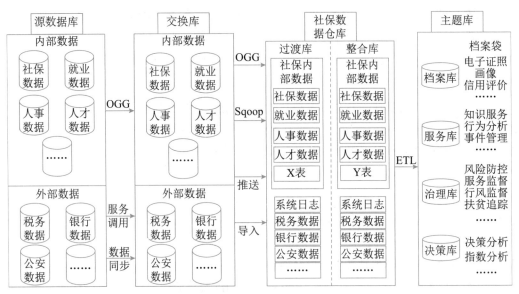

图 3-6　某城市社会保险智慧治理中心的数据架构示意

本项目采用集中式的数据资源管理模式建设全市统一的数据中心，汇聚全市就业、社保、劳动关系等社会保险内部各类数据资源，以及银行、税务、公安等外部数据资源。按照统一的技术规范、数据编码和格式标准，进行数据清洗整合、数据建模、数据挖掘，构建社会保险数据仓库，并根据治理主题应用需求，从数据仓库中抽取归集相关数据，形成保险档案、公共服务、监控治理、决策分析等专题库。主要数据资源库包括源数据库、交换库、过渡库、整合库、主题库等。

（1）源数据库。源数据库是某城市社会保险智慧治理中心所需数据的源端，包括社保数据、就业数据、劳动关系数据、人事人才数据等社会保险内部数据以及银行、税务、公安等外部部门数据。

（2）交换库。利用 OGG 等同步工具或通过数据同步、服务调用等方式将源端的数据库同步到交换数据库中，采用数据同步或者镜像的方式，降低对源数据库的影响。

（3）过渡库。通过 OGG For Bigdata 抽取变量数据、Sqoop 抽取、推送、导入等方式抽取交换库中的数据，存储于 Hadoop 平台中的过渡库中，以便提高大批量数据处理性能。

（4）整合库。对过渡库的数据进行对照、转换、清洗、聚集，按照统一的库表结构存储在整合库中，为各主题库提供增量数据源和全量数据源。

（5）主题库。主题库即服务库，根据治理主题应用需求，从整合库中提取所需数据，为治理应用和可视化展现提供支撑。

3.5　技术架构

技术架构是承载组织应用架构和数据架构的基础，它是一个由多个功能模块组成的整体，描述组织业务应用实现所采用的技术体系或组合，以及支持应用系统部署所需的基础设施和环境等。技术架构需要统筹考虑和统一规划，缺乏总体策略和思路的 IT 技术架构会导致投资的严重浪费和建设的时间延误等，总体功能败于最弱的环节，使 IT 成为业务发展的瓶颈。

3.5.1　基本原则

在构建信息系统技术架构时，组织需要充分考虑技术及其应用创新的各类关联因素，选择或组合使用最合适的技术组合，并充分考虑组织现状、IT 现状、组织战略、IT 治理等各类因素。技术架构的设计往往需要遵循以下原则。

1. 成熟度控制原则

一直以来，信息技术都是高速发展和快速迭代的，新型信息技术及其应用模式层出不穷，组织在选择使用何种技术及其组合作为技术架构的主要组成部分时，需要充分考虑信息技术的生命周期，优先使用成熟度较高但还处在活跃期的信息技术。如果必须使用新型信息技术，就需要组织相关技术人员持续跟踪这些技术，包括技术及其应用的成熟情况，以及新技术可能带来的安全漏洞和结构性风险等。

2. 技术一致性原则

在信息系统技术架构设计过程中，应尽量减少技术异构，充分发挥技术及其组合的一致性，比如，使用统一使用云环境（云开发、云中间件、云安全等）。在运用技术一致性原则时，也包括同一类型技术的版本控制问题，尽量在所有信息系统中，只用相同的技术版本。

3. 局部可替换原则

考虑到信息系统的发展与演进等，我们在迭代更新信息技术架构时，需要考虑既有技术的使用、重用或再创新等情况，但这些技术需要进行标记和特殊关注，明确这些技术在组织信息系统环境中的生命周期管理与控制等。即使是利用新技术开展技术架构设计的时候，也要考虑某种技术是否长期使用，如果这些技术退役，对信息系统会造成什么影响，哪些技术可以用于替代该技术等。

4. 人才技能覆盖原则

信息技术的价值发挥离不开相关人力资源的配合，需要组织相关技术人员能够对信息技术充分掌握，方可将信息技术进行最优化应用。因此，组织在开展信息技术架构设计时，关注组织可用信息技术人才对各类技术的驾驭能力，尤其是需要利用相关技术进行应用创新的领域。这里的人才可以是组织本身的人才，也可以是组织相关合作伙伴的人才（这类人才需要组织关注其可用性情况）。

5. 创新驱动原则

组织在设计信息系统架构时，要充分挖掘技术的创新价值，重点是对组织发展（包括治理、管理、业务等）能够形成促进乃至引领作用的技术，要将这些技术作为技术架构的关键纽带或骨架，完善周边技术或技术组合等。

3.5.2　架构案例

图 3-7 给出了某城市社会保险智慧治理中心的技术架构示意。

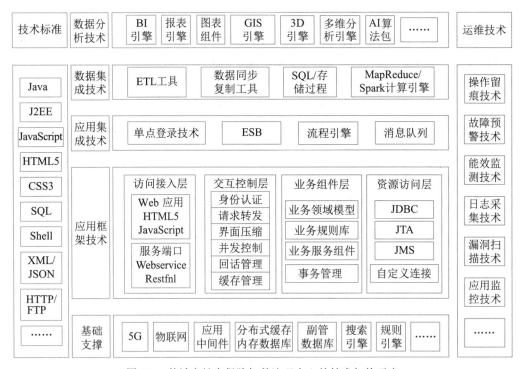

图 3-7　某城市社会保险智慧治理中心的技术架构示意

本项目采用当今先进成熟的技术架构和路线，保障城市社会保险智慧治理中心的先进性、高效性、可靠性和可扩展性。技术架构按照分类分层法进行设计，包括技术标准、基础支撑、应用框架技术、应用集成技术、数据集成技术、数据分析技术和运维技术 7 部分。

（1）技术标准。城市社会保险智慧治理中心技术架构遵循 J2EE、HTML5、CSS3、SQL、Shell、XML/JSON、HTTP、FTP、SM2、SM3、JavaScript 等国际和国内通用标准。

（2）基础支撑。依托 5G 网络、物联网为本项目提供基础网络支撑；依托应用中间件为本项目提供应用部署支撑；依托分布式缓存、内存数据库、MPP 数据库、事务数据库为本项目提供基础数据存储支撑；依托 Hadoop 平台为本项目提供分布式存储和计算环境支撑；依托搜索引擎、规则引擎组件为治理应用提供技术组件支撑。

（3）应用框架技术。应用框架技术是应用系统开发需要严格遵循并采用的技术。应用框架采用分层设计，包括访问接入层、交互控制层、业务组件层、资源访问层。

（4）应用集成技术。应用集成技术包括单点登录（Single Sign-On，SSO）、服务总线（ESB）、流程引擎、消息队列等技术，支撑各应用系统之间的整合集成。

（5）数据集成技术。数据集成技术包括 ETL 工具、数据同步复制工具、数据标引、SQL/存储过程、MapReduce/Spark 计算引擎等技术，为城市社会保险智慧治理中心的数据采集、数据清洗、数据转换、数据加工、数据挖掘等工作提供技术支撑。

（6）数据分析技术。数据分析包括 BI 引擎、报表引擎、GIS 引擎、图表组件、3D 引擎、多维建模引擎以及 AI 算法包、数据挖掘算法包等大数据技术，为社保地图、远程指挥调度、全景分析、宏观决策、监控监督等应用的可视化提供技术支撑。

（7）运维技术。运维技术包括操作留痕、故障预警、能效监测、日志采集、漏洞扫描、应用监控、网络分析等技术，支撑应用系统的规范化运维。

3.6　网络架构

网络是信息技术架构中的基础，不仅是用户请求和获取 IT 信息资源服务的通道，同时也是信息系统架构中各类资源融合和调度的枢纽。特别是云计算、大数据和移动互联网技术飞速发展的今天，网络更加成为实现这些技术跨越的重要环节。因此网络架构的设计在信息系统架构中有着举足轻重的地位。

3.6.1　基本原则

整个基础架构的设计原则都是围绕基础架构本身能够提供更加高质量的服务，为应用系统减轻定制化负担和实现更优的商用化选型灵活性。网络作为整个基础架构的基础，这些设计原则更强调突出高可靠性、高安全性、高性能、可管理性、平台化和架构化等方面。

（1）高可靠。网络作为底层资源调度和服务传输的枢纽和通道，其对高可靠性的要求自然不言而喻。

（2）高安全性。信息系统的安全性不能仅靠应用级的安全保障，网络也必须能够提供基础的安全防护，底层的身份鉴别、访问控制、入侵检测能力等需要能够为应用提供重要的安全保障。

（3）高性能。随着云计算和虚拟化技术等的发展，网络不仅仅是服务传递的通道，更是提供服务所需资源调度的枢纽，因此网络性能和效率是提供更优服务质量的保证。

（4）可管理性。随着互联网思维深入到各个 IT 发展领域，能够提供良好用户体验的敏捷开发方式逐渐在各行业系统占据主流，这对底层基础架构的快速部署、辅助业务上线提出了挑战，因此网络的可管理性不仅是指网络自身管理，更指基于业务部署策略的网络快速调整和管控。

（5）平台化和架构化。作为底层基础资源的网络需要以开阔的视野，适应未来应用架构的变化，网络自身能够更富有弹性，做到按需扩展，以适应未来不同业务规模的变化和发展。

3.6.2 局域网架构

局域网指计算机局部区域网络，是一种为单一组织所拥有的专用计算机网络。局域网的特点包括：①覆盖地理范围小，通常限定在相对独立的范围内，如一座建筑或集中建筑群内（通常在 2.5km 内）；②数据传输速率高（一般在 10Mb/s 以上，典型 1Gb/s，甚至 10Gb/s）；③低误码率（通常在 10^{-9} 以下），可靠性高；④支持多种传输介质，支持实时应用。就网络拓扑而言，有总线、环形、星形、树状等类型。从传输介质来说，包含有线局域网和无线局域网等。局域网通常由计算机、交换机、路由器等设备组成。

从计算机诞生出现局域网到今天，局域网经历了若干年的演进。随着业务场景的多样化，以及业务对网络要求的不断提升，局域网已从早期只提供二层交换功能的简单网络发展到如今不仅提供二层交换功能，还提供三层路由功能的复杂网络。

1. 单核心架构

单核心局域网通常由一台核心二层或三层交换设备充当网络的核心设备，通过若干台接入交换设备将用户设备（如用户计算机、智能设备等）连接到网络中，如图 3-8 所示。

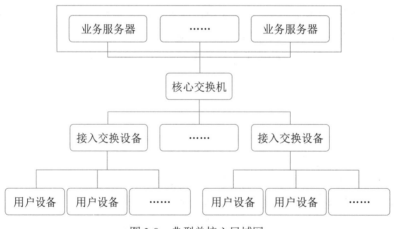

图 3-8 典型单核心局域网

此类局域网可通过连接核心网交换设备与广域网之间的互连路由设备（边界路由器或防火墙）接入广域网，实现业务跨局域网的访问。单核心网具有如下特点：

- 核心交换设备通常采用二层、三层及以上交换机；如采用三层以上交换机可划分成VLAN，VLAN内采用二层数据链路转发，VLAN之间采用三层路由转发。
- 接入交换设备采用二层交换机，仅实现二层数据链路转发。
- 核心交换设备和接入设备之间可采用100M/GE/10GE（1GE=1Gb/s）等以太网连接。

用单核心构建网络，其优点是网络结构简单，可节省设备投资。需要使用局域网的分项组织接入较为方便，直接通过接入交换设备连接至核心交换设备空闲接口即可。其不足是网络地理范围受限，要求使用局域网的分项组织分布较为紧凑；核心网交换设备存在单点故障，容易导致网络整体或局部失效；网络扩展能力有限；在局域网接入交换设备较多的情况下，对核心交换设备的端口密度要求高。

作为一种变通，对于较小规模的网络，采用此网络架构，用户设备也可直接与核心交换设备互联，进一步减少投资成本。

2. 双核心架构

双核心架构通常是指核心交换设备采用三层及以上交换机。核心交换设备和接入设备之间可采用 100M/GE/10GE 等以太网连接，如图 3-9 所示。

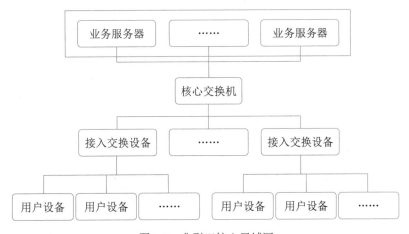

图 3-9　典型双核心局域网

网络内划分 VLAN 时，各 VLAN 之间访问需通过两台核心交换设备来完成。网络中仅核心交换设备具备路由功能，接入设备仅提供二层转发功能。

核心交换设备之间互联，实现网关保护或负载均衡。核心交换设备具备保护能力，网络拓扑结构可靠。在业务路由转发上可实现热切换。接入网络的各部门局域网之间互访，或访问核心业务服务器，有一条以上路径可选择，可靠性更高。

需要使用局域网的专项组织接入较为方便，直接通过接入交换设备连接至核心交换设备空闲接口即可。设备投资相比单核心局域网高。对核心交换设备的端口密度要求较高。所有业务服务器同时连接至两台核心交换设备，通过网关保护协议进行保护，为用户设备提供高速访问。

3. 环形架构

环形局域网是由多台核心交换设备连接成双 RPR（Resilient Packet Ring）动态弹性分组环，构建网络的核心。核心交换设备通常采用三层或以上交换机提供业务转发功能，如图 3-10 所示。

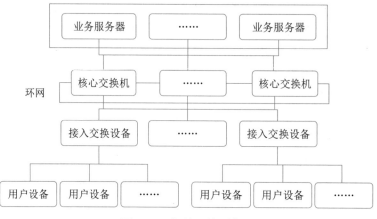

图 3-10　典型环型局域网

典型环形局域网网络内各 VLAN 之间通过 RPR 环实现互访。RPR 具备自愈保护功能，节省光纤资源；具备 MAC 层 50ms 自愈时间的能力，提供多等级、可靠的 QoS 服务，带宽公平机制和拥塞控制机制等。RPR 环双向可用。网络通过两根反向光纤组成环形拓扑结构，节点在环上可从两个方向到达另一节点。每根光纤可同时传输数据和控制信号。RPR 利用空间重用技术，使得环上的带宽得以有效利用。

通过 RPR 组建大规模局域网时，多环之间只能通过业务接口互通，不能实现网络直接互通。环形局域网设备投资比单核心局域网高。核心路由冗余设计实施难度较高，且容易形成环路。此网络通过与环上的交换设备互联的边界路由设备接入广域网。

4. 层次局域网架构

层次局域网（或多层局域网）由核心层交换设备、汇聚层交换设备和接入层交换设备以及用户设备等组成，如图 3-11 所示。

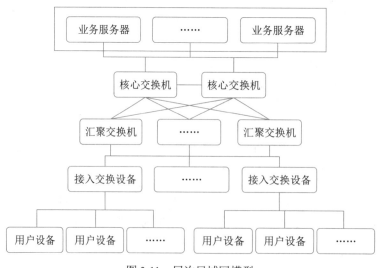

图 3-11　层次局域网模型

层次局域网模型的核心层设备提供高速数据转发功能。汇聚层设备提供了充足接口，与接入层之间实现互访控制。汇聚层可提供所辖的不同接入设备（部门局域网内）业务的交换功能，减轻对核心交换设备的转发压力。接入层设备实现用户设备的接入。层次局域网网络拓扑易于扩展。网络故障可分级排查，便于维护。通常，层次局域网通过与广域网的边界路由设备接入广域网，实现局域网和广域网的业务互访。

3.6.3　广域网架构

通俗来讲，广域网是将分布于相比局域网络更广区域的计算机设备连接起来的网络。广域网由通信子网与资源子网组成。通信子网可以利用公用分组交换网、卫星通信网和无线分组交换网来构建，将分布在不同地区的局域网或计算机系统互连起来，实现资源子网的共享。

广域网属于多级网络，通常由骨干网、分布网和接入网组成。在网络规模较小时，可仅由骨干网和接入网组成。例如，在广域网规划时，需要根据业务场景及网络规模来进行三级网络功能的选择。例如，规划某省银行广域网，设计骨干网，如支持数据、语音、图像等信息共享，为全银行系统提供高速、可靠的通信服务；设计分布网，提供数据中心与各分行、支行的数据交换，提供长途线路复用和主干访问；设计接入网，提供各分支行与各营业网点的数据交换时采用访问路由方式，实现网点线路复用和终端访问。

1. 单核心广域网

单核心广域网通常由一台核心路由设备和各局域网组成，如图 3-12 所示。核心路由设备采用三层及以上交换机。网络内各局域网之间访问需要通过核心路由设备。

图 3-12　单核心广域网

网络中各局域网之间不设立其他路由设备。各局域网至核心路由设备之间采用广播线路，路由设备与各局域网互连接口属于对应局域网子网。核心路由设备与各局域网可采用 10M/100M/GE 以太接口连接。该类型网络结构简单，节省设备投资。各局域网访问核心局域网以及相互访问的效率高。新的部门局域网接入广域网较为方便，只要核心路由设备留有端口即可。不过，核心路由设备存在单点故障，容易导致整网失效。网络扩展能力欠佳，对核心路由设备端口密度要求较高。

2. 双核心广域网

双核心广域网通常由两台核心路由设备和各局域网组成，如图 3-13 所示。

双核心广域网模型，其主要特征是核心路由设备通常采用三层及以上交换机。核心路由设备与各局域网之间通常采用 10M/100M/GE 等以太网接口连接。网络内各局域网之间访问需经过两台核心路由设备，各局域网之间不存在其他路由设备用于业务互访。核心路由设备之间实现网关保护或负载均衡。各局域网访问核心局域网以及它们之间的相互访问，有多条路径可选择，可靠性更高，路由层面可实现热切换，提供业务连续性访问能力。在核心路由设备接口有预留情况下，新的局域网可方便接入。不过，设备投资较单核心广域网高。核心路由设备的路由冗余设计实施难度较高，容易形成路由环路。网络对核心路由设备的端口密度要求较高。

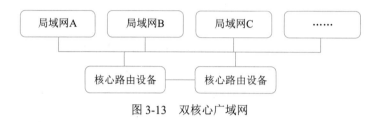

图 3-13   双核心广域网

3. 环形广域网

环形广域网通常是采用三台以上核心路由器设备构成路由环路，用以连接各局域网，实现广域网业务互访，如图 3-14 所示。

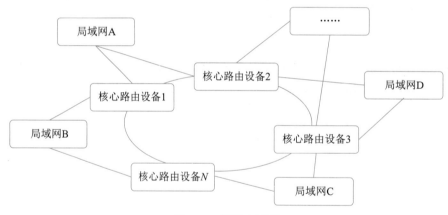

图 3-14   环形广域网

环形广域网的主要特征是核心路由设备通常采用三层或以上交换机。核心路由设备与各局域网之间通常采用 10M/100M/GE 等以太网接口连接。网络内各局域网之间访问需要经过核心路由设备构成的环。各局域网之间不存在其他路由设备进行互访。核心路由设备之间具备网关保护或负载均衡机制，同时具备环路控制功能。各局域网访问核心局域网或互相访问，有多条路径可选择，可靠性更高，路由层面可实现无缝热切换，保证业务访问连续性。

在核心路由设备接口有预留情况下，新的部门局域网可方便接入。不过，设备投资比双核心广域网高，核心路由设备的路由冗余设计实施难度较高，容易形成路由环路。环形拓扑结构需要占用较多端口，网络对核心路由设备端口密度要求较高。

4. 半冗余广域网

半冗余广域网是由多台核心路由设备连接各局域网而形成的，如图 3-15 所示。其中，任意核心路由设备至少存在两条以上连接至其他路由设备的链路。如果任何两个核心路由设备之间均存在链接，则属于半冗余广域网特例，即全冗余广域网。

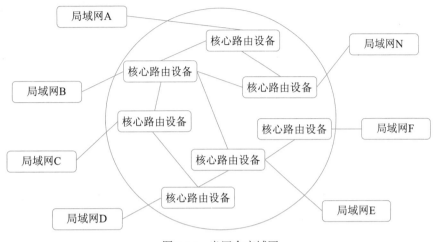

图 3-15　半冗余广域网

半冗余广域网的主要特征是结构灵活、扩展方便。部分网络核心路由设备可采用网关保护或负载均衡机制或具备环路控制功能。网络结构呈网状，各局域网访问核心局域网以及相互访问存在多条路径，可靠性高。路由层面的路由选择较为灵活。网络结构适合于部署 OSPF 等链路状态路由协议。不过，网络结构零散，不便于管理和排障。

5. 对等子域广域网

对等子域网络是将广域网的路由设备划分成两个独立的子域，每个子域路由设备采用半冗余方式互连。两个子域之间通过一条或多条链路互连，对等子域中任何路由设备都可接入局域网络，如图 3-16 所示。

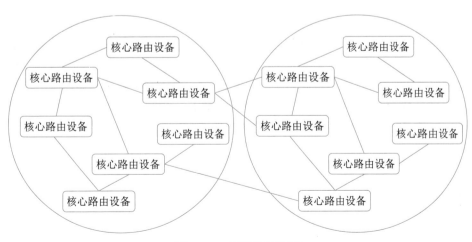

图 3-16　对等子域广域网

　　对等子域广域网的主要特征是对等子域之间的互访以对等子域之间互连链路为主。对等子域之间可做到路由汇总或明细路由条目匹配，路由控制灵活。通常，子域之间链路带宽应高于子域内链路带宽。域间路由冗余设计实施难度较高，容易形成路由环路或存在发布非法路由的风险，对域边界路由设备的路由性能要求较高。网络中路由协议主要以动态路由为主。对等子域适合于广域网可以明显划分为两个区域且区域内部访问较为独立的场景。

6. 层次子域广域网

　　层次子域广域网结构是将大型广域网路由设备划分成多个较为独立的子域，每个子域内路由设备采用半冗余方式互连，多个子域之间存在层次关系，高层次子域连接多个低层次子域。层次子域中任何路由设备都可以接入局域网，如图 3-17 所示。

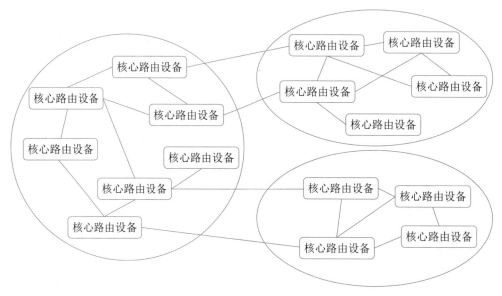

图 3-17　层次子域广域网

　　层次子域的主要特征是层次子域结构具有较好扩展性。低层次子域之间互访需要通过高层次子域完成。域间路由冗余设计实施难度较高，容易形成路由环路，存在发布非法路由的风险。子域之间链路带宽须高于子域内链路带宽。对用于域互访的域边界路由设备的路由转发性能要求较高。路由设备路由协议主要以动态路由为主，如 OSPF 协议。层次子域与上层外网互连，主要借助高层子域完成；与下层外网互连，主要借助低层子域完成。

3.6.4　移动通信网架构

　　移动通信网为移动互联网提供了强有力的支持，尤其是 5G 网络为个人用户、垂直行业等提供了多样化的服务。5G 常用业务应用方式包括：5GS（5G System）与 DN（Data Network，数据网络）互联、5G 网络边缘计算等。

1. 5GS 与 DN 互连

5GS 在为移动终端用户（User Equipment，UE）提供服务时，通常需要 DN 网络，如 Internet、IMS（IP Media Subsystem）、专用网络等互连来为 UE 提供所需的业务。各式各样的上网、语音、AR/VR、工业控制和无人驾驶等 5GS 中 UPF 网元作为 DN 的接入点。5GS 和 DN 之间通过 5GS 定义的 N6 接口互连，如图 3-18 所示。

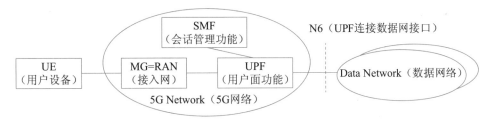

图 3-18　5G 网络与 DN 网络连接关系

5G Network 属于 5G 范畴，包括若干网络功能实体，如 AMF/SMF/PCF/ NRF/NSSF 等。简洁起见，图中仅标示出了与用户会话密切相关的网络功能实体。

在 5GS 和 DN 基于 IPv4/IPv6 互连时，从 DN 来看，UPF 可看作是普通路由器。相反，从 5GS 来看，与 UPF 通过 N6 接口互连的设备，通常也是路由器。换言之，5GS 和 DN 之间是一种路由关系。UE 访问 DN 的业务流在它们之间通过双向路由配置实现转发。就 5G 网络而言，把从 UE 流向 DN 的业务流称之为上行（UL，UpLink）业务流；把从 DN 流向 UE 的业务流称为下行（DL，DownLink）业务流。UL 业务流通过 UPF 上配置的路由转发至 DN；DL 业务流通过与 UPF 邻近的路由器上配置的路由转发至 UPF。

此外，从 UE 通过 5GS 接入 DN 的方式来说，存在两种模式：透明模式和非透明模式。

1）透明模式

在透明模式下，5GS 通过 UPF 的 N6 接口直接连至运营商特定的 IP 网络，然后通过防火墙（Firewall）或代理服务器连至 DN（即外部 IP 网络），如 Internet 等。UE 分配由运营商规划的网络地址空间的 IP 地址。UE 在向 5GS 发起会话建立请求时，通常 5GS 不触发向外部 DN-AAA 服务器发起认证过程，如图 3-19 所示。

图 3-19　UE 透明接入 5G 网络

在此模式下，5GS 至少为 UE 提供一个基本 ISP 服务。对于 5GS 而言，它只需提供基本的隧道 QoS 流服务即可。UE 访问某个 Intranet 网络时，UE 级别的配置仅在 UE 和 Intranet 网络之间独立完成，这对 5GS 而言是透明的。

2）非透明模式

在非透明模式下，5GS 可直接接入 Intranet/ISP 或通过其他 IP 网络（如 Internet）接入 Intranet/ISP。如 5GS 通过 Internet 方式接入 Intranet/ISP，通常需要在 UPF 和 Intranet/ISP 之间建立专用隧道来转发 UE 访问 Intranet/ISP 的业务。UE 被指派属于 Intranet/ISP 地址空间的 IP 地址。此地址用于 UE 业务在 UPF、Intranet/ISP 中转发，如图 3-20 所示。

图 3-20   UE 通过 5GS 非透明接入 DN 原理图

综上所述，UE 通过 5GS 访问 Intranet/ISP 的业务服务器，可基于任何网络，如 Internet 等来进行，即使不安全也无妨，在 UPF 和 Intranet/ISP 之间可基于某种安全协议进行数据通信保护。至于采用何种安全协议，由移动运营商和 Intranet/ISP 提供商之间协商确定。

作为 UE 会话建立的一部分，5GS 中 SMF 通常通过向外部 DN-AAA 服务器（如 Radius，Diameter 服务器）发起对 UE 进行认证。在对 UE 认证成功后，方可完成 UE 会话的建立，之后 UE 才可访问 Internet/ISP 的服务。

2. 5G 网络边缘计算

5G 网络改变以往以设备、业务为中心的导向，倡导以用户为中心的理念。5G 网络在为用户提供服务的同时，更注重用户的服务体验 QoE（Quality of Experience）。其中 5G 网络边缘计算能力的提供正是为垂直行业赋能、提升用户 QoE 的重要举措之一。

5G 网络的边缘计算（Mobile Edge Computing，MEC）架构如图 3-21 所示，支持在靠近终端用户 UE 的移动网络边缘部署 5G UPF 网元，结合在移动网络边缘部署边缘计算平台（Mobile Edge Platform，MEP）为垂直行业提供诸如以时间敏感、高带宽为特征的业务就近分流服务。于是，一来为用户提供极佳服务体验，二来降低了移动网络后端处理的压力。

运营商自有应用或第三方应用 AF（Application Function）通过 5GS 提供的能力开放功能网元 NEF（Network Exposure Function），触发 5G 网络为边缘应用动态地生成本地分流策略，由 PCF（Policy Charging Function）将这些策略配置给相关 SMF，SMF 根据终端用户位置信息或用户移动后发生的位置变化信息动态实现 UPF（即移动边缘云中部署的 UPF）在用户会话中插入或移除，以及对这些 UPF 分流规则的动态配置，达到用户访问所需业务的极佳效果。

另外，从业务连续性来说，5G 网络可提供 SSC 模式 1（在用户移动过程中用户会话的 IP 接入点始终保持不变），SSC 模式 2（用户移动过程中网络触发用户现有会话释放并立即触发新会话建立），SSC 模式 3（用户移动过程中在释放用户现有会话之前先建立一个新的会话）供业务提供者 ASP（Application Service Provider）或运营商选择。

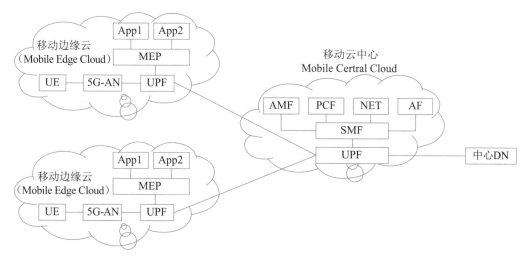

图 3-21　5G 网络边缘计算架构

3.6.5　软件定义网络

软件定义网络（Software Defined Network，SDN）是一种新型网络创新架构，它可通过软件编程的形式定义和控制网络，其通过将网络设备的控制面与数据面分离开来，从而实现了网络流量的灵活控制，使网络变得更加智能，为核心网络及应用的创新提供了良好的平台。SDN被认为是网络领域的一场革命，为新型互联网体系结构研究提供了新的实验途径，也极大地推动了下一代互联网的发展。

SDN 是网络虚拟化的一种实现方式。利用分层的思想，SDN 将数据与控制相分离。在控制层，包括具有逻辑中心化和可编程的控制器，可掌握全局网络信息，方便运营商和科研人员管理配置网络和部署新协议等。在数据层，包括哑交换机（与传统的二层交换机不同，专指用于转发数据的设备），仅提供简单的数据转发功能，可以快速处理匹配的数据包，适应流量日益增长的需求。两层之间采用开放的统一接口（如 OpenFlow 等）进行交互。控制器通过标准接口向交换机下发统一标准规则，交换机仅需按照这些规则执行相应的动作即可。SDN 打破了传统网络设备的封闭性。此外，南北向和东西向的开放接口及可编程性，也使得网络管理变得更加简单、动态和灵活。

SDN 的整体架构由下到上（由南到北）分为数据平面、控制平面和应用平面，如图 3-22所示。其中，数据平面由交换机等网络通用硬件组成，各个网络设备之间通过不同规则形成的SDN 数据通路连接；控制平面包含了逻辑上为中心的 SDN 控制器，它掌握着全局网络信息，负责各种转发规则的控制；应用平面包含着各种基于 SDN 的网络应用，用户无须关心底层细节就可以编程、部署新应用。

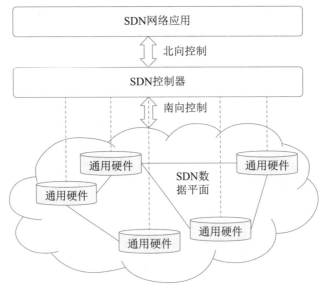

图 3-22   SDN 体系架构图

控制平面与数据平面之间通过 SDN 控制数据平面接口（Control-data-plane Interface，CDPI）进行通信，它具有统一的通信标准，主要负责将控制器中的转发规则下发至转发设备，最主要应用的是 OpenFlow 协议。控制平面与应用平面之间通过 SDN 北向接口（Northbound Interface，NBI）进行通信，而 NBI 并非统一标准，它允许用户根据自身需求定制开发各种网络管理应用。

SDN 中的接口具有开放性，以控制器为逻辑中心，南向接口负责与数据平面进行通信，北向接口负责与应用平面进行通信，东西向接口负责多控制器之间的通信。最主流的南向接口 CDPI 采用的是 OpenFlow 协议。OpenFlow 最基本的特点是基于流（Flow）的概念来匹配转发规则，每一个交换机都维护一个流表（Flow Table），依据流表中的转发规则进行转发，而流表的建立、维护和下发都是由控制器完成的。针对北向接口，应用程序通过北向接口编程来调用所需的各种网络资源，实现对网络的快速配置和部署。东西向接口使控制器具有可扩展性，为负载均衡和性能提升提供了技术保障。

3.7   安全架构

在当今以计算机、网络、软件和数据为载体的数字服务，几乎成为人类社会生产与生活等赖以生存关键基础。与之而来的计算机犯罪呈现指数上升趋势，因此，信息安全保障显得尤为重要，而满足这些诉求，离不开好的安全架构设计。安全保障以风险和策略为基础，在信息系统的整个生命周期中，安全保障应包括技术、管理、人员和工程过程的整体安全，以及相关组织机构的健全等。当前，信息与数字技术存在多重威胁，我们要从系统的角度考虑整体安全防御方法。

3.7.1　安全威胁

目前，组织将更多的业务托管于混合云之上，保护用户数据和业务变得更加困难，本地基础设施和多种公、私有云共同构成的复杂环境，使得用户对混合云安全有了更高的要求。这种普及和应用将会产生两方面的效应：①各行各业的业务运转几乎完全依赖于计算机、网络和云存储，各种重要数据如政府文件、档案、银行账目、组织业务和个人信息等将全部依托计算机、网络的存储、传输；②人们对计算机的了解更加全面，有更多的计算机技术被较高层的人非法利用，他们采用种种手段对信息资源进行窃取或攻击。目前，信息系统可能遭受到的威胁可总结为以下 4 个方面，如图 3-23 所示。

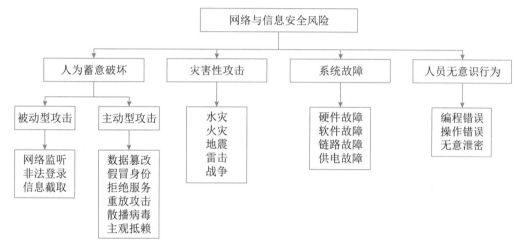

图 3-23　信息系统受到的安全威胁

对于信息系统来说，威胁可以是针对物理环境、通信链路、网络系统、操作系统、应用系统以及管理系统等方面。物理安全威胁是指对系统所用设备的威胁，如自然灾害、电源故障、操作系统引导失败或数据库信息丢失、设备被盗或被毁造成数据丢失或信息泄露；通信链路安全威胁是指在传输线路上安装窃听装置或对通信链路进行干扰；网络安全威胁是指由于互联网的开放性、国际化的特点，人们很容易通过技术手段窃取互联网信息，对网络形成严重的安全威胁；操作系统安全威胁是指对系统平台中的软件或硬件芯片中植入威胁，如"木马"和"陷阱门"、BIOS 的万能密码；应用系统安全威胁是指对于网络服务或用户业务系统安全的威胁，也受到"木马"和"陷阱门"的威胁；管理系统安全威胁是指由于人员管理上疏忽而引发人为的安全漏洞，如人为地通过拷贝、拍照、抄录等手段盗取计算机信息。

具体来讲，常见的安全威胁有：信息泄露、破坏信息的完整性、拒绝服务、非法访问、窃听、业务流分析、假冒、旁路控制、授权侵犯、特洛伊木马、陷阱门、抵赖、重放、计算机病毒、人员渎职、媒体废弃、物理侵入、窃取、业务欺骗等。

（1）信息泄露。信息被泄露或透露给某个非授权的实体。

（2）破坏信息的完整性。数据被非授权地进行增删、修改或破坏而受到损失。

（3）拒绝服务。对信息或其他资源的合法访问被无条件地阻止。

（4）非法访问（非授权访问）。某一资源被某个非授权的人或以非授权的方式使用。

（5）窃听。用各种可能的合法或非法的手段窃取系统中的信息资源和敏感信息。例如，对通信线路中传输的信号进行搭线监听，或者利用通信设备在工作过程中产生的电磁泄漏截取有用信息等。

（6）业务流分析。通过对系统进行长期监听，利用统计分析方法对诸如通信频度、通信的信息流向、通信总量的变化等态势进行研究，从而发现有价值的信息和规律。

（7）假冒。通过欺骗通信系统（或用户）达到非法用户冒充成为合法用户，或者特权小的用户冒充成为特权大的用户的目的。黑客大多是采用假冒进行攻击。

（8）旁路控制。攻击者利用系统的安全缺陷或安全性上的脆弱之处获得非授权的权利或特权。例如，攻击者通过各种攻击手段，发现原本应保密但是却又暴露出来的一些系统"特性"。利用这些"特性"，攻击者可以绕过防线守卫者侵入系统的内部。

（9）授权侵犯。被授权以某一目的使用某一系统或资源的某个人，却将此权限用于其他非授权的目的，也称作"内部攻击"。

（10）特洛伊木马。软件中含有一个察觉不出的或者无害的程序段，当它被执行时，会破坏用户的安全。这种应用程序称为特洛伊木马（Trojan Horse）。

（11）陷阱门。在某个系统或某个部件中设置了"机关"，使得当提供特定的输入数据时，允许违反安全策略。

（12）抵赖。这是一种来自用户的攻击，例如，否认自己曾经发布过的某条消息、伪造一份对方来信等。

（13）重放。所截获的某次合法的通信数据备份，出于非法的目的而被重新发送。

（14）计算机病毒。所谓计算机病毒，是一种在计算机系统运行过程中能够实现传染和侵害的功能程序。一种病毒通常含有两个功能：一种功能是对其他程序产生"感染"；另外一种是引发损坏功能或者是一种植入攻击的能力。

（15）人员渎职。一个授权人为了钱或利益，或由于粗心，将信息泄露给一个非授权的人。

（16）媒体废弃。信息被从废弃的磁盘或打印过的存储介质中获得。

（17）物理侵入。侵入者通过绕过物理控制而获得对系统的访问。

（18）窃取。重要的安全物品，如令牌或身份卡被盗。

（19）业务欺骗。某一伪系统或系统部件欺骗合法用户或系统自愿地放弃敏感信息。

3.7.2　定义和范围

安全架构是在架构层面聚焦信息系统安全方向上的一种细分。如果安全性体现在信息系统上，通常系统安全架构、安全技术体系架构和审计架构可组成三道安全防线。

（1）系统安全架构。系统安全架构指构建信息系统安全质量属性的主要组成部分以及它们之间的关系。系统安全架构的目标是如何在不依赖外部防御系统的情况下，从源头打造自身的安全。

（2）安全技术体系架构。安全技术体系架构指构建安全技术体系的主要组成部分以及它们之间的关系。安全技术体系架构的任务是构建通用的安全技术基础设施，包括安全基础设施、安全工具和技术、安全组件与支持系统等，系统性地增强各部分的安全防御能力。

（3）审计架构。审计架构指独立的审计部门或其所能提供的风险发现能力，审计的范围主要包括安全风险在内的所有风险。

人们在系统设计时，通常要识别系统可能会遇到的安全威胁，通过对系统面临的安全威胁和实施相应控制措施进行合理的评价，提出有效合理的安全技术，形成提升信息系统安全性的安全方案，是安全架构设计的根本目标。在实际应用中，安全架构设计可以从安全技术的角度考虑，如加密解密、网络安全技术等。

3.7.3　整体架构设计

构建信息安全保障体系框架应包括技术体系、组织机构体系和管理体系等三部分，也就是说，人、管理和技术手段是信息安全架构设计的三大要素，而构建动态的信息与网络安全保障体系框架是实现系统安全的保障。

1. WPDRRC 模型

针对网络安全防护问题，各个国家曾提出了多个网络安全体系模型和架构，比如 PDRR（Protection/Detection/Reaction/Recovery，防护/检测/响应/恢复）模型、P2DR 模型（Policy/Protection/Detection/Response，安全策略/防护/检测/响应）。WPDRRC（Waring/Protect/Detect/React/Restore/Counterattack）是我国信息安全专家组提出的信息系统安全保障体系建设模型。WPDRRC 是在 PDRR 信息安全体系模型的基础上前后增加了预警和反击功能。

在 PDRR 模型中，安全的概念已经从信息安全扩展到了信息保障，信息保障内涵已超出传统的信息安全保密，它是保护（Protect）、检测（Detect）、反应（React）、恢复（Restore）的有机结合。PDRR 模型把信息的安全保护作为基础，将保护视为活动过程，用检测手段来发现安全漏洞，及时更正。同时采用应急响应措施对付各种入侵，在系统被入侵后，要采取相应的措施将系统恢复到正常状态，这样才能使信息的安全得到全方位的保障，该模型强调的是自动故障恢复能力。

WPDRRC 模型有 6 个环节和三大要素。6 个环节包括：预警（W）、保护（P）、检测（D）、响应（R）、恢复（R）和反击（C），它们具有较强的时序性和动态性，能够较好地反映出信息系统安全保障体系的预警能力、保护能力、检测能力、响应能力、恢复能力和反击能力。三大要素包括：人员、策略和技术。人员是核心，策略是桥梁，技术是保证。落实在 WPDRRC 的 6 个环节的各个方面，将安全策略变为安全现实。

（1）预警（W）。预警主要是指利用远程安全评估系统提供的模拟攻击技术，来检查系统可能存在的被利用的薄弱环节，收集和测试网络与信息的安全风险所在，并以直观的方式进行报告，提供解决方案的建议。在经过分析后，分解网络与信息的风险变化趋势和严重风险点，从而有效降低网络与信息的总体风险，保护关键业务和数据。

（2）保护（P）。保护通常是通过采用成熟的信息安全技术及方法，来实现网络与信息的安全。主要内容有加密机制、数字签名机制、访问控制机制、认证机制、信息隐藏和防火墙技术等。

（3）检测（D）。检测是通过检测和监控网络以及系统，来发现新的威胁和弱点，强制执行安全策略。在这个过程中采用入侵检测、恶意代码过滤等技术，形成动态检测的制度、奖励报告协调机制，提高检测的实时性。主要内容有入侵检测、系统脆弱性检测、数据完整性检测和攻击性检测等。

（4）响应（R）。响应是指在检测到安全漏洞和安全事件之后必须及时做出正确的响应，从而把系统调整到安全状态。为此需要相应的报警、跟踪和处理系统，其中处理包括了封堵、隔离、报告等能力。主要内容有应急策略、应急机制、应急手段、入侵过程分析和安全状态评估等。

（5）恢复（R）。恢复是指当前网络、数据、服务受到黑客攻击并遭到破坏或影响后，通过必要的技术手段，在尽可能短的时间内使系统恢复正常。主要内容有容错、冗余、备份、替换、修复和恢复等。

（6）反击（C）。反击是指采用一切可能的高新技术手段，侦查、提取计算机犯罪分子的作案线索与犯罪证据，形成强有力的取证能力和依法打击手段。

网络安全体系模型经过多年发展，形成了 PDP、PPDR、PDRR、MPDRR 和 WPDRRC 等模型，这些模型在信息安全防范方面的功能更加完善，表 3-2 给出网络安全体系模型安全防范功能对照表。

表 3-2　安全防范功能对照表

模型/覆盖	预警	保护	检测	响应	恢复	反击	管理
PDP	无	有	有	有	无	无	无
PPDR	无	有	有	有	无	无	无
PDRR	无	有	有	有	有	无	无
MPDRR	无	有	有	有	有	无	有
WPDRRC	有	有	有	有	有	有	有

2. 架构设计

信息系统的安全需求是任何单一安全技术都无法解决的，要设计一个信息安全体系架构，应当选择合适的安全体系结构模型。信息系统安全设计重点考虑两个方面：一是系统安全保障体系；二是信息安全体系架构。

1）系统安全保障体系

安全保障体系是由安全服务、协议层次和系统单元三个层面组成，且每层都涵盖了安全管理的内容。系统安全保障体系设计工作主要考虑以下几点：

● 安全区域策略的确定。根据安全区域的划分，主管部门应制定针对性的安全策略。如定时审计评估、安装入侵检测系统、统一授权、认证等。

- 统一配置和管理防病毒系统。主管部门应当建立整体防御策略，以实现统一的配置和管理。网络防病毒的策略应满足全面性、易用性、实时性和可扩展性等方面要求。
- 网络与信息安全管理。在网络安全中，除了采用一些技术措施之外，还需加强网络与信息安全管理，制定有关规章制度。在相关管理中，任何的安全保障措施，最终要落实到具体的管理规章制度以及具体的管理人员职责上，并通过管理人员的工作得到实现。

2）信息安全体系架构

通过对信息系统应用的全面了解，按照安全风险、需求分析结果、安全策略以及网络与信息的安全目标等方面开展安全体系架构的设计工作。具体在安全控制系统，可以从物理安全、系统安全、网络安全、应用安全和安全管理等 5 个方面开展分析和设计工作。

- 物理安全。保证计算机信息系统各种设备的物理安全是保障整个网络系统安全的前提。物理安全是保护计算机网络设备、设施以及其他媒体免受地震、水灾、火灾等环境事故以及人为操作失误或错误及各种计算机犯罪行为导致的破坏过程。它主要包括：环境安全、设备安全、媒体安全等。
- 系统安全。系统安全主要是指对信息系统组成中各个部件的安全要求。系统安全是系统整体安全的基础。它主要包括网络结构安全、操作系统安全和应用系统安全等。
- 网络安全。网络安全是整个安全解决方案的关键。它主要包括访问控制、通信保密、入侵检测、网络安全扫描和防病毒等。
- 应用安全。应用安全主要是指多个用户使用网络系统时，对共享资源和信息存储操作所带来的安全问题。它主要包括资源共享和信息存储两个方面。
- 安全管理。安全管理主要体现在三个方面：制定健全的安全管理体制、构建安全管理平台、增强人员的安全防范意识。

3. 设计要点

网络与信息安全架构设计可以参照各类架构模型，结合组织的具体战略、实际现状和预期目标等，细致开展相关工作。

1）系统安全设计要点

系统安全设计要点主要包括以下几个方面。

- 网络结构安全领域重点关注网络拓扑结构是否合理，线路是否冗余，路由是否冗余和防止单点失败等。
- 操作系统安全重点关注两个方面：①操作系统的安全防范可以采取的措施，如：尽量采用安全性较高的网络操作系统并进行必要的安全配置，关闭一些不常用但存在安全隐患的应用，使用权限进行限制或加强口令的使用等。②通过配备操作系统安全扫描系统对操作系统进行安全性扫描，发现漏洞并及时升级等。
- 应用系统安全方面重点关注应用服务器，尽量不要开放一些不经常使用的协议及协议端口，如文件服务、电子邮件服务器等。可以关闭服务器上的如HTTP、FTP、Telnet等服务。可以加强登录身份认证，确保用户使用的合法性。

2）网络安全设计要点

网络安全设计要点主要包括以下几个方面。

- 隔离与访问控制要有严格的管制制度，可制定如《用户授权实施细则》《口令及账户管理规范》《权限管理制定》等一系列管理办法。
- 通过配备防火墙实现网络安全中最基本、最经济、最有效的安全措施。通过防火墙严格的安全策略实现内外网络或内部网络不同信任域之间的隔离与访问控制，防火墙可以实现单向或双向控制，并对一些高层协议实现较细粒度的访问控制。
- 入侵检测需要根据已有的、最新的攻击手段的信息代码对进出网段的所有操作行为进行实时监控、记录，并按制定的策略实施响应（阻断、报警、发送E-mail）。从而防止针对网络的攻击与犯罪行为。入侵检测系统一般包括控制台和探测器（网络引擎），控制台用作制定及管理所有探测器（网络引擎），网络引擎用作监听进出网络的访问行为，根据控制台的指令执行相应行为。
- 病毒防护是网络安全的必要手段，由于在网络环境下，计算机病毒有不可估量的威胁性和破坏力。网络系统中使用的操作系统（如Windows系统）容易感染病毒，因此计算机病毒的防范也是网络安全建设中应该考虑的重要环节之一，反病毒技术包括预防病毒、检测病毒和杀毒三种。

3）应用安全设计要点

应用安全设计要点主要包括以下两个方面。

- 资源共享要严格控制内部员工对网络共享资源的使用，在内部子网中一般不要轻易开放共享目录，否则会因为疏忽而在员工间交换信息时泄露重要信息。对有经常交换信息需求的用户，在共享时也必须加上必要的口令认证机制，即只有通过口令的认证才能允许访问数据。
- 信息存储是指对于涉及秘密信息的用户主机，使用者在应用过程中应该做到尽量少开放一些不常用的网络服务。对数据服务器中的数据库做安全备份。通过网络备份系统可以对数据库进行远程备份存储。

4）安全管理设计要点

安全管理设计要点主要包括以下几个方面。

- 制定健全安全管理体制将是网络安全得以实现的重要保证，可以根据自身的实际情况制定如安全操作流程、安全事故的奖罚制度以及任命安全管理人员全权负责监督和指导。
- 构建安全管理平台将会降低许多因为无意的人为因素而造成的风险。构建安全管理平台可从技术上进行防护，如组成安全管理子网、安装集中统一的安全管理软件、网络设备管理系统以及网络安全设备统一管理软件等，通过安全管理平台实现全网的安全管理。
- 应该经常对单位员工进行网络安全防范意识的培训，全面提高员工的整体安全方法意识。

4. 架构示例

图 3-24 给出一种面向组织运维管理系统的安全架构。这里的安全控制系统是指能提供一种高度可靠的安全保护手段的系统，可以最大限度地避免相关设备的不安全状态，防止恶性事故的发生或在事故发生后尽可能地减少损失，保护生产装置及最重要的人身安全。

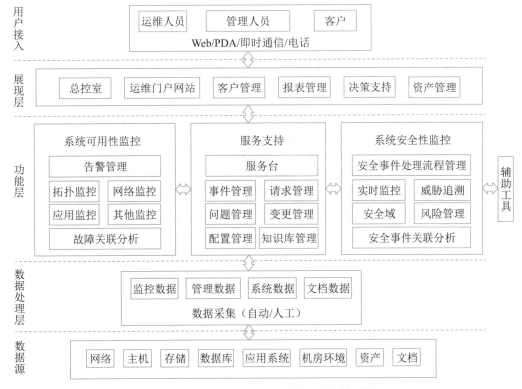

图 3-24 某组织运维管理系统安全架构示例

该架构采用了传统的层次化结构，分为数据层、功能层和展现层。数据层主要对组织数据进行统一管理，按数据的不同安全特性进行存储、隔离与保护等。功能层是系统安全防范的主要核心功能，包括可用性监控、服务支持和安全性监控。可用性监控主要实现网络安全、系统安全和应用安全中的监控能力；服务支持中的业务过程包含了安全管理设计，实现安全管理环境下的运维管理的大多数功能；安全性监控主要针对系统中发现的任何不安全现象进行相关处理，涵盖了威胁追溯、安全域审计评估、授权、认证等，以及风险分析与评估等。展现层主要完成包含安全架构的使用、维护、决策等在内的用户各种类型应用功能实现。

3.7.4 网络安全架构设计

建立信息系统安全体系的目的，就是将普遍性安全原理与信息系统的实际相结合，形成满足信息系统安全需求的安全体系结构，网络安全体系是信息系统体系的核心之一。

1. OSI 安全架构

OSI（Open System Interconnection/Reference Mode，OSI/RM）是由国际标准化组织制定的开放式通信系统互联模型（ISO 7498-2），国家标准 GB/T 9387.2《信息处理系统 开放系统互联基本参考模型 第 2 部分：安全体系结构》等同于 ISO 7498-2。OSI 目的在于保证开放系统进程与进程之间远距离安全交换信息。这些标准在参考模型的框架内建立起一些指导原则与约束条件，从而提供了解决开放互联系统中安全问题的一致性方法。

OSI 定义了 7 层协议，其中除第 5 层（会话层）外，每一层均能提供相应的安全服务。实际上，最适合配置安全服务的是在物理层、网络层、传输层及应用层上，其他层都不宜配置安全服务。OSI 开放系统互联安全体系的 5 类安全服务包括鉴别、访问控制、数据机密性、数据完整性和抗抵赖性。OSI 定义分层多点安全技术体系架构，也称为深度防御安全技术体系架构，它通过以下三种方式将防御能力分布至整个信息系统中。

1）多点技术防御

在对手可以从内部或外部多点攻击一个目标的前提下，多点技术防御通过对以下多个核心区域的防御达到抵御所有攻击方式的目的。

● 网络和基础设施。为了确保可用性，局域网和广域网需要进行保护以抵抗各种攻击，如拒绝服务攻击等。为了确保机密性和完整性，需要保护在这些网络上传送的信息以及流量的特征以防止非故意的泄露。

● 边界。为了抵御主动的网络攻击，边界需要提供更强的边界防御，例如流量过滤和控制以及入侵检测。

● 计算环境。为了抵御内部、近距离的分布攻击，主机和工作站需要提供足够的访问控制。

2）分层技术防御

即使最好的可得到的信息保障产品也有弱点，其最终结果将使对手能找到一个可探查的脆弱性，一个有效的措施是在对手和目标间使用多个防御机制。为了减少这些攻击成功的可能性和对成功攻击的可承担性，每种机制应代表一种唯一的障碍，并同时包括保护和检测方法。例如，在外部和内部边界同时使用嵌套的防火墙并配合入侵检测就是分层技术防御的一个实例。

3）支撑性基础设施

支撑性基础设施为网络、边界和计算环境中信息保障机制运行基础的支撑性基础设施，包括公钥基础设施以及检测和响应基础设施。

● 公钥基础设施。公钥基础设施提供一种通用的联合处理方式，以便安全地创建、分发和管理公钥证书和传统的对称密钥，使它们能够为网络、边界和计算环境提供安全服务。这些服务能够对发送者和接收者的完整性进行可靠验证，并可以避免在未获授权的情况下泄露和更改信息。公钥基础设施必须支持受控的互操作性，并与各用户团体所建立的安全策略保持一致。

● 检测和响应基础设施。检测和响应基础设施能够迅速检测并响应入侵行为。它也提供便于结合其他相关事件观察某个事件的"汇总"功能。另外，它也允许分析员识别潜在的行为模式或新的发展趋势。

这里必须注意的是，信息系统的安全保障不仅仅依赖于技术，还需要非技术防御手段。一个可接受级别的信息保障依赖于人员、管理、技术和过程的综合。

2. 认证框架

鉴别（Authentication）的基本目的是防止其他实体占用和独立操作被鉴别实体的身份。鉴别提供了实体声称其身份的保证，只有在主体和验证者的关系背景下，鉴别才是有意义的。鉴别有两个重要的关系背景：①实体由申请者来代表，申请者与验证者之间存在着特定的通信关系（如实体鉴别）；②实体为验证者提供数据项来源。鉴别的方式主要基于以下 5 种。

- 已知的，如一个秘密的口令。
- 拥有的，如IC卡、令牌等。
- 不改变的特性，如生物特征。
- 相信可靠的第三方建立的鉴别（递推）。
- 环境（如主机地址等）。

鉴别信息是指申请者要求鉴别到鉴别过程结束所生成、使用和交换的信息。鉴别信息的类型有交换鉴别信息、申请鉴别信息和验证鉴别信息。在某些情况下，为了产生交换鉴别信息，申请者需要与可信第三方进行交互。类似地，为了验证交换鉴别信息，验证者也需要同可信第三方进行交互。在这种情况下，可信第三方持有相关实体的验证 AI，也可能使用可信第三方来传递交换鉴别信息，实体也可能需要持有鉴别可信第三方中所使用的鉴别信息。

鉴别服务分为以下阶段：安装阶段、修改鉴别信息阶段、分发阶段、获取阶段、传送阶段、验证阶段、停活阶段、重新激活阶段、取消安装阶段。

（1）在安装阶段，定义申请鉴别信息和验证鉴别信息。

（2）在修改鉴别信息阶段，实体或管理者申请鉴别信息和验证鉴别信息变更（如修改口令）。

（3）在分发阶段，为了验证交换鉴别信息，把验证鉴别信息分发到各实体（如申请者或验证者）以供使用。

（4）在获取阶段，申请者或验证者可得到为鉴别实例生成特定交换鉴别信息所需的信息，通过与可信第三方进行交互或鉴别实体间的信息交换可得到交换鉴别信息。例如，当使用联机密钥分配中心时，申请者或验证者可从密钥分配中心得到一些信息，如鉴别证书。

（5）在传送阶段，在申请者与验证者之间传送交换鉴别信息。

（6）在验证阶段，用验证鉴别信息核对交换鉴别信息。

（7）在停活阶段，将建立一种状态，使得以前能被鉴别的实体暂时不能被鉴别。

（8）在重新激活阶段，使在停活阶段建立的状态将被终止。

（9）在取消安装阶段，实体从实体集合中被拆除。

3. 访问控制框架

访问控制（Access Control）决定开放系统环境中允许使用哪些资源，在什么地方适合阻止未授权访问的过程。在访问控制实例中，访问可以是对一个系统（即对一个系统通信部分的一个实体）或对一个系统内部进行的。图 3-25 和图 3-26 说明了访问控制的基本功能。

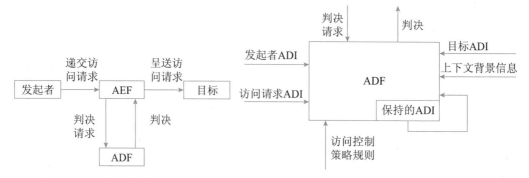

图 3-25　基于访问控制功能示意图　　　　图 3-26　ADF 示意图

ACI（访问控制信息）是用于访问控制目的的任何信息，其中包括上下文信息。ADI（访问控制判决信息）是在做出一个特定的访问控制判决时可供 ADF 使用的部分（或全部）ACI。ADF（访问控制判决功能）是一种特定功能，它通过对访问请求、ADI 以及该访问请求的上下文使用访问控制策略规则而做出访问控制判决。AEF（访问控制实施功能）确保只有对目标允许的访问才由发起者执行。

涉及访问控制的有发起者、AEF、ADF 和目标。发起者代表访问或试图访问目标的人和基于计算机的实体。目标代表被试图访问或由发起者访问的，基于计算机或通信的实体。例如，目标可能是 OSI 实体、文件或者系统。访问请求代表构成试图访问部分的操作和操作数。

当发起者请求对目标进行特殊访问时，AEF 就通知 ADF 需要一个判决来做出决定。为了作出判决，给 ADF 提供了访问请求（作为判决请求的一部分）和下列几种访问控制判决信息（ADI）。

- 发起者ADI（ADI由绑定到发起者的ACI导出）。
- 目标ADI（ADI由绑定到目标的ACI导出）。
- 访问请求ADI（ADI由绑定到访问请求的ACI导出）。

ADF 的其他输入是访问控制策略规则（来自 ADF 的安全域权威机构）和用于解释 ADI 或策略的必要上下文信息。上下文信息包括发起者的位置、访问时间或使用中的特殊通信路径等。基于这些输入，以前判决中保留下来的 ADI 信息，ADF 可以做出"允许或禁止发起者试图对目标进行访问"的判决。该判决传递给 AEF，然后 AEF 允许将访问请求传给目标或采取其他合适的行动。

在许多情况下，由发起者对目标的逐次访问请求是相关的。应用中的一个典型例子是在打开与同层目标的连接应用进程后，试图用相同（保留）的 ADI 执行几个访问，对一些随后通过连接进行通信的访问请求，可能需要给 ADF 提供附加的 ADI 以允许访问请求，在另一些情况下，安全策略可能要求对一个或多个发起者与一个或多个目标之间的某种相关访问请求进行限制，这时，ADF 可能使用与多个发起者和目标有关的先前判决中所保留的 ADI 来对特殊访问请求作出判决。

如果得到 AEF 的允许，访问请求只涉及发起者与目标的单一交互。尽管发起者和目标之间的一些访问请求是完全与其他访问请求无关的，但常常是两个实体进入一个相关的访问请求集合中，如质询应答模式。在这种情况下，实体根据需要同时或交替地变更发起者和目标角色，可以由分离的 AEF 组件、ADF 组件和访问控制策略对每一个访问请求执行访问控制功能。

4. 机密性框架

机密性（Confidentiality）服务的目的是确保信息仅仅是对被授权者可用。由于信息是通过数据表示的，而数据可能导致关系的变化（如文件操作可能导致目录改变或可用存储区域的改变），因此信息能通过许多不同的方式从数据中导出。例如，通过理解数据的含义（如数据的值）导出；通过使用数据相关的属性（如存在性、创建的数据、数据大小、最后一次更新的日期等）进行导出；通过研究数据的上下文关系，即通过那些与之相关的其他数据实体导出；通过观察数据表达式的动态变化导出。

信息的保护是确保数据被限制于授权者获得，或通过特定方式表示数据来获得，这种保护方式的语义是：数据只对那些拥有某种关键信息的人才是可访问的。有效的机密性保护，要求必要的控制信息（如密钥和 RCI 等）是受到保护的，这种保护机制和用来保护数据的机制是不同的（如密钥可以通过物理手段保护等）。

在机密性框架中用到被保护的环境和被交叠保护的环境两个概念。在被保护环境中的数据，可通过使用特别的安全机制（或多个机制）保护，在一个被保护环境中的所有数据以类似方法受到保护。当两个或更多的环境交叠的时候，交叠中的数据能被多重保护。可以推断，从一个环境移到另一个环境的数据的连续保护必然涉及交叠保护环境。

数据的机密性可以依赖于所驻留和传输的媒体，因此，存储数据的机密性能通过使用隐藏数据语义（如加密）或将数据分片的机制来保证。数据在传输中的机密性能通过禁止访问的机制，通过隐藏数据语义的机制或通过分散数据的机制得以保证（如跳频等）。这些机制类型能被单独使用或者组合使用。

1）通过禁止访问提供机密性

通过禁止访问的机密性能通过在 ITU-T Rec.812 或 ISO/IEC 10181-3 中描述的访问控制获得，以及通过物理媒体保护和路由选择控制获得。通过物理媒体保护的机密性保护，可以采取物理方法，保证媒体中的数据只能通过特殊的有限设备才能检测到，数据机密性只有通过确保授权的实体才能有效实现这种机制。通过路由选择控制的机密性保护的目的是防止被传输数据项表示的信息未授权而泄露，在这一机制下只有可信和安全的设施才能路由数据，以达到支持机密性服务的目的。

2）通过加密提供机密性

这种机制的目的是防止在传输或存储中的数据泄露。加密机制分为基于对称的加密机制和基于非对称加密的机密机制。除了以上两种机密性机制外，还可以通过数据填充，通过虚假事件（如把在不可信链路上交换的信息流总量隐藏起来），通过保护 PDU 头和通过时间可变域提供机密性。

5. 完整性框架

完整性（Integrity）框架的目的是通过阻止威胁或探测威胁，保护可能遭到不同方式危害的数据完整性和数据相关属性完整性。所谓完整性，就是数据不以未经授权方式进行改变或损毁的特征。

完整性服务有几种分类方式：根据防范的违规分类，违规操作分为未授权的数据修改、未授权的数据创建、未授权的数据删除、未授权的数据插入和未授权的数据重放。依据提供的保护方法，分为阻止完整性损坏和检测完整性损坏。依据是否支持恢复机制，分为具有恢复机制的和不具有恢复机制的。

由于保护数据的能力与正在使用的媒体有关，对于不同的媒体，数据完整性保护机制是有区别的，可概括为以下两种情况。

（1）阻止对媒体访问的机制。包括物理隔离的不受干扰的信道、路由控制、访问控制。

（2）用以探测对数据或数据项序列的非授权修改的机制。未授权修改包括未授权数据创建、数据删除以及数据重放。而相应的完整性机制包括密封、数字签名、数据重复（作为对抗其他类型违规的手段）、与密码变换相结合的数字指纹和消息序列号。

按照保护强度，完整性机制可分为：
- 不做保护；
- 对修改和创建的探测；
- 对修改、创建、删除和重复的探测；
- 对修改和创建的探测并带恢复功能；
- 对修改、创建、删除和重复的探测并带恢复功能。

6. 抗抵赖性框架

抗抵赖（Non-repudiation）服务包括证据的生成、验证和记录，以及在解决纠纷时进行的证据恢复和再次验证。框架所描述的抗抵赖服务的目的是提供有关特定事件或行为的证据。事件或行为本身以外的其他实体可以请求抗抵赖服务。抗抵赖服务可以保护的行为实例有发送X.400 消息，在数据库中插入记录，请求远程操作等。

当涉及消息内容的抗抵赖服务时，为提供原发证明，必须确认数据原发者身份和数据完整性。为提供递交证明，必须确认接收者身份和数据完整性。在某些情况下，还可能需要涉及上下文信息（如日期、时间、原发者/接收者的地点等）的证据。抗抵赖服务提供下列可在试图抵赖的事件中使用的设备：证据生成、证据记录、验证生成的证据、证据的恢复和重验。纠纷可以在纠纷两方之间直接通过检查证据解决，也可能不得不通过仲裁者解决，由仲裁者评估并确定是否发生过有纠纷的行为或事件。

抗抵赖由 4 个独立的阶段组成，分别为证据生成，证据传输、存储及恢复，证据验证和解决纠纷。

（1）证据生成。在这个阶段中，证据生成请求者请求证据生成者为事件或行为生成证据。卷入事件或行为中的实体称为证据实体，其卷入关系由证据建立。根据抗抵赖服务的类型，证据可由证据实体或与可信第三方的服务一起生成，或者单独由可信第三方生成。

（2）证据传输、存储及恢复。在这个阶段，证据在实体间传输或将证据从存储器取出或将证据存储至存储器。

（3）证据验证。在这个阶段，证据在证据使用者的请求下被证据验证者验证。本阶段的目的是在出现纠纷的事件中，让证据使用者确信被提供的证据确实是充分的。可信第三方服务也可参与，以提供验证该证据的信息。

（4）解决纠纷。在解决纠纷阶段，仲裁者有解决双方纠纷的责任。

3.7.5　数据库系统安全设计

近年来，跨网络的分布系统急速发展。在数据库系统中，数据的集中管理产生了多用户存取特性，数据库的安全问题可以说已经成为信息系统最为关键的问题。尤其是电子政务中所涉及的数据库密级更高、实时性要求更强，因此，有必要根据其特殊性完善安全策略。这些安全策略应该能保证数据库中的数据不会被有意地攻击或无意地破坏，不会发生数据的外泄、丢失和毁损，保证数据库系统安全的完整性、机密性和可用性。从数据库管理系统的角度而言，要解决数据库系统的运行安全和信息安全，采取的安全策略一般为用户管理、存取控制、数据加密、审计跟踪和攻击检测等。

针对数据库系统安全，我们需重点关注完整性设计。数据库完整性是指数据库中数据的正确性和相容性。数据库完整性由各种各样的完整性约束来保证，因此可以说数据库完整性设计就是数据库完整性约束的设计。数据库完整性约束可以通过数据库管理系统（Database Management System，DBMS）或应用程序来实现，基于 DBMS 的完整性约束作为模式的一部分存入数据库中。

1. 数据库完整性设计原则

在实施数据库完整性设计时，需要把握以下 7 个基本原则。

（1）根据数据库完整性约束的类型确定其实现的系统层次和方式，并提前考虑对系统性能的影响。一般情况下，静态约束应尽量包含在数据库模式中，而动态约束由应用程序实现。

（2）实体完整性约束和引用完整性约束是关系数据库最重要的完整性约束，在不影响系统关键性能的前提下需尽量应用。用一定时间和空间来换取系统的易用性是值得的。

（3）要慎用目前主流 DBMS 都支持的触发器功能，一方面，由于触发器的性能开销较大；另一方面，触发器的多级触发难以控制，容易产生错误，非用不可时，最好使用 Before 型语句级触发器。

（4）在需求分析阶段就必须制定完整性约束的命名规范，尽量使用有意义的英文单词、缩写词、表名、列名及下画线等组合，使其易于识别和记忆。如果使用 CASE 工具，一般有默认的规则，可在此基础上修改使用。

（5）要根据业务规则对数据库完整性进行细致的测试，以尽早排除隐含的完整性约束间的冲突和对性能的影响。

（6）要有专职的数据库设计小组，自始至终负责数据库的分析、设计、测试、实施及早期维护。数据库设计人员不仅负责基于 DBMS 的数据库完整性约束的设计实现，还要负责对应用软件实现的数据库完整性约束进行审核。

（7）应采用合适的 CASE 工具来降低数据库设计中各阶段的工作量。好的 CASE 工具能够支持整个数据库的生命周期，这将使数据库设计人员的工作效率得到很大提高，同时也容易与用户沟通。

2. 数据库完整性的作用

数据库完整性对于数据库应用系统非常关键，其作用主要体现在以下 5 个方面。

（1）数据库完整性约束能够防止合法用户使用数据库时，向数据库中添加不合语义的数据内容。

（2）利用基于 DBMS 的完整性控制机制来实现业务规则，易于定义，容易理解，而且可以降低应用程序的复杂性，提高应用程序的运行效率。同时，由于 DBMS 的完整性控制机制是集中管理的，因此比应用程序更容易实现数据库的完整性。

（3）合理的数据库完整性设计，能够同时兼顾数据库的完整性和系统的效能。例如，装载大量数据时，只要在装载之前临时使基于 DBMS 的数据库完整性约束失效，此后再使其生效，就能保证既不影响数据装载的效率又能保证数据库的完整性。

（4）在应用软件的功能测试中，完善数据库完整性有助于尽早发现应用软件的错误。

（5）数据库完整性约束可分为 6 类：列级静态约束、元组级静态约束、关系级静态约束、列级动态约束、元组级动态约束和关系级动态约束。动态约束通常由应用软件来实现。不同 DBMS 支持的数据库完整性基本相同，某常用关系型数据库系统支持的基于 DBMS 的完整性约束，如表 3-3 所示。

表 3-3　某数据库系统支持的基于 DBMS 的完整性约束

支持的完整性约束	对应的完整性约束类型	备注
非空约束（Not Null）	列级静态约束	
唯一码约束（Unique Key）	列级静态约束 元组级静态约束	通过唯一性索引来实现
主键约束（Primary Key）	关系级静态约束	
引用完整性约束（Referential）	关系级静态约束	可定义 5 种不同的动作，Restrict、Set to Null、Set to Default、Cascade、No Action
检查约束（Check）	列级静态约束 元组级静态约束	可定义在列上或表上
通过触发器来实现的约束	全部 6 类完整性的要求	关系级动态约束可以通过调用包含事务的存储过程来实现，如果出现性能问题，需要改由应用软件来实现

3. 数据库完整性设计示例

一个好的数据库完整性设计，首先需要在需求分析阶段确定要通过数据库完整性约束实现的业务规则。然后在充分了解特定 DBMS 提供的完整性控制机制的基础上，依据整个系统的体系结构和性能要求，遵照数据库设计方法和应用软件设计方法，合理选择每个业务规则的实现方式。最后，认真测试，排除隐含的约束冲突和性能问题。基于 DBMS 的数据库完整性设计大体分为需求分析阶段、概念结构设计阶段和逻辑结构设计阶段。

1）需求分析阶段

经过系统分析员、数据库分析员和用户的共同努力，确定系统模型中应该包含的对象，如人事及工资管理系统中的部门、员工和经理等，以及各种业务规则。

在完成寻找业务规则的工作之后，确定要作为数据库完整性的业务规则，并对业务规则进行分类。其中作为数据库模式一部分的完整性设计按概念结构设计阶段和逻辑结构设计阶段的过程进行，而由应用软件来实现的数据库完整性设计将按照软件工程的方法进行。

2）概念结构设计阶段

概念结构设计阶段是将依据需求分析的结果转换成一个独立于具体 DBMS 的概念模型，即实体关系图（Entity-Relationship Diagram，ERD）。在概念结构设计阶段就要开始数据库完整性设计的实质阶段，因为此阶段的实体关系将在逻辑结构设计阶段转化为实体完整性约束和引用完整性约束，到逻辑结构设计阶段将完成设计的主要工作。

3）逻辑结构设计阶段

此阶段就是将概念结构转换为某个 DBMS 所支持的数据模型，并对其进行优化，包括对关系模型的规范化等。此时，依据 DBMS 提供的完整性约束机制，对尚未加入逻辑结构中的完整性约束列表，逐条选择合适的方式加以实现。

在逻辑结构设计阶段结束时，作为数据库模式一部分的完整性设计也就基本完成了。每种业务规则都可能有好几种实现方式，应该选择对数据库性能影响最小的一种，有时需通过实际测试来决定。

3.7.6　安全架构设计案例

以某基于混合云的工业安全架构设计为例。

跨区域的安全生产管理是大型集团组织面临的主要生产问题。大型组织希望可以通过云计算平台实现异地的设计、生产、制造、管理和数据处理等，并确保组织内部生产的安全、保密和数据的完整。

目前，混合云架构往往被大型组织所接受。混合云融合了公有云和私有云，是近年来云计算的主要模式和发展方向。我们知道私有云主要是面向组织用户，出于安全考虑，组织更愿意将数据存放在私有云中，但是同时又希望可以获得公有云的计算资源，在这种情况下混合云被越来越多地采用，它将公有云和私有云进行混合和匹配，以获得最佳的效果，这种个性化的解决方案，达到了既省钱又安全的目的。

从组织对混合云的需求来看，组织要想将内部服务器与一个或多个混合云架构融合在一起，从技术上讲是一种挑战，想简单地增加一段代码是无法将虚拟服务器与公有云对接起来的，这涉及潜在的数据迁移、安全问题，以及建立应用与混合云架构映射等问题。因此，要分析组织究竟想在混合云架构中放什么，哪些必须保留在混合云架构内部，哪些可以放到混合云中，实际上混合云架构大量数据都是开放的，所有 Web 页面以及组织公共站点上的大多数数据都可以放在公有混合云架构上，需求时能够进行扩展以应对日常的负载模式。

图 3-27 给出了大型组织采用混合云技术的安全生产管理系统的架构，组织由多个跨区域的智能工厂和组织总部组成，组织总部负责相关业务的管理、协调和统计分析，而每个智能工厂负责智能产品的设计与生产制造。智能工厂内部采用私有云实现产品设计、数据共享和生产集成等，组织总部与智能工厂间采用公有云实现智能工厂间、智能工厂与组织总部间的业务管理、协调和统计分析等。整个安全生产管理系统架构由四层组成，即设备层、控制层、设计管理层和应用层。设备层主要是指用于智能工厂生产产品所需的相关设备，包括智能传感器、工业机器人和智能仪器。控制层主要是指智能工厂生产产品所需要建立的一套自动控制系统，控制智能设备完成生产工作，包括数据采集与监视控制系统（SCADA）、集散控制系统（DCS）、现场总线控制系统（FCS）、顺序控制系统（PLC）和人机接口（HMI）等。设计管理层是指智能工厂各种开发、业务控制和数据管理功能的集合，实现数据集成与应用，包括：企业生产信息化管理系统（MES）、计算机辅助设计 / 工程 / 制造（CAD/CAE/CAM 等，CAX）、供应链管理（SCM）、企业资源计划管理（ERP）、客户关系管理（CRM）、商业智能分析（BI）和产品生命周期管理系统（PLM）。应用层主要是指在云计算平台上进行信息处理，主要涵盖两个核心功能：一是"数据"，应用层需要完成数据的管理和数据的处理；二是"应用"；仅仅管理和处理数据还远远不够，必须将这些数据与行业应用相结合，本系统主要包括定制业务、协同业务和产品服务等。

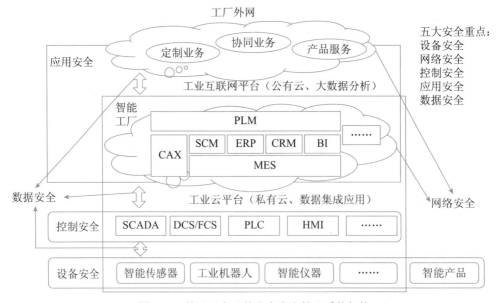

图 3-27　基于混合云的安全生产管理系统架构

在设计基于混合云的安全生产管理系统时，需要重点考虑 5 个方面的安全问题：设备安全、网络安全、控制安全、应用安全和数据安全。

（1）设备安全。设备安全是指组织（单位）在生产经营活动中，将危险、有害因素控制在安全范围内，以及减少、预防和消除危害所配置的装置（设备）和采用的设备。安全设备对于保护人类活动的安全尤为重要。设备安全的保障技术主要包括维护、保养和检测等。

（2）网络安全。网络安全是指网络系统的硬件、软件及其系统中的数据受到保护，不因偶然的或者恶意的原因而遭受到破坏、更改、泄露，系统连续可靠正常地运行。网络安全的保障技术主要包括防火墙、入侵检测系统部署、漏洞扫描系统和网络杀毒产品部署等。

（3）控制安全。控制安全主要包括三种措施：其一是减少和消除生产过程中的事故，保证人员健康安全和财产免受损失；其二是生产过程中涉及的计划、组织、监控、调节和改进等一系列致力于安全所进行的管理活动，包括安全法规、安全技术和工业卫生等；其三是减少甚至消除事故隐患，尽量把事故消灭在萌芽状态。控制安全的保障技术主要包括冗余、容错、（降级）备份、容灾等。

（4）应用安全。应用安全，顾名思义就是保障应用程序使用过程和结果的安全。简而言之，就是针对应用程序或工具在使用过程中可能出现计算、传输数据的泄露和失窃，通过其他安全工具或策略来消除隐患。应用安全的保障技术主要包括服务器报警策略、用户密码策略、用户安全策略、访问控制策略和时间策略等。

（5）数据安全。数据安全是指通过采取必要措施，确保数据处于有效保护和合法利用的状态，以及具备保障持续安全状态的能力。要保证数据处理的全过程的安全，就得保证数据在收集、存储、使用、加工、传输、提供和公开等的每一个环节内的安全。数据安全的保障技术主要包括对立的两方面：一是数据本身的安全，主要是指采用现代密码算法对数据进行主动保护，如数据保密、数据完整性、双向强身份认证等；二是数据防护的安全，主要是采用现代信息存储手段对数据进行主动防护，如通过磁盘阵列、数据备份、异地容灾等手段保证数据的安全。本系统的数据安全主要分布于各层之间数据交换过程和公有云的数据存储安全。

3.8 云原生架构

"云原生"来自于 Cloud Native 的直译，拆开来看，Cloud 就是指其应用软件和服务是在云端而非传统意义上的数据中心。Native 代表应用软件从一开始就是基于云环境，专门为云端特性而设计，可充分利用和发挥云环境的弹性与分布式优势，最大化释放云环境生产力。

3.8.1 发展概述

对于信息化和数字化水平不高的组织而言，组织内部 IT 建设常采用"烟筒"模式，即每项职能（部门）的每个应用都相对独立，如何管理与分配资源成了难题。大多数都基于 IDC 设施独自向上构建，需要单独分配基础设施资源，这就造成资源被大量占用且难以被共享。但是上云之后，由于云服务组织提供了统一的基础设施即服务（Infrastructure as a Service，IaaS）能力和云服务等，大幅提升了组织 IaaS 层的复用程度，CIO 或者 IT 主管自然而然想到 IaaS 以上层的系统也需要被统一，使资源、产品可被不断复用，从而能够进一步降低组织运营成本。

对于开发而言，传统的 IT 架构方式，将开发、IT 运营和质量保障等过程分别设置，各自独立，开发与运行或运营之间存在着某种程度的"鸿沟"，开发人员希望基础设施更快响应，运行管理及运营人员则要求系统的可靠性和安全性，而业务需求则是更快地将更多的特性发布给最终用户使用。这种模式被称为"瀑布式流程"开发模式，一方面造成了开发上下游的信息不对称，另一方面拉长了开发周期和调整难度。但是随着用户需求的快速增加和产品迭代周期的不断压缩，原有的开发流程不再适合现实的需求，这时开发建设组织引入了一种新的开发模式——敏捷开发。但是，敏捷开发只是解决了软件开发的效率和版本更新的速度，还没有和运维管理等有效打通。出于协调开发和运维的"信息对称"问题，开发者又推出了一套新的方法——DevOps，DevOps 可以看作是开发、技术运营和质量保障三者的交集，促进它们之间的沟通、协作与整合，从而提高开发周期和效率。而云原生的容器、微服务等技术正是为 DevOps 提供了很好的前提条件，保证 IT 软件开发实现 DevOps 开发和持续交付的关键应用。换句话说，能够实现 DevOps 和持续交付，已经成为云原生技术价值不可分割的内涵部分，这也是无论互联网巨头，还是众多中小应用开发组织和个人，越来越多选择云原生技术和工具的原因。

现在数以亿计的高并发流量都得益于云原生技术的快速弹性扩容来实现。而对于组织而言，选择云原生技术，也就不仅仅是降本增效的考虑，而且还能为组织创造过去难以想象的业务承载量，对于组织业务规模和业务创新来说，云原生技术都正在成为全新的生产力工具。过去组织看重的办公楼、厂房、IT 设施等有形资产，其重要性也逐渐被这些云端数字资产所超越，组织正通过云原生构建一个完整的数字孪生的新体系，而这才是云原生技术的真正价值所在。

各类信息系统开发建设面临的问题往往指向一个共同点，那就是新时代需要新的技术架构，来帮助组织应用能够更好地利用云计算和云服务的优势，充分释放云计算的技术红利，让业务更敏捷、成本更低的同时又可伸缩性更灵活，而这些正好就是云原生架构专注解决的技术点。

对于整个云计算产业的发展来说，云原生区别于早先的虚拟机阶段，也完成了一次全新的技术生产力变革，是从云技术的应用特性和交付架构上进行了创新性的组合，能够极大地释放云计算的生产能力。此外，云原生的变革从一开始自然而然地与开源生态走在了一起，也意味着云原生技术从一开始就选择了一条"飞轮进化"式的道路，通过技术的易用性和开放性实现快速增长的正向循环，又通过不断壮大的应用实例来推动组织业务全面上云和自身技术版图的不断完善。云原生所带来的种种好处，对于组织的未来业务发展的优势，已经成为众多组织的新共识。可以预见，更多组织在经历了这一轮云原生的变革之痛后，能够穿越组织的原有成长周期，跨越到数字经济的新赛道，在即将到来的全面数字新时代更好地开发业务。

开源项目的不断更新和逐步成熟，也促使各组织在 AI、大数据、边缘、高性能计算等新兴业务场景不断采用云原生技术来构建创新解决方案。大量组织尝试使用容器替换现有人工智能、大数据的基础平台，通过容器更小粒度的资源划分、更快的扩容速度、更灵活的任务调度，以及天然的计算与存储分离架构等特点，助力人工智能、大数据在业务性能大幅提升的同时，更好地控制成本。各云服务商也相继推出了对应的容器化服务，比如某云服务商的 AI 容器、大数据容器、深度学习容器等。

云原生技术与边缘计算相结合，可以比较好地解决传统方案中轻量化、异构设备管理、海量应用运维管理的难题，如目前国内最大的边缘计算落地项目——国家路网中心的全国高速公路取消省界收费站项目，就使用了基于云原生技术的边缘计算解决方案，解决了 10 多万异构设备管理、30 多万边缘应用管理的难题。主流的云计算厂商也相继推出了云原生边缘计算解决方案，如某云服务商的云智能边缘平台（IEF）等。

云原生在高性能计算（High Performance Computing，HPC）领域的应用呈现出快速上升的势头。云原生在科研及学术机构、生物、制药等行业率先得到应用，例如中国科学院上海生命科学研究院、中国农业大学、华大基因、未来组、欧洲核子研究中心等组织都已经将传统的高性能计算业务升级为云原生架构。为了更好地支撑高性能计算场景，各云服务商也纷纷推出面向高性能计算专场的云原生解决方案。

云原生与商业场景的深度融合，不仅为各行业注入了发展与创新的新动能，也促使云原生技术更快发展、生态更加成熟，主要表现为以下几点。

（1）从为组织带来的价值来看，云原生架构通过对多元算力的支持，满足不同应用场景的个性化算力需求，并基于软硬协同架构，为应用提供极致性能的云原生算力；基于多云治理和边云协同，打造高效、高可靠的分布式泛在计算平台，并构建包括容器、裸机、虚机、函数等多种形态的统一计算资源；以"应用"为中心打造高效的资源调度和管理平台，为组织提供一键式部署、可感知应用的智能化调度，以及全方位监控与运维能力。

（2）通过最新的 DevSecOps 应用开发模式，实现了应用的敏捷开发，提升业务应用的迭代速度，高效响应用户需求，并保证全流程安全。对于服务的集成提供侵入和非侵入两种模式辅助组织应用架构升级，同时实现新老应用的有机协同，立而不破。

（3）帮助组织管理好数据，快速构建数据运营能力，实现数据的资产化沉淀和价值挖掘，并借助一系列 AI 技术，再次赋能给组织应用，结合数据和 AI 的能力帮助组织实现业务的智能升级。

（4）结合云平台全方位组织级安全服务和安全合规能力，保障组织应用在云上安全构建，业务安全运行。

3.8.2　架构定义

从技术的角度，云原生架构是基于云原生技术的一组架构原则和设计模式的集合，旨在将云应用中的非业务代码部分进行最大化的剥离，从而让云设施接管应用中原有的大量非功能特性（如弹性、韧性、安全、可观测性、灰度等），使业务不再有非功能性业务中断困扰的同时，具备轻量、敏捷、高度自动化的特点。由于云原生是面向"云"而设计的应用，因此，技术部分依赖于传统云计算的 3 层概念，即基础设施即服务（IaaS）、平台即服务（PaaS）和软件即服务（SaaS）。

云原生的代码通常包括三部分：业务代码、三方软件、处理非功能特性的代码。其中"业务代码"指实现业务逻辑的代码；"三方软件"是业务代码中依赖的所有三方库，包括业务库和基础库；"处理非功能特性的代码"指实现高可用、安全、可观测性等非功能性能力的代码。三部分中只有业务代码是核心，是给业务真正带来价值的，另外两个部分都只算附属物。但是，随着软件规模的增大、业务模块规模变大、部署环境增多、分布式复杂性增强等，使得今天的软件构建变得越来越复杂，对开发人员的技能要求也越来越高。云原生架构相比较传统架构进了一大步，从业务代码中剥离大量非功能性特性到 IaaS 和 PaaS 中，从而减少业务代码开发人员的技术关注范围，通过云服务商的专业性提升应用的非功能性能力。具备云原生架构的应用可以最大程度利用云服务和提升软件交付能力，进一步加快软件开发。

1. 代码结构发生巨大变化

云原生架构产生的最大影响就是让开发人员的编程模型发生了巨大变化。今天大部分的编程语言中，都有文件、网络、线程等元素，这些元素为充分利用单机资源带来好处的同时，也提升了分布式编程的复杂性。因此大量框架、产品涌现，来解决分布式环境中的网络调用问题、高可用问题、CPU 争用问题、分布式存储问题等。

在云环境中，"如何获取存储"变成了若干服务，包括对象存储服务、块存储服务和文件存储服务。云不仅改变了开发人员获得这些存储能力的界面，还在于云服务解决了分布式场景中的各种挑战，包括高可用挑战、自动扩缩容挑战、安全挑战、运维升级挑战等，应用的开发人员不用在其代码中处理节点宕机前如何把本地保存的内容同步到远端的问题，也不用处理当业务峰值到来时如何对存储节点进行扩容的问题，而应用的运维人员不用在发现"零日漏洞"（zero-day）安全问题时紧急对三方存储软件进行升级。

云把三方软硬件的能力升级成了服务，开发人员的开发复杂度和运维人员的运维工作量都得到极大降低。显然，如果这样的云服务用得越多，那么开发和运维人员的负担就越少，组织在非核心业务实现上从必须的负担变成了可控支出。在一些开发能力强的组织中，对这些三方软硬件能力的处理往往是交给应用框架（或者说组织内自己的中间件）来做的。在新时代云服务商提供了更全面的服务，使得所有软件组织都可以由此获益。

这些使得业务代码的开发人员技能栈中，不再需要掌握文件及其分布式处理技术，不再需要掌握各种复杂的网络技术，从而让业务开发变得更敏捷、更快速。

2. 非功能性特性大量委托

任何应用都提供两类特性：功能性特性和非功能性特性。功能性特性是真正为业务带来价值的代码，比如建立客户资料、处理订单、支付等。即使是一些通用的业务功能特性，比如组织管理、业务字典管理、搜索等也是紧贴业务需求的。非功能性特性没有给业务带来直接业务价值，但通常又是必不可少的特性，比如高可用能力、容灾能力、安全特性、可运维性、易用性、可测试性、灰度发布能力等。

云计算虽然没有解决所有非功能性问题，但确实有大量非功能性，特别是分布式环境下复杂非功能性问题，被云计算解决了。以大家最头疼的高可用为例，云计算在多个层面为应用提供了解决方案等，如虚拟机、容器和云服务等。

（1）虚拟机。当虚拟机检测到底层硬件发生异常时，自动帮助应用做热迁移，迁移后的应用不需重新启动而仍然具备对外服务的能力，应用本身及其使用用户对整个迁移过程都不会有任何感知。

（2）容器。有时应用所在的物理机是正常的，只是应用自身的问题（比如 bug、资源耗尽等）而无法正常对外提供服务。容器通过监控检查探测到进程状态异常，从而实施异常节点的下线、新节点上线和生产流量的切换等操作，整个过程自动完成而无须运维人员干预。

（3）云服务。如果应用把"有状态"部分都交给了云服务（如缓存、数据库、对象存储等），加上全局对象的持有小型化或具备从磁盘快速重建能力，由于云服务本身是具备极强的高可用能力，那么应用本身会变成更薄的"无状态"应用，高可用故障带来的业务中断会降至分钟级；如果应用是 $N:M$（N 台客户端中的每一台都可以访问到 M 台服务器）的对等架构模式，那么结合负载均衡产品可获得很强的高可用能力。

3. 高度自动化的软件交付

软件一旦开发完成，需要在组织内外部各类环境中部署和交付，以将软件价值交给最终用户。软件交付的困难在于开发环境到生产环境的差异，以及软件交付和运维人员的技能差异，填补这些差异往往需要一大堆安装手册、运维手册和培训文档等。容器以一种标准的方式对软件打包，容器及相关技术则帮助屏蔽不同环境之间的差异，进而基于容器做标准化的软件交付。

对自动化交付而言，还需要一种能够描述不同环境的工具，让软件能够"理解"目标环境、交付内容、配置清单并通过代码去识别目标环境的差异，根据交付内容以"面向终态"的方式完成软件的安装、配置、运行和变更。

基于云原生的自动化软件交付相比较当前的人工软件交付是一个巨大的进步。以微服务为例，应用微服务化以后，往往被部署到成千上万个节点上，如果系统不具备高度的自动化能力，任何一次新业务的上线，都会带来极大的工作量挑战，严重时还会导致业务变更超过上线窗口而不可用。

3.8.3　基本原则

云原生架构本身作为一种架构，也有若干架构原则作为应用架构的核心架构控制面，通过遵从这些架构原则可以让技术主管和架构师在做技术选择时不会出现大的偏差。关于云原生架构原则，立足不同的价值视角或技术方向等有所不同，常见的原则主要包括服务化、弹性、可观测、韧性、所有过程自动化、零信任、架构持续演进等原则。

1. 服务化原则

当代码规模超出小团队的合作范围时，就有必要进行服务化拆分了，包括拆分为微服务架构、小服务（MiniService）架构等，通过服务化架构把不同生命周期的模块分离出来，分别进行业务迭代，避免迭代频繁模块被慢速模块拖慢，从而加快整体的进度和提升系统稳定性。同时服务化架构以面向接口编程，服务内部的功能高度内聚，模块间通过公共功能模块的提取增加软件的复用程度。

分布式环境下的限流降级、熔断隔仓、灰度、反压、零信任安全等，本质上都是基于服务流量（而非网络流量）的控制策略，所以云原生架构强调使用服务化的目的还在于从架构层面抽象化业务模块之间的关系，标准化服务流量的传输，从而帮助业务模块进行基于服务流量的策略控制和治理，不管这些服务是基于什么语言开发的。

2. 弹性原则

大部分系统部署上线需要根据业务量的估算，准备一定规模的各类软硬件资源，从提出采购申请，到供应商洽谈、软硬件资源部署、应用部署、性能压测，往往需要好几个月甚至一年的周期，而这期间如果业务发生了变化，重新调整也非常困难。弹性则是指系统的部署规模可以随着业务量的变化而自动伸缩，无须根据事先的容量规划准备固定的硬件和软件资源。好的弹性能力不仅缩短了从采购到上线的时间，让组织不用关注额外软硬件资源的成本支出（包括闲置成本），降低了组织的 IT 成本，更关键的是当业务规模面临海量突发性扩张的时候，不再因为既有软硬件资源储备不足而"说不"，保障了组织收益。

3. 可观测原则

大部分组织的软件规模都在不断增长，原来单机可以对应用做完所有调试，但在分布式环境下需要对多个主机上的信息做关联，才可能回答清楚服务为什么离线，哪些服务违反了其定义的服务等级目标（Service Level Objective，SLO），目前的故障影响哪些用户，最近这次变更对哪些服务指标带来了影响等问题，这些都要求系统具备更强的可观测能力等。可观测性与监控、业务探活、应用性能检测（Application Performance Monitor，APM）等系统提供的能力不同，可观测性是在云这样的分布式系统中，主动通过日志、链路跟踪和度量等手段，使得一次点击背后的多次服务调用的耗时、返回值和参数都清晰可见，甚至可以下钻到每次三方软件调用、SQL 请求、节点拓扑、网络响应等，这样的能力可以使运维、开发和业务人员实时掌握软件运行情况，并结合多个维度的数据指标，获得关联分析能力，不断对业务健康度和用户体验进行数字化衡量和持续优化。

4. 韧性原则

当业务上线后，最不能接受的就是业务不可用，让用户无法正常使用软件，影响体验和收入。韧性代表了当软件所依赖的软硬件组件出现各种异常时，软件表现出来的抵御能力，这些异常通常包括硬件故障、硬件资源瓶颈（如 CPU/ 网卡带宽耗尽）、业务流量超出软件设计能力、影响机房工作的故障和灾难、软件漏洞（bug）、黑客攻击等对业务不可用带来致命影响的因素。

韧性从多个维度诠释了软件持续提供业务服务的能力，核心目标是提升软件的平均无故障时间（Mean Time Between Failure，MTBF）。从架构设计上，韧性包括服务异步化能力、重试 / 限流 / 降级 / 熔断 / 反压、主从模式、集群模式、AZ（Availability Zones，可用区）内的高可用、单元化、跨 region（区域）容灾、异地多活容灾等。

5. 所有过程自动化原则

技术往往是把"双刃剑"，容器、微服务、DevOps、大量第三方组件的使用等，在降低分布式复杂性和提升迭代速度的同时，因为整体增大了软件技术栈的复杂度和组件规模，所以不可避免地带来了软件交付的复杂性，如果这里控制不当，应用就无法体会到云原生技术的优势。通过 IaC（Infrastructure as Code）、GitOps、OAM（Open Application Model）、Kubernetes Operator 和大量自动化交付工具在 CI/CD 流水线中的实践，一方面标准化组织内部的软件交付过程，另一方面在标准化的基础上进行自动化，通过配置数据自描述和面向终态的交付过程，让自动化工具理解交付目标和环境差异，实现整个软件交付和运维的自动化。

6. 零信任原则

零信任安全针对传统边界安全架构思想进行了重新评估和审视，并对安全架构思路给出了新建议。其核心思想是，默认情况下不应该信任网络内部和外部的任何人 / 设备 / 系统，需要基于认证和授权重构访问控制的信任基础，如 IP 地址、主机、地理位置、所处网络等均不能作为可信的凭证。零信任对访问控制进行了范式上的颠覆，引导安全体系架构从"网络中心化"走向"身份中心化"，其本质诉求是以身份为中心进行访问控制。

零信任第一个核心问题就是身份（Identity），赋予不同的实体不同的身份，解决是谁在什么环境下访问某个具体的资源的问题。在研发、测试和运维等微服务场景下，身份及其相关策略不仅是安全的基础，更是众多（包括资源、服务、环境等）隔离机制的基础；在用户访问组织内部应用的场景下，身份及其相关策略提供了即时的接入服务。

7. 架构持续演进原则

信息技术及其业务应用的演进速度非常快，很少有一开始就清晰定义了架构并在整个软件生命周期里面都适用，相反往往还需要对架构进行一定范围内的重构，因此云原生架构本身也必须是一个具备持续演进能力的架构，而不是一个封闭式架构。除了增量迭代、目标选取等因素外，还需要考虑组织（例如架构控制委员会）层面的架构治理和风险控制，特别是在业务高速迭代情况下的架构、业务、实现平衡关系。云原生架构对于新建应用而言的架构控制策略相对容易选择（通常是选择弹性、敏捷、成本的维度），但对于存量应用向云原生架构迁移，则需要从架构上考虑遗留应用的迁出成本 / 风险和到云上的迁入成本 / 风险，以及技术上通过微服务 / 应用网关、应用集成、适配器、服务网格、数据迁移、在线灰度等应用和流量进行细颗粒度控制。

3.8.4 常用架构模式

云原生架构有非常多的架构模式，不同的组织环境、业务场景和价值定位等，通常采用不同的架构模式，常用的架构模式主要有服务化架构、Mesh 化架构、Serverless、存储计算分离、分布式事务、可观测、事件驱动等。

1. 服务化架构模式

服务化架构是新时代构建云原生应用的标准架构模式，要求以应用模块为颗粒度划分一个软件，以接口契约（例如 IDL）定义彼此业务关系，以标准协议（HTTP、gRPC 等）确保彼此的互联互通，结合领域模型驱动（Domain Driven Design，DDD）、测试驱动开发（Test Driven

Development，TDD）、容器化部署提升每个接口的代码质量和迭代速度。服务化架构的典型模式是微服务和小服务模式，其中小服务可以看作是一组关系非常密切的服务的组合，这组服务会共享数据，小服务模式通常适用于非常大型的软件系统，避免接口的颗粒度太细而导致过多的调用损耗（特别是服务间调用和数据一致性处理）和治理复杂度。

通过服务化架构，把代码模块关系和部署关系进行分离，每个接口可以部署不同数量的实例，单独扩缩容，从而使得整体的部署更经济。此外，由于在进程级实现了模块的分离，每个接口都可以单独升级，从而提升了整体的迭代效率。但也需要注意，服务拆分导致要维护的模块数量增多，如果缺乏服务的自动化能力和治理能力，会让模块管理和组织技能不匹配，反而导致开发和运维效率的降低。

2. Mesh 化架构模式

Mesh（网格）化架构是把中间件框架（如 RPC、缓存、异步消息等）从业务进程中分离，让中间件的软件开发工具包（Software Development Kit，SDK）与业务代码进一步解耦，从而使得中间件升级对业务进程没有影响，甚至迁移到另外一个平台的中间件也对业务透明。分离后在业务进程中只保留很"薄"的 Client 部分，Client 通常很少变化，只负责与 Mesh 进程通信，原来需要在 SDK 中处理的流量控制、安全等逻辑由 Mesh 进程完成。整个架构如图 3-28 所示。

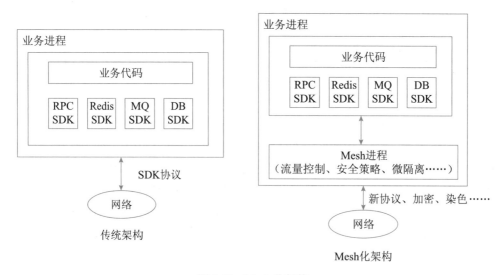

图 3-28　Mesh 化架构

实施 Mesh 化架构后，大量分布式架构模式（如熔断、限流、降级、重试、反压、隔仓等）都由 Mesh 进程完成，即使在业务代码的制品中并没有使用这些三方软件包；同时获得更好的安全性（比如零信任架构能力等），按流量进行动态环境隔离，基于流量做冒烟/回归测试等。

3. Serverless 模式

Serverless（无服务器）将"部署"这个动作从运维中"收走"，使开发者不用关心应用运行地点、操作系统、网络配置、CPU 性能等。从架构抽象上看，当业务流量到来/业务事件发生时，云会启动或调度一个已启动的业务进程进行处理，处理完成后云自动会关闭 / 调度业务进程，等待下一次触发，也就是把应用的整个运行都委托给云。

Serverless 并非适用任何类型的应用，因此架构决策者需要关心应用类型是否适合于 Serverless 运算。如果应用是有状态的，由于 Serverless 的调度不会帮助应用做状态同步，因此云在进行调度时可能导致上下文丢失；如果应用是长时间后台运行的密集型计算任务，会无法发挥 Serverless 的优势；如果应用涉及频繁的外部 I/O（包括网络或者存储，以及服务间调用等），也因为繁重的 I/O 负担、时延大而不适合。Serverless 非常适合于事件驱动的数据计算任务、计算时间短的请求 / 响应应用、没有复杂相互调用的长周期任务。

4. 存储计算分离模式

分布式环境中的 CAP（一致性：Consistency；可用性：Availability；分区容错性：Partition tolerance）困难主要是针对有状态应用，因为无状态应用不存在 C（一致性）这个维度，因此可以获得很好的 A（可用性）和 P（分区容错性），因而获得更好的弹性。在云环境中，推荐把各类暂态数据（如 session）、结构化和非结构化持久数据都采用云服务来保存，从而实现存储计算分离。但仍然有一些状态如果保存到远端缓存，会造成交易性能的明显下降，比如交易会话数据太大、需要不断根据上下文重新获取等，这时可以考虑通过采用时间日志＋快照（或检查点）的方式，实现重启后快速增量恢复服务，减少不可用对业务的影响时长。

5. 分布式事务模式

微服务模式提倡每个服务使用私有的数据源，而不是像单体这样共享数据源，但往往大颗粒度的业务需要访问多个微服务，必然带来分布式事务问题，否则数据就会出现不一致。架构师需要根据不同的场景选择合适的分布式事务模式。

（1）传统采用 XA（eXtended Architecture）模式，虽然具备很强的一致性，但是性能差。

（2）基于消息的最终一致性通常有很高的性能，但是通用性有限。

（3）TCC（Try-Confirm-Cancel）模式完全由应用层来控制事务，事务隔离性可控，也可以做到比较高效；但是对业务的侵入性非常强，设计开发维护等成本很高。

（4）SAGA 模式（指允许建立一致的分布式应用程序的故障管理模式）与 TCC 模式的优缺点类似，但没有 Try 这个阶段，而是每个正向事务都对应一个补偿事务，也使开发维护成本高。

（5）开源项目 SEATA 的 AT 模式非常高性能，无代码开发工作量，且可以自动执行回滚操作，同时也存在一些使用场景限制。

6. 可观测架构

可观测架构包括 Logging、Tracing、Metrics 三个方面。Logging 提供多个级别（verbose/debug/warning/error/fatal）的详细信息跟踪，由应用开发者主动提供；Tracing 提供一个请求从前端到后端的完整调用链路跟踪，对于分布式场景尤其有用；Metrics 则提供对系统量化的多维度度量。

架构决策者需要选择合适的、支持可观测的开源框架（比如 Open Tracing、Open Telemetry 等），并规范上下文的可观测数据规范（例如方法名、用户信息、地理位置、请求参数等），规划这些可观测数据在哪些服务和技术组件中传播，利用日志和 Tracing 信息中的 spanid/traceid，确保进行分布式链路分析时有足够的信息进行快速关联分析。

由于建立可观测性的主要目标是对服务 SLO（Service Level Objective）进行度量，从而优化 SLA（Service Level Agreement，服务级别协议），因此架构设计上需要为各个组件定义清晰的 SLO，包括并发度、耗时、可用时长、容量等。

7. 事件驱动架构

事件驱动架构（Event Driven Architecture，EDA）本质上是一种应用 / 组件间的集成架构模式。事件和传统的消息不同，事件具有 Schema，所以可以校验 Event 的有效性，同时 EDA 具备 QoS 保障机制，也能够对事件处理失败进行响应。事件驱动架构不仅用于（微）服务解耦，还可应用于下面的场景中。

（1）增强服务韧性。由于服务间是异步集成的，也就是下游的任何处理失败甚至宕机都不会被上游感知，自然也就不会对上游带来影响。

（2）命令查询的责任分离（Command Query Responsibility Segregation，CQRS）。把对服务状态有影响的命令用事件来发起，而对服务状态没有影响的查询才使用同步调用的 API 接口；结合 EDA 中的 Event Sourcing 机制可以用于维护数据变更的一致性，当需要重新构建服务状态时，把 EDA 中的事件重新"播放"一遍即可。

（3）数据变化通知。在服务架构下，往往一个服务中的数据发生变化，另外的服务会感兴趣，比如用户订单完成后，积分服务、信用服务等都需要得到事件通知并更新用户积分和信用等级。

（4）构建开放式接口。在 EDA 下，事件的提供者并不用关心有哪些订阅者，不像服务调用——数据的产生者需要知道数据的消费者在哪里并调用它，因此保持了接口的开放性。

（5）事件流处理。应用于大量事件流（而非离散事件）的数据分析场景，典型应用是基于 Kafka 的日志处理。

（6）基于事件触发的响应。在 IoT 时代大量传感器产生的数据，不会像人机交互一样需要等待处理结果的返回，天然适合用 EDA 来构建数据处理应用。

3.8.5　云原生案例

某快递组织作为发展最为迅猛的物流组织之一，一直积极探索技术创新赋能商业增长之路，以期达到降本提效的目的。目前，该组织日订单处理量已达千万量级，亿级别物流轨迹处理量，每天产生的数据已达到 TB 级别，使用 1300+ 个计算结点来实时处理业务。过往该组织的核心业务应用的运行在 IDC 机房，原有 IDC 系统帮助该组织安稳度过早期业务快速发展期。但伴随着业务体量的指数级增长，业务形式愈发多元化。原有系统暴露出不少问题，传统 IOE 架构、各系统架构的不规范、稳定性、研发效率都限制了业务高速发展的可能。软件交付周期过长，大促保障对资源的特殊要求难实现、系统稳定性难以保障等业务问题逐渐暴露。在与某云服务商进行多次需求沟通与技术验证后，该组织最终确定云原生技术和架构实现核心业务搬迁上云。

1. 解决方案

该组织核心业务系统原架构基于 VMware+Oracle 数据库进行搭建。随着搬迁上云，架构全面转型为基于 Kubernetes 的云原生架构体系。其中，引入云原生数据库并完成应用基于容器的微服务改造是整个应用服务架构重构的关键点。

（1）引入云原生数据库。通过引入 OLTP 跟 OLAP 型数据库，将在线数据与离线分析逻辑拆分到两种数据库中，改变此前完全依赖 Oracle 数据库的现状。满足在处理历史数据查询场景下 Oracle 数据库所支持实际业务需求的不足。

（2）应用容器化。伴随着容器化技术的引进，通过应用容器化有效解决了环境不一致的问题，确保应用在开发、测试、生产环境的一致性。与虚拟机相比，容器化提供了效率与速度的双重提升，让应用更适合微服务场景，有效提升产研效率。

（3）微服务改造。由于过往很多业务是基于 Oracle 的存储过程及触发器完成的，系统间的服务依赖也需要 Oracle 数据库 OGG（Oracle Golden Gate）同步完成。这样带来的问题就是系统维护难度高且稳定性差。通过引入 Kubernetes 的服务发现，组建微服务解决方案，将业务按业务域进行拆分，让整个系统更易于维护。

2. 架构确立

综合考虑实际业务需求与技术特征，该组织确定的上云架构如图 3-29 所示。

图 3-29　某快递组织核心业务上云架构示意图

1）基础设施

全部计算资源取自某云服务商上的裸金属服务器。相较于一般云服务器（ECS），Kubernetes 搭配服务器能够获得更优性能及更合理的资源利用率。且云上资源按需取量，对于拥有大型促销活动等短期大流量业务场景的某快递组织而言极为重要。相较于线下自建机房、常备机器云上资源随取随用。在大型促销活动结束后，云上资源使用完毕后即可释放，管理与采购成本更低。

2）流量接入

云服务商提供两套流量接入，一套是面向公网请求，另外一套是服务内部调用。域名解析采用云 DNS 及 PrivateZone。借助 Kubernetes 的 Ingress 能力实现统一的域名转发，以节省公网 SLB 的数量，提高运维管理效率。

3）平台层

基于 Kubernetes 打造的云原生 PaaS 平台优势明显突出，主要包括：

- 打通 DevOps 闭环，统一测试、集成、预发、生产环境；
- 天生资源隔离，机器资源利用率高；
- 流量接入可实现精细化管理；
- 集成了日志、链路诊断、Metrics 平台；
- 统一 APIServer 接口和扩展，支持多云及混合云部署。

4）应用服务层

每个应用都在 Kubernetes 上面创建一个单独的 Namespace，应用和应用之间实现资源隔离。通过定义各个应用的配置 YAML 模板，当应用在部署时直接编辑其中的镜像版本即可快速完成版本升级，当需要回滚时直接在本地启动历史版本的镜像快速回滚。

5）运维管理

线上 Kubernetes 集群采用云服务商托管版容器服务，免去了运维 Master 结点的工作，只需要制定 Worker 结点上线及下线流程即可。同时业务系统均通过阿里云的 PaaS 平台完成业务日志搜索，按照业务需求投交扩容任务，系统自动完成扩容操作，降低了直接操作 Kubernetes 集群带来的业务风险。

3. 应用效益

该组织通过云原生架构的使用，其应用效益主要体现在成本、稳定性、效率、赋能业务等方面。

（1）成本方面。使用公有云作为计算平台，可以让组织不必因为业务突发性的增长需求，而一次性投入大量资金成本用于采购服务器及扩充机柜。在公共云上可以做到随用随付，对于一些创新业务想做技术调研十分便捷。用完即释放，按量付费。另外，云产品都免运维自行托管在云端，有效节省人工运维成本，让组织更专注于核心业务。

（2）稳定性方面。云上产品提供至少 5 个 9（99.999%）以上的 SLA 服务确保系统稳定，通常比自建系统稳定性高很多。在数据安全方面，云上数据可以轻松实现异地备份，云服务商数据存储体系下的归档存储产品具备高可靠、低成本、安全性、存储无限等特点，让组织数据更安全。

（3）效率方面。借助于云产品的深度集成，研发人员可以完成一站式研发与运维工作。从业务需求立项及开发到回归验证，再到发布测试及布署上线，整个集成活动耗时可缩短至分钟级。排查问题方面，研发人员直接选择所负责的应用，并通过集成的 SLS 日志控制台快速检索程序的异常日志，进行问题定位，免去了登录机器查日志的麻烦。

（4）赋能业务方面。云服务商提供超过 300 种的云上组件，组件涵盖计算、AI、大数据、IoT 等诸多领域。研发人员开箱即用，有效节省业务创新带来的技术成本。

3.9　本章练习

1. 选择题

（1）_____处于信息系统体系架构总体框架中的第三层。

　　A. 战略系统　　　　B. 业务系统　　　　C. 应用系统　　　　D. 信息基础设施

参考答案：D

（2）安全架构的三道防线不包括_____。

　　A. 系统安全架构　　　　　　　　B. 安全技术体系架构

　　C. 审计架构　　　　　　　　　　D. 物理架构

参考答案：D

（3）云原生的代码通常包括_____。

　　A. 业务代码、服务软件和处理非功能特性的代码

　　B. 业务代码、服务软件和处理功能性特性的代码

　　C. 业务代码、三方软件和处理非功能特性的代码

　　D. 业务代码、三方软件和处理功能性特性的代码

参考答案：C

（4）广域网在网络规模较小时，广域网可仅由_____组成。

　　A. 骨干网和分布网　　　　　　　B. 骨干网和接入网

　　C. 分布网和接入网　　　　　　　D. 分布网和数据网

参考答案：B

（5）软件定义网络（SDN）的整体架构由下到上分为_____。

　　A. 应用平面、数据平面、控制平面

　　B. 控制平面、应用平面、数据平面

　　C. 应用平面、控制平面、数据平面

　　D. 数据平面、控制平面、应用平面

参考答案：D

2. 思考题

（1）请简述信息系统体系架构总体参考框架四个构成部分的作用。

（2）请简述数据架构的设计原则。

（3）请简述云原生架构常见原则。

参考答案：略

第 4 章　信息系统治理

4.1　IT 治理基础

IT 治理是描述组织采用有效的机制，对信息技术和数据资源开发利用，平衡信息化发展和数字化转型过程中的风险，确保实现组织的战略目标的过程。

1. IT 治理的驱动因素

组织信息系统建设和运行需要制定总体规划，但制定 IT 资源统一规划存在很多问题：①信息系统应用已有相当的基础，但多年来分散开发或引进的信息系统形成了许多"信息孤岛"，缺乏共享的、网络化的信息资源，系统集成难题一直无法解决；②信息资源整合目标空泛，没有整合"信息孤岛"的措施，数据中心建设和数据集中管理等规划缺乏可操作性，尤其是缺少数据标准化建设方面的规划。这些问题的出现，表明组织在 IT 资源方面没有做到有效统一规划，如何解决这些问题成为组织发展的一个重要课题。

IT 资产作为组织资产的重要组成部分，IT 治理自然就是组织治理结构中不可分割的一部分。IT 治理是指组织在开发利用信息技术的过程中，为鼓励组织所期望的组织行为而明确决策权归属和责任担当的框架，其目标是通过 IT 治理的决策权和责任影响组织所期望的行为。随着时代的发展，数字特征成为组织发展的一项关键特征，组织的高质量发展对 IT 的依赖性越来越强，IT 治理对组织愈发重要，为确保 IT 治理有效，组织高层管理者需要投入越来越多的时间和精力。

随着组织在 IT 方面的投资越来越大，组织的 IT 战略要与组织战略相一致，才能确保组织核心竞争力的建设与保持。要尽可能地保持开放性和长远性，以确保系统的稳定性和延续性。要认真分析组织的战略与 IT 支撑之间的影响度，并合理预测环境变化可能给组织战略带来的偏移，在规划时留有适当的余地。组织目标变化太快，很难保证 IT 与组织目标始终保持一致，因此需要多方面的协调，保证 IT 治理继续沿着正确的方向走，这也是 IT 投资者真正关心的问题。IT 治理要从组织目标和数字战略中抽取信息需求和功能需求，形成总体的 IT 治理框架和系统整体模型，为进一步进行系统设计和实施奠定基础，保证信息技术开发应用符合持续变化的业务目标。

高质量的 IT 治理能够使组织的 IT 管理和应用决策与组织期望的行为和业务目标相一致，这就需要组织 IT 治理对组织 IT 发展进行科学规划并确保其有效实施。驱动组织开展高质量 IT 治理的因素包括：①良好的 IT 治理能够确保组织 IT 投资的有效性；② IT 属于知识高度密集型领域，其价值发挥的弹性较大；③ IT 已经融入组织管理、运行、生产和交付等领域，成为各领域高质量发展的重要基础；④信息技术的发展演进以及新兴信息技术的引入，可为组织提供大量新的发展空间和业务机会等；⑤IT 治理能够推动组织充分理解 IT 价值，从而促进 IT 价值挖掘和融合利用；⑥IT 价值不仅仅取决于好的技术，也需要良好的价值管理，及场景化的业务融合应用；⑦高级管理层的管理幅度有限，无法深入 IT 每项管理中，需要采用明确责权和清晰管理的方式确保 IT 价值；⑧成熟度较高的组织以不同的方式治理 IT，获得了领域或行业领先的业务发展效果。

IT 治理的内涵主要体现在 5 个方面：①IT 治理作为组织上层管理的有机组成部分，由组织治理层或高级管理层负责，从组织全局的高度对组织信息化与数字化转型做出制度安排，体现了治理层和高级管理层对信息相关活动的关注；②IT 治理强调数字目标与组织战略目标保持一致，通过对 IT 的综合开发利用，为组织战略规划提供技术或控制方面的支持，以保证相关建设能够真正落实并贯彻组织业务战略和目标；③IT 治理保护利益相关者的权益，对风险进行有效管理，合理利用 IT 资源，平衡成本和收益，确保信息系统应用有效、及时地满足需求，并获得期望的收益，增强组织的核心竞争力；④IT 治理是一种制度和机制，主要涉及管理和制衡信息系统与业务战略匹配、信息系统建设投资、信息系统安全和信息系统绩效评价等方面的内容；⑤IT 治理的组成部分包括管理层、组织结构、制度、流程、人员、技术等多个方面，共同构建完善的 IT 治理架构，以实现数字战略和支持组织的目标。

2. IT 治理的目标价值

组织治理驱动和调整 IT 治理。同时，IT 治理能够提供关键的输入，成为战略计划的重要组成部分，它是组织治理的一个重要功能。IT 治理将帮助组织建立以组织战略为导向、以实现 IT 与业务匹配为重心、以价值交付为成果、以绩效管理为控制手段的 IT 管理体制，正确定位 IT 团队在整个组织中的作用，最终能够针对不同的业务发展要求，统一规划 IT 资源、整合信息资源、有效规避风险、制定并执行组织发展战略。IT 治理就是要明确有关 IT 决策权的归属机制和有关 IT 责任的承担机制，以鼓励 IT 应用的期望行为产生，以联接战略目标、业务目标和 IT 目标，从而使组织从 IT 中获得最大的价值。组织实施 IT 治理的使命通常包括：保持 IT 与业务目标一致，推动业务发展，促使收益最大化，合理利用 IT 资源，恰当理清与 IT 相关的风险等。IT 治理的主要目标包括：与业务目标保持一致、有效利用信息与数据资源、风险管理。

（1）与业务目标保持一致。IT 治理要从组织目标和数字战略中抽取信息与数据需求和功能需求，形成总体的 IT 治理框架和系统整体模型，为进一步进行系统设计和实施奠定基础，保证信息技术开发应用符合持续变化的业务目标。

（2）有效利用信息与数据资源。目前，信息系统工程超期、IT 客户的需求没有得到满足、IT 平台不支持业务应用、数据开发利用效能与价值不高、信息技术与业务发展融合深度不够等问题突出，通过 IT 治理对信息与数据资源的管理职责进行有效管理，保证投资的回收，并支持决策。

（3）风险管理。由于组织越来越依赖于信息网络、信息系统和数据资源等，新的风险不断涌现，例如，新出现的技术没有进行管理，不符合现有法律和规章制度，没有识别对 IT 服务的威胁等。IT 治理重视风险管理，通过制定信息与数据资源的保护级别，强调对关键的信息与数据资源实施有效监控和事件处理。

3. IT 治理的管理层次

IT 治理要保证总体战略目标能够自上而下贯彻执行，治理层主要集中在最高管理层（如董事会）和执行管理层。然而，由于 IT 治理的复杂性和专业性，治理层必须依赖组织的基层来提供决策和评估所需要的信息。基层依据组织总体目标采用相关的原则，提供评估业绩的衡量方法。因此，好的 IT 治理实践需要在组织全部范围内推行。其管理层次大致可分为三层：最高管理层、执行管理层、业务与服务执行层。

最高管理层的主要职责包括：证实 IT 战略与业务战略一致；证实通过明确的期望和衡量手段交付 IT 价值；指导 IT 战略、平衡支持组织当前和未来发展的投资；指导信息和数据资源的分配。执行管理层的主要职责包括：制定 IT 的目标；分析新技术的机遇和风险；建设关键过程与核心竞争力；分配责任、定义规程、衡量业绩；管理风险和获得可靠保证等。业务与服务执行层的主要职责包括：信息和数据服务的提供和支持；IT 基础设施的建设和维护；IT 需求的提出和响应。

4.2　IT 治理体系

IT 治理用于描述组织在信息化建设和数字化转型的过程中是否采用有效的机制使得信息技术开发利用能够完成组织赋予它的使命。IT 治理的核心关注 IT 定位和信息化建设与数字化转型的责权划分。IT 治理体系的构成如图 4-1 所示，具体包括 IT 定位（IT 应用的期望行为与业务目标一致）、IT 组织架构（业务和 IT 在治理委员会中的构成、组织 IT 与各分支机构的 IT 权责边界等）、IT 治理内容（决策、投资、风险、绩效和管理等）、IT 治理流程（统筹、评估、指导、监督）、IT 治理效果（内外评价）等。

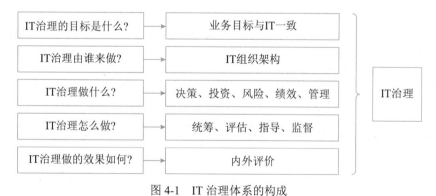

图 4-1　IT 治理体系的构成

1. IT 治理关键决策

有效的 IT 治理必须关注 5 项关键决策，如图 4-2 所示，包括 IT 原则、IT 架构、IT 基础设施、业务应用需求、IT 投资和优先顺序。IT 原则驱动着 IT 整体架构的形成，而 IT 整体架构又决定了基础设施，这种基础设施所确定的能力又决定着基于业务需求的应用的构建，最后，IT 投资和优先顺序必须为 IT 原则、整体架构、基础设施和应用需求所驱动。然而，这些决策中又有独特问题，即 IT 治理需要确定每个决策由谁来负责输入，以及由谁来负责做出决策。

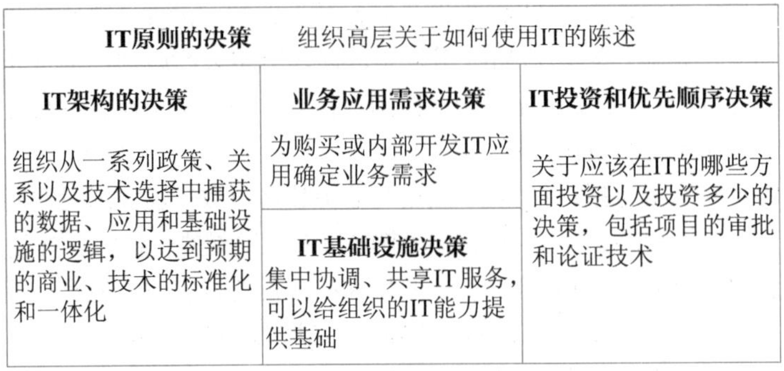

IT原则的决策	组织高层关于如何使用IT的陈述	
IT架构的决策 组织从一系列政策、关系以及技术选择中捕获的数据、应用和基础设施的逻辑，以达到预期的商业、技术的标准化和一体化	**业务应用需求决策** 为购买或内部开发IT应用确定业务需求	**IT投资和优先顺序决策** 关于应该在IT的哪些方面投资以及投资多少的决策，包括项目的审批和论证技术
	IT基础设施决策 集中协调、共享IT服务，可以给组织的IT能力提供基础	

图 4-2　关键的 IT 治理决策

IT 决策过程中，需要关注各类关键问题，如表 4-1 所示。

表 4-1　IT 决策的关键问题

关键决策	关键问题
IT 原则	组织的运行模型是什么？IT 在业务中的角色是什么？IT 期望行为是什么？如何投资 IT
IT 架构	组织的核心业务流程是什么？它们之间有什么样的关系？哪些信息在驱动着这些核心流程？数据必须如何整合？哪些技术性能应当在组织范围内得到标准化，以支持 IT 效率，方便流程标准化和整合？哪些行为应当在组织范围内标准化以支持数据整合？哪些技术选择能够指引组织找到实施 IT 新计划的方法
IT 基础设施	哪些基础设施对实现组织的战略目标来说是最关键的？对于每个能力集，哪些基础设施服务应该在组织级实现，这些服务的水平需求是什么？应当如何定价基础设施服务？如何保持基础技术的不断更新？哪些基础设施服务应当外包
业务应用需求	新业务应用的市场和业务流程机会是什么？如何设计实验以评估业务应用成功与否？如何在架构标准上满足业务需求？应当在什么时候将一个业务需求从例外转换为标准？谁拥有每个项目的成果并且发起组织变革以确保其价值
IT 投资和优先顺序	哪些流程变革或者强化对组织来说在战略上是最为重要的？当前的以及在提议中的 IT 投资组合是如何分配的？这些投资组合同组织的战略目标一致吗？组织级的投资与业务单位的投资哪个更重要，实际投资情况会影响它们的相对重要性吗

2. IT 治理体系框架

IT 治理体系框架是实现组织 IT 治理的有效保障，缺乏良好的 IT 治理体系框架，IT 治理的过程将会变得盲目和无序。IT 治理体系框架以组织的战略目标为导向，架起了组织战略与 IT 的桥梁，实现了 IT 风险的全面管理以及 IT 资源的合理利用。IT 治理体系框架具体包括 IT 战略目标、IT 治理组织、IT 治理机制、IT 治理域、IT 治理标准和 IT 绩效目标等部分，形成了一整套 IT 治理运行闭环，如图 4-3 所示。

（1）IT 战略目标。为实现 IT 价值和目标，使组织从 IT 投入中获得最大收益，而针对 IT 与业务关系、IT 决策、IT 资源利用、IT 风险控制等方面制定的目标。

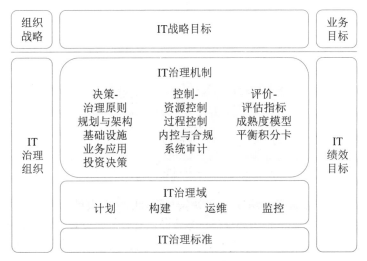

图 4-3　IT 治理体系框架

（2）IT 治理组织。界定组织中各相关主体在各自方面的治理范围、责权划分及其相互关系的准则，它的核心是治理组织（如 IT 治理委员会等）的设置和权限的划分，各治理组织职权的分配以及各机构间的相互协调，它的强弱直接影响治理的效率和效能，对 IT 治理效率起着决定性的作用。

（3）IT 治理机制。IT 治理机制是 IT 治理决策机制、执行机制、风险控制机制、协调机制的综合体，各机制之间是相辅相成、相互促进的关系。有效的决策机制能保障 IT 决策与组织的业绩目标和战略目标相匹配；有效的执行机制能保证 IT 治理的良好运作；有效的风险控制机制能降低 IT 活动的风险，实现信息技术开发利用的价值效益；有效的协调机制能有力地发挥 IT治理的协调效应。

（4）IT 治理域。IT 治理域是在 IT 治理的规则之下，对组织 IT 资源进行整合与配置，根据IT 目标所采取的行动，以科学、规范的做法交付面向业务的高质量 IT 服务，确保信息化"高效做事情"、数字化"敏捷做决策"。其内容包括 IT 信息系统的计划、构建、运维与监控等。

（5）IT 治理标准。IT 治理标准包括 IT 治理基本规范、IT 治理实施参照、IT 治理评价体系和 IT 治理审计方法等方面，它是组织实施 IT 治理的最佳实践和对标依据。

（6）IT 绩效目标。IT 绩效目标关注 IT 价值的实现，评价 IT 规划与 IT 构建过程中是否满足业务需求以及构建过程中工期、成本、质量是否达到目标。

3. IT 治理核心内容

IT 治理本质上关心：①实现 IT 的业务价值；② IT 风险的规避。前者是通过 IT 与业务战略匹配来实现的，后者通过在组织内部建立相关职责来实现。两者都需要相关资源的支持，并对其绩效进行有效度量。IT 治理的核心内容包括 6 个方面，即组织职责、战略匹配、资源管理、价值交付、风险管理和绩效管理，如图 4-4 所示。

图 4-4　IT 治理核心内容

（1）组织职责。组织职责指组织参与 IT 决策与管理的所有人员的集合，明确组织信息部门和业务部门之间的关系和责任，正确划分信息系统的所有者、建设者、管理者和监控者。

（2）战略匹配。IT 治理的一个重要内容是使组织的 IT 建设与组织战略相匹配，也就是通常所说的"战略匹配"。而战略匹配是 IT 为组织贡献业务价值的重要驱动力。

（3）资源管理。资源管理的主要功能是确保用户对组织的应用系统和基础设施都有良好的理解和应用，优化 IT 投资、IT 资源（人、应用系统、信息、基础设施）的分配，做好人员的培训、发展计划，以满足组织的业务需求。

（4）价值交付。通过对 IT 项目全生命周期的管理，确保 IT 能够按照组织战略实现预期的业务价值。重点是对整个交付周期成本的控制和 IT 业务价值的实现，使 IT 项目能够在预算时间、成本范围内，按预定的质量要求完成。价值交互就是创造业务价值。

（5）风险管理。风险管理是 IT 治理中非常重要的内容。风险管理是确保 IT 资产的安全和灾难的恢复、组织信息资源的安全，以及人员的隐私安全。风险管理就是保护业务价值。

（6）绩效管理。没有绩效管理，IT 治理中任何一个域都不可能有效地进行管理。绩效管理主要是追踪和监视 IT 战略、IT 项目的实施、信息资源的使用、IT 服务的提供，以及业务流程的绩效。绩效管理所采用的工具（如平衡计分卡）可以将组织的战略目标转化成各个职能部门或团队具体的业务活动的目标，从而保证组织战略目标的实现。

4. IT 治理机制相关经验

建立 IT 治理机制的原则包括：①简单，机制应该明确地定义特定个人和团体所承担的责任和目标；②透明，有效的机制依赖于正式的程序，对于那些被治理决策所影响或是想要挑战治理决策的人来说，机制如何工作是需要非常清晰的；③适合，机制鼓励那些处于最佳位置的个人去制定特定的决策。

影响力高且具有挑战性的 IT 治理机制如表 4-2 所示。

IT 治理可以从众多最佳实践中学习的经验主要包括：

（1）IT 指导委员会要吸纳有才干的业务经理，使之负责组织范围的 IT 治理决策，并在 IT 原则中加入严格的成本控制。

表 4-2　影响力高且具有挑战性的 IT 治理机制

机制	目标	期望行为	不期望行为
执行层和高级管理委员会	对业务（包括 IT）的整体观念	整合 IT 的无缝管理	IT 被忽略
架构委员会	明确战略技术和标准是否被执行	业务驱动的 IT 决策制定	IT 限制和延迟
有 IT 人员参与的流程团队	有效地运用 IT 视角	端对端的流程管理	功能性技能的停滞和分散的 IT 基础设施
资金投资批准和预算	把 IT 看作另一种业务投资	对于不同投资类型的不同方法	分析瘫痪小项目，避开了正式批准
服务级别协议	对于 IT 服务的详细说明和衡量	专业的供应和需求	管理服务级别协议而不是业务需求
费用分摊机制	从业务中补偿 IT 成本	IT 的可靠应用	关于收费和歪曲的需求的争论
IT 业务价值的正式追踪	衡量 IT 投资，并通常运用平衡计分卡计算其对业务价值的贡献	使目标、利益和成本透明化	将 IT 同其他资产相分离，只关注资金流，而不关注价值

（2）谨慎管理组织的 IT 架构和业务架构，以降低业务成本。

（3）设计严格的架构例外处理流程，使昂贵的例外最小化，并可以从中不断学习。

（4）建立集中化的 IT 团队，用以管理基础设施、架构和共享服务。

（5）应用连接 IT 投资和业务需求的流程，既可以增加透明度，又可以权衡中心和各运营部门或团队的需求。

（6）设计需要对 IT 投资进行集中协作和核准的 IT 投资流程。

（7）设计简单的费用分摊和服务级别协议机制，以明确分配 IT 开支。

4.3　IT 治理任务

组织的 IT 治理活动定义为统筹、评估、指导和监督。统筹现在和未来的 IT 战略和组织规划、管理和绩效的实施计划、策略；评估信息技术应用与服务创新解决方案及措施等的有效性；指导 IT 管理实施、绩效考评、风险控制和业务创新；监督 IT 与业务的一致性、符合性及 IT 应用的合规性。组织开展 IT 治理活动的主要任务聚焦在如下 5 个方面：

（1）全局统筹。统筹规划 IT 治理的目标范围、技术环境、发展趋势和人员责权。组织需要适应当前信息环境和未来发展趋势，保证利益相关者理解和接受 IT 的战略、目标和发展方向。组织需要把 IT 治理作为组织治理的组成部分，建立 IT 治理组织，并明确组织负责人对 IT 治理工作负责。组织还需要关注 IT 发展的规划、实施、检查和改进全过程，重点包括：①制定满足可持续发展的 IT 蓝图；②实施科学决策、集约管理的策略，实现横向的业务集成和纵向的业务管控，通过内外部的监督，确保 IT 与业务的一致性和适用性；③建立适应内外部信息环境变化的持续改进和创新机制。

（2）价值导向。价值导向包括基于实现有效收益、确保预期收益清晰理解、明确实现收益的问责机制。组织需要建立 IT 投资的价值框架，确保在可承担成本和可接受风险水平的基础上，实现 IT 的战略目标。确保 IT 治理符合组织治理的价值导向、明确战略投资方向以及由投资产生的 IT 服务、资产和其他资源。组织需要建立价值递送规则，确保利益相关者明确相应的权利和义务。这包括：①认可信息技术、信息系统和数据在组织中的价值；②识别投资目录，并以相应的方式进行评估和管理；③对关键指标进行设定和监督，并对变化和偏差做出及时回应；④权衡实施成本与预期效益，并随组织内外部环境的变化及时调整。

（3）机制保障。组织应对自身 IT 发展进行有效管控，保证 IT 需求与实现的协调发展，并使 IT 安全和风险得到有效识别、管理、防范和处置。组织需要建立适合组织特点的机制保障方法，满足疏漏互补、协同发展、监督改进和安全风险可控的原则，避免扭曲决策目标方向。组织需要明确管理责任，明晰上下左右权力关系，落实责任制和各项措施。组织可以根据相关法律法规、行业管理和上级监管机构发布的规范文件要求，制定本组织的信息技术治理制度并实施。重点聚焦在：①指导建立规范过程管理和痕迹管理，并向利益相关者公开质量设定举措；②评审 IT 管理体系的适宜性、充分性和有效性；③审计 IT 的完整性、有效性和合规性；④监督由审计和管理评审提出的改进内容的实施。

（4）创新发展。创新发展指利用 IT 创新开拓业务领域、提升管理水平、改进质量、绩效和降低成本，确保实现战略目标的灵活性和对环境变化的适应性。组织需要通过建立围绕知识资产的创新体系，支撑组织的技术进步、管理提升和业务模式变革。组织可以持续保持管理团队的创造技能，并指导培养各级成员的发问、观察、交际和实验能力。组织可以建立支持创新的人员、技术、制度、资金、风险、文化和市场需求的机制体系，包括：①创造基于业务团队与 IT 团队的深度沟通以及对内外部环境感知和学习的技术创新环境；②确保技术发展、管理创新、模式革新的协调联动；③对组织创新能力进行评估，并对关键创新要素进行分析和评价；④通过促进和创新有效抵御风险，并确保创新是组织文化的组成部分。

（5）文化助推。文化助推指组织与利益相关者沟通 IT 治理的目标、策略和职责，营造积极向上、沟通包容的组织文化。组织需要引导组织人员适应 IT 建设所带来的变革，遵循道德和职业规范，端正态度和规范行为。组织可以要求各级管理层把符合信息技术战略发展的文化建设作为其职责的一部分。按照文化营造、实施和改进的生命周期，保障利益相关者的沟通和透明，包括：①建立与 IT 发展相适应的组织文化发展策略；②营造包括知识、技术、管理、情操在内的积极向上的文化氛围；③根据组织内部环境的变化，评估并改进组织文化的管理。

4.4　IT 治理方法与标准

考虑到 IT 治理对组织战略目标达成的重要性，国内外各类机构持续研究并沉淀 IT 治理相关的最佳实践方法、定义相关标准，其中比较典型的是我国信息技术服务标准（Information Technology Service Standard，ITSS）库中的 IT 治理系列标准、信息和技术治理框架（COBIT）以及 IT 治理国际标准（ISO/IEC 38500）等。

1. ITSS 中的 IT 服务治理

我国 IT 治理标准化研究是围绕 IT 治理研究范畴，为 IT 过程、IT 资源、信息与组织战略、组织目标的连接提供了一种机制。通过指导、实施、管理和评价等过程，确保 IT 支持并拓展组织的战略和目标。在 IT 治理目标和边界确定的情况下，IT 治理围绕决策体系、责任归属、管理流程、内外评价 4 个方面，通过相关框架体系的研究，规范和引导组织的 IT 治理完成"做什么""如何做""怎么样""如何评价"等问题，如图 4-5 所示。

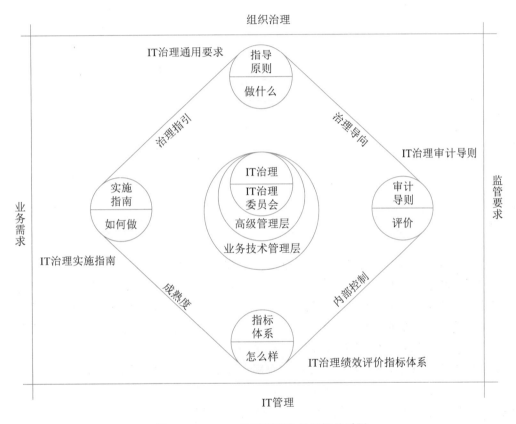

图 4-5　ITSS-IT 治理标准化的逻辑关系图

1）IT 治理通用要求

GB/T 34960.1《信息技术服务 治理 第 1 部分：通用要求》规定了 IT 治理的模型和框架、实施 IT 治理的原则，以及开展 IT 顶层设计、管理体系和资源的治理要求。该标准可用于：①建立组织的 IT 治理体系，并实施自我评价；②开展信息技术审计；③研发、选择和评价 IT 治理相关的软件或解决方案；④第三方对组织的 IT 治理能力进行评价。各级信息化主管部门可根据法律法规、部门规章的要求，使用该标准对所管辖各类组织的 IT 治理提出要求，并进行评估、指导和监督。

该标准定义的 IT 治理模型包含治理的内外部要求、治理主体、治理方法，以及信息技术及其应用的管理体系，如图 4-6 所示。

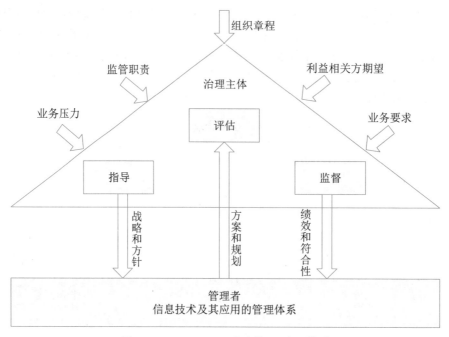

图 4-6   GB/T 34960.1 定义的 IT 治理模型

治理主体以组织章程、监管职责、利益相关方期望、业务压力和业务要求为驱动力，建立评估、指导、监督的治理过程并明确任务。治理主体通过信息技术战略和方针，指导管理者对信息技术及其应用的管理体系进行完善，并对信息技术相关的方案和规划进行评估，对信息技术应用的绩效和符合性进行监督。组织结合治理原则和模型，在 IT 治理实施的过程中开展自我监督、自我评估和审计工作，并持续改进。

该标准定义的 IT 治理框架包含信息技术顶层设计、管理体系和资源三大治理域，每个治理域由若干治理要素组成，如图 4-7 所示。顶层设计治理域包含信息技术的战略，以及支撑战略的组织和架构；管理体系治理域包含信息技术相关的质量管理、项目管理、投资管理、服务管理、业务连续性管理、信息安全管理、风险管理、供方管理、资产管理和其他管理；资源治理域包含信息技术相关的基础设施、应用系统和数据。

2）IT 治理实施指南

GB/T 34960.2《信息技术服务 治理 第 2 部分：实施指南》提出了 IT 治理通用要求的实施指南，分析了实施 IT 治理的环境因素，规定了 IT 治理的实施框架、实施环境和实施过程，并明确顶层设计治理、管理体系治理和资源治理的实施要求。该标准适用于：①建立组织的 IT 治理实施框架，明确实施方法和过程；②组织内部开展 IT 治理的实施；③ IT 治理相关软件或解决方案实施落地的指导；④第三方开展 IT 治理评价的指导。

IT 治理实施框架包括治理的实施环境、实施过程和治理域，如图 4-8 所示。实施环境包括

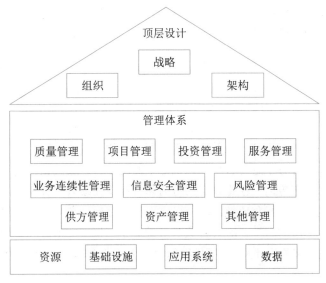

图 4-7　GB/T 34960.1 定义的 IT 治理框架

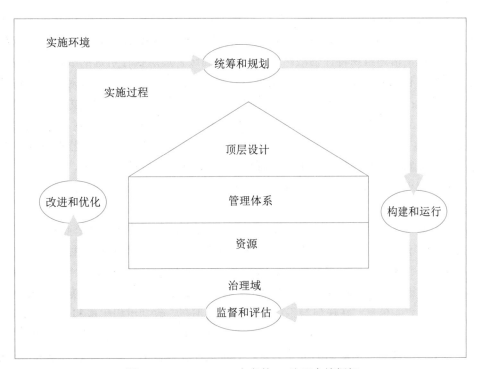

图 4-8　GB/T 34960.2 定义的 IT 治理实施框架

组织的内外部环境和促成因素。实施过程规定了 IT 治理实施的方法论，包括统筹和规划、构建和运行、监督和评估、改进和优化。治理域定义了 IT 治理对象，包括顶层设计、管理体系和资源。顶层设计包括战略、组织和架构；管理体系包括质量管理、项目管理、投资管理、服务管理、业务连续性管理、信息安全管理、风险管理、供方管理、资产管理和其他管理；资源包括基础设施、应用系统和数据。组织可以结合实施环境的分析，按照实施过程，以治理域为对象，开展 IT 治理实施。

2. 信息和技术治理框架

COBIT 是面向整个组织的信息和技术治理及管理框架，由成立于 1969 年的国际信息系统审计协会（ISACA）组织设计并编制。COBIT 对治理和管理进行了明确区分，这两个学科涵盖不同的活动，需要不同的组织结构，并服务于不同的目的。具体区别为：①治理确保对利益干系人的需求、条件和选择方案进行评估，以确定全面均衡、达成共识的组织目标；通过确定优先等级和制定决策来设定方向；根据议定的方向和目标监控绩效与合规性。②管理是指按治理设定的方向计划、构建、运行和监控活动，以实现组织目标。在大多数组织中，管理是首席执行官领导下的高级管理层的职责。ISACA 设计并编制了《框架：治理和管理目标》《设计指南：信息和技术治理解决方案的设计》，主要供组织信息和技术治理（EGIT）、鉴证、风险和安全专业人员作为学习资料使用。

1）治理和管理目标

COBIT 介绍了 40 项核心治理和管理目标，以及其中包含的流程和其他相关组件。COBIT 核心模型如图 4-9 所示。在 COBIT 中治理目标被列入评估、指导和监控（EDM）领域，在这个领域，治理组织将评估战略方案、指导高级管理层执行所选的战略方案并监督战略的实施。管理目标分为 4 个领域：①调整、规划和组织（APO）领域针对 IT 的整体组织、战略和支持活动；②内部构建、外部采购和实施（BAI）领域针对 IT 解决方案的定义、采购和实施以及它们到业务流程的整合；③交付、服务和支持（DSS）领域针对 IT 服务的运营交付和支持，包括安全；④监控、评价和评估（MEA）领域针对 IT 的性能监控及其与内部性能目标、内部控制目标和外部要求的一致程度。治理目标与治理流程有关，而管理目标与管理流程有关。治理流程通常由董事会和执行管理层负责，而管理流程则在高级和中级管理层的职责范围内。

为满足治理和管理目标，每个组织都需要建立、定制和维护由多个组件构成的治理系统，如图 4-10 所示。治理系统的组件包括：①流程。流程描述了一组为实现某种目标而安排有序的实践和活动，并生成了一组支持实现整体 IT 相关目标的输出内容。②组织结构。组织结构是组织的主要决策实体。③原则、政策和程序。原则、政策和程序用于将理想行为转化为日常管理的实用指南。④信息。在任何组织中，信息无处不在，包括组织生成和使用的全部信息。COBIT 侧重于有效运转组织治理系统所需的信息。⑤文化、道德和行为。个人和组织的文化、道德和行为作为治理和管理活动的成功因素，其价值往往被低估。⑥人员、技能和胜任能力。人员、技能和胜任能力对做出正确决策、采取纠正行动和成功完成所有活动而言是必不可少的。⑦服务、基础设施和应用程序。服务、基础设施和应用程序包括为组织提供 IT 治理系统的基础设施、技术和应用程序。

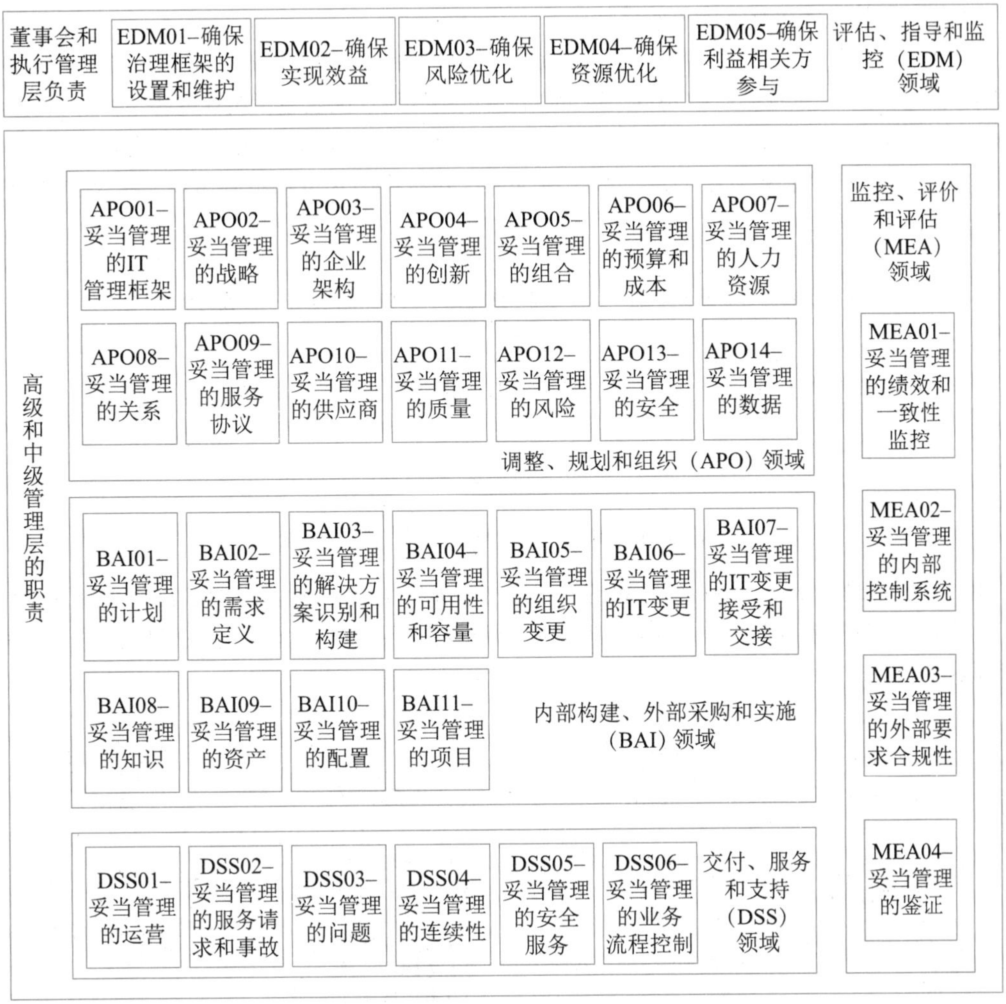

董事会和执行管理层负责
EDM01–确保治理框架的设置和维护
EDM02–确保实现效益
EDM03–确保风险优化
EDM04–确保资源优化
EDM05–确保利益相关方参与
评估、指导和监控（EDM）领域
高级和中级管理层的职责
APO01–妥当管理的IT管理框架
APO02–妥当管理的战略
APO03–妥当管理的企业架构
APO04–妥当管理的创新
APO05–妥当管理的组合
APO06–妥当管理的预算和成本
APO07–妥当管理的人力资源
APO08–妥当管理的关系
APO09–妥当管理的服务协议
APO10–妥当管理的供应商
APO11–妥当管理的质量
APO12–妥当管理的风险
APO13–妥当管理的安全
APO14–妥当管理的数据
调整、规划和组织（APO）领域
BAI01–妥当管理的计划
BAI02–妥当管理的需求定义
BAI03–妥当管理的解决方案识别和构建
BAI04–妥当管理的可用性和容量
BAI05–妥当管理的组织变更
BAI06–妥当管理的IT变更
BAI07–妥当管理的IT变更接受和交接
BAI08–妥当管理的知识
BAI09–妥当管理的资产
BAI10–妥当管理的配置
BAI11–妥当管理的项目
内部构建、外部采购和实施（BAI）领域
DSS01–妥当管理的运营
DSS02–妥当管理的服务请求和事故
DSS03–妥当管理的问题
DSS04–妥当管理的连续性
DSS05–妥当管理的安全服务
DSS06–妥当管理的业务流程控制
交付、服务和支持（DSS）领域
监控、评价和评估（MEA）领域
MEA01–妥当管理的绩效和一致性监控
MEA02–妥当管理的内部控制系统
MEA03–妥当管理的外部要求合规性
MEA04–妥当管理的鉴证

图 4-9　COBIT 核心模型

流程
组织结构
原则
政策
程序
信息
文化
道德
行为
人员、技能和胜任能力
服务
基础设施
应用程序
治理系统

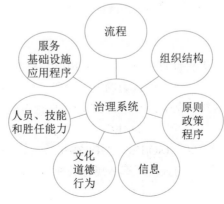

图 4-10　COBIT 治理系统组件

2）信息和技术治理解决方案的设计

COBIT 设计指南描述了组织如何设计量身定制的组织 IT 治理解决方案。高效和有效的 IT 治理系统是创造价值的起点。COBIT 定义的 IT 治理系统设计因素包括组织战略、组织目标、风险概况、IT 相关问题、威胁环境、合规性要求、IT 角色、IT 采购模式、IT 实施方法、技术采用战略、组织规模和未来因素，如图 4-11 所示。这些设计因素可能影响组织治理系统的设计，为成功使用 IT 奠定基础。

图 4-11   COBIT 定义的 IT 治理系统设计因素

组织开展治理系统设计通过流程化的方式进行，如图 4-12 所示，COBIT 给出了建议设计流程：①了解组织环境和战略；②确定治理系统的初步范围；③优化治理系统范围；④最终确定治理系统的设计。

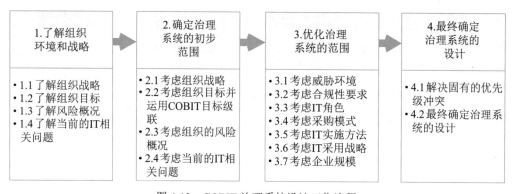

图 4-12   COBIT 治理系统设计工作流程

3. IT 治理国际标准

2008 年 4 月，ISO/IEC 正式发布 IT 治理标准 ISO/IEC 38500，它的出台不仅标志着 IT 治理从概念模糊的探讨阶段进入了一个正确认识的发展阶段，而且也标志着信息化正式进入 IT 治理时代。这一标准促使国内外一直争论不休的 IT 治理理论得到统一，也促使我国在引导信息化科学方面发挥重要作用。 2014 年，ISO/IEC 发布了第二版的 ISO/IEC FDIS 38500，替换了 2008 年第一版的 ISO/IEC 38500。ISO/IEC FDIS 38500：2014 提供了 IT 良好治理的原则、定义和模式，以帮助最高级别组织的人员理解和履行其在组织内使用 IT 方面的法律、法规和道德义务。

该标准为组织的治理组织（可包括所有者、董事、合伙人、执行经理或类似机构）的成员提供了关于在其组织内有效、高效和可接受地使用信息技术（IT）的指导原则。具体包括：①责任。组织内的个人和团体理解并接受他们在 IT 的供应和需求方面的责任。那些负有行动责任的人也有权执行这些行动。②战略。组织的业务战略考虑到 IT 的当前和未来的能力；使用 IT 的计划满足了组织业务战略的当前和持续的需求。③收购。IT 收购是出于正当的理由，在适当和持续的分析基础上，有明确和透明的决策。在短期和长期内，在利益、机会、成本和风险之间都存在着适当的平衡。④性能。IT 适合于支持组织，提供满足当前和未来业务需求所需的服务、服务水平和服务质量。⑤一致性。IT 的使用符合所有强制性法律和法规。政策和实践有明确的定义、实施和执行。⑥人的行为。IT 团队的政策、实践和决策表明了对人的行为的尊重，包括所有"在这个过程中的人"的当前和不断发展的需求。

4.5 IT 治理的 EDM

治理组织可以通过评估（Evaluate）、指导（Direct）、监视（Monitor）三个方面来治理 IT，简称 EDM。在使用 EDM 的过程中，需要借鉴和使用 ISO 38500 给出的 IT 治理的 6 个原则，即职责分工、IT 支持组织发展、可获得性、可用性、合规性、以人为本。EDM 的具体过程如下：

（1）评估现在和将来对 IT 的利用情况。

治理组织应该检查和评判当前和将来对 IT 的利用情况，包括策略、建议和供给安排（不管是内部、外部，还是两者都有）。

在评估 IT 的使用时，治理组织应该考虑业务的内外部压力，如技术的变更、经济和社会的发展以及政治影响等。随着压力的变化，可以持续进行评估。治理组织还应该考虑现在和将来的业务需求，当前和将来的组织必须达到的目标（如维持竞争优势）以及正在评估中的战略或意图的特定目标。

（2）对策略和方针的相关准备事项和实施进行指导，以保证 IT 的使用是符合业务目标的。

治理组织应该对策略和方针的准备和实施工作进行职责安排，并对其工作予以指导。策略设定了 IT 项目和 IT 运作的投资方向，方针确定了应用 IT 的行为规则。

治理组织应该保证从项目转到日程运作经过了计划和管理，并考虑对业务和现有 IT 系统及基础设施运作习惯的影响。应该通过要求管理者提供及时的信息、符合组织的指导以及符合良好治理的 6 项原则，来鼓励组织内良好 IT 治理的文化。

如果需要，治理组织应该指导所提交的建议方案的批准工作，以处理已识别的要求。

（3）监视方针的符合性，以及对应计划的实际绩效。

领导者应该通过合适的测量体系监视 IT 的绩效，同时还要确保 IT 符合外部义务（法律、法规以及合同）和内部实际工作的要求。

表 4-3 给出了 EDM 在责任、策略、采购、绩效、符合性和人员行为 6 个方面的最佳实践活动。

表 4-3 EDM 最佳实践（例）

方面	E（评估）	D（指导）	M（监视）
责任	治理组织按照职责分配方案进行聘雇，在评估方案时，领导者应该设法确保有效、高效和可以接受，以此为依据去使用和交付 IT，以支持当前和未来的业务目标。治理组织还要对 IT 决策人员的能力进行评估，一般来说，这些人员应该是业务管理人员，负责组织的业务目标和绩效	治理组织对 IT 职责的执行进行控制，确保按照安排执行，同时还要确保相关人员获得了履行其职责所需的信息	①IT 治理机制是否得到了建立；②相关人员接受和理解了他们的职责；③有 IT 治理职责的人员（如指导委员会的人员或向治理组织提交建议的人员）的绩效情况
策略	治理组织对 IT 和业务过程的开发进行评估，以确保 IT 为将来的业务需求提供支持。在考虑策略和方针时，要评估 IT 相关活动，以确保其在不断变化的环境下与组织的目标相一致，并考虑更好的实现方式以及其他关键利益相关方的要求。治理组织应该确保 IT 的使用按照标准的建议方式进行了风险评价和评估	治理组织对策划和方针的准备和适用情况进行审查，以确保组织从 IT 开发中获益，同时还应该鼓励对 IT 适用的创新性建议，使得组织可以应对新的机会或挑战、承担新的业务或改进过程	治理组织对 IT 方案的进展情况进行监视，以保证其利用了所分配的资源，并在要求的时间内达到目标。治理组织应该监视 IT 的使用情况，以保证其达到预期的收益
采购	治理组织对已批准的 IT 实现方案进行评价，平衡风险和成本效益的投资建议	治理组织对 IT 资产（系统和基础设施）进行管理，包括准备合适的文件，以确保提供所需的容量；还要对资源需求（包括内部和外部的资源需求）情况进行审查，以支持组织的业务要求；治理组织应指导他们的组织和供应商开发一个共同理解的关于 IT 采购的组织意图	治理组织监视 IT 投资情况，以保证其提供了所需的功能，领导者还要对组织和供应商进行监视，确保在做出任何 IT 采购决策时能够满足 IT 维护需求
绩效	①评估管理者所建议的计划方案，以保证 IT 具备支持业务所需的能力和容量；②评估由 IT 活动所带来的业务持续运营风险；③评估风险和对 IT 资产的保护；④评估相关决策；⑤定期评估组织 IT 治理的有效性和绩效	治理组织按照商定的优先级和预算，分配足够的资源，以保证 IT 满足组织的要求，同时应该保障 IT 对业务的支持	治理组织应该监视 IT 对业务的支持程度，以及所分配的资源和预算优先次序与业务目标吻合的程度，同时监视方针的正确性程度，如数据的准确性和 IT 利用的效率等
符合性	治理组织对 IT 满足法律法规、合同、内部方针、标准和专业指南的程度进行定期评估，也要对其 IT 治理体系的符合性进行定期评估	治理组织负有指导职责，需要建立定期和例行机制以保证 IT 的使用符合内部方针、标准和指南；对方针的建立和推行进行指导，以保证组织的 IT 使用符合其内部义务；对 IT 员工遵循专业行为和开发指南进行指导；确保所有 IT 相关活动合乎伦理道德	治理组织应该通过合适的报告和审计活动，监视 IT 的符合性和一致性；同时监视 IT 活动，包括资产和数据的废弃，以保证环境、隐私、战略知识管理、组织私有技术和其他相关义务得到满足

方面	E（评估）	D（指导）	M（监视）
人员行为	治理组织应该评估 IT 相关活动，以确保对人员行为进行了识别和适当考虑	治理组织应该确保 IT 活动与识别的人员行为的一致性，对任何人在任何时间报告或识别的风险、机会、问题和关心事项进行管理，风险管控措施应该与已发布的策略和程序保持一致，并延伸到相关决策者	治理组织应该监视 IT 活动，以确保已识别的人员行为是正确的，并且已引起适当注意，同时，对实际工作方式进行监视，以确保其与合理使用 IT 的一致性

4.6　IT 治理关键域

IT 治理框架包含信息技术三个治理关键域，分别是顶层设计、管理体系和资源，每个治理域由若干治理要素组成。

4.6.1　顶层设计

围绕组织 IT 整体与统筹部分，相关治理包括信息技术的战略，以及支撑战略的组织和架构。

1. 战略

组织战略是组织高质量发展的总体谋略，是组织相关方就其发展达成一致认识的重要基础。组织战略是指组织针对其发展进行的全局性、长远性、纲领性目标的策划和选择，即组织为适应当前和未来的环境变化，对业务部署、运行管理和高质量发展做出的全局性、长远性、纲领性目标的策划和选择。组织战略体现了组织的使命、愿景和价值观，反映了管理者对于行动、环境和业绩之间关键联系的理解，它是组织策划具体行动计划的起点。

IT 战略是业务战略的有机组成部分，它定义出 IT 的目标、发展思路、愿景蓝图、建设和运维、管理策略等，对实现组织业务创新和管理提升具有重要意义。建立 IT 战略与业务战略统一的机制，保证业务战略目标实现，是 IT 治理的核心目标之一。

战略为组织如何在不断变化的环境和激烈的竞争挑战中生存并不断发展指明了方向，明确了组织当前和未来有可能出现的各种条件，确定了其发展目标以及实现该目标的路径、方式和方法。

1）战略目标

战略目标是组织在一定的战略期内总体发展的总水平和总任务。它决定了组织在该战略期间的总体发展的主要行动方向，是组织战略的核心。组织的战略目标是多元化的，包含经济性目标和非经济性目标，也包含定量目标和定性目标。战略目标的制定要明确对象和时间范围，定量和定性相结合，短、中、长期目标衔接并协调好。不同类型的组织，其战略目标的组成和覆盖领域不同。

2）战略类型

组织当前的发展成熟度水平、不同周期期望达到的目标以及组织外部环境变化等因素都会影响组织战略的制定和选择。常见的组织总体战略类型主要包括：

- 发展型战略。发展型战略是指组织从现有战略基础水平上向更高一级的目标发展的战略。组织可根据其战略定位和实际情况选择不同的发展型战略。
- 稳定型战略。稳定型战略是指组织由于其运行环境和内部条件的限制，在整个战略期内基本保持战略起点的运行绩效范围和水平的一种战略。这是一种风险相对较低的战略。当组织较为满意过去的运行绩效和方法，选择延续基本相同的产品和服务时，可以采取这类战略。
- 紧缩型战略。紧缩型战略是指组织从当前战略运行领域和基础水平收缩和撤退，与战略起点偏离较大的一种运行战略。紧缩型战略是一种消极的发展战略，一般作为短期性的过渡战略。
- 其他类型战略。组织的总体战略还包括复合型战略、联盟战略、成本领先战略、差异化战略、集中化战略等。

3）战略特性

组织战略通常具备的特性包括：

- 全局性。组织战略作为组织发展的蓝图，从全局性角度确定了组织的战略目标，规范和指导其运行管理活动。
- 长远性。组织战略着眼于组织的未来，从长远利益出发，通过判断和选择对未来发展做出正确的决策。
- 纲领性。组织战略是组织运行的行动纲领。它指明了组织总体的长远目标、发展方向、经营重点、前进道路，以及基本的行动方针、重大措施和基本步骤。
- 指导性。组织战略规定了一定时期内组织的基本发展目标，以及实现该战略目标的路线和途径，引导并激励员工为实现目标而奋斗。
- 竞争性。通过制定和实施适合组织的有效战略，采取获得竞争优势、提升服务对象满意度、提高工作效率等行动和措施，从而在社会发展中保持核心竞争力。
- 风险性。组织战略是通过当前信息分析，对未来做出的一种预测性决策。由于组织面临的实际环境是复杂多变的，组织自身条件也在不断变化，因此组织战略具有不确定性和风险性。
- 相对稳定性。组织战略是长远的规划，实现战略目标需要比较长的时间，因此要保持相对稳定。但如果组织的内外环境发生了重大变化，组织的战略也应进行调整和修正。

4）创新和改进

在不同的生存和发展阶段，组织会对其目标、实力和环境有不同的认识和反应，因此组织战略必须具备动态适应性。组织需要进行战略回顾和创新分析，分析和回顾战略实施是否存在偏差，是否需要进行调整或创新。在分析和回顾战略实施过程中进行创新和改进的要素主要包括：

- 内外部发展环境对战略规划的影响，包括客户和用户需求、技术或监管环境等。
- 在业务增长、发展趋势等方面的预测及其与实际的差异。
- 提升业务增长和盈利的措施。
- 竞争优势和发展水平分析及改进措施。
- 风险分析及改进措施。
- 战略绩效管理体系和人力资源系统的整合优化。

2. 组织

组织需要建立 IT 治理实施的机制和机构，确保治理团队、机构和人员能力满足 IT 治理的需求。IT 治理机制包括授权机制、决策机制和沟通机制；IT 治理机构包括信息技术战略委员会、信息技术管理和服务机构、业务部门、风险管理部门、审计监督部门等。

现代组织的信息化是一个长期持续的过程，必须有一个专门的机构负责与信息化相关的诸多事宜，并且能够不断完善该职能，以适应组织在不同发展阶段的不同需要。IT 部门自身的组织建设在整个 IT 工作日常运作和战略规划中起着重要作用，它的合理与否直接影响组织 IT 战略的发展，IT 部门的组织结构对 IT 的影响远远大于我们所说的硬件、软件，IT 组织的建设影响着组织未来 IT 战略的发展方向和速度，不仅如此，IT 部门的组织结构对于我们正确地分析和判断自己组织 IT 工作的现状，并合理地把握 IT 的战略发展方向也有非常重要的意义。

从 IT 治理这个层面来理解 IT 组织，它绝对不能简单地等同为组织的信息部门、信息中心、信息管理中心等独立的机构，而是指组织中参与 IT 决策与管理的所有人员的集合，需要明确组织定位。

组织定位应包括有清晰的使命、愿景和目标，有明确的价值观和组织文化来帮助组织实现战略要点，并能够向组织的内外部传达清晰的定位。组织定位还应包括对业务单元的定位战略。所谓业务单元定位战略，是指组织或组织的分支机构在决定进入某行业和领域、生产什么产品或提供何种服务方面所做出的长远性的谋划与方略。业务单元定位战略实质上是行业或领域中的产品或服务定位战略，也就是在行业或领域定位之后，所做出的产品定位决策或服务定位决策。

1）组织愿景

组织愿景是在汇集组织每个员工个人心愿的基础上形成的全体员工共同心愿的美好愿景，描述了组织发展的目的和对如何到达那里的理性认知。组织愿景是组织制定战略不可或缺的因素，指明了组织的前进方向、组织未来的业务形态、发展和塑造组织形象所确定的战略道路。一个明确的愿景表明了管理者对上级机构或股东的承诺，以及对所有员工的激励。愿景的制定和传达需要注意：

- 要明确说明组织的定位，清晰地表达组织目标，避免笼统宽泛的陈述。愿景要能让管理者对组织的发展方向有清晰明确的认识，有利于管理者设计战略和对未来发展做充足准备。明确的愿景能为管理部门决策和资源配置提供指向性，便于各级部门确定部门使命，制定部门目标体系以及与组织发展战略协同一致的部门职能战略。

- 表述应尽量鲜明和形象化，使其可靠且易于传达。具有传达力的愿景能够引人入胜，赢得组织成员的支持，激励员工为实现目标而努力。

2）组织使命

组织使命是管理者为组织确定的较长时期的业务发展的总方向、总目的、总特征和总的指导思想，描述了组织所处的社会价值范畴、当前的业务和宗旨。组织使命是组织的生存基石和存在理由宣言，体现了组织的宗旨、核心价值观和未来方向。其陈述通常涵盖的要素包括：

- 产品或服务。组织提供的主要产品或服务是什么。
- 客户和服务对象。组织服务的客户和服务对象群体是哪些，他们在哪里。
- 行业或领域。组织提供产品和服务的行业或领域是哪些，在什么地方。
- 公众形象。组织试图营造什么样的形象；对社会、社区和环境承担了哪些责任。
- 自我认知。什么是组织的独特能力和主要竞争优势。此外，组织在生存、增长和盈利、价值观、技术、员工等方面的目标也可以纳入使命的陈述。

3）组织文化

组织文化是组织发展过程中凸显的精神特质与内涵，是组织区别于其他组织的关键因素。组织文化是组织最为本质的体现之一，是组织发展的原动力。优秀的组织文化是组织战略制定的重要条件，组织文化支撑战略的执行。由于组织文化是组织发展过程中形成的内部的共同价值观，具有鲜明的组织特色，因此组织战略需要建立在共同价值观基础上，这样更能发挥组织成员的集体合力，使其易于实现。组织要实现战略目标必须有优秀的组织文化来支撑和引领，打造形象和品牌，树立信誉，从而提升竞争力。

组织文化有两个基本特征：①组织文化具有浓厚的文化属性和良好的执行性。组织文化确立了组织的核心价值观、道德准则、运行管理理念、组织宗旨和组织精神等思想层面的内容。在共同的价值观的引导下，组织各项工作朝着统一的发展方向开展。②组织文化提出了组织发展涉及的制度、行为等措施，如员工管理方法、员工互动方式、激励机制等，为日常工作提供了具体的实践方法。

3. 架构

一般认为IT规划分为三个与层面，即IT战略、组织架构与IT项目，三部分是相互依托、相互促进的，其中架构是核心。与业务战略相匹配的IT战略明确了信息化的远景目标，与业务战略以及业务流程和组织架构相匹配的IT架构是连接业务战略、IT战略与IT项目的桥梁。

IT治理组织应指导、评估和监督信息技术架构，以确保支撑信息技术战略目标的实现。具体包括：

- 指导信息技术架构的建立，并对规划、设计、实施、服务等过程进行评估和监督。
- 评估信息技术发展内外部环境的变化，并对信息技术架构进行持续改进。
- 建立与信息技术架构相适应的管理体系，并进行评估和持续改进。

组织建立的信息技术架构要与组织战略目标、IT治理目标保持一致，满足信息技术战略的目标和要求，同时满足功能集成、信息集成及数据共享等应用需求。信息技术架构管理机制能够满足 IT 治理战略规划的要求，同时能够评估架构设计的合理性、先进性和开放性。

4.6.2　管理体系

综合时间、空间等各个维度，管理体系要素中主要包括质量管理、项目管理、投资管理、服务管理、业务连续性管理、信息安全管理、风险管理、供方管理、资产管理以及其他管理。

1. 质量管理

组织需要建立信息技术服务及产品质量管理体系，明确治理管理的职责和权限、提供资源保障并持续改进和优化。

质量是产品、服务或成果的一系列内在特征满足需求的程度。质量包括满足客户明示的或隐含的需求的能力。保持关注过程和成果的质量，过程和成果要符合项目目标，并与干系人提出的需求、用途和验收标准保持一致。

质量不仅与项目成果有关，也与生成项目成果的项目方法和活动有关。在关注项目成果质量的同时，也需要对项目活动和过程进行评估。因此，质量管理更加关注过程的质量，侧重于在过程中提前发现和预防错误及缺陷的发生，帮助项目团队确保以最适当的方式交付符合要求的成果，达到客户和干系人的要求，并使资源最小化、目标最大化，具体要实现以下目标：①快速交付成果；②尽早识别缺陷并采取预防措施，避免或减少返工和报废。

2. 项目管理

组织需要建立项目管理机制，制订项目计划，确定项目范围，建立成本、进度和质量的控制机制，建立和维护项目管理的流程和方法，统计分析项目的完成情况，并评估绩效。

3. 投资管理

组织需要根据投资目标和规划，合理安排资金投放结构，科学确定投资项目，建立投资的拟订方案、可行性论证、方案决策、投资计划编制、投资计划实施、投资项目到期处置等制度。

IT 项目管理的失败有很多并不是项目管控本身不利造成的，有的是在项目需求管理和投资决策阶段就埋下了失败的祸根，有的则是驾驭不了多个并行的项目。考虑到这些问题，IT 投资治理需要重点关注以下几个方面的问题：业务需求治理不足、IT 决策流程缺乏管控、IT 项目排序不科学。这些难题有以下几个解决思路：一是对业务需求进行科学治理；二是建立合理的项目投资决策机制和流程；第三个是技术层面的问题，利用多项目管理的技术为需求排序，同时管理多个并行的项目。

4. 服务管理

组织要建立信息技术的服务管理机制，控制服务实施的风险，提升服务管理能力，并定期评价服务绩效。

IT 服务管理是通过主动管理和流程的持续改进来确保 IT 服务交付有效且高效的一组活动。IT 服务管理由若干不同的活动组成：服务台、事件管理、问题管理、变更管理、配置管理、发布管理、服务级别管理、财务管理、容量管理、服务连续性管理和可用性管理。

5. 业务连续性管理

组织要建立业务连续性管理框架，包括业务连续性管理程序、程序维护和评审、连续性恢复后评价，并把业务连续性植入组织文化。

服务连续性管理是一组与组织持续提供服务的能力相关的活动，主要是在发生自然或人为灾难时继续保持服务有效性的活动。服务连续性管理包括业务连续性管理框架、应急管理与灾难恢复。

6. 信息安全管理

组织要制定信息安全管理目标、方针和策略，建立信息安全组织并明确责任，制定信息安全管理制度，定期开展信息安全培训，确保制度落实。

信息安全是指信息的保密性、完整性和可用性的保持。构建信息安全保障体系必须从安全的各个方面进行综合考虑，将技术、管理、策略、工程过程等方面紧密结合，尤其要调动高级管理人员的积极性，协调业务部门和 IT 部门的关系，建立合理的信息安全治理结构与流程。

所谓信息安全治理，是指最高管理层用来监督管理层在信息安全战略上的过程、架构及业务的关系，以确保信息安全战略与组织的业务目标一致。它不同于信息安全管理。信息安全管理是提供管理程序、技术和保证措施，使业务管理者确信业务交易的可信性；确保信息技术服务的可用性，能适当地防御不正当操作、蓄意攻击或者自然灾害，并从这些故障中尽快恢复；确保拒绝未经授权的访问。信息安全管理的目标是组织信息及信息系统的安全运营，确定 IT 目标以及实现此目标所采取的行动。

信息安全治理是一种基础制度安排。如果缺乏健全的制度安排，不可能有很好的信息安全管理。同样，没有有效的信息安全管理，单纯的治理机制也只能是一个美好的蓝图，而缺乏实际的内容。

建立一个有效的信息安全体系首先要建立在良好的信息安全治理的基础上，其次要制定出相关的管理策略和管理体系，然后才是考虑产品安全。没有完善的治理体系和管理体系，仅有安全技术，决不能真正带来期望中的信息安全。就目前我国信息化建设的现状而言，无论是信息安全治理，还是信息安全管理，都是我们迫切需要健全的。

7. 风险管理

组织要建立信息技术风险管理机制，制定信息技术风险管理原则、目标和策略，建立管理制度和组织，明确责任人、角色和职责，识别、分析、评价、处置信息技术风险，提升风险应对能力，确保风险降低到组织可接受的程度。

很多组织及其管理者似乎总是缺少适当方法来应对信息技术风险。首先，是没有广泛地考虑风险；其次，没有工具去发现风险；第三，缺乏一套恰当的流程指引来处置风险；第四，未定义清晰风险生命周期及风险层级；第五，缺乏风险识别的氛围、意识及能力。

有些机构总是把风险管理看成"负面思维"，认为那些从事风险管理的人多虑、胆小，甚至是缺乏领袖气质的人。那些喜好"打垮或者打破（规则）"的管理者则被看成是有特质的领袖——真是一种奇怪的偏见！而真正的事实是，即使是赌徒，每天也要面对着风险回报这样的挑战。他们必须明白为了将来的回报，有些风险是必须承担的。对于风险，要认清以下几点：

- 你只有认识它，才能打败它。
- 没有风险，就没有收获。
- 没有痛苦，就没有财富。
- 风险的另一面是机会。

风险是伴随着整个生命周期的，在整个生命周期里应该设计一套流程来识别、评估、监控和报告风险。

8. 供方管理

组织要建立供方管理机制，明确供方管理的职责、流程和方法，建立供方评估机制，保护组织的商业秘密和知识产权，以及组织所涉及的个人隐私。

不管愿意还是不愿意，组织都免不了要与 IT 供应商发生联系。在信息化整个生命周期中，组织都越来越依赖于外部供应商，从需求分析到系统选型，再到项目实施乃至最后的运行维护，IT 供应商始终与组织如影随形。尤其在核心竞争力理论的指导下，"把包括 IT 在内的不能直接创造价值的部分外包出去"成为了许多组织的选择，外部供应商逐步成了组织 IT 管理的延续，在组织获得便利的同时也不得不面对供应商选择、评估、管理带来的风险。因此有一种说法，IT 供应商的选择就像人的婚姻，是一辈子的事情，需要特别谨慎和小心。

在供应商与组织的合作过程中，随着力量对比的变化，双方地位也随之改变，组织的治理结构和控制措施也应随之改变。为了避免组织与供应商关系"过山车"般的变化，组织应该加强治理结构的建设，在与供应商合作的过程中明确双方的认知和期望，明确双方的权利和约束，提高实现双赢的可能性。

9. 资产管理

组织要建立信息技术资产应用、资产财务、资产有效性的管理体系，并对管理内容进行关联。

所谓信息资产，是指一种在资产负债表之外，经过逐渐积累的，可以被用来提升机构竞争优势的信息。信息资产与其他类型的资产相比，有些相似的地方，也有些不同的地方。持有这两种资产的人都可以用这些资产获得交付价值和利益。但是同其他类型的资产不同，信息资产可以在没有成本的情况下复制，这也是信息资产难题的开始。有价值的实物资产一般都会保存在可以保障物理安全的地点，也可以把它们锁起来，无论从技术上还是从财务上看，做到这一点都不困难。

另一方面，同实物资产相比，信息资产显得非常分散，每份文档、文件和数据存储设施都可能是信息资产的一部分，而且文档很容易被复制（这也确实是人们正常工作的需要）。信息资产是很多业务流程的重要输入物和产出物。

10. 其他管理

信息技术管理体系中还包括其他方面，例如变更管理、预算管理、需求管理、绩效管理等，组织在实施治理时，同样需要根据相关标准结合组织战略制定相应的管理策略、机制和方法。

4.6.3 资源

资源管理的主要功能是确保用户对组织的应用系统和基础设施都有良好的理解和应用，优化 IT 投资、IT 资源（人、应用系统、信息、基础设施）的分配，做好人员的培训、发展计划，以满足组织的业务需求。

1. 基础设施

组织需要制定信息技术基础设施的规划，建立基础设施建设、采购、实施和运维机制，制定基础设施管理策略和方法。组织需要识别实现组织的战略目标的关键基础设施，识别需要在组织级实现的基础设施以及与之匹配的服务水平需求；建立基础设施服务定价的机制；建立基础设施的持续改进更新以及基础设施外包制度。

2. 应用系统

组织需要建立信息技术应用系统设计、开发、变更和测试的保障机制，保证功能、性能和安全等满足要求。

3. 数据

组织需要明确数据治理框架，建立数据治理机制和管理机制，完善数据治理的生命周期。数据的良好治理有助于治理组织确保在整个组织中使用数据，并对组织的绩效做出积极的贡献。数据的良好治理也有助于治理组织确保遵守与数据的可接受使用和处理有关的义务。

4.7 本章练习

1. 选择题

（1）_____不属于 IT 治理的管理层次。

    A. 作业层   B. 最高管理层   C. 执行管理层   D. 业务与服务执行层

参考答案：A

（2）_____不属于 IT 治理的三大主要目标。

    A. 与业务目标保持一致   B. 质量控制

    C. 有效利用信息与数据资源   D. 风险管理

参考答案：B

（3）_____不属于 IT 治理的内容。

    A. 投资   B. 业务   C. 绩效   D. 标准

参考答案：B

（4）《信息技术服务 治理 第 1 部分：通用要求》标准不适用于_____。

    A. 建立组织的 IT 治理体系并实施自我评价

    B. 组织的人力资源治理及供应链治理

    C. 研发、选择和评价 IT 治理相关的软件或解决方案

D. 开展信息技术审计

参考答案: B

（5）IT 治理实施框架中，_____不是 IT 治理域定义的 IT 治理对象。

    A. 顶层设计　　　B. 管理体系　　　　C. 资源　　　　　　D. 实施环境

参考答案: D

2. 思考题

（1）请简述 IT 治理的核心内容包括的 6 个方面。

（2）请简述有效的 IT 治理必须关注的 5 项关键决策。

参考答案：略

第 5 章　信息技术服务管理

按照 GB/T 29264《信息技术服务 分类与代码》的定义，信息技术服务是指组织为客户提供开发、应用信息技术的服务，以及组织以信息技术为手段提供支持客户业务活动的服务，包括信息技术咨询服务、设计与开发服务、信息系统集成实施服务、运行维护服务、数据处理和存储服务等。

随着以 5G、人工智能、物联网、大数据为代表的新一代信息技术的不断涌现，信息技术服务管理面临技术架构日趋复杂、管理规模日渐增大、业务需求快速迭代等新挑战。信息技术服务管理作为支持组织运作、实现组织目标的重要手段，其质量与水平直接影响组织的生存与发展。如何提高信息技术服务管理水平，增加信息系统投资回报率，降低信息系统运营风险，保障业务正常、稳定、高效地运行，逐渐成为组织决策者关注的焦点。

5.1　IT 服务基础特征

经过多年发展，我国信息技术服务产业已逐渐壮大。目前，在政府、行业协会等产业规则制定者和监督者的指导下，由咨询服务商、系统集成商、信息技术服务提供商、外包服务商、评测认证机构、信息技术监理机构、培训服务商、电信运营商等共同组成了有监管、成体系、市场化的信息技术服务生态圈，共同为个人消费者、企业、公共事业及政府等客户提供全方位的信息技术服务。信息技术服务是随着信息技术的发展和信息技术在各行业的深入应用而产生的一种新兴业态，是信息技术与服务的结合，其既具有传统服务的特征，又具有信息技术的独特特征。

5.1.1　服务的特征

服务是一种通过提供必要的手段和方法，满足服务接受者需求的过程，其外延是指具备服务本质的一切服务，例如餐饮服务、零售服务、IT 服务等。服务的特征主要包括无形性、不可分离性、可变性和不可存储性。

1. 无形性

无形性指服务在很大程度上是抽象的和无形的。需方在购买之前一般无法看到、感觉到或触摸到，例如理发、听音乐会、到海边度假等。这一特性使得服务不容易向需方展示或沟通交流，因此需方难以评估其质量。

2. 不可分离性

不可分离性也叫同步性，指生产和消费是同时进行的，如照相、理发等。这一特征表明，需方只有参与到服务的生产过程中，才能享受到服务。这一特性决定了服务质量管理对服务供方的重要性。其服务的态度、水平直接决定了需方对该项服务的满意度。因此，服务人员的筛选、培训和报酬标准等，对实现高标准的服务质量至关重要。

3. 可变性

可变性也叫异质性，指服务的质量水平会受到相当多因素的影响，因此会经常变化。服务以人为中心，由于人与人的文化、修养、技术水平等存在差异，同一服务的品质会因操作者不同而不同；即使是同一操作者，由于时间、地点与心态的变化，服务质量也会随之变化。

4. 不可存储性

不可存储性指服务无法被储藏起来以备将来使用、转售或退货等。

5.1.2　IT服务的内涵

按照国务院发展研究中心的相关研究成果定义，信息服务包括信息传输服务、IT 服务和信息内容服务。总体来说，IT 服务除了具备服务的基本特征外，还具备本质特征、形态特征、过程特征、阶段特征、效益特征、内部关联性特征及外部关联性特征 7 个方面的内涵。

1. 本质特征

IT 服务的组成要素包括人员、过程、技术和资源。就 IT 服务而言，通常情况下是由具备匹配的知识、技能和经验的人员，合理运用资源，并通过规定过程向需方提供 IT 服务。

2. 形态特征

常见服务形态有 IT 咨询服务、设计与开发服务、信息系统集成实施服务、运行维护服务、数据处理与存储服务、运营服务及其他 IT 服务。IT 服务在面向 IT 的服务和 IT 驱动的服务两个层面广泛开展。面向 IT 的服务，即面向 IT 系统的咨询设计、系统集成、运行维护等。IT 驱动的服务，即利用 IT 系统为业务提供设施、平台、软件和信息的服务。

3. 过程特征

IT 服务从项目级、组织级到量化管理级逐步发展，是从计算机单机应用、网络应用到综合管理的逐步提升，具有连续不断和可持续发展的特征。

4. 阶段特征

IT 的发展永无止境，加之信息基础设施和经济、市场环境的变迁，使得 IT 服务无终极目标。IT 服务是全方位的，无论需方还是供方都需要根据自身需要抓重点，分层次、分阶段地推进 IT 服务，实现 IT 的有效利用。

5. 效益特征

IT 服务的发展不同于以往对产品的技术改造，其效益的概念完全不同。后者是通过对产品生产线的技术改造提高质量、增加产量，是单方面的，效益容易显现；而前者则是对 IT 服务进行深度开发和广泛利用，从整体上提高组织核心竞争力和管理水平，其效益是多方面的。

6. 内部关联性特征

IT 服务不仅依赖于技术创新，更依赖于业务模式创新。保持技术创新和业务模式创新的相互促进、有机融合，实现 IT 服务人才结构优化，建立 IT 服务管理规范，将从机制上为 IT 服务的发展创造条件。

7. 外部关联性特征

IT 服务依赖于国民经济和良性竞争的市场环境的形成，依赖于社会信息网络的不断进步，依赖于政府相应的政策支撑、配套人才的培养和产业链上下游组织 IT 应用的逐渐完善。

5.1.3 IT服务的外延

我国现有的产业分类，以及北美地区、联合国、WTO 及第三方机构，对 IT 服务的外延理解均不一致。存在这种现状的原因是"分类目的不同"。每个国家或地区对 IT 服务进行分类，目的是建立合理的统计指标体系，以便全面掌握领域发展现状及趋势，这与各个国家的政策紧密相关。而第三方机构的分类，其目的与技术及服务的形态和模式保持一致。无论现有的分类如何，彼此之间依然存在着一定的共性关系，将它们进行归纳后，即可形成 IT 服务的外延，IT 服务是"面向 IT 的服务"和"IT 驱动的服务"等服务形态和模式的总和，如图 5-1 所示。

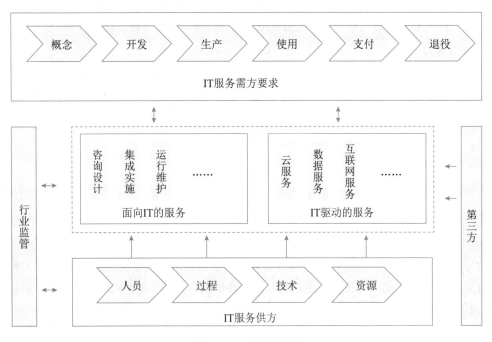

图 5-1   IT 服务全景图

1. 面向 IT 的服务

面向 IT 的服务以 IT 为驱动，是服务方利用信息技术向组织提供如何开发、应用信息技术的服务，包括以信息技术为手段提供支持需方业务活动的服务，以及需方自行开展的信息技术服务，比如咨询设计、集成实施和运行维护等 IT 服务。

- 咨询设计，指在信息资源开发利用、工程建设、人员培训、管理体系建设、技术支撑等方面向需方提供的管理或技术咨询评估服务，包括IT规划、IT系统设计、IT管理咨询、IT工程监理、测试评估认证、技术培训等。
- 集成实施，指通过结构化的综合布缆系统、计算机网络技术和软件技术，将各个分离的设备、功能和信息等集成到相互关联、统一协调的系统中的服务，包括基础环境集成实施服务、硬件集成实施服务、软件集成实施服务、安全集成实施服务、系统集成实施管理服务等。此类服务主要针对系统生存周期的开发、生产等阶段，也针对信息资源要素。
- 运行维护，指为保障需方的IT系统正常运行而提供的技术支持和维护服务，包括基础环境运行维护、硬件IT运维服务、软件IT运维服务、安全IT运维服务、运维管理服务等。

2. IT 驱动的服务

IT 驱动的服务侧重于业务应用，是利用信息技术对组织业务的模式、流程和技术进行变革，实现业务"以客户为中心"的转变，同时快速提升业务的竞争力水平。IT 驱动的服务主要包括云服务、数据服务和互联网服务等。

- 云服务，指一种交付和使用IT基础设施和应用环境的服务，即通过网络以按需、易扩展、可计量的方式获得所需的资源及服务。这些资源和服务可以是各种硬件资源、软件资源或特定的信息服务。设施即服务（Infrastructure as a Service，IaaS）、平台即服务（Platform as a Service，PaaS）、软件即服务（Software as a Service，SaaS）、知识即服务（Knowledge as a Service，KaaS）、安全即服务（Security as a Service，SECaaS）、数据即服务（Data as a Service，DaaS）等的统称，是对所有与云相关服务的概括。
- 数据服务，指向需方提供的信息和数据的分析、整理、计算、存储等服务，包含数字内容及数据加工处理，具体包括数字动漫、游戏设计制作、地理信息加工处理等。
- 互联网服务，指通过互联网向用户提供公开性、共享性信息的服务活动，例如数字化营销等。

5.1.4　IT服务业的特征

IT 服务业具备高知识和高技术含量、高集群性、服务过程的交互性、服务的非独立性、知识密集性、产业内部呈金字塔分布、法律和契约的强依赖性以及声誉机制等特征。

1. 高知识和高技术含量

IT 服务业的提供者是生产过程中的专家组，多以技术资本、知识资本、人力资本为主要投入，产出中有密集的知识要素，因此 IT 服务业把日益专业化的技术、知识加入服务过程中，具有人力资源、技术、知识密集的特点。IT 服务业需要向需方转移高度专业化的知识，这是其区别于其他服务业的一个显著特征。

2. 高集群性

IT 服务业在其空间上具有很高的集群性。IT 服务业的出现、发展都集中在大型中心城市。中心城市具有及时准确的宏观政策、完善的基础设施、高智力的人力资源及发达的人力资源市场，这些因素为 IT 服务业发展提供了良好的条件。

3. 服务过程的交互性

需方参与服务过程，IT 服务业不仅提供显性知识，还提供隐性知识，要实现隐性知识的传播需要通过专业人员与需方进行大量的互动过程才能完成。

4. 服务的非独立性

IT 服务业提供的是满足需方需求的解决方案，往往涉及多个领域的知识，许多 IT 服务业与高等院校、科研机构形成联盟，相互合作。因此，除了自身具备的知识技术外，IT 服务业会将其他行业机构的技术与成果进行整合，这是 IT 服务业比较突出的特征。

5. 知识密集性

IT 服务提供过程中的交互活动依赖于个人的专业知识，因此，个人知识成为 IT 服务业的关键性资源，IT 服务业间的竞争更多是人才竞争。没有高素质人才，IT 服务业就成了无本之木。IT 服务业的从业人员需要具备完整的知识结构、丰富的专业知识和实践经验，方能满足需方的需求，帮助需方制定、实施完善的、适宜的解决方案。

6. 产业内部呈金字塔分布

IT 服务产品差异性比较大，具有资金需求小、成本低、标准化程度不足等特点，因此进入壁垒相对较低。现代服务业内部结构呈金字塔分布，存在少数大型的组织和多数小型的组织。

7. 法律和契约的强依赖性

IT 服务业在提供服务的供方与接受服务的需方间主要以签订服务协议或者契约的形式来确定相关服务事项，从而在双方间形成一种委托代理关系。因此，IT 服务业对法律和契约具有较强的依赖性。

8. 声誉机制

由于 IT 服务业的生产和消费具有空间和时间上的不可分性，使接受服务的需方事先无法观察到服务的质量，因此需方主要根据供方的声誉来确定对服务的支付意愿。反映供方声誉和质量的证明是决定需方选取和使用的重要因素，因此声誉机制对 IT 服务业的业务发展起着决定性作用。

5.2　IT 服务生命周期

IT 服务生命周期是指 IT 服务从战略规划、设计实现、运营提升到退役终止的演变，如图 5-2 所示。IT 服务生命周期的引入，改变了 IT 服务在不同阶段相互割裂、独立实施的局面。

同时，通过连贯的逻辑体系，以战略规划为指引、以设计实现为准绳、通过服务运营实现价值转化，直至服务的退役终止。同时伴随着监督管理的不断完善，将服务中的不同阶段的不同过程有机整合为一个井然有序、良性循环的整体，使服务质量得以不断改进和提升。

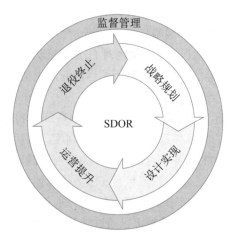

图 5-2　IT 服务生命周期

（1）战略规划。根据组织战略要求，分析内外部环境，明确服务战略、目标和计划。

（2）设计实现。以服务战略为指导，对服务进行整体设计，协调安排服务要素，构建符合服务设计要求的资源、计划、方案，确保提供的服务就绪。

（3）运营提升。持续改进服务质量、改善需方服务感受或降低服务成本、提升服务效率，确保组织服务战略和目标的实现。

（4）退役终止。因某种制约因素，需要终止某项信息技术服务时，应确保服务退役过程的顺利实施，释放资源、保存相关文件和数据。

IT 服务的相关方在 IT 服务生命周期的各个阶段设定服务目标，在服务质量、运营效率和业务连续性方面不断改进和提升，并有效识别、选择和优化服务的有效性，提高绩效，为组织做出更优的决策提供指导。

5.2.1　战略规划

战略规划是从业务战略出发，以需求为中心，对 IT 服务进行全面系统的战略规划，为服务的设计实现做好准备，以确保提供满足需求的服务。战略规划阶段需要根据组织业务战略、运营模式及业务流程的特点，确定所需要的服务组件和关键要素，对组织结构及团队建设、管理过程、技术需求及开发、资源等进行全面系统的规划。

1. 规划活动

服务战略规划是组织整个 IT 服务发展和能力体系建设的首要之事。在该阶段，需要考虑服务目录、组织架构和管理体系、指标体系和服务保障体系，以及内部评估机制等。

首先，基于组织的 IT 服务发展目标和业务规划，确保可以提供良好稳定的 IT 服务，可以结合自身业务能力、客户需求以及内外部环境策划服务目录。服务目录定义了服务供方所提供服务的全部种类以及服务目标，这些服务包括正在提供的和能够提供的内容。

其次，需规划如何建立相应的组织架构和服务保障体系来支持服务目录所列出的服务内容的实施。组织架构与提供的服务内容密切相关，不同的组织架构在管控、成本、创新和效能方面存在巨大差异，需要根据组织总体战略目标和组织治理架构确立，组织架构稳定的周期相对较长，不会频繁调动，这就需要确保一定时期内对 IT 服务能力的支撑情况。通常可以通过两种方式实现：一是在定义服务内容的时候，参照组织当前的组织架构；二是根据业务目标确定服务内容以后，设立或优化组织当前的组织架构。

在适合的组织架构基础上，组织需要根据总体的治理理念和思想，确定必要的制度保障，固化 IT 服务保障能力。这里的制度体系包括组织级的制度，如质量、财务、安全、职业健康、人力资源、商务等；也要包括 IT 服务本身的制度，如行为规范、数据质量等。对人员、资源、技术和过程四要素所涉及的策划内容，也应包含在服务保障体系之中。同时，结合组织整体的质量管理要求，应建立 IT 服务能力审核、监督和检查计划。

最后，对于任何 IT 服务，服务绩效都可以通过绩效指标来衡量，通过制定服务指标体系，衡量 IT 服务实施的绩效，检查供方是否达到目标。建立服务指标体系大致可以包括：

- 制定各项IT服务目标，如质量目标、过程目标、能力目标和财务目标等。
- 制定目标实施的检查机制（包括评估、检查、报告、测量等方法），并测量其有效性，注意必要时需要对目标进行变更。
- 制定服务实施结果的测量指标，例如与目标的偏离度、客户满意度调查等，可以适当考虑相关的测量、评估工具。

战略规划阶段的关键成功因素主要包括：

- 确保全面考虑业务战略、团队建设、管理过程、技术研发、资源储备的战略规划。
- 确保战略规划的内容和结果得到决策层、管理层的承诺和支持。
- 确保战略规划的内容和结果得到相关干系人的理解和支持。
- 对战略规划的内容和结果进行测量、分析、评审和改进。

如果组织未进行有效的战略规划，那么仓促而就的 IT 服务难以满足组织业务发展和客户的真正需求，很可能造成服务质量低下、IT 服务可用性低、预算超支或 IT 系统功能丧失等结果。

2. 规划报告

战略规划报告是战略规划阶段的核心成果之一，主要针对已确定的服务目录、服务级别和业务需求来确立相应的组织架构、服务保障体系和能力要素建设等，进而保持相应的业务能力、IT 服务能力和资源能力，确保实际的 IT 服务能够满足服务目录和服务级别的要求，保证在总体战略指导下有计划性地组织、建设、调整和配比各项能力，满足当前和未来的 IT 服务需求。

战略规划报告的目标主要包括：

- 确保IT服务能力管理经过业务需求和成本合理的分析。
- 确保战略规划和实施在要求时间内满足当前和将来IT服务的需求，避免因为资源能力缺乏、快速发展产生的技术以及人员准备不足等造成的突发事件。

- 识别需要监测的IT服务内容，定义监测方法和可测量的能力指标。
- 保证能够及时识别服务能力的不足，并且及时设计并采取相应的纠正措施弥补不足。
- 采集能力数据，对资源的能力参数进行监控，产生监控数据记录和报告。
- 定期生成战略实施报告，对能力监控数据进行总结和评估。
- 对服务战略定期进行检查评审、维护和改进，不断提高IT服务质量和效能水平，并调整服务战略以适应不断发展的IT服务能力需求。

战略规划报告的确立、发布和实施常遵循以下原则：

- 必须遵从政策法规的要求，满足相应的法规和过程、技术标准、行业规范以及指导组织意见。
- 关键业务优先级原则，有限的能力要素必须保证关键业务过程的支持和恢复。
- 风险管理原则，树立风险无处不在的意识，有效地分析和管理风险。
- 面向体系化的管理原则，制定和实施完善的能力管理，并遵从过程进行活动和管理。
- 质量管理原则，遵循计划、实施、检查、改进的质量管理周期过程。
- 成本合理原则，能力要素总是有限的，尤其对于能力管理，更要考虑做到成本和能力的平衡，需求与提供之间的平衡。
- 战略规划过程中，组织治理、运维交付、质量管理、人力资源管理、技术研发等部门应共同参与。

服务战略应涵盖以下几方面：

- IT服务的整体战略、发展方针以及阶段性目标策划。
- 对需方的需求的预测。
- 对人员、资源、技术和过程的能力进行预测和规划。
- 对现有服务人员、资源、技术、过程能力进行评估、优化、改进和计划性储备。
- 规定定期形成能力监控和分析报告。
- 对外部服务能力进行规划以及对将来需求的预测。
- 规定监控对外部提供服务的实施能力及其SLA达成能力等参数。
- 依据服务战略及标准的要求建立相适应的指标体系。
- 依据服务战略及标准的要求建立计划和指标体系的考核方法及考核准则。
- 规定IT服务能力管理的管理指标、考核体系和配套的管理制度，具有明确的量化指标，包括人员绩效考评、服务项目管理考评、服务交付指标等方面。
- 规定服务保障体系，具有服务保障制度、岗位设置和匹配岗位需求的人员技术能力。

5.2.2　设计实现

设计实现是在战略规划的基础上，采用过程方法来策划和实施服务设计，并基于健全的 IT 服务项目组织结构和规范化的项目管理，执行战略规划和服务设计所确定的方针、策略和方案，部署新的服务或变更的服务，包括落实新的组织结构、运行新的或变更后的管理体系、建设支撑服务运营的工具系统、提供有效的资源保障等。

1. 服务设计

组织需要基于业务战略、运营模式及业务流程特点，设计与开发满足业务发展需求的服务，以确保服务提供及服务管理过程满足需方的需求，在进行服务设计的过程中，需要考虑的主要因素包括以下几个方面：

- 客户对IT服务的相关要求。
- 基于信息服务分类（参考GB/T 29264）确定的管理方法。
- 组织所确定的关于服务的关键要求。
- 服务设计活动的特性、周期、复杂性。
- 组织承诺遵守的标准或行业准则。
- 所设计的IT服务的特性，以及失败的潜在后果。
- 客户和其他相关方对服务设计过程期望的控制程度。
- 服务设计过程所需的内部和外部资源。
- 设计过程中的组织方式，包括人员和各小组的职责和权限。

为确保服务设计活动有序且高效，组织需要对服务设计过程进行适当的控制，主要包括以下几个方面：

- 服务设计活动完成的结果是明确定义的，并且应便于后续服务的交接和提供，以及相关的监视和测量。
- 服务设计过程中遇到的问题必须在服务交付和运营之前得到有效处置。
- 遵循战略规划所确定的服务设计准则和流程。
- 服务设计的输出结果满足相关的目标和约束条件。
- 在整个服务设计过程及后续任何对服务的变更设计中，保持适当的变更控制和配置管理。

服务设计的输出通常会形成文档化信息，主要包括：

- 服务的名称、适用范围和交付内容。
- 完成服务部署所需的组织方式。
- 对服务质量的度量指标或服务级别定义。
- 服务交付验收标准。
- 服务交付方式及交付物成果说明。
- 服务的计量和计费方式。

组织在服务设计过程中，需要注意识别和控制风险，主要包括技术风险、管理风险、成本风险和不可预测风险等。

（1）技术风险。技术工具的确认、技术支持过程的确认、技术要求的变更、关键技术人员的变更等。

（2）管理风险。资源及预算是否到位、服务范围是否可控、服务边界是否清晰、服务内容是否充分满足需方需求、服务终止标准是否可衡量可达到等。

（3）成本风险。人力、技术、工具及设备、环境、服务管理等成本是否可控。

（4）不可预测风险。火灾、自然灾害、重大信息安全事件等。

2. 服务部署

服务部署是衔接服务设计与服务运营的中间活动。根据服务设计和可用于实施的服务设计方案，落实设计和开发服务，建立服务管理过程和制度规范，并完成服务交付等。服务部署不仅可以对某一项目具体所描述的服务需求进行部署实施，也可以对整体服务要求做相应的部署实施，将服务设计中的所有要素完整地导入组织环境，为服务运营打下基础。服务部署的主要内容和活动包括以下几个方面：

- 确定服务交付所需的组织结构、人员能力或资格、职责和权限。
- 确保所需资金、设备设施、信息资源和供方资源的可用性和连续性。
- 确定与组织内部和外部服务相关人员沟通的过程并保持相关记录。
- 评价新的或变更的服务对IT服务管理体系的影响，确保IT服务管理体系的有效性。
- 必要时获得表述部署活动的操作程序或作业指导书。
- 建立部署计划，确保部署活动可被跟踪、验证，并且在必要的情况下可回退。
- 识别、记录与部署活动有关的预期偏差和风险，适宜时采取纠正措施。
- 确定可监视和测量的服务部署移交过程和要求，例如：文件信息移交、知识移交、技能移交、基线移交和模拟环境移交。

服务部署的目标是协调组织组成服务的所有组件，以及与之有关的其他个人、部门或组织，在满足设计环节的要求和限制的前提下，在可接受的时间、成本和质量标准内，确保服务目标和服务需求在组织环境里得到满足；在部署实施期间，确保需方、IT终端用户及服务团队等各方面的满意度，服务目标和服务需求与需方的业务组织、业务流程顺利衔接，服务目标和服务需求实现以后是可以正常运转且可以被有效管理的，同时使需方对其有更明确的、合理的期望。通常情况下，部署实施可分为计划、启动、执行和交付 4 个阶段。

组织制定的服务部署计划内容，通常包括以下几个方面：

- 服务部署的实施主体及相关方的责任和权限。
- 服务部署过程中的沟通机制，包括与相关方的沟通。
- 所需资金、设备设施、信息资源的可用性和连续性。
- 对服务部署过程中所需的组织结构、人员能力或资格有明确的要求。
- 服务部署的风险评估与应对措施。
- 服务部署成功的验证标准。
- 服务部署过程的实施内容，必要时获取表述部署活动的操作程序或作业指导书。

组织在服务部署过程中，需要注意识别和控制风险，主要包括：

- 评价新的或变更的服务对服务管理体系的影响，确保服务管理体系的有效性。
- 对新的或变更的服务进行评审，评审内容包括时间、地点、实施步骤、人员、技术、资源的安排，新的或变更的服务对现有服务造成的风险及风险应对措施，新的或变更的服务成功部署的验证标准、失败的应对措施等。保持评价过程的相关记录。

- 制定标准部署活动的操作程序或作业指导书，可以被相关人员访问及使用。
- 识别、记录与部署活动有关的预期偏差和风险，包括新的或者变更的服务对现有服务、现有生产运营环境、相关干系人和部署实现目标等产生的影响。
- 通过进行测试或者试运行，以减少过程风险和对生产运营环境的影响，如进行压力测试、用户测试、应急演练等。
- 对服务部署过程进行风险评估，并制定合理的应对措施，确保服务部署过程的完成。

服务部署的关键成功因素主要包括：

- 确定可度量的里程碑和交付物，以及交付物的验收标准。
- 对服务资源的准确预测，并确保资源的可用性和连续性。
- 管理和统一服务相关干系人的期望。
- 服务目标清晰。
- 形成标准操作程序或作业指导书。

5.2.3　运营提升

服务运营是根据服务部署情况，采用过程方法，全面管理基础设施、服务过程、人员和业务连续性，实现业务运营与 IT 服务运营融合。服务运营阶段的内容包括业务运营和 IT 服务运营，对服务支持系统进行监控，识别、分类并报告服务支持系统的异常、缺陷和故障，以及对系统的运行使用提供支持。

从整个 IT 服务生命周期来看，服务运营阶段通常占服务整体生命周期 80% 左右的比重，不仅影响组织的运行效率和效益，也影响需方对服务的感知及供需双方未来合作的连续性。服务运营阶段的目的是通过高效的业务关系管理、人员管理、过程管理、技术管理、质量管理以及信息安全管理等，提供优质、可靠、安全性高、需方满意度高的服务，实现需方与供方的双赢。服务运营的关键成功因素主要包括：

- 服务交付结果满足业务运营需求。
- 服务促进了需方业务价值的提升。
- 服务质量的一致性及标准化能力。
- 全面跟踪和理解需方需求变更。
- 具有有效运行的知识管理体系。
- 具有有效的信息安全管理方法、手段和工具。

1. 运营活动

组织根据服务部署情况，全面管理服务运营的要素，持续监督与测量服务，控制服务的变更以及服务运营的风险，以确保服务的正常运行。相关活动主要包括：

- 根据服务部署的成果，持续实施管理活动，输出符合要求的服务。
- 建立正式的、非正式的沟通渠道方式，获取用户的反馈，并保留相关记录文档。
- 持续控制服务范围、服务级别协议、关键里程碑、交付物要求等。
- 建立服务运营的投诉管理机制，包括投诉接收、处理、反馈及相关记录等。

- 建立服务交付成果及交付质量评价机制，并分析和记录。
- 与外部供方明确技术要求、资源要求、质量要求、交付时间要求等。

2. 要素管理

组织主要对人员、过程、技术、资源等服务运营相关要素进行持续管理。相关活动主要包括：

- 根据岗位职责的要求完成人员细化管理，开展培训，通过绩效考核制度确保人员具备应有的能力。
- 采用适宜的手段对服务涉及的技术进行管理，包括前瞻性研究、知识显性化管理、自主研发或购买能提高服务效率或效果的工具、技术评估和优化等。
- 有效提供、配置、评估、优化和维护各类资源，确保资源的合理利用。
- 对服务过程实施监控、测量、评估和考核，并对服务过程产生的记录文件进行有效管理。

3. 监督与测量

组织需要对服务运营的目标和计划达成状况进行监督、测量、分析和评价。相关活动主要包括：

- 确定测量的方式、标准、频率、时间及地点。
- 采用适宜的手段监督服务的过程和结果，包括建立监督组织和岗位职责、建立服务相关阈值或基线、采用适宜的工具或手段采集数据、建立预警或提示机制，建立纠正措施的启动机制等。
- 对测量结果进行分析，提出改进建议。
- 定期根据分析和改进成果评价服务。

4. 风险控制

组织需要通过风险控制对服务运营做出正确的决策，实现服务运营的目标。相关活动主要包括：

- 识别服务运营中人员、资源、技术和过程的风险和机遇。
- 识别可能导致服务中断的风险，制定应对措施，确保服务连续性。
- 对服务运营中的风险采取必要的措施，降低对服务运营的影响。
- 控制风险，对服务级别协议的完成情况进行监视，对不达标条款进行分析，提出解决方案，转移、回避或者接受风险。

5.2.4 退役终止

服务退役终止是服务生命周期的最后阶段。在服务退役终止过程中，组织需制订服务终止计划、评估服务终止风险、释放并回收资源、整理项目数据和资料等，确保服务退役终止过程的顺利实施。

1. 制订服务终止计划

组织如果要终止服务，往往需要有书面的服务终止计划，其主要内容通常包括：

- 终止适用的条件。
- 终止的目标与成功要素。
- 其他各方执行流程的控制。
- 所有相关方的角色与职责，如需方、外部供方、内部团队。
- 约束、风险与问题。
- 里程碑和交付物。
- 活动分解和每个活动的描述。
- 约定的服务终止与责任终止的完成标准。
- 服务对需方不再有效的时间，服务终止的时间。
- 要终止的服务和其他服务之间的接口将如何由其他服务处理。
- 安排信息安全审查，包括敏感信息的删除等。
- 确保任何悬而未决的事件、问题、用户请求和变更请求的具体内容已与需方达成共识，与需方的协议包括由此产生的任何行动。

2. 评估服务终止风险

在服务退役终止阶段，组织应建立服务终止的风险列表，并对风险等级进行评估，对风险等级较高的风险应制定应对措施方案。在服务退役终止过程中，所面临的风险一般包括数据风险、业务连续性风险、法律法规风险、信息安全风险。

1）数据风险

组织可按照服务对象的性质对数据进行分类，例如终端数据、网络数据、应用数据、存储数据等；然后再对每类数据在服务终止阶段可能面临的风险等级进行判别，对等级较高的数据风险可采取相应的风险控制措施。数据风险等级列表如表 5-1 所示。

表 5-1　数据风险等级列表（示例）

分类	数据泄露	数据篡改	数据滥用	违规传输	非法访问	……
终端数据	高	中	低	低	低	……
网络数据	中	低	中	低	低	……
应用数据	中	中	高	中	低	……
存储数据	高	中	低	低	低	……
……	……	……	……	……	……	……

在服务退役终止阶段，可能涉及的数据风险主要包括以下 5 类：

- 数据泄露，包括但不限于数据被恶意获取，或者转移、发布至不安全环境等相关风险。
- 数据篡改，包括但不限于造成数据破坏的修改、增加、删除等相关风险。
- 数据滥用，包括但不限于数据超范围、超用途、超时间使用等相关风险。
- 违规传输，包括但不限于数据未按照有关规定擅自进行传输等相关风险。

● 非法访问，包括但不限于数据遭未授权访问等相关风险。

2）业务连续性风险

服务进入退役终止阶段，组织应对本阶段可能引起的业务连续性风险进行评估和控制，主要包括：

● 服务人员变动风险。服务进入退役终止阶段，意味着服务项目即将结束，服务团队也面临解散，势必会造成服务团队的不稳定。在服务项目完全终结之前，团队成员，特别是关键岗位的人员离职，可能会导致服务质量的下降，给客户业务的连续性带来风险。

● 服务信息同步风险。如果现有服务项目将由客户自行接管或更换服务供应商，双方团队将面临复杂而烦琐的项目移交工作。由于现任服务团队和继任服务团队是两个不同的组织，两个组织之间进行服务交接确认时，本身就存在信息传递的风险。该风险是指在服务交接的过程中，由于继任团队对客户需求理解不到位，或现任团队对接人员的专业素质问题，可能导致无法将客户的真实意图和需求妥善地传递给继任团队，并完善地落实在交接文档内。如果产生了服务信息同步风险，将会在后续服务过程中，发现继任团队的服务方式和服务级别与客户需求有较大的落差，可能会给客户的业务连续性带来风险。

3）法律法规风险

组织在服务过程中所涉及的合同、协议、知识产权、商业秘密等多方面，都存在着法律风险。如果在一些条款和关键信息上的阐述不够明确或有缺失、有歧义，而双方的法务并没有及时发现和更正，在发生了类似违约等事件后，难以凭借合同条款对处理方式达成一致，引发后续的法律纠纷，可能会导致服务供方受到巨大的经济损失和声誉损害。

4）信息安全风险

信息系统中存储了大量客户数据，其中包含隐私数据、商业数据等，IT 服务人员在日常工作中除了接触以上数据外，也会接触到一些客户内部的文件材料，如果客户内部的监督管控不到位，服务供方的保密培训不到位，或者服务人员出于一些利益驱使，可能导致数据和信息的对外泄密。

3. 释放并回收资源

在服务退役终止阶段，组织应做好文件归档，以及财务、人力、基础设施等资源的回收与确认工作。

1）文件归档

为了使项目知识得到沉淀，也为了给未来服务项目的设计、计划、估算和管理积累经验，要注意对项目文件进行归档。每个组织可能对文件归档的具体要求不同，但一般应包括以下内容：

● 服务日志。

● 项目计划，包括项目章程、项目范围说明书及风险管理计划等。

- 项目来往函件。
- 项目会议记录。
- 项目进展报告。
- 合同文档。
- 技术文件。
- 其他信息。

2）财务资源回收

大多数项目都有项目账目编码，它们使财务部门能够跟踪项目费用以及其他资源等。在项目结束时，应及时撤销这些账目编码，以确保没有人能够继续凭项目账目编码支付工资和采购材料等。

3）人力资源回收

在服务退役终止后，组织应该根据服务终止计划及时把服务团队成员送回到服务项目管理部门。如果服务项目终止了，但团队成员迟迟不能回归，不但严重影响组织其他项目的工作，也会造成人力成本增加。

4）基础设施回收

如果组织在服务运营过程中投入了相关设备或工具，在服务退役终止阶段，应做好回收准备，以确保这些设备或工具处于可以被其他服务项目获得的状态。在服务项目结束后，应检查设备或工具的说明文件或操作手册，以确定它们是否被修改（例如在结构、数据或技术参数等方面）。

4. 项目数据处置

在服务退役终止阶段，组织应与客户协商并明确所有服务数据、项目文档等信息资产的所有权。根据所有权的不同，对信息资产进行转移或清除，在必要情况下，还需对存储介质进行清除或销毁，以确保供需双方信息资产（尤其是数据资产）的安全。

1）信息的转移和清除

对于具有信息资产所有权的一方，采取适当措施将信息资产转移到安全介质中，确保将来可以继续使用；同时，不具备该项信息资产所有权的一方，采用安全的方法清除相关信息。

2）存储介质清除或销毁

通过采用合理的方式对存储介质（包括磁带、磁盘、打印结果和文档等）进行信息清除或销毁，防止介质内不具备所有权的敏感信息泄露。

5.2.5 监督管理

监督管理贯穿 IT 服务的全生命周期，且是持续性的，不存在明显的起止时间。监督管理环节的主要活动包括服务风险管理、服务测量、服务质量管理、服务回顾及服务改进。

1. 服务风险管理

风险是在实现服务目标过程中所带来的不确定性和可能发生的危险。风险一旦发生，会对服务产生某种影响。在 IT 服务提供过程中会遇到各种风险，可能会对服务造成不利影响，使得服务目标不能正常实现。这些风险通常包括人员、技术、资源、过程和其他 5 个方面。

例如，在人员方面，会出现服务人员流动导致服务质量波动大、人员误操作导致业务数据丢失的风险；在技术方面，会存在采用的发现问题的技术和服务对象不匹配的风险；在资源方面，会发生备品备件失效、服务工具失效等方面的风险；在过程方面，会出现过程规定不完善的风险；在其他方面，会出现服务范围蔓延的风险等。

风险管理包括策划、组织、领导、协调和控制等活动，通过风险识别、风险分析和风险评估，提供一个有效的事先计划，并合理地使用回避、减少、分散或转移等方法，对风险实行有效的控制，妥善地处理风险造成的不利后果，以合理的成本保证安全，可靠地实现预定的目标，减少风险对组织资源、收益和现金流的不利影响。

2. 服务测量

服务测量用于获得与服务交付过程相关的各种数据，进而获得服务改进活动所需的各种原始资料。对服务进行有效测量是进行服务改进的基础，通过服务测量可以获得各种数据，进而作为服务改进的基准和依据，并为服务改进设定目标。如果没有有效的服务测量，将使得服务改进活动失去方向和动力，并可能最终导致服务质量下降。服务测量的主要活动包括人员测量、资源测量、技术测量、过程测量 4 个方面。

1）人员测量

考虑到人员是提供 IT 服务的基础，因此从服务改进测量的角度来看，应该关注人员培训管理、人员招聘管理、人员绩效管理、人员储备管理、岗位职责管理、人员工作量管理等，具体对应如下测量活动：

- 识别备份工程师对项目的满足度和可用性。
- 测量人员招聘需求匹配率。
- 收集培训的应用情况，如培训覆盖率、满意度及评价。
- 人员能力测量，如识别并收集考评团队内部最新的人员技能、资历认证等。
- 服务工作量测量，如根据来电量进行服务台人员配比预测等。
- 岗位职责更新情况，如识别最新组织结构变化等。
- 人员绩效考核分配机制测量，如关注分配比例的合理性。
- 实时监控团队工作状态，如关注员工异动隐患等。

2）资源测量

跟踪服务资源现状和变化趋势，针对 IT 服务所涉及的工具、服务台、知识库、备件库等资源进行测量。以项目为单位，根据不同服务项目的进程需求，周期性统计该项目的资源健康状态和使用情况。

3）技术测量

技术作为提供 IT 服务的核心能力要素之一，是为实现 IT 服务所需要的，与 IT 服务相关的各种先进、高效的技术手段和服务实施管理操作方法。在 IT 服务交付过程中，技术测量活动包括：

- 识别研发规划。根据技术研发计划，测量技术规划的完整性和落实情况。
- 识别研发成果。各种技术对业务的实际应用效果和实用性。
- 技术手册及SOP统计。如根据事件分类进行SOP覆盖率的定期统计，根据诊断方案或典型故障的解决方案进行使用率的定期统计等。
- 应急预案实施统计。收集所有应急预案在实施过程中的量化指标如人员能力、职责、流程、技术等方面，如实际发生的应急响应、升级时间等。
- 监控点和阈值统计。定期比对监控点的适用性，通过测量实际监控结果，判断阈值设定的合理范围。

4）过程测量

服务过程测量活动是分层次的，对于单一服务项目而言，测量活动至少应该覆盖服务管控和服务执行两个层次。前者主要从业务和用户的视角来测量服务过程，关注服务交付结果；后者主要从技术视角来测量服务过程，关注具体的服务过程和细节。服务管控测量主要指服务级别分析；服务执行测量包括事件统计分析、问题统计分析、变更与发布统计分析、配置统计分析等。

3. 服务质量管理

服务质量是指服务能够满足规定和潜在需求的特征和特性的总和，是 IT 服务能够满足服务需方需求的程度。服务质量管理过程包括质量策划、质量控制、质量保证、质量改进。服务质量管理相关知识请见 5.3 节。

4. 服务回顾

服务回顾的主要目标是为适当的受众（包括用户、业务部门、供应商、技术人员、管理层等）回顾各种服务测量数据，并作为后续活动的参考和依据。及时关注并发现客户业务需求的变化，并及时、有效地对这些需求变化做出回应；通过定期的服务回顾，保持与客户之间沟通渠道的有效和畅通，以评估上个周期的服务质量，了解服务范围、服务级别协议、合同以及业务需求的变化，修订服务范围和相关协议。

服务回顾的主要活动根据服务需方与供方不同的关注内容可分为两类，分别是与客户回顾内容、团队内部回顾内容，并加以相关服务回顾机制进行过程管理，明确回顾级别、具体内容、频率和参与者。

（1）与客户回顾内容。具体包括：

- 服务合同执行情况。
- 服务目标达成情况。
- 服务绩效（服务级别协议）、成果。

- 满意度调查。
- 服务范围、工作量。
- 客户业务需求的变化。
- 服务中存在的问题及行动计划。
- 上一次会议中制订的行动计划的进展汇报。

（2）团队内部回顾内容。具体包括：

- 上周期工作计划回顾。
- 本周期内遇到的特殊或疑难工单。
- 讨论本周期内未解决的工单。
- 各小组工作简报。
- 本周期的问题回顾。
- 本周期内的工程师KPI总结（如工程师工单量、工程师平均响应时间、工程师平均解决时间、工程师现场支持解决率）。
- 下周期工作计划安排。

5. 服务改进

服务改进的目标是利用管理方针、管理目标、审核结果、服务测量、服务回顾、客户满意度管理、投诉管理及管理评审等活动，促进服务管理能力在有效性和效率方面的持续改进和提升。优化后的服务可以更好地支持过程运行，提升信息系统对业务的支撑力度。服务改进需要进行生命周期管理，主要活动包括服务改进设计、服务改进实施、服务改进验证，涉及人员、技术、资源、过程等方面。

1）服务改进设计

服务改进设计的主要活动包括：

- 定义服务改进目标。
- 识别服务改进输入。
- 制订服务改进计划。
- 确认服务改进职责。

2）服务改进实施

服务质量负责人及相关人员实施已通过审批的服务改进实施计划和具体方案。由服务质量管理部门会同其他相关部门共同制订改善目标及改善计划，并监督实施。

3）服务改进验证

当服务改进实施完成后，组织应对照服务改进计划中定义的服务改进目标，发起服务改进回顾会议，服务供需双方核对服务改进活动的目标达成情况，会同相关人员对实施效果进行验证，并记录验证或验收评价结果；当实施效果未能达到预期效果时，应组织相关部门进行原因分析，制定相应的整改措施或重新制订改善计划并实施。服务质量负责人负责监督服务改进计划的执行情况，并根据执行结果和检查情况，编写服务改进报告，服务改进报告应包括服务改进计划的相应内容。

5.3　IT服务质量管理

IT服务质量管理是通过制订质量方针、质量目标和质量计划，实施质量控制、质量保证和质量改进等活动，确保IT服务满足服务级别协议的要求，最终获得用户的满意。IT服务质量管理包括IT服务质量管理过程、IT服务质量评价模型、常见运维服务质量管理活动。

5.3.1　IT服务质量管理过程

1. 质量策划

质量策划是根据质量目标确定工作内容（措施）、职责和权限，然后确定程序和要求，最后才付诸实施的一系列过程。质量管理是指导和控制与质量有关的活动，质量策划是质量管理的一部分，致力于制定质量目标并规定必要的运行过程和相关资源以实现质量目标。

质量策划属于"指导"与质量有关的活动，也就是"指导"质量控制、质量保证和质量改进的活动。质量控制、质量保证和质量改进只有经过质量策划，才可能有明确的对象和目标，才可能有切实的措施和方法。因此，质量策划是质量管理诸多活动中不可或缺的中间环节，是连接质量方针（可能是"虚"的或"软"的质量管理活动）和具体的质量管理活动（常被看作"实"的或"硬"的工作）之间的桥梁和纽带。

（1）质量策划的输入。质量策划是针对具体的质量管理活动进行的。在进行质量策划时，力求将涉及该项活动的信息全部搜集起来，作为质量策划的输入。其内容包括但不限于以下几方面：

- 质量方针或上级质量目标的要求。
- 顾客和其他相关方的需求和期望。
- 与策划内容有关的业绩或成功经历。
- 存在的问题点或难点。
- 过去的经验教训。
- 质量管理体系已明确规定的相关的要求或程序。

在进行质量策划时，必须尽力搜集与策划内容有关的输入，最好是形成文件的材料。这些材料应尽早交与参与策划的所有人员。

（2）质量策划的内容。具体包括：

- 设定质量目标。任何一种质量策划，都应根据其输入的质量方针或上一级质量目标的要求，以及顾客和其他相关方的需求和期望，来设定具体的质量目标。
- 确定达到目标的途径。也就是说，确定达到目标所需要的过程。这些过程可能是链式的，从一个过程到另一个过程，直到目标的实现；也可能是并列的，各个过程的结果共同指向目标的实现；还可能是上述两种方式的结合，既有链式的过程，又有并列的过程。事实上，任何一个质量目标的实现，都需要多种过程。因此，在质量策划时，要充分考虑所需要的过程。

- 确定相关的职责和权限。质量策划是对相关的过程进行的一种事先的安排和部署，而任何过程必须由人员来完成。质量策划的难点和重点就是落实质量职责和权限。如果某一个过程所涉及的质量职能未能明确，没有文件给予具体规定（事实上这种情况是常见的），会出现推诿扯皮现象。
- 确定所需的其他资源，包括人员、设施、材料、信息、经费、环境等。注意，并不是所有的质量策划都需要这些资源。只有那些新增的、特殊的、必不可少的资源，才需要纳入质量策划中来。
- 确定实现目标的方法和工具。这并不是说所有的质量策划都需要。一般情况下，具体的方法和工具可以由承担该项质量职能的部门或人员去选择。但如果某项质量职能或某个过程是一种新的工作，或者是一种需要改进的工作，那就需要确定其使用的方法和工具。
- 确定其他的策划需求。包括质量目标和具体措施（也就是已确定的过程）完成的时间，检查或考核的方法，评价其业绩成果的指标，完成后的奖励方法，所需的文件和记录等。一般来说，完成时间是必不可少的，应当确定下来。而其他策划需求则可以根据具体情况来确定。

（3）质量策划的输出。

质量策划都应形成文件输出，也就是说，都应形成质量计划文件。将上述质量策划内容用文字表述出来，就成了质量计划。一般来说，质量策划的输出应包括以下内容：

- 为什么要进行质量策划或为什么要制订该项质量计划（将质量策划的输入进行简单表述），适当分析现状（问题点）与质量方针或上一级质量目标要求，以及顾客和相关方的需求和期望之间的差距。
- 通过质量策划设定质量目标。
- 确定下来的各项目具体工作或措施（即各种过程）以及负责部门或人员（即职责和权限）。
- 确定下来的资源、方法和工具。
- 确定下来的其他内容（其中质量目标和各项措施的完成时间是必不可少的）。

如果质量计划草案是预先准备好的草案，应根据质量策划会议的决定对其进行必要的修改。如果未预先准备好草案，则应委托或指令相关人员根据会议的决定起草。质量计划应经负责该项质量策划的管理者（组织一级综合性的或重大的质量计划应由最高管理者）批准后下发实施。

2. 质量控制

质量控制是保证产品和服务质量，并使产品和服务质量不断提高的一种质量管理方法。它通过研究、分析产品和服务质量数据的分布，揭示质量差异的规律，找出影响质量差异的原因，采取技术组织措施，消除或控制产生不符合现象的因素，使产品在生产的全过程中以及在服务的每一个环节都能正常地、理想地进行，最终使产品和服务能够达到人们所需要其具备的自然属性和特性。

在组织内部，质量控制是指为达到和保持质量而进行控制的技术措施和管理措施方面的活动。质量检验、测试等从属于质量控制，是质量控制的重要活动。

质量控制可以使质量管理从单纯的事后检验发展成为对生产全过程中产品质量的控制；可以通过观察记录的管理数据，及时分析生产过程中的质量问题，以便迅速采取措施，消除造成质量问题的隐患，使生产处于稳定状态。

质量控制的要点如下：

（1）质量控制范围包括生产过程和质量管理过程。质量控制是指为达到质量要求，在质量形成的全过程的每一个环节所进行的一系列生产技术过程和质量管理过程的控制。对硬件类产品来说，生产技术过程是指产品实现所需的设计、工艺、制造、检验等；质量管理过程是指管理职责、资源、测量分析、改进以及各种评审活动等。对服务类产品而言，生产技术过程是指具体的服务过程。

（2）质量控制的关键是使所有质量过程和活动始终处于完全受控状态。事先应对受控状态做出安排，并在实施中进行监视和测量，一旦发现问题应及时采取相应措施，恢复受控状态，把过程输出的波动控制在允许的范围内。

（3）质量控制的基础是过程控制。无论生产过程还是管理过程，都需要严格按照程序和规范进行。控制好每个过程，特别是关键过程，是达到质量要求的保障。

3. 质量保证

质量保证和质量控制都是质量管理活动的一部分，两者都以满足质量要求为目的，但是，质量保证活动侧重于为满足质量要求提供使对方信任的证据，而质量控制活动侧重于如何满足质量要求。

因此，从某种意义上说，质量保证和质量控制是为达到同一目的的两个方面。例如，对供方的评价选择是组织为了使采购产品满足要求的一种质量控制活动，而如果向顾客提供了组织对供方评价的记录，则可认为是一种质量保证活动。

质量保证工作的主要内容包括制订质量保证计划、过程与产品质量检查、编制质量保证工作报告和问题跟踪与持续改进。

（1）制订质量保证计划。质量保证计划是质量保证工作开展的依据，质量保证人员要按照质量保证计划实施质量保证工作。质量保证计划应至少包括如下内容：

- 质量保证的目的。
- 质量保证的检查范围。
- 质量保证检查的时间或周期。
- 质量保证检查的依据。
- 质量保证人员的职责和分工。

（2）过程与产品质量检查。质量保证人员根据质量保证计划对服务质量进行检查，为保证检查工作顺利开展，应提前制定详细的工作检查表，检查过程中客观记录检查发现。

（3）质量保证工作报告。检查完成后，质量保证人员应对检查结果进行总结分析，根据法律法规、标准和组织管理要求等检查依据提出检查发现，并最终形成质量保证工作报告。质量保证工作报告应从客户角度陈述事实，不带个人主观想法。

（4）问题跟踪与持续改进。对于检查中发现的问题，质量保证人员还要负责跟踪整改情况，直至问题关闭。

4. 质量改进

1）质量改进和质量控制的区别

质量改进是为了消除系统性或者长期性的质量问题，对现有的质量水平在控制的基础上加以提高，使质量达到一个新水平、新高度。质量改进是组织跨部门人员参加的突破性改进，质量改进是一个变革和突破的过程，该过程也必然遵循 PDCA（Plan-Do-Check-Action，策划 - 实施 - 检查 - 处理）循环的规律。

质量改进与质量控制不一样，但两者是紧密相关的，质量控制是质量改进的前提，质量改进是质量控制的发展方向，控制意味着维持其质量水平，改进的效果则是突破或提高。可见，质量控制是面对"今天"的要求，而质量改进是为了"明天"的需要。

质量控制是日常进行的工作，可以纳入"操作规程"中加以贯彻执行。质量改进则是一项阶段性的工作，达到既定目标之后，该项工作就完成了，通常它不能纳入"操作规程"，只能纳入"质量计划"中加以贯彻执行，所以质量改进通常以成立专题改进项目的形式进行。

2）质量改进对象

质量改进活动涉及质量管理的全过程，改进的对象既包括产品（或服务）的质量，也包括各部门的工作质量。产品质量改进是指改进产品自身的缺陷，或改进与之密切相关事项的工作缺陷的过程。

3）如何选择改进项目

改进项目的选择重点，应是长期性的缺陷，一般来说，应把影响组织质量方针目标实现的主要问题作为质量改进的选择对象。一般可以从以下几个方面来考虑选择改进项目：

- 市场上质量竞争最敏感的项目。组织应了解用户对产品或者服务的质量项目中最关切的是哪一项，因为它往往会决定产品或服务在市场竞争中的成败。
- 质量指标达不到规定"标准"的项目。所谓规定"标准"是指在产品销售或服务交付过程中，合同中所提出的标准。在国内市场，如果产品质量或服务质量指标达不到这种标准，产品或服务就没有竞争力，很难立足。
- 产品或服务质量低于行业先进水平的项目。有竞争力的组织都执行内部控制的标准，内部标准的质量指标高于公开颁布标准的指标。因此选择改进项目应在与先进组织的产品或服务质量对比的基础上，将本组织产品或服务质量项目低于行业先进水平者列入计划，制定出改进措施，否则难以占领国内外市场。
- 其他。诸如质量成本高的项目，用户意见集中的项目，索赔与诉讼项目，影响产品信誉的项目等。

5. 质量改进实施方法

1）PDCA 实施方法

质量改进是一个变革和突破的过程，该过程也必然遵循 PDCA 循环的规律。具体实施质量改进 PDCA 循环时，可以从以下 7 个步骤来实施：

- 明确问题。
- 掌握现状。
- 分析问题产生的原因。
- 拟定对策并实施。
- 确认效果。
- 防止问题再发生并标准化。
- 总结。

2）DMAIC 方法

DMAIC 是 6σ 管理中流程改善的重要工具，DMAIC 是指由义（Define）、测量（Measure）、分析（Analyze）、改进（Improve）、控制（Control）5 个阶段构成的过程改进方法，一般用于对现有流程的改进，包括制造过程、服务过程以及工作过程等一个完整的 6σ 改进项目应完成"定义（D）""测量（M）""分析（A）""改进（I）"和"控制（C）"5 个阶段的工作。每个阶段又由若干个工作步骤构成。

DMAIC 实施步骤如下：

- 定义。辨认需改进的产品或过程，确定项目所需的资源。
- 测量。定义缺陷，收集此产品或过程的表现做底线，建立改进目标。
- 分析。分析在测量阶段所收集的数据，以确定一组按重要程度排列的影响质量的变量。
- 改进。优化解决方案，并确认该方案能够满足或超过项目质量改进目标。
- 控制。确保过程改进一旦完成能继续保持下去，而不会返回到先前的状态。

5.3.2　IT 服务质量评价模型

IT 服务质量的评价来自于 IT 服务供方、IT 服务需方和第三方的需要。对于 IT 服务的供方，需要通过对服务过程能力和服务质量的量化，检查自身存在的问题和改善机会，帮助服务组织以最符合成本的方式提供满足客户需求的 IT 服务产品。对于 IT 服务的需方，需要通过对供方 IT 服务能力的量化来评价和选择符合需要的供应商；同时，也需要通过对服务质量的量化来检验供方提供的实际服务是否满足了双方确定的服务等级，这也是确定 IT 服务费用结算的依据之一。对于 IT 服务的第三方，需要将对供方服务能力和实际服务绩效的量化考评作为授予资质和颁发证书的有效依据。

由于 IT 服务具有无形性、不可分离性、差异性等特点，这给服务量化带来了很大的不确定性和难点。GB/T 33850《信息技术服务 质量评价指标体系》给出了用于评价信息技术服务质量的信息技术服务质量模型，该模型定义了服务质量的 5 类特性，即安全性、可靠性、响应性、有形性、友好性。每大类服务质量特性进一步细分为若干子特性。这些特性和子特性适用于定义各类信息技术服务的评价模型，如图 5-3 所示。

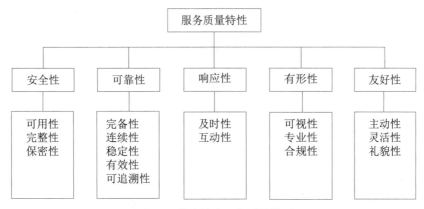

图 5-3 信息技术服务质量模型

《信息技术服务 质量评价指标体系》给出了信息技术咨询服务、设计与开发服务、信息系统集成服务、信息系统运维服务、数据处理服务以及运营服务的评价指标及测量方法，对质量模型中的每个子特性给出对应的服务评价指标和测量方法，具体包括指标名称、测量目的、应用的方法、公式及数据元计算、测量值解释、数据类型和测量输入。

5.3.3 常见运维服务质量管理活动

运维服务质量是指服务能够满足规定和潜在需求的特征和特性的总和，是指 IT 服务工作能够满足被服务者需求的程度。如 IT 运维服务质量管理是为了保证 SLA 的完成，提高运维服务水平所做的一系列活动。运维服务质量管理包括运维服务质量策划、运维服务质量检查、运维服务质量改进等活动。

1. 运维服务质量策划

运维服务质量负责人和运维业务负责人应当定期对运维服务的质量进行整体策划。策划的内容包括：

（1）确定运维服务质量的目标。结合运维业务实际情况、运维服务客户的需要以及当前运维能力水平，设定合理的运维服务质量目标。

（2）确定运维服务质量管理的活动。为了达到运维服务质量目标，必须事先策划所要采取的质量保证和质量控制活动。目前常见的运维服务质量管理活动的形式如下：

- 项目质量保证。
- 用户满意度管理。
- 客户投诉管理。
- 日常检查。
- 质量文化和质量教育。

- 体系内部审核及管理评审。

（3）确定运维服务质量管理相关的职责和权限。运维服务质量策划是对相关的过程进行的一种事先的安排和部署，而任何过程必须由人员来完成。运维服务质量策划的难点和重点就是落实质量职责和权限。如果某一个过程所涉及的质量职能未能明确，没有文件给予具体规定（事实上这种情况是常见的），会出现推诿扯皮现象。

（4）时间安排。在策划阶段需要对确定的各类质量活动时间做出大致安排，或者确定频率周期。

（5）运维服务质量策划最终要形成质量策划文件，在最终确定后，应该以正式的形式发送给相关方。

2. 运维服务质量检查

质量人员按照前期运维服务质量策划的内容对各阶段运维服务进行质量检查和实施工作，必要时还要制订详细的质量计划。比如项目质量保证工作，需要针对检查的运维项目制订项目质量保证计划，并按照项目质量保证计划实施质量保证工作；满意度调查管理需要事先制定满意度调查问卷等。

常见的质量检查和实施活动包括：

（1）进行满意度调查。

（2）运维各项目质量保证工作实施。

（3）内审。

（4）管理评审。

（5）日常检查。

（6）质量文化培训等。

质量人员在质量检查或者实施过程中也要对检查的过程结果进行客观记录，以方便事后的分析和判断。

运维服务质量负责人和运维业务负责人需要定期关注质量检查活动的执行状况，保证各项质量工作按照计划执行，必要时给予指导。关注的方式可以是正式的，也可以是非正式的，可以采用的方式包括但不限于：

（1）定期召开质量会议。

（2）定期质量报告。

（3）不定期的邮件质量问题沟通。

3. 运维服务质量改进

运维服务质量负责人和运维业务负责人应当清楚当前的运维服务质量总体状况，并要结合当前的运维服务业务现状及能力水平，针对当前的质量问题确定质量改进方向和改进目标。

质量改进目标确定后，就要安排具体质量人员落实改进任务，虽然具体的改进工作是由质量人员落实和跟踪的，但最终的结果需要运维服务质量负责人和运维业务负责人决定并掌控，因为质量改进过程中很多工作是需要运维工程师参与完成的，如果没有运维服务质量负责人和运维业务负责人的支持，很多改进工作会流于形式，起不到真正质量改进的效果。

在运维服务质量改进过程中，运维服务质量负责人和运维业务负责人也要定期关注改进情况，一旦出现偏差，要及时给予指导和帮助。

5.4　本章练习

1.选择题

（1）信息技术服务分为面向 IT 的服务和 IT 驱动的服务两大类，_____不属于"面向 IT 的服务"。

　　A. 咨询设计　　　　　　　　B. 集成实施

　　C. 云服务　　　　　　　　　D. 运行维护

参考答案：C

（2）IT 驱动的服务不包括_____。

　　A. 云服务　　　　　　　　　B. 监理服务

　　C. 数据服务　　　　　　　　D. 互联网服务

参考答案：B

（3）_____不属于 IT 服务的生命周期的环节。

　　A. 战略规划　　　　　　　　B. 设计实现

　　C. 绩效管理　　　　　　　　D. 退役终止

参考答案：C

（4）_____不属于服务退役终止过程中的主要活动。

　　A. 制订服务终止计划　　　　B. 评估服务终止风险

　　C. 释放并回收资源　　　　　D. 新服务的开发与部署

参考答案：D

（5）《信息技术服务 质量评价指标体系》给出了用于评价信息技术服务质量的信息技术服务质量模型，该模型定义了服务质量的 5 类特性：安全性、_____、有形性、响应性和友好性。

　　A. 可靠性　　　　B. 连续性　　　　　C. 无形性　　　　　D. 稳定性

参考答案：A

2.思考题

（1）请指出 IT 服务的主要特征，并根据你的理解简述服务质量的评估方法。

（2）请简述 IT 服务质量管理的五大过程。

参考答案：略

第 6 章　软件开发过程管理

软件开发过程是指用于开发和维护软件及其相关产品的一系列活动、方法、实践和革新。在软件开发过程中，除了先进技术和开发方法外，还有一整套的管理技术。这套管理技术用于研究如何有效地对软件开发过程进行管理，以便于按照进度和预算完成软件计划，实现预期的经济效益和社会效益。通过对开发过程的有效管理，可以更好地组织和协调人员，合理分配资源，控制项目的进度，保证项目的质量，减少项目的风险，最终实现项目的目标。

6.1　基本概念

软件开发过程管理需要应用计算机科学、数学及管理科学等原理，以工程化的原则和方法来解决软件问题，其目的是提高软件生产率、提高软件质量、降低软件成本。将系统的、规范的、可度量的工程化方法应用于软件开发、运行和维护的全过程，能够以较经济的手段获得能在实际机器上有效运行的可靠软件。

6.1.1　活动与职责

软件开发过程涉及众多活动，每项活动都有不同的任务和目标。管理工程师在这个过程中扮演着关键的角色，他们负责项目的计划、组织、执行、控制和结束。通过有效的开发过程管理，可以确保软件系统的成功开发，从而提高组织的运营效率和质量。

1. 一般过程活动

在开发一个软件系统时，一系列的活动、方法和最佳实践被用于管理这个过程，确保项目的成功。软件开发过程是从项目的启动到项目的结束，完成软件系统的开发。通常包括以下几个关键活动：

- 需求分析。需要与客户进行沟通，了解客户的需求，分析项目的目标、范围、时间、成本和质量要求，并制定需求文档。
- 系统设计。需要根据需求文档，设计系统的架构、接口、数据模型和算法，并制定设计文档。
- 编码。需要根据设计文档编写代码，实现系统的功能。
- 测试。需要对系统进行测试，确保系统的功能正确、性能良好和安全稳定。
- 部署。需要将系统部署到生产环境，进行实施和培训。
- 维护。需要对系统进行维护，包括对系统进行监控、备份、恢复、更新等。

2. 管理工程主要职责

管理工程师在软件系统开发过程中扮演着关键的角色。他们通常具有以下职责：

- 项目计划。管理工程师需要确定项目的目标、范围、时间、成本和质量要求，制订项目计划。
- 项目组织。管理工程师需要确定项目的组织结构，分配资源，确定团队成员的职责。
- 项目执行。管理工程师需要根据项目计划和组织结构，实施项目的各项活动。
- 项目控制。管理工程师需要监控项目的进度和性能，确保项目按计划进行，如果出现偏差，需要采取相应的措施。
- 项目结束。管理工程师需要完成项目的所有活动，交付项目产出，评估项目的绩效。

6.1.2　常见过程模型

开发过程模型是用于指导软件系统开发过程的一系列活动、方法和最佳实践的集合，常见的开发过程模型包括瀑布模型、迭代模型、增量模型、螺旋模型、敏捷模型等。相关说明如表 6-1 所示。

表 6-1　常见开发过程模型说明

名称		说明
瀑布模型	定义	瀑布模型是最早的系统开发模型之一，它将开发过程分为一系列连续的阶段，每个阶段依赖于前一个阶段的完成。这些阶段包括需求分析、系统设计、编码、测试、部署、维护。每个阶段都有明确定义的任务和目标
	优点	● 瀑布模型的流程是线性的，因此易于理解和管理 ● 每个阶段有明确的输入和输出，这有助于确保质量和项目管理 ● 该模型适用于需求稳定、项目相对简单的情况
	缺点	● 瀑布模型不适用于需求不明确或可能变化的项目 ● 如果在开发过程的后期发现问题，可能需要返回到前面的阶段，这将导致时间和成本的增加 ● 该模型不适合大型和复杂的项目
迭代模型	定义	迭代模型是一种将开发过程分为一系列重复的迭代的模型，每个迭代包括需求分析、系统设计、编码、测试、部署。在每个迭代完成后，可以得到一个可以运行的系统
	优点	● 迭代模型可以逐步完成系统的开发，可以更灵活地应对需求的变化 ● 该模型可以更早地发现和解决问题，降低风险 ● 该模型适用于需求不稳定、项目相对复杂的情况
	缺点	● 迭代模型需要更多的管理和控制 ● 该模型可能会产生较多的文档 ● 该模型可能会导致项目的时间和成本的增加
增量模型	定义	增量模型是将开发过程分为一系列增量的模型，每个增量包括一部分系统的功能。在每个增量完成后，可以得到一个具有部分功能的系统。系统的第一个版本通常包括最重要的功能，后续的版本逐步添加新的功能
	优点	● 增量模型可以逐步完成系统的开发，可以逐步交付系统的功能 ● 该模型可以更早地发现和解决问题，降低风险 ● 该模型适用于需求不稳定、项目相对复杂的情况

续表

名称		说明
增量 模型	缺点	● 增量模型需要更多的管理和控制 ● 该模型需要在项目开始时确定所有的需求 ● 该模型可能会导致项目的时间和成本的增加
螺旋 模型	定义	螺旋模型是将开发过程分为一系列迭代的模型，每个迭代包括需求分析、系统设计、编码、测试、部署，并在每个迭代进行风险分析。在每个迭代完成后，可以得到一个可以运行的系统
	优点	● 螺旋模型可以逐步完成系统的开发，可以更灵活地应对需求的变化 ● 该模型可以在每个迭代进行风险分析，降低风险 ● 该模型适用于需求不稳定、项目相对复杂、风险较高的情况
	缺点	● 螺旋模型需要更多的管理和控制 ● 该模型可能会产生较多的文档 ● 该模型可能会导致项目的时间和成本的增加
敏捷 模型	定义	敏捷模型是一种强调灵活性和快速响应变化的开发模型。敏捷模型包括一系列的敏捷方法和最佳实践，例如 Scrum、Kanban、极限编程（XP）等
	优点	● 敏捷模型可以灵活地应对需求的变化，提高项目的适应性 ● 该模型强调团队的协作和持续改进 ● 该模型适用于需求不稳定、项目相对复杂、时间敏感的情况
	缺点	● 敏捷模型需要团队有较高的自我管理能力 ● 该模型可能不适合需求明确、项目相对简单的情况 ● 该模型可能不适合大型和复杂的项目

常见的敏捷方法包括：

● Scrum。Scrum是一种敏捷开发方法，它将开发过程分为一系列的迭代，每个迭代称为一个Sprint（冲刺），通常持续2~4周。在每个Sprint开始时，需要确定这个Sprint需要实现的需求，并制定Sprint Backlog（冲刺待办列表）。在每个Sprint结束时，需要进行Sprint Review（冲刺评审）和Sprint Retrospective（冲刺回顾）。

● Kanban。Kanban是一种敏捷开发方法，它使用Kanban Board（看板图）来管理开发过程。Kanban Board上有一系列的列，每一列代表一个开发过程的阶段，例如To Do（待办）、In Progress（进行中）、Done（完成）等。在开发过程中，需要将任务从一列移动到下一列。

● 极限编程（XP）。极限编程是一种敏捷开发方法，它强调代码的质量和团队的协作。极限编程包括一系列的最佳实践，例如测试驱动开发（TDD）、持续集成、代码重构等。

开发过程模型是信息系统管理工程师在开发信息系统时需要考虑的重要因素。不同的项目可能适用于不同的开发过程模型，因此需要根据项目的特点和需求，选择合适的开发过程模型。

6.2　软件需求

软件需求是指用户对系统在功能、性能和设计约束等方面的期望。根据 IEEE 的软件工程标准词汇表，软件需求是指用户解决问题或达到目标所需的条件或能力，是系统或系统部件要满足合同、标准、规范或其他正式规定文档所需具有的条件或能力，以及反映这些条件或能力的文档说明。

6.2.1　需求的层次

简单地说，软件需求就是系统必须完成的事以及必须具备的品质。需求是多层次的，包括业务需求、用户需求和系统需求，这 3 个不同层次从抽象到具体，从整体到局部，从概念到细节。

（1）业务需求。业务需求是指反映组织机构或用户对系统、产品高层次的目标要求，从总体上描述了为什么要达到某种效应，组织希望达到什么目标。通常来自项目投资人、购买产品的客户、客户单位的管理人员、市场营销部门或产品策划部门等。通过业务需求可以确定项目视图和范围，项目视图和范围文档把业务需求集中在一个简单、紧凑的文档中，该文档为以后的设计开发工作奠定了基础。

（2）用户需求。用户需求描述的是用户的具体目标，或用户要求系统必须能完成的任务和想要达到的结果，这两方面构成了用户原始需求文档的内容。也就是说，用户需求必须能够体现某种系统将给用户带来的业务价值，描述了用户能使用系统来做些什么。通常采取用户访谈和问卷调查等方式，对用户使用的场景（scenarios）进行整理，从而建立用户需求。

（3）系统需求。系统需求是从系统的角度来说明软件的需求，包括功能需求、非功能需求和约束等。功能需求也称为行为需求，规定了开发人员必须在系统中实现的软件功能，用户利用这些功能来完成任务，满足业务需要。功能需求通常是通过对系统特性的描述表现出来的，所谓特性，是指一组逻辑上相关的功能需求，表示系统为用户提供某项功能（服务），使用户的业务目标得以满足。非功能需求描述了系统展现给用户的行为和执行的操作等，包括产品必须符合的标准、规范和合约，是指系统必须具备的属性或品质，又可细分为软件质量属性（例如性能效率、易用性和可维护性等）和其他非功能需求。约束是指对开发人员在软件产品设计和构造上的限制，常见的有设计约束和过程约束，例如，政府采购的业务系统运行在符合政府采购需求标准的操作系统之上等。

6.2.2　质量功能部署

质量功能部署（Quality Function Deployment，QFD），即通过多种角度对产品的特点进行描述，从而反映产品功能，是一种将用户要求转化成软件需求的技术，其目的是最大限度地提升软件工程过程中用户的满意度。为了达到这个目标，QFD 将软件需求分为三类，分别是常规需求、期望需求和意外需求。

（1）常规需求。用户认为系统应该做到的功能或性能，实现越多用户会越满意。

（2）期望需求。用户想当然认为系统应具备的功能或性能，但他们并不能正确描述自己想要得到的这些功能或性能需求。如果期望需求没有得到实现，会让用户感到不满意。

（3）意外需求。意外需求也称为兴奋需求，是用户要求范围外的功能或性能（但通常是软件开发人员很乐意赋予系统的技术特性），实现这些需求用户会更高兴，但不实现也不影响其购买的决策。意外需求是控制在开发人员手中的，开发人员可以选择实现更多的意外需求，以便得到高满意、高忠诚度的用户，也可以（出于成本或项目周期的考虑）选择不实现任何意外需求。

6.2.3　需求获取

需求获取是确定和理解不同的项目干系人对系统的需求和约束的过程。需求获取是否科学、准确、完整、全面，对需求的形成影响很大，然而用户往往很难完整正确地表述出原始需求，同时用户也很难想象未来的软件应该提供哪些功能以解决其面临的业务问题。因此，需求获取需要在理解业务场景的基础上，调查用户业务范围，涵盖软件生存周期的所有阶段，从用户角度思考，观察用户行为，快速迭代收集用户需求。不同项目干系人对系统的需求不同，与业务关联程度也不尽相同。常见的需求获取方法包括用户访谈、问卷调查、采样、情节串联板和联合需求计划等。

需求获取是开发者和用户之间为了定义新系统而进行交流，是获得系统必要的特征，或者获得用户能接受的、系统必须满足的约束的过程。需求获取始终需要围绕实现或达到的业务目标，以软件能够解决哪些问题为导向，专注用户关键的业务活动，通过具体的需求确保达到业务目标。如果双方所理解的领域内容在系统分析、设计过程出现问题，通常在开发过程的后期才会被发现，将会使整个系统交付延迟，或上线的系统无法或难以使用，最终导致项目失败。例如，遗漏的需求或理解错误的需求。

6.2.4　需求分析

在需求获取阶段获得的需求是杂乱的，是用户对新系统的期望和要求，这些要求有重复的地方，也有矛盾的地方，这样的要求是不能作为软件设计的基础的。一个好的需求应该具有无二义性、完整性、一致性、可测试性、确定性、可跟踪性、正确性和必要性等特性，因此，需要分析人员把杂乱无章的用户要求和期望转化为用户需求，这就是需求分析的工作。

需求分析将提炼、分析和审查已经获取到的需求，以确保所有的项目干系人都明白其含义，并找出其中的错误、遗漏或其他不足的地方。需求分析的关键在于对问题域的研究与理解。为了便于理解问题域，现代软件工程方法所推荐的做法是对问题域进行抽象，将其分解为若干个基本元素，然后对元素之间的关系进行建模。

1. 结构化分析

结构化分析（Structured Analysis，SA）方法能够帮助系统分析人员产生功能规约的原理与技术，其建立的模型的核心是数据字典。围绕这个核心，有三个层次的模型，分别是数据模型、功能模型和行为模型（也称为状态模型）。在实际工作中，一般使用实体关系图（E-R 图）

表示数据模型，用数据流图（Data Flow Diagram，DFD）表示功能模型，用状态转换图（State Transform Diagram，STD）表示行为模型。E-R 图主要描述实体、属性，以及实体之间的关系；DFD 从数据传递和加工的角度，利用图形符号通过逐层细分描述系统内各个部件的功能和数据在它们之间传递的情况，来说明系统所完成的功能；STD 通过描述系统的状态和引起系统状态转换的事件，来表示系统的行为，指出作为特定事件的结果将执行哪些动作（例如，处理数据等）。结构化分析通常包含以下几个步骤：

- 分析业务情况，做出反映当前物理模型的DFD。
- 推导出等价的逻辑模型的DFD。
- 设计新的逻辑系统，生成数据字典和基元描述。
- 建立人机接口，提出可供选择的目标系统物理模型的DFD。
- 确定各种方案的成本和风险等级，据此对各种方案进行分析。
- 选择一种方案。
- 建立完整的需求规约。

1）DFD 需求建模方法

DFD 需求建模方法也称为过程建模和功能建模方法。DFD 建模方法的核心是数据流，从应用系统的数据流着手，以图形方式刻画和表示一个具体业务系统中的数据处理过程和数据流。DFD 建模方法首先抽象出具体应用的主要业务流程，然后分析其输入，如其初始的数据有哪些，这些数据从哪里来，将流向何处，又经过了什么加工，加工后又变成了什么数据，这些数据流最终将得到什么结果。通过对系统业务流程的层层追踪和分析，把要解决的问题清晰地展现及描述出来，为后续的设计、编码及实现系统的各项功能打下基础。DFD 建模方法由 4 种基本元素（模型对象）组成：数据流、处理 / 加工、数据存储和外部项。

- 数据流（Data Flow）。数据流用一个箭头描述数据的流向，箭头上标注的内容可以是信息说明或数据项。
- 处理（Process）。表示对数据进行的加工和转换，在图中用矩形框表示。指向处理的数据流为该处理的输入数据，离开处理的数据流为该处理的输出数据。
- 数据存储。表示用数据库形式或者文件形式存储的数据，对其进行的存取分别以指向或离开数据存储的箭头表示。
- 外部项。也称为数据源或者数据终点。描述系统数据的提供者或者数据的使用者，如教师、学生、采购员、某个组织或部门或其他系统，在图中用圆角框或者平行四边形框表示。

建立 DFD 的目的是描述系统的功能需求。DFD 建模方法利用应用问题域中数据及信息的提供者与使用者、信息的流向、处理、存储 4 种元素描述系统需求，建立应用系统的功能模型。具体的建模过程及步骤如下：

- 明确目标，确定系统范围。首先要明确目标系统的功能需求，并将用户对目标系统的功能需求完整、准确、一致地描述出来，然后确定模型要描述的问题域。虽然在建模过程中这些内容是逐步细化的，但必须自始至终保持一致、清晰和准确。

- 建立顶层DFD。顶层DFD表达和描述了将要实现的系统的主要功能，同时也确定了整个模型的内外关系，表达了系统的边界及范围，也构成了进一步分解的基础。
- 构建第一层DFD分解图。根据应用系统的逻辑功能，把顶层DFD中的处理分解成多个更细化的处理。
- 开发DFD层次结构图。对第一层DFD分解图中的每个处理框做进一步分解，在分解图中要列出所有的处理及其相关信息，并要注意分解图中的处理与信息包括父图中的全部内容。分解可采用以下原则：保持均匀的模型深度；按困难程度进行选择；如果一个处理难以确切命名，可以考虑对它重新分解。
- 检查确认DFD。按照规则检查和确定DFD，以确保构建的DFD模型是正确的、一致的，且满足要求。具体规则包括：父图中描述过的数据流必须要在相应的子图中出现；一个处理至少有一个输入流和一个输出流；一个存储必定有流入的数据流和流出的数据流；一个数据流至少有一端是处理端；模型图中表达和描述的信息是全面的、完整的、正确的和一致的。

经过以上过程与步骤后，顶层图被逐层细化，同时也把面向问题的术语逐渐转化为面向现实的解法，并得到最终的 DFD 层次结构图。层次结构图中的上一层是下一层的抽象，下一层是上一层的求精和细化，而最后一层中的每个处理都是面向一个具体的描述，即一个处理模块仅描述和解决一个问题。

2）数据字典应用

数据字典（Data Dictionary）是一种用户可以访问的记录数据库和应用程序元数据的目录。数据字典是指对数据的数据项、数据结构、数据流、数据存储、处理逻辑等进行定义和描述，其目的是对数据流程图中的各个元素做出详细的说明。简而言之，数据字典是描述数据的信息集合，是对系统中使用的所有数据元素定义的集合。

数据字典最重要的作用是作为分析阶段的工具。任何字典最重要的用途都是供人查询，在结构化分析中，数据字典的作用是给数据流图上每个元素加以定义和说明。换句话说，数据流图上所有元素的定义和解释的文字集合就是数据字典。数据字典中建立的严密一致的定义，有助于改进分析员和用户的通信与交互。数据字典主要包括数据项、数据结构、数据流、数据存储、处理过程等几部分。

- 数据项。数据流图中数据块的数据结构中的数据项说明。数据项是不可再分的数据单位。对数据项的描述通常包括数据项名、数据项含义说明、别名、数据类型、长度、取值范围、取值含义、与其他数据项的逻辑关系等。其中"取值范围""与其他数据项的逻辑关系"定义了数据的完整性约束条件，是设计数据检验功能的依据。若干个数据项可以组成一个数据结构。
- 数据结构。数据流图中数据块的数据结构说明。数据结构反映了数据之间的组合关系。一个数据结构可以由若干个数据项组成，也可以由若干个数据结构组成，或由若干个数据项和数据结构混合组成。对数据结构的描述通常包括数据结构名、含义说明、组成（数据项或数据结构）等。

- 数据流。数据流图中流线的说明。数据流是数据结构在系统内传输的路径。对数据流的描述通常包括：数据流名、说明、数据流来源、数据流去向、组成（数据结构）、平均流量、高峰期流量等。其中"数据流来源"是说明该数据流来自哪个过程，即数据的来源；"数据流去向"是说明该数据流将到哪个过程去，即数据的去向；"平均流量"是指在单位时间（每天、每周、每月等）里的传输次数；"高峰期流量"则是指在高峰时期的数据流量。

- 数据存储。数据流图中数据块的存储特性说明。数据存储是数据结构停留或保存的地方，也是数据流的来源和去向之一。对数据存储的描述通常包括数据存储名、说明、编号、流入的数据流、流出的数据流、组成（数据结构）、数据量、存取方式等。其中"数据量"是指每次存取多少数据，每天（或每小时、每周等）存取几次等信息；"存取方式"包括是批处理还是联机处理，是检索还是更新，是顺序检索还是随机检索等。另外，"流入的数据流"要指出其来源，"流出的数据流"要指出其去向。

- 处理过程。数据流图中功能块的说明。数据字典中只需要描述处理过程的说明性信息，通常包括处理过程名、说明、输入（数据流）、输出（数据流）、处理（简要说明）等。其中"简要说明"中主要说明该处理过程的功能及处理要求。功能是指该处理过程用来做什么（并不是怎样做）；处理要求包括处理频率要求，如单位时间里处理多少事务、多少数据量、响应时间要求等，这些处理要求是后续物理设计的输入及性能评价的标准。

2. 面向对象分析

面向对象的分析（Object-Oriented Analysis，OOA）方法能正确认识其中的事物及它们之间的关系，找出描述问题域和系统功能所需的类和对象，定义它们的属性和职责，以及它们之间所形成的各种联系。最终产生一个符合用户需求，并能直接反映问题域和系统功能的 OOA 模型及其详细说明。

面向对象分析与结构化分析有较大的区别。OOA 所强调的是在系统调查资料的基础上，针对 OO 方法所需要的素材进行的归类分析和整理，而不是对管理业务现状和方法的分析。OOA 模型由 5 个层次（主题层、对象类层、结构层、属性层和服务层）和 5 个活动（标识对象类、标识结构、定义主题、定义属性和定义服务）组成。在这种方法中，定义了两种对象类之间的结构，一种称为分类结构，另一种称为组装结构。分类结构就是所谓的一般与特殊的关系；组装结构则反映了对象之间的整体与部分的关系。

1）OOA 的基本原则

OOA 的基本原则主要包括抽象、封装、继承、分类、聚合、关联、消息通信、粒度控制和行为分析。

- 抽象。抽象是从许多事物中舍弃个别的、非本质的特征，抽取共同的、本质性的特征。抽象是形成概念的必须手段。抽象是面向对象方法中使用最为广泛的原则。抽象原则包括过程抽象和数据抽象两个方面。过程抽象是指任何一个完成确定功能的操作序列，其使用者都可以把它看作一个单一的实体，尽管实际上它可能是由一系列更低级的操作完成的。数据抽象是根据施加于数据之上的操作来定义数据类型，并限定数据的值只能由这些操作来修改和观察。数据抽象是 OOA 的核心原则。它强调把数据（属性）和操作（服务）结合为一个不可分的系统单位（即对象），对象的外部只需要知道它做什么，而不必知道它如何做。

- 封装。封装就是把对象的属性和服务结合为一个不可分的系统单位，并尽可能隐蔽对象的内部细节。这个概念也经常用于从外部隐藏程序单元的内部表示。
- 继承。特殊类的对象拥有其对应的一般类的全部属性与服务，称作特殊类对一般类的继承。在 OOA 中运用继承原则，在特殊类中不再重复地定义一般类中已定义的属性和服务，但是在语义上，特殊类却自动地、隐含地拥有一般类（以及所有更上层的一般类）中定义的全部属性和服务。继承原则的好处是使系统模型比较简练和清晰。
- 分类。分类就是把具有相同属性和服务的对象划分为一类，用类作为这些对象的抽象描述。分类原则实际上是抽象原则运用于对象描述时的一种表现形式。
- 聚合。聚合又称为组装，其原则是把一个复杂的事物看成若干个比较简单的事物的组装体，从而简化对复杂事物的描述。
- 关联。关联是人类思考问题时经常运用的思想方法，即通过一个事物联想到另外的事物。能使人发生联想的原因是事物之间确实存在着某些联系。
- 消息通信。这一原则要求对象之间只能通过消息进行通信，而不允许在对象之外直接地存取对象内部的属性。通过消息进行通信是由于封装原则而引起的。在 OOA 中要求用消息连接表示对象之间的动态联系。
- 粒度控制。一般来讲，人在面对一个复杂的问题域时，不可能在同一时刻既能纵观全局，又能洞察秋毫。因此需要控制自己的视野，即考虑全局时，注意其大的组成部分，暂时不考虑具体的细节；考虑某部分的细节时，则暂时撇开其余的部分。这就是粒度控制原则。
- 行为分析。现实世界中事物的行为是复杂的，在由大量的事物所构成的问题域中，各种行为往往相互依赖、相互交织。

2）OOA 的基本步骤

OOA 大致上遵循如下 5 个基本步骤：

- 确定对象和类。这里所说的对象是对数据及其处理方式的抽象，它反映了系统保存和处理现实世界中某些事物的信息的能力。类是多个对象的共同属性和方法集合的描述，它包括如何在一个类中建立一个新对象的描述。
- 确定结构。结构是指问题域的复杂性和连接关系。类成员结构反映了泛化-特化关系，整体-部分结构反映了整体和局部之间的关系。
- 确定主题。主题是指事物的总体概貌和总体分析模型。
- 确定属性。属性就是数据元素，可用来描述对象或分类结构的实例，可在图中给出，并在对象的存储中指定。

- 确定方法。方法是在收到消息后必须进行的一些处理方法，即方法要在图中定义，并在对象的存储中指定。对于每个对象和结构来说，那些用来增加、修改、删除和选择的方法本身都是隐含的（虽然它们是要在对象的存储中定义的，但并不在图上给出），而有些则是显示的。

6.2.5　需求规格说明书

软件需求规格说明书（Software Requirement Specification，SRS）是在需求分析阶段需要完成的文档，是软件需求分析的最终结果，是确保每个要求得以满足所使用的方法。编制该文档的目的是使项目干系人与开发团队对系统的初始规定有一个共同的理解，使之成为整个开发工作的基础。SRS 是软件开发过程中最重要的文档之一，任何规模和性质的软件项目都不应该缺少。

国家标准 GB/T 8567《计算机软件文档编制规范》中，提供了一个 SRS 的文档模板和编写指南，其中规定 SRS 应该包括范围、引用文件、需求、合格性规定、需求可追踪性、尚未解决的问题、注解和附录。

（1）范围。包括 SRS 适用的系统和软件的完整标识，（若适用）包括标识号、标题、缩略词语、版本号和发行号；简述 SRS 适用的系统和软件的用途，描述系统和软件的一般特性；概述系统开发、运行和维护的历史；标识项目的投资方、需方、用户、承建方和支持机构；标识当前和计划的运行现场；列出其他有关的文档；概述 SRS 的用途和内容，并描述与其使用有关的保密性和私密性的要求；说明编写 SRS 所依据的基础。

（2）引用文件。列出 SRS 中引用的所有文档的编号、标题、修订版本和日期，还应标识不能通过正常的供货渠道获得的所有文档的来源。

（3）需求。这一部分是 SRS 的主体部分，详细描述软件需求，可以分为以下项目：所需的状态和方式、需求概述、需求规格、软件配置项能力需求、软件配置项外部接口需求、软件配置项内部接口需求、适应性需求、保密性和私密性需求、软件配置项环境需求、计算机资源需求（包括硬件需求、硬件资源利用需求、软件需求和通信需求）、软件质量因素、设计和实现约束、数据、操作、故障处理、算法说明、有关人员需求、有关培训需求、有关后勤需求、包装需求和其他需求，以及需求的优先次序和关键程度。

（4）合格性规定。这一部分定义一组合格性的方法，对于第（3）部分中的每个需求，指定所使用的方法，以确保需求得到满足。合格性方法包括演示、测试、分析、审查和特殊的合格性方法（例如，专用工具、技术、过程、设施和验收限制等）。

（5）需求可追踪性。这一部分包括从 SRS 中每个软件配置项的需求到其涉及的系统（或子系统）需求的双向可追踪性。

（6）尚未解决的问题。如果有必要，可以在这一部分说明软件需求中的尚未解决的遗留问题。

（7）注解。包含有助于理解 SRS 的一般信息，例如，背景信息、词汇表、原理等。这一部分应包含为理解 SRS 所需要的术语和定义，所有缩略语和它们在 SRS 中的含义的字母序列表。

（8）附录。提供那些为便于维护 SRS 而单独编排的信息（例如，图表、分类数据等）。为便于处理，附录可以单独装订成册，按字母顺序编排。

另外，国家标准 GB/T 9385《计算机软件需求规格说明规范》也给出了一个详细的 SRS 写作大纲，可以考虑作为 SRS 写作的参考之用。

6.2.6　需求确认

当以 SRS 为基础进行后续开发工作时，如果在开发后期或在交付系统之后才发现需求存在问题，这时修补需求错误就需要做大量的工作。相对而言，在系统分析阶段，检测 SRS 中的错误所采取的任何措施都将节省相当多的时间和资金。因此，有必要对 SRS 的正确性进行验证，以确保需求符合良好特征。需求验证也称为需求确认，其活动需要确定的内容包括：

- SRS 正确地描述了预期的、满足项目干系人需求的系统行为和特征。
- SRS 中的软件需求是从系统需求、业务规格和其他来源中正确推导而来的。
- 需求是完整的和高质量的。
- 需求的表示在所有地方都是一致的。
- 需求为继续进行系统设计、实现和测试提供了足够的基础。

项目团队应通过适当的方式与利益相关方就需求达成一致的理解，包括利益相关方明示的、潜在的和外部接口等方面的需求，以及必须遵守的限制与约束条件。需求利益相关方应涵盖任何可能影响需求的关键人员或事物。应建立和维护软件需求与软件开发各阶段工作产出物之间的关系，确保双向可追溯。

在实际工作中，一般通过需求评审和需求测试工作来对需求进行验证或确认。需求评审就是对 SRS 进行技术评审，SRS 的评审是一项精益求精的技术，它可以发现那些二义性的或不确定性的需求，为项目干系人提供在需求问题上达成共识的方法。需求的遗漏和错误具有很强的隐蔽性，仅仅通过阅读 SRS，通常很难想象在特定环境下系统的行为。只有在业务需求基本明确，用户需求部分确定时，同步进行需求测试，才可能及早发现问题，从而在需求开发阶段以较低的代价解决这些问题。必要时，可以采用模拟仿真、原型展示和专家评审等方式确认需求，解决利益相关方的疑问和发现的问题。

6.2.7　需求变更

在当前的软件开发过程中，需求变更已经成为一种常态。需求变更的原因有很多，可能是需求获取不完整，存在遗漏的需求，可能是对需求的理解产生了误差，也可能是业务变化导致了需求的变化等。一些需求的改进是合理的而且不可避免，要使得软件需求完全不变更，基本上是不可能的。但毫无控制的变更会导致项目陷入混乱，不能按进度完成或者软件质量无法保证。

事实上，迟到的需求变更会对已进行的工作产生非常大的影响。如果不控制变更的影响范围，在项目开发过程中持续不断地采纳新功能，不断地调整资源、进度或者质量标准是极为有害的。如果每一个建议的需求变更都采用，该项目将有可能永远不能完成。软件需求文档应该精确描述要交付的产品与服务，这是一个基本的原则。为了使开发组织能够严格控制软件项目，应该确保：仔细评估已建议的变更、挑选合适的人选对变更做出判定、变更应及时通知所有相关人员、项目要按一定的程序来采纳需求变更、对变更的过程和状态进行控制。

1）变更控制过程

变更控制过程用来跟踪已建议变更的状态，确保已建议的变更不会丢失或疏忽。一旦确定了需求基线，应该使所有已建议的变更都遵循变更控制过程。需求变更管理过程如图 6-1 所示。

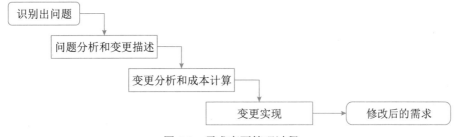

图 6-1　需求变更管理过程

- 问题分析和变更描述。当提出一份变更提议后，需要对该提议做进一步的问题分析，检查它的有效性，从而产生一个更明确的需求变更提议。
- 变更分析和成本计算。当接受该变更提议后，需要对需求变更提议进行影响分析和评估。变更成本计算应该包括该变更所引起的所有改动的成本，例如，修改需求文档，以及相应的设计、实现等工作成本。一旦分析完成并且被确认，应该进行是否执行这一变更的决策。
- 变更实现。当确定执行该变更后，需要根据该变更的影响范围，按照开发的过程模型执行相应的变更。在计划驱动过程模型中，往往需要回溯到需求分析阶段，重新做对应的需求分析、设计和实现等步骤；在敏捷开发模型中，往往会将需求变更纳入下一次迭代的执行过程中。

变更控制过程并不是给变更设置障碍。相反地，它是一个渠道和过滤器，通过它可以确保采纳最合适的变更，使变更产生的负面影响降到最低。

2）变更策略

控制需求变更与项目其他配置的管理决策也有着密切的联系。项目管理应该达成一个策略，用来描述如何处理需求变更，而且策略应具有现实可行性。常见的需求变更策略主要包括：

- 所有需求变更必须遵循变更控制过程。
- 对于未获得批准的变更，不应该做设计和实现工作。
- 应该由项目变更控制委员会决定实现哪些变更。
- 项目风险承担者应该能够了解变更的内容。
- 绝不能从项目配置库中删除或者修改变更请求的原始文档。
- 每一个集成的需求变更必须能跟踪到一个经核准的变更请求。

目前存在很多需求变更跟踪工具，这些工具用来收集、存储和管理需求变更，可以随时按变更状态分类报告变更请求的数目和实现情况等。

3）变更控制委员会

变更控制委员会（Change Control Board，CCB）是项目所有者权益代表，负责裁定接受哪些变更。CCB 由项目所涉及的多方成员共同组成，通常包括用户和实施方的决策人员。CCB 是决策机构，不是作业机构，通常 CCB 的工作是通过评审手段来决定项目是否能变更，但不提出变更方案。变更控制委员会可能包括如下方面的代表：

- 产品或计划管理部门。
- 项目管理部门。
- 开发部门。
- 测试或质量保证部门。
- 市场部或客户代表。
- 用户文档的编制部门。
- 技术支持部门。
- 桌面或用户服务支持部门。
- 配置管理部门。

变更控制委员会应该有一个总则，用于描述变更控制委员会的目的、授权范围、成员构成、做出决策的过程及操作步骤。总则也应该说明举行会议的频率和事由等。授权范围描述该委员会能做什么样的决策，以及哪类决策应上报到高一级的委员会。做出决策的过程及操作步骤主要包括制定决策、交流情况和重新协商约定等。

- 制定决策。制定决策过程的描述应确认：①变更控制委员会必须到会的人数或做出有效决定必须出席的人数；②决策的方法，例如投票，一致通过或其他机制；③变更控制委员会主席是否可以否决该集体的决定等。变更控制委员会应该对每个变更权衡利弊后做出决定："利"包括节省的资金或额外的收入、增强的客户满意度、竞争优势、缩短上市时间等；"弊"是指接受变更后产生的负面影响，包括增加的开发费用、推迟的交付日期、产品质量的下降、减少的功能、用户不满意度等。
- 交流情况。一旦变更控制委员会做出决策，相应的人员应及时更新请求的状态。
- 重新协商约定。变更总是有代价的，即使拒绝的变更也因为决策行为（提交、评估、决策）而耗费了资源。当项目接受了重要的需求变更时，为了适应变更情况，要与管理部门和客户重新协商约定。协商的内容可能包括推迟交付时间、要求增加人手、推迟实现尚未实现的较低优先级的需求，或者在质量上进行调整等。

6.2.8　需求跟踪

需求跟踪包括编制每个需求同系统元素之间的联系文档，这些元素包括其他需求、体系结构、其他设计部件、源代码模块、测试、帮助文件和文档等，是要在整个项目的工件之间形成水平可追踪性。跟踪能力信息使变更影响分析十分便利，有利于确认和评估实现某个建议的需求变更所必需的工作。

需求跟踪提供了由需求到产品实现整个过程范围的明确查阅的能力。需求跟踪的目的是建立与维护"需求 - 设计 - 编程 - 测试"之间的一致性，确保所有的工作成果符合用户需求。需求跟踪有正向跟踪和逆向跟踪两种方式。

- 正向跟踪。检查SRS中的每个需求是否都能在后续工作成果中找到对应点。
- 逆向跟踪。检查设计文档、代码、测试用例等工作成果是否都能在SRS中找到出处。

正向跟踪和逆向跟踪合称为"双向跟踪"。不论采用何种跟踪方式，都要建立与维护需求跟踪矩阵（即表格）。需求跟踪矩阵保存了需求与后续工作成果的对应关系。跟踪能力是优秀 SRS 的一个特征，为了实现可跟踪，必须统一地标识出每一个需求，以便能明确地进行查阅。需求跟踪要求手工操作且劳动强度很大，需要组织提供支持。随着系统开发的进行和维护的执行，要保持关联信息与实际一致。跟踪能力信息一旦过时，可能再也不会重建它。在实际项目中，往往采用专门的配置管理工具来实现需求跟踪。

6.3　软件设计

软件设计的目标是根据软件分析的结果，完成软件构建的过程。其主要目的是绘制软件的蓝图，权衡和比较各种技术和实施方法的利弊，合理分配各种资源，构建新的详细设计方案和相关模型，指导软件实施工作的顺利开展。

软件设计是需求的延伸与拓展。需求阶段解决"做什么"的问题，而软件设计阶段解决"怎么做"的问题。同时，它也是系统实施的基础，为系统实施工作做好铺垫。合理的软件设计方案既可以保证软件的质量，也可以提高开发效率，确保软件实施工作的顺利进行。从方法上来说，软件设计分为结构化设计与面向对象设计。

6.3.1　结构化设计

结构化设计（Structured Design，SD）是一种面向数据流的方法，其目的在于确定软件结构。它以 SRS 和 SA 阶段所产生的 DFD 和数据字典等文档为基础，是一个自顶向下、逐层分解、逐步求精和模块化的过程。SD 方法的基本思想是将软件设计成由相对独立且具有单一功能的模块组成的结构。从管理角度讲，其分为概要设计和详细设计两个阶段。其中，概要设计又称为总体结构设计，是开发过程中很关键的一步，其主要任务是确定软件系统的结构，将系统的功能需求进行模块划分，确定每个模块的功能、接口和模块之间的调用关系，形成软件的模块结构图，即系统结构图。在概要设计中，将系统开发的总任务分解成许多个基本的、具体的任务，而为每个具体任务选择适当的技术手段和处理方法的过程称为详细设计。详细设计的主要任务是为每个模块设计实现的细节，根据任务的不同，详细设计又可分为多种，例如，输入 / 输出设计、处理流程设计、数据存储设计、用户界面设计、安全性和可靠性设计等。

1. 模块结构

系统是一个整体，具有整体性的目标和功能，这些目标和功能的实现是相互联系的各个组成部分共同工作的结果。人们在解决复杂问题时使用的一个很重要的原则，就是将复杂问题分解成多个小问题分别处理，在处理过程中，需要根据系统总体要求，协调各业务部分的关系。在 SD 中，这种功能分解就是将系统划分为模块，模块是组成系统的基本单位，其特点是可以自由组合、分解和变换，系统中任何一个处理功能都可以看成一个模块。

1）信息隐藏与抽象

信息隐藏原则要求采用封装技术，将程序模块的实现细节（过程或数据等）隐藏起来，对于不需要这些信息的其他模块来说是不能访问的，使模块接口尽量简单。按照信息隐藏的原则，系统中的模块应设计成"黑盒"，模块外部只能使用模块接口说明中给出的信息，例如操作和数据类型等。模块之间相对独立，既易于实现，也易于理解和维护。

抽象原则要求抽取事物最基本的特性和行为，参见 6.2.4 小节中关于抽象的说明。

2）模块化

在 SD 方法中，模块是实现功能的基本单位，一般具有功能、逻辑和状态三个基本属性。其中，功能是指该模块"做什么"，逻辑是描述模块内部"怎么做"，状态是该模块使用时的环境和条件。在描述一个模块时，必须按模块的外部特性与内部特性分别描述。模块的外部特性是指模块的模块名、参数表和给程序乃至整个系统造成的影响；模块的内部特性则是指完成其功能的程序代码和仅供该模块内部使用的数据。对于模块的外部环境（例如，需要调用这个模块的上级模块）来说，只需要了解这个模块的外部特性就足够了，不必了解它的内部特性。而软件设计阶段，通常是先确定模块的外部特性，然后再确定其内部特性。

3）耦合

耦合表示模块之间联系的程度。紧密耦合表示模块之间联系非常强，松散耦合表示模块之间联系比较弱，非直接耦合则表示模块之间无任何直接联系。模块的耦合类型通常分为 7 种，根据耦合度从低到高排序如表 6-2 所示。

表 6-2　模块的耦合类型

耦合类型	描述
非直接耦合	两个模块之间没有直接关系，它们之间的联系完全是通过上级模块的控制和调用来实现的
数据耦合	一组模块借助参数表传递简单数据
标记耦合	一组模块通过参数表传递记录等复杂信息（数据结构）
控制耦合	模块之间传递的信息中包含用于控制模块内部逻辑的信息
通信耦合	一组模块共用了一组输入信息，或者它们的输出需要整合以形成完整数据，即共享了输入或输出
公共耦合	多个模块都访问同一个公共数据环境，公共的数据环境可以是全局数据结构、共享的通信区、内存的公共覆盖区等
内容耦合	一个模块直接访问另一个模块的内部数据；一个模块不通过正常入口转到另一个模块的内部；两个模块有一部分程序代码重叠；一个模块有多个入口等

模块之间耦合的强度，主要依赖于一个模块对另一个模块的调用、一个模块向另一个模块传递的数据量、一个模块施加到另一个模块的控制的多少，以及模块之间接口的复杂程度等。

4）内聚

内聚表示模块内部各代码成分之间联系的紧密程度，是从功能角度来度量模块内的联系，一个好的内聚模块应当恰好做目标单一的一件事情。模块的内聚类型通常分为 7 种，根据内聚度从高到低排序如表 6-3 所示。

表 6-3　模块的内聚类型

内聚类型	描述
功能内聚	完成一个单一功能，各个部分协同工作，缺一不可
顺序内聚	处理元素相关，而且必须顺序执行
通信内聚	所有处理元素集中在一个数据结构的区域上
过程内聚	处理元素相关，而且必须按特定的次序执行
时间内聚	所包含的任务必须在同一时间间隔内执行
逻辑内聚	完成逻辑上相关的一组任务
偶然内聚	完成一组没有关系或松散关系的任务

一般来说，系统中各模块的内聚度越高，则模块间的耦合度就越低，但这种关系并不是绝对的。耦合度低使得模块间尽可能相对独立，各模块可以单独开发和维护；内聚度高使得模块的可理解性和维护性大大增强。因此，在模块的分解中应尽量减少模块的耦合，力求增加模块的内聚，遵循"高内聚、低耦合"的设计原则。

2. 系统结构图

系统结构图（Structure Chart，SC）又称为模块结构图，它是软件概要设计阶段的工具，反映系统的功能实现和模块之间的联系与通信，包括各模块之间的层次结构，即反映了系统的总体结构。在系统分析阶段，系统分析师可以采用 SA 方法获取由 DFD、数据字典和加工说明等组成的系统的逻辑模型；在系统设计阶段，系统设计师可根据一些规则，从 DFD 中导出系统初始的 SC。

详细设计的主要任务是设计每个模块的实现算法、所需的局部数据结构。详细设计的目标有两个：实现模块功能的算法要逻辑上正确，算法描述要简明易懂。详细设计必须遵循概要设计来进行。详细设计方案的更改，不得影响到概要设计方案；如果需要更改概要设计，必须经过项目经理的同意。详细设计应该完成详细设计文档，主要是模块的详细设计方案说明。设计的基本步骤如下：

● 分析并确定输入/输出数据的逻辑结构。
● 找出输入数据结构和输出数据结构中有对应关系的数据单元。
● 按一定的规则由输入、输出的数据结构导出程序结构。
● 列出基本操作与条件，并把它们分配到程序结构图的适当位置。
● 用伪码写出程序。

详细设计的表示工具有图形工具、表格工具和语言工具。

1）图形工具

利用图形工具可以把过程的细节用图形描述出来。具体的图形有程序流程图、PAD（Problem Analysis Diagram）图、NS 流程图（由 Nassi 和 Shneiderman 开发，简称 NS）等。

- 程序流程图。又称为程序框图，是使用最广泛的一种描述程序逻辑结构的工具。它用方框表示一个处理步骤，用菱形表示一个逻辑条件，用箭头表示控制流向。其优点是结构清晰，易于理解，易于修改；缺点是只能描述执行过程而不能描述有关的数据。
- NS流程图。也称为盒图或方框图，是一种强制使用结构化构造的图示工具。其具有以下特点：功能域明确，不可能任意转移控制，很容易确定局部和全局数据的作用域，很容易表示嵌套关系及模板的层次关系。
- PAD图。一种改进的图形描述方式，可以用来取代程序流程图，比程序流程图更直观，结构更清晰。其最大的优点是能够反映和描述自顶向下的历史和过程。PAD图提供了5种基本控制结构的图示，并允许递归使用。

2）表格工具

可以用一张表来描述过程的细节，在这张表中列出了各种可能的操作和相应的条件。

3）语言工具

用某种高级语言来描述过程的细节，例如 PDL（Program Design Language）。PDL 也可称为伪码或结构化语言，它用于描述模块内部的具体算法，以便开发人员之间比较精确地进行交流。语法是开放式的，其外层语法是确定的，而内层语法则不确定。外层语法描述控制结构，它用类似于一般编程语言控制结构的关键字表示，所以是确定的。内层语法描述具体操作，考虑到不同软件系统的实际操作种类繁多，因而内层语法不确定，它可以按系统的具体情况和不同的设计层次灵活选用。

PDL 的优点是：可以作为注释直接插入源程序中；可以使用普通的文本编辑工具或文字处理工具产生和管理；已经有自动处理程序存在，而且可以自动由 PDL 生成程序代码。

PDL 的不足是：不如图形工具形象直观，描述复杂的条件组合与动作间的对应关系时，不如判定树清晰简单。

6.3.2   面向对象设计

面向对象设计（Object-Oriented Design，OOD）是 OOA 方法的延续，其基本思想包括抽象、封装和可扩展性，其中可扩展性主要通过继承和多态来实现。在 OOD 中，数据结构和在数据结构上定义的操作算法封装在一个对象之中。由于现实世界中的事物都可以抽象出对象的集合，所以 OOD 方法是一种更接近现实世界、更自然的软件设计方法。

OOD 的主要任务是对类和对象进行设计，这是 OOD 中最重要的组成部分，也是最复杂和最耗时的部分。其主要包括类的属性、方法，以及类与类之间的关系。OOD 的结果就是设计模型。对于 OOD 而言，在支持可维护性的同时，提高软件的可复用性是一个至关重要的问题，如何同时提高软件的可维护性和可复用性，是 OOD 需要解决的核心问题之一。在 OOD 中，可维护性的复用是以设计原则为基础的。

常用的 OOD 原则包括：

- 单职原则。一个类应该有且仅有一个引起它变化的原因，否则类应该被拆分。
- 开闭原则。对扩展开放，对修改封闭。当应用的需求改变时，在不修改软件实体的源代码或者二进制代码的前提下，可以扩展模块的功能，使其满足新的需求。
- 里氏替换原则。子类可以替换父类，即子类可以扩展父类的功能，但不能改变父类原有的功能。
- 依赖倒置原则。要依赖于抽象，而不是具体实现；要针对接口编程，不要针对实现编程。
- 接口隔离原则。使用多个专门的接口比使用单一的总接口要好。
- 组合重用原则。要尽量使用组合，而不是继承关系达到重用目的。
- 迪米特原则（最少知识法则）。一个对象应当对其他对象有尽可能少的了解。其目的是降低类之间的耦合度，提高模块的相对独立性。

在 OOD 中，类可以分为三种类型：实体类、控制类和边界类。

1）实体类

实体类映射需求中的每个实体。实体类保存需要存储在永久存储体中的信息，例如，在线教育平台系统可以提取出学员类和课程类，它们都属于实体类。实体类通常都是永久性的，它们所具有的属性和关系是长期需要的，有时甚至在系统的整个生存期都需要。实体类对用户来说是最有意义的类，通常采用业务领域术语命名，一般来说是一个名词。在用例模型向领域模型的转化中，一个参与者一般对应于实体类。通常可以从 SRS 中那些与数据库表（需要持久存储）对应的名词着手来找寻实体类。通常情况下，实体类一定有属性，但不一定有操作。

2）控制类

控制类是用于控制用例工作的类，一般是由动宾结构的短语（"动词 + 名词"或"名词 + 动词"）转化来的名词，例如，用例"身份验证"可以对应于一个控制类"身份验证器"，它提供了与身份验证相关的所有操作。控制类用于对一个或几个用例所特有的控制行为进行建模，控制对象（控制类的实例）通常控制其他对象，因此，它们的行为具有协调性。

控制类将用例的特有行为进行封装，控制对象的行为与特定用例的实现密切相关，当系统执行用例的时候，就产生了一个控制对象，控制对象经常在其对应的用例执行完毕后消亡。通常情况下，控制类没有属性，但一定有方法。

3）边界类

边界类用于封装在用例内、外流动的信息或数据流。边界类位于系统与外界的交接处，包括所有窗体、报表、打印机和扫描仪等硬件的接口，以及与其他系统的接口。要寻找和定义边界类，可以检查用例模型，每个参与者和用例交互至少要有一个边界类，边界类使参与者能与系统交互。边界类是一种用于对系统外部环境与其内部运作之间的交互进行建模的类。常见的边界类有窗口、通信协议、打印机接口、传感器和终端等。实际上，在系统设计时，产生的报表都可以作为边界类来处理。

边界类用于系统接口与系统外部进行交互，边界对象将系统与其外部环境的变更（例如，与其他系统的接口的变更、用户需求的变更等）分隔开，使这些变更不会对系统的其他部分造成影响。通常情况下，边界类可以既有属性也有方法。

6.3.3 统一建模语言

统一建模语言（Unified Modeling Language，UML）是一种定义良好、易于表达、功能强大且普遍适用的建模语言。它融入了软件工程领域的新思想、新方法和新技术，它的作用域不仅支持 OOA（面向对象分析）和 OOD（面向对象设计），还支持从需求分析开始的软件开发的全过程。从总体上看，UML 的结构包括构造块、规则和公共机制三个部分，如表 6-4 所示。

表 6-4　UML 的结构

部分	说明
构造块	UML 有三种基本的构造块，分别是事物（Thing）、关系（Relationship）和图（Diagram）。事物是 UML 的重要组成部分，关系把事物紧密联系在一起，图是多个相互关联的事物的集合
规则	规则是构造块如何放在一起的规定，包括为构造块命名；给一个名字以特定含义的语境，即范围；怎样使用或看见名字，即可见性；事物如何正确、一致地相互联系，即完整性；运行或模拟动态模型的含义是什么，即执行
公共机制	公共机制是指达到特定目标的公共 UML 方法，主要包括规格说明（详细说明）、修饰、公共分类（通用划分）和扩展机制 4 种

1. UML 中的事物

UML 中的事物也称为建模元素，包括结构事物（Structural Things）、行为事物（Behavioral Things，也称动作事物）、分组事物（GroupingThings）和注释事物（Annotational Things，也称注解事物）。这些事物是 UML 模型中最基本的 OO（Object-Oriented，面向对象）构造块，如表 6-5 所示。

表 6-5　UML 中的事物

建模元素	说明
结构事物	结构事物在模型中属于最静态的部分，代表概念上或物理上的元素。UML 有 7 种结构事物，分别是类、接口、协作、用例、活动类、构件和节点
行为事物	行为事物是 UML 模型中的动态部分，代表时间和空间上的动作。UML 有两种主要的行为事物。第一种是交互（内部活动），交互是由一组对象之间在特定上下文中，为达到特定目的而进行的一系列消息交换而组成的动作。交互中组成动作的对象的每个操作都要详细列出，包括消息、动作次序（消息产生的动作）、连接（对象之间的连接）。第二种是状态机，状态机由一系列对象的状态组成
分组事物	分组事物是 UML 模型中组织的部分，可以把它们看成盒子，模型可以在其中进行分解。UML 只有一种分组事物，称为包。包是一种将有组织的元素分组的机制。与构件不同的是，包纯粹是一种概念上的事物，只存在于开发阶段，而构件可以存在于系统运行阶段
注释事物	注释事物是 UML 模型的解释部分

2. UML 中的关系

UML 用关系把事物结合在一起，主要有 4 种关系，分别为：

- 依赖（Dependency）。依赖是两个事物之间的语义关系，其中一个事物发生变化会影响另一个事物的语义。
- 关联（Association）。关联是指一种对象和另一种对象有联系。
- 泛化（Generalization）。泛化是一般元素和特殊元素之间的分类关系，描述特殊元素的对象可替换一般元素的对象。
- 实现（Realization）。实现将不同的模型元素（例如，类）连接起来，其中的一个类指定了由另一个类保证执行的契约。

3. UML 2.0 中的图

UML 2.0 包括 14 种图，如表 6-6 所示。

表 6-6　UML 2.0 中的图

种类	说明
类图（Class Diagram）	类图描述一组类、接口、协作和它们之间的关系。在 OO 系统的建模中，最常见的图就是类图。类图给出了系统的静态设计视图，活动类的类图给出了系统的静态进程视图
对象图（Object Diagram）	对象图描述一组对象及它们之间的关系。对象图描述了在类图中所建立的事物实例的静态快照。和类图一样，这些图给出系统的静态设计视图或静态进程视图，但它们是从真实案例或原型案例的角度建立的
构件图（Component Diagram）	构件图描述一个封装的类和它的接口、端口，以及由内嵌的构件和连接件构成的内部结构。构件图用于表示系统的静态设计实现视图。对于由小的部件构建的大的系统来说，构件图是很重要的。构件图是类图的变体
组合结构图（Composite Structure Diagram）	组合结构图描述类中的内部构造，包括结构化类与系统其余部分的交互点。组合结构图用于画出结构化类的内部内容。组合结构图比类图更抽象
用例图（Use Case Diagram）	用例图是用户与系统交互的最简表示形式。用例图给出系统的静态用例视图。这些图在对系统的行为进行组织和建模时是非常重要的
顺序图（Sequence Diagram，也称序列图）	顺序图也是一种交互图，它是强调消息的时间次序的交互图（Interaction Diagram），交互图展现了一种交互，它由一组对象或参与者以及它们之间可能发送的消息构成。交互图专注于系统的动态视图
通信图（Communication Diagram）	通信图也是一种交互图，它强调收发消息的对象或参与者的结构组织。顺序图和通信图表达了类似的基本概念，但它们所强调的概念不同，顺序图强调的是时序，通信图表达的是对象之间相互协作完成一个复杂功能。在 UML 1.X 版本中，通信图称为协作图（Collaboration Diagram）
定时图（Timing Diagram，也称计时图）	定时图也是一种交互图，用来描述对象或实体随时间变化的状态或值，及其相应的时间或期限约束。它强调消息跨越不同对象或参与者的实际时间，而不仅仅关心消息的相对顺序

种类	说明
状态图（State Diagram）	状态图描述一个实体基于事件反应的动态行为，显示了该实体如何根据当前所处的状态对不同的事件做出反应。它由状态、转移、事件、活动和动作组成。状态图给出了对象的动态视图。它对于接口、类或协作的行为建模尤为重要，而且它强调事件导致的对象行为，这非常有助于对反应式系统建模
活动图（Activity Diagram）	活动图将进程或其他计算结构展示为计算内部一步步的控制流和数据流。活动图专注于系统的动态视图。它对系统的功能建模和业务流程建模特别重要，并强调对象间的控制流程。活动图在本质上是一种流程图
部署图（Deployment Diagram）	部署图描述对运行时的处理节点及在其中生存的构件的配置。部署图给出了架构的静态部署视图，通常一个节点包含一个或多个部署图
制品图（Artifact Diagram）	制品图描述计算机中一个系统的物理结构。制品包括文件、数据库和类似的物理比特集合。制品图通常与部署图一起使用。制品也给出了它们实现的类和构件
包图（Package Diagram）	包图描述由模型本身分解而成的组织单元，以及它们之间的依赖关系
交互概览图（Interaction Overview Diagram）	交互概览图是活动图和顺序图的混合物

4. UML 视图

UML 对系统架构的定义是系统的组织结构，包括系统分解的组成部分，以及它们的关联性、交互机制和指导原则等提供系统设计的信息。具体来说，就是指以下 5 个系统视图：

- 逻辑视图。逻辑视图也称为设计视图，它用系统静态结构和动态行为来展示系统内部的功能是如何实现的，其侧重点在于如何得到功能。它表示了设计模型中在架构方面具有重要意义的部分，即类、子系统、包和用例实现的子集。
- 进程视图。进程视图是可执行线程和进程作为活动类的建模，它是逻辑视图的一次执行实例，描述了并发与同步结构。
- 实现视图。实现视图对组成基于系统的物理代码的文件和构件进行建模。
- 部署视图。部署视图把构件部署到一组物理节点上，表示软件到硬件的映射和分布结构。
- 用例视图。用例视图是最基本的需求分析模型。它从外部角色的视角来展示系统功能。

另外，UML 还允许在一定的阶段隐藏模型的某些元素、遗漏某些元素，以及不保证模型的完整性，但模型逐步地要达到完整和一致。

6.3.4　设计模式

设计模式是前人经验的总结，它使人们可以方便地复用成功的软件设计。当人们在特定的环境下遇到特定类型的问题时，采用他人已使用过的一些成功的解决方案，一方面可以降低分析、设计和实现的难度，另一方面可以使系统具有更好的可复用性和灵活性。设计模式包含模式名称、问题、目的、解决方案、效果、实例代码和相关设计模式等基本要素。

根据处理范围不同，设计模式可分为类模式和对象模式。类模式处理类和子类之间的关系，这些关系通过继承建立，在编译时刻就被确定下来，属于静态关系；对象模式处理对象之间的关系，这些关系在运行时刻变化，更具动态性。

根据目的和用途不同，设计模式可分为创建型（Creational）模式、结构型（Structural）模式和行为型（Behavioral）模式三种。创建型模式主要用于创建对象，包括工厂方法模式、抽象工厂模式、原型模式、单例模式和建造者模式等；结构型模式主要用于处理类或对象的组合，包括适配器模式、桥接模式、组合模式、装饰模式、外观模式、享元模式和代理模式等；行为型模式主要用于描述类或对象的交互以及职责的分配，包括职责链模式、命令模式、解释器模式、迭代器模式、中介者模式、备忘录模式、观察者模式、状态模式、策略模式、模板方法模式、访问者模式等。

6.4 软件实现

软件设计完成后，进入软件开发实现过程，在此过程中，需要重点关注软件配置管理、软件编码、软件测试、部署交付以及过程能力成熟度建设等。

6.4.1 软件编码

目前，人和计算机通信仍须使用人工设计的语言，也就是程序设计语言。所谓编码，就是把软件设计的结果翻译成计算机可以"理解和识别"的形式——用某种程序设计语言书写的程序。作为软件工程的一个步骤，编码是设计的自然结果，因此，程序的质量主要取决于软件设计的质量。但是，程序设计语言的特性和编码途径也会对程序的可靠性、可读性、可测试性和可维护性产生深远的影响。

1）程序设计语言

编码的目的是实现人和计算机的通信，指挥计算机按人的意志正确工作。程序设计语言是人和计算机通信的最基本工具，程序设计语言的特性不可避免地会影响人的思维和解决问题的方式，会影响人和计算机通信的方式和质量，也会影响他人阅读和理解程序的难易程度。因此，编码之前的一项重要工作就是选择一种恰当的程序设计语言。

2）程序设计风格

在软件生存期中，开发者经常要阅读程序。特别是在软件测试阶段和维护阶段，编写程序的人员与参与测试、维护的人员都要阅读程序。因此，阅读程序是软件开发和维护过程中的一个重要组成部分，而且读程序的时间比写程序的时间还要多。这就要求编写的程序不仅要自己看得懂，也要让别人能看懂。20 世纪 70 年代初，有人提出在编写程序时，应使程序具有良好的风格。程序设计风格包括 4 个方面：源程序文档化、数据说明、语句结构和输入 / 输出方法。应尽量从编码原则的角度提高程序的可读性，改善程序的质量。

3）程序复杂性度量

经过详细设计后，每个模块的内容都已非常具体，因此可以使用软件设计的基本原理和概念仔细衡量它们的质量。但是，这种衡量毕竟只是定性的，人们希望能进一步定量度量软件的性质。定量度量程序复杂程度的方法很有价值，把程序的复杂度乘以适当的常数即可估算出软件中故障的数量及软件开发时的工作量。定量度量的结构可以用于比较两个不同设计或两种不同算法的优劣，程序的定量的复杂程度可以作为模块规模的精确限度。

4）编码效率

编码效率主要包括以下几方面：

- 程序效率。程序的效率是指程序的执行速度及程序所需占用的内存空间。一般来说，任何对效率无重要改善，且对程序的简单性、可读性和正确性不利的程序设计方法都是不可取的。
- 算法效率。源程序的效率与详细设计阶段确定的算法的效率直接相关。在详细设计翻译转换成源程序代码后，算法效率反映为程序的执行速度和存储容量的要求。
- 存储效率。存储容量对软件设计和编码的制约很大。因此要选择可生成较短目标代码且存储压缩性能优良的编译程序，有时需要采用汇编程序，通过程序员富有创造性的努力，提高软件的时间与空间效率。提高存储效率的关键是程序的简单化。
- IO效率。输入/输出可分为两种类型：一种是面向人（操作员）的输入/输出；另一种是面向设备的输入/输出。如果操作员能够十分方便、简单地输入数据，或者能够十分直观、一目了然地了解输出信息，则可以说面向人的输入/输出是高效的。至于面向设备的输入/输出，主要考虑设备本身的性能特性。

5）软件调试

软件调试在逻辑单元层面可以保证开发的正确性，同时，软件调试与测试形影相随。软件调试过程可以发现错误，根据错误迹象确定错误的原因和准确位置，并加以改正。常用的软件调试策略可以分为蛮力法、回溯法和原因排除法三类。

6.4.2　软件测试

软件测试是在将软件交付给客户之前所必须完成的重要步骤。软件测试是使用人工或自动化的手段来运行或验证某个软件系统的过程，其目的在于检验其是否满足规定的需求或弄清预期结果与实际结果之间的差别。

软件测试的目的就是确保软件的质量，确认软件以正确的方式做了用户所期望的事情，所以软件测试工作主要是发现软件的错误，有效定义和实现软件成分由低层到高层的组装过程，验证软件是否满足任务书和系统定义文档所规定的技术要求，为软件质量模型的建立提供依据。软件测试不仅要确保软件的质量，还要给开发人员提供信息，以方便其为风险评估做相应的准备，重要的是软件测试要贯穿整个软件开发的过程，保证整个软件开发的过程是高质量的。目前，软件的正确性证明尚未得到根本解决，软件测试仍是发现软件错误（缺陷）的主要手段。根据国家标准 GB/T 15532《计算机软件测试规范》，软件测试的目的是验证软件是否满足软件开发合同或项目开发计划、系统 / 子系统设计文档、SRS、软件设计说明和软件产品说明等规定的软件质量要求。通过测试，发现软件缺陷，为软件产品的质量测量和评价提供依据。

1. 测试方法

软件测试方法可分为静态测试和动态测试。

1）静态测试

静态测试是指被测试程序不在机器上运行，只依靠分析或检查源程序的语句、结构、过程等来检查程序是否有错误。即通过对软件的需求规格说明书、设计说明书以及源程序做结构分析和流程图分析，从而找出错误。静态测试包括对文档的静态测试和对代码的静态测试。对文档的静态测试主要以检查单的形式进行，而对代码的静态测试一般采用桌前检查（Desk Checking）、代码走查和代码审查。经验表明，使用这种方法能够有效地发现 30% ～ 70% 的逻辑设计和编码错误。

2）动态测试

动态测试是指在计算机上实际运行程序进行软件测试，对得到的运行结果与预期的结果进行比较分析，同时分析运行效率和健壮性能等。一般采用白盒测试和黑盒测试方法。

白盒测试也称为结构测试，主要用于软件单元测试中。其主要思想是，将程序看作一个透明的白盒，测试人员完全清楚程序的结构和处理算法，按照程序内部逻辑结构设计测试用例，检测程序中的主要执行通路是否都能按设计规格说明书的设定进行。白盒测试方法是从程序结构方面出发对测试用例进行设计，主要用于检查各个逻辑结构是否合理，对应的模块独立路径是否正常以及内部结构是否有效。白盒测试包括控制流测试、数据流测试和程序变异测试等。另外，使用静态测试的方法也可以实现白盒测试。例如，使用人工检查代码的方法来检查代码的逻辑问题，也属于白盒测试的范畴。白盒测试方法中，最常用的技术是逻辑覆盖，即使用测试数据运行被测程序，考察对程序逻辑的覆盖程度。主要的覆盖标准有语句覆盖、判定覆盖、条件覆盖、条件 / 判定覆盖、条件组合覆盖、修正的条件 / 判定覆盖和路径覆盖等。

黑盒测试也称为功能测试，通过测试来检测每个功能是否能正常使用。黑盒测试将程序看作一个不透明的黑盒，完全不考虑（或不了解）程序的内部结构和处理算法，根据需求规格说明书设计测试用例，并检查程序的功能是否能够按照规范说明准确无误地运行。对于黑盒测试行为必须加以量化，才能够有效地保证软件的质量。黑盒测试根据 SRS 所规定的功能来设计测试用例，方法一般包括等价类划分、边界值分析、判定表、因果图、状态图、随机测试、猜错法和正交试验法等。

2. 测试类型

根据国家标准 GB/T 15532《计算机软件测试规范》，软件测试可分为单元测试、集成测试、确认测试、系统测试、配置项测试和回归测试等类型，如表 6-7 所示。

表 6-7   测试类型说明

测试类型	说明
单元测试	单元测试主要是对该软件的模块进行测试，测试的对象是可独立编译或汇编的程序模块、软件构件或 QQ 软件中的类（统称为模块），其目的是检查每个模块能否正确地实现设计说明中的功能、性能、接口和其他设计约束等条件，发现模块内可能存在的各种差错。单元测试的技术依据是软件详细设计说明书，着重从模块接口、局部数据结构、重要的执行通路、出错处理通路和边界条件等方面对模块进行测试
集成测试	集成测试一般要对已经严格按照程序设计要求和标准组装起来的模块同时进行测试，明确该程序结构组装的正确性，发现和接口有关的问题。在这一阶段，一般采用白盒测试和黑盒测试结合的方法进行测试，验证这一阶段设计的合理性以及需求功能的实现性。集成测试的技术依据是软件概要设计文档。除应满足一般的测试准入条件外，在进行集成测试前还应确认待测试的模块均已通过单元测试
确认测试	确认测试主要用于验证软件的功能、性能和其他特性是否与用户需求一致
系统测试	系统测试的对象是完整的、集成的计算机系统，目的是在真实系统工作环境下，检测完整的软件配置项能否和系统正确连接，并满足系统 / 子系统设计文档和软件开发合同规定的要求。主要测试内容包括功能测试、性能测试、健壮性测试、安装及反安装测试、用户界面测试、压力测试、可靠性及安全性测试等。其中，最重要的工作是进行功能测试与性能测试。功能测试主要采用黑盒测试方法；性能测试主要验证软件系统在承担一定负载的情况下所表现出来的特性是否符合客户的需要。系统测试过程较为复杂，由于在系统测试阶段不断变更需求造成功能的删除或增加，从而使程序不断出现相应的更改，而程序在更改后可能会出现新的问题，或者原本没有问题的功能由于更改导致出现问题。所以，测试人员必须进行多轮回归测试。系统测试的结束标志是测试工作已满足测试目标所规定的需求覆盖率，并且测试所发现的缺陷已全部归零
配置项测试	配置项测试的对象是软件配置项，配置项测试的目的是检验软件配置项与 SRS 的一致性，配置项测试的技术依据是 SRS（含接口需求规格说明）。除应满足一般测试的准入条件外，在进行配置项测试之前，还应确认被测软件配置项已通过单元测试和集成测试
回归测试	回归测试的目的是测试软件变更之后，变更部分的正确性和对变更需求的符合性，以及软件原有的、正确的功能、性能和其他规定的要求的不损害性

随着需求的不断变更，软件需求不断演进更新，软件功能不断出现相应的更改，而程序在更改后可能会引发新的问题，或者原本没有问题的功能也会由于更改而出现问题，因此需要开展多轮回归测试。

3. 面向对象的测试

OO 系统的测试目标与传统信息系统的测试目标是一致的，但 OO 系统的测试策略与传统的结构化系统的测试策略有很大的不同，这种不同主要体现在两个方面，分别是测试的焦点从模块移向了类，以及测试的视角扩大到了分析和设计模型。与传统的结构化系统相比，OO 系统具有三个明显特征，即封装性、继承性与多态性。正是由于这三个特征，给 OO 系统的测试带来了一系列的困难。封装性决定了 OO 系统的测试必须考虑到信息隐蔽原则对测试的影响，以及对象状态与类的测试序列；继承性决定了 OO 系统的测试必须考虑到继承对测试充分性的影响，以及误用引起的错误；多态性决定了 OO 系统的测试必须考虑到动态绑定对测试充分性的影响，抽象类的测试及误用对测试的影响。

4. 软件调试

软件调试（排错）与成功的测试形影相随。测试成功的标志是发现了错误，而根据错误迹象确定错误的原因和准确位置，并加以改正，主要依靠软件调试技术。常用的软件调试策略可以分为蛮力法、回溯法和原因排除法三类。

6.5　部署交付

软件开发完成后，必须部署在最终用户的正式运行环境中，交付给最终用户使用，才能为用户创造价值。传统的软件工程不包括软件部署与交付，但不断增长的软件复杂度和部署所面临的风险，迫使人们开始关注软件部署。软件部署是一个复杂的过程，包括从开发商发放产品，到应用者在他们的计算机上实际安装并维护应用的所有活动。这些活动包括开发商的软件打包，组织及用户对软件的安装、配置、测试、集成和更新等。同时，需求和市场的不断变化导致软件的部署和交付不再是一劳永逸的，而是一个持续不断的过程，伴随在整个软件的开发过程中。

6.5.1　软件部署

软件部署是软件生命周期中的一个重要环节，属于软件开发的后期活动，即通过配置、安装和激活等活动来保障软件产品的后续运行。部署技术影响着整个软件过程的运行效率和投入成本，软件系统部署的管理代价占到整个软件管理开销的大部分。其中软件配置过程极大地影响着软件部署结果的正确性，应用系统的配置是整个部署过程中的主要错误来源。据调查机构 Standish Group 的统计，软件的缺陷所造成的损失，相当大的部分是由于部署的失败所引起的，可见软件部署工作的重要意义。

（1）软件部署存在风险，这是由以下原因造成的：应用软件越来越复杂，包括许多构件、版本和变种；应用发展很快，相继两个版本的间隔很短（可能只有几个月）；环境的不确定性；构件的来源多样性等。

（2）软件部署过程的主要特征有：过程覆盖度、过程可变更性、过程间协调和模型抽象。已经提出一些抽象的软件部署模型，用于有效地指导部署过程，包括应用模型、组织模型、站点模型、产品模型、策略模型和部署模型。

（3）软件部署过程中需要关注的问题有：安装和系统运行的变更管理，构件之间的相依、协调，内容发放，管理异构平台，部署过程的可变更性，与互联网的集成和安全性。

（4）软件部署的目的是支持软件运行，满足用户需求，使得软件系统能够被直接使用并保障软件系统的正常运行和功能实现，简化部署的操作过程，提高执行效率，同时还必须满足软件用户在功能和非功能属性方面的个性化需求。

（5）软件部署模式分为面向单机软件的部署模式、集中式服务器应用部署和基于微服务的分布式部署。面向单机软件的部署模式主要适用于运行在操作系统之上的单机类型的软件，如软件的安装、配置和卸载；集中式服务器应用部署主要适用于用户访问量小（500 人以下）、硬件环境要求不高的情况，诸如中小型组织、高校在线学习、实训平台等；基于微服务的分布式部署主要适用于用户访问量大，并发性要求高的云原生应用，通常需要借助容器和 DevOps 技术进行持续部署与集成。

部署实施单位应协调开发方和相关干系人在目标环境分发、安装和配置软件，完成计划实施的活动，并确认部署实施达到约定的要求，记录实施过程并报告结果。如果软件部署不成功，应按照部署计划中的回退计划实施回退。

在软件部署活动结束后，实施单位应对部署活动进行总结，优化部署计划和部署过程，提升软件部署效率和成功率。

6.5.2　软件交付

传统的软件交付过程是指在编程序、改代码之后，直到将软件发布给用户使用之前的一系列活动，如提交、集成、构建、部署、测试等。传统的软件交付流程通常包括 4 个步骤：首先，业务人员会产生一个关于软件的想法；然后，开发人员将这个想法变为一个产品或者功能；经过测试人员的测试之后提交给用户使用并产生收益；最后，运维人员参与产品或功能的后期运维。

传统的软件交付流程可能存在的问题有：

- 业务人员产生的需求文档沟通效率较低，有时会产生需求文档描述不明确、需求文档变更频繁等问题。
- 随着开发进度的推进，测试人员的工作量会逐步增加，测试工作的比重会越来越大。而且由于测试方法和测试工具有限，自动化测试程度低，无法很好地把控软件质量。
- 真实项目中运维的排期经常会被挤占，又因为手工运维烦琐复杂，时间和技术上的双重压迫会导致运维质量难以保证。

因为存在以上问题，所以传统的软件交付经常会出现开发团队花费大量成本开发出的功能或产品并不能满足客户需求的局面。由此可以总结出传统的软件交付存在两个层面的困境：

- 从表现层来看，传统软件交付存在进度不可控、流程不可控、环境不稳定、协作不顺畅等困境。
- 表现层的问题其实都是由底层问题引起的，从根源上来说，存在分支冗余导致合并困难，缺陷过多导致阻塞测试，开发环境、测试环境、部署环境不统一导致的未知错误，代码提交版本混乱无法回溯，等待上线周期过长，项目部署操作复杂经常失败，上线之后出现问题需要紧急回滚，架构设计不合理导致发生错误之后无法准确定位等困境。

6.5.3　持续交付

经过对传统软件交付问题的分析和总结，持续交付应运而生，持续交付是一系列开发实践方法，用来确保代码快速、安全地部署到生产环境中。持续交付是一个完全自动化的过程，当业务开发完成时，可以做到一键部署。持续交付提供了一套更为完善的解决传统软件开发流程所存在问题的方案，主要体现在：

- 在需求阶段，抛弃了传统的需求文档的方式，使用便于开发人员理解的用户故事。
- 在开发测试阶段，做到持续集成，让测试人员尽早进入项目开始测试。
- 在运维阶段，打通开发和运维之间的通路，保持开发环境和运维环境的统一。

持续交付具备的优势主要包括：

- 持续交付能够有效缩短提交代码到正式部署上线的时间，降低部署风险。
- 持续交付能够自动地、快速地提供反馈，及时发现和修复缺陷。
- 持续交付让软件在整个生命周期内都处于可部署的状态。
- 持续交付能够简化部署步骤，使软件版本更加清晰。
- 持续交付能够让交付过程成为一种可靠的、可预期的、可视化的过程。

在评价互联网组织的软件交付能力时，通常会使用两个指标：一是仅涉及一行代码的改动需要花费多少时间才能部署上线，这是核心指标；二是开发团队是否在以一种可重复、可靠的方式执行软件交付。

目前，国内外的主流互联网组织部署周期都以分钟为单位，互联网巨头组织单日的部署频率在 8000 次以上，部分组织达 20 000 次以上。高频率的部署代表着能够更快更好地响应客户的需求。

6.5.4　持续部署

对于持续交付整体来说，持续部署非常重要。

1. 持续部署方案

容器技术是目前部署中最流行的技术，常用的持续部署方案有 Kubernetes+Docker 和 Matrix 系统两种。容器技术一经推出就被广泛接受和应用，主要原因是其相比于传统的虚拟机技术具有以下优点：

- 容器技术上手简单，轻量级架构，体积很小。
- 容器技术的集合性更好，更容易对环境和软件进行打包复制和发布。

容器技术的引入为软件的部署带来了前所未有的改进，不但解决了复制和部署麻烦的问题，还能更精准地将环境中的各种依赖进行完整的打包。

2. 部署原则

在持续部署管理时，需要遵循一定的原则，主要包括：

- 部署包全部来自统一的存储库。
- 所有的环境使用相同的部署方式。
- 所有的环境使用相同的部署脚本。
- 部署流程编排阶梯式晋级，即在部署过程中需要设置多个检查点，一旦发生问题可以有序地进行回滚操作。

- 整体部署由运维人员执行。
- 仅通过流水线改变生产环境，防止配置漂移。
- 不可变服务器。
- 部署方式采用蓝绿部署或金丝雀部署。

3. 部署层次

部署层次的设置对于部署管理来说是非常重要的。首先要明确，部署的目的并不是部署一个可工作的软件，而是部署一套可正常运行的环境。完整的镜像部署包括三个环节：Build – Ship – Run。

- Build。跟传统的编译类似，将软件编译形成RPM包或者Jar包。
- Ship。将所需的第三方依赖和第三方插件安装到环境中。
- Run。在不同的地方启动整套环境。

制作完成部署包之后，每次需要变更软件或者第三方依赖、插件升级时，不需要重新打包，直接更新部署包即可。

4. 不可变服务器

在部署原则中提到的不可变服务器原则对于部署管理来说非常重要。不可变服务器是技术逐步演化的结果。在早期阶段，软件的部署是在物理机上进行的，每一台服务器的网络、存储、软件环境都是不同的，物理机的不稳定让环境重构变得异常困难。后来逐渐发展为虚拟机部署，在虚拟机上借助流程化的部署能较好地构建软件环境，但是第三方依赖库的重构不稳定为整体部署带来了困难。现阶段使用容器部署不但继承和优化了虚拟机部署的优点，而且很好地解决了第三方依赖库的重构问题，容器部署就像一个集装箱，直接把所有需要的内容全部打包进行复制和部署。

5. 蓝绿部署和金丝雀部署

在部署原则中提到两大部署方式，分别为蓝绿部署和金丝雀部署。蓝绿部署是指在部署的时候准备新旧两个部署版本，通过域名解析切换的方式将用户使用环境切换到新版本中，当出现问题时，可以快速地将用户环境切回旧版本，并对新版本进行修复和调整。金丝雀部署是指当有新版本发布时，先让少量的用户使用新版本并且观察新版本是否存在问题，如果出现问题，就及时处理并重新发布，如果一切正常，就稳步地将新版本适配给所有的用户。

6.5.5　部署和交付的新趋势

持续集成、持续交付和持续部署的出现及流行反映了新的软件开发模式发展趋势，具体表现为：

（1）工作职责和人员分工的转变。软件开发人员运用自动化开发工具进行持续集成，进一步将交付和部署扩展，而原来的手工运维工作也逐渐被分派到了开发人员的手里。运维人员的工作也从重复枯燥的手工作业转化为开发自动化的部署脚本，并逐步并入开发人员的行列之中。

（2）大数据和云计算基础设施的普及给部署带来新的飞跃。云计算的出现使得计算机本身也可以自动化地创建和回收，这种环境管理的范畴将进一步扩充。部署和运维工作也会脱离具体的机器和机房，可以在远端进行，部署能力和灵活性出现质的飞跃。

（3）研发运维的融合。减轻运维的压力，把运维和研发融合在一起。

6.6　全过程管理关注

在软件开发过程管理中，组织需要将配置、质量和工具等管理贯穿软件开发的全生命周期，从而对开发过程进行必要的职能管理。

6.6.1　软件配置管理

软件配置管理（Software Configuration Management，SCM）是一种标识、组织和控制修改的技术。软件配置管理应用于整个软件工程过程。在软件建立时变更是不可避免的，而变更加剧了项目中软件开发者之间的混乱。SCM 活动的目标就是标识变更、控制变更、确保变更正确实现，并向其他有关人员报告变更。从某种角度讲，SCM 是一种标识、组织和控制修改的技术，目的是使错误降为最小，并最有效地提高生产效率。

软件配置管理的核心内容包括版本控制（Version Control）和变更控制（Change Control）。

1. 版本控制

版本控制是指对软件开发过程中各种程序代码、配置文件及说明文档等文件变更的管理，是软件配置管理的核心思想之一。版本控制最主要的功能就是追踪文件的变更。它将什么时候、什么人更改了文件的什么内容等信息忠实地记录下来。每一次文件的改变，文件的版本号都将增加。除了记录版本变更外，版本控制的另一个重要功能是并行开发。软件开发往往是多人协同作业，版本控制可以有效地解决版本的同步以及不同开发者之间的开发通信问题，提高协同开发的效率。并行开发中最常见的不同版本软件的错误（Bug）修正问题也可以通过版本控制中分支与合并的方法有效地解决。

2. 变更控制

变更控制的目的并不是控制变更的发生，而是对变更进行管理，确保变更有序进行。对于软件开发项目来说，发生变更的环节比较多，因此变更控制显得格外重要。项目中引起变更的因素有两个：一是来自外部的变更要求，如客户要求修改工作范围和需求等；二是开发过程中内部的变更要求，如为解决测试中发现的一些错误而修改源码，甚至改变设计。比较而言，最难处理的是来自外部的需求变更，因为 IT 项目需求变更的概率大，引发的工作量也大（特别是到项目的后期）。

软件配置管理与软件质量保证活动密切相关，可以帮助达成软件质量保证目标。软件配置管理活动包括软件配置管理计划、软件配置标识、软件配置控制、软件配置状态记录、软件配置审计、软件发布管理与交付等。

● 软件配置管理计划。软件配置管理计划的制订需要了解组织结构环境和组织单元之间的联系，明确软件配置控制任务。

- 软件配置标识。识别要控制的配置项，并为这些配置项及其版本建立基线。
- 软件配置控制。关注的是管理软件生命周期中的变更。
- 软件配置状态记录。标识、收集、维护并报告配置管理的配置状态信息。
- 软件配置审计。软件配置审计是独立评价软件产品和过程是否遵从已有的规则、标准、指南、计划和流程而进行的活动。
- 软件发布管理与交付。通常需要创建特定的交付版本，完成此任务的关键是软件库。

6.6.2 软件质量管理

软件质量就是软件与明确地和隐含地定义的需求相一致的程度，更具体地说，软件质量是软件符合明确地叙述的功能和性能需求、文档中明确描述的开发标准以及所有专业开发的软件都应具有的隐含特征的程度。从管理角度出发，可以将影响软件质量的因素划分为三组，分别反映用户在使用软件产品时的三种不同倾向和观点。这三组分别是产品运行、产品修改和产品转移，三者的关系如图 6-2 所示。

可理解性（我能理解它吗?）   可移植性（我能在另一台机器上使用它吗?）
可维修性（我能修复它吗?）   可再用性（我能再用它的某些部分吗?）
灵活性　（我能改变它吗?）   互运行性（我能把它和另一个系统结合吗?）
可测试性（我能测试它吗?）

　　　　正确性（它按我的需要工作吗?）
　　　　健壮性（对意外环境它能适当地响应吗?）
　　　　效率　（完成预定功能时它需要的计算机资源多吗?）
　　　　完整性（它是安全的吗?）
　　　　可用性（我能使用它吗?）
　　　　风险　（能按预定计划完成它吗?）

图 6-2 影响软件质量的三个主要因素的关系图

软件质量保证（Software Quality Assurance，SQA）是建立一套有计划、有系统的方法，来向管理层保证拟定出的标准、步骤、实践和方法能够正确地被所有项目所采用。软件质量保证的目的是使软件过程对于管理人员来说是可见的，它通过对软件产品和活动进行评审和审计来验证软件是合乎标准的。软件质量保证组在项目开始时就一起参与建立计划、标准和过程。这些使软件项目满足机构方针的要求。

软件质量保证的关注点集中在一开始就避免缺陷的产生。质量保证的主要目标是：

- 事前预防工作，例如，着重于缺陷预防而不是缺陷检查。
- 尽量在刚刚引入缺陷时就将其捕获，而不是让缺陷扩散到下一个阶段。
- 作用于过程而不是最终产品，因此它有可能会带来广泛的影响与巨大的收益。
- 贯穿于所有的活动之中，而不是只集中于一点。

软件质量保证的目标是以独立审查的方式，从第三方的角度监控软件开发任务的执行，就软件项目是否正确遵循已制订的计划、标准和规程给开发人员和管理层提供反映产品和过程质量的信息和数据，提高项目透明度，同时辅助软件工程取得高质量的软件产品。

　　软件质量保证的主要作用是给管理者提供预定义的软件过程的保证，因此 SQA 组织要保证如下内容的实现：选定的开发方法被采用、选定的标准和规程得到采用和遵循、进行独立的审查、偏离标准和规程的问题得到及时的反映和处理、项目定义的每个软件任务得到实际的执行。

　　软件质量保证的主要任务包括：

- SQA审计与评审。SQA审计包括对软件工作产品、软件工具和设备的审计，评价这几项内容是否符合组织规定的标准。SQA评审的主要任务是保证软件工作组的活动与预定的软件过程一致，确保软件过程在软件产品的生产中得到遵循。
- SQA报告。SQA人员应记录工作的结果，并写入报告中，发布给相关的人员。SQA报告的发布应遵循三条原则：SQA和高级管理者之间应有直接沟通的渠道；SQA报告必须发布给软件工程组，但不必发布给项目管理人员；在可能的情况下向关心软件质量的人发布 SQA报告。
- 处理不符合问题。这是SQA的一个重要任务，SQA人员要对工作过程中发现的不符合问题进行处理，并及时向有关人员及高级管理者反映。

6.6.3　工具管理

　　开发过程管理不仅需要良好的管理策略和人员管理，还需要相应的工具支持。管理工具可以提高开发过程的效率和质量，减少人为的错误和遗漏。

　　管理工程师需要根据项目的特点和需求，选择合适的工具，确保开发过程的有效管理。

1. 项目管理工具

项目管理工具是用来管理项目的进度、任务、资源和风险等的工具。

- 进度管理。进度管理是指对项目的进度进行管理，包括进度的计划、执行、监控和调整等。常用的进度管理工具有 Microsoft Project、JIRA、Trello 等。
- 任务管理。任务管理是指对项目的任务进行管理，包括任务的分配、执行、监控和调整等。常用的任务管理工具有 JIRA、Trello、Asana 等。
- 资源管理。资源管理是指对项目的资源进行管理，包括人员、设备、材料的分配等。常用的资源管理工具有 Microsoft Project、Smartsheet、Resource Guru 等。
- 风险管理。风险管理是指对项目的风险进行管理，包括风险的识别、分析、评估和应对等。常用的风险管理工具有 RiskyProject、SAP Risk Management、Spiceworks 等。

2. 版本控制工具

版本控制工具是用来管理代码的版本的工具。

- 版本管理。版本管理是指对代码的版本进行管理，包括版本的创建、提交、合并和回退等。常用的版本管理工具有 Git、Subversion、Mercurial 等。
- 分支管理。分支管理是指对代码的分支进行管理，包括分支的创建、合并和删除等。常用的分支管理工具有 Git、Subversion、Mercurial 等。

- 冲突管理。冲突管理是指对代码的冲突进行管理，包括冲突的识别、解决和测试等。常用的冲突管理工具有 Git、Subversion、Mercurial 等。

版本控制工具是开发过程中必不可少的工具，可以确保代码的质量和完整性。

3. 代码审查工具

代码审查是开发过程中的重要环节，用于保证代码的质量和规范性。代码审查工具可以提高代码审查的效率和质量。

- 代码比较。代码比较是指对代码进行比较，识别代码的更改和差异。常用的代码比较工具有 Beyond Compare、WinMerge、Meld 等。
- 代码审查。代码审查是指对代码进行审查，包括代码的规范性、完整性、可读性、可维护性和性能等。常用的代码审查工具有 Crucible、CodeCollaborator、Review Board 等。
- 代码分析。代码分析是指对代码进行分析，包括代码的结构、复杂度、重复度和依赖性等。常用的代码分析工具有 SonarQube、Codacy、CodeClimate 等。

4. 自动化测试工具

自动化测试是开发过程中的重要环节，用于保证代码的功能和性能。自动化测试工具可以提高测试的效率和质量。

- 功能测试。功能测试是指对代码的功能进行测试，包括代码的输入、输出和处理等。常用的功能测试工具有 Selenium、TestComplete、Ranorex 等。
- 性能测试。性能测试是指对代码的性能进行测试，包括代码的速度、响应时间和负载等。常用的性能测试工具有 JMeter、LoadRunner、BlazeMeter 等。
- 安全测试。安全测试是指对代码的安全性进行测试，包括代码的漏洞、威胁和风险等。常用的安全测试工具有 OWASP ZAP、Burp Suite、Veracode 等。

5. 持续集成和持续交付工具

持续集成是指将代码频繁地集成到主分支，持续交付是指将代码频繁地交付到生产环境。持续集成和持续交付工具可以提高集成和交付的效率和质量。

- 持续集成。持续集成是指将代码频繁地集成到主分支，包括代码的合并、构建、测试和部署等。常用的持续集成工具有 Jenkins、Travis CI、CircleCI 等。
- 持续交付。持续交付是指将代码频繁地交付到生产环境，包括代码的部署、配置、监控和优化等。常用的持续交付工具有 Jenkins、GoCD、Spinnaker 等。

6.6.4　开源管理

应从以下几方面关注软件开发过程中的开源管理：

- 软件开发过程中如果使用了开源技术，应重点关注开源技术的选择、效果评估、使用规范、知识产权等方面。软件设计阶段选择开源技术应确保所选择的开源软件满足软件需求和软件开发设计要求，包括功能性、非功能性及开源软件自身的安全性、可扩展性、可维护性等要求。同时需要了解和评估开源软件的知识产权要求，确保使用开源软件的过程符合其知识产权要求，遵守对应的开源软件许可证的要求。

- 项目团队可以建立项目级或组织级的开源软件应用规范和开源软件资源库，在开发过程中严格遵守并使用资源库中的开源软件，以规避知识产权风险。同时，可以考虑开源软件的备选方案，降低开源软件与项目的耦合度。

6.7　软件过程能力成熟度

由中国电子工业标准化技术协会发布的 T/CESA 1159《软件过程能力成熟度模型》（CSMM）团体标准，界定了软件过程能力成熟度的框架，主要包括能力域的分类、能力域和成熟度等级的定义，规定了治理、开发与交付、管理与支持和组织管理 4 个能力域在不同等级中的活动要求，如图 6-3 所示。

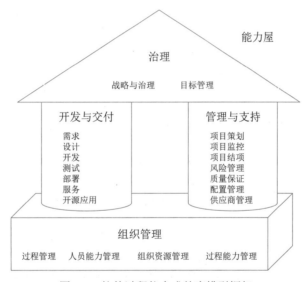

图 6-3　软件过程能力成熟度模型框架

CSMM 借鉴吸收了软件工程、项目管理、产品管理、组织治理、质量管理、卓越绩效管理、精益软件开发等领域的优秀实践，旨在通过提升组织的软件开发能力帮助顾客提升软件的业务价值，为组织提供改进和评估软件过程能力的一个成熟度模型。

1. 能力域

CSMM 包括治理、开发与交付、管理与支持、组织管理 4 个能力域，20 个能力子域，超过 160 个能力要求。

（1）治理。包括战略与治理、目标管理能力子域，确定组织的战略、产品的方向、组织的业务目标，并确保目标的实现。

（2）开发与交付。包括需求、设计、开发、测试、部署、服务、开源应用能力子域，这些能力子域确保通过软件工程过程交付满足需求的软件，为顾客与利益相关方增加价值。

（3）管理与支持。包括项目策划、项目监控、项目结项、风险管理、质量保证、配置管理、供应商管理能力子域，这些能力子域覆盖了软件开发项目的全过程，以确保软件项目能够按照既定的成本、进度和质量交付，能够满足顾客与利益相关方的要求。

（4）组织管理。包括过程管理、人员能力管理、组织资源管理、过程能力管理能力子域，对软件组织能力进行综合管理。

2. 成熟度等级

CSMM 按照软件过程能力的成熟度水平由低到高演进发展的形势定义了 5 个等级。成熟度等级的总体特征如表 6-8 所示。

表 6-8　成熟度等级的总体特征

等级	结果特征	行为特征
1 级：初始级	软件过程和结果具有不确定性	● 能实现初步的软件交付和项目管理活动 ● 项目没有完整的管理规范，依赖于个人的主动性和能力
2 级：项目规范级	项目基本可按计划实现预期的结果	● 项目依据选择和定义管理规范，执行软件开发和管理的基础过程 ● 组织按照一定的规范，为项目活动提供支持保障工作
3 级：组织改进级	在组织范围内能够稳定地实现预期的项目目标	● 在2级充分实施的基础上进行持续改进 ● 依据组织的业务目标、管理要求以及外部监管需求，建立并持续改进组织标准过程和过程资产 ● 项目根据自身特征，依据组织标准过程和过程资产，实现项目目标，并贡献过程资产
4 级：量化提升级	在组织范围内能够量化地管理和实现预期的组织和项目目标	● 在3级充分实施的基础上使用统计分析技术进行管理 ● 组织层面认识到能力改进的重要性，了解软件能力在业务目标实现、绩效提升等方面的重要作用，在制定业务战略时可获得项目数据的支持 ● 组织和项目使用统计分析技术建立了量化的质量与过程绩效目标，支持组织业务目标的实现 ● 建立了过程绩效基线与过程绩效模型 ● 采用有效的数据分析技术，分析关键软件过程的能力，预测结果，识别和解决目标实现的问题以达成目标 ● 应用先进实践，提升软件过程效率或质量
5 级：创新引领级	通过技术和管理的创新，实现组织业务目标的持续提升，引领行业发展	● 在4级充分实施的基础上进行优化革新 ● 通过软件过程的创新提升组织竞争力 ● 能够使用创新的手段实现软件过程能力的持续提升，支持组织业务目标的达成 ● 能将组织自身软件能力建设的经验作为行业最佳案例进行推广

能力域的成熟度等级要求如图 6-4 所示。

		战略与治理	目标管理	需求	设计	开发	测试	部署	服务	开源应用	项目策划	项目监控	项目结项	风险管理	质量保证	配置管理	供应商管理	过程管理	人员能力管理	组织资源管理	过程能力管理
成熟度等级	5	5																	5		5
	4	4	4						4	4	4	4						4	4		4
	3	3	3	3	3	3	3	3	3	3	3	3	3	3	3	3	3	3	3	3	3
	2	2	2	2	2	2	2	2	2	2	2	2	2	2	2	2	2	2	2	2	2
	1	1	1	1	1	1	1	1	1	1	1	1	1	1	1	1	1	1	1	1	1
能力域		治理		开发与交付							管理与支持								组织管理		

图 6-4　能力域的成熟度等级要求

6.8　软件工厂

软件工厂是一种软件开发的组织和管理模式。基于软件工厂，可实现模板一次编写，生成多样化产品。软件工厂的这种软件产品开发模式，使软件系统的构建可以像工业系统生产流水线一样，通过用户简单的定制，选择不同类型的模板、数据模型，平台就能够按照用户的需求自动化生产，批量生成所见即所得的软件产品。与传统软件开发相比，软件工厂的开发过程更加标准化、规模化，开发工具更完备、自动化程度更高，开发人员分工更合理、协作更高效，更注重知识共享与经验复用，减少重复工作。总的来说，软件工厂能够提高软件开发的效率、质量和可控性，使得开发过程更加工业化和可持续。它适用于大规模软件开发项目和组织，尤其在需要快速交付、高质量和可扩展性的场景下具有明显的优势。

6.8.1　发展现状

软件工厂最早由美国知名智库兰德公司于 1955 年提出，后由美国计算机科学家和软件工程师 Winston W. Royce 在 20 世纪 70 年代进一步完善。

1. 软件工厂概念

软件工厂将软件开发过程与传统制造生产过程进行类比，强调软件开发过程的组织化、可重复化和可预测化，实现更高效、更可控的软件开发。软件工厂的核心思想是将软件开发视为工业化的生产过程，类似传统制造业生产线。其借鉴了制造业工厂中的标准化、流程化和自动化的优点，将这些概念应用于软件开发领域。软件工厂通过模块化、组件化、规范化和工具化等手段，将软件开发过程划分为多个环节，各环节设有明确的任务和角色，并通过协作和工具支持来提高开发效率和质量。

软件工厂强调规模化和标准化，通过制定统一的开发流程、规范的编码标准和代码复用，实现高度的可重复性和一致性。同时，通过自动化工具和技术的应用，如自动化构建、自动化测试和自动化部署等，减少了手动操作和人为错误，提高开发效率和质量。此外，软件工厂还注重分工与协作，通过团队合作、知识共享和经验复用，提高整个开发团队的能力和效率。通过严格的过程管理和质量控制，软件工厂能够提供高度可控和可预测的软件开发过程。

总体而言，软件工厂的概念是将软件开发过程转化为工业化的生产过程，通过规模化、标准化、自动化和协作等手段来提高软件开发的效率、质量和可控性。

2. 软件工厂构成

典型软件工厂构成包含专业人员、基础设施和硬件、工具和技术、流程规范和方法论以及质量管理五方面。

（1）专业人员。他们是软件工厂的核心资源。软件开发和测试工程师、项目经理和产品主管等专业人员组成了一个高效团队。开发工程师负责编写代码，测试工程师负责验证软件的功能和质量，项目经理负责规划和协调项目进度，产品主管负责确保产品满足客户需求。这些专业人员通过协作和合作，共同推动软件开发项目的成功。

（2）基础设施和硬件。它们是软件工厂顺利运行的基石。基础设施包括终端计算机、服务器、网络设备等。软件开发需要使用高性能的终端计算机和服务器来运行开发环境、编译代码和进行测试。网络设备为团队成员之间提供连接和数据交换。

（3）工具和技术。它们是软件工厂的辅助工具和支持系统。项目管理工具帮助团队进行项目计划、任务分配和进度跟踪，确保项目按时交付。集成开发环境（IDE）提供了开发人员所需的编辑器、调试器和构建工具，简化了开发过程。自动化测试工具可以自动执行测试用例，并生成测试报告。版本控制系统帮助团队管理代码的版本和变更，确保团队成员之间的协作和代码的一致性。此外，编程语言和数据库也是软件开发过程中不可或缺的工具和技术。

（4）流程规范和方法论。它们是软件工厂的运作指南。规范的流程和方法论可以提高软件开发的效率和质量。例如，DevSecOps 开发模式将安全性和运维纳入软件开发过程，强调安全和可维护性。这种模式通过自动化和持续集成/持续交付（Continuous Integration/Continuous Delivery，CI/CD）实践，促进了开发团队的协作和软件交付的高效性。

（5）质量管理。它是软件工厂保证软件交付质量的一套保证机制。软件测试是质量管理的重要环节，通过验证软件的功能、性能和稳定性，确保软件符合规格和用户需求。代码审查则是通过对代码的检查和评审，发现潜在问题和改进空间。性能测试可以评估软件在不同负载下的性能表现。这些质量管理的活动帮助软件工厂提供高质量的软件产品，满足用户的期望和需求。

这五方面相互配合，共同构成了一个高效、可靠的软件开发组织。通过合理的组织和管理，软件工厂能够提高开发效率和质量，实现软件开发过程的工业化和规模化。

3. 国内外发展历程

软件工厂概念成形于 20 世纪 70 年代。随着计算机技术和互联网的迅速发展，软件工厂在 20 世纪 90 年代进入了工业化和自动化的阶段。软件开发过程中的自动化工具和技术得到广泛应用，例如集成开发环境（IDE）、自动化测试工具等。开源软件运动开始兴起，并对软件工厂的发展产生了深远的影响。开源软件的兴起促进了代码的共享和协作，为软件工厂提供了更多的代码复用，提高了开发效率。开源软件还推动了开放标准和互操作性的发展，使得不同软件厂商之间的合作更加顺畅。21 世纪初，敏捷开发方法成为软件工厂的主流开发方法之一。敏捷开发方法强调快速迭代和灵活响应变化，通过小团队的协作和自组织来推动软件开发的进展。敏捷开发方法的应用促进了软件工厂的灵活性和交付速度。21 世纪 10 年代，DevOps 和持续集成 / 持续交付（CI/CD）的概念开始受到广泛关注。DevOps 强调开发和运维团队之间的协作和沟通，以实现快速、可靠的软件交付。CI/CD 则强调通过自动化工具和流程，实现持续集成、持续测试和持续部署，提高软件交付的质量和效率。随着人工智能和机器学习等技术的迅速发展，软件工厂开始涉足这些领域。人工智能和机器学习的应用可以帮助软件工厂实现自动化测试、智能代码生成和自动化部署等任务，进一步提高软件开发的效率和质量。

6.8.2　与传统开发对比

软件工厂与传统开发在一些方面存在差异，软件工厂更加注重灵活性、自动化和创新，强调持续快速交付、质量保证和高效协作等。

1. 敏捷交付

敏捷交付是软件工厂实现快速、灵活、高质量交付的关键方法之一。它强调通过迭代、协作和自组织的方式，快速响应变化并持续交付软件产品。主要包括以下关键实践和原则：

（1）敏捷开发方法。敏捷交付的基础是敏捷开发方法，如 Scrum、Kanban 等。这些方法强调团队的自组织和协作，通过短周期的迭代开发来推动项目进展。团队根据优先级和可交付价值制订迭代计划，并持续进行需求分析、设计、编码、测试和部署等工作。

（2）用户需求和产品回溯日志。敏捷交付强调以用户需求的形式表达需求，并将其组织成产品回溯日志。用户需求是从用户角度对功能和价值的简短描述，团队根据优先级和复杂度来规划和实现这些用户需求。产品回溯日志是一个优先级排序的需求列表，团队根据其进行迭代计划和开发工作。

（3）迭代开发。敏捷交付通过迭代开发来实现快速交付和持续改进。迭代周期通常较短，如 2 周或 4 周，团队在每个迭代中完成一部分功能并进行测试和验证。迭代计划会根据实际情况进行调整，并根据反馈进行迭代改进。

（4）自动化测试。敏捷交付强调自动化测试，以提高测试效率和质量。团队可以采用自动化测试工具和框架，编写自动化测试脚本来执行功能、性能和安全等方面的测试。自动化测试可以在每个迭代中持续运行，及早发现和解决问题。

（5）持续集成和持续交付（CI/CD）。敏捷交付倡导持续集成和持续交付的实践。持续集成是指团队成员频繁将代码集成到共享代码库中，并通过自动化构建和测试来验证代码的质量。持续交付则是在持续集成的基础上，通过自动化部署和发布来实现快速交付。

（6）产品质量和用户反馈。敏捷交付强调产品质量和用户反馈的重要性。团队需要关注产品的质量，持续进行测试和验证，并及时修复问题。同时，团队需要倾听用户的反馈和需求，及时调整和优化产品功能。

（7）团队协作和沟通。敏捷交付强调团队的协作和沟通。团队成员需要密切合作，共同解决问题和推动项目进展。团队成员之间的沟通和协作可以通过日常站会、迭代评审会和冲刺回顾会等形式进行。

（8）可视化和透明度。敏捷交付倡导可视化和透明度的原则。团队可以使用看板、迭代仪表盘和信息可视化工具等，将项目进展、任务状态和问题可视化展示出来，以便团队成员和利益相关者了解项目的状态和进展。

综上所述，软件工厂实现敏捷交付的关键实践包括采用敏捷开发方法、使用用户需求和产品回溯日志、进行迭代开发、实施自动化测试、持续集成和持续交付、关注产品质量和用户反馈、加强团队协作和沟通，以及实现可视化和透明度。这些实践共同推动了软件工厂的敏捷交付能力，使其能够快速响应变化、持续交付高质量的软件产品。

2. 流水线作业

软件工厂的流水线作业是指将软件开发过程划分为不同的环节和任务，并通过流水线的方式将这些环节和任务连接起来，以实现高效、规范和持续的软件开发。每个环节都有明确的输入和输出，环节之间通过任务的流转和流转规则来实现衔接。通过并行处理和任务的分配，可以实现快速、高效地完成软件开发过程。流水线作业主要包括以下内容：

- 环节划分。首先，将软件开发过程划分为多个环节，如需求分析、设计、编码、测试、部署等。每个环节负责特定的任务，并有明确的输入和输出。
- 任务定义。对每个环节中的任务进行明确的定义，包括任务的输入要求、处理规则、输出要求和质量标准等。这样可以确保每个任务都能够按照规范进行处理。
- 流转规则。定义任务的流转规则，即任务从一个环节传递到下一个环节的条件和方式。可以根据任务的状态、依赖关系和质量标准等确定任务的流转规则。
- 并行处理。通过并行处理来提高开发效率。可以将一些独立的任务并行处理，以缩短整个开发过程的时间。同时，需要确保任务之间的流转和依赖关系得到合理处理。
- 自动化支持。为流水线作业提供自动化支持，包括自动化工具和流程。可以使用自动化工具来支持任务的自动化处理和流转，以及自动化测试和部署等。这样可以提高开发效率和质量。
- 监控和优化。对流水线作业进行监控和优化，及时发现和解决问题。可以通过监控任务的状态和流转情况，对流水线作业的效率和质量进行评估，并及时进行调整和优化。

通过软件工厂流水线作业的实践，可提高开发效率，降低开发成本，并确保软件质量和交付时间的可控性。同时，流水线作业也能够提供更好的可视化和透明度，使团队成员和多方用户能够清晰地了解项目的进展和问题。

3. 安全可控

安全可控是指在软件开发和交付过程中，保障软件系统的安全性。软件工厂确保安全可控的关键实践和原则主要包括：

（1）安全开发实践。软件工厂通过采用安全开发实践来保障软件系统的安全性。

- 安全需求分析。在需求分析阶段，团队需要考虑安全需求，明确软件系统的安全要求和功能。这有助于在后续的设计和开发阶段有针对性地进行安全措施的设计和实施。
- 安全设计原则。在软件系统的设计过程中，团队需要遵循安全设计原则，如最小权限原则、防御性编程、数据加密和身份验证等。这些原则有助于减少安全漏洞和提高系统的安全性。
- 安全编码规范。在编码阶段，团队需要遵循安全编码规范，如避免使用已知的不安全函数和算法、防止代码注入和跨站脚本攻击（XSS）等。这有助于减少安全漏洞的出现。
- 安全测试和审计。在测试和审计阶段，团队需要进行安全测试和审计，包括漏洞扫描、代码审查和渗透测试等。这有助于发现和修复潜在的安全问题，并提高系统的安全性。

（2）数据和隐私保护。软件工厂需要重视数据和隐私保护，确保用户的数据得到合理的保护和使用。

- 数据加密。团队需要在数据传输和存储过程中采用加密技术，确保数据在传输和存储过程中的安全性。
- 访问控制。团队需要实施适当的访问控制措施，包括身份验证、权限管理和访问审计等，以确保只有授权的人员能够访问敏感数据。
- 隐私保护。团队需要遵守相关的隐私法规和政策，采取措施保护用户的个人隐私数据，如匿名化处理、数据最小化原则和明确的隐私政策等。

（3）持续集成和持续交付。软件工厂倡导持续集成和持续交付（CI/CD），这有助于减少人为错误和安全漏洞的引入，并提高系统的可靠性。

- 自动构建和测试。团队需要采用自动化工具和流程，实现代码的自动构建和测试。这有助于及早发现和解决问题，提高系统的质量和可靠性。
- 持续部署和发布。团队需要实施持续部署和发布的实践，将软件的变更快速、可靠地交付到生产环境中。这有助于减少部署错误和系统中断的风险。
- 监控和告警。团队需要建立监控和告警系统，及时发现和响应系统的异常和安全事件。这有助于提前预警和解决问题，确保系统的可靠性和安全性。

（4）团队安全培训和安全意识。软件工厂重视团队的安全培训和安全意识，确保团队成员具备必要的安全知识和技能。

- 安全培训。团队成员需要定期接受安全培训，了解最新的安全威胁和防护措施，并学习安全开发和测试的最佳实践。
- 安全意识。团队成员需要具备安全意识，注意安全风险和漏洞，并采取相应的措施进行预防和应对。

4. 协同开发

软件工厂的协同开发是指团队成员通过有效的协作和协同工具，共同参与软件开发项目，共同解决问题、分享知识和推动项目进展。协同开发的关键实践和原则主要包括：

（1）团队协作和沟通。软件工厂的协同开发强调团队成员之间的协作和沟通。

- 日常站会。团队成员可以每天举行短暂的站会，分享进展、问题和需求。这有助于团队成员了解彼此的工作和互相支持。
- 迭代评审会。团队成员可以定期举行迭代评审会，回顾已完成的工作、收集反馈和优化计划。这有助于促进团队成员之间的合作和学习。
- 冲刺回顾会。团队成员可以在每个冲刺结束后举行回顾会，总结经验教训并提出改进措施。这有助于团队成员的持续学习和团队协作的改进。

（2）共享知识和经验。软件工厂的协同开发强调共享知识和经验，以提高团队的整体能力和效率。

- 文档和知识库。团队可以建立文档和知识库，记录项目的相关信息、技术方案和最佳实践等。这有助于团队成员之间的知识共享和学习。
- 代码审查。团队成员可以进行代码审查，检查代码的质量和合规性，并提供建议和改进意见。这有助于团队成员之间的技术交流和知识分享。
- 技术分享会。团队成员可以定期组织技术分享会，分享自己的经验和技术成果。这有助于促进团队成员之间的学习和合作。

（3）协同工具和平台。软件工厂的协同开发需要借助适当的协同工具和平台，包括软件开发过程管理工具、即时通信工具（如微信、钉钉等）、在线文档协作工具（如 WPS 等）、代码托管和协作平台、团队协作工具（如金山协作）、数字协同平台（如 WPS 365 等）。

6.8.3　建设方法

软件工厂的建设方法通常是指建设、发展软件工厂所采用的方法和策略，主要包含组织建设、资源部署、业务管理和体系保障。

1. 组织建设

软件工厂的组织建设是确保软件开发团队高效运作和实现项目目标的关键要素之一。组织建设重要性主要体现在：

（1）明确分工和责任。通过组织建设，可以明确团队成员的角色和职责，避免重复工作和责任不清的情况，提高工作效率和协作能力。

（2）提高团队协作。通过合理的组织结构和流程设计，可以促进团队成员之间的协作和沟通，减少信息孤岛和沟通障碍，提高团队的协同效能。

（3）提升决策效率。合理的组织结构可以确保决策的高效性和准确性，减少决策过程中的延迟和混乱，提高项目的决策效率。

（4）优化资源配置。通过组织建设，可以更好地规划和管理团队成员的工作和资源，提高资源的利用率和项目的整体效益。

组织建设的策略和最佳实践方法包括：

- 确定组织结构。根据项目的规模和需求，确定合适的组织结构。可以采用功能型、项目型、矩阵型等不同的组织结构形式，以适应不同的项目和团队需求。
- 制定明确的岗位和职责。明确每个岗位的职责和权限，确保团队成员清楚自己的工作范围和责任，避免角色重叠和责任不清的情况。

- 设计有效的流程和规范。制定适合团队的流程和规范，包括需求管理、项目管理、开发流程、测试流程等。确保流程简洁、规范和易于执行。
- 优化沟通渠道和协作工具。建立高效的沟通渠道，确保团队成员之间的信息畅通。使用协作工具和平台，如项目管理工具、团队协作及沟通工具、在线文档协作工具等，促进团队的协作和沟通。
- 培养领导力和团队文化。培养领导力，确保团队有明确的目标和愿景，并能够激发团队成员的潜力和创造力。塑造积极向上、创新和协作的团队文化，提高团队的凝聚力和战斗力。
- 定期评估和改进。定期评估组织结构和流程的有效性和效率，收集团队成员的反馈和建议，以不断改进和优化组织建设策略和实践方法。

通过实施上述策略和最佳实践方法，软件工厂可以建立一个高效、协作和创新的组织结构，提高团队的效率和工作质量，为组织的软件开发项目提供持续的价值和竞争优势。组织建设是软件工厂成功的关键要素之一，值得组织和团队高度重视和投入。

同时，组织建设也要做好人才培养和团队建设。制订培训和学习计划，通过内部培训、外部培训、在线学习等形式，提升团队成员的技能和知识。建立导师制度，由有经验和技能的团队成员担任导师，指导和培养新人，帮助他们快速适应工作和团队文化。组织团队活动和团队建设活动，如团队建设训练、户外拓展活动等，以增强团队的凝聚力和合作能力。鼓励团队成员与其他部门和团队合作，分享知识和经验，促进跨团队的合作和学习。建立公平、有效的绩效评估和激励机制，奖励表现优秀的团队成员，激励团队的持续发展和创新。定期收集团队成员的反馈和建议，以改进培训和团队建设计划，满足团队成员的需求和期望。

2. 资源部署

软件工厂的资源部署是确保项目顺利进行和高质量交付的关键要素之一。合理分配资源可以提高工作效率，确保团队成员有足够的资源和工具来完成工作，减少等待时间和资源浪费。通过资源部署，可以更好地规划和管理团队成员的工作和资源，提高资源的利用率和项目的整体效益。合理的资源部署可以减少项目风险和延迟，确保项目按时交付，并满足客户的需求和期望。通过合理分配资源，可以确保团队有足够的时间和资源来进行测试和质量保证，提高软件产品的质量和可靠性。

以下是软件工厂资源部署的策略和最佳实践方法，这些策略和方法可以帮助组织高效地规划和分配资源：

- 项目规划和优先级。在项目规划阶段，确定项目的优先级和需求，以帮助确定资源的分配和优先级。通过与利益相关方沟通，了解项目的重要性和紧急程度，将资源分配给最重要和紧急的项目，确保关键项目得到充分支持。
- 人员分配和技能匹配。根据项目需求和团队成员的技能和经验，合理分配人员。了解每个团队成员的专长和兴趣，将其技能与项目需求相匹配。确保团队中的每个成员都具备适当的技能和知识，以支持项目的成功实施。

- 工作量估计和调整。在项目计划阶段，对工作量进行合理估计，并根据实际情况进行调整。与团队成员合作，评估每个任务的时间和资源需求，确保团队成员的工作量合理分配，避免过度负载或资源浪费。
- 工具和设备支持。为团队提供必要的工具和设备，以支持他们的工作，包括开发工具、测试设备、硬件和软件资源等。确保团队有充足的资源来进行开发和测试工作，提高工作效率和质量。
- 项目管理和协调。建立有效的项目管理和协调机制，确保资源的合理分配和协作。使用项目管理工具和方法，如甘特图、敏捷方法等，以跟踪和管理资源的使用情况。确保团队成员了解项目进展和资源需求，及时调整资源分配。
- 优先级和变更管理。在项目执行过程中，根据项目的优先级和变更需求，及时调整资源的分配。识别并处理紧急任务和重要变更，确保团队能够灵活应对变化，优先处理重要和紧急的任务，以确保项目顺利进行。

3. 业务管理

软件工厂的业务管理主要由以下模块构成：①项目管理模块。项目管理模块用于规划、执行和控制软件开发项目，包括项目计划、任务分配、资源调配、进度跟踪、风险管理和变更控制等功能。该模块提供实时的项目状态和进度信息，帮助团队成员协同工作，确保项目按时交付。②资源管理模块。资源管理模块用于规划和管理软件工厂的资源，包括人力资源、技术资源、设备和预算等。该模块可以帮助团队了解资源的使用情况，优化资源分配，提高资源利用率和效率。③质量管理模块。质量管理模块用于制定和执行质量标准和流程，确保软件产品的质量和可靠性。该模块包括质量计划、质量控制、质量保证、缺陷管理和持续改进等功能。通过该模块，团队可以进行质量评估和问题跟踪，及时解决质量问题。④绩效管理模块。绩效管理模块用于评估和管理团队成员的绩效。该模块包括设定绩效目标、进行绩效评估和提供反馈等功能。通过该模块，可以对团队成员的工作进行定量和定性评估，激励团队成员的积极性和提高工作效率。⑤沟通与协作模块。沟通与协作模块用于促进团队成员之间的沟通和协作。该模块包括团队协作工具、实时聊天、讨论论坛和文件共享等功能。通过该模块，团队成员可以实时交流、分享信息和协同工作，提高团队的协同效能和工作效率。⑥数据分析与报告模块。数据分析与报告模块用于收集、分析和报告项目和团队的数据。该模块提供各种报表和图表，帮助管理层了解项目进展、资源利用率和绩效情况。通过数据分析，可以发现问题和改进机会，提高决策的准确性和效率。

实现业务管理主要采取以下步骤：

- 确定需求和目标。首先，与利益相关方合作，明确业务管理系统的需求和目标。了解软件工厂的业务流程、痛点和改进机会，确定系统的功能和特性。
- 选取合适的软件解决方案。根据需求和目标，选取适合软件工厂的业务管理系统。考虑系统的功能、灵活性、可扩展性、安全性和成本等因素，选择最合适的解决方案。
- 进行系统定制和开发。根据软件工厂的实际情况，对选定的解决方案进行定制和开发。确保系统能够满足业务需求，并与现有系统和流程集成。

- 进行系统测试和验证。在正式投入使用之前，进行系统测试和验证，包括功能测试、性能测试、安全测试和用户验收测试等，确保系统的稳定性和可靠性。
- 系统部署和培训。在系统通过测试之后，进行系统部署和用户培训。确保系统能够平稳过渡到正式生产环境，并对团队成员和用户进行培训，使其能够熟练使用系统。
- 监控和维护。系统投入使用后，进行系统的监控和维护。

4. 体系保障

软件工厂的体系保障是一个全面的、结构化的系统，旨在确保软件开发和交付过程的质量和可靠性。它是一个集成的框架，包括一系列标准、流程、工具和实践，用于指导和管理软件开发团队。

首先，软件工厂的体系保障需要建立一个质量管理体系。这个体系包括质量策略、质量目标和质量标准的制定，以及质量管理流程和程序的定义。质量管理体系应该涵盖从项目启动到交付的全过程，确保每个阶段都符合质量要求。这包括需求管理、设计开发、测试和交付等关键环节。

其次，软件工厂的体系保障需要制定和实施流程规范。流程规范是为了确保团队成员在软件开发过程中按照标准的流程和方法进行工作。这些规范应该明确规定每个环节的工作内容、输入和输出，以及相应的质量控制措施。流程规范可以包括项目管理、需求管理、设计开发、测试和交付等方面。

资源配置也是软件工厂体系保障的重要组成部分。它涉及人员、设备和工具的合理配置，以支持软件开发和交付过程。必须确保团队成员具备所需的技能和知识，同时提供适当的工作环境和工具。资源配置还包括项目计划和任务分配，以确保项目按时交付和质量符合要求。

质量控制是软件工厂体系保障的核心内容。它包括一系列的质量控制措施和活动，以确保软件产品和过程的质量。质量控制措施可以包括代码审查、单元测试、集成测试、系统测试和用户验收测试等。这些措施通过检查、测试和评估软件的各个方面，从而发现和解决潜在的质量问题。

持续改进是软件工厂体系保障的关键要素之一。它涉及不断识别和改进软件开发和交付过程中的问题和风险。通过收集和分析质量数据、客户反馈和团队的经验教训，可以识别改进机会并采取相应的行动。持续改进可以涉及流程优化、技术提升、培训和知识共享等方面，以不断提高软件工厂的质量和效率。

此外，软件工厂的体系保障还需要建立一套完善的文档和记录体系，用于记录和追溯软件开发和交付过程中的关键信息。这些文档可以包括需求规格、设计文档、测试报告和用户文档等。通过有效的文档管理，可以确保团队成员之间的沟通和协作，并为项目的回顾和审计提供依据。

总之，软件工厂的体系保障是通过建立质量管理体系、流程规范、资源配置、质量控制和持续改进等措施，确保软件开发和交付过程的质量和可靠性。它需要全面考虑软件开发的各个方面，并与团队成员密切合作，以实现高质量的软件产品和服务。

6.8.4 应用场景

软件工厂适用的场景较多，主要有软件开发组织和软件项目交付等。

1. 软件开发组织

软件开发组织项目类型包括嵌入式软件开发、桌面应用软件开发、Web 应用软件开发、移动应用软件开发等。

嵌入式软件开发中的软件工厂应用如下：

- 建立规范化的开发流程和标准化的开发规范，例如需求分析、设计、编码、测试和集成等阶段的工作内容、输入和输出，以及相应的质量控制措施。这样可以确保嵌入式软件开发过程的一致性和质量。
- 使用版本控制系统来管理嵌入式软件的源代码和配置文件等资源，确保团队成员可以协同工作、追踪变更，并保留历史版本。这有助于团队协作和管理嵌入式软件的变更。
- 建立自动化构建和测试环境，利用工具和脚本自动化构建嵌入式软件的可执行文件和库文件，以及自动化执行单元测试、集成测试和系统测试等各种测试。这样可以提高开发效率、减少人为错误，并确保嵌入式软件的质量。
- 将嵌入式软件拆分为模块，并使用模块化设计和开发方法。每个模块有明确的功能和接口，可以独立开发和测试，然后集成到整个嵌入式系统中。这样可以提高开发效率以及嵌入式软件的可维护性和重用性。
- 建立自动化部署和配置管理流程，通过脚本和工具实现嵌入式软件的自动化部署和配置。这样可以减少人为错误、提高部署效率，并确保嵌入式软件在不同环境中的一致性。
- 将持续集成和持续交付的理念引入嵌入式软件开发中。建立持续集成环境，通过自动化构建、自动化测试和持续集成服务器等工具，实现频繁的集成和测试嵌入式软件。这样可以提高开发效率、减少集成问题，并实现持续交付高质量的嵌入式软件。
- 利用适合嵌入式软件开发的工具和框架，例如嵌入式操作系统、开发工具链、调试器和仿真器等。这些工具和框架可以提供便利的开发环境和调试能力，加速嵌入式软件的开发和调试过程。

相较于嵌入式软件开发，桌面应用软件、Web 应用软件、移动应用软件等的开发环境不同，需要软件工厂配置适合各类软件开发的集成开发环境，例如 Eclipse、Visual Studio、WebStorm 等。这样可以提供便利的开发环境，包括代码编辑器、调试器、构建工具等，并支持多种编程语言和框架。

2. 软件项目交付

软件项目交付阶段确保服务安全上线运营，具体内容包括：

- 发布管理。有相应的发布安全流程与规范，发布操作具有明确的权限管控机制，发布应具有明确的安全检查节点，根据安全节点检查结果，有相关告警机制，针对发布流程具有安全回退、备份机制，制定发布策略，通过低风险的发布策略进行发布，如灰度发布或者蓝绿发布等方式，发布流程实现自动化，一键发布，根据安全节点检查结果，发现高危安全问题，自动阻断发布流程，对于发布流程具有监控机制，出现问题自动化回溯，建立稽核机制，发布前需要通过稽核部门的独立检查。

● 安全性检查。进行病毒扫描以及数字签名验证等完整性校验，校验结果作为发布的前置条件。

● 事件响应计划。具有预先的事件响应计划，包括但不限于安全事件应急响应流程，安全负责人与联系方式。

软件发布后运营阶段的具体内容包括：

● 安全监控。具有运营阶段安全监控机制，覆盖全部业务场景，能够抵御常见威胁攻击，如DDoS攻击、暴力破解、病毒攻击、注入攻击、网页篡改，具有统一的安全监控平台，对网络攻击处理能统一监视并可视化展示，对于监控到的安全事件进行分级展示，具有智能化安全监控平台，对于监控事件统一关联分析，智能识别潜在的安全风险，实现智能化用户行为分析以及资产数据的安全画像。

● 安全运营。定期进行常规安全检查与改进，运营人员有明确的权限管控机制与管理规范，监控运营数据加密存储，存储与备份机制符合安全要求，保证全生命周期安全，对于安全事件有多种方式的告警机制，通过统一平台对于安全事件处置全流程进行跟踪，具备从外部接收相关漏洞通告和安全情报的能力，对于自动化运维工具进行安全加固并具备自动化监控机制，及时发现工具的操作安全风险，对于运营过程中的安全日志等数据进行自动化分析，发现安全风险并告警，可建设统一的安全运营中心，分布于不同位置的云平台接入统一运营中心，将管理数据统一进行处理，对于监控数据进行统计、展示，具备持续的安全漏洞、安全信息外部反馈机制，对于运营过程中的安全日志等数据进行智能化关联分析，发现潜在安全风险并告警，根据漏洞信息、业务场景等智能化推荐安全解决方案，进行智能化处置。

● 风险评估。制订和实施安全风险评估计划，定期进行安全测试与评估，安全风险评估、测试范围应覆盖重要业务系统、应用，建立渗透测试流程，根据渗透测试流程，针对系统架构、应用程序、网络层面漏洞进行安全测试，制订漏洞奖励计划，鼓励第三方渗透测试，建立智能化的风险评估体系，对于生产环境中的安全风险进行分析、告警。

● 应急响应。具有明确的应急事件响应流程，基于应急事件进行分级、分类处理，具备专门的应急响应安全团队，具有统一的技术平台，对于应急事件进行全流程跟踪与可视化展示，对于应急事件及时复盘，形成相关处理知识库，对于应急事件处理具有具体的量化指标，包括但不限于威胁处理时间、响应时间，定期开展应急事件演练，对于应急事件可以实现一定程度的自动化处理和智能化处理。

● 升级与变更管理。有明确的升级与变更操作制度流程，升级变更操作有明确的权限管控机制和审批授权机制，对于升级变更操作有明确的操作信息记录，包括但不限于升级变更内容、升级变更时间，用户对于升级变更操作无感知，对用户有影响的需要提前告知沟通，有相应的回溯机制，升级变更操作与版本系统同步，确保版本信息一致，对于重大升级变更有分级评审机制，实现自动化升级变更与回溯，升级变更操作有相应的监控机制，出现问题自动化回溯。

- 服务与技术支持。有明确的服务与技术支持方式，通过电话等方式对用户反应的问题进行反馈、回访，对监管部门、运营商提出的安全问题及时响应，对用户反馈的问题有分级处理机制，及时对处理结果进行反馈，说明处理结果、影响程度等，对反馈问题分类处理、记录、归档，方便知识的反馈、复用，针对安全类问题有专属反馈通道，确保安全问题的及时响应。

- 运营反馈。定期收集运营过程中的安全问题，进行反馈，对反馈问题分类、分级处理，完善前期需求设计、研发等流程，具有明确的反馈改善管理流程与度量机制，有统一的运营安全问题反馈平台，统一收集反馈问题，分类、分级处理，反馈全流程跟踪，对收集的问题自动化实现汇总分析，实现智能化关联分析，发现潜在问题，优化研发、交付、运营全流程。

6.9 本章练习

1. 选择题

（1）信息系统开发的_____阶段需要与客户进行沟通，了解客户的需求。

   A. 需求分析　　　　B. 系统设计　　　　C. 编码　　　　D. 测试

参考答案：A

（2）_____不属于敏捷模型的优点。

   A. 灵活地应对需求的变化

   B. 强调团队的协作和持续改进

   C. 适用于需求不稳定、项目相对复杂、时间敏感的情况

   D. 在每个迭代进行风险分析，降低风险

参考答案：D

（3）软件需求层次不包括_____。

   A. 业务需求　　　　B. 用户需求　　　　C. 系统需求　　　　D. 治理需求

参考答案：D

（4）代码审查的主要目的是_____。

   A. 保证代码的质量和规范性

   B. 提高代码审查的效率和质量

   C. 识别代码的更改和差异

   D. 进行代码的结构、复杂度、重复度和依赖性分析

参考答案：A

（5）T/CESA 1159 软件过程能力成熟度模型框架中，_____能力域包括项目策划、项目监控、质量保证、风险管理等能力子域。

A. 治理　　　　　B. 开发与交付　　　C. 管理与支持　　　D. 组织管理

参考答案：C

（6）_____不属于软件工厂建设方法的组成部分。

A. 组织建设　　　B. 资源部署　　　C. 网络安全　　　D. 业务管理

参考答案：C

2. 思考题

（1）请简述 T/CESA 1159 能力域的各个组成部分。

（2）需求分析是信息系统开发的关键活动，请简述该活动的主要内容。

参考答案：略

第 7 章　系统集成实施管理

系统集成实施管理是指在信息技术及其服务领域中，将多个不同的软件、硬件和技术子系统整合到一个完整的系统中，并确保它们能够协同工作，实现预期的业务目标和功能等。系统集成实施管理是数字化转型和信息化项目中的关键活动，涉及多个阶段和多个方面的管理，主要包括需求分析与转化、设计开发、实施交付、验证与确认、配置管理、人员管理、技术管理、资源管理等。

7.1　需求分析与转化

系统集成实施是系统集成方案的落地实现，需要在集成方案的基础上，进一步获取、分析和转化客户内在需求，从而确保集成实施的有效性。需求分析与转化管理的目的在于挖掘、分析并建立客户、产品与产品组件的具体需要。在系统集成实施前，首先需要对组织业务需求进行详细分析和确立，明确系统的细化功能和分项目标，以及实施时间和预算控制等方面的要求。

图 7-1 给出了需求分析与转化活动示意图，主要包括开发客户需求、开发技术需求、分析并确认需求。需求分析与转化涉及由于相关解决方案的选择所带来的约束。例如，设计解决方案中已明确采用商用现货产品的集成、采用特定架构模式等，或受到客户方提供的基于咨询组织前期给客户做的规划方案的约束，或基于中标后的投标文件或解决方案中已定义的相关约束和客户方招标文件中定义的相关约束等。如果需求分析与转化是在项目活动中提供的，则本过

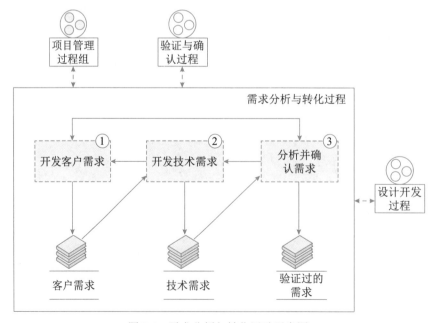

图 7-1　需求分析与转化活动示意图

程产生的所有需求将由项目管理过程进行需求管理。

7.1.1　开发客户需求

需求分析与转化过程的起始点是开发客户需求，开发客户需求涉及对客户提出的需求进行收集（包括产品级需求和客户提出的具体的设计需求），另外，不仅要收集客户需求，还要主动挖掘客户需求。

干系人的需要与期望以及需求应当被记录，并以纸质文档或电子文档的方式记录和保存。主要关注点包括：

- 划分了优先级的客户需求集合。将干系人的需要、期望、约束与接口转换为划分了优先级的客户需求集，划分了优先顺序的客户需求有助于确定项目、迭代或增量的范围。
- 需求到功能、对象、测试、问题或其他实体的可追溯性得到文档化。
- 识别信息缺失和需求冲突。随着客户需求的开发及优先级的区分，应当合并来自于相关干系人的各种输入，获取缺失的信息并解决矛盾之处。
- 识别隐含需求。有时干系人和客户并不能明确说明或表达其需要和期望，因此应该识别那些隐含的需求，并对那些未明确说明的问题进行考虑。
- 识别客户功能需求与质量属性需求。识别对客户与其他相关干系人来说关键的功能需求与质量属性需求。
- 识别需求约束与限制。识别无法实现的需求，或者实现需求可能受到的约束与限制，当建立并解决客户需求的集合时，环境、法律以及其他约束也应当考虑。
- 识别接口需求。对在产品架构中识别的产品之间或产品组件之间的接口需求进行定义。把它们作为产品集成与产品组件集成的一部分，使其受到控制，并作为架构定义必不可少的一部分。

7.1.2　开发技术需求

将客户需求进行提炼，形成技术需求，用于开发产品和产品组件，或开发系统集成设计方案、架构设计方案等。技术需求包括产品与产品组件需求、系统设计需求、集成实施需求、架构需求、功能需求、接口需求、质量需求、性能需求、确定硬件和软件支持环境、设计限制、约束等。

7.1.3　分析并确认需求

对开发客户需求和开发技术需求工作进行分析评估，验证需求，确保需求可实现，并对需求描述进行确认，形成需求规格说明书，以供开发解决方案。

1. 需求分析记录

应记录需求分析的全过程，从而确保分析活动的有效性及可回溯性等。主要关注点包括：

- 分析需求的必要性与充分性的记录。分析需求以确保其是完整的、可行的、可实现的，并且是可验证的，识别对成本、进度、性能和风险有重大影响的关键需求。
- 对已识别的干系人的需要与约束进行分析的记录。分析干系人的需要与约束，诸如成本、进度、产品性能、项目绩效、功能、优先顺序、可复用组件、可维护性或风险等事项。

● 建立并维护的产品与产品组件需求。对客户需求进行分析，以衍生出更详细且精确的需求集合，即产品与产品组件需求。产品与产品组件需求可能包括采用商用现货进行集成的相关需求。

2. 需求分配记录

应将产品与产品组件需求进行分配，并形成技术需求规格说明书，用于开发解决方案。

3. 需求确认记录

对需求的描述应经过客户和干系人的认可和确认。在某些情形下，客户向项目提供需求集合，或需求作为以前项目的活动输出而存在。在此情形下，客户需求可能与相关干系人的需要、期望、约束与接口相矛盾，在矛盾得到妥善解决后，需要将其转换为经认可的客户需求集合。

7.2　设计开发

设计开发的目的在于选择、开发、设计并实现对需求的解决方案，从而根据需求分析选择合适的软件、硬件和技术，进行系统的设计和架构规划，确保各个子系统之间能够有效地通信和协作。

设计开发活动聚焦设计解决方案（依据需求规格说明书），并对产品开发进行管理，确保实现的产品、产品组件和（或）选择的商用现货产品符合需求。设计开发活动示意图如图 7-2 所示，主要包括选择和开发备选解决方案、开发所选解决方案的详细设计、将设计实现为产品或产品组件（系统或系统组件）。

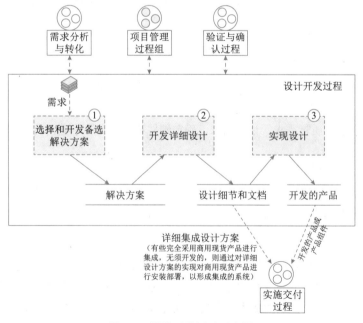

图 7-2　设计开发活动示意图

7.2.1　选择和开发备选解决方案

选择和开发备选解决方案主要关注点包括：

- 开发解决方案的评价准则，用于评估解决方案。
- 开发备选解决方案。应考虑是否存在已有的可选解决方案或厂商提供的商用现货解决方案可供使用或参考，或通过自行开发形成初步设计的解决方案（有时亦指"概要设计""设计方法""设计概念"）。
- 评估并选择解决方案。通过解决方案评价准则，评估备选的解决方案，并从中选择最佳的解决方案。

在上述相关活动中，我们需要重点关注解决方案设计原则和解决方案的选择。

1. 解决方案设计原则

解决方案设计原则对解决方案的有效获取至关重要，需要提前进行设定。设定时，要确保原则的有效性和时效性等。例如，某项目解决方案设计原则包括：①解决方案的实现成本符合预算；②解决方案的完整性、实用性、可操作性；③系统设计的先进性和合理性；④系统的可靠性、扩展性、易用性、安全性和可维护性；⑤所选择的商用现货产品的性能、功能符合客户需求。

2. 解决方案的选择

在选择解决方案之前，应考虑备选解决方案及其相对优势，明确关键需求、设计问题与约束。备选解决方案可以是技术人员根据当前项目的需求编写的解决方案，也可以是过去相似项目的解决方案、投标文件，或厂商提供的商用现货解决方案等。达成质量属性需求的架构选择与模式应得到考虑，商用现货产品的使用在比较了成本、进度、性能与风险的情况下应得到考虑。商用现货的备选方案既可在修改后使用，也可不加修改地予以使用，但必须在诸如接口或某些特性的定制方面加以修改，以纠正与功能性需求或质量属性需求之间的不匹配，或与架构设计的不匹配。解决方案设计的质量属性需包括可靠性、可扩展性、易用性、安全性和可维护性等。

7.2.2　开发详细设计

开发所选解决方案的详细设计（有时亦指"深化设计"）并进行评估，以形成正式的技术解决方案。详细设计包括对使用商用现货集成为产品或产品组件（系统或系统组件）的必要信息（如已决定采用商用现货），和所有通过开发、制造、编码等将设计实现为产品或产品组件的必要信息。

产品或产品组件的必要信息（例如，在初步设计中建立产品能力与产品架构定义等）包括架构风格与模式、产品分块、产品组件标识、系统状态与模式、主要的组件间接口，以及产品外部接口。详细设计则完全地定义产品组件的结构与能力，针对特定质量属性优化产品组件设计，或对商用现货产品用作产品组件的决策进行评价。

架构定义由在需求调研过程中所开发的需求集合所驱动。这些需求识别了对产品的成功有重要作用的质量属性。在详细设计期间，产品或系统架构细节被最终确定，产品组件被完整定义，并且接口的特征被完全描述。

7.2.3　实现设计

实现设计活动主要包括实现产品或产品组件设计、开发支持文档等。

1. 实现产品或产品组件设计

通过正式的技术解决方案，最终将设计实现为产品或产品组件并进行评估（此项活动适用于软件开发和产品制造，对于完全使用商用现货产品进行集成而无须软件开发或产品制造的项目，可能不涉及此项活动）。对于完全使用商用现货产品进行集成而无须软件开发或产品制造的项目，正式的技术解决方案主要用于将设计通过安装部署实现为产品或产品组件（系统或系统组件）。对于使用商用现货产品与自制开发的产品进行集成设计的，需评估商用现货产品之间的集成，和商用现货产品同自制开发的产品或产品组件进行集成后的兼容性、可用性、安全性、稳定性等。

2. 开发支持文档

对于商用现货产品，或通过使用商用现货进行集成的产品（系统），需确保产品供应商至少可以提供产品的使用手册，以及相关质保、售后服务及技术支持的说明。对于通过自行开发和制造的产品（或通过自行开发和制造的产品进行集成的产品、系统），需开发产品（系统）操作使用手册、安装手册以及相关质保、售后服务及技术支持的说明，并对文档的合理性和有效性进行评估。对于有培训需求的项目，应开发相关培训文档，并对文档的合理性和有效性进行评估。

7.3　实施交付

实施交付的目的在于把产品组件组装成产品，或将产品组装为系统，并交付使用。

集成实施交付有效，才能确保所组装的产品组件、产品或系统在目标环境中发挥预期作用，并交付产品（或系统）。实施交付活动示意图如图7-3所示，主要包括准备产品集成、安装部署并交付。

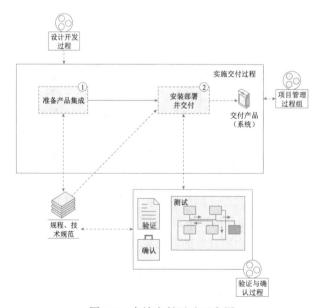

图 7-3　实施交付活动示意图

7.3.1　准备产品集成

准备产品集成指建立并维护产品集成与安装部署的规范和规程，以及对所需的人员和资源进行确定，并对集成的接口和可能发生的异常事项进行管理。该部分活动主要包括以下几个方面：

- 确定产品集成的方式与顺序。如自下而上的集成方式（即已实现的较底层的功能优先集成，然后逐层上升，形成整个系统）、自上而下的集成方式（即事先存在一个稳定的架构，不断地向下细化，最后实现所有具体的功能细节）、深度优先的集成方式（即主控路径上的关键业务流程涉及的模块先集成到一起，然后再集成辅助业务模块）等，集成顺序的选择可以是不同集成方式的综合。
- 确定参与的相关干系人和具备适当技能的人员。
- 确定产品集成的内部与外部接口。
- 制定产品集成的步骤、规程和技术规范。如果是软件工程，涉及对产品组件的集成，将开发的产品组件集成为产品或作为一个更大产品的产品组件。如果是系统工程，可能仅是通过安装部署，将商用现货产品集成为一个新的系统，或与原有系统进行集成以形成一个更大的系统。
- 制定安装部署的步骤、规程和技术规范。安装部署的规程中应至少定义和明确以下内容：①确认部署的规划、方法和部署工具，组织并实施安装、配置和验证过程，对部署过程中的各种变更进行管理；②确认业务配置环境、人员和工具，并对需方提供的业务需求和数据进行分析，获取、确认配置目标和实现方式，组织和实施业务配置过程并验证业务配置结果；③记录、修正和验证部署过程中发现的问题。
- 制定产品、系统、数据迁移的步骤、规程和技术规范。迁移的规程中应至少定义和明确以下内容：①确认迁移的规划、方法和迁移工具，组织并实施迁移；②针对数据的一致性、完整性和准确性，与数据提供方达成一致意见；③分析迁移过程造成的影响，包括对业务的影响、对客户体验的影响、对运维的影响等；④制定完整的迁移流程和回退计划，与干系人明确迁移过程中的分工，并与相关方共同实施迁移演练；⑤评估迁移过程的风险，并与相关方共同制订风险应对计划。
- 制定交付规程和准则。交付规程和准则中主要包括以下内容：①明确产品组件、产品或系统的交付要求及内容；②明确交付过程和跟踪、确认的方式；③明确对配置内容的交付；④对交付成果进行管理，包括系统、工具、文档、培训、后期维护等。

7.3.2　安装部署并交付

安装部署并交付是指经过验证的产品组件得到装配，经过集成、验证与确认的产品或系统得到交付。主要活动包括以下几个方面：

- 确定待装配的产品或产品组件得到正确识别，并能够正常运行和提供既定的功能。具体包括：①依据制定的评估方法、评价准则和规程对产品、产品组件进行评估；②确保待装配的产品或产品组件已达到可供集成的状态。
- 装配产品组件或安装部署产品以形成产品或集成的系统。具体包括：①按照制定的集成的步骤、规程和技术规范，装配产品组件以形成产品；②按照制定的安装部署的步骤、规程和技术规范组装产品以形成系统；③按照制定的安装部署的步骤、规程和技术规范进行业务配置（如需要）。

- 进行产品、系统、数据迁移。具体包括：①如需要进行产品、系统、数据迁移，则按照制定的步骤、规程和技术规范实施迁移；②依据制定的评估方法、评价准则对迁移进行评估。
- 评价装配后的产品或系统。按照制定的评估方法、评价准则和规程，对装配后的产品或对已集成的系统进行评估（包括评估装配后产品组件的接口兼容性）。
- 交付产品或系统。对通过评估达到交付要求的产品组件或产品（系统），依据交付规程进行交付，并对交付结果进行评估、确认。

在实施交付活动中，我们需要重点关注集成产品中的信息安全管理，主要包括：

- 应采用必要的手段、技术和工具对产品集成过程中的信息安全风险进行识别、评估、处置和改进。信息安全风险活动需要覆盖物理安全、人员安全、通信和操作安全、系统安全、配置安全和数据安全等。
- 应在需求分析与转化中，明确对项目目标、交付物的安全需求和约束，以及安全需求实现的条件，确保项目目标、交付物达到满足安全需求的安全目标。
- 必要时应委托有资质的第三方测试单位对系统进行安全性测试，明确安全性测试结果，采用必要的技术和工具保障系统交付的信息安全。

7.4　验证与确认

验证与确认的目的在于确保选定的工作产品满足其规定的需求，以及确保选定的产品组件或产品（系统）被置于预期环境中时满足其预期用途。

进行测试和验证能够确保系统按照预期的需求进行工作，发现并解决潜在的问题。通过建立评价准则、方法和规程以及评估的环境，对所选择的产品（系统）、产品组件或工作产品执行评估，验证工作产品和确认产品（系统）、产品组件等。验证与确认活动示意图如图 7-4 所示，

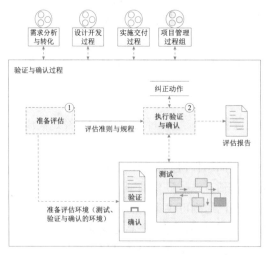

图 7-4　验证与确认活动示意图

主要包括准备评估、执行验证与确认。

7.4.1　准备评估

准备评估的主要活动包括确定评估对象、制定评估方法、部署评估环境、明确评估准则与规程等。

1. 确定评估对象

选择待验证的工作产品或选择待确认的产品（系统）、产品组件以进行评估。验证是确保"正确地做了事"，而确认是确保"做了正确的事"。也可以理解为，验证是要保证做得正确（例如，按照规定的要求做事，按照技术规范要求进行设计、开发、集成产品、产品组件），而确认则要保证做的东西正确（例如，集成的产品和系统在目标环境中可以发挥预期的用途）。

2. 制定评估方法

制定用于验证工作产品和确认产品（系统）、产品组件的评估方法。验证与确认的评估方法包含了对工作产品、产品与产品组件的评估要求和评估方式，以及用于评估某些特定的工作产品是否满足其需求的特定方法。评估的工作产品、产品与产品组件主要包括：

- 产品与产品组件的需求与设计。
- 产品与产品组件（如系统、硬件单元、软件、服务文档）。
- 用户接口。
- 用户手册。
- 培训材料。
- 过程文档。
- 维护、培训以及支持服务相关的部分。
- 规程和技术规范。

评估的方式主要包括：同行（同级）评审、审查、演示、模拟、测试（例如，单元测试、集成测试、系统测试、路径覆盖测试、负载、压力和性能测试、基于决策表的测试、基于功能分解的测试）等。

对于软件和硬件系统的集成来说，最常用的评估方法就是测试以及同行（同级）评审。对于系统工程的评估方法通常还包括为验证系统设计（以及分配）的充分性而进行的原型、建模和模拟等。对于每一种产品（系统）、产品组件或工作产品的评估要求和评估方法可能都不同。

3. 部署评估环境

建立用于验证与确认所需的评估环境。主要包括：

- 确定用于评估的环境和所需的工具与设备。
- 确定参与评估的干系人。
- 建立评估环境（例如，如果评估方式采用的是测试，则建立测试环境）。
- 获取评估的工具和设备（例如，测试设备、软件）。

4. 明确评估准则与规程

建立并维护用于执行验证与确认的评价准则与规程，即建立并维护用于执行验证与确认的规程，以及用于判定、衡量验证与确认的评价准则。评价准则与规程的内容可来源于集成产品过程中制定的相关准则、规程和技术规范中的内容（前提是这些准则、规程和技术规范在先前已经通过验证）。

7.4.2　执行验证与确认

执行验证与确认的主要活动包括确定验证对象、分析评估结果等。

1. 确定验证对象

对选定的工作产品进行验证，或对产品（系统）、产品组件进行确认。具体包括：

- 依据评估方法、评估规程执行验证和确认。
- 对评估中发现的问题和不符合项，依据评估规程进行处理（纠正）。

2. 分析评估结果

分析评估结果主要包括：

- 将验证与确认的实际结果与已建立的评价准则进行对比，以确定可接受度。
- 记录分析结果，作为已经进行评估的证据。
- 对于每一工作产品，增量式地分析所有可用的评估结果，以确保需求已经得到了满足。

由于同级评审也是若干种评估方法之一，前述分析活动中也应该包含同级评审的数据，以确保对评估结果进行了充分的分析。分析报告或者"实际执行（as-run）"方法的文档，也可能表明评估结果不良的原因，是方法问题、准则问题还是评估环境问题。

7.5　技术与资源管理

系统集成实施相关的能力建设离不开技术与资源等相关能力要素的支撑，这就需要组织对相关能力要素实施必要的管理。

7.5.1　技术管理

系统集成过程中需要对组织技术能力进行管理，其目的在于确保组织能够有效管理、积累技术和经验沉淀，用于技术创新和技术改进。

技术管理在系统集成项目中起着至关重要的作用，其能够确保项目的技术实现和技术要求得到满足。通过有效的技术管理，可以确保系统集成项目在技术层面上的成功实现，提高项目的质量和可靠性，同时也推动团队的技术能力和创新水平的不断提升。技术管理是系统集成项目成功的关键因素之一。在系统集成过程中对技术进行管理主要包括以下几个方面：

- 技术选型和规划。在系统集成项目开始之前，需要对技术进行仔细的选型和规划，涉及选择合适的软件、硬件和技术平台，以满足项目的需求和目标。

- 技术标准和规范。制定技术标准和规范，确保项目团队在开发和集成过程中遵循统一的技术标准，保证系统的稳定性和互操作性。
- 技术验证和评估。在系统集成过程中，需要对技术进行验证和评估，确保技术能够满足项目的要求，如果涉及新技术或第三方组件，还需要进行技术风险评估。
- 技术团队管理。系统集成项目需要一个专业的技术团队来完成，涉及对技术团队的组建、培训和管理，确保团队成员具备必要的技术能力和知识。
- 技术支持和解决方案。在系统集成过程中，可能会遇到技术难题和问题，技术管理需要及时提供支持和解决方案，确保项目能够顺利进行。
- 技术创新和持续改进。技术管理也涉及鼓励技术创新和持续改进，推动团队在技术方面不断提升，以适应不断变化的技术环境和市场需求。

7.5.2　资源管理

系统集成需要对资源进行管理，其主要目的在于确保计划所定义的、执行过程所必需的资源在需要时可用（资源包括所需的设施、资金和预算及适用的工具）。

资源管理在系统集成项目中非常重要，它确保项目顺利进行，达成预期目标，并最大程度地提高资源的利用效率。通过有效的资源管理，可以提高系统集成项目的成功率和效率，确保项目顺利交付，满足客户需求，同时也提升团队成员的工作满意度和积极性。综合管理各种资源是系统集成项目成功的关键因素之一。在系统集成过程中涉及多种资源，主要包括以下几个方面：

- 人力资源。人力资源是系统集成项目中最重要的资源之一。资源管理涉及对团队成员的分工和协作，确保有足够的专业人员来完成项目的各个阶段和任务。同时，资源管理还包括对人员的培训和发展，以提高团队的综合能力和素质。
- 时间资源。时间资源在系统集成项目中同样至关重要。资源管理涉及合理安排项目进度和时间表，确保项目按时交付。它还包括对时间的有效分配，避免资源浪费和延期风险。
- 财务资源。财务资源是项目实施的重要支持。资源管理涉及预算的编制和监控，确保项目在可控的预算内完成，并进行成本效益分析，优化资源使用。
- 技术资源。技术资源包括软件、硬件、工具等。资源管理涉及对技术资源的选购和配置，确保技术资源满足项目要求，同时合理利用现有资源，避免资源浪费。
- 信息资源。信息资源在系统集成项目中起着重要的作用。资源管理涉及对信息的采集、整理和共享，确保项目成员能够及时获取所需信息，保证项目的顺利推进。
- 工具资源。组织需要配备用于计划和执行过程所需的资源的工具，包括设计工具、测试工具、过程管理工具和其他工具（例如，度量工具、安全工具、人力资源管理工具和特殊要求的工具等）。
- 知识资源。组织需要建立、保持、更新知识库，将收集、共享、复用所积累的知识和信息纳入知识库，并有效管理和使用。知识库的组织规则以知识成果物的分类、分级及权限为基础，同时制定知识成果物的采集发布流程，以实现对知识库的管理。

7.6 本章练习

1. 选择题

（1）关于验证与确认的描述不正确的是：_____。

A. 验证是确保"正确地做了事"，而确认是确保"做了正确的事"

B. 验证是确保"做了正确的事"，而确认是确保"正确地做了事"

C. 验证是指通过提供客观证据对规定要求已得到满足的认定

D. 确认是指通过提供客观证据对特定的预期用途已得到满足的认定

参考答案：B

（2）需求分析与转化阶段输出的需求类型不包括_____。

A. 客户需求　　　　B. 功能需求　　　　C. 性能需求　　　　D. 设计需求

参考答案：D

（3）_____不属于设计开发过程输出的工作产品。

A. 解决方案　　　B. 需求说明书　　　C. 设计细节和文档　　D. 开发的产品

参考答案：B

（4）_____属于实施交付过程的活动。

A. 设计开发过程　　　　　　　　B. 测试、验证、确认

C. 准备产品集成　　　　　　　　D. 定义规程、技术规范

参考答案：C

（5）_____属于验证与确认过程的活动。

A. 准备评估、执行验证与确认

B. 将设计实现为产品或产品组件

C. 准备产品集成、安装部署并交付

D. 选择和开发备选解决方案、开发所选解决方案的详细设计

参考答案：A

2. 思考题

（1）请简述在集成实施过程中，需求分析与转化应该重点关注的内容和注意事项。

（2）请简述设计开发的目的和聚焦点。

（3）针对集成实施的不同类型活动，请简述验证与确认的方法。

参考答案：略

第 8 章 信息系统运维管理

运行维护服务指的是采用信息技术手段及方法，依据客户提出的服务要求，为其在使用信息系统过程中提出的需求提供的综合服务，是信息技术服务中的一种主要类型。运行维护服务对象是指信息系统工程建设项目交付的内容，主要包括机房基础设施、物理资源、虚拟资源、平台资源、应用和数据等。随着组织信息系统建设的不断深入和完善，信息系统运维已经成为各行各业、各组织管理者和相关部门普遍关注的问题。

8.1 运维能力模型

运维能力是指组织掌握和应用知识技能向客户提供运维服务的水平，其要素包括服务人员、服务技术、服务资源和服务过程。运行维护服务能力摸型（运维能力模型）是基于运维能力体系建设的必要内容提炼的图形化示意，主要表达了运维能力体系建设必要的内容范围以及这些能力因素之间的关联关系。

GB/T 28827.1《信息技术服务 运行维护 第 1 部分：通用要求》规定了运行维护服务能力模型，如图 8-1 所示。运行维护服务能力模型包含治理要求、运行维护服务能力体系（MCS）和价值实现，具体如下：

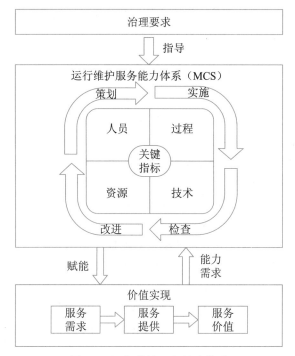

图 8-1 运行维护服务能力模型

- 治理要求是为实现运行维护服务绩效、风险控制和服务合规性的组织目标，提出的关于最高管理层领导作用及承诺的能力体系建设要求。
- 运行维护服务能力体系（MCS）是组织依据运行维护服务方针和目标，策划并制定运行维护服务能力方案，确保组织交付的运行维护服务内容符合SLA的规定，并满足质量要求，对运行维护服务交付过程、结果以及运行维护服务能力体系进行监督、测量、分析和评审，以实现运行维护服务能力的持续提升。
- 价值实现是组织结合业务对信息系统的网络化、数字化和智能化的要求，识别内部和外部用户对服务的需求或期望，定义多样化的服务场景，并通过服务能力、要素、活动的组合完成服务的提供，直接或间接地为服务需求方和利益相关者实现服务价值。

8.2　运维能力管理

运维能力管理指的是围绕能力要素，面向运维全生命周期的总体能力管控机制，通过策划、实施、检查和改进等活动，提升能力要素水平，并持续改进各要素间的相互作用关系和绩效水平，通过各阶段交替循环，实现运维能力持续性的螺旋式上升的管理目标。

在能力管理过程中，组织需要首先明确能力管理团队的组成，并明确这些团队成员的职责范围与分工，根据组织运维工作的内外部环境、技术发展现状、各个利益相关方的诉求、能力体系覆盖范围、管理者的作用、资金投入、人才保障、基础设备设施的情况、安全以及质量体系的基础等因素，实施能力策划活动，并明晰周期性的能力管理计划、能力指标等，在策划过程中需要明确策划的输入、输出、审批以及变更控制等；同时抓好能力计划实施的计划管理、协调管理、记录管理以及成果管理等，做到实施过程记录的"线条"证据化；设立专门的检查组织，明确检查方法，并按照确定的计划实施检查；还需要建立适合于组织的改进机制，并确保改进活动的有效实施。

8.2.1　策划

运维能力策划是组织开展运维能力建设中运维能力管理的第一项活动，在这项活动中，需要对组织的运维战略与目标、运维的内容与业务范畴、运维的组织与制度、运维能力要素建设内容、能力体系的检查与改进等，进行完整的策划。在策划环节，需要考虑服务目录、组织架构和管理体系、指标体系和服务保障体系，以及内部评估机制。

（1）基于组织的运维服务发展目标和业务规划，确保可以提供良好稳定的运维服务，可以结合组织业务能力、客户需求以及内外部环境策划服务目录。服务目录定义了组织所提供服务的全部种类以及服务目标，包括正在提供的和未来能够提供的内容。

（2）策划如何建立相应的组织架构和服务保障体系来支持服务目录所列出服务内容的实施。组织架构与提供的服务内容密切相关，不同的组织架构在管控、成本、创新和效能方面存在巨大差异，需要根据组织总体战略目标和组织治理架构确立，组织架构稳定的周期相对较长，不会频繁变更，这就需要确保一定时期内对运维服务能力的支撑情况。通常可以通过两种方式实现：①在定义服务内容时，参照组织当前的组织结构；②根据业务目标确定服务内容以后，设立或优化组织当前的组织架构。

在适合的组织架构基础上，组织需要根据总体的治理理念和思想，确定必要的制度体系，固化运维服务保障能力。制度体系包括组织级的制度，如质量、财务、安全、职业健康、人力资源、商务等；也要包括运维服务本身的制度，如行为规范、数据质量等。

对人员、资源、技术和过程四要素所涉及的策划内容，也应包含在服务保障体系之中。同时，结合组织整体的质量管理要求，应建立运维服务能力审核、监督和检查计划。

（3）对于任何运维服务，服务绩效都可以通过绩效指标来衡量，通过制定服务指标体系，衡量运维服务实施的绩效，检查组织是否达到目标。服务指标体系的内容包括：

● 制定各项运维服务目标，如质量目标、过程目标、能力目标和财务目标等。
● 制定目标实施的检查机制（包括评估、检查、报告、测量等方法），并测量其有效性，注意必要时需要对目标进行变更。
● 制定服务实施结果的测量指标，例如，与目标的偏离度、客户满意度调查等，可以适当考虑采用相关的测量、评估工具。

8.2.2　实施

运维能力实施是在策划阶段输出成果的基础上，依照策划阶段建立起来的体系框架，对体系实施过程进行质量管控，并收集相关信息、数据和资料。实施阶段是策划成果的具体执行、实施、协调和跟进，实施活动需要与策划阶段制定的方法、内容和目标等保持一致。

为了确保整体策划的有效落实与能力计划的顺利执行，组织应根据所制订的各类计划和规章制度进行实施，并确保实施活动被记录，实施结果（即交付物，包括服务、文档、数据、各类软硬件等）能满足计划、规章制度以及客户等的要求。

在实施过程中，组织需要建立与客户的有效沟通协调的机制（如沟通渠道、技巧、计划等），通过有效的沟通体系，使信息在整个服务提供过程中得到友好传递，避免或减小由于沟通延迟、信息过滤、信息扭曲等原因导致的沟通问题的发生，因此在实施过程中，组织与客户之间建立的协调机制是非常重要的。

组织需要按照服务能力要求与确定的实施计划有条不紊地开展实施管理活动并记录，确保服务能力管理和服务过程实施可追溯，服务结果可计量或可评估。同时，在服务过程中，始终关注服务交付成果，交付物在很大程度上反映了服务能力与水平。质量要求是衡量交付物的标准，故提交的交付物要满足其要求。

8.2.3　检查

运维能力检查是能力管理中必要的监督与反馈环节，对策划输出的实施效果进行总结和评价，验证能力管理实施过程的执行效果是否达到了既定的质量目标。

运维能力检查对服务能力策划内容（如各项服务指标的实施情况）进行有效检查和测量，定期评审服务过程和相关管理体系，是进行运维服务能力改进的基础。通过评审和检查可以获得各种数据，从而作为改进的基准和依据，并为服务能力改进设定目标。如果没有进行有效的服务能力检查，将使得服务改进活动失去方向和动力，并可能最终导致服务质量下降。检查的目标是监视、测量并评审服务目标的完成情况，分析与能力计划的差距，并为服务能力改进提供输入。

有效的服务能力检查可以通过两方面开展：一是用户满意度调查，通过调查数据来监控服务能力的现状，可以为后续服务能力改进提供依据；二是组织内部检查，包括运维服务人力、资源、技术和过程管理计划，以及相关的服务指标体系中涉及的各项关键指标。另外，服务级别、服务质量、服务资源等都是间接反映组织服务能力的关键要素。

8.2.4　改进

运维能力改进是对检查评审结果进行总结，对运维能力建设实施过程中存在的问题和不足进行分析，提出有针对性的持续改进目标和计划，然后实施改进活动，使组织的运维能力持续提升。在运维服务能力改进实施过程中，需要考虑的主要内容包括：①服务能力改进是可识别、可计划和可实施的；②管理层为服务能力改进提供支持；③服务能力改进指标是可测量、可报告、可沟通的；④所有批准改进计划的实施和预定目标的达成。

组织可以采用一定的措施鼓励员工或者客户对其运维服务能力管理提供改进建议，如客户回访、定期的客户会议、内部的过程质量监控和员工报告等。组织可以通过建立有效的运维服务能力改进体系或服务能力改进机制对运维服务能力进行集中的监控和评估，常见的做法是将运维服务能力改进体系纳入组织的质量管理体系中，由质量部门进行统筹监管。运维服务能力改进的一个重要输入是服务保障体系中各项指标的测量和检查结果。对于测量数据应进行总结，分析关键指标的完成情况，提出改进建议和措施，根据需要制订服务能力改进计划并实施，以达到提升整体服务能力的目标。

8.3　运维人员管理

运维人员指的是组织中从事运行维护服务的人。在任何组织中，人力资源都是核心竞争力之一。绝大部分组织对人员相关的建设和管理都非常重视，人员的容量、技能、工作绩效等方面都是组织关注的重点。在运行维护服务中，人员管理聚焦于从知识、技能和经验维度选择合适的人，按照人员管理和岗位职责要求做适合的事。人员管理在运维服务能力建设方面是重点考虑的要素，目的是指导组织根据岗位职责和管理要求"选人做事"。

8.3.1　人员储备

组织应保证有足够数量的人员用于满足客户对运维服务的要求。在实际的运维服务中，组织应根据运维服务岗位设置提供恰当比例的人员储备，保证在必要时能够通过储备人员及时完成运维服务，以保证在任何情况下（如团队人员发生变化、客户服务需求变化），都有合适的运维服务人员保障服务级别协议达成。

常见的使用储备人员的场景包括人员离职和人员调岗等。

（1）人员离职包含两种情况：①离职人员提前向管理层进行了说明，留出招募新人、进行人员岗位交接及培训的时间；②人员突然离职，无法进行完整的工作交接。

（2）人员调岗通常出现在组织内部，一般可以提前获悉，能够进行人员补充及岗位交接和培训。

人员储备过程可以分为人员储备需求分析、制订人员储备计划、执行监控与优化改进几个阶段。

1. 人员储备需求分析

在开展人员储备需求分析时，需要考虑如下人员储备影响因素：

（1）人员流动性风险。组织需要定期总结分析过往一段时间内人员流动情况，寻找人员流动的主要因素，并对现有的人员进行流动性风险分析，改善组织环境并消除风险因素。

（2）人员容量与技能。组织需要至少每年进行一次人员容量的规划，分析运维服务发展需要，结合内外部环境、技术发展、工具使用、服务质量要求和流动性风险等因素，规划人员的数量需求。同时还要考虑人员技能对运维发展的适应情况，通过有效的技能培养和管理，提高人员利用效能，并与人员培训体系相结合，合理配置人力资源。

（3）骨干与干部培养。组织需要充分认识到骨干人才和管理干部在运维服务发展中的重要作用，规划好相关人才梯队，积极做好骨干的寻找，搭建创新发展平台。

在开展人员储备需求分析时，需要识别关键岗位与人员。关键岗位指在运维服务组织运营、管理、技术、交付等方面对组织发展起重要作用，与组织战略目标的实现密切相关，承担重要工作责任，掌握组织发展所需的关键技能，并且在一定时期内难以通过组织内部人员置换和外部人才供给所替代的一系列重要岗位的总和。

识别关键岗位与人员可以按照以下步骤进行：

- 组建包含人力资源、质量、运维交付以及管理层在内的工作小组。
- 根据运维业务发展的战略和方向，确定识别的主要原则和方针。
- 编制关键岗位和人员识别的主要特征及评价方法。
- 与客户沟通，获取客户的意见以及客户认定的关键岗位和人员。
- 制订具体的识别实施计划，并开展实施工作。

在开展人员储备需求分析时，需要考虑人员储备方式。常见的储备方式包括增量机动储备、人才梯队储备、持续招聘储备、合作机构储备、岗位角色备份、外联与外协等。组织需要根据储备需求，结合储备方式的建设情况，有效完成储备需求与储备方式的对应关系，如人才技能引发的储备需求，可以考虑使用人才梯队储备和外联与外协等。

2. 制订人员储备计划

人员储备计划是通过系统地、有计划地实施人员储备和发展计划，满足组织运维服务业务发展战略目标和当前对人员的需求，一般由组织的人力资源部门负责。

人员储备计划的制订通常经历如下过程：

- 获取关键岗位和人员的识别结果。
- 针对每项储备需求明确储备方式。
- 确定储备方式的具体执行方案和措施。
- 定义储备计划实施的关键成功要素及考核指标。
- 储备计划得到管理层的批准，必要时得到客户的批准。

人员储备需要包含储备部门信息、储备岗位或人员、储备需求、储备方式、实施责任人、时间属性、完成判断条件、考核指标、变更控制等。

3. 执行监控与优化改进

在完成人员储备计划制订以后，组织需要确保计划是在受控情况下开展执行，并周期性地跟踪计划的执行情况和关键指标的达成情况。

（1）执行监控。组织需要制定一定的措施，保障人员储备计划得到有效实施，并将储备计划的执行情况作为人力资源管理部门绩效，根据计划中定义的关键阶段或指标，实施相关的考核。保障措施主要包括拓展有效的人员获取渠道、提供必要的费用成本支撑、运维服务部门的积极配合、人才培养机制的有效落实等。

（2）优化改进。人员储备计划的优化主要考虑如下因素：

- 人员储备计划对运维服务发展需求的满足程度。
- 确保运维交付部门的充分参与。
- 将计划的制订和实施管理措施纳入组织的管理评审中。
- 人才招聘或储备的甄选流程合理性。
- 储备计划满足各过程和业务的程度。
- 关键岗位和人员的储备率达成情况。

8.3.2 岗位结构

岗位结构是服务组织的流程运转、部门设置及职能规划等最基本的结构依据，是表明组织各部分排列顺序、空间位置、聚散状态、联系方式以及各要素之间相互关系的一种模式，是整个管理系统的"框架"。

根据运维工作的特点，运维人员一般分为管理岗、技术支持岗和操作岗三种岗位。管理岗主要负责运维的组织管理；技术支持岗主要负责运维技术建设以及运维活动中的技术决策等；操作岗主要负责运维活动的执行等。

1. 管理岗

管理岗负责对运维服务的实施进行管理，包括服务总监、服务项目经理、质量经理等。管理岗的职责主要有两个方面：①对客户运维服务需求的管理；②对运维服务过程和结果的管理。组织需要特别关注管理岗对服务需求的管理，重点是对客户真实需求的挖掘、分析和信息传递。管理岗应建立与客户的沟通渠道和沟通机制，整理需求，并将需求完整、准确、及时地传送至组织相关岗位。

2. 技术支持岗

技术支持岗在运维服务过程中提供技术支持，包括主机工程师、网络工程师、数据库工程师、应用系统工程师等。对技术支持人员的能力要求重点在于专业技术能力和对服务需求的响应支持能力。专业技术能力是指具有对应岗位需要的专业知识和技能，通常与该专业被行业认可的培训、认证相关。对服务需求的响应支持能力更多地体现在人员的相关工作经验、服务态度和事件响应处理速度上。

3. 操作岗

操作岗是按照运维规范和操作手册，执行运维服务的各个过程，包括呼叫中心热线工程师、系统监控工程师、机房值守人员等。操作人员的工作有效性关键在于运维规范和操作手册的完整、准确，以及操作人员对事件的判断能力及遵循运维规范和操作手册的执行力度。

针对运维规范和操作手册等文件，管理岗应当就如何维护规范和手册的完整性、准确性与可用性建立合适的管理机制；技术支持岗应当对规范和手册的完整性、准确性与可用性的技术层面负责；操作岗应能够清晰判断应用规范和手册的什么条目对应当前需执行的服务，并且确保相关操作完全按照该条目执行。

8.4　运维过程

过程又称流程，是为达到特定的价值目标而由不同的人分别共同完成的一系列活动。活动之间不仅有严格的先后顺序限定，而且活动的内容、方式、责任等也都必须有明确的安排和界定，以使不同活动在不同岗位角色之间进行转手交接成为可能。活动与活动之间在时间和空间上的转移可以有较大的跨度。

运维过程指的是组织中利用输入实现预期结果的相互关联或相互作用的一组活动。运维过程管理的重点是把人员、技术和资源要素以过程为主线串接在一起，用于指导运维服务人员按约定的方式和方法正确地做事，提高运维服务管理水平是重点考虑的要素，确保运维组织能"正确做事"。

运维过程主要包括服务级别管理、服务报告管理、事件管理、问题管理、配置管理、变更管理、发布管理、可用性和连续性管理、系统容量管理与运维安全管理。

8.4.1　服务级别管理

服务级别管理就是对运维服务的级别进行定义、记录和管理，并在可接受的成本之下与客户达成一致的管理过程，通过服务级别协议（Service Level Agreement，SLA）、服务绩效监控和报告的不断循环，持续维护和改进服务质量，触发采取行动消除较差服务，从而满足客户的服务需求。

服务级别管理旨在通过一致、专业的衡量方式，使得所有正在运行的服务及其性能能够满足供需双方约定的 SLA，同时，保证未来服务均能够按照约定的目标交付。具体的目标可细化为：

- 定义、记录、协商、监视、衡量、报告和审查提供的IT服务级别。
- 维护并保持与客户的关系和沟通。
- 确保为所有IT运维服务制定了具体可衡量的目标。
- 监视并改进服务质量，以提升客户满意度。
- 确保IT运维服务人员和用户对于所提供的服务级别有着明确的期望。
- 确保在成本合理的情况下，采取主动措施来改进服务级别。

服务级别管理过程的输入、输出、指标及关键成功因素如表 8-1 所示。

表 8-1　服务级别管理过程的输入、输出、指标及关键成功因素

内容	说明
输入	<ul><li>来自客户的业务战略、计划和财务计划，以及与其当前和未来要求有关的信息</li><li>来自组织的服务战略、政策与限制因素等方面的信息</li><li>与每一项服务相关的影响、优先级、风险和用户数量方面的业务影响分析信息</li><li>包含预计的变更时间表及所有变更对其服务影响的信息</li><li>包含有关业务服务、支持性服务和技术间的关系的信息</li><li>客户反馈、投诉与赞扬</li><li>来自任意其他过程的建议、信息和输入信息（如事件管理）</li></ul>
输出	<ul><li>服务目录</li><li>新签署或变更的服务合同</li><li>针对SLA的标准文档模板与文件</li><li>针对SLA中所包含服务级别达到程度与相关配套信息的服务报告</li><li>针对所有服务和过程进行优化完善的整体服务改进方案或计划</li><li>记录并规划服务质量工作的服务质量计划</li><li>服务审查会议记录与行动计划</li></ul>
指标	<ul><li>达成SLA目标的数量和百分比（及未达成SLA目标的数量和百分比）</li><li>SLA应用情况（SLA所涵盖客户的数量和百分比，SLA所涵盖服务的数量和百分比）</li><li>SLA优化情况（某一期间在服务和SLA审查过程中发现问题的数量，按时完成SLA审查的数量和百分比，重新协商SLA的数量和百分比，实施纠正措施SLA的数量和百分比）</li><li>SLA客观评价成果（客户对于SLA成果的认知和满意的数量和百分比，投入使用完整记录SLA的数量与百分比，正在使用的运营服务能够达到SLA的百分比，开发和协定相关SLA的数量和百分比）</li></ul>
关键成功因素	<ul><li>清晰定义服务级别管理过程使命和目标</li><li>具备IT和客户业务双方面经验且具有优秀能力的服务级别管理过程经理</li><li>管理与客户的接口，并把控IT服务的整体质量</li></ul>

1. 服务目录

服务目录是组织可以对外提供的服务的清单，清单包括服务的名称、服务方式、服务类型、服务频率、服务价格等信息。组织根据自身业务定位和服务能力，结合组织的内外部环境，策划组织级服务产品，制定服务目录和说明性文件。服务目录是组织为客户提供服务内容的列表，是组织提供服务内容的信息源和基础依据，宜详细描述服务产品的名称、服务种类、服务级别、服务内容和服务价格等。除此之外，服务目录中可能包含的一些变量及促进因素如下：

- 对服务进行统一费用结算（如针对每个服务传递者、人员或业务单位）。
- 确定服务使用费或基于服务能力的收费额（如根据服务呼叫数量来确定费用情况）。
- 增加一个循环过程中服务消费的数量或单元。
- 确定相似服务提供时的优先次序。
- 获取新的服务或添加附加客户的过程及程序。

服务目录是描述组织提供服务交付的内容，为了让服务客户更好地理解，应该以服务客户的语言对服务进行描述，而不是采用技术说明的形式。大家通常把服务目录比作一份菜单，是为了让服务客户来选择菜品，所以需要让客户能够明白组织提供的服务内容。

为了让客户更好地理解服务的层级和结构，组织可以参考国家标准 GB/T 29264《信息技术服务 分类与代码》对服务进行分类。该标准规定了 IT 服务的分类与代码，是 IT 服务分类、管理和编目的准则，适用于 IT 服务的信息管理及信息交换，供科研、规划等工作使用。该标准采用层次代码结构，共分 3 层，每层采用 2 位数字代码表示。其中，第 2、第 3 层中数字为"99"均表示收容类目。其分类结构如图 8-2 所示。

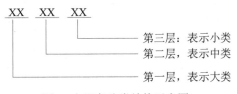

图 8-2　服务分类结构示意图

2. SLA 的主要内容

服务级别协议（SLA）是组织和客户之间签订的书面协议，协议中定义了关键服务目标和双方的职责。SLA 里的信息一般要包括：服务概要描述、有效期和 SLA 的变更控制机制、授权细节、对沟通的描述（包括服务报告等）、在一些紧急行动中被预先授权的相关联系人的详细信息、服务时间（正常服务时间、休息日、业务高峰时间等）、双方协定好的计划内停机（停机次数、停机时段、停机时长等）、客户的义务和责任、组织的义务和职责、紧急情况下的恢复优先级顺序和业务降级策略、事件上报和通知的过程、投诉程序、服务目标、工作量限制、财务管理细节、术语表、第三方服务提供商和其他相关方提供的服务情况说明、任何 SLA 指定项以外的内容等。

SLA 结构样例如表 8-2 所示。

表 8-2　SLA 结构样例

内容项	描述或示例
协议概要	本协议经过……和……友好协商达成 本协议涉及提供和支持 ABC 服务，该服务……（简要服务描述） 本协议自（日期）起到（日期）止，有效期为 N 个月。本协议每年将进行审查。微小变更可以记录在本协议末尾的表格中，条件是这些变更经协议双方共同认可并通过变更管理过程进行管理。签署人：姓名……职位……日期……

续表

内容项	描述或示例
服务描述	ABC 服务包括……（更全面的描述，应包括主要业务职能、交付物和所有相关信息，用于描述该服务及其规模、影响和业务的优先级）
协议范围	本协议涵盖哪些方面，不包括哪些方面
服务时间	描述客户期望的服务提供时间（例如 7×24，08：00 至 18：00- 星期一至星期五）。 针对例外的特殊情况（例如周末、公共假日）和请求服务延期的程序（与谁联系，通常为服务台，需要通知期） 这可能包括服务日历或服务日历的参考准则；所有预先议定的维护或管理时间段详细信息（如果这些对服务时间有影响），以及任何其他必须议定的潜在中断的详细信息，由谁负责及通知期限等；请求永久变更服务时间的程序
服务可用性	IT 服务客户将寻求在议定服务时间内提供目标可用性级别。议定服务时间内的可用性目标通常以百分比来表示（如 98.5%），必须规定衡量期和计算方法。该数字可以针对整体服务、基础服务、关键组件或所有这三项进行表述。然而，很难将这种简单的百分比可用性数字与服务质量或与客户业务活动关联起来。因此，通常最好是尝试在客户无法执行业务活动时，衡量服务不可用性。例如，"由于 IT 无法提供足够的 POS 支持服务，销售立刻受到了影响"。IT 服务与客户业务流程间的这种紧密关联是服务级别管理和可用性管理过程成熟度的标志。此外，还应记录有关如何与在何时进行衡量和报告，以及议定的时间的详细信息
可靠性	议定时期内可容忍的最多服务中断次数（可定义为中断数，如每年 4 次，或平均故障间隔时间、平均系统故障间隔时间）。定义什么是"中断"，以及如何对此进行监视和记录
客户支持	必须记录如下方面的详细信息，包括如何联系服务台、服务台可用的时间、可用于提供支持的时间以及在这些时间之外要获得帮助应该怎么做（例如电话支持、第三方援助等）。SLA 可能还包括互联网 / 内联网自助和 / 或故障记录的参考。指标和衡量方法应包括在内，例如电话呼叫应答目标（铃响次数、未接来电次数等）、故障响应时间目标（某人开始帮助客户前需要多长时间，可能包括旅途时间等） 需要对"响应"进行定义（是客户电话回访还是站点访问，视情况而定） 安排请求支持延长，包括所要求的通知期（例如，必须在中午 12 点前向服务台请求晚上延长，在星期四中午 12 点前请求周末延长） 注意：故障响应和解决时间将根据使用的故障影响 / 优先级代码确定，此处还应包括故障分类的详细信息
联系点和上报	本协议所涉及的各方联系人的详细信息，以及上报过程和联系点。还应包括投诉定义和投诉管理程序
服务性能	期望的 IT 服务响应（例如目标工作站平均响应时间或者最长工作站响应时间，有时表示为百分比，如 95% 在两秒内）、预期服务吞吐量（目标实现的基础）详情，以及将使目标无效的任何阈值。还应包括可能的流量、吞吐量活动、限制和依赖性的指示（例如，要处理的交易数量、并发用户数量，以及要通过网络传输的数据量）。这非常重要，以便发现由于超出协议规定的吞吐量导致的性能问题
批处理时间	如果适用，详细列明任何批处理时间、完成时间和主要交付物，包括输入交付时间和输出交付时间及地点
功能性	如果适用，列明要提供的最基本功能以及可容忍的特殊类型错误数量的详细信息，应包括严重程度和报告期

内容项	描述或示例
变更管理	简要提及和／或引入该组织必须遵守的变更管理程序，这只是为了加强遵从性。同时，还应包括验证、处理和实施变更请求的目标，通常基于变更的类别或紧急性／优先级，以及将会影响该协议的任何已知变更的详细信息（如果有的话）
服务连续性	简要提及和／或引入该组织的服务连续性计划，以及 SLA 可能受到的影响的详细信息，或者引入一份独立的 IT 连续性 SLA，包括在发生灾难的情况下，任何减少或修改的服务目标的详情、双方具体职责的详情（例如，数据备份、离线存储）。此外，还有计划调用、任何安全问题覆盖，特别是任何客户职责的详细信息（例如，业务活动协调、业务文档、密码更改）
安全性	简要提及和／或引入该组织的安全政策（涵盖诸如密码控制、安全违反、未授权软件、病毒等问题）、双方具体职责的详情（例如，病毒防护、防火墙）
打印	与打印或打印机相关的任何特殊情况的详情（例如，打印分发详情、大量集中印数，或者处理任何特殊高价值信笺）
职责	该服务及其议定职责内所涉及各方的职责详情，包括组织、客户和 IT 系统用户
收费（如果适用）	必须包括使用的任何收费公式、收费期或引入收费政策文档以及发票开具程序和支出条件等详细信息。还应包括如果服务目标未达到，将支付或返还的任何经济处罚或奖励的详情。处罚／奖励数额及其计算、协定和收集／支付方法（更适用于第三方情况）。如果 SLA 涵盖外包关系，收费应在附录中详细说明，它们通常涵盖在商务保密条款中 需要注意的是，处罚条款本身会引起一些困难。如果技术上使用不当，将会影响合作关系，也会使组织人员因害怕受到处罚而不愿承认错误。除非使用得当，否则这会成为开发有效关系和解决问题的障碍
服务报告与审查	需要记录服务报告的内容、频率、时间选择和分发，以及相关服务审查会议的频率。同时，还需详细记录对 SLA 及相关服务目标的方法与时间，包括将涉及的对象和容量
词汇	对所使用的任何不可避免的缩写或术语进行解释，帮助客户加以理解
修改表	包括任何协定修改的记录，以及修改内容、日期和签名者的详细信息。还应包括该文档及其修改的完整变更记录详情

　　请注意，以上给出的 SLA 内容仅为示例，不应认为它们是详尽的或强制性的，不过它们提供了一个很好的起点。

8.4.2　服务报告管理

　　服务报告管理是为有效沟通和制定决策而及时编制的可靠的、准确的并达成一致的服务报告的过程，贯穿于 IT 运维服务管理的所有过程，可以确保已经取得的服务级别能够得以评价和计量，以及在必要时进行持续改进。

　　服务报告管理过程负责及时、准确、完整、可靠地传达服务管理的信息，为供需双方管理层高效沟通与有效决策提供报告。具体的目标可细化为：

- 统一收集服务衡量相关信息，统一计算服务衡量指标。
- 提供对内运行服务能力衡量的运维分析报告与对外服务客户报告，并提供服务质量的数据支撑关系。

● 通过服务衡量和运维能力衡量，发现服务短板，完善改进提升计划。

从服务报告编制的时间来讲，服务报告管理过程的范围包括定期报告、不定期报告。报告的内容可以涵盖服务级别目标达标情况、某一期间发生的事情（如事件、问题、变更等）的分析总结、工作量特征、重大事件后的绩效报告、趋势信息与预测分析、客户满意度分析等具有反应性、预测性与计划性等特点的汇总信息，凡是具有上述特点的报告都可以纳入服务报告管理的范畴。

服务报告管理过程分成三个子过程，分别是服务报告规划、服务报告创建和服务报告发布。服务报告规划管理子过程是指通过一系列的管理活动，完成组织的服务报告模板、服务水平和运维水平指标的采集计算方法、服务报告模板和服务报告定制过程中各岗位承担的职责。服务报告创建管理子过程是组织相关部门完成相关指标的数据采集、计算和报告撰写工作的一系列管理活动。服务报告发布管理子过程是组织服务经理与协议客户沟通和优化服务报告的一系列管理活动。

服务报告管理过程的输入、输出、指标及关键成功因素如表 8-3 所示。

表 8-3　服务报告管理过程的输入、输出、指标及关键成功因素

内容	说明
输入	● SLA ● 服务合同 ● SLA需求 ● 客户需求变化 ● IT运维服务管理各过程提交的报告
输出	● 服务报告策略与原则 ● 服务报告计划 ● 服务报告
指标	● 服务报告过程的完整性（重点考察服务报告过程的定义以及处理过程是不是完整的，从报告的建立、审批、分发、归档等整个过程出发，有没有缺失的活动） ● 服务报告的及时性（服务报告是否按照服务报告计划以及SLA规定的时间及时发放给相关人员） ● 服务报告的准确性（服务报告的内容是否准确无误且发送到需要的相关方） ● 服务报告与客户沟通后的返工率 ● 服务报告按时完成的比例 ● 客户对服务报告的满意度
关键成功因素	● 清晰的服务报告受众（目标受众对象类别、层次、关注点等分析） ● 明确的服务报告主题（围绕"想让目标受众了解什么，达到什么目的"等问题来确定服务报告主题） ● 简洁的服务报告形式（可充分考虑格式简洁、语言简炼、图例妥当、可定制、自动化等方面的要素） ● 详实的服务报告内容（综合考虑服务报告的真实性、有效性、完整性、关联性等特点）

8.4.3　事件管理

事件管理是 IT 运维服务中最常见的过程之一，也是 IT 运维服务必须建立和使用的过程，良好的事件管理必须具备快速解决事件的能力，从而在出现事件时能够尽快恢复服务的正常运作，可以有效提高服务的质量，提升客户满意度。事件管理是 IT 运维服务中运维活动的主要工作，因此对事件的管理需要完整的过程定义和清晰的责任分工。同时，事件管理的主要目的是有效管理事件，从而实现快速解决事件，事件解决评估是提高组织效能的有效手段，组织需要建立相关的机制、规划，并确保有效实施。

事件管理过程负责发现各类事件，及时报告并协调合适资源，并以最短时间恢复正常服务，最大程度降低 IT 运维服务的负面影响与损失，进而确保能够保持最好的服务质量与可用性级别；同时，通过对相关服务请求、故障与业务诉求的汇总与分析，有利于推动过程工作且不断改善客户服务体验。具体的目标可细化为：

- 快速响应事件请求。
- 在成本允许的范围内尽快恢复正常服务。
- 规范并且有效地记录事件，正确报告进展情况。
- 提供管理信息。

从事件管理的来源来讲，事件管理过程的范围包括服务环境中产生的故障和服务请求及服务咨询，例如，故障（如应用系统服务不可用、应用系统磁盘占用量超限、硬件停机）、服务请求（如申请新的 IT 资源、密码重置、账号资源申请、与 IT 服务相关的服务请求）和咨询（如服务咨询）等。

事件管理过程的活动通常包括：事件接收和记录、分类和初步支持、调查和诊断、解决与恢复、事件关闭等。事件管理过程的输入、输出、指标及关键成功因素如表 8-4 所示。

表 8-4　事件管理过程的输入、输出、指标及关键成功因素

内容	说明
输入	<ul><li>通过过程管理工具、纸质文件、邮件、电话和传真等提出的事件</li><li>事件经理通过事件分析主动发现的事件</li><li>通过监控系统或日常维护提出的事件</li><li>问题管理给出的解决方案和应急措施</li><li>变更管理给出的变更通知</li></ul>
输出	<ul><li>事件和事件处理过程及结果的记录（报表）</li><li>提交到知识库的知识</li><li>客户满意度调查</li><li>问题管理过程</li><li>变更管理请求</li></ul>
指标	<ul><li>事件的总数目</li><li>解决事件的平均耗时</li><li>在规定响应时间内处理完的事件比例</li></ul>

内容	说明
指标	● 处理每个事件的平均成本 ● 由一线解决的事件的比例 ● 每个服务台员工处理的事件的数量 ● 现场/远程解决的事件数目和比例
关键 成功 因素	● SLA中明确定义的事件管理目标，合理控制事件解决预期 ● 明确定义并划分事件管理过程角色、职责与工作界面 ● 卓越的服务支持团队，保障事件处理效率与效果 ● 服务导向意识与技能有效落实在事件管理过程各阶段的支持人员行为中 ● 提供推动和控制事件管理的整合工具，以提高事件规范性

8.4.4 问题管理

问题管理过程负责预测、监控、发现并及时解决 IT 系统和 IT 运维服务中存在的问题和错误，将这些问题和错误对客户和业务的负面影响降至最低，并防止由其引发的事件再次发生。问题管理的核心是找到根源，减少事件的发生，从而达到优化运维成本、提高运维效能的目的，问题管理的过程的完整性问题管理至关重要，它决定了运维活动的问题能否得到有效识别、分类和处理等。

问题管理过程具体的目标可细化为：

● 将IT系统和IT运维服务中的错误引起的事件和问题对业务的影响减小到最低程度。

● 查明事件或问题产生的根本原因，制定解决方案和防止事故再次发生的预防措施。

● 实施主动问题管理，在事故发生之前发现和解决可能导致事故产生的问题。

从问题管理的过程来讲，问题管理过程的范围包括问题控制、错误控制和主动问题管理。什么样的事件可以纳入问题管理的范畴，这取决于事件对组织造成的影响是不是在容忍范围之内，凡是不能容忍再次发生的事件、故障、问题或者错误，都可以纳入问题管理的范畴。

问题管理过程的输入、输出、指标及关键成功因素如表 8-5 所示。

表 8-5　问题管理过程的输入、输出、指标及关键成功因素

内容	说明
输入	● 未彻底解决的事件，需要通过问题管理过程解决 ● 已解决的但需要进行根本原因分析的事件 ● 对事件趋势分析的结果 ● 虽然尚未发生，问题分析团队主动发现的新问题
输出	● 对相关管理过程的通知 ● 关闭的问题单 ● 问题解决方案 ● 重大问题的审核报告

内容	说明
指标	● 某一期间记录的问题总数量（作为一种控制措施） ● 在SLA目标内解决的问题百分比（及未解决的问题百分比） ● 超出目标解决时间的问题的数量和百分比 ● 主要问题的数量（提交数量、关闭数量、积压率） ● 添加至已知错误数据库的问题数量 ● 已知错误数据库的准确率（通过审核数据库确定） ● 策略标准按照类别、影响度、严重性、紧急度和优先级进行细分和比较
关键成功因素	● 明确定义问题管理过程中的角色和职责 ● 建立明确的创建问题规则，确保问题能被及时地识别和创建 ● 对问题记录单的合理设计，便于有效地记录、跟踪、反馈和汇总问题单 ● 明确问题管理和事件管理过程的接口和协同机制 ● 进行主动问题管理 ● 确保问题管理中积累的经验得到有效的总结提炼和使用 ● 对技术人员的培训（技术、过程及业务相关的知识）

8.4.5　配置管理

配置管理是通过技术或者行政的手段对运维对象的信息进行管理的一系列活动，这些信息不仅包括运维对象的具体配置项信息，还包括这些配置项之间的相互关系。配置管理的核心工作是识别、记录、控制、更新配置项信息，主要包含配置管理数据库（Configuration Management Database，CMDB）的建立以及配置管理数据库准确性的维护，以支持运维对象的正常运行。在 IT 运维服务中，配置管理数据库可用于故障定位、问题分析、变更影响度分析、故障分析等，因此，配置管理数据库与真实环境的匹配度和详细度非常重要。

在 IT 运维服务中，配置管理的目标是定义并控制 IT 服务和运维对象的组件，维护准确的配置信息，具体包括：

- 所有配置项能够被识别和记录。
- 维护配置项记录的完整性。
- 为其他服务管理过程提供有关配置项的准确信息。
- 核实有关运维对象的配置记录的正确性，并纠正发现的错误。
- 配置项当前和历史状态得到汇报。
- 确保运维对象的配置项的有效控制和管理。

为了实现上述目标需要建立一个完整的配置项管理过程，通过该管理过程实现对所有配置项的有效管理，以保证所有配置项被及时正确地识别、记录、查询，配置元素当前和历史状态得到汇报，以及配置元素记录的完整性。配置管理过程的基本活动主要包括配置管理规划、配置项识别、配置项控制、配置状态报告、配置验证和审计、配置管理回顾及改进等。

配置管理过程的输入、输出、指标及关键成功因素如表 8-6 所示。

表 8-6　配置管理过程的输入、输出、指标及关键成功因素

内容	说明
输入	● 配置管理现状 ● 配置管理需求 ● 配置管理目标 ● 配置管理策略 ● 配置管理程序文件
输出	● 配置管理计划 ● 配置管理报告 ● 配置管理数据 ● 配置项列表 ● 配置审计报告
指标	● 配置管理数据库中配置项属性出现错误的比例 ● 成功通过配置审验的配置项的比例 ● 未经授权的配置的数量 ● 因变更不当而导致的事故和问题的数量 ● 批准和实施一项变更所需要的时间 ● 因配置项信息不准确而导致服务失败的次数 ● 出现已记录的配置不能找到情形的次数 ● 超过给定时间或者变更次数的配置项的列表
关键成功因素	● 配置管理提供准确的配置信息 ● 问题管理提供可靠的问题分析报告和合理的变更请求 ● 发布管理和变更管理之间的良好协调 ● 明确变更经理的权限和责任 ● 组建合理有效的变更咨询委员会

8.4.6　变更管理

在组织执行服务过程中，常常会遇到变更的发生，即对原有运行状态、环境、配置等进行改动。变更的诱发一般有主动变更和被动变更两种。主动变更是主动发起的变更，常用于提供业务收益，包括降低成本、改进服务以及提高服务的便捷性和有效性等；被动变更常用于解决故障、错误和适应不断变化的环境，如随系统负荷的增加，相应需要增加系统的服务能力等。变更管理是对变更从提出、审议、批准到实施、完成的整个过程的管理。变更管理是 IT 运维服务中非常重要的一个管理过程，一个好的变更管理过程可以把由于运维对象或服务的变更影响和服务级别的偏离减小到最低程度，并确保变更可以有效地完成。

变更管理的首要目标是保证组织能以一种标准的方法和步骤，高效、快速地处理所有变更，从而将变更对服务质量和业务连续性的影响降到最低，并对变更影响、资源需求和变更批准进行控制和管理。这一方法对维持变更需求和变更影响之间的适度平衡非常重要。为了促进变更的平衡过渡，高可见性的变更管理过程和公开的沟通渠道特别重要。

变更管理的目标具体包括：

- 确保使用标准的方法和过程。
- 迅速、平衡、负责任地处理变更，将变更对服务产生的影响降到最低。
- 使变更可以跟踪。

变更管理过程的实施以变更请求、配置管理数据库和变更实施进度表为基础，经过登记变更请求、筛选和接受变更请求、确定优先级和归类变更请求、制订变更实施计划、实施变更评价和终止变更、处理紧急变更等变更管理活动之后，产生变更管理报告、变更顾问委员会行动备忘录等管理信息。

变更管理过程的输入、输出、指标及关键成功因素如表 8-7 所示。

表 8-7　变更管理过程的输入、输出、指标及关键成功因素

内容	说明
输入	<ul><li>变更请求基本信息（包括请求名称、登记号、请求种类、优先级、简述等）</li><li>变更请求的描述</li><li>引起变更的问题解决方案描述以及变更建议</li><li>变更配置项信息</li><li>预期计划的实施日期</li></ul>
输出	<ul><li>变更审批结果</li><li>变更实施计划与方案（变更时间、参与人员、动用资源、实施方案、回退方案、结果测试标准等）</li><li>关闭后的变更请求单（RFC）</li><li>变更过程记录</li><li>未达到预期目标的变更（包括失败的变更），制订后续行动计划，提交原因说明</li><li>变更对配置管理中配置项的变更记录</li></ul>
指标	<ul><li>变更总数。统计期内变更的总数，用于了解系统中记录的变更数量</li><li>变更分级与分类占比。统计期内各级、各类变更数/总变更数</li><li>变更关闭的数量/比例。当前变更处于"关闭"状态的数量/总变更数，用于了解变更处理完毕的情况</li><li>变更失败的数量/比例。未成功实施的变更数量或回退数量/总变更数，用于衡量变更管理过程的有效性</li><li>按计划完成的变更占比。统计期内按照变更计划的时间和使用资源完成的变更数量/总变更数量</li><li>未审批通过的变更占比。统计期内被变更经理或CAB拒绝的变更申请数/总变更申请数量</li><li>由变更引发的事件占比。统计期内因变更引发的事件数/变更总数</li></ul>
关键成功因素	<ul><li>变更实施对服务质量的不良影响的减少程度</li><li>由于变更实施而导致的事故减少的数量</li><li>定期对变更请求和已实施变更进行评审的情况</li><li>由成功的变更管理所增加的客户业务效益和客户满意度的提高</li><li>单位时间内完成的变更的数量</li><li>变更实施的频率</li><li>被拒绝的变更请求的数量</li><li>变更撤销的数量</li><li>变更实施的成本</li><li>在计划的资源和时间限度内完成的变更的数量</li></ul>

8.4.7　发布管理

发布管理负责计划和实施 IT 运维服务的变更，并且记录该变更的各方面信息。发布是由其实施的变更请求定义的，发布一般是由许多问题修复和 IT 运维服务质量改进组成的。发布不仅包括软件方面的变更、硬件方面的变更，同时也包括 IT 运维服务管理体系的变更。发布管理通过实施正规的工作程序和严格的监控，保护现有的运营环境和服务不受冲击，负责对软件 / 硬件 / 体系发布进行计划、设计、生成、配置和检测，影响范围可能涉及现有的运维对象及其环境、IT 用户和组织各分支机构等。

发布管理应对引起发布的变更有全面的理解，包括变更的动因、影响、范围等，以确保发布的所有技术和非技术方面都能得到整体性的考虑。发布管理负责实施变更的规划、构建、测试以及最终的应用，并保证配置管理数据库得到实时同步更新。

发布管理的具体目标如下：

- 设计和监督，以确保软件及其相关硬件的首次运行能够成功进行。
- 设计和实施有效的过程来发布和安装IT系统的变更。
- 确保硬件和软件的变更是可追踪的、安全的，并且只有正确的、被授权的和经过测试的版本才能安装。
- 在新版本的规划和首次运行过程中，沟通并管理客户的期望值。
- 联合变更管理，确定发布的确切内容和首次发布计划。
- 利用配置管理和变更管理中的控制过程，在实际IT环境中实施IT系统的新发布。
- 确认所有最终软件库中软件正本的拷贝是安全可靠的，并且在配置管理数据库中得到了更新。
- 确保所有的运维对象均已得到发布，所有的变更是安全的和可追踪的。

发布管理是为变更管理提供支持的，贯穿变更的整个生命周期，并且发布管理过程的实施应当在变更管理过程的控制下进行。发布管理可应用于设计开发环境、受控测试环境和实际运行环境三种环境之中。

发布管理过程的输入、输出、指标及关键成功因素如表 8-8 所示。

表 8-8　发布管理过程的输入、输出、指标及关键成功因素

内容	说明
输入	- 经过有效授权的RFC（变更请求） - 发布包 - 发布政策 - 获得的服务资产和组件及其文档 - 构建模型和计划 - 环境要求和规格，用于构建、测试、发布、培训、灾难恢复、试行和部署 - 发布和部署各阶段的退出和进入标准
输出	- 发布和部署计划 - 已完成的针对发布和部署活动的RFC - 服务通知

内容	说明
输出	● 用全新或变更服务的相关信息提出更新服务目录要求 ● 新测试的服务能力和环境，包括SLA、其他协议和合同、变更组织、有能力和有动力的人员、现有的业务和服务管理过程、已安装的应用、修改的数据库、技术基础设施、产品和设备 ● 全新或变更的服务管理文档及服务报告 ● 服务包，定义了业务/客户对此服务的要求 ● 完整、准确的配置项列表，带有对发布包中配置项的审核跟踪，以及全新或变更服务与基础设施配置
指标	● 所有发布应该记录 ● 所有发布要进行编号 ● 发布应该进行分类 ● 每个发布在建立后，在生命周期的每个阶段都应有发布负责人负责 ● 发布过程经理要关注发布的处理情况 ● 应该定期对发布过程处理进行回顾 ● 要有详细、全面的测试计划和回退计划 ● 要关注发布是否引发事件和问题的发生 ● 发布后，将发布结果返回引发发布的事件、问题、变更管理过程 ● 能够与事件管理、问题管理、变更管理、配置管理进行关联
关键成功因素	● 发布过程中没有出现不可接受的错误，从而需要撤销发布数量 ● 引起事件的发布百分比 ● 未经测试的发布百分比 ● 需要回退的发布百分比

8.4.8 可用性和连续性管理

可用性是指 IT 服务或其他配置项在需要时执行其约定功能的能力。可用性管理实践的目的是确保服务达到约定的可用性级别，以满足客户和用户的需求。可用性取决于服务发生故障的频率，以及故障恢复的速度。这些特性通常表示为平均故障间隔时间（Mean Time Between Failures，MTBF）和平均恢复服务时间（Mean time to Restore Service，MTRS）。

● MTBF：度量服务发生故障的频率。例如，平均而言，MTBF为4周的服务，每年会发生13次故障。

● MTRS：度量故障后服务恢复的速度。例如，平均而言，MTRS为4个小时的服务，将在4个小时内从故障完全恢复。

服务连续性是在灾难事态或破坏性事件发生后，服务提供者以可接受的预定义级别继续服务运营的能力。连续性管理实践的目的是确保灾难发生时，服务的可用性和性能能够保持足够的水平。连续性取决于服务恢复的时间和数据恢复的时间两个关键因素，即恢复时间目标（Recovery Time Objective，RTO）和恢复点目标（Recovery Point Objective，RPO）。

● RTO：由于业务功能缺失导致对组织产生严重影响之前，服务中断持续的最长时间。这就意味着在这个最大约定时间内必须重新开始生产或业务活动，或者必须恢复资源。

- RPO：活动所使用的必须恢复的信息所指向的点，以使活动在重新开始后能够有效运行。RPO定义了可容许的数据损失的时间段。如果RPO为30分钟，则在破坏性事态之前30分钟应至少有一个备份，在服务恢复后的服务交付重新开始时，距离破坏性事态之前30分钟或更短时间内的数据是可用的。可用性管理和连续性管理的区别如表8-9所示。

表 8-9　可用性管理和连续性管理的区别

可用性管理	连续性管理
专注于高概率风险	重点关注高影响的风险（突发事件，灾难）
更主动	更被动
减少不必要事件的可能性	减少不必要事件的影响
专注于技术解决方案	专注于组织措施
专注于优化	专注于创建冗余
不是组织职能的一部分	通常是组织职能的一部分
常态	不可抗力
平均恢复服务时间（MTRS）、平均故障间隔时间（MTBF）、平均服务事件时间	恢复时间目标（RTO）、恢复点目标（RPO）

8.4.9　系统容量管理

很多组织在实际生产过程中都会面临各种各样的复杂业务场景及相应的困难和挑战，这些汇聚到 IT 支撑环节，就形成了对 IT 资源的需求和规划。此时，容量管理就起到了极大的作用，它可以为组织业务和技术负责人进行统一的 IT 资源规划提供有力依据，帮助其进行决策，而不会在真正的 IT 资源成为瓶颈或问题时显得顾此失彼。容量管理负责确保 IT 基础设施的容量以最划算的、适时的方式符合不断发展的业务需求。容量管理的目标主要包括：

- 设计并维护一个恰当且不断更新的容量计划，这个容量计划能够反映出当前和未来的业务需求。
- 就容量和性能相关问题，为业务和IT的其他领域提供建议和指导。
- 通过管理服务和资源的性能和容量，确保服务性能成果达到或超过约定的性能目标。
- 协助诊断和解决与性能和容量有关的故障和问题。
- 评估变更对容量计划、服务和资源的性能及容量带来的影响。
- 在成本合理的情况下，确保实施主动测量来改进服务的性能。

容量管理流程所涉及的活动主要包括：

- 监控业务活动模式和服务级别计划，生成服务和组件的性能与容量的定期与临时报告。
- 正确理解客户当前和未来对IT资源的需求，并能预测客户未来需求。
- 可以结合财务管理，影响需求管理。
- 采取一些调整活动，以充分使用现有的IT资源。
- 制订能够满足服务级别协议的容量计划，让服务提供商能持续提供在SLA中约定的服务质量，并提供详细的容量计划时间表，以满足在服务组合和SLR中规定的未来的服务级别。

- 预先采取提高服务和组件绩效的活动。

8.4.10　运维安全管理

IT 运维服务实施过程中面临不确定性和各类风险，需要通过建立相关运维安全管理，确保运维对象的保密性、完整性和可用性，通过定性、定量的分析方法及时识别安全风险，针对风险等级制订风险处置计划，降低运维过程的风险，提高 IT 运维服务的连续性及质量。

在 IT 运维安全管理建设过程中可以依据 GB/T 22080《信息技术　安全技术　信息安全管理体系　要求》、GB T 20984《信息安全技术　信息安全风险评估方法》、GB/T24363《信息安全技术　信息安全应急响应计划规范》等相关标准，制定相关的运维安全管理体系，构建适合的信息安全管理流程，通常包括信息安全管理体系策划、风险评估、安全管理体系实施、持续改进等相关内容。

8.5　运维资源

运维资源指的是组织中用于交付运行维护服务所依存和产生的有形及无形资产，包括运维工具、服务台、运维数据、备件库、最终软件库和运维知识等。运维资源主要由人员、过程和技术要素中被固化下来的能力转化而成，人员、过程和技术要素在知识、服务管理、工具支撑等方面的能力被固化下来，同时又对人员、过程和技术要素提供有力的支撑和保障，确保运维组织能"保障做事"。

8.5.1　运维工具

运维工具可以固化服务过程的关键环节并留痕，确保运维管理体系和过程"落地"并"固化成果"，包括监控工具、过程管理工具及专用工具。运维服务能力体系建设及有效实施和管理离不开运维工具的支持。运维工具可以显著提高运维的可视性、过程组织的有效性以及操作的便利性和安全性。

1. 过程管理工具

运用过程管理工具的目的包括两方面：一是固化运维服务过程，二是提升组织的工作效率与能力。过程管理工具可以收集过程管理数据并对其进行分析、整理和报告，并通过合理的方式展现结果，确保实现组织运维管理的自动化、标准化和规范化。

过程管理工具常见的逻辑架构如图 8-3 所示。

门户为工具用户提供了一个统一集中的访问平台，使得用户可以更关注于实际业务。通过门户技术，每个用户都拥有自己独立的访问视图，方便用户在多模块、多过程间进行快速流转。常见的门户视图包括：客户服务台、自助服务台、智能工作台、管理控制台和移动客户端等。

服务平台位于整体架构中的第二层，它为门户视图需要展现的内容提供业务逻辑支撑。该部分主要包括运维服务中的主要过程设计和部署，如事件管理、请求管理、问题管理、变更管理、知识管理、资产配置、供应商管理、巡检计划、服务水平管理等。

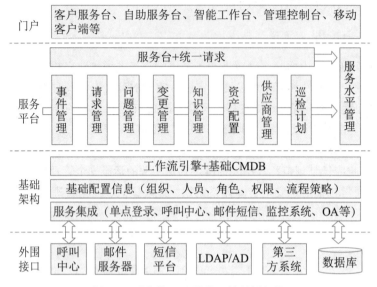

图 8-3　过程管理工具常见的逻辑架构

基础架构层和外围接口层在整个架构中位于底层，主要用来描述关联的运维过程管理工具、IT 基础架构以及相连接的外围组织应用、业务系统和数据库等。

2. 监控工具

目前对监控工具的分类没有通用的标准，在业界一般通过监控对象的类别来进行区分。常见的监控工具主要包括：

- 网络监控工具。管理对象包括交换机、网络链路、路由器、负载均衡设备、防火墙和网关等。
- 主机监控工具。管理对象包括 PC 服务器、小型机等。主机监控工具支持对运行 Windows、Linux、Solaris、AIX、Unix/Tru64、Free/Open BSD、macOS 等多种操作系统的主机进行监控。
- 数据库监控工具。管理对象一般是关系型数据库、数据仓库等。
- 中间件监控工具。管理对象包括消息中间件、交易中间件、Web 服务中间件等。中间件监控工具主要通过 SNMP 和 JMX（Java Management Extensions，即 Java 管理扩展）协议实现对中间件的监控。针对不同的中间件，采集的指标不同。中间件监控工具对中间件关键指标的异常状态进行告警。
- 存储设备监控工具。应支持对主流厂商存储设备的监控与管理。
- 备份软件监控工具。应支持对主流厂商备份软件的监控与管理。
- 机房动环监控工具。监控范围包括机房内的动力系统、环境系统、安防系统三大方面。监测的范围包括：机房温湿度、漏水、配电、UPS、空调、烟感、门禁、视频、新风机、机柜微环境、红外、发电机、消防等。

- 业务系统监控工具。相对于其他监控管理工具而言，业务系统监控工具的规范化成熟度最低。业务系统监控工具并没有通用功能，针对业务系统的特性，通常可以分为业务系统状态监控工具和业务系统性能监控工具两大类。

3. 专用工具

在运维服务过程中常用到一些专用工具，例如在服务器硬件操作中使用的防静电工具属于专用的安全工具，主板故障检测卡则属于专用的特殊要求的工具。堡垒机、网络流量分析系统等是比较常见的专用工具，运维人员通过专用工具实现监控工具与过程管理工具无法提供的服务。在组织内可以有专用工具，也可以没有专用工具，根据组织开展的运维服务的需要而定。

4. 工具的日常管理

运维工具作为运维服务对象，也需要通过运维工具实现对工具的自我管理，与此同时，为了确保工具的正常使用，组织需要对工具进行日常管理，主要包含工具的日常维护管理、工具运维管理、工具数据管理、工具备件管理、工具培训、工具运行评估、工具使用改进等。

（1）工具的日常维护管理包含工具权限的维护和日常的巡检等。

（2）工具运维管理是指通过监控工具、过程管理工具和专用工具实现对工具的自我管理。

（3）工具数据管理包含对工具的业务数据和工具日志数据的管理。业务数据管理是指通过工具实现业务数据的导出、导入、备份与恢复。业务数据的管理主要用于存档与备份。特别是过程数据，涉及很多审核信息，需要存档备查。日志数据管理是指通过工具实现对工具运行日志的导出、导入、分析、备份与恢复。日志数据主要用于审计与评估，可以通过日志数据评估运维工作的使用情况，如使用时间、频率等。

（4）工具备件管理是指将确保工具正常运行活动所需的备件资源纳入备件管理库。

（5）工具培训包括工具使用培训和工具运维培训。针对工具的普通用户的培训，可以采用实际操作的方式进行，培训的内容主要是针对具体业务进行相关操作过程和操作界面的培训。针对工具管理员的培训，可以采用实践与文档相结合的方式进行，工具供应商应该提交工具的运维手册，工具管理员与工具供应商应做好工具维护知识的转移。

（6）工具运行评估是指工具管理员定期提交工具的运行评估报告，以便全面评估工具运行情况、使用情况等。工具的运行评估可以通过定期组织评估会议的方式进行。参与评估会议的人员由工具普通用户代表、工具管理员、工具供应商相关人员组成。

（7）工具使用改进是指工具管理员收集工具使用与管理意见，通过意见的收集编写工具改进报告。在实际的工作中，工具使用改进一般会和工具运行评估报告相结合。工具改进报告的数据应该来源于工具运行评估报告的改进性意见部分。

8.5.2　服务台

服务台（Service Desk）是组织体现运维服务的重要环节，也是客户体验的重要感知窗口。服务台是服务中与客户沟通和交互的重要界面，负责对客户遇到的问题和需求进行响应和处理；服务台是运维服务供需双方的"官方"接口和信息发布点，是组织内部各个团队之间相互协作的纽带和协调者；服务台对运维服务质量及客户体验的管理至关重要，是组织服务能力持续提升的战略单元。

服务台在运维中扮演着极其重要的角色。完整意义上的服务台可以理解为系统应用部门和服务的"前台"，服务台作为组织与客户之间的单一连接点，应具备一定的手段来保障沟通渠道的畅通，可以在不需要联系特定技术人员的情况下处理大量的服务请求。

服务台起着"应答机"和"路由器"的功能。在客户碰到任何问题或疑问时，只需通知和联系组织服务台的工作人员，再由服务台人员指导和协调下一步的处理工作。

1. 服务台工作内容和要求

对于客户而言，选择服务台的好处是当遇到问题需要技术资源的时候，只需联系一个接入口，而无须找多个部门联络。对组织而言，使用服务台能够对大量的服务请求进行集中统一管理。服务台的工作内容包括：

- 基于服务水平的要求制定明确的服务质量考核指标，指导服务台日常服务行为。服务台在处理这些请求的过程中，必须根据服务水平的要求，按照标准管理过程对服务请求进行接收、记录、跟踪和反馈，以及对日常工作进行监督和考核等。
- 组织建立规范的管理制度、管理过程和管理规则，指导服务台的日常管理工作。服务台人员基于服务水平的服务指标要求，定期提供服务台报告。
- 组织建立人员培训和人才储备机制，满足运维发展对服务台的要求。
- 具备自动化管理工具，支持日常工作记录的及时性和完整性。
- 组织具备服务质量持续跟踪和优化机制，确保服务质量满足客户的期望。

2. 服务台组织与岗位

为实现服务台的组织建设，要根据其所承担的职能设定相应岗位，对相关职责和工作内容进行覆盖。在设计原则上，为减少管理跨距，应尽量减少岗位种类，以降低管理难度。同时，岗位设置应注意按照职责性质不同进行一定的区分，以方便按各自定位在运维服务中执行日常工作，并对各自职责的履行绩效进行评审和考核。

服务台可以根据工作职能的不同设定，如热线支持岗、现场支持和驻场服务岗，对除核心系统以外的运维服务提供一线支持。此外，还可以设服务台值班长岗，对包含系统、应用、网络、安全、基础架构等在内的一线资源进行统一管理和协调。

在服务台组织管理层面，制度和过程的建设是相辅相成的。制度提供管理依据和指导，过程负责管理执行和反馈。对于服务台而言，过程主要遵循事件管理过程的要求。作为事件管理过程的入口，服务台承担信息记录、初次响应、任务分派和服务跟踪等活动。

3. 服务台技能要求

为确保服务台各岗位能够支撑运维服务能力，应确保各岗位配备人员满足相应岗位技能要求。服务台岗位作为运维服务部门的对外窗口，除需要基本的专业知识技能之外，还应具备客户业务和运维服务两方面的经验和能力。业务能力包括了解客户业务过程相关知识，以熟练使用业务语言与客户进行沟通，还应了解客户业务过程与运维对象 IT 技术架构的关联，以准确定位问题所在。服务能力包括沟通能力、服务意识、服务管理技术水平和管理工具操作能力等，以提高服务质量和效率。

4. 服务台绩效考核

为了确保运维服务台各岗位人员向客户提供高质量服务，服务台应依据与客户确定的服务水平要求以及内部管理需要，针对各岗位特性制定相应绩效考核指标，并定期对人员进行评价。

8.5.3　备件库

备件在运维服务中占有举足轻重的地位，是有效运维的基础。针对服务级别要求的不同，备件响应的级别常常也不同。备件库管理工作主要包括备件响应方式和级别定义、备件供应商管理、备件出入库管理、备件可用性管理等。

（1）备件响应方式和级别定义是指供需双方在运行维护服务中对备件的服务水平的要求，如根据设备不同部件的影响设定不同备件级别、关键备件到场时间、备件更换完成时间等。

（2）备件供应商管理的重点是确保备件的质量，因此应就不同的获取渠道对备件质量进行比较，以此对供应商做出评价和选择。

（3）备件出入库管理是指备件有多种型号、类别、版本之分，这些不同的备件在运维服务过程中都需要进行仔细区分，不能混用，因此出入库管理应将这些不同的备件进行仔细区分和标识；出入库管理还需对备件的出入时间、领用人、入库人等信息进行实时记录，并定期对库房进行盘点，做到帐、物一致。

（4）备件可用性管理主要是为了保证备件出库时的状态正常完好，备件库的管理中应有相应规范，定期对备件进行检测，以确保其功能和性能正常应用。

8.5.4　运维数据

运维数据是指运维活动所涉及的运维对象或者运维操作相关配置、监控、流程、管理、日志的直接相关或间接衍生的数据。运维数据具有不同于业务数据的独特性，具有产生源头复杂、标准化程度低、关联对象繁多、消亡速度快等特点。

1. 运维数据分类

运维数据包括运维管理数据和运维运行数据两大类。

（1）运维管理数据通常包括：

- 配置管理数据：覆盖数据中心的所有IT资源对象，包含基础设施、网络设备、存储、服务器、数据库、中间件、应用系统、服务、交易等。
- 流程工单数据：包含但不限于服务请求、事件、问题、变更、发布、资源交付等流程的工单数据。
- 运维知识数据：包含知识ID、作者、版本、知识发布时间、知识更新时间、知识分类、知识内容、知识标签。

（2）运维运行数据通常包括：

- 监控指标数据：包含资源对象ID、指标名称、指标编码、指标值、采集时间点。
- 监控告警数据：包含告警级别、告警发生时间、告警关闭时间、资源对象ID、告警分类等属性。告警内容要完整、准确地表达故障现象。
- 运维操作数据：包含操作任务ID、操作详细步骤、指令内容、前后继操作依赖关系、运维操作对象、操作开始时间、操作结束时间、操作账户、操作人员、复核人员、操作成功状态等内容。
- 运行日志数据：包含应用系统日志、系统软件日志（包括数据库日志、中间件日志、操作系统日志）、网络设备syslog日志。应用系统日志用于描述应用系统的整体运行情况，包括但不限于时间戳、日志记录位置、日志等级、日志内容、告警信息等内容。系统软件日志用于描述系统软件的整体运行情况，包括但不限于时间戳、日志等级、会话标识、功能标识、状态信息、日志内容。网络设备日志用于反映网络设备（交换机、路由器、防火墙、负载均衡）的整体运行状态，包括但不限于日志等级、协议版本、时间戳、主机名、应用名、进程ID、日志等级、消息ID、消息内容、错误信息等内容。
- 网络报文数据：包含报文头、报文体。其中报文头应该包含头长度、头标识、报文长度、目的地址、源地址、交易信息、用户信息、响应码等内容。

2. 运维数据生存周期管理

运维数据的生存周期可包含识别、采集、传输、加工、存储、应用、维护、归档/退役等环节。

（1）识别环节。识别运维数据分类、数据含义、数据创建、数据使用、数据展示、数据质量、数据安全等需求，根据数据需求和运维数据分类，明确数据的来源范围，并分析采集的可行性，建立数据源头和采集数据的对照关系，形成数据源头服务目录清单。

（2）采集环节。明确不同类型数据的采集方式、采集周期、采集频率、采集风险，建立数据采集的事前约束控制、事中监测检查、事后整改考核的全过程管理，确保数据的完整性、真实性、准确性。

（3）传输环节。明确运维数据的传输方式、传输格式、传输频率、传输风险，保证数据传输的流程可控，兼顾数据安全与效率。

（4）加工环节。规范运维数据加工规则，采用合适的加工手段保障数据加工的效率和质量，确保同类数据加工的统一来源和统一规则，保证数据的一致性。

（5）存储环节。按照不同运维数据的特点和使用需求制定冷、热、温存储策略，兼顾存储资源和存取效率。

（6）应用环节。充分考虑数据共享的规则和权限的分配，统筹管理运维数据分析算法、模型和工具，最大限度挖掘运维数据的价值。

（7）维护环节。对已上线的数据采集、加工、存储、应用等策略建立对应的维护机制，确保数据流转各环节的稳定运转，跟踪各环节运行状况并及时加以改进。

（8）归档/退役环节。根据不同的数据类型和使用周期，制定明确的数据归档、清理策略，对于归档数据要明确数据恢复方案和抽检验证方案。

3. 运维数据安全管理

运维数据安全管理工作包含安全规范标准、分级安全管理策略、可追溯、风险监测、宣贯培训等内容。

（1）设定运维数据安全管理的底线，满足法律法规、监管要求以及组织级数据安全制度要求，不影响运维的主体工作。

（2）基于安全底线，制定智能运维场景下的数据安全规范标准，保证数据识别、采集、传输、加工、存储、应用、维护、归档/退役等环节的安全可控，包括但不限于数据识别、采集安全、传输安全、存储安全、使用安全、维护安全、销毁安全等规范，保障数据依法收集、合规处理、有序流动、合理共享。

（3）制定运维数据分级安全管理策略和数据权限分级管理制度，根据分级结果采取差异化数据保护措施，实现整体安全，并针对不同的运维数据类型，明确运维数据中敏感信息的特征及认定原则，按需制定对应的脱敏方案。

（4）确保运维数据生存周期各环节中管理、使用、消费、操作等过程可追溯、可审计。

（5）制定运维数据的风险监测和防范机制，监测、防御、处置数据安全风险和威胁，保护数据免受非授权访问、非法使用及滥用，防范数据泄露、窃取、篡改、毁损等情况发生。

（6）全员宣贯和定期培训，掌握安全规范标准和安全管理策略等内容，通过制度形成运维数据安全文化氛围，保障数据安全落地执行。

在技术层面，实现运维数据生存周期各环节的安全管理落地。

4. 运维数据质量管理

运维数据质量管理工作包含质量目标、责任机制、管理过程、技术手段等内容。

（1）明确数据质量管理目标，制定具体的管理指标，提升数据的规范性、完整性、准确性、一致性和时效性。

（2）建立数据质量管理的责任机制，定义数据质量管理角色和职责，制定数据质量管理规范，建立全面的运维数据质量监控机制，组织开展相关宣传及培训，持续提升数据质量。

（3）明确数据质量管理过程，事前明确数据标准、采集规范、加工规则，事中采取技术或管理手段监测执行情况，事后对数据质量问题进行跟踪优化。

（4）研发数据质量相关技术，通过质量检测、数据纠偏、专项治理等手段支撑数据质量管理及数据质量提升，建立运维数据血缘关系管理机制，对运维数据在生存周期中的流动路径及加工关系进行识别和管理，实现对数据血缘的细粒度跟踪及溯源。

8.5.5　运维知识

随着运维服务的发展，知识已经成为运维组织最有生命力的战略资产。通过对知识的有效管理，能够确保知识管理工作规范化，保证知识库信息的准确性、完整性和可用性，并能够有效地促进和提高运维人员能力，提升服务质量，减少重复劳动。

知识库作为运维服务中的重要资源，为便于知识整合、记录、存取、查询及分享，需要利用有效的管理工具来提高知识库管理效率，用知识库管理工具来替代传统的纸质记录方法，将数据库与应用软件有效结合并通过网络载体实现快速共享和交互。

1. 知识条目的来源

运维服务组织需要将获取到的信息数据转化成知识条目，或者根据日常运维工作经验积累整理组合后加以利用，可能的知识来源包括购买、开发、融合、提炼、网络等。

（1）购买。知识库的构建往往需要经过多年的积累，对于刚起步从事运维服务的组织来说，或者拓展运维服务领域的组织，购买是获取知识最直接、最高效的方法之一，因为原创的知识建立需要漫长的时间和实践中经验的沉淀。知识被视为组织的无形资产，组织可以选择具有共性业务模式的其他组织购买知识，但是购买的知识往往不能直接使用，需要学习和总结后才能转换成自己的知识库。

（2）开发。成立专业团队组织开发知识，团队人员包括管理者及专业技术工程师。开发团队组成是长期的，但人员组成并不需要固定，因为知识的开发工作将伴随着运维服务的开展持续进行，不是一个阶段性的工作任务；而知识的积累是许多专业人员智慧的结晶，因此开发人员的变换反而能够促进知识的积累。

（3）融合。融合是开发的另一种形式，有些运维服务组织不设专职知识开发人员，从各岗位抽取人员形成临时组织，为降低人员的工作压力，避免影响正常工作开展而形成新的合作模式。这种合作模式把观点各异的人结合起来，共同针对某个计划或问题而努力，携手构建形成知识。

（4）提炼。在运维过程执行中，将已经解决的典型事件和问题加以整理，通过对常见问题的描述、日志分析，最终形成解决方案，工程师对方案提炼后转换为知识，这些知识条目的形成能够提升运维故障处理效率。

（5）网络。互联网的飞速发展为知识条目的来源提供了另一种非正式的途径，互联网中的每一个成员既可以是知识的使用者也可以是知识的提供者。通过成员之间有效的合作与沟通，知识的获取似乎变得更加简单而快捷，但是互联网的知识缺乏针对性，并不是拿来就能用，真正形成知识则需要保留、提取与加工。

2. 知识分类

为了便于知识条目的共享与查询，将知识库中的知识条目分类存放，通常按照内容将知识条目分为管理、方法和专业技术三大类。管理类知识主要包括与运维相关的制度、规范、过程、操作规程、表单模板等；方法类知识主要包括分析问题和解决问题的模型或手段；专业技术类知识主要指运维过程中使用的 IT 技术。

3. 知识管理过程

知识管理的主要过程包括知识提交过程、知识变更过程、知识删除过程等。

（1）知识提交过程包含以下活动：

● 通过购买、开发、融合、网络以及运维过程执行中提炼等方式，收集知识素材，包括已验证的解决方案、在故障管理中已经用于解决一个或者一类事件的解决方案、问题和已知错误，其中重大事件的解决方案与问题的解决方案必须入知识库。

- 按编写要求和规则对所收集知识素材进行归类、整理和编辑，最终转换成可供直接使用的知识条目。
- 对提交的知识内容进行过滤和审核，对审核通过的知识进行有效性标识。
- 将已审核的知识进行分类，使原本散乱的知识结构化、有序化，便于检索和查询。
- 将知识条目按类别添加至知识库进行发布，各知识条目可实现查询和共享。

（2）知识变更过程包含以下活动：

- 由变更发起人提出申请，将变更申请资料及变更方案或计划提交知识审核人。
- 对提交的知识条目变更方案进行审核和判定，对审核通过的知识条目变更方案经专家会签（虚拟组织）后提交知识管理员执行变更。审核内容包括新变更知识条目内容的完整性、验证解决办法的有效性、分类是否妥当、关键字是否设置得当以及内容是否涉密等。对审核未通过的知识条目变更方案返回修改或退回。
- 将已经过审核的变更知识条目进行重新分类，便于检索和查询。
- 将知识条目按类别添加至知识库进行发布，各知识条目可实现查询和共享。

（3）知识删除过程包含以下活动：

- 知识管理员维护发现或根据知识点击统计分析或经过知识使用者反馈，得到需要删除的知识。
- 由知识管理员提出知识条目删除申请，包括删除原因、条目内容、知识条目删除计划时间等。
- 审核人员组织专家对过期知识进行评估并做出删除判定，对审核后提请删除的知识条目中仍具有保留价值的返回申请人，对审核后判定可以删除的则将知识条目转移至废弃区。
- 由知识管理员对废弃区已过期或重复的知识进行销毁。

4. 知识的共享

知识的共享涉及知识共享文化、知识共享平台、知识共享权限和知识查询检索等几个方面。

（1）知识共享文化。通过共享，个人的经验和技能形成知识条目后可以扩散到组织层面，使用者通过查询可以获得解决问题的方法，从而提高运维服务效率。可是，对于一个技术经验丰富的工程师来说，一个有效知识的形成往往倾注了个人的心血和智慧，技能和经验被视为自身赖以生存的无形资产。因此，需要组织将知识共享形成文化，潜移默化地影响每个人的认知和行为，使员工既是知识的提供者，又是知识的分享者，促进知识在员工之间的相互交流。

（2）知识共享平台。IT 的发展使知识库共享实现信息化管理成为可能，通过运维工具的研发建立知识共享平台，能够实现知识提供者和使用者的高效互动。同时，利用平台权限管理及检索功能实现使用者在可控范围内从海量知识数据中快速查询到自己想要的知识条目。

（3）知识共享权限。知识是组织的无形资产，也是组织的宝贵财富，甚至有些知识条目属于组织保密范围，如何解决好控制与共享的矛盾成为知识共享的前提。通过知识共享权限管理，实现组织知识库在可控范围内最大化共享。如一个软件开发相关的知识条目只控制在研发部门技术人员范围内共享。

（4）知识查询检索。知识库的建立是为了提高解决问题的效率，但是，如果知识库的管理不能实现高效检索功能，对使用者来说在庞大的知识库中要快速找到想要的知识犹如大海捞针，这样非但不能提高解决问题的效率，反而影响问题处理的及时性。对此，除了建立一套完备的命名规则、设定科学的关键字查询系统外，还可以通过"多维分类检索"快速定位文档，通过多维度的分类方式对知识条目进行分类，便于查询检索。

5. 知识的复用

知识复用是知识应用的进一步提升，完成知识积累后，通过复用将带来更有价值的知识创新。

（1）知识提炼。通过对典型知识条目的提炼与加工，可以形成发现问题或解决问题的手段。同时，对知识点进行汇总、分类、加工和整理后形成可参考的范例，在工具的研发或创新中，将知识点的范例固化于工具中，用以实现知识积累与问题处理的自动化。

（2）知识融合。在运维过程的执行中，将知识点与过程执行相关联，不同的流程调用不同的知识点，实现知识与过程的融合。

8.6　运维技术

运维技术指的是组织中为交付运行维护服务而研究和转化的知识、经验、手段、方法的总和。"技术"作为提供运维服务的核心能力要素之一，是为实现运维服务所需要的、与运维服务相关的各种先进、高效的技术手段和运维服务实施管理的操作方法。

运维技术管理的重点是通过自有核心技术的研发和非自有核心技术的学习，持续提升在运行维护过程中发现问题和解决问题的能力，重点考虑的是提升运行维护效率，技术要素确保运维服务组织能"高效做事"。

在提供运维服务过程中，可能面临各种问题、风险以及新技术和前沿技术应用所提出的新要求，组织应根据客户要求或技术发展趋势，具备发现和解决问题、风险控制、技术储备以及研发、应用新技术和前沿技术的能力。

"早发现、早解决"一直是运维的一个重要原则，技术作为提高效率的基本因素，其在该领域起着至关重要的作用。需要说明一点，这里的技术不单纯指 IT 技术，而是涵盖 IT 技术在内的所有运维技术，包括工作手册、思维方法等。

8.6.1　技术研发管理

技术研发管理的基本过程可以概括为技术研发规划、技术研发实施、技术研发监控、研发成果应用 4 个部分。

1. 技术研发规划

在技术研发规划阶段，根据运维服务的总体发展目标，确定技术研发目标，制定技术研发方案，分析方案可行性，分析其投入产出，形成研发立项报告，并得到技术研发决策负责人的批准。

技术研发规划阶段的工作主要有：研发需求调研、确定研发目标、制定研发方案、投入产出分析、形成立项报告、评审发布等。

（1）研发需求调研。技术研发规划的第一步就是研发需求调研。研发需求就是为了提升运维服务能力而进行的改进需求。研发需求的来源可能会体现在组织的服务能力改进计划中，是与运维服务相关的各种方法、工具和手段的改进需求。

（2）确定研发目标。对于通过调研获取的技术研发的需求，技术需求负责人要与研发团队一起进行分析，确定技术研发目标。确定研发目标需要遵循 SMART 原则。

（3）制定研发方案。根据研发目标制定研发方案，研发方案主要包括研发的技术可行性分析、研发技术路径方案。

（4）投入产出分析。对研发方案进行投入产出分析，进行投入产出分析时要充分评估可能遇到的困难和风险，对于关键性的研发项目，一定要配置足够的资源，做好充分的准备。

（5）形成立项报告。技术研发负责人将研发目标、研发方案、投入产出分析等进行整合，形成相应的研发立项报告，提交评审。

（6）评审发布。研发立项报告需要通过利益相关方的评审，参加评审的应该有技术研发决策负责人、技术负责人、服务交付负责人和财务负责人等。

2. 技术研发实施

在技术研发实施阶段，需要制订具体的实施计划，组织实施技术研发，产出技术研发成果。实施计划是研发团队根据研发目标，对研发实施工作所进行的各项活动做出周密安排。实施计划应围绕研发目标，系统地确定研发项目的任务、各项任务的时间进度、责任人、阶段里程碑等，体现了做什么、什么时候做、由谁去做以及如何做的行动方案，从而保证研发任务能够在合理的时间内，用合理的成本完成高质量的工作。

3. 技术研发监控

为了确保技术研发能够按照计划完成研发目标，组织需要在组织层面监控技术研发的过程，对研发质量、研发成本和研发进度方面进行监控和管理，当实际情况与计划发生偏差时，要及时采取措施，纠正偏差，保证达成研发目标。

监控的形式可多样化，例如研发团队内部的项目周报、月度报告、里程碑总结报告的监控形式，以及质量审计、内审和管理评审等监控形式。

4. 研发成果应用

研发成果应用是指技术研发结果被推广运用到运维服务中，并有效改善运维服务水平。通过研发成果的应用，可带来组织整体能力的提高、如服务人员素质的提高、技能的提升，服务效率的增加等。因为科学技术是第一生产力，而生产力包括人、生产工具和劳动对象。因此，科学技术这种潜在的生产力，最终是通过提高人的素质、改善生产工具和劳动对象来实现的。从这种意义上讲，研发成果应用是指将研发成果从研发部门转移到使用部门，使服务人员的素质、技能或知识得到增强，服务工具得到改善，服务效率得到提高。

8.6.2　运维技术研发

运维技术研发的目的主要有两个：一是通过使用研发成果提高运维服务效率和服务质量；二是通过对运维对象相关技术和行业新技术的研究，将其应用到运维服务产品和服务工具中，以丰富和拓展服务范围，推动组织服务的发展。

技术研发不能仅仅理解为运维工具的研发，还包括运维中与发现问题和解决问题相关技术的研发，以及与运维对象有关的技术和行业技术发展动态的研究和应用。运维技术研发的范围主要有以下几个方面。

1. 与运维相关的 IT 技术研发

运维服务是采用 IT 手段及方法，依据客户提出的服务级别要求，对其所使用的 IT 运行环境、业务系统等提供的综合服务。其受体是运维服务对象本身，包括应用系统、基础环境、网络平台、硬件平台、软件平台、数据等。因此，掌握运维服务对象本身的技术是组织开展运维服务必要的基本能力。例如，与基础环境相关的空调制冷方面的技术、机房制冷环境设计方面的技术、电源方面的技术、机房电源设计方面的技术、消防设计方面的技术；承载 IT 运行的服务器、网络、存储设备、系统软件采用的技术与产品，如存储技术、网络技术、操作系统技术、数据库技术；支撑 IT 高质量、可靠运行的网络与系统管理技术、业务应用管理技术、数据管理技术、网络与系统安全技术、业务应用安全技术、数据安全技术等。

除此之外，组织对新技术的研究和应用可以更好地适应运维新需求，如云计算技术、智能终端技术等。IT 技术不同于其他技术，IT 技术发展很快，几乎每年都有大量新技术出现，又有大量新产品被市场接受并得到大规模使用，还有一些旧的技术、产品被市场所淘汰。IT 技术与产品的成活期（寿命）比较短，从著名的摩尔定律就可见一斑，从摩尔定律我们可以知道，计算机硬件产品的更新换代会从量变发展到质变，会出现新的硬件技术，并会颠覆目前市场上的主流产品，当出现颠覆性的 IT 技术与产品时，如果我们能够把握住这个趋势，一定会为组织的运维能力提高带来巨大帮助。

2. 技术规范的研发

运维服务与常规的服务一样具有典型的服务特性，如无形性、不可分离性、异质性与易消失性等，使得服务质量与有形产品的质量存在很大的差异，诸如服务质量取决于服务生产的过程，服务质量难以保持稳定和一致，服务质量取决于客户体验等。为了保证组织提供的运维服务质量，固化服务行为的技术规范研发是必不可少的。技术规范是组织设计制定的服务过程中所应用的服务规范和服务提供规范。通常服务规范规定了服务应达到的水准和要求，也就是服务质量标准。服务规范中要对所提供的服务及其特性有清晰的描述，包括人员能力、设施要求、技术和安全要求、有形化要求等，同时要规定每一项服务特性的验收标准，以便进行有效的质量控制。服务提供规范规定了用于提供服务的方法和手段，也就是怎样达到服务设计过程中制定的服务规范的水准和要求。服务提供规范应明确每一项服务活动如何实施才能保证服务规范的实现，是对服务过程的规范化。有时我们也将服务提供规范称为操作规程或技术操作手册。

3. 发现问题和解决问题相关技术的研发

在提供运维服务过程中，可能面临各种问题，比如运维服务对象本身的技术故障、服务中的风险等各种各样的技术问题，有些问题甚至会危及整个 IT 的安全稳定运行，严重的会导致系统瘫痪或数据丢失，造成业务或经营损失。及时、准确地发现问题和解决问题会直接影响运维过程中的响应速度和服务质量，组织对发现问题相关技术、解决问题相关技术的研发和合理应用，是运维服务组织必备的基本能力。通过研发一定的技术手段和方法，对运行维护对象进行监控，对运行数据信息进行检查和采样，通过诊断和分析，发现可能存在的问题或隐患，并针对常见技术问题和疑难技术问题编写处理操作手册、问题处理的测试环境、解决问题所配套使用的软硬件工具、问题处理所需的脚本及程序文件、风险控制手册等。

发现问题和解决问题相关技术的研发成果可以是便于人工操作的手册，也可以是将经验和方法固化的系统工具。

4. 运行维护工具研发

使用工具是为了提升运维服务效能和服务准确性，也是降低服务成本的有效利器。在运维通用要求标准的资源部分明确要求组织应使用有效工具实施和管理运维服务，包括监控工具、过程管理工具和专用工具，这些工具的研发属于技术研发的范畴，应纳入技术研发管理。

5. 运维服务产品研发

运维服务产品化是组织将运维服务有形化、标准化的设计过程，通过研究服务的基本属性和特征，构建服务产品的组成要素，像有形商品一样，为服务供需双方建立清晰的、一致的、可评估的服务内容和结果。组织在服务产品研发中应尽可能地融入自身核心能力和独特设计，体现出差异化服务为客户带来的服务体验。

可感知的属性是服务营销、服务传递的基础，也是服务交付成本核算的基础。需要经过服务过程标准化、服务交付物标准化、服务人员专业化、技能多元化、服务人员本地化等多元素综合战略部署和配套实施保障共同实现。因此，服务产品的研发往往需要多个部门协同配合，共同参与研发才能完成。

8.6.3　运维技术应用

在对技术研发成果的应用中，组织技术负责人以及技术研发团队是研发成果的培训者和应用的技术支持者。例如，对于运维服务产品，研发团队负责人很可能就是相应的服务产品经理，应有责任将研发的运维服务产品贯彻到服务交付团队，并指导交付团队进行服务交付，达成服务产品设计目标。运维交付负责人也需要主动应用技术研发成果，以提高服务交付的质量，降低成本。例如，积极应用运维工具，实现对系统的监控，提高对潜在故障及早发现的可能性；也可以通过问题解决方案的有效推广应用，提高 SLA 水平。运维技术应用的关键成功因素主要包括以下几个方面：

（1）建立运维技术应用的管理机制。包括技术、工具、服务产品等的研发机制，解决问题的过程机制，解决问题技术的定期管理计划等。

（2）运维技术的实施应用。包括设立负责运维技术应用的团队，制定问题解决的方案，要求运维人员按照使用解决问题技术的相关工作过程开展工作，保留所有工作和操作记录等。

（3）对技术应用的适宜性和效果进行检查。包括检查知识库中的各类技术文档以及软硬件工具的适宜性和准确性，定期对该周期内的解决问题技术的实施效果进行检查，对支撑发现问题技术应用的各项制度和过程进行检查和分析，分析新的 IT 技术和手段对发现问题技术的影响等。

（4）对运维技术不断进行优化和改进。包括对各类解决方案文档、操作手册、补丁文件、工具等进行更新，对测试环境进行评估，适时对实验环境进行优化和升级，对解决问题技术的各项制度与过程进行优化，对解决问题技术所涉及的人员、岗位进行优化等。

8.7   智能运维

随着人工智能、大数据、云计算等技术的飞速发展，运行维护服务正从人员与流程驱动向数据与算法驱动的智能运维时代演进，智能运维作为人工智能在运维领域的重要应用，是运维的全新方式。GB/T 43208.1《信息技术服务 智能运维 第 1 部分：通用要求》定义的智能运维，是指具备能感知、会描述、自学习、会诊断、可决策、自执行、自适应等若干人工智能特征的运维服务。

8.7.1   框架与特征

如图 8-4 所示，智能运维框架由组织治理、智能运维场景实现、能力域三部分构成。其中组织治理包括组织策略、管理方针、组织架构、组织文化、相关方需求和期望；智能运维场景实现包括场景分析、场景构建、场景交付和效果评估 4 个过程；能力域包括数据管理、分析决策、自动控制等，每个能力域由若干能力项构成，每个能力项由人员、技术、过程、数据、算法、资源、知识 7 个能力要素构成。

组织需在组织治理要求的指导下，遵循智能运维场景实现的需求，规划和建设智能运维能力。通过数据管理能力域提供的高质量数据，结合分析决策能力域做出的合理判断和结论，驱动自动控制能力域执行运维动作，组合形成具备智能运维特征的运维场景，持续提升智能运维水平，实现质量可靠、安全可控、效率提升、成本降低等运维目标。

智能运维需具备若干智能特征，包括能感知、会描述、自学习、会诊断、可决策、自执行、自适应。

- 能感知是指能够灵敏、准确地识别和反映人、活动和对象的状态。
- 会描述是指能够直观友好地编排、展现和表达运维场景中的各类信息。
- 自学习是指能够挖掘数据、完善模型、总结规律，主动沉淀知识。
- 会诊断是指能够对人、活动和对象进行分析定位并判断原因。
- 可决策是指能够通过信息搜集、加工和综合分析，给出后续依据或解决方案。

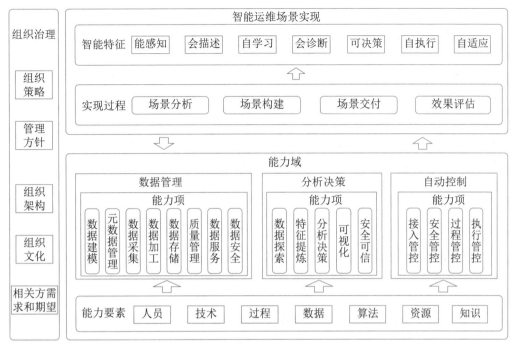

图 8-4　智能运维框架

- 自执行是指能够对运维场景自动分析、判断、决策和处理。
- 自适应是指能够自动适应环境变化，动态调配应对措施，并优化处理。

8.7.2　智能运维场景实现

智能运维场景实现是围绕质量可靠、安全可控、效率提升、成本降低的运维目标，通过场景分析、场景构建、场景交付、效果评估 4 个关键过程，建设智能运维场景（简称场景）的一组活动。它通过迭代调优，持续提高运维智能化程度。

1. 场景分析

场景分析是指通过前期调研和评估，确定场景构建方案和计划的过程。组织在进行场景分析时，需遵守以下要求：

- 明确预期场景实现目标，如提高管理质量、降低故障时间、提升运维效能、节省人力成本、提升用户体验等。
- 评估场景实现的可行性，包括成本、收益、资源投入等。
- 识别场景实现的共性需求，优先采用平台化建设思路，避免功能重复建设。
- 评估相关场景对现状的影响，如组织、过程、相关方等，并制定风险应对措施。
- 根据场景复杂度、技术实现难度、数据质量情况、资源支持情况、需求紧迫性等，明确场景构建的阶段和步骤，混合场景可拆分成多个单一场景分阶段实现。
- 重点评估数据需求，结合场景特点，确定所需数据的时效要求、质量要求、数据范围、采集方法、存储方式等。
- 重点评估安全要求，考虑数据访问权限控制、信息保密、模型修正、失效补偿等。
- 以合理的颗粒度拆解场景涉及的具体活动，可采用列举、分析、归纳等方法，识别场景实现的运维角色、运维活动、运维对象、智能特征等。
- 基于数据管理、分析决策、自动控制能力域，确定待建设的能力项和待提升的能力要素。
- 设立可评估或可量化的指标，如故障发现准确率、平均故障修复时间等。
- 根据场景分析的结论，形成场景构建方案和计划。

2. 场景构建

场景构建是指按既定方案和计划开展场景相关能力建设的过程。组织在进行场景构建时，需遵守以下要求：
- 按照场景构建方案和计划，研发、优化、建设相关能力项。
- 根据具体场景进行能力项组合，重点关注能力项的可复用性。
- 确保场景构建过程可追溯，交付结果可计量或可评估。
- 重点关注数据质量和模型运行效果，如海量数据采集、多源数据集成、复杂模型训练等。
- 对于涉及自动化和批量操作的场景，增加必要的约束措施，设计安全控制点和回退功能。
- 测试和验证关键场景的高可用性，并制定失效补偿措施。
- 将规则知识、专家经验、模型训练结果等固化到信息系统中。
- 关注各系统间的数据打通和流程联动，避免产生数据壁垒。
- 通过敏捷迭代的方式开展场景构建，运维需求与工具研发紧密融合。

3. 场景交付

场景交付是指场景构建完成后进行实施交付及配套活动的过程。组织在进行场景交付时，需遵守以下要求：
- 按既定计划完成场景实施交付，交付物包括交付方案、使用手册、应急预案等。
- 开展培训工作，如场景的使用、运维、应急处理等。
- 开展试点和推广工作。
- 开展测试验收工作。
- 开展关键指标适配、调优工作，如资源交付的效率、根因定位的准确率等。

4. 效果评估

效果评估是指场景交付后检查是否达到预期效果，并设定下阶段迭代目标的过程。组织在进行效果评估时，需遵守以下要求：
- 建立评估机制，组织相关方开展效果评估。
- 评估已建场景是否满足既定目标，对未达目标或指标的情况开展原因分析，包括智能特征、能力域、能力项、能力要素等。
- 与利益相关者建立顺畅的沟通渠道，对意见做好收集与反馈。
- 评估已建场景是否满足运维相关安全要求。
- 制订改进措施和提升计划，并持续改进、快速迭代。

8.7.3　能力域和能力项

按照 GB/T 43208.1 的定义，智能运维的能力域包括数据管理、分析决策和自动控制。

1. 数据管理能力域

数据管理能力域是对运维数据进行全生命周期管理和应用的能力组合，提供高质量、全覆盖、互联融合且满足时效性要求的运维数据。该能力域包括以下 8 个能力项：
- 数据建模：基于对运维数据的理解和分析需要，抽象运维数据特征，对运维数据的层次化架构、数据对象以及对象关系进行标准化定义和线上化持续管理的能力。
- 元数据管理：对数据及信息资源的描述性信息进行管理，形成数据资产管理目录的能力。
- 数据采集：通过技术手段对原始运维数据进行获取的能力。
- 数据加工：对运维数据进行清洗、转换、聚合、脱敏等处理的能力。
- 数据存储：按照数据存储标准在计算机的存储装置或外围的存储设备中存储海量离线与实时运维数据的能力。
- 质量管理：对运维数据在计划、获取、存储、共享、维护、应用和消亡的各阶段可能存在的数据质量问题，进行识别、度量、监控、预警和处置，提高数据质量的能力。
- 数据服务：提供运维数据消费接口及自服务的能力。
- 数据安全：基于数据安全相关策略和流程，利用技术和管理手段，对运维数据的安全风险进行防范和处置的能力。

2. 分析决策能力域

分析决策能力域是使模型自主对运维场景做出预测、判断、行动的能力组合，通过筛选、整合、加工相关运维数据，综合运用规则和算法模型，为智能运维场景提供判断和决策。该能力域包括以下 5 个能力项：
- 数据探索：对海量、多源和异构的运维数据，通过查询、筛选、整合、分析等手段，有效认识和处理运维数据的能力。
- 特征提炼：对运维数据进行特征提取、生成、评估、选择和提炼的能力。
- 分析决策：规则应用、模型建立、模型训练和模型推理的能力。
- 可视化：将运维对象及关联关系、运维流程、运维活动和运维管理信息转换成数字化的图形或图像，并通过多媒体技术和交互接口，有效展示运维信息，实现人数交互的能力。
- 安全可信：在分析决策过程中，对可能影响运维场景目标实现的风险加以识别、评估和规避，保障分析过程和结果有效的能力。

3. 自动控制能力域

自动控制能力域是利用设备、软件、服务等手段提高运维活动执行自动化程度的能力组合，使运维活动按照预期目标自动执行，提升运维效率，减少不必要的人工操作。该能力域包括以下 4 个能力项：

- 接入管控：构建连接运维对象或运维服务的通道，实现控制运维对象或管理服务调用的自动化能力，包括对应用系统、服务器、网络、存储、云资源和基础环境等IT 资源进行管控，保障自动化的操控能力；对运维工具的自动化服务能力进行整合及管控，对外提供统一服务的能力。
- 安全管控：通过技术手段对用户身份、用户权限、自动化任务进行合法性认证、合规性检查，并生成满足监管、审计要求的相关记录的能力。
- 过程管控：通过操作、服务的编排实现各项运维活动的串接与管控，提升运维活动效率的能力。
- 执行管控：利用自动化技术或手段，安全高效地以自动化方式执行运维操作并验证结果，以及在异常情况下运维人员可对执行活动进行干预的能力。

8.8　本章练习

1. 选择题

（1）运维服务在_____阶段制定服务指标体系。

　　A. 改进　　　　　　　　　　　B. 检查

　　C. 实施　　　　　　　　　　　D. 策划

参考答案：D

（2）服务报告管理的输入不包括_____。

　　A. 服务级别协议　　　　　　　B. 服务合同

　　C. 客户需求变化　　　　　　　D. 服务报告计划

参考答案：D

（3）运维运行数据不包括的是_____。

　　A. 运维知识数据　　　　　　　B. 监控告警数据

　　C. 运维操作数据　　　　　　　D. 监控指标数据

参考答案：A

（4）MTBF 的含义是_____。

　　A. 平均恢复服务时间　　　　　B. 平均故障间隔时间

　　C. 平均可用间隔时间　　　　　D. 平均连续服务时间

参考答案：B

（5）"具备对人、活动和对象进行分析、定位和判断的特点"体现了智能运维的_____特征。

　　　A. 能感知　　　　　B. 自学习　　　　　C. 会诊断　　　　　D. 自执行

参考答案：C

（6）智能运维能力要素中，_____不属于传统运维能力。

　　　A. 资源　　　　　　B. 数据　　　　　　C. 技术　　　　　　D. 人员

参考答案：B

2. 思考题

（1）请简述运行维护服务能力模型。

（2）请简述人员储备计划的优化主要考虑的因素。

（3）请简述智能运维的目标。

参考答案：略

第 9 章 云服务及其运营管理

随着科技的发展和数字化转型的推进，云计算服务在全球范围内得到了广泛的应用和推广。随着云服务技术的不断升级和完善，其应用领域也在不断扩大，各类组织逐渐将其业务部署在多个云平台上，形成多云环境。这将促进云计算服务的互联互通和互操作性，为用户提供更加灵活和高效的服务。同时，人工智能和云计算将会结合得更加紧密，云计算将为人工智能提供更加强大的计算和存储能力，人工智能则将为云服务提供更加智能化和自动化的管理和运维能力。

9.1 云服务基础

云计算是数字经济的核心基础设施之一，数据中心是实现云服务的基础平台，在传统的数据中心建设模式下，数据中心往往要经历复杂的集成、整合，面临软硬件资源利用率低、IT 资源部署时间长、海量异构数据并发处理难、能耗增长成本高及管理日益复杂的挑战。

9.1.1 云服务与数据中心变革

随着云服务正在全球范围内迅速发展，全球各地大规模建设了数据中心，政府也积极参与其中，包括规划、投资、建设和运营等。数据中心建设者需要关注云计算技术开发利用，从而实现数据中心真正意义上的"腾云驾雾"。

1. 云服务驱动数据中心发展

传统数据中心的生命周期往往被分为策略与评估阶段、设计阶段、实施阶段、运维阶段等。贯穿传统数据中心生命周期始终的是其"技术属性"，其目标是如何通过信息数字技术实现业务、管理、生产的信息化管理，用于提高业务运营能力、管理规范、生产效率、服务效能等。也就是说，此时数据中心更多被视为一种技术和支撑的关键手段。

在新时代的云化发展背景下，数据中心在"技术属性"基础上，还被赋予了"服务属性"。服务是一种为实现某种目的或者顾客要求、由服务者提供的不可分割的行为或者操作过程。服务需要通过服务生产系统转化使得消费者身体、思想、财产以及信息构成发生变化。服务质量是消费者与服务组织间交互作用结果的感受。服务的提供与消费是同时进行的、不可分割的；消费者不能脱离服务过程，即不能存储到以后再消费，消费者必须当场享受服务；服务可以同时有大量的消费者享受。因此云计算数据中心在策略与评估、设计、实施、运维等阶段，需要更多地从服务、业务的角度去分析。

云服务发展给传统数据中心带来了规模、弹性和成本上的挑战，也在催生着新的数据中心运营模式。传统数据中心往往由于运营流程不明晰、管理技术落后等原因造成 IT 效率低下，在云计算数据中心，组织的 IT 流程被固化下来，各部门的权力以及责任被完全明晰下来，所有业务能够明确地找到其所需要的 IT 资源，兼之虚拟化、自动化技术的实施，将会使 IT 效率大大提升。

2. 云计算数据中心特点

随着云计算技术在数据中心逐步得到应用，数据中心具备了新的特点，涉及基础环境、基础架构和运营管理等方面。

- 基础环境方面。数据中心基础设施布局将从大型、单一设计转型为模块化设计。模块化数据中心凭借其灵活性和扩展能力，可以为组织适应变革、适应新技术、以高性价比的方式满足业务变化需求。对于能耗来说，绿色数据中心、节能减排成为云计算数据中心考量成本的重要依据。
- 基础架构方面。资源虚拟化、配置标准化、管理自动化也成为云计算数据中心显著的特点。支持很强的高可用性，与传统数据中心围绕着"高可用性"为主的运行模式不同，云计算数据中心是资源服务为主的运行模式。
- 运营管理方面。云计算环境的运营组织和管理体系将产生革命性的变化，原来数据中心建设格局下，以技术专业为部门划分依据的方式被优化，云计算环境下的应用系统与基础架构存在非常紧密的联系，故障处理、应用发布、日常变更等工作无法分割成几个独立的专业领域分别处理，需要作为一个整体来考虑。

总体来说，数据中心的云化发展，不是单独关注如何利用技术重新建设或翻新数据中心，因为单纯的技术无法适应云服务的需求特点。而是应该面向服务，根据自身业务发展现状和战略规划，逐步实现其在技术、人员、资源、过程四个核心要素方面的持续改进和发展。也就是说，数据中心的云化是从技术转向服务的过程。从技术属性上看，当能够快速搭建云计算支撑平台，具有良好的弹性和可管理性，并具有更高能效和更低成本的"云计算数据中心"成为新的诉求时，也是传统数据中心转型的必然趋势。

9.1.2　云服务特征及挑战

支撑云服务的云计算数据中心，需要更多的资源支撑运营和关注于服务，这有别于传统数据中心以技术支撑和可用性为核心。云服务需要具备的特征主要包括：

- 随需应变的自助服务。
- 随时随地用任何网络设备访问。
- 多人共享资源池。
- 快速重新部署灵活度。
- 可被监控与量测的服务。
- 计量付费的服务。
- 基于虚拟化技术快速部署资源或获得服务。
- 减少用户终端的处理负担。
- 降低用户对IT专业知识的依赖。

为了满足云服务的特征，其被业内广泛讨论和研究，国际国内众多的标准化、最佳实践组织，都在基于这些特征升级、拓展、改进其管理方法和控制手段。相对于传统数据中心来说，云服务带来了多重挑战，主要包括运营、成本、架构和人才等方面。

1）云服务给数据中心运营带来挑战

作为实现大规模计算的基础设施的数据中心，是云服务重要的物理架构和硬件平台，随着云计算技术的发展和云服务的广泛使用，组织将不得不面对激增的业务量，随时变化的业务模式，更高、更透明的服务级别要求，以及在数据中心建成后如何尽可能缩减能耗、运维管理成本等严峻的问题。

2）云服务需要优化数据中心运营成本

低成本的数据中心是低成本的云服务的必要因素，从运营者角度看，压缩成本是永恒的话题。云服务也将同其他信息服务一样，必须物美价廉。云计算数据中心的运营成本主要集中在能耗及运营管理方面，降低这两方面的成本，是保障用户享受高性价比云服务供应的关键点。

3）云服务正在重塑数据中心的运营架构

云计算发展所带来的业务量、信息量及用户数量的快速膨胀，需要规模化的数据中心提供支撑，通常实现云计算的软硬件系统主要是基于虚拟化技术的工业标准软硬件资源，通过这些设备的协同工作，提高软硬件资源的使用效率，并改变传统的 IT 交付方式，使用户可以按需、自助地使用 IT 资源。因此，日益被大家接受的云服务理念正在重塑数据中心的运营架构。

4）云服务对数据中心运营人才需求提升

云服务的发展促使数据中心云计算员工的需求上升，越来越多的组织、数据中心需要借助这些不断发展的技术。他们需要的是精通多种技术学科，可以制定明智决策的人员，以符合业务需求。这些工程师和架构师需要有创造性思考和工作的能力，特别是在目前存在大量的新技术直接影响到数据中心的情况下。

9.1.3　云服务运营框架

云服务需要强调"以交付为主线、以服务和资源为重点、以安全和审计为保障"，形成的云服务运营管理框架，如图 9-1 所示。云服务重点在服务和资源上，同时还要适应虚拟化技术、弹性计算、绿色智能技术所带来的弹性、动态、自适应的要求。因此，云服务运营管理重点聚焦在 7 个领域，即云服务规划、云资源管理、云服务交付、云运维、云资源操作、云信息安全和云审计。

（1）以交付为主线是指从与用户交互角度（服务交付管理）、信息系统管理人员交互角度（服务运维管理）到人员与资源设备交互角度（资源操作管理）的视角，总结云服务从"IT 服务—运维—资源"的价值转变过程中涉及的关键环节的管理要点。

（2）以服务和资源为重点是针对云服务运营管理中关注服务与资源的特点，将指导与管理如何将云资源与人员管理活动封装成服务的管理活动归纳到云服务规划中，同时将如何针对云计算各种服务资源的规划与管理内容归纳到云资源管理中。

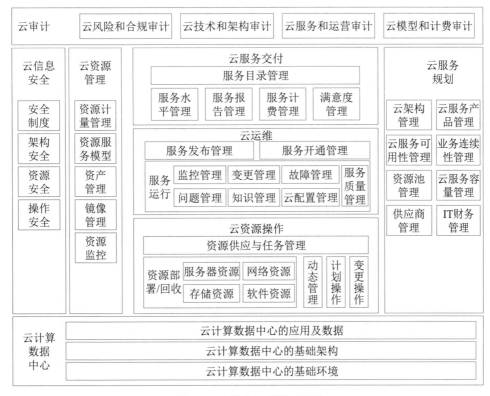

图 9-1 云服务运营管理框架

（3）以安全和审计为保障是指由于技术与服务的变革，如何有效应对云计算技术带来的安全与审计的挑战，将直接影响到用户对云服务与管理的信心，所以专门规划出了两个不同的管理领域去归纳、总结在云服务中需要考虑的管理要点。

1. 云服务规划

云服务规划指如何将云计算资源进行封装，并设计符合业务或用户要求的服务，其主要以IT服务中的云服务容量管理、云服务可用性管理、业务连续性管理、供应商管理为基础，同时补充 IT 财务管理的内容，还根据云服务与技术的特性增加了云服务产品管理与云架构管理两大领域。

2. 云服务交付

云服务交付是在常规信息系统服务交付的基础上，强化服务计费管理。因为资源服务化之后，云服务需重点管理资源使用的计费模式，以及对用户在服务交付过程中的诉求响应进行有效的管理。

传统应用或基础架构服务从规划到交付可能历时半年，而在云服务环境下可能是几小时，乃至几分钟。究其原因，是云资源和应用服务的自助化和自动化程度高出很多，另一个关键的原因是此时所谈的服务交付更多是已经被规格化、产品化后的标准内容，不需要像传统服务那样针对客户需求进行单独定制。所以该管理模块将原来的"云服务可用性管理"和"云服务容量管理"放到"云服务规划"模块中。

3. 云运维

云运维是在传统运维概念的基础上，强化了服务质量管理，并基于 ITSS 中的服务质量相关标准要求，对如何测量管理服务提出了具体要求。

把发布管理独立出来形成服务发布管理。这样处理的依据在于资源和应用都服务化了，所有应用上线过程其实是一个新服务发布的过程，或者是一个服务内容调整的过程，相比于传统站在应用发布的视角，增加了服务目录更新、服务技术模型和资源模型更新、资源供应者更新等云服务特色。

把原来其他的管理模块全部封装到"服务运行"中，让框架中的二级目录更为对称和清晰。此外，由于此部分的管理内容都有比较广泛的应用，因此除了重点介绍该管理的常规目标与活动之外，还针对云服务的特点进行有针对性的描述。

4. 云资源操作

云资源操作包含常见 IT 服务运营管理模式中服务操作的所有内容，将这些内容归纳到计划操作和变更操作中。但基于云计算技术应用特点增加了资源供应与任务管理、资源部署 / 回收和动态管理的内容。

5. 云资源管理

云资源管理是对资源状况的记录，是在常见配置管理基础上扩展而来的，是云服务的特色之一。这部分除了基于配置管理扩展出来的资源计量管理外，还有资源服务模型和镜像管理两个云服务下独特的管理模块。

资产管理与常规管理范围一样，但其存在一些云化中心的特色，并增加了对于软件资产管理的特性。资源监控是从常规的监控管理中把针对各类资源的监控剥离出来后形成的管理模块，因为云环境下资源监控有自身的特色，而面向运维统一监控没有太大差别，所以保留在云运维管理的监控管理模块中。

6. 云信息安全

云信息安全的内容与常见信息安全管理差别不大，但云环境的安全技术与传统信息系统存在很大差别，因此针对云服务的特点，将各项安全管理活动归纳到安全制度、架构安全、资源安全和操作安全 4 个模块中。

7. 云审计

虽然云计算会让服务使用起来更简单，但是从运营管理的角度来看却相对复杂与要求严格，如何保证各项管理工作均能得到落实，且记录与内容准确、合规，这就是云审计模块所需要考虑的内容。该部分内容包括云风险和合规审计、云技术和架构审计、云服务和运营审计、云模型和计费审计。

9.2　云服务规划

云服务规划在云服务运营管理框架中承担着云战略的功能，负责对云服务的战略规划、云技术规划与服务能力改进的管理，如图 9-1 所示，包括云架构管理、云服务产品管理、云服务可用性管理、业务连续性管理、资源池管理、云服务容量管理等。

9.2.1　云架构管理

云架构管理主要负责信息系统架构、技术规范和技术标准的日常管理工作。通过架构管理，实现管理目标主要包括：

- 通过统一技术规范，形成技术准入的壁垒，降低技术多样性带来的潜在运营风险；
- 管理各类变更对技术架构带来的变化，保证架构的可控性；
- 跟踪前沿技术，保证信息系统具备一定的技术前瞻性，保护投资等。

云架构管理需要包括应用架构管理、数据架构管理、基础架构管理、技术规范管理和前沿技术研究管理五项管理活动。

1. 应用架构管理

结合业务需求，设计和维护应用架构，主要管理活动包括：

- 业务管理架构和业务需求的研究；
- 应用框架的规划和维护；
- 核心应用架构设计和维护。

2. 数据架构管理

结合业务需求，设计和维护符合业务需求的数据架构，主要管理活动包括：

- 业务管理架构和业务需求的研究；
- 数据架构的规划和维护；
- 数据字典的设计和维护。

3. 基础架构管理

结合应用和数据架构，设计和维护信息技术基础架构，主要管理活动包括：

- 通信和网络架构规划和维护；
- 计算能力的架构规划和维护；
- 存储能力的架构规划和维护；
- 平台软件的架构规划和维护；
- 数据中心基础环境的架构规划和维护。

4. 技术规范管理

结合行业技术现状和前瞻性判断，制定和维护适合的技术规范，主要管理活动包括：

- 通信和网络技术规范制定与维护；
- 服务器和存储系统技术规范制定与维护；

- 平台软件技术规范制定与维护；
- 应用开发和测试技术规范制定与维护；
- 桌面系统技术规范制定与维护；
- 日常操作技术规范制定与维护；
- 数据中心运维规范制定与维护。

5. 前沿技术研究管理

对行业内的新技术和技术发展方向进行储备式研究。

9.2.2　云服务产品管理

云服务产品管理是对云服务产品全生命周期的管理，包含云服务产品规划设计、服务发布、运行操作和服务退役等主要管理活动。云服务产品管理在整个云服务运营管理中处于云服务规划层。云服务产品管理主要描述两个管理活动：云服务产品规划设计和云服务产品退役管理。

1. 云服务产品规划设计

云服务产品规划设计通过对云服务产品的设计工作，完成对信息系统各类资源的包装，形成资源服务，并以用户易于理解的方式描述资源服务。这项管理活动包含的子活动主要有云服务产品定义、服务成本分析、服务预测与资源容量规划、服务衡量指标定义等。

1）云服务产品定义

通过云服务产品定义管理活动，完成对云服务产品的定义工作。云服务产品可分成三个种类：基础设施即服务（Infrastructure as a Service，IaaS）、平台即服务（Platform as a Service，PaaS）和软件即服务（Software as a Service，SaaS）。

IaaS 向用户提供以计算、存储和网络资源为单位的资源服务，例如 2 CPU/4 GB 内存 / 500 GB NAS 存储。

PaaS 是把软硬件设施进行一定包装后，以平台软件的形式提供给用户的 IT 资源服务。PaaS 服务从简单到复杂可以分成三种服务形态：①单套软件＋硬件设施的服务，例如，单机版的数据库服务。②包含多套软件和硬件设施的服务，如 PaaS 服务给用户提交了一个包含单机版数据库和中间件软件平台的环境。③除了包含多套软硬件设施外，还需要完成这些设施在网络中的位置、相应防火墙策略、负载均衡策略的设置等，总之提供一套直接可以在其上部署应用或服务的环境。

SaaS 向用户提供业务应用的服务，典型的 SaaS 服务如工业云平台、云制造执行系统（Manufacturing Execution System，MES），给中小组织提供销售管理的在线应用服务。

2）云服务成本分析

云服务产品规划活动的一个主要目标是通过资源定义分析服务组合的成本构成，并进一步根据运营策略完成服务定价的工作。云服务产品成本通常由云服务运营成本和云服务产品研发成本两部分组成，如图 9-2 所示。

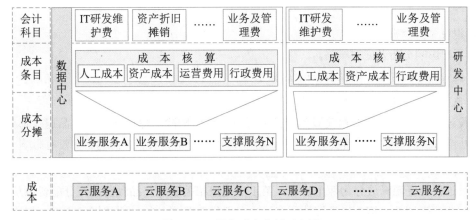

图 9-2　云服务成本分析示意图

云服务运营成本主要是指保证云服务产品运行所需的资产成本（如设备折旧）、人工成本、运营费用（如机房电费等）和数据中心行政费用的分摊等。云服务研发成本主要指研发云服务产品的成本投入在云服务产品生命周期内的分摊，包括开发阶段投入的人工成本、资产成本（开发测试设备折旧等）和研发中心的行政费用分摊等。

3）服务预测与资源容量规划

通过预测市场容量（公有云）或内部用户需求规模（私有云），规划服务产品所需的资源容量要求，保证产品推出后有足够且合适的资源提供，以满足客户（或组织内部用户）对服务产品消费的需求。

4）服务衡量指标定义

云服务产品定义中需要包含提供服务质量的承诺和衡量方式。云服务产品的服务质量包含两方面的承诺：交付质量的承诺和服务运行质量的承诺。

交付质量指服务目录中云服务产品交付成功率和交付速度的要求：

● 交付成功率。用户订购云服务产品后按时交付的能力。

● 交付速度。指定时间内按产品规格交付资源的能力。

运行质量指服务运行的质量，主要包含服务可用性和业务连续性指标，如服务可用率、服务可靠性、业务连续性衡量等。

2. 云服务产品退役管理

云服务产品退役管理通过对云服务产品退役过程的管理活动，实现相关资源的释放和服务目录的同步更新，完成相关服务产品的退役。这项管理活动包含的子活动主要有云服务产品退役审批、服务目录更新、资源释放、相关管理活动更新等。

1）云服务产品退役审批

当一个云服务产品不再适合市场（或内部用户）需求，或者有新的服务产品取代原有服务产品时，相关服务产品需要通过退役管理流程完成产品生命周期的最后一段旅程。退役申请主要包含：

- 退役原因分析。
- 用户影响分析及应对策略。
- 是否需要缓冲期，以及多长的缓冲期。

2）服务目录更新

退役过程的第一步是把相关服务产品从服务目录中删除，保证从服务产品退役那刻开始，用户无法申请新的该服务产品实例，但对已经申请和使用相关服务产品的用户没有影响。

3）资源释放

退役过程的资源释放分为两个步骤：第 1 步是把相关服务产品预留的可分配资源从资源池中释放到公共资源池；第 2 步是等待所有用户对退役服务产品的使用周期结束后，把这部分资源释放到公共资源池。

4）相关管理活动更新

资源释放完成后，开始做最后的清理工作，即清理相关服务产品在各管理模块中的信息。

9.2.3　云服务可用性管理

可用性是云服务中的一项最为重要的指标之一，云服务如果未达到定义的可用性水平，其所支持的业务活动就会受到相应影响。可用性管理的目标是基于合理的成本控制和交付时效，确保所有交付的云服务都能达到承诺的可用性指标，主要任务包括：

- 建立并维持能反映当前和未来业务需要的合适的可用性计划。
- 协助与可用性相关的事件与问题的分析，评估变更对可用性计划、服务与资源可用性的影响。
- 通过测量服务与相关资源的性能，驱动服务可用性可以达到承诺的标准。
- 确保提升服务可用性的预防性措施，可以在合理的成本下贯彻实施。

提升可用性要从服务可用性与组件可用性两个维度出发，充分了解云服务各组件如何支持各项业务，尤其是关键业务的运行情况。此外，还需要在云服务供需双方之间进行有效沟通，重点分析可用性目标违反带来的直接与间接损失，以及可用性目标达成所需要的投入。最终设计出一个合理的可用性管理目标，并通过合理机制进行有效管理与技术改进。

可用性管理的主要活动包括云服务和组件的相关设计、部署、衡量、管理和提高，应覆盖所有支持服务、合作伙伴和供应商。根据主动/被动维度可分成如下两类。

- 被动活动。被动活动包括检查、衡量、分析、管理所有可用性事件、故障、问题。一方面，验证这类活动可以支撑可用性目标的达成；另一方面，通过相应措施，保证可用性目标发生偏离时可以得到有效、迅速的处理。
- 主动活动。主动活动包括从可用性角度，对新的服务与变更提供相应的建议、计划、设计原则与评价标准，同时对正在交付的服务在充分考虑成本收益之后，提出服务提升计划与风险规避策略。

9.2.4 业务连续性管理

业务连续性管理指通过对云服务风险的有效管理，保证云服务供方可以持续对外提供较低且符合事先约定的 SLA 的云服务，以支撑组织整体的业务连续性管理目标的达成，主要活动包括：

- 定义并维护一套业务连续性计划，以支撑组织整体的业务连续性计划。
- 开展相应的业务影响分析、风险分析，以制定相应的业务连续性策略。
- 通过运行机制建立、业务连续性建议提供、变更的参与以及管理有效性测量等手段的实施，确保组织业务连续性目标的达成。
- 通过协商与管理，确保业务连续性管理中涉及的外部资源的有效性。

从业务连续性管理生命周期看，可将其划分为启动、需求与策略、实施、日常运营等阶段，如图 9-3 所示。

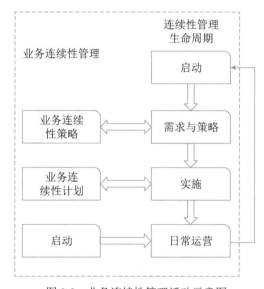

图 9-3　业务连续性管理活动示意图

1）启动

组织启动业务连续性管理的项目，并通过组织能力的建设，使之成为常态，其主要活动包括政策制定、范围与参考条款的确定、资源分配、项目组织与项目管理机制设计、项目计划与质量计划的确认等。

2）需求与策略

分析业务连续性管理的需求，并据此制定相应的连续性策略，其主要活动包括：

- 业务影响分析。当服务中出现问题时，尽可能地具象化对业务带来的影响，包括直接影响（财务损失）和间接影响（商誉、客户忠诚度等）。在分析过程中，需要重点分析业务影响与业务中断时间的关系、业务与配套资源，尤其是云服务的关系。在执行过程中还要尽量让利益关系人参与，以确保评估的正确性。

- 风险分析。分析灾难与其他服务中断的可能性。这是对风险大小及风险对组织脆弱性影响程度的评估，也可用于可用性、事件与信息安全等服务管理领域。
- 策略制定。可能造成服务中断的风险，及服务中断可能带来的业务影响均被识别后，组织需要据此制定业务连续性管理策略，包括对一些无法忍受中断的业务采取"降低风险"策略，对于可以接受一定时间中断的业务，采取"业务恢复"策略（如人工恢复、互惠协定、冷备份、暖备份、热备份与零中断热备份等）。

3）实施

实施指根据策略建立业务连续性管理的各种措施与能力，包括制订业务连续性计划，并做好该计划的版本控制与分发；做好灾难恢复过程中的组织的设计；执行"降低风险"与"业务恢复"的具体措施；对已制订好的计划进行首轮演练，包括桌面演练、完整演练、分系统演练与场景演练。

4）日常运营

日常运营指通过有效的管理，建立并维护组织的业务连续性能力，包括意识与技能培训，业务连续性管理的定期评估与审核，定期对业务连续性管理计划进行演练，通过变更管理保证计划可以适应组织的业务与技术环境的变化。当发生计划假设的灾难场景时，通过有效的决策、资源调配与计划执行，帮助组织迅速对灾难事件进行响应，按既定目标恢复最低的业务水平，并最终重建服务能力，完全恢复全面业务。

9.2.5   资源池管理

资源池管理是完成对云服务各类资源有效组织、分配、调拨的相关管理活动。资源池管理主要包括资源池规划设计、全局资源池规划设计、资源池和资源生命周期管理。

1. 资源池规划设计

云服务通过资源池能够真正实现资源动态调度、快速部署和高可用性等管理目标，所以资源池是云服务的核心内容之一。在建设云资源时，需要仔细规划设计资源池的布局。这项管理活动包含的子活动有梳理资源池设计依据、资源池规划设计、数据中心层面资源池的落地设计等。影响资源池布局规划的主要因素包括安全域、应用框架、资源种类、服务等级和管理需求。

1）安全域

组织通常存在多个应用环境需要在网络上进行逻辑隔离或者物理隔离的需求。例如，在私有云环境中存在生产网、OA 网和管理网三网隔离的需求，对公有云存在内网和外网隔离、公共应用与管理应用隔离的需求，所以安全域是资源池布局中第一个需要考虑的因素。

2）应用框架

现代应用开发框架通常把应用分成多个层次，典型的格局如 Web 层、应用层、数据层和辅助功能层等，所以针对应用框架提出的层次化需求是资源池布局中第 2 个需要考虑的因素。

3）资源种类

组织私有云往往存在多种异构资源，例如，x86 环境、Unix 环境和大型主机环境等。对于同一种类型的不同品牌机型还存在很大差异，所以资源种类是资源池布局中第 3 个需要考虑的因素。

4）服务等级

面对多样化的用户群体和需求，云服务需要提供不同服务等级的资源服务，例如，金银铜牌服务，所以服务等级是资源池布局中第 4 个需要考虑的因素。

5）管理需求

组织私有云存在多种管理需求，例如，高可用性管理需要划分生产区、同城灾备区和异地灾备区等，监控和日常操作管理需要划分生产区和管理操作区，这些因素都需要在资源池规划设计中得到体现。

2. 全局资源池规划设计

全局资源池规划设计工作需要站在组织层面把多个数据中心当成一个整体资源池的规划设计，包含三个层面：

- 资源层次设计；
- 基于应用框架、管理需求和安全域划分需求，规划资源层次；
- 资源池在数据中心和资源层次上的种类和数量设计。

3. 资源池和资源生命周期管理

资源池和资源生命周期管理是对云服务各类资源从预算、采购、部署到退役的过程管理。该管理负责资源池和资源在各生命周期内活动的策略、规划和过程管控，具体的操作执行过程交付给预算、采购、资产和变更等管理流程负责。该管理的子活动主要包括：

- 扩容规划、预算和采购；
- 资源池扩容；
- 全局资源调拨管理；
- 资源池和资源退役管理等。

9.2.6　云服务容量管理

云服务容量管理与常规容量管理活动基本一致，收集容量需求和数据，考虑可用的容量，确保可用资源和容量被有效使用。但其更加强调预测的敏捷性和成本管控，在预测未来需求的基础上，通过容量计划高效率地分配可用的资源。其管理的目标主要包括：

- 确保成本合理的云服务容量始终存在并符合组织当前和未来业务需要；
- 通过持续的监控和有效的管理降低现存服务的风险；
- 通过容量采购计划（避免紧急、非计划、过于超前的采购）降低成本；
- 通过对现有容量的有效使用降低成本；
- 发布对新的容量需求的预测；

● 结合财务管理，影响容量需求；

● 通过容量计划使服务提供商提供如服务级别协议所规定的服务质量等。

容量管理子活动示意图如图 9-4 所示。

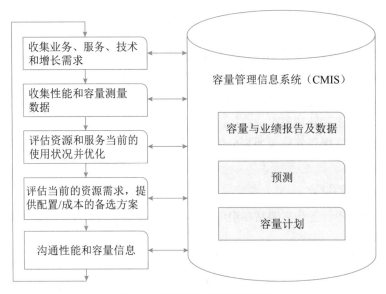

图 9-4　容量管理子活动示意图

1）收集业务、服务、技术和增长需求

该项活动关注于获取诸如业务目标、服务需求、技术方向、应用程序 / 交易量增长估计、预算政策等方面的相关信息。

2）收集性能和容量测量数据

该项活动主要包括：

● 定义需要通过数据收集工具收集的数据；

● 相关性能和容量信息的归纳和展开。

这些信息应该被存储于数据库中，用于现状分析、预测和报表生成。

3）评估资源和服务当前的使用状况并优化

该项活动主要包括：

● 日常的性能和容量管理；

● 为避免容量问题而采取的主动措施；

● 确定当前的资源使用、服务性能与业务驱动因素和业务量之间的关系。

4）评估当前的资源需求，提供配置 / 成本的备选方案

该项活动驱动对性能和容量需求预测。按照预计的负载和相应的配置来满足容量需求。它使用一般单位成本来进行粗略的成本估计。预测可能针对特定应用程序，也可能针对整个系统。

5）沟通性能和容量信息

该项活动确定哪些信息需要沟通，应该向谁沟通，怎样沟通。关键的活动是定义有效的报告，其中包括容量计划。

9.3　云服务交付

云服务交付负责管理云服务与最终用户之间的交互，是对外的统一服务窗口，在整个运营管理中处于最前端，如图 9-1 所示，包括服务目录管理、服务水平管理、服务报告管理、服务计费管理和满意度管理。

9.3.1　服务目录管理

1. 服务目录特点

服务目录与其他常见 IT 服务目录相比，其产品化特性更加突出。此外，服务目录的具体管理过程也存在一定的差异，主要体现在：

- 服务目录定义的完善程度和友好性。因为用户将会更多地采用自助的形式去访问、使用、管理云服务，因此服务目录的信息是否准确、完整，最终能否让用户正确理解显得相当重要。
- 服务目录管理的自动化程度。首先，服务目录不能再单纯地以纸面的方式存在，需要通过相应技术手段建立服务门户，帮助用户更为方便地了解、获取云服务信息；然后，通过自动化手段配合变更管理、资产与配置管理等服务管理的自动化，实现服务目录信息的准确性与可用性；最后，还需通过对服务目录、用户信息、服务产品信息、资源分配信息的电子化，支撑服务组合管理的要求，分析云服务交付的情况，优化服务资源的配置。
- 服务目录的设计与配套服务管理流程的成熟度。为能支持用户的自助服务，服务目录需要通过服务请求驱动，通过资源自动部署、操作管理自动化来开始提供服务，并通过服务报告生成、服务计费工作开展、服务级别监控等为服务提供监管。因此相关的服务产品或业务模型、服务资源需要进行更细化的定义，配套的管理流程相比其他常见IT服务来说，更为规范化和具备自动化执行能力。

2. 云服务目录示例

典型的 IaaS 服务是指以服务形式提供硬件资源，样例如表 9-1 所示。

表 9-1　典型的 IaaS 服务资源内容样例

Web x86 IaaS 服务		
	构建单元	虚拟化服务池
硬件资源服务	计算资源	处理器：2 个；内存：48GB
	存储资源	600GB/NAS- 白金
	网络资源	生产网 +NAS 网：2* 万兆；管理网：2* 千兆

续表

Web x86 IaaS 服务		
配套机房服务	无	无
配置服务	OS	Neo Kylin 7.9 TCP Port：8080,80,582, 其他端口关闭 新增账务：张三、李四
配套服务	技术服务	现场支撑 OA 系统安装和配置调试

PaaS 服务分成三个层次：第 1 个层次提供简单的平台软件服务；第 2 个平台软件服务，并且在交付服务时需要按照一定部署架构完成配置；第 3 个层次需要通过一套完整解决方案提供平台软件服务，例如，"低成本海量存储服务"。表 9-2 所示为第 2 个层次的 PaaS 服务样例。

表 9-2　典型的 PaaS 服务资源内容样例

数据库服务		
平台软件资源	构建单元	MySQL 数据库池 - 白金级
		服务器池 - 白金级
	计算资源	处理器：4 个；内存：48GB
	存储资源	SAN- 白金，1TB
	网络资源	生产网 +NAS 网：2* 万兆；管理网：2* 千兆
配套机房服务	安全等级：白金	可加装独立门禁
配置服务	OS	Neo Kylin 7.9
配套服务	技术服务	现场支撑账房系统安装和配置调试

SaaS 服务需要提供完整的应用环境，例如提供一个网上银行系统，包含基础设施、基础架构、平台软件、应用系统、部署结构和服务等级等相关内容。

9.3.2　服务水平管理

服务水平管理是定义、协商、订约、检测和评审提供给客户的服务质量水准的流程，主要用于规范云服务供方与用户之间就云服务的绩效目标所进行的一系列活动。其管理目标主要包括：

- 通过对云服务绩效的协商、监控、评价和报告等一整套相对固定的运营流程来维持和改进云服务的质量，使之既符合业务需求，同时又满足成本约束的要求；
- 采取适当的行动来消除或改进不符合级别要求的云服务；
- 提高客户满意度以改善与客户的关系。

服务水平管理的范围一般只包括在云服务提供过程中发生的云服务供方与其他相关主体之间，就服务质量所进行的协调活动。具体而言，主要包括三个协议所规范的各方主体的行为及活动，具体如图 9-5 所示。

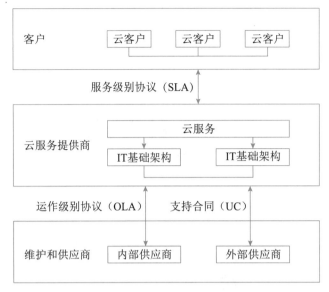

图 9-5　服务水平管理范围

　　服务级别协议主要协调云服务供方和所有云服务客户之间的关系，支持合同和运作级别协议则主要协调云服务供方与其服务提供赖以进行的各方（外部和内部）供应商之间的关系。总之，上述三个协议所调整和规范的各方主体，及其行为活动均属于服务水平管理流程的范围。

9.3.3　服务报告管理

　　服务报告管理是指依据服务级别要求，从云服务各项活动中收集服务信息、计算服务级别衡量指标，并且制定对用户的服务报告和对内运行管理报告的过程和管理活动。其管理的目标主要包括：

- 统一收集服务衡量相关信息，统一计算服务衡量指标；
- 完成对服务用户的报告，并对计费报告提供服务质量的数据支撑；
- 完成对内运行能力衡量的运行分析报告；
- 通过服务衡量和运行能力衡量，发现数据中心短板，指导提升计划。

　　在服务报告中对服务质量的衡量结果需要输出到"服务计费管理"模块中，基于计费策略不同的服务质量可能会影响服务费用。由于云服务的自助性与自动化的特点，因此要求将服务报告的流程尽量通过工具平台实现，并让客户能获得实时、准确的服务情况分析。服务报告管理常分成三个子过程，分别是服务报告规划、服务报告撰写和服务报告发布，如图 9-6 所示。

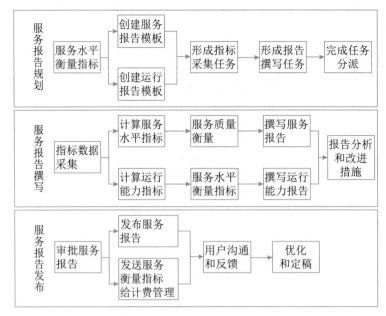

图 9-6   服务报告管理示意图

1. 服务报告规划

服务报告规划通过一系列的管理活动，完成云计算数据中心的服务报告模板、服务级别和运行水平指标的采集计算方法、服务报告模板和服务报告定制过程中各岗位承担的职责。主要活动包括整理服务水平衡量指标、创建服务 / 运行报告模板、形成指标采集任务、形成报告撰写任务等。

2. 服务报告撰写

服务报告撰写管理子流程是组织相关部门完成相关指标的数据采集、计算和报告撰写工作的一系列管理活动。主要包括指标数据采集、计算服务水平指标和运行能力指标、服务质量和服务水平的衡量、撰写服务报告和运行能力报告、报告分析和改进措施等。

3. 服务报告发布

服务报告发布管理子流程是组织相关部门与签约用户沟通和优化服务报告的一系列管理活动。主要包括审批服务报告、发布服务报告、发送服务衡量指标给计费管理、签约用户沟通和反馈、优化和定稿等。

9.3.4   服务计费管理

服务计费管理通常是云服务的重要管理任务之一，是保障可持续运营的重要手段。服务计费管理一般包括如下 4 层内容。

- 计量层。通过观测流量、记录使用情况，以及相关的计量策略（指定了需要报告的属性），跟踪和记录资源的使用情况。

- 收集层。访问测量实体提供的数据，收集与收费有关的事件，将它们转发给记账层进一步处理。这个层可以收集各个域的信息，例如，虚拟服务器、物理服务器等。因此，在这一层进行数据交换格式和协议的标准化会有好处。收集策略要定义在哪里搜索数据、数据的类型、收集的频率。

- 记账层。将收集层收集到的信息进行聚合，或者在同一个域内聚合，或者与其他域的信息聚合，建立服务记账数据集合或记录，传递给计费层进行定价。在这一层，需要了解服务的依赖关系和服务定义，所以需要与服务目录/配置管理数据库（CMDB）进行一些集成，还要与应用程序映射和依赖软件进行集成。

- 计费层。根据具体服务的计费和定价方案，得出记账记录的会话费用。这个层基本上是使用预定的计费公式将技术价值（即测量的资源保留和消耗情况）转换成货币单位的。

通过服务计费管理，实现如下管理目标。

- 根据IT财务管理中计费管理的策略要求，通过技术与管理手段落实具体计费与账单出具的动作。

- 对实际资源占用进行测量，并进行相应计费处理，提供相应的服务账单。

- 将服务质量与计费挂钩，将服务级别协议中涉及的奖惩条款体现到服务账单中。

服务计费管理主要包括资源计量、服务质量评估、基于服务合约的计费、生成账单等四项管理活动，实现云服务运营的目标。

1. 资源计量

在计费管理环节主要是根据服务约定的内容与客户的计费策略，对与之相关的资源进行采集与计量。在云服务中上述工作必须通过一些管理工具的支持，实现资源的实时、动态测量。

2. 服务质量评估

通常服务约定中会定义服务质量与收费之间的关系，所以在计费过程中需要把服务合约中与费用相关的服务质量承诺和评估工作纳入计费管理活动。具体要求是，云服务应定期，甚至实时收集与服务级别相关指标的数据集合或记录（收集、记账），并与服务级别协议要求进行比对，继而生成对服务计费影响的服务质量调整系数。

3. 基于服务合约的计费

在完成资源计量和服务质量评估后，根据服务约定中的服务内容及相关服务内容的收费依据进行计费计算，然后再结合服务质量条款进行费用的增减计算，形成服务账单原始数据。云服务根据使用者通过网络访问资源使用进行收费，对服务的使用实现按需提供，会有使用特征上的变化，因此计费需要考虑到计费内容的颗粒度，如硬件资源性能与容量、操作系统供给版本、安全防护内容等。

4. 生成账单

根据 IT 财务管理中针对客户服务计费账期的要求、账单提供形式的要求，生成相应的服务账单，并提供给财务人员进行后续的收费管理。

9.3.5　满意度管理

云服务是为众多云资源的消费者提供服务，为了保留和吸引客户，在服务交付的过程中客户关系管理非常重要。云服务客户关系管理的目标是在理解客户及其业务基础之上，通过有效的手段在云服务供方与客户之间建立和维护良好的关系。除了维护与客户的关系，服务供方应识别和记录服务的利益相关方。服务供方应指定人员负责管理客户满意度。应有流程去获得和反馈定期衡量的客户满意度。记录流程中定义的改进措施，并输入服务改进计划。

满意度管理主要包括客户满意度调查、服务报告与评审、客户投诉管理等管理活动与过程。

1. 客户满意度调查

客户满意度调查是业务关系管理中的一个基本环节。客户满意度是一个主观性非常高的衡量指标，因此，对突发事件管理、变更管理等流程均进行客户满意度的调查和分析，制定一套标准流程以专门指导客户满意度管理的开展还是十分有必要的。

客户满意度反映的是客户对云服务的主观感受，相关的服务级别协议水平、服务提供的成本等服务能力限制因素很可能在客户反映其满意度时被忽略。因此，在进行客户满意度调查的同时，对客户的 IT 服务认知、期望值进行综合管理也是进行业务关系管理的核心工作之一。客户满意度调查主要包括客户满意度调查的设计、执行和客户满意度调查结果的分析、改进四个阶段。

2. 服务报告与评审

与客户进行定期或不定期的针对云服务提供情况的沟通，是非常有必要的，每次沟通均应形成沟通记录，以备对服务进行评价和改进。云服务供方和客户应定期参加服务评审，讨论服务范围、SLA、合同或业务需求的变化，并在协商的时间间隔内举行中间会议，讨论性能、成绩、结果和措施计划。云服务供方必须随时关注并发现客户业务需求的变化，并及时、有效地对这些需求变化作出回应。云服务供方通过定期的服务回顾，如客户服务回顾会议、视频会议、电话会议或者第三方机构收集客户意见等方式，保持云服务供方与客户之间沟通渠道的有效和畅通，从而对业务关系以及服务级别进行有效的管理。

3. 客户投诉管理

客户投诉管理规定云服务接收客户提出投诉的途径以及投诉的方式，并留下事件管理等流程的接口。应针对客户投诉完成分析报告，总结客户投诉的原因，制定相关的改进措施。为及时应对客户的投诉，应该规定客户投诉的升级机制，对于严重的客户投诉，按升级机制进行相应处理。

云服务供方必须让客户明白，云服务供方欢迎客户就服务进行投诉，而且客户的投诉都将得到妥善记录和处理。客户可以通过专门的渠道向专门的负责人员（客户服务经理、服务台坐席等）进行投诉。

所有的客户投诉都应该被正确记录、调查、采取相关行动并加以解决。处理的过程和结果应该根据客户的要求及时通报。如果在现有的服务级别下，客户投诉不能在短时间内得到有效解决，应及时与客户就此进行沟通和解释说明，并在经过分析后提交相关服务改进请求报告。

9.4　云运维

云运维在整个云服务运营管理框架中起到承上启下的作用，其主要通过一系列有效的技术管理动作，开展云资源运行与维护，保证云资源可以稳定、有效地发挥作用，如图 9-1 所示。

一方面，云运维将云服务交付中传递过来的用户需求及时分解成运维管理中的行为规范和工作内容，并结合云资源的技术特点进一步细化为云资源操作中的技术要领或运维工具中的功能项；同时通过对底层云资源的管理，及时将客户服务相关资源使用的情况进行有效的处理，并以与客户约定的形式展现给客户，以此打通"服务—运维、运维—技术"链路。另一方面，云运维管理将根据管理过程中各项活动的特点归结成不同的管理流程，规定各项管理中关键活动与各流程之间的关系，安排相应的流程角色，最后设定相关的 KPI。整个云运维管理领域主要包括服务发布管理、服务开通管理、服务运行管理等模块。

9.4.1　服务发布管理

服务发布管理包括指定服务产品服务能力的建立、测试和交付上线，同时，还负责及时响应业务需求并交付达到预期目标的服务。从发布的管控与跟踪角度出发，相关发布活动主要包括发布申请、策划与评审、发布培训、发布测试、发布沟通、发布推演、发布执行、发布实施、发布验收、发布总结等，如图 9-7 所示。

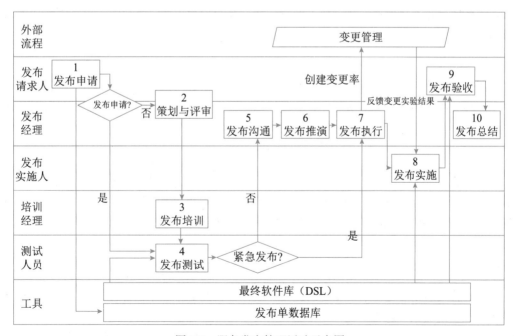

图 9-7　服务发布管理活动示意图

1. 发布申请

发布申请环节是发布管理的起点。在此环节，相关人员或团队提出发布请求，按照一定的规范记录请求信息，同时判断收集到的信息是否完整，并判断发布的类型，以决定下一步流转。

2. 策划与评审

对于非紧急发布，在正式提交后需要由发布经理组织相关人员对投运方案进行评审。评审人员通常由相关团队的技术专家组成，在评审会议上共同审核发布方案，评估技术可行性和发布风险等。

3. 发布培训

当有新项目投运或当前系统有重大功能上线时，为了让服务人员和运维人员及早了解新内容、新功能，保障业务连续性，需要在投运前对他们进行相关培训，以便在投运后可以适应生产状况的变化。

4. 发布测试

在实施投运方案之前，需要对投运方案进行完整的测试，验证投运方案是否可操作、可执行，发布部署包是否能正常部署。同时在测试中及早发现可能出现的问题，并有针对性地进行准备工作。发布测试一般在测试环境中进行。

5. 发布沟通

发布测试完成后，发布经理需要及时将测试情况通报给各相关部门，沟通发布前期的各项准备、测试情况。此环节属于线下线上融合活动，发布经理可通过纸质单、电子邮件等方式进行沟通。

6. 发布推演

在正式投运前，发布还需经历推演环节。在此环节，发布经理将组织所有参与发布的人员，在准生产环境中按照投运方案执行完整的投运演练。推演完成后交由决策人员做投运前的最终审批。

7. 发布执行

发布审批通过后，即进入执行阶段，发布执行的主要任务是将发布任务进行统一规划，拆分为若干个变更后，再向变更管理流程提出申请。在发布流程中，主要关注执行发布需要通过哪几个变更来完成，而不关注变更的具体技术细节，变更具体方案由变更受理团队负责。

8. 发布实施

发布拆分为若干变更单后，变更的流转、执行都由变更管理流程进行控制，但发布与其关联变更存在联动关系，通常情况下，发布关联的任何一个变更开始实施后，则认为发布正式开始实施；发布关联的变更中，实施完最后一个变更时，则认为发布的实施过程结束。

9. 发布验收

发布成功实施后，发布经理会通知相关部门进行验收工作。在实施阶段发布经理和相关实施团队已经对发布的技术层面进行过验证，在此环节，可由外部验收人员对发布的业务层面进行验证。

10. 发布总结

发布结束后，为了确认是否还存在潜在问题或影响，需要经过一段时间的观察期，在观察期结束后才允许关闭发布，正式标志着发布整个生命周期的结束。

9.4.2　服务开通管理

服务开通管理负责从服务目录接受签约用户的服务申请，管理审批和服务交付的过程，并在交付完成后负责更新配置信息，保证资源计量工作的及时开展。其管理的目标主要包括：

- 向用户提供一个请求和获取标准服务的渠道；
- 向用户明确IT部门可以提供哪些服务，以及获取这些服务的必要步骤；
- 向用户交付标准的服务；
- 管理服务交付的过程；
- 交付完成后，负责发起配置信息的更新。

服务开通管理主要包括提出服务请求、审批服务请求、处理服务请求、关闭服务请求等活动，如图9-8所示。

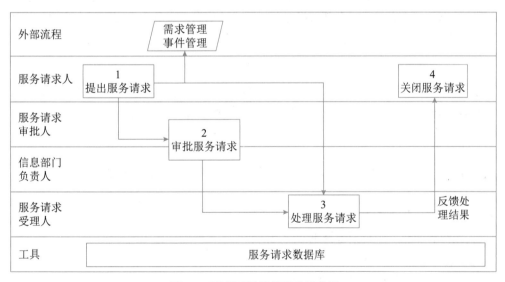

图 9-8　服务开通管理活动示意图

1. 提出服务请求

签约用户通过服务目录选择所需服务后，会自动生成服务请求工单进入服务开通管理环节。服务开通管理根据服务申请内容，从云配置库中取得相应的服务模型，以获取交付资源服务所需的资源种类和数量，并向云配置库发起查询，了解是否拥有足够资源满足本项服务请求。这些处理信息与签约用户的请求信息共同组成更新后的工单，传递到下一处理环节。

2. 审批服务请求

上一环节结束后进入对服务请求进行受理和审批的环节。在云服务活动中，由于资源服务的自助化和自动化程度要求很高，所以基于规则的自动审批是一个主要的选择。在审批环节，审批的内容主要包括：

- 是否签约用户；
- 是否拥有足够授权申请本项资源服务；
- 资源池内的资源是否足够交付本项服务请求；
- 所需资源是否处于可分配状态。

这个环节也应该支持人工审批，由资源池管理员和拥有相关资源的部门主管负责人工审批。

3. 处理服务请求

服务请求审批结束后，进入服务请求处理环节。在这个环节需要考虑"云"和"非云"两种情况。对于"非云"的请求，处理环节只需要生成任务工单，如果涉及变更则需要通过变更流程来管理任务的执行，否则只需要服务请求管理任务执行即可。

对于"云"的环境处理过程更为复杂：首先，需要服务请求流程从云配置库中获取服务模型，生成资源部署的模型；然后，从资源部署模型出发产生一系列的部署指令；最后，把这些指令发布到"任务调度管理"模块中负责调度执行，这时服务请求流程处于等待状态。一旦"任务调度管理"模块完成了所有部署指令并返回成功信息，服务请求流程再次接管，并到云配置库中更新交付的资源信息，再把状态信息回送给用户。

4. 关闭服务请求

在服务请求执行完成并得到用户确认后，就进入关闭环节。在关闭环节可以按照一定的规则，发送客户满意度调查问卷，回收问卷后关闭服务请求工单。

9.4.3　服务运行

服务运行在云服务运营管理框架中承担着保障安全运行的功能，包含云运维相关的七大管理功能模块：

- 监控管理：负责各类资源监控的统一告警管理和性能管理，对告警事件进行全生命周期的跟踪和管理，并根据告警事件的类别和严重程度进行相应的升级处理。是云服务运营管理的主要活动之一。
- 变更管理：使用标准化的方法和程序，用于有效处理所有变更，减少由于变更带来的业务风险。
- 故障管理：负责尽可能快地恢复意外服务质量下降或因故障而导致的服务中断，从而使故障对业务产生的影响最小化。
- 问题管理：负责查找故障产生的根本原因、监测和预防故障的发生，并为彻底消除故障根源提出合理的解决方案。
- 知识管理：负责确保正确的信息和知识以一种可高效利用的方式传递给所有的IT服务人员。
- 云配置管理：确保服务、系统或产品的组件都能够得到识别和维护，确保变更能够得到控制，确保发布通过正式批准。
- 服务质量管理：保证云服务能够提供符合质量承诺的服务。

1. 监控管理

在监控领域，可将其分成两个层面的工作，即各类资源层面的专业资源监控和数据中心层面的统一监控管理。专业资源监控负责对各类资源的运行状况和性能进行监控和采集，发现故障及时生成监控信息进行告警处理；统一监控管理则站在信息系统角度负责收集各类资源监控子系统发送过来的告警信息和性能信息，通过一定的规则统一处理短信和邮件通知，发送告警信息到故障流程和统一展现告警信息等管理功能。

统一监控管理作为云服务主动式管理重要手段，通过技术和管理结合的方式对信息系统发生的各类告警开展统一管理，如图9-9所示，其实现目标主要包括：

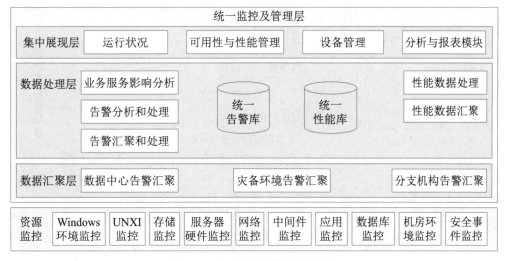

图 9-9　统一监控及管理功能架构

- 侦测告警，分析告警并确定合适的处理措施，为操作监控和控制提供基础。
- 对告警分类（信息/警告/异常），为自动化操作管理任务提供基础。
- 为各服务操作流程和活动提供入口。
- 为所设计的标准和SLA提供实际绩效的评估手段的更新。

2. 变更管理

变更管理的目的是通过对变更全生命周期的控制，确保变更可以达到预期目的的同时，最大限度地降低对 IT 服务中断的影响，具体包括：

- 响应用户业务变更的需求，在实现变更收益的前提下，避免由此引发的事件、业务中断与返工。

- 通过变更实现IT服务对业务的支撑，同时最大限度地控制由于变更所带来的风险。
- 通过一套有效的管理方法保证相应的变更被记录、评估，实现被审批通过的变更获得相应的排序、计划、测试、实施和评价。
- 保证对配置管理项（CI）的变更被记录到CMDB中。

变更管理的主要活动包括创建变更请求（Request for Change，RFC）、记录 RFC、检查 RFC、评估变更、授权变更、计划更新、协调变更实施、评审和关闭变更记录，如图 9-10 所示。

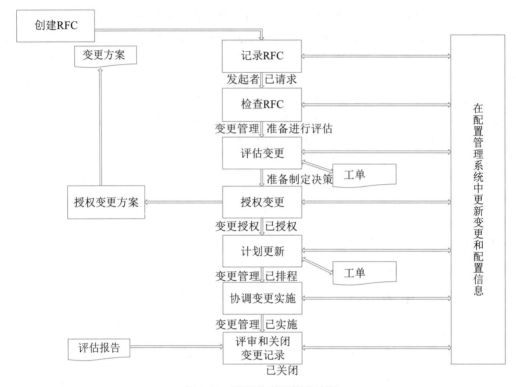

图 9-10　通用的变更管理过程

3. 故障管理

故障管理包括中断或可能中断服务的任何故障，它可能是用户直接报告的故障，也可能是通过服务台提交或者通过事件管理与故障管理之间的工具接口而创建的故障。故障管理的目标是尽可能快地恢复到正常的服务运营，将故障对业务运营的负面影响降到最低，并确保达到最好的服务质量和高可用性水平。"正常的服务运营"通常相对于服务级别协议（SLA）的要求而言。

故障管理是云/IT 运维管理中使用频率最高的活动。明确定义故障管理过程的主要活动，形成标准的故障处理模型，并将该故障处理模型整合到故障管理软件平台是目前实践中较常见的做法，如图 9-11 所示。

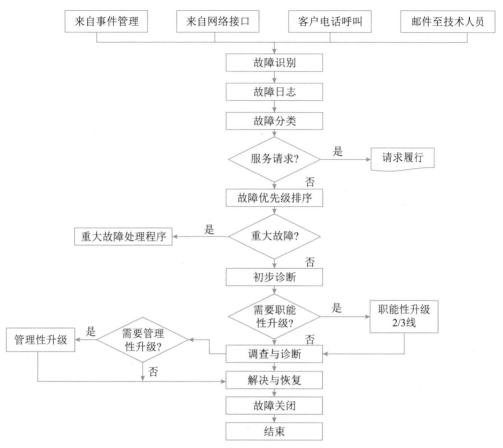

图 9-11　标准的故障管理通用过程

4. 问题管理

问题管理的主要目标是预防问题的产生及由此引发的故障，消除重复出现的故障，并对不能预防的故障尽量降低其对业务的影响。问题管理针对所有的 IT 服务要素（人、流程、技术、合作伙伴）进行问题识别、根源分析、错误评估和解决方案制定。对于识别后的问题，需要采取一套标准的流程进行处理，如图 9-12 所示。

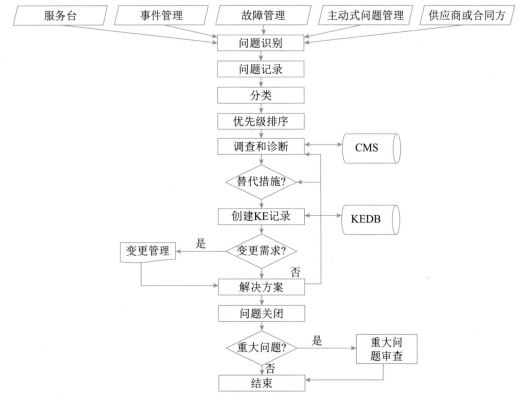

图9-12   问题管理通用过程框架

5. 知识管理

知识管理对于一个 IT 服务各生命周期中的角色而言都是一份宝贵的资产，但这项管理对于各个组织来说都是一项知易行难、重要性高而紧急度低的管理活动。其目标是保证合适的信息可以在合适的时间提供给适当且有能力的人，以帮助其作出明智的决策，具体包括：

- 使IT服务机构工作更加有效，服务质量更好，且服务成本更低。
- 使相关服务人员理解其服务对客户的价值，以及如何能让服务真正为客户带来价值。
- 保证服务人员在适当的时间与地点获得合适的信息，如谁在使用这些服务、服务使用的状况、服务提供过程中的限制、阻碍服务为客户带来价值的因素等。

6. 云配置管理

在云服务中，配置管理会包含至少两个数据消费场景：①资源调度。资源调度指当一个资源池中的资源无法满足服务交付的要求时，云管理平台从另一个资源池中获取相关资源。资源调度场景要求配置管理的模型必须可以建立跨资源池和跨租户的配置关系。②资源调拨。资源调拨指当一个资源池中的资源无法满足服务交付的要求时，将另一个资源池中富余的物理资源调拨到该资源池中。资源调拨与资源调度的区别在于：资源调度指的是逻辑资源的调用，资源调拨指的是物理资源的调用。资源调拨要求配置管理提供当前资源池中物理资源的使用情况分析。

云配置管理可以根据数据消费者的需求定义其所需的数据提供者，例如资产管理的数据、监控的数据或自动发现工具中的数据。在云服务中，配置管理建设对数据提供者的选择空间非常小，因为云计算的高度自动化和动态化的特点，决定了云配置管理的数据提供者必须要包括 CloudDB 和自动发现工具等。这就大大地提高了配置管理建设的复杂度和技术难度，而且对云配置管理的管理成熟度和工具平台的技术成熟度要求也将大幅度提高。

云配置管理的目标主要包括：

- 通过建立和维护一套完整且准确的数据集（包括CI信息和CI关系）来实现IT环境的可视化管理。
- 利用数据统一、共享的特征，打破原有的数据壁垒，实现整个数据中心的数据共享；利用数据整合的特点，实现其他运维管理领域或工具的高阶管理价值。例如，故障定位、变更风险模拟、可用性分析等。
- 建立IT与业务的关联，基于服务目录的维度对所有的配置资源进行归集，实现业务与IT资源端到端的联动。例如，业务影响分析、服务成本核算、资源动态调配等。
- 支撑云资源管理的相关活动。例如，云资源的跨资源池调度和调拨活动。

云配置管理主要活动如图 9-13 所示。

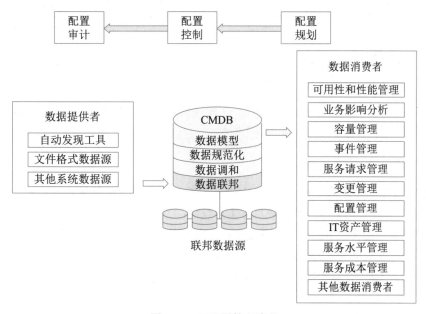

图 9-13　云配置管理流程

7. 服务质量管理

服务质量管理是云服务的重要组成部分，参考国家 ITSS 相关定义，信息技术服务质量包括服务要素质量、服务生产质量和服务消费质量等三方面的质量要求，如图 9-14 所示。服务质量管理的主要活动包括服务质量评价指标体系创建、服务质量指标采集和计算、服务质量评估和服务绩效奖惩等内容。

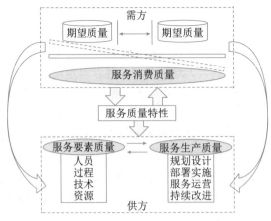

图 9-14   服务质量管理模型

服务质量管理通过量化的指标加强过程管控和事后追溯能力，保证云服务能够提供符合质量承诺的服务。服务质量管理目标主要包括：

- 建立一套科学、合理和量化的质量评估体系，帮助管理者落实质量管控的措施。
- 提供质量评价和奖惩的管理措施，促进整个组织行为模式向管理者期望的方向持续提升。

9.5   云资源操作

云资源操作的主要作用是根据运维管理要求和云计算的技术特性，将服务交付、服务支持中的技术要求具化成技术操作，将服务的各项操作要求分散，并落实到云服务的日常管理中。该子模块分为五大管理功能模块，如图 9-1 所示。

9.5.1   资源供应与任务管理

资源供应与任务管理是指对机房和软硬件设施资源进行调度部署任务的管理，是云计算实现资源服务化的基础能力体现。其管理目标主要包括：

- 按照服务开通管理中提出的要求完成对各类资源自动化部署和配置任务。
- 对多个存在关联关系的资源部署和配置任务进行排程管理。

任务调度管理是一个自动执行的操作流程，主要操作步骤如图 9-15 所示。

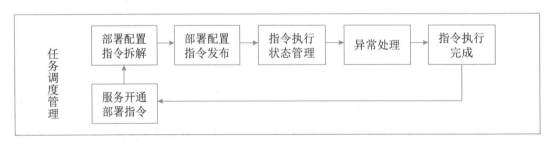

图 9-15   任务调度管理流程

1. 部署配置指令拆解

从服务开通管理传送过来的是按服务打包后的指令集，所以任务调度管理的第 1 步是指令解包，根据供应者种类和资源种类重新形成一系列的指令子集，可以供下一步完成针对供应者的指令发送工作。

2. 部署配置指令发布

把拆解完成的指令子集按照供应者 / 资源种类方式向资源供应者进行指令发布，例如，x86 虚拟化服务器的部署配置指令需要发布给 vCentre 或者 Hyper-V。在这个管理环节，需要判断执行顺序，即资源部署是串行还是并行的要求。

3. 指令执行状态管理

任务调度管理把指令发布给"供应者"执行后，进入执行状态管理阶段，主要是跟踪"供应者"的执行情况，决定是否开始串行执行第 2 段指令，或者执行完成进入第 5 步。

4. 异常处理

如果在第 3 步出现异常情况，任务调度管理需要判断是否存在规则可以自动处理，否则发送信息给资源池管理员，引入资源池管理员的人工介入。

5. 指令执行完成

一个任务的指令全部执行完成后，并且状态是成功的，则任务调度管理把执行情况反馈给服务开通管理模块。

9.5.2 资源部署/回收

资源部署 / 回收是在任务调度管理统一调度下真正对软硬件设施资源的操作，包括按照服务请求完成云环境的部署、配置等工作，是直接和各类资源打交道的管理层次。其管理目标是按照任务调度管理的要求完成各类资源的部署和配置工作，最终交付资源服务。

资源部署 / 回收在云服务中，基本是自动化操作执行，从管理角度看非常简单，复杂性体现在各类资源的具体技术操作上。从云计算角度来说，这些资源可以按照大类分成服务器资源、网络资源、存储资源、平台和应用软件资源等。

1. 服务器资源

云服务需要支持各类异构的服务器硬件和操作系统，并需要在其上进行一定的提炼和封装，实现通用的服务器部署 / 回收操作，包括虚拟机部署、物理裸机安装、操作系统和补丁安装及配置等。

2. 网络资源

云服务同样需要支持各类异构的网络设备，并需要在其上进行一定的提炼和封装，实现通用的网络虚拟化操作。这些操作包括 VLAN 划分、IP 地址池管理、防火墙和负载均衡策略修改等。

3. 存储资源

云服务需要支持各类异构的存储设备，并需要在其上进行一定的封装，实现通用的存储虚拟化操作。这些操作包括对基于 SMI-S 接口的存储操作进行封装、对存储管理软件提供云存储服务进行封装等。

4. 平台和应用软件资源

平台软件指各类数据库和中间件，以及商业软件的应用平台部分。应用软件指各类自开发的应用软件和购买的商用应用软件。平台和应用软件部署 / 回收操作需要在其上进行一定的提炼和封装，实现通用的软件部署和配置操作，包括基于镜像的软件安装、安全完成后的软件配置等。

9.5.3 动态管理

云计算采用虚拟化技术，将所有的计算资源集中起来，这些资源数量庞大，并且是动态变化的，如同城市面临的大量汽车对城市造成的交通拥堵情况一样，采用何种计算资源调度策略对这些资源进行组织和调度，实现资源的自我调节和负载均衡，以及资源分配的灵活性和按需分配，是云服务管理的关键任务之一。

1. 动态资源优化

动态资源优化是指在虚拟化环境中，如何根据应用、服务负载的变化为其所在的虚拟机及时、有效地分配虚拟化环境中的资源，保证既不会因为资源缺乏而影响业务系统运行，也不会造成严重的资源浪费。为了使虚拟机的资源达到供求平衡，动态资源优化技术需要了解和掌握各应用、服务可能的负载量，根据一定的方法或规则推算出其需要的物理资源类型及数量；在应用、服务运行中实时监测其性能数据，预测业务变化的趋势，做出资源再分配的决策，然后进行相应的调整。

动态优化需要两只"眼睛"、一个"大脑"和两只"手"来协同工作。通过先看后想再动手的方式完成每一个优化周期，通过定期优化来获得用户期望的性能和资源供求的动态平衡。具体来说，一只"眼睛"指从虚拟化平台的角度进行资源监测，了解虚拟环境下有多少台服务器及它们的资源状态，包括 CPU、内存、存储和网络等资源的总数量和剩余数量；另一只"眼睛"指从应用、服务的角度进行监测，了解在当前虚拟化环境中运行的所有应用、服务的负载状况，以及相应的资源使用情况。这两只"眼睛"分别从供给面和需求面对资源进行监测。一只"手"指做宏观调整，即通过打开或者关闭服务器，或利用实时迁移技术移动虚拟机等，调整虚拟化环境中服务器的计算资源；另一只"手"指做微观调整，负责调整某个服务、应用所在的部分或全部虚拟机的计算资源，例如，调整虚拟机的 CPU 数量和内存使用量等。

所谓一个"大脑"就是指具备性能分析预测、进行资源动态规划和输出调度结果的算法，它协调着两只"眼睛"和两只"手"。在优化过程中，首先，它通过两只"眼睛"得到虚拟化平台的计算资源使用情况、应用负载情况；然后，根据当前情况并结合历史信息预测应用未来的负载状况，根据预先定义的规则做出资源分配的决策，进而输出资源调度指令；最后，通过两只"手"来完成调度，资源分配变化不剧烈时只需要第 2 只"手"做微观调整即可，变化剧烈时需要用上第 1 只"手"。"大脑"是整个动态优化技术的核心，大脑的智能程度决定了虚拟环境是否能有效地保证每时每刻都能向应用、服务提供充足的计算资源。

2. 实时迁移管理

实时迁移（Live Migration）是在虚拟机运行过程中，将整个虚拟机的运行状态完整、快速地从原来所在的宿主机硬件平台迁移到新的宿主机硬件平台上，并且整个迁移过程是平滑的，用户几乎不会察觉到任何差异。由于虚拟化抽象了真实的物理资源，因此可以支持原宿主机和目标宿主机硬件平台的异构性。

实时迁移管理需要虚拟机监视器的协助，即通过源主机和目标主机上虚拟机监视器的相互配合，完成客户操作系统的内存和其他状态信息的复制。实时迁移开始以后，内存页面被不断地从源虚拟机监视器复制到目标虚拟机监视器。这个复制过程对源虚拟机的运行不会产生影响。最后一部分内存页面被复制到目标虚拟机监视器之后，目标虚拟机开始运行，虚拟机监视器切换源虚拟机与目标虚拟机，源虚拟机的运行被终止，实时迁移过程完成，如图 9-16 所示。

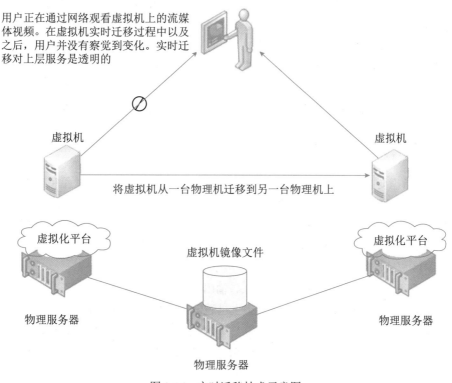

图 9-16　实时迁移技术示意图

实时迁移技术最初只应用在系统硬件维护方面。众所周知，云计算的硬件需要定期进行维护和更新，而虚拟机上的服务需要 7×24 小时不间断地运行。如果使用实时迁移技术，便可以在不宕机的情况下，将虚拟机迁移到另外一台物理机上，然后对原来虚拟机所在的物理机进行硬件维护。维护完成以后，虚拟机迁回到原来的物理机上，整个过程对用户是透明的。目前，利用实时迁移技术可用作资源整合，通过优化的虚拟机动态调度方法，云计算的资源利用率可以得到进一步提升。

9.5.4   计划操作

计划操作是对机房环境和软硬件设施定期所做操作任务的管理，例如日常巡检、预维护等。与计划操作相对应的是变更操作，指变更流程执行过程中对资源的各类操作任务的管理。计划操作的目标主要包括：

- 通过主动性管理措施，使各类设施运行的可用性目标能够得到保障；
- 通过标准化日常操作管理规范，降低或消除人为操作失误。

计划操作包含四类操作任务，分别是合规巡检、常规作业、补丁管理和批处理管理。

1. 合规巡检

合规巡检是指基于行业规范和组织自定义规范中定义的安全审计规则，对服务器、网络、平台和应用软件的关键配置进行检查，及时发现配置基线的偏移，并通知管理员的过程管理。

安全管理员可以按照各种规范定义合规策略，对设备进行配置检查。合规策略包括一个或多个检查规则。一个检查规则分为不同类型，包含支持的厂商、设备系列、检查内容来源、规则内容等信息。安全管理员可通过创建检查任务来检查设备是否符合合规策略，检查任务包含待检查的合规策略、设备的信息等。检查任务执行完毕后，可以通过报表查看设备违背合规的信息。对于违背合规的设备，应创建违规修复任务进行修复，及时解决在数据中心环境中出现的配置问题，提高安全等级及各种法律法规的遵从度。

2. 常规作业

常规作业指需要在服务器、存储设备、网络设备、机房设施、平台软件和应用软件上定期执行的作业任务，这些任务包含以下几种类型。

- 服务器常规作业。设备清洁，输入、输出电压检测，磁盘读、写正常性测试，输入、输出设备读写测试（光驱、内置磁带机），配置文件备份，过期运行日志清理，网络通信正常性测试，临时文件清理等。
- 存储设备常规作业。设备清洁，输入、输出电压检测，磁盘读、写正常性测试，配置文件备份，过期运行日志清理，与连接主机通信正常性测试，端口访问测试等。
- 网络设备常规作业。设备操作系统软件备份及存档，设备软件配置备份及存档，监控系统日志备份及存档，监控系统日志数据分析与报告生成，网络配置变更文件的审核，网络配置变更的操作，网络配置变更的记录清理等。
- 机房设施常规作业。基础类操作（按服务管理手册的有关规定，执行设备的日常运行、维护和保养），测试类操作（按服务管理手册的有关规定，对基础设施各系统功能、性能进行测试），数据类操作（按事先规定的程序，对机房基础设施运行日志、记录等数据进行操作）等。
- 数据库系统的常规作业。侦听连接正常性测试，数据库正常登录测试，SQL执行正常性测试，表空间正常访问测试，表读写正常性测试，客户端连接测试，数据库备份，过期归档日志清除等。

- 中间件的常规作业。备份配置文件，备份重要运行日志，清除过期日志，交易连接正常性测试等。
- 数据的常规作业。对数据的产生、存储、备份、分发、销毁等过程进行的操作，对数据的应用范围、应用权限、数据优化、数据安全等内容按事先规定的程序进行的例行性作业，数据备份，数据转换，数据分发，数据清洗等。

3. 补丁管理

补丁管理指对所有操作系统、数据库和中间件平台，集中管理补丁介质，对当前的补丁列表进行分析，提供需安装的补丁建议，并批量下发补丁。补丁一般可分为：

- 安全修补程序（Security patch）。为特定产品广泛发布的修补程序，针对的是某一个安全漏洞。安全修补程序通常描述为有一定的严重度，此安全修补程序针对的漏洞的严重程度等级。
- 重要更新（Critical update）。为特定问题广泛发布的修补程序，针对的是重要的、与安全无关的缺陷。
- 更新（Update）。为特定问题广泛发布的修补程序，针对的是不重要的、与安全无关的缺陷。
- 修补程序（Hotfix）。由一个或多个文件组成的单个程序包，用来解决产品中的问题。修补程序针对的是特定的客户环境。
- 更新汇总（Update rollup）。安全修补程序、重要更新、更新和修补程序的集合，可以作为累积更新进行发布，或定位于单个产品组件。
- 服务包（Service Pack）。从产品发布至今，累积的一系列修补程序、安全修补程序、重要更新和更新，包括许多已经解决，但还没有通过任何其他软件更新使之可用的问题。
- 功能包（Feature pack）。产品发布的新功能，可以用来添加功能。通常在下一次发布时集成到产品中。

补丁管理一般分为评估、识别、计划和部署 4 个阶段：

- 评估阶段。收集漏洞、补丁信息，收集组织资产信息并确定其价值，在这个基础上，评估漏洞对组织的威胁，还要对前一次的执行结果进行评估，给出修补漏洞的要求以及其他防护措施建议。
- 识别阶段。这个阶段的工作依赖于评估阶段收集的信息作为基础，主要工作包括寻找补丁并确定其来源可靠性，以及测试补丁，以确定其能与组织IT环境兼容。
- 计划阶段。给出在组织网络部署补丁的详细计划安排。
- 部署阶段。根据计划，在组织网络内部署补丁并进行确认。

4. 批处理管理

批处理管理是对业务批处理任务的统一管理，包括批处理的操作定义、测试、调度、执行、验证、回退、异常处理，以及批处理作业的版本控制、集中管控等。

9.5.5　变更操作

变更操作是与计划操作相对应的一种操作管理，指由工单驱动（不像计划操作由排程驱动）操作任务的管理。变更操作的目标主要包括：

● 通过统一操作任务管理，控制生产系统风险。
● 通过标准化日常操作管理规范，降低或消除人为操作失误。

变更操作包括排程、人力资源调度、变更任务执行等管理活动。

1. 排程

变更窗口在云服务中是一种有限资源，通常夜间需要完成变更的执行、批处理操作、常规操作任务（例如数据备份等），所以任何一种变更都需要事先通过变更管理流程进行排程，然后才能依据排程进行资源调度。

2. 人力资源调度

排程完成后，可以基于排程的要求对执行变更操作的系统管理员进行调度，安排在合适的时间段执行相关变更操作任务。

3. 变更任务执行

人力资源经过排程和调度后，到相关变更窗口时，把自动化执行的任务指令下达给"任务调度管理"，手工完成的任务发布调度指令给系统管理员来完成。

9.6　云信息安全

有效的安全框架是正确执行安全控制策略的重要依据和正确的方法论。事实上，云安全建设是一个庞大的体系化工程，对于这样一个大工程，需要搭建好骨干框架，然后对其进行模块化分解组装，只有这样循序渐进，逐个攻破，才能保证云服务安全、可靠、有效运行。云信息安全框架可从安全制度、架构安全、资源安全与操作安全四大管理领域，安全风险管理、法律及合同遵循等 15 个管理模块进行建设和实施，如图 9-17 所示。

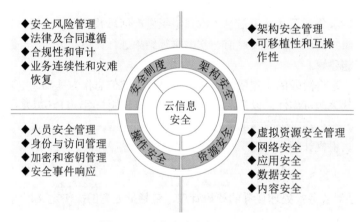

◆安全风险管理
◆法律及合同遵循
◆合规性和审计
◆业务连续性和灾难恢复

◆架构安全管理
◆可移植性和互操作性

◆人员安全管理
◆身份与访问管理
◆加密和密钥管理
◆安全事件响应

◆虚拟资源安全管理
◆网络安全
◆应用安全
◆数据安全
◆内容安全

安全制度　架构安全　操作安全　资源安全　云信息安全

图 9-17　云信息安全框架示意图

9.6.1　安全制度

本部分主要从政策、制度的角度，提出云服务在安全管理方面需要重点关注的内容，包括安全风险管理、法律及合同遵循、合规性和审计与业务连续性和灾难恢复四方面。

1. 安全风险管理

由于云计算的运行架构，使得安全控制模型比较复杂，云服务的过程中，大量的资源被安排给众多用户提供服务和调用，不可避免地会遇到信息安全的挑战。组织需要部署适当的组织架构、流程，从而维持有效的信息安全治理、风险管理及合规性。云服务供方还应确保在任何云部署模型中，都有适当的信息安全贯穿于信息供应链，包括云服务的供方和用户，及其支持的第三方供应商。

2. 法律及合同遵循

在云安全领域，法律含义变得更加宽泛，尤其是在云计算特有的分布式生态环境，潜在的法律风险越来越突出。云服务基础设施通常遍布各地，都必须遵守当地的法律法规，一旦出现法规监管问题，又无法应付的情况，责任就会落在使用云服务的组织上。

云服务相关法律问题分析应该考虑的问题主要包括：

- 功能方面：主要包括确定云计算中的功能和服务，杜绝因此产生参与者和利益相关者的法律问题。
- 司法方面：主要包括相关法律法规等对于云服务、利益相关者和数据资产的影响。
- 合同方面：主要包括合同的结构、条件和环境，以及云计算环境中的利益相关者安全问题管理办法等。

3. 合规性和审计

作为云服务供方，在合规和审计方面，需要注意以下几点。

- 使用特定云服务时的监管法规适用性。
- 需要区分自身、用户和第三方服务商在合规责任上的区别。
- 各类供方需要能够提供证明合规所需资料，审计活动应事先计划并由利益相关者批准。
- 识别适用的法律、法规和合同要求，明确定义为满足这些要求所采用的方法以及组织职责，形成文件并保持更新，根据司法管辖权不同遵守相应的合规要求。
- 谨慎策划针对数据复制、数据访问，以及数据边界限制的审计计划、活动和操作规程，以最大限度降低业务流程中断的风险。

4. 业务连续性和灾难恢复

常规意义上的物理安全、业务连续性计划（BCP）和灾难恢复（DR）等形成的专业知识与云服务仍然有紧密关系。由于云服务的迅速变化和缺乏透明度，这就要求在常规的安全、业务连续性规划和灾难恢复领域的专业人员，不断进行审查和监测所选择的云服务。

当前人们面临的挑战是如何合作进行风险识别，确认相互依存，整合、动态并且有效地利用资源。云服务和与之配套的基础设施可以帮助人们减少某些安全问题，但也可能会增加某些安全问题，肯定不会消除人们对于安全的需要。随着业务和技术领域的重要变革的深入，常规安全原则依然存在。

9.6.2 架构安全

本部分主要从技术架构与整体规划的角度，提出云信息在安全管理方面需要重点关注的内容，包括架构安全管理与可移植性和互操作性两方面。

1. 架构安全管理

云平台安全是云服务有效运行的重点，云平台安全主要关注物理安全和云操作系统安全。

1）物理安全

云基础设施资源是云服务的核心组件，集中存储了宝贵的数据资源，对于外网的恶意攻击者有极大的诱惑力，云服务安全需重点关注：

- 物理安全策略。按照风、火、水、电等具体控制要求落实，如果没有，则需要对这些要求重新检查和规范不符合项。
- 访问控制。云服务供方需要有对物理环境的访问控制权，以确保只有得到授权的人员才能访问云基础设施。
- 监管要求。云服务供方要确保符合环境与适当的法律和监管要求，并制定审计规范，定期对规范进行维护和审计，对不符合规范的要求项应不断改善。

2）云操作系统安全

该部分主要关注操作系统补丁管理、操作系统内核安全、应用开发引擎安全，以及应用接口安全等。

- 操作系统补丁管理。云操作系统是云平台的核心组件，要严格操作系统各模块的补丁管理和开发管理，确保云操作系统无漏洞。
- 操作系统内核安全。如果云服务供方采用自主开发的内核，需要对内核安全性能进行评估；加强云操作系统补丁管理，确保无安全漏洞。
- 应用开发引擎安全。云服务供方需要重点关注多租户环境下的隔离问题，以文档的形式记录并向用户说明如何实现隔离。
- 应用接口安全。在多租户的情况下，可能会出现接口被第三方调用或者是租户转移，云服务供方应确保提供标准的API安全接口，以满足安全和可移植性的要求。

2. 可移植性和互操作性

云服务供方必须事先考虑到需要更换云资源提供方的可能性，可移植性和互操作性必须被作为云风险管理和安全保证的一部分而提前考虑。

大型的云资源提供方核心的云计算互操作性问题，主要在大部分应用没有统一的语言、数据、界面以及其他云计算运行的子系统之间的兼容问题。从安全的角度看，人们主要的关注点是在环境变更时，维护安全控制的一致性。一些简单的架构级设计可以帮助人们将这些问题发生的损害降至最低。然而，解决这些问题的办法取决于云服务的类型：在 SaaS 情况下，云服务供方关注的重点不在于应用的可移植性，而是保持或增强旧应用程序的安全功能，以成功地完成数据迁移；在 PaaS 情况下，为达到可移植性，一定程度上对应用的修改是需要的，关注的重点在于当保存或增加安全控制时，最大限度地降低应用重写的数量，同时成功地完成数据迁移；在 IaaS 情况下，关注的重点和是应用和数据都能够迁移到新的云资源提供商并顺利运行。

9.6.3 资源安全

本部分主要从云服务所需管理与使用的技术资源出发，提出云服务在资源管理方面需要重点关注的内容，包括虚拟资源安全管理、网络安全、应用安全、数据安全与内容安全五方面。

1. 虚拟资源安全管理

在云环境下，虚拟化技术是实现云计算的主要手段，是云计算框架的基础。通过虚拟化技术，在云环境下实现资源的有效利用。虚拟化环境下的安全仍是首要关注点。虚拟资源安全主要从 Hypervisor 安全和虚拟机镜像安全方面考虑。

1）Hypervisor 安全

Hypervisor 是虚拟机管理的窗口，Hypervisor 安全性的高低直接影响到虚拟机安全。因此在虚拟机管理方面要定期审计 Hypervisor 补丁情况，根据检查出来的问题进行加固，以确保 Hypervisor 达到安全需求。

2）虚拟机镜像安全

虚拟机镜像是为用户提供的"机器"实体，当虚拟机处于休眠状态或者是关机的情况下，很容易被篡改或修改。对于这个问题，需要对虚拟机镜像进行加密，同时与行政控制、数据泄露防护（Data Leakage Prevention，DLP）和审计跟踪手段相结合，以防止正在运行的虚拟机镜像"逃逸到野外"，避免攻击者访问到虚拟机快照中的数据，造成恶意损坏而未被及时发现。

2. 网络安全

在云服务的网络安全领域，人们需要重点关注安全域管理和流量管理。

1）安全域管理

传统网络安全管理中，网络安全架构通过分层规划与分级建设，安全区域清晰明了，可以按照业务需求对不同类型的系统方便地定义安全级别（Security Level）。来到云安全域管理，业务资源聚集、基础网络架构一体化、安全边界消失，传统网络安全设备（防火墙）很难从实体上实现隔离，无法满足云安全域的管理需求。在网络架构一体化的云网络环境，人们需要使用虚拟交换技术、虚拟防火墙技术。

2）流量管理

云服务的大带宽流量汇聚，给云计算流控管理带来很大的挑战。从本质上来说，建立一个云，通常是指连接数据中心以创建一个无缝资源池，这些连接应尽快生效，这是云计算控制数据包丢失的关键。

存储网络协议以及其他为数据包错误恢复而提供的协议，可能在任何情况下都是必要的，但没有任何协议会降低数据中心之间主干的高利用率。当利用率超过 50% 时，丢失和延迟都会增加，而且云性能也会受到影响。这是在云资源之间管理流量路由时必须要考虑的问题。

3. 应用安全

应用安全架构必须意识到一个事实，就是大多数应用程序会与其他多个不同的系统产生依赖关系。有了云计算，应用程序的依赖性可能非常动态，甚至每个依赖都代表一个独立的第三方服务供方。云特性使配置管理和紧随的配置供应比传统的应用程序部署更为复杂。为了保证应用程序的安全，云环境推动了应用程序架构的变革。针对应用安全，人们需要重点关注合规性、工具与服务、脆弱性等。

1）合规性

合规性明显会影响数据，而且也会影响应用程序（如监管要求如何实现程序中的一个特定加密函数）、平台（对操作系统的控制和设置的命令）和进程（如对安全事件的报告要求）。

2）工具与服务

云计算对应用程序开发和运维的工具与服务带来了一系列的新挑战。其中包括开发和测试工具、应用程序管理工具、对外服务的耦合，以及库和操作系统服务的依赖性，这些可能都源自云服务供方。了解谁提供、谁拥有、谁运行的后果，并承担相关的责任非常重要。

3）脆弱性

脆弱性不仅包括广泛文档化且不断演化中的 Web 应用脆弱性，还涉及机器与机器之间、面向服务架构（SOA）的应用程序的脆弱性，这些 SOA 应用正在不断地被部署进云中。

4. 数据安全

对于集中式存放的云数据安全来说，数据管理显得尤为重要，从数据生命周期来看，云数据安全管理是对整个数据生命周期管理的进一步强化，如图 9-18 所示。

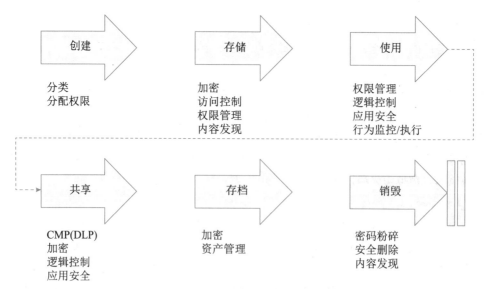

图 9-18　数据安全生命周期示意图

1）数据创建

在云环境下，由于多租户的出现，数据创建后很难区分数据所有权，云服务供方需要对创建的数据进行标志和分类，以确保数据拥有所有人。

2）数据存储位置

云环境下的数据必须保证所有数据，包括所有副本和备份，存储在合同、服务级别协议和法规允许的地理位置。例如，使用由欧盟管理的电子健康记录，对数据拥有者和云服务供方可能都是一种挑战。

3）数据删除或持久性

当需删除数据时，数据必须彻底有效地去除才被视为销毁。因此，必须具备一种可用的技术，能保证全面和有效地定位云计算数据，擦除 / 销毁数据，并保证数据已被完全消除或使其无法恢复。

4）不同用户数据的混合保护

数据尤其是保密 / 敏感数据，不能在使用、储存或传输过程中，在没有任何补偿控制的情况下与其他用户的数据进行混合。数据的混合将在数据安全和地缘位置等方面增加安全的挑战。对于不同的用户数据，云服务供方应该根据用户群和数据安全要求来区分数据等级，并分开存放。如果存在数据共享，应该对访问权限进行严格且精细化的控制，并可以实时监控和提供审计措施。

5）数据备份和恢复重建（Recovery and Restoration）计划

必须确保数据的可用性，云数据备份和云恢复计划必须到位和有效，以防止数据的丢失、意外覆盖和破坏。不应轻易假定云模式的数据肯定有备份并可恢复。云服务供方应对用户数据采用多份、异地备份方式进行数据备份，以便在数据被破坏后能及时恢复重建。

6）数据发现（Discovery）

由于法律系统对电子证据发现的持续关注，云服务供方和数据拥有者需要把重点放在发现数据上，并确保法律和监管当局要求的所有数据可被找回。这些问题在云环境中是极难回答的，将需要管理、技术和必要的法律控制互相配合。

7）数据聚合和推理

数据在云端时，会新增对数据汇总和推理方面的担忧，这可能会导致违反敏感和机密资料的保密性。因此，在实际操作中，应确保数据拥有者和数据利益相关者的利益，在数据混合和汇总时，避免数据发生任何的、哪怕是轻微的泄露。例如，带有姓名和医疗信息的医疗数据与其他匿名数据混合时，如果两边存在交叉对照字段，就可能发生数据泄露。

5. 内容安全

信息内容安全是信息安全在政治、法律、道德层次上的要求。公有云建设在这方面面临相关的要求，其要求就是要确保公有云存储的信息内容是健康的，并且在法律上符合国家法律法规的规定。

● 商业用途。防范云平台侵犯著作权人的知识产权。

- 军事用途。防止通过云平台泄露军事秘密。
- 政治用途。防止通过云平台散播违反法律法规的政治言论等。

9.6.4　操作安全

操作管理是云服务正常提供的一个基础保障措施。大资产、大数据对云服务有序运营管理提出了更高的要求。从操作角度提出云服务需要重点关注的内容，包括人员安全管理、身份与访问管理、加密和密钥管理与安全事件响应四方面。

1. 人员安全管理

人员是云运维管理体系的基础。一个好的管理框架离不开合适的技术和管理人员，随着人员安全问题的逐渐增多，例如，私自泄露敏感数据、盗卖用户数据等由人员管理引发的安全问题，云服务供方需要关注云服务管理内部的人员安全管理。

根据目前大多数云服务的情况，存在云服务供方与第三方业务合作密切的现象，例如，租赁 ISP 的基础设施。这就要求云服务供方对第三方进行严格审查和管理，以确保第三方提供服务的安全性。

2. 身份与访问管理

管理身份和访问组织应用程序的控制，仍然是 IT 面临的最大挑战之一。组织为了成功有效地实施身份管理，必不可少的身份识别与访问管理功能，主要包括身份的供应 / 取消、认证、联盟、授权与用户配置文件管理等。

1）身份供应 / 取消

对组织采纳云服务的主要挑战之一，是在云端安全和及时地管理用户的报到（供应，即创建和更新账户）和离职（取消供应，即删除用户账户）过程。此外，已经实施内部用户管理的组织需要将相关管理引申到云端。

2）身份认证

当组织开始利用云服务时，以可信赖且易于管理的方式认证用户是一个至关重要的要求。组织必须解决与身份认证有关的挑战，例如凭证管理、强认证（通常定义为多因素身份认证）、委派身份认证，以及跨越所有云服务类型的信任管理。

3）身份联盟

在云计算环境中，联盟身份管理在使组织能够利用所选择的身份提供商去认证云用户方面起到了至关重要的作用。在这方面，身份提供商与服务提供商之间以安全的方式交换身份属性也是一个重要的要求。组织在考虑云联盟身份管理时，应该了解各种挑战和可能的解决方案，包括身份生命周期管理、保护机密性与完整性的认证方法，以及支持不可抵赖性等。

4）身份授权与用户配置文件管理

用户配置文件与访问控制策略的要求，取决于用户是否以自己的名义行事（如消费者）还是作为一个机构成员（如大学、医院或其他企业）。在服务供应接口（Service Provider Interface,

SPI）环境下的访问控制要求，包括建立可信任用户配置文件和规则信息，这不仅用于控制对云服务的访问，而且要确保运行方式符合审核的要求。

3. 加密和密钥管理

云服务供方为用户提供身份管理，由于云环境由多个"租户"共享，服务供方对于这个环境中的数据有特许存取权。因此，存储在云中的机密数据必须通过访问控制组合、合同责任和加密措施等进行保护。加密的好处包括对云服务供方的依赖性最小、减少对运行错误检测的依赖性等。

密钥存储是密钥管理的核心部分，在密钥管理方面，存储、传输和备份过程是云服务供方必须的关注点。例如，密钥放在什么位置、是否评估存放位置的安全性、密钥使用的加密算法、加密算法是否对外公开等。如果密钥一旦丢失，可能意味着业务数据的丢失，尽管这是一种销毁数据的有效方式，但是意外丢失保护关键任务数据的密钥可能会毁灭一个业务，因此必须执行安全备份和恢复解决方案。

4. 安全事件响应

从云服务诞生的那一天起，在频频发生的安全事件中，许多大型云服务在重大事件响应过程中也显得乏力。因此，建立一个良好的安全事件响应流程和机制对于云计算环境来说尤为重要。对于云服务供方来说，安全事件响应策略和程序、收集证据流程、事后处理方式是整个应急事件响应是主要关注点。

云安全事件响应的处理过程需要专业的技术知识，除此之外，法律和隐私保护问题在处理过程中起到关键性的作用。试想一下，在不同的数据存放位置，应用数据的管理和访问有不同的含义和监管要求。例如，如果涉及的数据在 A 国，发生的事件可能被认为是"事件"，如果数据在 B 国，可能就不被视为"事件"。这使得事件识别充满挑战，事实上这些情况已经在发生。

针对云服务事件的特点，云服务供方需要：

- 建立并实施信息安全事件处理策略，信息安全事件报告、响应和升级程序。
- 建立程序并传达给所有员工、合同方和第三方用户，要求他们根据法律、法规和合同要求迅速并准确地通过预先定义的沟通渠道报告所有信息安全事件。
- 提供在线安全事件响应流程工具，协同用户处理事件。
- 在信息安全事故发生后，当后续行动需要采取法律措施时，应采用正确的取证程序，包括妥善保管证据链来收集、保存，并出示证据以支持可能的法律行动。
- 当为了惩罚目的而收集和提交证据时，应制定并遵循内部规程。
- 设立机制，监测和量化信息安全事故的种类、数量和损失，出具详细的安全事故报告。
- 定期举行安全事件响应演练，在条件允许的情况下，邀请用户一起参与。
- 在云计算安全事件处理时，充分考虑界定事故范围、保护证据链的措施。
- 涉及用户隐私的信息，确保在应急响应时不会被损坏。
- 确保有效的联络点和联系方式，当客户需要支持时，应立即配合。
- 定义安全事件响应中的角色和职责，尤其应明确云服务提供商在事故处理中提供的支持，并体现在合同或SLA中。

- 提供对安全事件的监测、分析措施和机制，例如保障信息的完整性。
- 建立云安全事件一致、根除和恢复等技术方案，确保业务的可持续性等。

9.7　本章练习

1. 选择题

（1）_____属于云服务运营框架中云服务规划管理的模块。

　　A. 云资源操作管理　　　　　　　B. 云服务交付管理

　　C. 云安全管理　　　　　　　　　D. 云供应商管理

参考答案：D

（2）云服务容量管理的目标不包括：_____。

　　A. 确保成本合理的云服务容量始终存在并符合组织当前和未来业务需要

　　B. 通过容量采购计划（避免紧急、非计划、过于超前的采购）降低成本

　　C. 通过容量管理可以杜绝一切安全事件发生

　　D. 通过容量计划使服务提供商提供如服务级别协议所规定的服务质量

参考答案：B

（3）_____不属于云服务运营框架中云运维管理的模块。

　　A. 服务发布管理　　　　　　　　B. 服务开通管理

　　C. 服务运行管理　　　　　　　　D. 云风险合规审计

参考答案：D

（4）关于补丁类型的描述，不正确的是：_____。

　　A. 更新（Update）：为特定问题广泛发布的修补程序，针对的是不重要的、与安全无关的缺陷

　　B. 修补程序（Hotfix）：由一个或多个文件组成的单个程序包，用来解决产品中的问题

　　C. 功能包（Feature pack）：从产品发布至今，累积的一系列修补程序、安全修补程序、重要更新和更新，包括许多已经解决，但还没有通过任何其他软件更新使之可用的问题

　　D. 安全修补程序（Security patch）：为特定产品广泛发布的修补程序，针对的是某一个安全漏洞

参考答案：C

2. 思考题

（1）请简述云服务的特征和挑战。

（2）请简述云服务规划包含的各个模块。

（3）请简述在一个云服务安全框架中用于保障云计算数据中心安全的各个模块。

参考答案：略

第 10 章　项目管理

项目是为创造独特的产品、服务或成果而进行的临时性工作。开展项目是为了通过可交付成果达成目标。可交付成果是指在某一过程、阶段或项目完成时，形成的独特并可验证的产品、成果或服务。可交付成果可能是有形的，也可能是无形的。实现项目目标可能会产生一个或多个可交付成果。

项目管理是将知识、技能、工具与技术应用于项目活动，以满足项目的需求。

项目管理能够帮助个人、群体以及公共和私人组织：①达成业务目标；②满足干系人的期望；③提高可预测性；④提高成功的概率；⑤在适当的时间交付正确的产品；⑥解决问题和争议；⑦及时应对风险；⑧优化组织资源的使用；⑨识别、挽救或终止失败项目；⑩管理制约因素（例如范围、质量、进度、成本、资源）；⑪平衡制约因素对项目的影响（例如范围扩大可能会增加成本或延长进度）；⑫以更好的方式管理变更。

项目管理不善或缺乏项目管理可能会导致：①超过时限；②成本超支；③质量低劣；④返工；⑤项目范围失控；⑥组织声誉受损；⑦干系人不满意；⑧正在实施的项目无法达成目标。

为了达成项目的特定目标，对项目管理过程进行逻辑上的分组，形成项目管理过程组。项目管理过程组与项目阶段的不同：①项目管理过程组是为了管理项目，针对项目管理过程进行的逻辑上的划分；②项目阶段是项目从开始到结束所经历的一系列阶段，是一组具有逻辑关系的项目活动的集合，通常以一个或多个可交付成果的完成为结束标志。项目管理过程可分为以下五个项目管理过程组。

- 启动过程组。启动过程组定义了新项目或现有项目的一个新阶段，授权开始该项目或阶段。
- 规划过程组。规划过程组明确项目范围、优化目标，为实现目标制定行动方案。
- 执行过程组。完成项目管理计划中确定的工作，以满足项目要求。
- 监控过程组。监控过程组跟踪、审查和调整项目进展与绩效，识别必要的计划变更并启动相应的变更。
- 收尾过程组。收尾过程组正式完成或结束项目、阶段或合同。

一个过程组的输出通常成为另一个过程组的输入，或者成为项目或项目阶段的可交付成果。例如，需要把规划过程组编制的项目管理计划和项目文件（如风险登记册、责任分配矩阵等）及其更新，提供给执行过程组作为输入。各过程组在项目或阶段期间的重叠关系，如图 10-1 所示。

过程组中的各个过程会在每个阶段按需要重复开展，直到达到该阶段的完工标准。在适应型和高度适应型生命周期中，过程组之间相互作用的方式会有所不同。

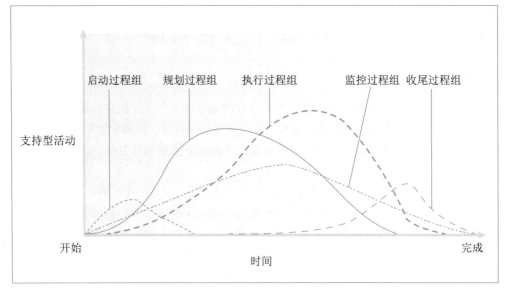

图 10-1　项目或阶段中各过程组的相互作用关系

10.1　启动过程组

启动过程组包括定义一个新项目或现有项目的一个新阶段，授权开始该项目或阶段的一组过程。启动过程组的目的是协调干系人期望与项目目的，告知干系人项目范围和目标，并商讨他们对项目及相关阶段的参与将如何有助于实现其期望。在启动过程中，定义初步项目范围和落实初步财务资源，识别那些将相互作用并影响项目总体结果的干系人，指派项目经理（如果尚未安排）。这些信息应反映在项目章程和干系人登记册中。一旦项目章程获得批准，项目也就正式立项，同时，项目经理就有权将组织资源用于项目活动。

启动过程组的主要作用是确保只有符合组织战略目标的项目才能立项，以及在项目开始时就认真考虑商业论证、项目效益和干系人。在一些组织中，项目经理会参与制定商业论证和分析项目效益，会帮助编写项目章程。在另一些组织中，项目的前期准备工作则由项目发起人、项目管理办公室（PMO）、项目组合指导委员会或其他干系人群体完成。如图 10-2 所示的项目边界图显示了项目发起人、立项管理文件与启动过程的关系。

启动过程组包括以下 4 个过程：

- 立项管理；
- 制定项目章程；
- 识别干系人；
- 项目启动会议。

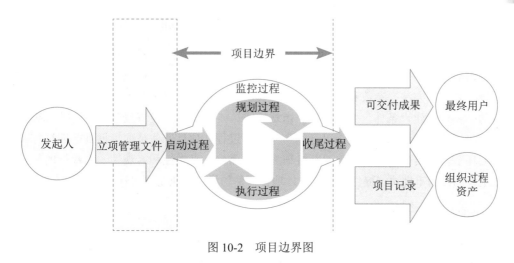

图 10-2　项目边界图

10.1.1　立项管理

项目立项管理是对拟规划和实施的项目技术上的先进性、适用性，经济上的合理性、效益性，实施上的可能性、风险性以及社会价值的有效性、可持续性等方面进行全面科学的综合分析，为项目决策提供客观依据的一种技术经济研究活动。一般包括项目建议与立项申请、项目可行性研究、项目评估与决策。

项目建议与立项申请、项目可行性研究、项目评估与决策是项目投资前期的主要活动。在实际工作中，初步可行性研究和详细可行性研究可以依据项目的规模和繁简程度合二为一，但详细可行性研究是不可缺少的。升级改造项目只做初步和详细研究，小项目一般只进行详细可行性研究。

1. 项目建议与立项申请

立项申请又称为项目建议书，是项目建设单位向上级主管部门提交项目申请时所必需的文件，是该项目建设筹建单位根据国民经济的发展、国家和地方中长期规划、产业政策、生产力布局、国内外市场、所在地的内外部条件、组织发展战略等，提出的某一具体项目的建议文件，是对拟建项目提出的框架性总体设想。项目建议书是项目发展周期的初始阶段，是国家或上级主管部门选择项目的依据，也是可行性研究的依据。涉及利用外资的项目，在项目建议书获得批准后，方可开展后续工作。项目建议书应该包括的核心内容有：①项目的必要性；②项目的市场预测；③项目预期成果（如产品方案或服务）的市场预测；④项目建设必需的条件。

2. 项目可行性研究

可行性研究是在项目建议书被批准后，从技术、经济、社会和人员等方面的条件和情况进行调查研究，对可能的技术方案进行论证，以最终确定整个项目是否可行。可行性研究是为项目决策提供依据的一种综合性的分析方法，可行性研究具有预见性、公正性、可靠性、科学性的特点。信息系统项目进行可行性研究有很多方面的内容，包括技术可行性分析、经济可行性分析、社会效益可行性分析、运行环境可行性分析以及其他方面的可行性分析等。

3. 项目评估与决策

项目评估指在项目可行性研究的基础上，由第三方（国家、银行或有关机构）根据国家颁布的政策、法规、方法、参数和条例等，从国民经济与社会、组织业务等角度出发，对拟建项目建设的必要性、建设条件、生产条件、市场需求、工程技术、经济效益和社会效益等进行评价、分析和论证，进而判断其是否可行的一个评估过程。项目评估是项目投资前期进行决策管理的重要环节，其目的是审查项目可行性研究的可靠性、真实性和客观性，为银行的贷款决策或行政主管部门的审批决策提供科学依据。项目评估的最终成果是项目评估报告。

10.1.2　制定项目章程

制定项目章程是编写一份正式批准项目并授权项目经理在项目活动中使用组织资源的文件的过程。本过程的主要作用：①明确项目与组织战略目标之间的直接联系；②确立项目的正式地位；③展示组织对项目的承诺。本过程仅开展一次或仅在项目的预定义时开展。

项目章程在项目执行和项目需求之间建立了联系。通过编制项目章程来确认项目是否符合组织战略和日常运营的需要。项目章程不能当作合同，在执行外部项目时，通常需要用正式的合同来达成合作协议，项目章程用于建立组织内部的合作关系，确保正确交付合同内容。项目章程授权项目经理进行项目管理过程中的规划、执行和控制，同时还授权项目经理在项目活动中使用组织资源，因此，应在规划开始之前任命项目经理，项目经理越早确认并任命越好，最好在制定项目章程时就任命。项目章程可由发起人编制，也可由项目经理与发起机构合作编制。通过这种合作，项目经理可以更好地了解项目的目的、目标和预期收益，以便更有效地分配项目资源。项目章程一旦被批准，就标志着项目的正式启动。项目由项目以外的机构来启动，例如发起人、项目集或项目管理办公室（PMO）、项目组合治理委员会主席或其授权代表。项目启动者或发起人应该具有一定的职权，能为项目获取资金并提供资源。

项目章程记录了关于项目和项目预期交付的产品、服务或成果的高层级信息：①项目目的；②可测量的项目目标和相关的成功标准；③高层级需求、高层级项目描述、边界定义以及主要可交付成果；④整体项目风险；⑤总体里程碑进度计划；⑥预先批准的财务资源；⑦关键干系人名单；⑧项目审批要求（例如，评价项目成功的标准，由谁对项目成功下结论，由谁签署项目结束）；⑨项目退出标准（例如，在何种条件下才能关闭或取消项目或阶段）；⑩委派的项目经理及其职责和职权；⑪发起人或其他批准项目章程人员的姓名和职权等。

项目章程确保干系人在总体上就主要可交付成果、里程碑以及每个项目参与者的角色和职责达成共识。

10.1.3　识别干系人

项目干系人管理包括识别能够影响项目或会受项目影响的人员、团体或组织，分析干系人对项目的期望和影响，制定管理策略，有效调动干系人参与项目决策和执行。项目干系人管理过程能够支持项目团队的工作。

每个项目都有干系人，他们会受到项目积极或消极的影响，或者能对项目施加积极或消极的影响。有些干系人影响项目工作或成果的能力有限，但有些干系人可能对项目及其期望成果有重大影响。项目经理和团队管理干系人的能力决定着项目的成败。为提高项目成功的概率，尽早开始识别干系人并引导干系人参与。当项目章程被批准、项目经理被委任，以及团队开始组建之后就可以开展相关管理工作。

干系人满意度应作为项目目标加以识别和管理。有效引导干系人参与的关键是重视所有干系人并保持持续沟通（包括团队成员）理解他们的需求和期望，处理所发生的问题，管理利益冲突，并促进干系人参与项目决策和活动。

为了实现项目收益，识别干系人和引导干系人参与的过程需要迭代开展。虽然在项目干系人管理中仅对这些过程讨论一次，但是，应该经常开展识别干系人、排列其优先级以及引导其参与项目等相关活动。至少要在以下节点开展这些活动：①项目进入其生命周期的不同阶段；②当前干系人不再与项目工作有关，或者在项目的干系人群体中出现了新的干系人成员；③组织内部或更大领域的干系人群体发生重大变化。

识别干系人是定期识别项目干系人，分析和记录他们的利益、参与度、相互依赖性、影响力和对项目成功的潜在影响的过程。本过程的主要作用是使项目团队能够建立对每个干系人或干系人群体的适度关注。本过程应根据需要在整个项目期间定期开展。识别干系人管理过程，通常在编制和批准项目章程之前或同时首次开展，之后在项目生命周期过程中必要时重复开展，至少应在每个阶段开始时，以及项目或组织出现重大变化时重复开展。每次重复开展识别干系人管理过程，都应通过查阅项目管理计划组件及项目文件，来识别有关的项目干系人。

本过程通过干系人分析产生干系人清单和关于干系人的各种信息，例如，在组织内的岗位、在项目中的角色、与项目的利害关系、期望、态度（如对项目的支持程度）以及对项目信息的兴趣。干系人的利害关系组合主要包括：①兴趣。个人或群体会受与项目有关的决策或成果的影响。②权利（合法权利或道德权利）。国家的法律框架可能已就干系人的合法权利做出规定，如职业健康和安全。道德权利可能涉及保护历史遗迹或环境的可持续性。③所有权。人员或群体对资产或财产拥有的法定所有权。④知识。专业知识有助于更有效地达成项目目标和组织业务需求，或有助于了解组织的权力结构，从而有益于项目。⑤贡献。提供资金或其他资源，包括人力资源或者以无形方式为项目提供支持，例如宣传项目目标，或在项目与组织结构及政策之间扮演缓冲角色。

本过程会产生干系人登记册，干系人登记册是识别干系人过程的主要输出，记录已识别干系人的信息，主要包括：

- 身份信息。身份信息包括姓名、组织职位、地点、联系方式，以及在项目中扮演的角色。
- 评估信息。评估信息包括主要需求、期望、影响项目成果的潜力，以及干系人最能影响或冲击的项目生命周期阶段。
- 干系人分类。干系人分类指用内部或外部，作用、影响、权力或利益，上级、下级、外围或横向，或者项目经理选择的其他分类模型进行分类的结果等。

10.1.4　项目启动会议

项目启动会议是一个项目团队和相关利益相关者之间的会议，旨在正式启动项目并确保所有成员了解项目的目标、范围、时间表、角色和职责等重要信息。项目启动会议的主要目的是为了确保项目团队的共识，并确保所有参与者对项目目标和期望有清晰的了解。它提供了一个机会，让团队成员相互介绍，了解项目背景和意义，并就项目的整体规划和安排达成一致。项目启动会议通常涵盖的内容有：①项目背景；②项目目标和范围；③时间表和里程碑；④角色和职责；⑤沟通和协作计划；⑥项目风险和约束；⑦参与者。

- 项目背景。在项目启动会议上，会议介绍项目的背景和动机。这可能包括说明项目的来源、问题或挑战，以及为什么需要开展这个项目。通过了解项目的背景，团队成员和利益相关者可以更好地理解项目的意义和价值。

- 项目目标和范围。项目启动会议是确定项目目标和范围的关键阶段。在此会议上，项目经理通常会概述项目的整体目标，即要实现的特定结果或可交付成果。同时，项目的范围也被明确定义，即项目所包括的工作内容、功能和限制条件。

- 时间表和里程碑。会议中通常会分享项目的时间框架和关键里程碑。时间表将列出项目的不同阶段和重要的时间点，以及完成关键任务的预期时间。这有助于团队成员和利益相关者理解项目的时序安排，并为各自的工作安排做出调整。

- 角色和职责。在项目启动会议上，项目经理会介绍项目团队成员的角色和职责。这将确保每个人都了解自己在项目中扮演的角色，并清楚自己的职责范围。此外，会议还可能涉及其他利益相关者的参与和期望，以便建立有效的合作关系。

- 沟通和协作计划。会议中会讨论项目团队之间和与利益相关者之间的沟通和协作方式，包括确定沟通渠道（如会议、电子邮件、协作工具等）和频率，以及如何分享项目进展和关键信息。确保团队成员之间的有效沟通和良好协作是项目成功的重要因素之一。

- 项目风险和约束。在启动会议上，通常会讨论项目可能面临的风险、限制条件和挑战。这有助于团队成员认识到潜在的问题，并提前制定对策和解决方案。通过共同识别和管理风险，可以最大程度地减少项目失败的风险。

项目启动会议通常邀请以下角色的人员参加。

- 项目发起人/赞助人：负责提出项目建议并提供资源和支持。
- 项目经理：负责项目的整体规划、协调和执行。
- 项目团队成员：包括各个职能部门的代表或专业人员，他们将在项目中承担各自的角色和任务。
- 利益相关者：项目可能影响到的相关部门、供应商、客户或其他利益干系人。

项目启动会议的主要作用包括：

- 提供共享理解。通过启动会议，所有参与者都能对项目的目标、范围、时间和预期结果有一个共同的理解。
- 确定期望和责任。启动会议帮助定义每个团队成员的角色、职责和期望，确保大家明确各自的工作范围和目标。

- 建立合作关系。启动会议为项目团队成员建立联系和熟悉彼此，促进有效的沟通和协作。
- 识别和解决问题。启动会议中的讨论可能揭示项目中存在的问题、挑战或冲突，从而及早采取相应的措施来解决它们。
- 通过项目启动会议，团队成员可以对项目具有全面的认识，并能够为项目的成功开展提供一个良好的基础。

项目启动会议是一个重要的会议，用于准备和启动项目。它帮助团队成员建立共同的理解，明确目标和职责，规划时间和里程碑，并为项目的顺利实施奠定基础。这个会议还促进了团队成员之间的合作和沟通，以及共同应对项目风险和挑战。

10.2 规划过程组

项目规划包括明确项目全部范围、定义和优化目标，并为实现目标制定行动方案。规划过程组中包括制订项目管理计划的组成部分以及用于执行项目的项目文件。规划过程取决于项目本身的性质，可能需要通过多轮反馈来做进一步分析。随着收集和掌握更多的项目信息或特性，项目很可能需要进一步规划。项目生命周期中发生的重大变更，可能引发重新开展一个或多个规划过程，甚至一个或两个启动过程。这种对项目管理计划的持续精细化叫作"渐进明细"，表明项目规划和文件编制是迭代或持续开展的活动。本过程组的主要作用是确定成功完成项目或阶段的行动方案。

在规划项目、制订项目管理计划和项目文件时，项目管理团队应当适当征求干系人的意见，并鼓励干系人参与。初始规划工作完成时，经批准的项目管理计划就被视为基准。在整个项目期间，监控过程将把项目绩效与基准进行比较。

规划过程组包括以下 4 个过程：

- 制订项目管理计划；
- 估算项目成本；
- 识别项目风险；
- 规划质量管理。

10.2.1 制订项目管理计划

制订项目管理计划是定义、准备和协调项目计划的所有组成部分，并把它们整合为一份综合项目管理计划的过程。本过程的主要作用：生成一份综合文件，用于确定所有项目工作的基础及其执行方式。

项目管理计划确定项目的执行、监控和收尾方式，其内容会根据项目所在的应用领域和复杂程度的不同而不同。项目管理计划可以是概括或详细的，每个组成部分的详细程度取决于具体项目的要求。项目管理计划应基准化，即至少应规定项目的范围、时间和成本方面的基准，以便据此考核项目执行情况和管理项目绩效。在确定基准之前，可能要对项目管理计划进行多次更新，且这些更新无须遵循正式的流程。但是，一旦确定了基准，就只能通过提出变更请求、实施整体变更控制过程进行更新。在项目收尾之前，项目管理计划需要通过不断更新来渐进明细，并且这些更新需要得到控制和批准。

项目团队把项目章程作为初始项目规划的起点。项目章程会根据其所包含的信息种类数量、项目的复杂程度和已知的信息的不同而不同。项目章程中至少会包含项目的高层级信息，供项目管理计划的各个组成部分进一步细化。

制订项目管理计划过程中，应征求具备如下领域相关专业知识或接受过相关培训的个人或小组的意见，涉及的领域包括：①根据项目需要裁剪项目管理过程，包括这些过程间的依赖关系和相互影响，以及这些过程的主要输入和输出；②根据需要制订项目管理计划的附加组成部分；③确定过程所需的工具与技术；④编制应包括在项目管理计划中的技术与管理细节；⑤确定项目所需的资源与技能水平；⑥定义项目的配置管理级别；⑦确定哪些项目文件受制于正式的变更控制过程；⑧确定项目工作的优先级，确保把项目资源在合适的时间分配到合适的工作。

在制订项目管理计划中，可以通过会议讨论项目方法，确定为达成项目目标而采用的工作执行方式，以及明确项目执行过程中的监控方式。通常利用项目开工会议来明确项目规划阶段工作的完成，并宣布开始项目执行阶段，目的是传达项目目标、获得团队对项目的承诺，以及阐明每个干系人的角色和职责。开工会议召开时机取决于项目的特征：

- 对于小型项目，通常由同一个团队开展项目规划和执行。这种情况下，由于执行团队参与了规划，项目在启动之后就会开工。
- 对于大型项目，通常由项目管理团队开展大部分规划工作。在初始规划工作完成，执行（开发）阶段开始时，项目团队其他成员才参与进来。这种情况下，开工会议将在项目执行阶段开始时召开。
- 对于多阶段项目，通常在每个阶段开始时都要召开一次开工会议。

项目管理计划是说明项目执行、监控和收尾方式的一份文件，它整合并综合了所有知识领域子管理计划和基准，以及管理项目所需的其他组件信息，项目管理计划的组件取决于项目的具体需求。项目管理计划组件主要包括：

- 子管理计划：包括范围管理计划、需求管理计划、进度管理计划、成本管理计划、质量管理计划、资源管理计划、沟通管理计划、风险管理计划、采购管理计划、干系人参与计划。
- 基准：包括范围基准、进度基准和成本基准。
- 其他组件：项目管理计划过程中生成的组件会因项目而异，但是通常包括变更管理计划、配置管理计划、绩效测量基准、项目生命周期、开发方法、管理审查。

10.2.2　估算项目成本

项目成本管理是为了使项目在批准的预算内完成，对成本进行规划、估算、预算、融资、筹资、管理和控制的过程。项目成本管理重点关注完成项目活动所需资源的成本，但同时也考虑项目决策对项目产品、服务或成果的使用成本、维护成本和支持成本的影响。例如，减少设计审查的次数可降低项目成本，但可能增加由此带来的产品运营成本。

项目成本管理应考虑干系人对成本的要求，不同的干系人会在不同的时间，用不同的方法测算项目成本。在很多组织中，预测和分析项目产品的财务效益是在项目之外进行的，此时，项目成本管理需要考虑这些项目外的预测和分析工作，因此，项目成本管理还需使用其他过程和许多通用财务管理技术，如投资回报率分析、现金流贴现分析和投资回收期分析等。

估算成本是对完成项目工作所需资源成本进行近似估算的过程。本过程的主要作用是确定项目所需的资金。

成本估算是对完成活动所需资源的可能成本进行的量化评估，是在某特定时点根据已知信息做出的成本预测。在估算成本时，需要识别和分析可用于启动与完成项目的备选成本方案；需要权衡备选成本方案并考虑风险，如比较自制成本与外购成本、购买成本与租赁成本及多种资源共享方案，以优化项目成本。

通常用某种货币单位进行成本估算，但有时也可采用其他计量单位，如人·时数或人·天数，以消除通货膨胀的影响，便于成本比较。

在项目过程中，应该随着更详细信息的呈现和假设条件的验证，对成本估算进行持续的审查和优化。在项目生命周期中，项目估算的准确性亦将随着项目的进展而逐步提高。例如，在启动阶段可得出项目的粗略量级估算，其区间为 $-25\% \sim +75\%$，随着信息越来越详细，确定性估算的区间可缩小至 $-5\% \sim +10\%$。某些组织已经制定出相应的指南，规定何时进行优化，以及每次优化所要达到的置信度或准确度。

在成本的估算过程中，通常在项目的早期可以使用类比估算方法进行粗略估算，使用参数估算法来提高估算准确度，使用自下而上估算法提高估算精确度，如果考虑项目中的风险和不确定性，也可以使用三点估算方法来估算。

为应对成本的不确定性，成本估算中可以包括应急储备。应急储备是包含在成本基准内的一部分预算，用来应对已经接受的已识别风险，以及已经制定应急或减轻措施的已识别风险。应急储备通常是预算的一部分，用来应对那些会影响项目的"已知 - 未知"风险。例如，可以预知有些项目可交付成果需要返工，却不知道返工的工作量是多少，可以预留应急储备来应对这些未知数量的返工工作。可以为某个具体活动建立应急储备，也可以为整个项目建立应急储备，还可以同时建立。应急储备可取成本估算值的某一百分比、某个固定值，或者通过定量分析来确定。随着项目信息越来越明确，可以动用、减少或取消应急储备，应该在成本文件中清楚地列出应急储备，应急储备是成本基准的一部分，也是项目整体资金需求的一部分。

在估算时，可能要用到关于质量成本的各种假设，包括对不同情况进行评估：是为达到要求而增加投入，还是承担不符合要求而造成的成本；是寻求短期成本的降低，还是承担产品生命周期后期频繁出现问题的后果。

成本估算包括对完成项目工作可能需要的成本、应对已识别风险的应急储备。成本估算可以是汇总的或详细分列的。成本估算应覆盖项目所使用的全部资源，包括直接人工、材料、设备、服务、设施、信息技术以及一些特殊的成本种类，如融资成本（包括利息）、通货膨胀补贴、汇率或成本应急储备。如果间接成本也包含在项目估算中，则可在活动层次或更高层次上计列间接成本。

10.2.3 识别项目风险

项目风险是一种不确定的事件或条件，一旦发生，会对项目目标产生某种正面或负面的影响。项目风险既包括对项目目标的威胁，也包括促进项目目标的机会。已知风险是那些已经经过识别和分析的风险，对于已知风险，对其进行规划，寻找应对方案是可行的。虽然项目经理可以依据以往类似项目的经验，采取一般的应急措施处理未知风险，但未知风险是无法管理的。

风险源于所有项目中的不确定因素。项目在不同阶段有不同的风险。风险会随着项目的进展而变化，不确定性也会随着项目的进展而逐渐减少。最大的不确定性存在于项目的早期。项目的各种风险中，进度拖延往往是成本超支、现金流出以及造成其他损失的主要原因。因此，为减少损失，需要在早期阶段主动付出必要的代价。

项目风险管理过程是个持续的、不断迭代的过程。在项目策划阶段就应进行项目风险管理的策划，并随着项目进展监督和管理风险，确保项目正常进行，遇到突发性风险也能得到有效应对并处理。

识别风险是识别单个项目风险以及整体项目风险的来源，并记录风险特征的过程。本过程的主要作用：①记录现有的单个项目风险，以及整体项目风险的来源；②汇总相关信息，以便项目团队能够恰当地应对已识别的风险。本过程应在整个项目期间开展。

在识别风险时，要同时考虑单个项目风险以及整体项目风险的来源。风险识别活动的参与者可能包括项目经理、项目团队成员、项目风险专家（若已指定）、客户、项目团队外部的主题专家、最终用户、其他项目经理、运营经理、干系人和组织内的风险管理专家。虽然这些人员通常是风险识别活动的关键参与者，但是还应鼓励所有项目干系人参与项目风险的识别工作。

项目团队的参与尤其重要，以便培养和保持他们对已识别单个项目风险、整体项目风险级别和相关风险应对措施的主人翁意识和责任感。应采用统一的风险描述格式来描述和记录项目风险，以确保每一项风险都被清楚、明确地理解，从而为有效的分析和风险应对措施的制定提供支持。

在整个项目生命周期中，单个项目风险可能随项目的进展而不断变化，整体项目风险的级别也会发生变化。因此，识别风险是一个迭代的过程。迭代的频率和每次迭代所需的参与程度因情况而异，应在风险管理计划中做出相应规定。

识别风险可以使用要考虑的项目、行动或要点的清单帮助识别，可列出过去曾出现且可能与当前项目相关的具体项目风险，这是吸取已完成的类似项目的经验教训的有效方式；也可以用风险类别（如风险分解结构）作为识别风险的框架，由项目团队开展头脑风暴，同时邀请团队以外的多学科专家参与识别的风险进行清晰描述；还可通过对资深项目参与者、干系人和主题专家的访谈，来识别项目风险的来源。应该在信任和保密的环境下开展访谈，以获得真实可信、不带偏见的意见。常见的 SWOT 分析可以对项目的优势、劣势、机会和威胁进行逐个检查。在识别风险时，它会将内部产生的风险包含在内，从而拓宽识别风险的范围。

识别风险会形成风险登记册。风险登记册记录已识别项目风险的详细信息。随着实施风险分析、规划风险应对、实施风险应对和监督风险等过程的开展，这些过程的结果也要记入风险登记册。取决于具体的项目变量（如规模和复杂性），风险登记册可能包含有限或广泛的风险信息。

在整个项目生命周期中，风险登记册的内容主要包括：

- 已识别风险的清单；
- 风险责任人；
- 风险优先级排序；
- 风险概率；
- 风险影响；
- 风险应对策略；
- 风险状态；
- 风险应对结果。

风险登记册是后续风险规划、风险应对和风险监督的重要文件。

10.2.4　规划质量管理

项目质量管理包括把组织的质量政策应用于规划、管理、控制项目和产品质量要求，以满足干系人目标的各个过程。此外，项目质量管理以执行组织的名义支持过程的持续改进活动。项目质量管理需要兼顾项目管理与项目可交付成果两方面，它适用于所有项目，无论项目的可交付成果具有何种特性。质量的测量方法和技术则需专门针对项目所产生的可交付成果类型而定，无论什么项目，若未达到质量要求，都会给某个或全部项目干系人带来严重的负面后果。

国际标准化组织（ISO）对质量（Quality）的定义是："反映实体满足主体明确和隐含需求的能力的特性总和"。实体是指可单独描述和研究的事物，也就是有关质量工作的对象，它的内涵十分广泛，可以是活动、过程、产品（软件、硬件、服务）或者组织等。明确的需求是指在标准、规范、图样、技术要求、合同和其他文件中用户明确提出的要求与需要。隐含的需求是指用户通过市场调研对实体的期望以及公认的、不必明确的需求，需要对其加以分析研究、识别与探明并加以确定的要求或需要。特性是指实体所特有的性质，反映了实体满足需要的能力。

国家标准 GB/T 19000《质量管理体系 基础和术语》对质量的定义为："一组固有特性满足要求的程度"。固有特性是指在某事或某物中本来就有的，尤其是那种永久的可区分的特征。对产品来说，例如水泥的化学成分、强度、凝结时间就是固有特性；对质量管理体系来说，固有特性就是实现质量方针和质量目标的能力；对过程来说，固有特性就是过程将输入转化为输出的能力。

质量通常是指产品的质量，广义上的质量还包括工作质量。产品质量是指产品的使用价值及其属性；工作质量则是产品质量的保证，它反映了与产品质量直接有关的工作对产品质量的保证程度。

质量与等级的区别。质量与等级是两个不同的概念。质量作为实现的性能或成果，是"一系列内在特性满足要求的程度（ISO 9000）"。等级是对用途相同但技术特性不同的可交付成果的级别分类。例如：①一个低等级（功能有限）、高质量（无明显缺陷，用户手册易读）的软件产品，适合一般情况下使用，也可以被认可。②一个高等级（功能繁多）、低质量（有许多缺陷，用户手册杂乱无章）的软件产品，该产品的功能会因质量低劣而无效或低效，不会被使用者接受。

预防胜于检查。最好将质量设计到可交付成果中，而不是在检查时发现质量问题。预防错误的成本通常远低于在检查或使用中发现并纠正错误的成本。根据不同的项目和行业领域，项目团队可能需要具备统计控制过程方面的实用知识，以便评估控制质量的输出中所包含的数据。

从项目作为一次性的活动来看，项目质量体现在由 WBS（Work Breakdown Structure，工作分解结构）反映出的项目范围内所有的阶段、子项目、项目工作单元的质量构成，即项目的工作质量；从项目作为一项最终产品来看，项目质量体现在其性能或者使用价值上，即项目的产品质量。项目的质量是顺应顾客的要求进行的，不同的顾客有着不同的质量要求，其意图已反映在项目合同中。因此，项目合同通常是进行项目质量管理的主要依据。

质量管理（Quality Management）是指确定质量方针、目标和职责，并通过质量体系中的质量规划、质量保证、质量控制以及质量改进来使其实现所有管理职能的全部活动。质量管理是指为了实现质量目标而进行的所有质量性质的活动。在质量方面指挥和控制的活动，一般包括质量方针和质量目标以及质量规划、质量保证、质量控制和质量改进。

质量方针是指"由组织的最高管理者正式发布的该组织总的质量宗旨和方向"。它体现了该组织（项目）的质量意识和质量追求，是组织内部的行为准则，也体现了顾客的期望和对顾客做出的承诺。质量方针是总方针的一个组成部分，由最高管理者批准。质量目标是指"在质量方面所追求的目的"，它是落实质量方针的具体要求，它从属于质量方针，应与利润目标、成本目标、进度目标等相协调。质量目标必须明确、具体，尽量用定量化的语言进行描述，保证质量目标容易被沟通和理解。质量目标应分解落实到各部门及项目的全体成员，以便于实施、检查和考核。

规划质量管理是识别项目及其可交付成果的质量要求、标准，并书面描述项目将如何证明符合质量要求、标准的过程。本过程的主要作用是为在整个项目期间如何管理和核实质量提供指南和方向。

质量的规划可以使用标杆对照的方法，将实际或计划的项目实践或项目的质量标准与可比项目的实践进行比较，以便识别最佳实践，形成改进意见，并为绩效考核提供依据。作为标杆的项目可以来自执行组织内部或外部，或者来自同一应用领域或其他应用领域。标杆对照也允许用不同应用领域或行业的项目做类比。

质量的规划也要考虑质量成本，与项目有关的质量成本（COQ）包含以下一种或多种成本（图 10-3 提供了各组成本的例子）：①预防成本。预防特定项目的产品、可交付成果或服务质量低劣所带来的成本。②评估成本。评估、测量、审计和测试特定项目的产品、可交付成果或服务所带来的成本。③失败成本（内部/外部）。因产品、可交付成果或服务与干系人需求或期望不一致而导致的成本。最优 COQ 能够在预防成本和评估成本之间找到恰当的投资平衡点，用于规避失败成本。

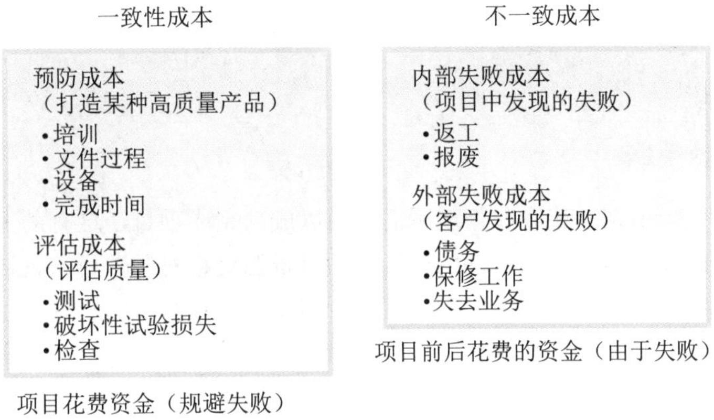

一致性成本　　　　　　　　　　不一致成本

预防成本
（打造某种高质量产品）
• 培训
• 文件过程
• 设备
• 完成时间

评估成本
（评估质量）
• 测试
• 破坏性试验损失
• 检查

项目花费资金（规避失败）

内部失败成本
（项目中发现的失败）
• 返工
• 报废

外部失败成本
（客户发现的失败）
• 债务
• 保修工作
• 失去业务

项目前后花费的资金（由于失败）

图 10-3　质量成本

在规划质量管理过程中会产生质量管理计划。质量管理计划是项目管理计划的组成部分，描述如何实施适用的政策、程序和指南以实现质量目标。它描述了项目管理团队为实现一系列项目质量目标所需的活动和资源。质量管理计划可以是正式或非正式的、非常详细或高度概括的，其风格与详细程度取决于项目的具体需要。应该在项目早期就对质量管理计划进行评审，以确保决策是基于准确信息的。这样做的好处是，更加关注项目的价值定位，降低因返工而造成的成本超支金额和进度延误次数。质量管理计划内容一般包括：①项目采用的质量标准；②项目的质量目标；③质量角色与职责；④需要质量审查的项目可交付成果和过程；⑤为项目规划的质量控制和质量管理活动；⑥项目使用的质量工具；⑦与项目有关的主要程序，例如处理不符合要求的情况、纠正措施程序以及持续改进程序等。

该过程也会生成质量测量指标。质量测量指标专用于描述项目或产品属性，以及控制质量过程将如何验证符合程度。质量测量指标的例子包括按时完成的任务的百分比、以 CPI 测量的成本绩效、故障率、识别的日缺陷数量、每月总停机时间、每个代码行的错误、客户满意度分数，以及测试计划所涵盖的需求百分比（即测试覆盖度）。

10.3　执行过程组

执行过程组包括完成项目管理计划中确定的工作，以满足项目要求的一组过程。本过程组需要按照项目管理计划来协调资源，管理干系人参与，以及整合并实施项目活动。本过程组的主要作用是，根据计划执行为满足项目要求、实现项目目标所需的项目工作。相当多的项目预算、资源和时间将用于开展执行过程组的过程。开展执行过程组的过程可能导致引发变更请求。一旦变更请求获得批准，则可能触发一个或多个规划过程，来修改管理计划，完善项目文件，甚至建立新的基准。

执行过程组包括以下 4 个过程：

- 项目资源获取；
- 项目团队管理；
- 项目风险应对；
- 管理项目知识。

10.3.1　项目资源获取

项目资源管理包括识别、获取和管理所需资源以成功完成项目，这有助于确保项目经理和项目团队在正确的时间和地点使用正确的资源。项目资源是指对于项目来说，一切具有使用价值，可为项目接受和利用，且属于项目发展过程所需要的客观存在的资源，包括实物资源和团队资源。项目资源管理是为了降低项目成本，而对项目所需的人力、材料、机械、技术、资金等资源所进行的计划、组织、指挥、协调和控制等的活动。

实物资源管理着眼于以有效和高效的方式，分配和使用完成项目所需的实物资源，包括设备、材料、设施和基础设施。团队资源指的是人力资源，团队资源管理相对于实物资源管理，包含了技能和能力要求。项目团队成员可能具备不同的技能，可能是全职的或兼职的，也可能随项目进展而增加或减少。项目人力资源管理的目的是根据项目需要规划并组建项目团队，对团队进行有效的指导和管理，以保证他们可以完成项目任务，实现项目目标。

获取资源是获取项目所需的团队成员、设施、设备、材料、用品和其他资源的过程。本过程的主要作用：①概述和指导资源的选择；②将选择的资源分配给相应的活动。本过程应根据需要在整个项目期间定期开展。

项目所需资源可能来自项目执行组织的内部或外部。内部资源由职能经理或资源经理负责获取（分配），外部资源则通过采购过程获得。

因为集体劳资协议、分包商人员使用、矩阵型项目环境、内外部报告关系或其他原因，项目管理团队有可能没有对资源选择的直接控制权。因此，在获取项目资源过程中应注意如下事项：①项目经理或项目团队应该进行有效谈判，并影响那些能为项目提供所需团队和实物资源的人员。②不能获得项目所需的资源时，可能会影响项目进度、预算、客户满意度、质量和风险，资源或人员能力不足会降低项目成功的概率，最坏情况下可能导致项目被取消。③因制约因素（如经济因素或其他项目对资源的占用）而无法获得所需团队资源时，项目经理或项目团队可能不得不使用能力和成本不同的替代资源，在不违反法律、规章、强制性规定或其他具体标准的前提下可以使用替代资源等。

在项目规划阶段，应该对上述因素加以考虑并做出适当安排。项目经理或项目管理团队应该在项目进度计划、项目预算、项目风险计划、项目质量计划、培训计划及其他相关项目管理计划中，说明缺少所需资源的后果。

在项目资源获取过程中，可能需要与组织的职能部门经理、组织的其他项目管理团队和外部供应商来谈判资源。也可能在正式获取资源前，事先确定项目的实物或团队资源，在如下情况时可采用预分派：①在竞标过程中承诺分派特定人员进行项目工作。②项目取决于特定人员的专有技能。③在完成资源管理计划的前期工作之前，制定项目章程过程或其他过程已经指定了某些团队成员的工作。

获取资源会产生以下成果。

- 物质资源分配单。物质资源分配单记录了项目将使用的材料、设备、用品、地点和其他实物资源。
- 项目团队派工单。项目团队派工单记录了团队成员及其在项目中的角色和职责，可包括项目团队名录，还需要把人员姓名插入项目管理计划的其他部分，如项目组织图和进度计划。
- 资源日历。资源日历识别每种具体资源可用时的工作日、班次、正常营业的上下班时间、周末和公共假期。在规划活动期间，潜在的可用资源信息（如团队资源、设备和材料）用于估算资源可用性。

10.3.2 项目团队管理

项目团队的管理涉及项目团队的建设和跟踪团队绩效。建设项目团队的目的是提高团队绩效能力的水平，跟踪团队绩效是为了确保团队的绩效结果。

建设团队是提高工作能力，促进团队成员互动，改善团队整体氛围，以提高项目绩效的过程。本过程的主要作用是改进团队协作、增强人际关系技能、激励员工、减少摩擦以及提升整体项目绩效。

项目经理应该能够定义、建立、维护、激励、领导和鼓舞项目团队，使团队高效运行，并实现项目目标。团队协作是项目成功的关键因素，而建设高效的项目团队是项目经理的主要职责之一。项目经理应创建一个能促进团队协作的环境，并通过给予挑战与机会，提供及时反馈与所需支持，以及认可与奖励优秀绩效，不断激励团队。可实现团队高效运行的行为有：①使用开放与有效的沟通；②创造团队建设机遇；③建立团队成员间的信任；④以建设性方式管理冲突；⑤鼓励合作型的问题解决方法；⑥鼓励合作型的决策方法等。

项目经理在全球化环境和富有文化多样性的项目中工作，团队成员经常来自不同的行业，使用不同的语言，有时甚至会在工作中使用一种特别的"团队语言"或文化规范，而不是使用他们的母语。项目管理团队应该利用文化差异，在整个项目生命周期中致力于发展和维护项目团队，并促进在相互信任的氛围中充分协作。通过建设项目团队，可以改进人际技巧、技术能力、团队环境及项目绩效。在整个项目生命周期中，团队成员之间都要保持明确、及时、有效（包括效果和效率两方面）的沟通。建设项目团队的目标包括：①提高团队成员的知识和技能：以提高他们完成项目可交付成果的能力，并降低成本、缩短工期和提高质量。②提高团队成员之间的信任和认同感：以提高士气、减少冲突和增进团队协作。③创建富有生气、凝聚力和协作性的团队文化：一是可帮助提高个人和团队生产率，振奋团队精神，促进团队合作；二是促进团队成员之间的交叉培训和辅导，以分享知识和经验。④提高团队参与决策的能力：使他们承担起解决方案的责任，从而提高团队的生产效率，获得更有效和高效的成果等。

随着项目团队建设工作（如培训和集中办公等）的开展，项目管理团队应该对项目团队的有效性进行正式或非正式的评价。有效的团队建设策略和活动可以提高团队绩效，从而提高实现项目目标的可能性。

评价团队有效性的指标可包括：①个人技能的改进，从而使成员更有效地完成工作任务。②团队能力的改进，从而使团队成员更好地开展工作。③团队成员离职率的降低。④团队凝聚力的加强，从而使团队成员公开分享信息和经验，并互相帮助来提高项目绩效。

通过对团队整体绩效的评价，项目管理团队能够识别出所需的特殊培训、教练、辅导、协助或改变，以提高团队绩效。项目管理团队也应该识别出合适或所需的资源，以执行和实现在绩效评价过程中提出的改进建议。

在整个团队管理过程中需要跟踪团队成员工作表现、提供反馈、解决问题并管理团队变更以优化项目绩效，可以影响团队行为、管理冲突以及解决问题。

管理项目团队需要借助多方面的管理和领导力技能，促进团队协作、整合团队成员的工作，从而创建高效团队。进行团队管理，需要综合运用各种技能，特别是沟通、冲突管理、谈判和领导技能。项目经理应该向团队成员分配富有挑战性的任务，并对优秀绩效进行表彰。

项目经理应留意团队成员是否有意愿和能力完成工作，然后相应地调整管理和领导方式。相对于那些已展现出能力和有经验的团队成员，技术能力较低的团队成员更需要强化监督。

10.3.3　项目风险应对

在项目执行中，需要按照在规划过程组中获得的策略实施风险应对。实施风险应对是执行商定的风险应对计划的过程。本过程的主要作用：①确保按计划执行商定的风险应对措施；②管理整体项目风险敞口、最小化单个项目威胁，以及最大化单个项目机会。

项目风险管理的一个常见问题就是"只发现、不执行"，即项目团队努力识别和分析风险并制定应对措施，然后把经商定的应对措施记录在风险登记册和风险报告中，但是不采取实际行动去管理风险。适当关注实施风险应对的过程，能够确保已商定的风险应对措施得到实际执行。只有风险责任人以必要的努力去实施商定的应对措施，项目的整体风险敞口和单个威胁及机会才能得到主动管理。

一旦完成对风险的识别、分析和排序，指定的风险责任人就应该编制计划，以应对项目团队认为足够重要的每项单个的项目风险。这些风险会对项目目标的实现造成威胁或提供机会。有效和适当的风险应对可以最小化威胁、最大化机会，并降低整体项目风险发生的可能性；不恰当的风险应对则会适得其反。项目经理也应该思考如何针对整体项目风险的当前级别做出适当的应对。

风险应对方案应该与风险的重要性相匹配，并且能够经济有效地应对挑战，同时在当前项目背景下现实可行，获得全体干系人的同意，并由一名责任人具体负责。往往需要从几套可选方案中选出最优的风险应对方案，为每个风险选择最可能有效的策略或策略组合。可用结构化的决策技术来选择最适当的应对策略；对于大型或复杂项目，可能需要以数学优化模型或实际方案分析为基础，进行备选风险应对策略经济分析。

要为实施商定的风险应对策略制定具体的应对行动。如果选定的策略并不完全有效，或者发生了已接受的风险，就需要制订应急计划。同时，也需要识别次生风险。次生风险是实施风险应对措施直接导致的风险。

10.3.4　管理项目知识

管理项目知识是使用现有知识并生成新知识，以实现项目目标并且帮助组织学习的过程。管理项目知识过程的主要作用：①利用已有的组织知识来创造或改进项目成果；②使当前项目创造的知识可用于支持组织运营和未来的项目或阶段。

从组织的角度来看，知识管理指的是确保项目团队和其他干系人的技能、经验和专业知识在项目开始之前、开展期间和结束之后都能够得到运用。知识存在于人们的思想中，人们不能强迫别人分享自己的知识或关注他人的知识，因此，知识管理最重要的环节就是营造一种相互信任的氛围，激励人们分享知识或关注他人的知识。如果不激励人们分享知识或关注他人的知识，即便是最好的知识管理工具和技术也无法发挥作用。在实践中，可以联合使用知识管理工具和技术（用于人际互动）以及信息管理工具和技术（用于编撰显性知识）来分享知识。

知识管理工具和技术将员工联系起来，使他们能够合作生成新知识，分享隐性知识，以及集成不同团队成员所拥有的知识。适用于项目的工具和技术取决于项目的性质，尤其是创新程度、项目复杂性以及团队的多元化程度（包括学科背景多元化）。知识管理工具和技术主要包括：①人际交往，包括非正式的社交和在线社交，可以进行开放式提问的在线论坛，有助于与专家进行知识分享对话；②实践社区和特别兴趣小组；③会议，包括使用通信技术进行互动的虚拟会议；④工作跟随和跟随指导；⑤讨论论坛，如焦点小组；⑥知识分享活动，如专题讲座和会议；⑦研讨会，包括问题解决会议和经验教训总结会议；⑧讲故事；⑨创造力和创意管理技术；⑩知识展会和茶座；⑪交互式培训等。可以通过面对面和虚拟方式来应用所有这些工具和技术。通常，面对面互动最有利于建立知识管理所需的信任关系。信任关系建立后可以用虚拟互动来维护这种信任关系。

信息管理工具和技术用于创建人们与知识之间的联系，可以有效促进简单、明确的显性知识的分享，主要包括：①编撰显性知识的方法；②经验教训登记册；③图书馆服务；④信息收集；⑤项目管理信息系统等。知识和信息管理工具与技术应与项目过程和过程责任人相对应。例如，实践社区和主题专家可以提供见解，帮助改善控制过程；内部发起人可以确保改善措施得到执行。

在知识管理过程中，项目经理还可能会使用各种人际关系和团队技能，如：

- 积极倾听：有助于减少误解并促进沟通和知识分享。
- 引导：有助于有效指引团队成功地达成决定、解决方案或结论。
- 领导力：可帮助沟通愿景并鼓舞项目团队关注合适的知识和知识目标。
- 人际交往：可促进项目干系人之间建立非正式的联系和关系，为显性和隐性知识的分享创造条件。
- 大局观：有助于项目经理根据组织政策与职权结构等进行规划与沟通。

管理的知识应该记录在经验教训登记册中。经验教训登记册可以包含执行情况的类别和详细的描述，还可包括与执行情况相关的影响、建议和行动方案。经验教训登记册可以记录遇到的挑战、问题、意识到的风险和机会以及其他适用的内容。经验教训登记册在项目早期创建，作为管理项目知识过程的输出。因此，在整个项目期间，它可以作为很多过程的输入，也可以作为输出而不断更新。参与工作的个人和团队也参与记录经验教训。可以通过视频、图片、音频或其他合适的方式记录知识，确保有效吸取经验教训。

10.4   监控过程组

项目监控包括跟踪、审查和调整项目进展与绩效，识别必要的计划变更并启动相应变更等活动。监督是收集项目绩效数据，计算绩效指标，并报告和发布绩效信息。控制是比较实际绩效与计划绩效，分析偏差，评估趋势以改进过程，评价可选方案，并建议必要的纠正措施。本过程组的主要作用是按既定时间间隔、在特定事件发生时或在异常情况出现时，对项目绩效进行测量和分析，以识别和纠正与项目管理计划的偏差。监控过程组还涉及：

- 评价变更请求并制定恰当的响应行动。
- 建议纠正措施，或者对可能出现的问题建议预防措施。
- 对照项目管理计划和项目基准，监督正在进行中的项目活动。
- 影响可能导致规避变更控制过程的因素，确保只有经批准的变更才能付诸执行。

持续的监督使项目团队和其他干系人得以洞察项目的健康状况，并识别需要格外注意的方面。监控过程组需要监督和控制在每个知识领域、每个过程组、每个生命周期阶段以及整个项目中正在进行的工作。

监控过程组包括以下 4 个过程：

- 控制项目质量；
- 控制项目范围；
- 控制项目成本；
- 整体变更控制。

10.4.1   控制项目质量

控制质量是为了评估绩效，确保项目输出完整、正确且满足客户期望，而监督和记录质量管理活动执行结果的过程。本过程的主要作用：①核实项目可交付成果和工作已经达到主要干系人的质量要求，可供最终验收；②确定项目输出是否达到预期目的，这些输出需要满足所有适用标准、要求、法规和规范。控制质量过程需要在整个项目期间开展。控制质量过程的目的是在用户验收和最终交付之前测量产品或服务的完整性、合规性和适用性。本过程通过测量所有步骤、属性和变量，核实与规划阶段所描述规范的一致性和合规性。

在整个项目期间应执行质量控制，用可靠的数据来证明项目已经达到发起人和 / 或客户的验收标准。

控制质量的努力程度和执行程度可能会因所在行业和项目管理风格而不同。例如，相比其他行业，制药、医疗、运输和核能产业可能拥有更加严格的质量控制程序，为满足标准付出的工作也更多。在敏捷或适应型项目中，控制质量活动可能由所有团队成员在整个项目生命周期中执行。而在瀑布或预测型项目中，控制质量活动由特定团队成员在特定时间点或者项目阶段快结束时执行。

在控制质量过程中，会涉及检查与测试。

检查是指检验工作产品，以确定是否符合书面标准。检查的结果通常包括相关的测量数据，可在任何层面上进行。可以检查单个活动的成果，也可以检查项目的最终产品。检查也可称为审查、同行审查、审计或巡检等，而在某些应用领域，这些术语的含义比较狭窄和具体。检查也可用于确认缺陷补救。

测试是一种有组织的、结构化的调查，旨在根据项目需求提供有关被测产品或服务质量的客观信息。测试的目的是找出产品或服务中存在的错误、缺陷、漏洞或其他不合规问题。用于评估各项需求的测试的类型、数量和程度是项目质量计划的一部分，具体取决于项目的性质、时间、预算或其他制约因素。测试可以贯穿于整个项目，可以在项目的不同组成部分完成时进行，也可以在项目结束（即交付最终可交付成果）时进行。早期测试有助于识别不合规问题，帮助减少修补不合规组件的成本。不同应用领域需要不同测试。例如，软件测试可能包括单元测试、集成测试、黑盒测试、白盒测试、接口测试、回归测试、α 测试等。

控制质量过程中还会使用因果图、控制图、直方图和散点图等数据表现技术。

- 因果图。因果图用于识别质量缺陷和错误可能造成的结果。
- 控制图。控制图用于确定一个过程是否稳定，或者是否具有可预测的绩效。规格上限和下限是根据要求制定的，反映了可允许的最大值和最小值。上下控制界限不同于规格界限。控制界限根据标准的统计原则，通过标准的统计计算确定，代表一个稳定过程的自然波动范围。项目经理和干系人可基于计算出的控制界限，识别须采取纠正措施的检查点，以预防不在控制界限内的绩效。控制图可用于监测各种类型的输出变量。虽然控制图最常用来跟踪批量生产中的重复性活动，但也可用来监测成本与进度偏差、产量、范围变更频率或其他管理工作成果，以便帮助确定项目管理过程是否受控。
- 直方图。直方图可按来源或组成部分展示缺陷数量。
- 散点图。散点图可在一支轴上展示计划的绩效，在另一支轴上展示实际绩效。

控制质量过程会形成工作绩效信息、质量控制的测量结果和核实的可交付成果。

- 工作绩效信息包含有关项目需求实现情况的信息、拒绝的原因、要求的返工、纠正措施建议、核实的可交付成果列表、质量测量指标的状态以及过程调整需求。
- 质量控制的测量结果是对质量控制活动结果书面记录，应以质量管理计划所确定的格式加以记录。
- 控制质量过程的一个目的是确定可交付成果的正确性。开展控制质量过程的结果是核实的可交付成果，后者又是确认范围过程的一项输入，以便正式验收。如果存在任何与可交付成果有关的变更请求或改进事项，可能会执行变更、开展检查并重新核实。

10.4.2　控制项目范围

控制范围是监督项目和产品的范围状态，管理范围基准变更的过程。本过程的主要作用是在整个项目期间保持对范围基准的维护。本过程需要在整个项目期间开展。控制项目范围确保所有变更请求、推荐的纠正措施或预防措施都通过实施整体变更控制过程进行处理。在变更实际发生时，也需要采用控制范围过程来管理这些变更。控制范围过程应该与其他项目管理知识领域的控制过程协调开展。未经控制的产品或项目范围的扩大（未对时间、成本和资源做相应调整）被称为范围蔓延。

在整个控制范围的过程中，应使用偏差分析和趋势分析来判断当前项目范围的控制情况。确定偏离范围基准的原因和程度，并决定是否需要采取纠正或预防措施，是项目范围控制的重要工作。

- 偏差分析：用于将基准与实际结果进行比较，以确定偏差是否处于临界值区间内或是否有必要采取纠正或预防措施。
- 趋势分析：旨在审查项目绩效随时间的变化情况，以判断绩效是正在改善还是正在恶化。

在控制范围过程中产生的工作绩效信息是有关项目和产品范围实施情况（对照范围基准）的相互关联且与各种背景相结合的信息，包括收到的变更的分类、识别的范围偏差和原因、偏差对进度和成本的影响，以及对将来范围绩效的预测。

10.4.3　控制项目成本

控制成本是监督项目状态，以更新项目成本和管理成本基准变更的过程。本过程的主要作用是在整个项目期间保持对成本基准的维护。本过程需要在整个项目期间开展。

要更新预算，就需要了解截至目前的实际成本。只有经过实施整体变更控制过程的批准，才可以增加预算。只监督资金的支出，而不考虑由这些支出所完成的工作的价值，对项目没有任何意义，最多只能算是跟踪资金流。因此，在成本控制中，应重点分析项目资金支出与完成的相应工作之间的关系。有效成本控制的关键在于管理经批准的成本基准。项目成本控制的目标包括：①对造成成本基准变更的因素施加影响；②确保所有变更请求都得到及时处理；③当变更实际发生时，管理这些变更；④确保成本支出不超过批准的资金限额，既不超出按时段、WBS 组件和活动分配的限额，也不超出项目总限额；⑤监督成本绩效，找出并分析与成本基准间的偏差；⑥对照资金支出，监督工作绩效；⑦防止在成本或资源使用报告中出现未经批准的变更；⑧向干系人报告所有经批准的变更及其相关成本；⑨设法把预期的成本超支控制在可接受的范围内等。

控制成本常用到挣值分析技术。挣值分析（EVA）是把范围、进度和资源绩效综合起来考虑，以评估项目绩效和进展的方法。它是一种常用的项目绩效测量方法。它把范围基准、成本基准和进度基准整合起来，形成绩效基准，以便项目管理团队评估和测量项目绩效和进展。它针对每个工作包和控制账户，计算并监测以下指标。

- 计划值（Planned Value，PV）。计划值是指项目实施过程中某阶段计划要求完成的工作量所需的预算工时（或费用）。PV 主要反映进度计划应当完成的工作量，不包括管理储备。项目的总计划值又被称为完工预算（BAC）。
- 实际成本（Actual Cost，AC）。实际成本是指项目实施过程中某阶段实际完成的工作量所消耗的工时（或费用），主要反映项目执行的实际消耗指标。

- 挣值（Earned Value，EV）。挣值是指项目实施过程中某阶段实际完成工作量及按预算定额计算出来的工时（或费用）之积。

- 进度偏差（Schedule Variance，SV）及进度绩效指数（Schedule Performance Index，SPI）。进度偏差是测量进度绩效的一种指标，可表明项目进度是落后还是提前于进度基准。由于当项目完工时，全部的计划值都将实现（即成为挣值），所以进度偏差最终将等于零。进度绩效指数是测量进度效率的一种指标，它反映了项目团队利用时间的效率，有时与成本绩效指数（CPI）一起使用，以预测最终的完工估算。由于SPI测量的是项目总工作量，所以还需要对关键路径上的绩效进行单独分析，以确认项目是否将比计划完成日期提前或推迟。SV计算公式：SV=EV–PV。当SV>0时，说明进度超前；当SV<0时，说明进度落后；当SV=0时，则说明实际进度符合计划。SPI计算公式：SPI=EV/PV。当SPI>1.0时，说明进度超前；当SPI<1.0时，说明进度落后；当SPI=1.0时，则说明实际进度符合计划。

- 成本偏差（Cost Variance，CV）及成本绩效指数（Cost Performance Index，CPI）。成本偏差是测量项目成本绩效的一种指标，指明了实际绩效与成本支出之间的关系，表示在某个给定时点的预算亏空或盈余量。项目结束时的成本偏差就是完工预算（BAC）与实际成本之间的差值。成本绩效指数是测量项目成本效率的一种指标，用来测量已完成工作的成本效率，可为预测项目成本和进度的最终结果提供依据。CV计算公式：CV=EV–AC。当CV<0时，说明成本超支；当CV>0时，说明成本节省；当CV=0时，说明成本等于预算。CPI计算公式：CPI=EV/AC。当CPI<1.0时，说明成本超支；当CPI>1.0时，说明成本节省；当CPI=1.0时，说明成本等于预算。

- 预测。随着项目进展，项目团队可根据项目绩效，对完工估算（EAC）进行预测，预测的结果可能与完工预算（BAC）存在差异。如果BAC已明显不再可行，则项目经理应考虑对EAC进行预测。预测EAC是根据当前掌握的绩效信息和其他知识，预计项目未来的情况和事件。预测要根据项目执行过程中所提供的工作绩效数据来产生、更新和重新发布。工作绩效信息包含项目过去的绩效，以及可能在未来对项目产生影响的任何信息。在计算EAC时，通常用已完成工作的实际成本（AC），加上剩余工作的完工尚需估算（Estimate To Complete，ETC），即：EAC=AC+ETC。两种最常用的计算ETC的方法：①基于非典型的偏差计算ETC。如果当前的偏差被看作是非典型的，并且项目团队预期在以后将不会发生这种类似偏差时，这种方法被经常使用。计算公式为：ETC=BAC–EV。②基于典型的偏差计算ETC。如果当前的偏差被看作是可代表未来偏差的典型偏差时，可以采用这种方法。计算公式为：ETC=（BAC–EV）/CPI，或者EAC=BAC/CPI。上述两种方法可用于任何项目。如果预测的EAC值不在可接受范围内，就是给项目管理团队发出了预警信号。

控制成本过程形成工作绩效信息和成本预测。

- 工作绩效信息。工作绩效信息包括有关项目工作实施情况的信息（对照成本基准），可以在工作包层级和控制账户层级上评估已执行的工作和工作成本方面的偏差。对于使用挣值分析的项目，CV、CPI、EAC、VAC和TCPI将会记录在工作绩效报告中。

● 成本预测。无论是计算得出的EAC值，还是自下而上估算的EAC值，都需要记录下来，并传达给干系人。

10.4.4　整体变更控制

项目执行中很多过程都会输出变更请求。变更请求可能包含纠正措施、预防措施、缺陷补救，以及针对正式受控的项目文件或可交付成果的更新。变更可能影响项目基准，也可能不影响项目基准，变更决定通常由项目经理做决策。

整体变更控制是审查所有变更请求、批准变更，管理对可交付成果、项目文件和项目管理计划的变更，并对变更处理结果进行沟通的过程。本过程审查对项目文件、可交付成果或项目管理计划的所有变更请求，并决定变更请求的处置方案。本过程的主要作用是确保对项目中已记录在案的变更做出综合评审。如果不考虑变更对整体项目目标或计划的影响就开展变更，往往会加剧整体项目风险。本过程需要在整个项目期间开展。

实施整体变更控制过程贯穿项目始终，项目经理对此承担最终责任。变更请求可能影响项目范围、产品范围以及任一项目管理计划组件或任一项目文件。在整个项目生命周期的任何时间，参与项目的任何干系人都可以提出变更请求。

在基准确定之前，变更无须正式受控、实施整体变更控制过程。一旦确定了项目基准，就必须通过实施整体变更控制过程来处理变更请求。尽管变更可以口头提出，但所有变更请求都必须以书面形式记录，并纳入变更管理和（或）配置管理系统中。在批准变更之前，可能需要了解变更对进度的影响和对成本的影响。在变更请求可能影响任一项目基准的情况下，都需要开展正式的整体变更控制过程。每项记录在案的变更请求都必须由一位责任人批准、推迟或否决，这个责任人通常是项目发起人或项目经理。应该在项目管理计划或组织程序中指定这位责任人，必要时应该由CCB来开展实施整体变更控制过程。变更请求得到批准后，可能需要新编（或修订）成本估算、活动排序、进度日期、资源需求和（或）风险应对方案分析，这些变更可能会对项目管理计划和其他项目文件进行调整。

对于会影响项目基准的变更，通常应该在变更请求中说明执行变更的成本、所需的计划日期修改、资源需求以及相关的风险。这种变更应由CCB（如有）和客户或发起人审批，除非他们本身就是CCB的成员。只有经批准的变更才能纳入修改后的基准。

CCB负责审查变更请求，并做出批准、否决或推迟的决定。大部分变更会对时间、成本、资源或风险产生一定的影响，因此，评估变更的影响也是会议的基本工作。此外，会议上可能还要讨论并提议所请求变更的备选方案。最后，将会议决定传达给提出变更请求的责任人或小组。

CCB也可以审查配置管理活动。应该明确规定CCB的角色和职责，并经干系人一致同意后，记录在变更管理计划中。CCB的决定都应记录在案，并向干系人传达，以便其知晓并采取后续行动。

为了便于开展变更管理，可以使用一些手动或信息化的工具。配置控制和变更控制的关注点不同：配置控制重点关注可交付成果及各过程的技术规范，变更控制则重点关注识别、记录、批准或否决对项目文件、可交付成果或基准的变更。

变更控制工具的选择应基于项目干系人的需要，并充分考虑组织和环境的情况和制约因素。变更控制工具需要支持的配置管理活动包括识别配置项、记录并报告配置项状态、进行配置项核实与审计等。

- 识别配置项：识别与选择配置项，为定义与核实产品配置、标记产品和文件、管理变更和明确责任提供基础。
- 记录并报告配置项状态：对各个配置项的信息进行记录和报告。
- 进行配置项核实与审计：通过配置核实与审计，确保项目的配置项组成的正确性，以及相应的变更都被登记、评估、批准、跟踪和正确实施，确保配置文件所规定的功能要求都已实现。

变更控制工具还需要支持的变更管理活动包括识别变更、记录变更、做出变更决定、跟踪变更等。

- 识别变更：识别并选择过程或项目文件的变更项。
- 记录变更：将变更记录为合适的变更请求。
- 做出变更决定：审查变更，批准、否决、推迟对项目文件、可交付成果或基准的变更或做出其他决定。
- 跟踪变更：确认变更被登记、评估、批准、跟踪并向干系人传达最终结果。

也可以使用变更控制工具管理变更请求和后续的决策，同时还需要及时沟通，帮助 CCB 的成员履行职责，并向干系人传达变更相关的决定。

整体变更控制过程的主要输出是批准的变更请求。由项目经理、CCB 或指定的团队成员，根据变更管理计划处理变更请求，做出批准、推迟或否决的决定。批准的变更请求应通过指导与管理项目工作过程加以实施。对于推迟或否决的变更请求，应通知提出变更请求的个人或小组。

10.5　收尾过程组

项目收尾包括为正式完成或关闭项目、阶段或合同而开展的各项活动。本过程组旨在核实为完成项目或阶段所需的所有过程组的全部过程均已完成，并正式宣告项目或阶段关闭。本过程组的主要作用是确保恰当地关闭阶段、项目和合同。本过程组也适用于项目的提前关闭，例如项目流产或取消。

项目收尾的主要作用：①存档项目或阶段信息，完成计划的工作；②释放组织团队资源以展开新的工作。它仅开展一次或仅在项目的预定义点开展。

在结束项目时，项目经理需要回顾项目管理计划，确保所有项目工作都已完成、项目目标均已实现。项目收尾所需执行的活动包括：

- 为达到阶段或项目的完工或退出标准所必须开展的行动和活动。
- 为关闭项目合同协议或项目阶段合同协议所必须开展的活动。
- 为完成收集项目或阶段记录、审计项目成败、管理知识分享和传递、总结经验教训、存档项目信息以供组织未来使用等工作所必须开展的活动。
- 为向下一个阶段，或者向生产和（或）运营部门移交项目的产品、服务或成果所必须开展的行动和活动。
- 收集关于改进或更新组织政策和程序的建议，并将它们发送给相应的组织部门。
- 测量干系人的满意程度等。

如果项目在完工前提前终止，结束项目或阶段过程还需要制定程序，调查和记录提前终止的原因。为了实现上述目的，项目经理应该引导所有合适的干系人参与结束项目或阶段的工作。

收尾过程组包括以下 3 个过程：

- 项目验收；
- 项目移交；
- 项目总结。

10.5.1　项目验收

项目验收是正式验收已完成的项目可交付成果的过程。本过程的主要作用：①使验收过程具有客观性；②通过确认每个可交付成果来提高最终产品、服务或成果获得验收的可能性。由主要干系人，尤其是客户或发起人审查从控制质量过程输出的核实的可交付成果，确认这些可交付成果已经圆满完成并通过正式验收。项目验收过程依据从项目范围管理知识领域的相应过程获得的输出（如需求文件或范围基准），以及从其他知识领域的执行过程获得的工作绩效数据，对可交付成果的确认和最终验收。

1. 项目验收的步骤

项目验收应该贯穿项目的始终。如果是在项目的各阶段对项目的范围进行确认工作，还要考虑如何通过项目协调来降低项目范围改变的频率，以保证项目范围的改变是有效率和适时的。项目验收的一般步骤包括：①确定需要进行范围确认的时间；②识别范围确认需要哪些投入；③确定范围正式被接受的标准和要素；④确定范围确认会议的组织步骤；⑤组织范围确认会议。

通常情况下，在项目验收前，项目团队需要先进行质量控制工作，例如，在确认软件项目的范围之前，需要进行系统测试等工作，以确保确认工作的顺利完成。项目验收过程与控制质量过程的不同之处在于，前者关注可交付成果的验收，而后者关注可交付成果的正确性及是否满足质量要求。控制质量过程通常先于项目验收过程，但二者也可同时进行。

2. 需要检查的问题

项目干系人进行范围确认时，一般需要检查以下 6 个方面的问题。

- 可交付成果是否是确定的、可确认的。
- 每个可交付成果是否有明确的里程碑，里程碑是否有明确的、可辨别的事件，例如客户的书面认可等。

- 是否有明确的质量标准。可交付成果的交付不但要有明确的标准标志，而且要有是否按照要求完成的标准，可交付成果和其标准之间是否有明确联系。
- 审核和承诺是否有清晰的表达。项目发起人必须正式同意项目的边界、项目完成的产品或者服务，以及项目相关的可交付成果。项目团队必须清楚地了解可交付成果是什么。所有表达必须清晰，并取得一致同意。
- 项目范围是否覆盖需要完成的产品或服务的所有活动，有没有遗漏或错误。
- 项目范围的风险是否太高。管理层是否能够降低风险发生时对项目的影响。

3. 干系人关注点的不同

项目验收主要是项目干系人（例如，客户、发起人等）对项目的范围进行确认和接受的工作，每个人对项目范围所关注的方面是不同的。

- 管理层主要关注项目范围：是指范围对项目的进度、资金和资源的影响，这些因素是否超过了组织承受范围，是否在投入产出上具有合理性。在项目验收工作进行之后，管理层可能会取消该项目，可能是因为项目范围太大，造成对时间、资金和资源的占有远远大于管理层的预计或者组织的承受能力。更多的情况是要求项目团队压缩范围以满足进度、资金和资源的限制。
- 客户主要关注产品范围：关心项目的可交付成果是否足够完成产品或服务。有些项目的产品经理就是客户，这种情况下，可减少项目团队对产品理解失误的可能性，降低项目的风险。在项目中，客户往往有在当前版本中加入所有功能和特征的意愿，这对于项目来说是一种潜在的风险，会给组织和客户带来危害和损失。
- 项目管理人员主要关注项目制约因素：关心项目可交付成果是否足够和必须完成，时间、资金和资源是否足够，以及主要的潜在风险和预备解决的方法。
- 项目团队成员主要关注项目范围中自己参与的元素和负责的元素：通过定义范围中的时间检查自己的工作时间是否足够，自己在项目范围中是否有多项工作，而这些工作是否有冲突的地方。如果项目团队成员估计某些可交付成果无法在确定的时间完成，需要提出自己的意见。

总体而言，信息系统项目在验收阶段主要包含四方面的工作内容，分别是验收测试、系统试运行、系统文档验收以及项目终验。

1. 验收测试

验收测试是对信息系统进行全面的测试，依照双方合同约定的系统环境，以确保系统的功能和技术设计满足建设方的功能需求和非功能需求，并能正常运行。验收测试阶段应包括编写验收测试用例，建立验收测试环境，全面执行验收测试，出具验收测试报告以及验收测试报告的签署。

2. 系统试运行

信息系统通过验收测试环节以后，可以开通系统试运行。系统试运行期间主要包括数据迁移、日常维护以及缺陷跟踪和修复等方面的工作内容。为了检验系统的试运行情况，可将部分数据或配置信息加载到信息系统上进行正常操作。在试运行期间，甲乙双方可以进一步确定具体的工作内容并完成相应的交接工作。对于在试运行期间系统发生的问题，根据其性质判断是否是系统缺陷，如果是系统缺陷，应该及时更正系统的功能；如果不是系统自身缺陷，而是额外的信息系统新需求，此时可以遵循项目变更流程进行变更，也可以将其暂时搁置，作为后续升级项目工作内容的一部分。

3. 系统文档验收

系统验收测试过程中，与系统相匹配的系统文档应同步交由用户进行验收。甲方也可按照合同或者项目工作说明书的规定，对所交付的文档加以检查和评价；对不清晰的地方可以提出修改要求。在最终交付系统前，系统的所有文档都应当验收合格并经甲乙双方签字认可。

对于信息系统项目，涉及的验收文档可能包括项目介绍、项目最终报告、系统说明手册、系统维护手册、软硬件产品说明书、质量保证书等。

4. 项目终验

在系统经过试运行以后的约定时间，例如三个月或者六个月，双方可以启动项目的最终验收工作。通常情况下，大型项目分为试运行和最终验收两个步骤。对于一般项目而言，可以将系统测试和最终验收合并进行，但需要对最终验收的过程加以确认。

最终验收报告是业主方认可承建方项目工作的最主要文件之一，这是确认项目工作结束的重要标志。对于信息系统而言，最终验收标志着项目的结束和售后服务的开始。

最终验收的工作包括双方对验收测试文件的认可和接受、双方对系统试运行期间的工作状况的认可和接受、双方对系统文档的认可和接受、双方对结束项目工作的认可和接受。

项目最终验收合格后，应该由双方的项目组撰写验收报告提请双方工作主管认可。这标志着项目组开发工作的结束和项目后续活动的开始。

10.5.2　项目移交

项目移交是指将已经完成或进展到一定阶段的项目从一个团队或组织转交给另一个团队或组织的过程。这个过程通常发生在项目的不同阶段或不同组织之间，可能基于合同要求、组织结构调整或其他原因。

项目移交的背景可能源于多种原因。例如，一家组织可能决定将项目从一个部门移交给另一个部门，或者将外包项目的执行责任从一家供应商转移到另一家供应商。项目移交的目的是确保项目的顺利过渡，并确保新接手的团队或组织能够顺利继续项目的实施。

项目移交通常需要制订详细的移交计划。该计划应明确包括以下内容。

- 移交的时间表和里程碑：确定移交的时间点和关键里程碑，以确保项目在移交过程中的顺利执行。
- 移交的范围和交付成果：明确哪些工作内容、文件和交付成果将被移交，以及对现有项目文档和资产的管理和传递方法。

- 移交的角色和职责：确保移交过程中每个成员的角色和职责明确，并指定相关负责人。
- 沟通计划：确定移交期间的沟通渠道、频率和利益相关者，以确保信息的及时传递和共享。
- 风险管理：评估移交过程中可能出现的风险，并制定相应的风险应对策略。

一旦移交计划确定，就可以开始执行移交过程。这可能包括项目团队之间的知识转移、文件和工作产物的交接，以及接收方组织对项目进行评估和调整。在移交过程中，双方团队之间的有效沟通和合作至关重要。

移交完成后，接收方团队将对移交的项目进行验收，以确认所有相关事项是否符合预期。这可能包括评估交付成果、检查项目文档和资产的完整性，以及确保项目的目标和里程碑已经满足。

项目移交是一个复杂的过程，需要仔细规划和协调。它涉及各方之间的合作和沟通，以确保项目能够顺利过渡并继续实施。通过有效的项目移交，可以实现项目的平稳交接，并最大程度地减少项目中断和风险。

10.5.3　项目总结

项目总结是在项目完成或接近完成时所进行的一项活动，旨在回顾和总结项目的整体经验、成果和教训。项目总结有助于收集和记录项目的经验教训，并提供对项目成功因素和失败原因的分析和评估。

在项目总结之前，需要收集项目的各种信息，包括项目计划、里程碑、交付成果、风险管理记录、沟通记录等。这些信息将为项目总结提供依据和参考。

项目总结过程是对项目前期价值与目标达成情况的总结，以及对工作经验和教训的总结分析。由项目经理组织项目全体成员参与，形成正式的项目总结结论。项目总结会议所形成的文件一定要通过所有人的确认，任何有违此项原则的文件都不能作为项目总结会议的结果。项目总结会议还应对项目进行自我评价，有利于后面的项目评估和审计的工作开展。

一般的项目总结会议应讨论如下内容。

- 项目目标：包括项目价值和目标的完成情况、具体的项目计划完成率等，作为全体参与项目成员的共同成绩。
- 技术绩效：最终的工作范围与项目初期的工作范围的比较结果是什么，工作范围上有什么变更，项目的相关变更是否合理，处理是否有效，变更是否对项目质量、进度和成本等有重大影响，项目的各项工作是否符合预计的质量标准，是否达到客户满意。
- 成本绩效：最终的项目成本与原始的项目预算费用，包括项目范围的有关变更增加的预算是否存在大的差距，项目盈利状况如何。这涉及项目组成员的绩效和奖金的分配。
- 进度计划绩效：最终的项目进度与原始的项目进度计划比较结果是什么，进度为何提前或者延后，是什么原因造成这样的影响。
- 项目的沟通：是否建立了完善并有效利用的沟通体系；是否让客户参与过项目决策和执行的工作；是否要求客户定期检查项目的状况；与客户是否有定期的沟通和阶段总结会

议，是否及时通知客户潜在的问题，并邀请客户参与问题的解决等；项目沟通计划完成情况如何；项目内部会议记录资料是否完备等。

- 识别问题和解决问题：项目中发生的问题是否解决，问题的原因是否可以避免，如何改进项目的管理和执行等。
- 意见和改进建议：项目成员对项目管理本身和项目执行计划是否有合理化建议和意见，这些建议和意见是否得到大多数参与项目成员的认可，是否能在未来项目中予以改进。

项目总结也需要对项目的交付成果进行评估和分析，包括审查项目的可交付成果是否符合质量标准和客户需求，以及对可能的改进点和问题进行识别。

项目总结的一个重要目标是提炼项目的经验教训，包括成功实践和错误总结。这有助于团队和组织在未来的项目中应用成功经验和避免错误。

基于项目总结的结果，可以提出改进建议，针对项目管理过程、团队合作、沟通等方面的问题进行改进。这有助于为将来的项目提供指导和参考。

最后，项目总结需要将收集的信息、回顾的情况、分析的成果和改进建议等编写成项目总结报告。该报告应清晰、详尽地记录项目的整体情况，以便团队和管理层进行复盘和学习。

现代项目管理的最新实践是项目的经验教训总结应该在项目的全生命周期中开展，特别是项目的知识管理（见 10.3.4 小节），可以防止出现项目知识遗忘，及时总结经验教训可以在项目的下一个阶段中马上应用。但在项目收尾时进行经验教训的总结是一个当然时间点，所以项目的总结会在收尾过程组中加以体现。

项目总结对于组织和团队来说是非常重要的，它有助于汲取项目经验教训，提高项目管理能力，并为未来的项目提供经验和指导。通过识别项目的成功因素和问题，并加以总结和应用，可以不断优化项目执行，提升整体绩效。

10.6　本章练习

1. 选择题

（1）关于项目管理的描述，不正确的是：_____。

　　A. 项目管理将知识、技能、工具与技术应用于项目活动，以满足项目的需求

　　B. 项目管理能够帮助组织达成业务目标

　　C. 项目管理用于管理持续的、重复的工作

　　D. 项目管理涉及五大过程组，分别是启动、规划、执行、监控和收尾

参考答案：C

（2）关于项目启动过程组的描述，不正确的是：_____。

　　A. 项目启动过程的活动包括立项管理、制定项目章程、识别干系人、项目启动会议

　　B. 立项申请又称为项目建议书

　　C. 每个项目都有干系人，他们会受到项目积极或消极的影响

　　D. 项目章程的制定需要在整个项目生命周期中持续开展

参考答案: D

（3）关于项目规划过程组的描述，正确的是_____。

　　A. 项目规划包括明确项目全部范围、定义和优化目标及为实现目标制定行动方案

　　B. 项目团队把项目章程作为初始项目规划的终点

　　C. 项目风险是一种不确定的事件或条件，一旦发生，就会对项目目标产生某种负面的影响

　　D. 质量与等级是两个相同的概念

参考答案: A

（4）关于项目执行过程组的描述，正确的是:_____。

　　A. 项目资源包括团队资源和实物资源

　　B. 项目经理的能力是团队管理的最关键因素

　　C. 实施风险应对是制定风险应对策略的过程

　　D. 项目知识管理的关键在于通过培训传递知识

参考答案: A

（5）关于项目监控过程组的描述，不正确的是:_____。

　　A. 项目监控包括监督工作和控制工作

　　B. 项目范围是指产品范围

　　C. 要更新预算，就需要了解截至目前的实际成本

　　D. 变更请求可能包含纠正措施、预防措施、缺陷补救

参考答案: B

（6）关于项目收尾过程组的描述不正确的是:_____。

　　A. 项目收尾包括为正式完成或关闭项目、阶段或合同而开展的各项活动

　　B. 项目验收是正式验收已完成的项目可交付成果的过程

　　C. 项目移交是项目收尾工作，不需要规划

　　D. 在项目总结之前，需要收集项目的各种信息

参考答案: C

2. 思考题

（1）请指出项目管理中有哪些过程组，并描述各过程组的特征。

（2）项目的知识管理是企业的重要工作，请思考和描述其开展的时机和原因。

（3）项目章程是项目正式启动并授权项目经理的文件，请思考项目章程的作用，并描述项目章程的内容。

　　参考答案: 略

第 11 章　应用系统管理

应用系统管理是指对组织应用系统进行规划、设计、开发、实施、运行和维护的过程和方法，以保证应用系统在整个生命周期内正常运行和不断发展。

在应用系统的运维管理中，需要维护人员进行例行操作、响应支持、优化改善、调研评估等工作。例行操作包括备份、数据恢复、服务器维护、系统监控和安全管理等。响应支持指对用户反馈的问题进行及时有效的解决，以确保系统的稳定性和可靠性。优化改善包括对系统进行性能优化、功能扩展、错误修复等工作。调研评估则是通过对应用系统的使用情况、用户反馈、市场趋势等数据进行综合分析和判断，为后续的升级改进和发展提供决策支持。

信息系统安全管理则是应用系统管理中的一个重要方面。组织应用系统包含各种类型的敏感信息和业务数据，对其进行安全保护显得尤为重要。信息系统安全管理工作包括账号口令管理、漏洞管理、端口管理、数据安全管理、日志管理等。只有通过信息系统安全管理，才能确保组织应用系统的稳定和可靠。

11.1　基础管理

应用系统在使用过程中，随着环境的变化和技术的进步，需要不断维护与更新，新的目标和要求不断提出，从而要求设计新系统，用新系统替代旧系统。任何系统都会经历一个产生、发展、成熟、消亡或更新的过程，这种周而复始、循环不息的过程称为应用系统的生命周期。应用系统的生命周期一般包括设计阶段、交付阶段、运行阶段、终止阶段，组织应对应用系统生命周期的各阶段进行管理，设计阶段和交付阶段参见本书第 6 章相关内容。

需要注意的是，应用系统生命周期的四个阶段并不是完全独立的，它们之间存在相互联系和交叉的部分。例如，在设计阶段和交付阶段之间，需要进行反复的沟通和协调，以确保应用系统的设计和实现能够满足用户需求和规格要求。同样，在运行阶段和终止阶段之间，也需要进行一些清理和归档工作，以便为下一个生命周期做好准备。

1. 运行阶段

运行阶段的目标是确保应用系统的稳定性和可靠性，同时给用户提供良好的使用体验。为了达到这个目标，开发团队需要进行技术支持、维护和升级工作。

在运行阶段，应用系统会正式投入使用，并向用户提供服务。应用系统运行过程中，需要与组织、人员和业务不断进行磨合和融合，需要不断进行适应性维护，使系统逐步趋于稳定。应用系统通过运行维护工作保持运行稳定，成为组织的血液和神经中枢，提高组织管理效率和效益。

1）运行阶段管理内容

应用系统运行阶段是指应用系统交付给用户或客户后的使用和维护阶段，主要涉及以下管理内容。

- 系统监控和维护。在应用系统运行阶段，需要对系统的运行状态进行实时监控，以确保系统的稳定性和可靠性。监控的内容包括系统的硬件和软件配置、系统资源使用情况、系统性能和负载情况等。同时，还需要对系统进行定期维护和更新，包括系统升级、补丁更新、数据备份等，以确保系统的稳定性和安全性。
- 用户支持和管理。在应用系统运行阶段，需要提供用户支持和管理服务，以帮助用户解决使用过程中遇到的问题和困难。用户支持包括技术支持、操作指南、在线帮助等，以提供用户在使用过程中的指导和支持。用户管理则包括用户权限管理、用户行为管理、用户数据管理等，以确保系统的安全性和稳定性。
- 业务流程管理和优化。在应用系统运行阶段，需要对业务流程进行管理和优化，以确保系统的实际使用效果符合预期。业务流程管理包括对业务流程的监控和分析，以及针对不同业务场景的定制和优化。通过对业务流程的管理和优化，可以提高系统的效率和质量，满足用户的实际需求。
- 系统性能优化和扩展。在应用系统运行阶段，需要对系统性能进行优化和扩展，以满足不断增长的业务需求和用户需求。性能优化包括对系统瓶颈的识别和解决、对系统架构的优化和改进等，以提高系统的响应速度和并发能力。系统扩展则包括对系统的硬件和软件配置进行升级和扩展，以满足不断增长的业务需求和用户需求。
- 数据管理和保护。在应用系统运行阶段，需要对数据进行管理和保护，以确保数据的完整性和安全性。数据管理包括数据备份、数据恢复、数据迁移等，以确保数据的安全可靠。数据保护则包括数据加密、数据脱敏、访问控制等，以保护数据不被非法获取和滥用。
- 安全管理。确保应用系统的安全性，包括用户身份认证和授权管理、数据加密与备份、防火墙和入侵检测系统的配置与管理，以及应对潜在威胁和漏洞的安全策略和应急响应计划。

2）运行阶段关键成功因素

应用系统在运行阶段要具备稳定性、安全性、优秀的用户体验、高性能、可扩展性、有效的数据管理和决策支持、故障处理与运维支持，综合体现一个系统能够满足用户需求并为业务提供价值的能力。该阶段关键成功因素如下。

（1）识别运行维护的相关方。

建立运行维护服务机制和协同机制，确保应用系统运行维护的权责分明并保持一致。

（2）运行维护策划。

- 明确运行维护服务级别协议要求。
- 界定运行维护要求的业务环境。
- 使用时，考虑数据维护和可持续交付要求。

- 评估影响应用系统运行的业务环境的变化，确定需应对的风险和机遇的运行维护要求。

（3）实施运行维护活动。

- 进行知识管理，收集、积累、共享、使用与运行维护相关的知识。
- 实施培训，策划并实施应用软件的业务流程培训、功能培训、操作培训等。
- 运行维护结果应形成规范化的文档，并满足安全保密要求。

（4）应用系统评价。

评价应用系统的运行维护，以确保应用系统可用、安全、稳定和可靠，并满足业务的需要。

（5）运维管理工具。

- 可利用工具进行应用系统的运行维护。
- 工具适合所开展的运行维护活动及应用系统的特定类型和要求。
- 工具选择应考虑自动化的程度，以便实现运行维护的高效和智能。
- 工具得到维护，以确保持续适合其用途。

2. 终止阶段

终止阶段的目标是确保应用系统的数据和资源得到妥善处理和归档，以便未来进行审计和回顾。

随着组织业务发展以及信息技术的发展，应用系统的功能和性能渐渐不能满足要求，开始时还可以通过局部修改完善适应需求，逐渐就完全不能满足需求。在系统功能和性能逐渐不能满足需求时，就要开始规划下一代系统了，进入系统的下一个生命周期。开发团队需要对应用系统进行总结和评估，以便为下一个生命周期提供更好的支持和管理。

新一代信息系统开发完成后，进行投运，将现有系统中有关数据转换导入新系统，新系统开始试运行，一旦成功运行，原有系统将终止运行。

1）终止阶段管理内容

应用系统终止阶段是指在系统达到使用寿命、业务需求变化或其他原因导致系统停止运行之前的阶段，主要涉及以下管理内容。

- 终止计划：制订系统终止计划，包括终止时间表、资源调配、用户迁移等。确定终止流程和步骤，明确各方责任和角色。进行风险评估和风险控制，确保系统终止过程安全可控。
- 数据迁移：分析和评估现有数据的重要性和价值，决定数据的迁移方式。制订数据迁移计划，并确保数据的完整性、一致性和安全性。进行数据清理和备份，删除或归档不再需要的数据。
- 用户通知和支持：通知系统用户和利益相关者系统终止的时间和原因。提供用户迁移指南和支持，协助用户顺利转移到新系统或其他解决方案。回答用户的问题和解决用户的疑虑，提供必要的技术支持和培训。
- 合同和协议处理：审查和解除与供应商、合作伙伴及其他相关方的合同和协议。协商解决未完结的问题和争议，并进行合法合规的终止处理。

- 归档管理：提取、整理和归档系统相关的知识、文档和经验，以备后续参考和利用。建立知识库或档案馆，存储和管理系统的技术文档、用户手册等信息。
- 资源清理和回收：关闭系统所使用的硬件、网络和其他相关资源，归还或重新分配资源。处理系统所产生的电子垃圾和废弃物，并确保符合环境保护要求。
- 安全和隐私保护：清除系统中的敏感数据和用户信息，采取必要的安全措施防止数据泄露。处理和销毁存储介质，如磁盘、磁带等，以确保数据无法恢复。
- 绩效评估和总结：对系统终止阶段的工作进行评估和总结，总结经验教训，为未来提供参考。汇总终止阶段的绩效和成果，向相关利益相关者做出说明和报告。

2）终止阶段关键成功因素

应用系统管理终止阶段需要确保管理的完整性和准确性、安全性、可追溯性、标准化和规范化、可维护性和可更新性等得以实现。该阶段关键成功因素如下。

（1）制订终止计划。

制订终止计划，以撤销运行和维护组织的支持，并将其形成文档。策划活动应让用户参与。该计划应涉及下述各项。

- 一定时期之后，终止全部或部分支持。
- 应用系统及其相关文档的归档。
- 任何未来后续支持事项的职责。
- 归档数据副本的可访问性。

（2）通知相关责任人。

用户应得到终止计划和活动的通知。通知应包括下述内容。

- 替代或升级的应用系统及其生效日期的说明。
- 该应用系统不再得到支持的理由说明。
- 一旦失去支持，其他可用支持方案的说明。
- 所有相关文档、日志应归档保存。

（3）系统切换。

- 新系统的投运需要大量的基础数据，这些数据的整理与录入工作量特别庞大，应及早准备、尽快完成。
- 系统切换应提前做好人员的培训工作。
- 系统运行时会出现一些局部性的问题，这是正常现象。系统工作人员对此应有足够的准备，并做好记录。系统只出现局部性问题，说明系统是成功的；反之，如果出现致命的问题，则说明系统设计质量不好，整个系统甚至需要重新设计。

（4）数据访问。

根据服务级别协议关于数据保护和审核要求，终止应用系统相关数据的访问。

11.2　运行维护

应用系统运维管理是保证在应用系统上运行的各类应用软件系统的安全性、可靠性和可用性，定期评估应用软件系统的性能、功能缺陷、用户满意度等，及时与开发商沟通消除应用系统可能存在的安全隐患和威胁，根据需求更新或变更系统功能。

应用系统运维管理需要对例行操作、响应支持、优化改善和调研评估等方面进行全面的管理和控制。例行操作可以确保系统的稳定、可靠和安全运行；响应支持可以及时解决系统和用户遇到的问题；优化改善可以提高系统的性能、稳定性和安全性；调研评估可以为系统的改进和发展提供技术支持和参考。同时，也需要根据实际情况和需求的变化，不断完善和优化这些方面的例行操作、响应支持、优化改善和调研评估。

11.2.1　例行操作

例行操作即对应用系统及其运行环境的预定运行维护，以保障应用系统的正常运行。例行操作的活动包括：

- 监控指标体系设计：包括识别应用系统运行监控点，建立监控指标，以支撑实施监控和预防性检查。
- 应用系统运行的监控：用于监控应用系统的运行及状态。
- 客户回访：调查客户对运行维护的满意度及改进建议等。
- 问题分析：分析维护事件，识别问题和风险。

11.2.2　响应支持

响应支持即对应用软件及其运行环境的服务请求或故障申报提供即时运行维护，以保障应用系统的正常运行。响应支持包括服务受理、非故障请求处理、故障诊断定位、解决方案制定、故障处理、新用户和新功能上线、应急响应。响应支持的活动包括：

- 服务受理：受理服务请求，包括故障请求和非故障请求。
- 非故障请求处理：按服务级别协议分类处理。
- 故障诊断定位：排查、诊断定位故障。
- 解决方案制定：应基于应用系统的重要性，确定解决方案。
- 故障处理：执行故障解决方案，检测、监控、跟踪故障处理效果，将处理经验和建议纳入知识库。
- 新用户和新功能上线：在新用户、新功能上线前、上线中、上线后的服务工作，内容包括配置用户及用户权限、数据初始化、安全性检查和功能使用培训等。
- 应急响应：针对应用系统故障影响范围大，且不能在业务连续性规定要求内解决所采取的措施，内容包括应急组织架构确定、应急预案编制、应急演练、应急处置和应急回顾。

11.2.3 优化改善

优化改善即对应用系统的功能和性能进行调优，并满足新的需求。优化改善包括功能性改进、性能优化改进、适应性改进、预防性改进。优化改善的活动包括：

- 识别优化改善的机会：可考虑从应用系统的监控指标接近或超出阈值、例行操作中未解决根本原因的问题、响应支持中重复出现事件、用户满意度、例行操作和响应支持中识别出的风险、应用系统支持的业务需求变化等活动中识别优化改善机会。
- 功能性改进：包括应用软件的功能缺陷修复、满足业务需求变化，而对应用软件功能的修改、完善和新增开发。
- 性能优化改进：包括因应用软件性能问题而对其功能的修改和完善，包括应用消息队列、共享内存优化、应用服务能力优化等；对应用软件运行软环境实施调优、升级或扩容等。
- 适应性改进：包括应用软件因适应性变化对其功能的修改和完善；对应用软件运行软环境的适应性实施调整等。
- 预防性改进：包括应用软件可能存在某种威胁或风险而对其功能的修改和完善，对应用软件运行软环境的脆弱点实施改进等。

11.2.4 调研评估

调研评估即对应用软件及其运行环境的调查研究和分析评价，提出应用系统的运行报告或建议。调研评估包括应用系统组成要素的构成分解、关联关系分析和应用系统的维护性分析。调研评估的活动包括：

- 应用系统组成要素的构成分解：应根据业务流程和应用系统架构设计，层次化分解应用系统，识别关键业务点和核心业务系统。
- 应用系统构成的关联关系分析：包括与核心业务系统关联的非核心业务系统、接口连接、依存关系等。
- 应用系统的维护性分析：包括应用系统的可监控性、应用系统的易用性、应用系统的安全性、应用系统的可维护性，明确应用系统运行方式、组成要素及运行维护特点。

11.3 应用系统安全

应用系统的安全管理就是为保证信息系统资源的完整性、可靠性、保密性、安全性、有效性和合法性，维护正当的信息活动而建立和采取的措施和方法的总和，以保证系统的硬件、软件和数据不因偶然的或人为的因素而遭受破坏、泄露、修改或复制。信息系统的安全需求主要包括保密性、安全性、完整性、可靠性和可用性以及信息的有效性和合法性。

应用系统的安全管理内容主要包括账号口令管理、漏洞管理、数据安全管理、端口管理与日志管理。

11.3.1　账号口令管理

应用系统的安全管理中，账号口令管理的目的是规范账号口令的管理，为账号口令的使用与维护提供依据，以及降低由于账号管理不善和弱口令带来的安全风险。应用系统账号口令的安全管理包括：

- 口令强度：确保口令具有足够的强度，以提高安全性。口令应该包含数字、字母和特殊字符的组合，避免使用容易猜到的或常见的口令。
- 口令保密：应该妥善保管自己的口令，不让他人轻易获取。建议使用密码管理器来生成和存储口令，并且避免在公共场所或通过电子邮件、即时通信工具等途径透露口令信息。
- 口令变更：定期更改口令，以降低口令泄露或被破解的风险。建议至少每季度更换一次口令，并避免使用相同的口令或类似的口令。
- 口令策略：制定强密码策略，要求用户使用复杂的口令，并定期更改口令。策略可以包括口令长度、字符组合、历史记录等方面的要求。
- 身份验证：除了口令，还可以使用其他方式进行身份验证，如多因素身份验证、指纹识别等；这些方法可以提供更高级别的安全保护，防止未经授权的访问。
- 账号管理：限制账号的权限和访问范围，确保用户只能访问其需要的应用系统和资源。同时，对账号进行定期审查和管理，及时撤销不再需要的账号。
- 安全监控：建立安全监控机制，对应用系统的访问和使用进行审计和记录。监控可以发现异常访问和潜在的安全威胁，及时采取措施应对。

11.3.2　漏洞管理

应用系统的安全管理中，漏洞管理的目的是发现和修复系统中的漏洞，以保障系统的安全性和稳定性。应用系统漏洞管理包括：

- 建立漏洞管理流程：在日常安全运营中建立漏洞管理流程，确保所发现的漏洞都能够得到有效处理，从而提高整体安全水平。
- 漏洞发现和评估：通过安全漏洞评估方案，对信息系统进行漏洞扫描和评估，生成漏洞分析报告并提交给信息安全经理和IT相关经理备案。
- 定期安全扫描：采用安全扫描工具对系统进行定期扫描，发现潜在的漏洞和安全问题，及时进行处理。
- 实时监控：通过实时监控系统，及时发现和处理异常行为和入侵企图，防范漏洞被利用。
- 及时更新补丁：定期检查系统补丁的更新情况，及时更新补丁以修补已知的漏洞和安全问题。
- 确定漏洞归属部门：根据单位职责划分，明确漏洞的归属部门，防止出现漏洞无人认领的局面。

- 制定安全加固方案：漏洞修复负责部门根据安全漏洞分析报告及加固建议制定详细的安全加固方案（包括回退方案），报业务部门和安全部门审批。
- 实施漏洞修复测试：在漏洞修复负责部门实施信息系统漏洞修复测试，观察无异常后，将修复测试结果提交给业务部门和安全部门。
- 建立漏洞管理制度：建立相关漏洞管理制度，明确职责和权限，确保漏洞管理工作的顺利进行。

11.3.3 数据安全管理

应用系统安全管理中，数据安全管理的目的是确保数据的安全性、完整性和可用性，防止数据泄露、篡改或损坏，保障数据的机密性和可靠性。应用系统数据管理包括：

- 数据加密：对敏感数据进行加密存储和传输，保护数据的隐私和机密性。常用的加密算法包括对称加密和非对称加密，可以根据具体需求选择合适的加密算法和密钥管理方案。
- 数据备份和恢复：定期备份数据，并建立恢复机制，确保数据在意外丢失或损坏时可以及时恢复。备份可以采用完整备份、增量备份或差异备份等方式，根据实际情况选择合适的备份策略。恢复机制则需要制订详细的恢复流程和测试计划，以确保恢复过程的可靠性和数据完整性。
- 数据访问控制：建立访问控制机制，限制用户对数据的访问权限，防止未经授权的数据泄露和被篡改。访问控制可以采用基于角色的访问控制（RBAC）或基于属性的访问控制（ABAC）等模式，根据应用系统的需求选择合适的访问控制策略。
- 数据验证和校验：对数据进行验证和校验，确保数据的完整性和准确性，防止数据被篡改或损坏。数据验证和校验可以采用数据校验、数据签名、哈希值计算等方式，根据具体情况选择合适的验证和校验方案。
- 数据安全审计：定期对数据的安全性进行审计和检查，发现和修复潜在的安全风险和漏洞。数据安全审计需要建立审计日志、监控和分析系统，对数据的访问、修改、删除等操作进行记录和分析，及时发现异常操作和潜在的安全风险。
- 数据安全培训和教育：对系统管理员和用户进行数据安全培训，提高他们对数据安全的意识和能力。培训和教育包括数据安全政策、安全意识、密码管理、安全操作等方面的内容。
- 建立应急响应机制：针对数据安全事件，建立应急响应机制，及时采取措施进行应对和处理，降低损失。应急响应机制需要包括应急响应流程、恢复计划、危机管理等方面的内容，确保在发生数据安全事件时能够迅速、有效地应对和处理。

11.3.4 端口管理

应用系统端口管理的目的是确保系统的网络安全，防止恶意攻击和非法访问。端口是计算机系统与外部网络或应用程序之间的接口，是黑客入侵系统的主要通道之一。通过合理的管理和监控端口，可以有效防止恶意软件和黑客通过端口渗透到系统中，保护系统的数据安全和稳定性。应用系统端口管理包括：

- 端口访问权限管理：通过访问控制列表（ACL）或防火墙等措施，限制特定端口和服务器的访问权限，防止非法访问和攻击。
- 端口安全策略制定：制定严格的端口安全策略，包括密码强度、访问控制、加密传输等方面的要求，提高端口的安全性。
- 端口监控和审计：通过网络监控工具或安全审计软件，实时监控端口的连接情况和流量，及时发现异常流量和攻击行为，并对端口访问行为进行审计和记录。
- 端口更新和维护：定期更新系统和应用程序的版本，修复可能存在的安全漏洞和缺陷，确保系统的安全性。

11.3.5 日志管理

应用系统日志管理是通过收集、存储、分析和保护日志数据，可以帮助管理员及时发现并应对安全事件，监控系统的运行状况和异常行为，满足安全审计和合规性要求，从而确保信息系统正常运行。应用系统日志管理包括：

- 日志收集：收集来自不同来源的日志信息，包括系统日志、应用程序日志、安全事件日志等。收集的日志信息应包括时间戳、日志类型、日志级别、事件描述等信息。
- 日志存储：将收集到的日志信息存储在适当的存储介质中，如本地磁盘、网络存储、数据库等。为了便于后续分析和审计，日志信息应按照特定的格式进行存储，例如结构化数据库或文本文件。
- 日志分析：对收集到的日志信息进行分析，以识别潜在的安全事件、异常行为和故障。分析可以包括实时分析、离线分析和定期分析。通过分析日志信息，可以发现潜在的攻击、入侵行为、数据泄露等安全问题。
- 日志审计：对日志信息进行审计，以评估系统的安全性。审计可以包括对日志的完整性、准确性、时效性等方面进行检查。通过审计日志信息，可以发现系统中的漏洞和弱点，并采取相应的措施进行修复和加强。
- 日志保护：对存储的日志信息进行保护，以防止未经授权的访问、修改和删除。日志保护可以采用加密、访问控制、备份等技术手段，确保日志信息的完整性和机密性。
- 日志清理：定期清理过期的或无用的日志信息，以节省存储空间和提高查询效率。清理的周期可以根据实际需求进行调整，通常可以根据时间、事件类型、日志级别等因素来确定清理策略。

11.4 本章练习

1. 选择题

（1）在_____，应用系统的目标是确保系统的数据和资源得到妥善处理和归档，以便未来进行审计和回顾。

  A. 设计阶段　　　　　　　　　　B. 交付阶段

  C. 运行阶段　　　　　　　　　　D. 终止阶段

参考答案：D

（2）关于应用系统运维管理的描述，不正确的是：_____。

  A. 例行操作可以确保系统的稳定、可靠和安全运行

  B. 响应支持可以及时解决系统和用户遇到的问题

  C. 调研评估可以提高系统的性能、稳定性和安全性

  D. 需要根据实际情况和需求的变化，不断完善和优化运维管理工作

参考答案：C

（3）关于系统切换的描述，不正确的是：_____。

  A. 新系统需要的大量基础数据，准备时间长，可以逐步提供

  B. 系统切换应提前做好人员的培训工作

  C. 系统只出现局部性问题，说明系统是成功的

  D. 系统出现致命的问题，说明系统设计质量不好

参考答案：A

（4）信息系统的安全需求不包括：_____。

  A. 监管安全、投资安全

  B. 保密性、安全性、完整性

  C. 可靠性、可用性

  D. 信息的有效性和合法性

参考答案：A

2. 思考题

（1）交付阶段的成功关键因素主要有哪些？

（2）系统投入运行后，哪些原因要求系统人员对系统进行维护？

（3）企业的应用系统和数据的安全性如何，受到人、组织和技术这几个维度的影响？这些维度是否存在某一个的贡献比另一个更大？为什么？

参考答案：略

第 12 章　网络系统管理

网络系统管理是计算机网络发展的必然产物，它随着计算机网络的发展而发展。随着计算机网络的组成越来越复杂，网络互连的规模越来越大，连网设备越来越多样化，网络提供的应用越来越丰富，对网络系统管理持续提出了越来越高的要求。网络系统管理涉及网络的基本概念、日常管理、资源管理、应用管理和安全管理等方面。

12.1　网络管理基础

网络管理是指对网络的运行状态进行监测和控制，并能提供有效、可靠、安全、经济的服务。网络管理完成两个主要基本任务，即对网络的运行状态进行监测和对网络的运行进行控制。通过监测可以了解当前网络状态是否正常，是否出现危机和故障；通过控制可以对网络资源进行合理分配，优化网络性能，保证网络服务质量。监测是控制的前提，控制是监测的结果。因此网络管理就是对网络的监测和控制。

12.1.1　网络管理概述

网络系统管理是一项复杂而关键的任务，通过有效管理和维护网络系统，确保其能够提供稳定高效的网络服务，并保护网络免受各种威胁和攻击。网络系统管理的重要性在新时代背景下愈发凸显，它能够为组织提供一个强大的工具，以满足不断增长的网络需求，并确保信息资产的安全性和保密性等。

随着网络技术的高速发展，网络管理的范围涉及网络中的通信活动，以及网络的规划、部署实现、运营和维护等相关方面，因此，网络管理也变得越来越重要，主要体现在以下三方面。

（1）网络设备的复杂化使得网络管理变得更加复杂。网络设备复杂化包含两个含义：一是网络设备功能更加复杂；二是设备与系统厂商众多，产品规格不统一。因此，网络管理无法采用传统手工方式完成，必须利用先进有效的自动管理手段。

（2）网络的经济效益越来越依赖网络的有效管理。网络已经成为一个极其庞大而复杂的系统，如果没有一个有力的网络管理作为支撑，当网络系统出现异常时，会给网络用户带来麻烦，甚至对网络运营者产生经济或其他损失。

（3）先进可靠的网络管理也是网络本身发展的必然结果。当前人们对网络的依赖越来越强，个人通过网络电话、社交发布、媒体资源获取、电子邮件等进行信息沟通和共享，组织通过网络发布产品信息、获取商业情报、实施流程管理、实现辅助决策等。在这种情况下，网络要求具有更高的可靠性和安全性，能及时有效地发现故障和解决故障，以保证网络的正常运行。

12.1.2　网络管理目标

网络管理的目标是使网络达到最优状态，即使网络中的资源得到更加有效的利用。网络管理应维护网络的正常运行，当网络出现故障时能及时报告和处理，并协调、保持网络系统的高效运行，包括通过监控网络性能，调整网络运行配置，提高网络性能；通过网络管理系统，预测潜在的网络故障，采取必要的措施加以预防和处理，保障网络稳定；借助有效的性能尺度和评估方法，扩充和规划网络的发展等。网络管理的根本目标是最大限度地满足网络管理者和网络用户对计算机网络的有效性、可靠性、开放性、综合性、安全性和经济性等要求。

（1）有效性。网络要能准确而及时地传递信息，即网络服务要有质量保证，减少停机时间，缩短响应时间，提高网络设备利用率。

（2）可靠性。网络必须保证能够持续稳定地运行，要具有对各种故障以及灾害的抵御能力和一定的自愈能力。

（3）开放性。网络要能够兼容不同类型的设备，适应各种新技术。

（4）综合性。网络不能是单一化的，要能提供各种不同的综合业务功能，如多媒体传输、视频点播等。

（5）安全性。网络要对所传输的信息具有可靠的安全保障，防止计算机病毒和非法入侵者的破坏，避免由于管理者的误操作而破坏网络的正常运行等。

（6）经济性。要减少网络运行成本，并提高网络效率。

12.1.3　网络管理对象

在网络管理中会涉及网络的各种资源，主要分为两大类，即硬件资源和软件资源。

硬件资源是指物理介质、计算机设备和网络互连设备等。物理介质通常是物理层和数据链路层设备，如网卡、双绞线、同轴电缆、光纤等。计算机设备包括处理机、打印机、存储设备和其他计算机外围设备。网络互连设备包括中继器、网桥、交换机、路由器和网关等。

软件资源主要包括操作系统、应用软件和通信软件。通信软件指实现通信协议的软件，如 FDDI、ATM 这些网络就大量采用了通信软件保证其正常运行。另外，软件资源还包括路由器软件、网桥软件和交换机软件等。

在网络环境下的资源一般用“被管对象”（Managed Object，MO）来表示。国际标准化组织（International Organization for Standardization，ISO）认为，被管对象是从开放式系统互连（Open System Interconnection，OSI）角度所看到的 OSI 环境下的资源，这些资源可以通过使用 OSI 管理标准而被管理。网络中的资源一般都可用被管对象来描述，例如，网络中的路由器就可以用被管对象来描述，说明它的制造商和路由表的结构。此外，对网络中的软件、服务及网络中的一些事件也都可用被管对象来描述。

被管对象的集合被称为管理信息库（Management Information Base，MIB），网络中所有相关的被管对象信息都集中在 MIB 中。但要注意的是，MIB 只是一个概念上的数据库，在实际网络中并不存在这样一个库。目前网络管理系统的实现，主要依靠被管对象和 MIB，所以它们是网络管理中非常重要的概念。

12.1.4　网络管理标准

目前，正在应用的网络管理标准种类较多，其中主要标准分别是 OSI 参考模型、TCP/IP 参考模型、TMN 参考模型、IEEE LAN/WAN 以及基于 Web 的管理等。

在 20 世纪 80 年代末，随着对网络管理系统的迫切需求和网络管理技术的日趋发展，ISO 开始制定关于网络管理的国际标准。ISO 首先在 1989 年颁布了 ISO DIS 7498-4（X.700）文件，定义了网络管理的基本概念和总体框架；之后在 1991 年发布的两个文件中规定了网络管理提供的服务和网络管理协议，即 ISO 9595 公共管理信息服务定义（Common Management Information Service，CMIS）和 ISO 9596 公共管理信息协议规范（Common Management Information Protocol，CMIP）；在 1992 年公布的 ISO 10164 文件中规定了系统管理功能（System Management Functions，SMFs），ISO 10165 文件则定义了管理信息结构（Structure of Management Information，SMI）。这些文件共同组成了 ISO 的网络管理标准。由于这是一个非常复杂的协议体系，因而有关 ISO 管理的实现进展缓慢，至今少有适用的网络产品。

20 世纪 90 年代初，随着 Internet 的快速发展，TCP/IP 网络管理的研究非常活跃。TCP/IP 网络管理最初使用的是 1987 年 11 月提出的简单网关监控协议（Simple Gateway Monitoring Protocol，SGMP），并在此基础上发展为简单网络管理协议第一版（Simple Network Management Protocol，SNMPv1），陆续公布在 1990 年和 1991 年的几个 RFC（Request For Comments）文件中，即 RFC 1155（SMI）、RFC 1157（SNMP）、RFC 1212（MIB 定义）和 RFC 1213（MIB-II 规范）。由于其简单且易于实现，SNMPv1 得到了许多制造商的支持，因此，SNMP 得到了广泛应用，并成为网络管理事实上的标准。在 SNMPv1 基础上不断改进其功能，支持分布式网络管理，扩展了数据类型，可以实现大量数据的同时传输，提高了效率和性能，丰富了故障处理能力，增加了集合处理功能，特别是加强了网络管理的安全性，分别于 1993 年推出了 SNMPv2（RFC 1902-1908），1999 年推出了 SNMPv3（RFC 2570-2575）。

1991 年产生了远程网络监控 RMONv1（Remote Monitoring），至 1995 年发展为 RMONv2。这组标准定义了监控局域网网络通信的管理信息库，是 SNMP 管理信息库的扩充，与 SNMP 配合可以提供更有效的管理性能，得到了广泛引用。

为了适应电信网络的管理需要，国际电信联盟（ITU-T）在 1989 年定义了电信网络管理标准（Telecommunication Management Network，TMN），即 M.30 建议蓝皮书。TMN 最初是为了满足电信服务供应商管理电信网络的需要。TMN 是国际电信联盟的标准，它的基础是 OSI CMIP/CMIS 规范。TMN 扩展了管理的概念，使管理超出了管理网络和网络组件的范畴，它同时解决服务和商业配置的问题。

电气和电子工程师协会（IEEE）定义了局域网的管理标准，即 IEEE 802.1b LAN/MAN 管理标准。这个标准用于管理物理层和数据链路层的 OSI 设备，因此叫作 CMOL（CMIP over LLC）。

基于互联网的管理是以 Web 技术为基础的，目前没有相关的标准。两种比较流行的技术是基于 Web 的企业管理（Web-Based Enterprise Management，WBEM）和 Java 管理扩展（Java Management eXtension，JMX）。桌面管理任务组（Desk Management Task Force，DMTF）专为

WBEM 开发标准，致力于将各种不同的管理协议集成在一起。DMTF 选择了面向对象的管理模型，即通用信息模型。JMX 在单一的规程下对管理结构和管理服务进行定义，它由原先的 Java 管理 API（JMAPI）发展而来。JMX 是由 Sun Microsystems 公司开发，基于 Java 互联网小程序的专用子集，它运行在网络组件中。

12.2　网络日常管理

网络日常管理是指对网络的常规维护和运营管理，确保网络的正常运行和安全稳定。网络日常管理涉及监控网络设备和服务的运行状态，及时发现和解决故障，以确保网络的高可用性和稳定性。通过实施维护和升级计划，网络管理员能够保持网络设备的良好工作状态，并定期备份和恢复数据，以防止重要数据的丢失。网络日常管理主要分为局域网管理、广域网管理、互联网管理和无线网管理。

12.2.1　局域网管理

局域网（LAN）是指在较小区域范围内且具备相同或相近安全要求的网络，通常用于各类组织内部办公环境、生产管理等。局域网管理是确保局域网正常运行和安全稳定的关键步骤。局域网管理主要包括网络设备管理、网络拓扑管理和网络安全管理等。网络设备管理包括对交换机、路由器等网络设备的配置和监控。网络拓扑管理包括对局域网内各设备的布局和连接进行规划和管理。网络安全管理包括入侵检测、访问控制等措施，以保护局域网的安全性。

（1）网络设备管理。网络设备管理是局域网管理的基础，主要包括交换机、路由器等网络设备的配置和监控等，主要管理任务包括：

- 设备配置：对网络设备进行基本配置，包括设置IP地址、子网掩码、网关等，确保设备能够正确通信。
- 设备监控：监控网络设备的运行状态，包括CPU利用率、内存利用率、接口状态等，及时发现并解决设备故障。
- 设备升级：定期检查网络设备的固件版本，及时升级以修复安全漏洞和获得新功能。
- 配置备份：定期备份网络设备的配置文件，以便在设备故障或配置丢失时快速恢复。

（2）网络拓扑管理。网络拓扑管理是对局域网内各设备的布局和连接进行规划和管理等，主要管理任务包括：

- 设备布局：根据局域网的规模和需求，合理布置设备的位置和数量等，确保网络信号的传输质量和覆盖范围。
- 网络连接：配置网络设备之间的物理连接和逻辑连接等，确保数据能够顺畅地流动。
- VLAN划分：根据不同部门或功能的需求，划分虚拟局域网（VLAN），实现网络分隔和安全隔离。
- 路由配置：配置路由器的路由表等，确保数据能够正确地从源地址到达目的地址。

（3）网络安全管理。网络安全管理是保护局域网免受攻击和数据泄露的关键措施，主要管理任务包括：

- 访问控制：设置访问控制列表（ACL）和用户权限等，限制非授权用户的访问。
- 防火墙配置：配置防火墙规则，过滤入站和出站的数据流量，阻止恶意攻击和未经授权等的访问。
- 入侵检测系统（Intrusion Detection System，IDS）：部署IDS来监测和识别潜在的入侵行为，及时采取措施阻止攻击。
- 病毒防护：安装杀毒软件，及时更新病毒库，定期扫描和清除病毒，保护局域网内的设备和数据安全。
- 安全培训：定期组织网络安全培训，提高员工的安全意识和应对能力，减少安全漏洞。

12.2.2　广域网管理

广域网（WAN）是指跨越较大地理范围的互联网，通常用于连接不同地理位置的分支机构。广域网管理主要包括带宽管理、远程连接管理和故障管理等。带宽管理可以通过流量调度、链路负载均衡等方式优化带宽的使用；远程连接管理可以通过虚拟专线、VPN 等方式提供安全可靠的远程访问服务；故障管理包括网络故障诊断、备份恢复等措施，以确保广域网的稳定性。广域网管理主要分为网络设备管理、链路管理和网络安全管理等。

（1）网络设备管理。网络设备管理是广域网管理的基础，主要包括路由器、交换机、调制解调器等网络设备的配置和监控，主要管理任务与局域网的网络设备管理相同。

（2）链路管理。链路是连接广域网中不同地点的物理连接，链路管理是确保链路的稳定和可靠运行的关键任务，主要管理任务包括：

- 带宽管理：监控和管理链路的带宽利用率等，确保带宽分配合理，避免过载和拥塞。
- 故障管理：定期检查链路的状态和质量等，及时发现并解决链路故障，确保数据能够顺利传输。
- 延迟和丢包管理：监控链路的延迟和丢包率，优化网络配置和调整传输策略，提高数据传输的效率和可靠性。
- 链路备份与冗余：配置链路备份与冗余，当主链路故障时，能够自动切换到备用链路，确保业务的连续性和可用性。

（3）网络安全管理。网络安全管理是保护广域网免受攻击和数据泄露的关键措施，主要管理任务包括：

- 防火墙配置：配置防火墙规则，过滤入站和出站的数据流量，阻止恶意攻击和未经授权的访问等。
- 虚拟专用网（Virtual Private Network，VPN）：部署VPN技术，加密数据传输，保障数据的机密性和完整性等。
- 入侵检测和防御系统（IDS/Intrusion Prevention System，IPS）：部署IDS/IPS来监测和防御潜在的入侵行为，及时采取措施阻止攻击等。
- 访问控制：设置访问控制列表（ACL）和用户权限，限制非授权用户的访问等。

● 安全培训：定期组织网络安全培训，提高员工的安全意识和应对能力，减少安全漏洞。

12.2.3　互联网管理

互联网即全球范围的网络，由多个自治系统（Autonomous System，AS）组成。互联网管理主要包括域名管理、路由管理和安全管理。域名管理包括域名注册、解析等措施，以保证网站的可访问性；路由管理包括路由器配置、路由表更新等操作，以确保数据在互联网中传输正常；安全管理包括防火墙配置、入侵检测等措施，以保护互联网的安全性。

（1）自治系统（AS）管理。自治系统是互联网中的一个重要概念，它是一组具有相同路由策略的网络设备的集合。自治系统管理是互联网管理的基础，主要管理任务包括：

● AS配置：对自治系统进行基本配置，包括设置AS号、路由器的自治系统标识等，确保自治系统能够正确通信。

● AS监控：监控自治系统的运行状态，包括AS内部路由表的大小、路由器的负载情况等，及时发现并解决AS内部的问题。

● AS协商：与其他自治系统进行协商，建立对等关系，交换路由信息，确保互联网的连通性和稳定性。

● AS备份：定期备份自治系统的配置文件和路由信息，以便在设备故障或配置丢失时快速恢复。

（2）路由管理。路由是互联网中数据包传输的关键环节，路由管理是确保路由的稳定和可靠运行的关键任务，主要管理任务包括：

● 路由配置：对路由器进行基本配置，包括设置静态路由、动态路由协议等，确保路由器能够正确转发数据。

● 路由监控：监控路由器的路由表、转发表等，及时发现并解决路由故障，确保数据能够顺利传输。

● 路由优化：优化路由器的路由策略，减少路由器之间的跳数和延迟，提高数据传输的效率和可靠性。

● 路由备份：配置路由备份，当主路由器故障时，能够自动切换到备用路由器，确保业务的连续性和可用性。

（3）互联网安全管理。互联网安全管理是保护互联网免受攻击和数据泄露的关键措施，主要管理任务包括：

● 防御策略配置：配置防火墙、入侵检测和防御系统（IDS/IPS）等安全设备，过滤入站和出站的数据流量，阻止恶意攻击和未经授权的访问。

● 安全漏洞管理：定期检查互联网设备的安全漏洞，及时升级固件或应用补丁，修复已知的安全漏洞。

● 安全事件监控：监控互联网设备的安全事件，包括入侵行为、异常流量等，及时采取措施阻止攻击。

● 安全培训：定期组织网络安全培训，提高员工的安全意识和应对能力，减少安全漏洞。

12.2.4 无线网管理

无线网是指基于无线技术建立的网络，提供无线接入服务，已经成为现代生活和工作中不可或缺的一部分。无线网管理主要包括信号覆盖管理、频谱管理和安全管理。信号覆盖管理包括无线信号的布局和调整，以提供稳定的无线覆盖范围；频谱管理包括分配和调度无线信道资源，以减少干扰和提高无线网络的性能；安全管理包括无线接入认证、数据加密等措施，以确保无线网络的安全性和隐私性。通过网络拓扑规划、AP 配置管理、客户端管理、频谱管理、安全管理和性能监控与优化等措施，可以提高无线网络的性能和安全性，满足用户的无线网络使用需求。

（1）网络拓扑规划。在进行无线网管理之前，需要进行网络拓扑规划，包括确定无线接入点（Access Point，AP）的位置和覆盖范围，以及确定无线信号的强度和频率。通过合理规划网络拓扑，可以避免无线信号的干扰和覆盖范围的不足。

（2）AP 配置管理。配置无线接入点是无线网管理的关键任务之一。管理员需要设置 AP 的基本参数，包括无线网络名称（Service Set Identifier，SSID）、安全认证方式（如 WPA2）、密码等。此外，还需要配置 AP 的信道和传输功率，以确保无线信号的稳定传输和覆盖范围。

（3）客户端管理。网络管理员还需要管理连接到无线网络的客户端设备，包括监控客户端设备的连接状态、信号强度等，并及时解决客户端设备的连接问题。此外，还需要限制未经授权的设备连接到无线网络，以确保网络的安全性。

（4）频谱管理。管理员需要监控无线频谱的使用情况，及时发现并解决频谱干扰问题。可以使用专业的频谱分析仪来监测频谱的使用情况，并采取相应的措施，如调整无线信道、使用干扰消除技术等，以提高无线网络的性能和可靠性。

（5）安全管理。管理员需要采取一系列安全措施来保护无线网络免受未经授权的访问和攻击，包括使用强密码、启用网络加密、限制无线访问点的范围等。此外，还需要定期更新无线设备的固件和应用程序，以修复已知的安全漏洞。

（6）性能监控与优化。管理员需要定期监控无线网络的性能，包括带宽利用率、延迟、丢包率等指标。通过监控性能，可以及时发现并解决无线网络的性能问题。此外，还可以采取一些优化措施，如调整无线信道、优化无线覆盖范围等，以提高无线网络的性能和可靠性。

12.3 网络资源管理

网络资源管理是指对网络中的各种资源进行规划、配置、监控和优化的过程。通过合理管理网络资源，可以确保资源的高效利用、平衡分配，并为用户提供稳定、可靠的网络服务。网络资源管理的目标是提高网络性能、增强用户体验和降低成本。网络资源管理涉及管理网络中的各种资源，如 IP 地址、子网划分、路由配置和带宽分配等。网络管理员需要根据网络需求进行合理的资源规划和分配，以最大限度地提高网络性能和扩展性。通过有效管理网络资源，组织可以更好地满足不同用户的需求，并提供高效的网络服务。网络资源管理主要包括带宽资源管理、地址资源管理、虚拟资源管理等。

12.3.1　带宽资源管理

带宽是网络中传输数据的能力，通常以每秒传输的数据量（比特 / 秒）来衡量，带宽决定了网络连接的速度和容量，是衡量网络性能的重要指标之一，合理管理带宽资源可以确保网络流量的平衡分配和高效利用。不同类型的应用程序和服务对带宽需求不同，例如实时视频、文件传输、网页浏览等。根据应用程序需求和用户需求，合理分配和配置带宽资源，有效地管理和配置网络资源的带宽，以确保网络流量的合理分配和优化使用。

带宽资源管理主要包括带宽分配、带宽控制和带宽优化。带宽分配策略可以根据不同的需求进行动态分配，以满足不同应用的带宽需求；带宽控制可以通过流量限制、流量调度等方式来控制带宽的使用；带宽优化可以通过使用带宽整合技术、拥塞控制算法等手段来提高带宽的利用效率。通过流量监控与分析、优先级和限制、流量整形与调度以及定期审查与优化，可以有效地管理和配置网络资源的带宽，提高网络性能并提升用户体验。

（1）流量监控与分析。定期监控网络流量，并进行流量分析是有效管理带宽资源的关键步骤。通常使用流量监控工具来收集数据，并通过分析工具来识别瓶颈、高峰时段等问题，并根据分析结果，优化带宽分配和调整网络策略。

（2）优先级和限制。根据应用程序的重要性和用户需求，设置优先级和限制。为关键应用程序分配更高的带宽，并限制非关键应用程序的带宽使用，从而确保关键任务的顺利进行，并避免网络拥塞。

（3）流量整形与调度。使用流量整形和调度技术等来控制网络流量。通过设置带宽限制、队列管理和流量调度算法，可以平衡网络流量，提高网络性能和用户体验。

（4）定期审查与优化。定期审查带宽资源配置，并根据实际需求进行优化。随着业务需求的变化，可能需要重新评估带宽资源分配，并进行相应的调整。

12.3.2　地址资源管理

地址资源是指在网络中用于标识设备和主机的唯一标识符，是指网络中设备的网络地址。常见的地址资源包括 IPv4 地址和 IPv6 地址，正确配置和管理地址资源对于确保网络设备和用户能够正确通信至关重要。地址资源管理主要包括地址规划、地址分配和地址转换等。地址规划是指根据网络规模和拓扑结构，合理划分地址空间；地址分配是指为网络中的设备分配合适的地址，以确保地址的有效使用和避免地址冲突；地址转换可以通过网络地址转换（NAT）技术来实现，将私有地址转换成公网地址，实现 IP 地址的灵活使用。通过地址规划、IP 地址分配、子网划分、IP 地址管理工具和定期审查与优化，可以有效地管理和配置网络资源的地址，确保网络通信的顺畅运行。

（1）地址规划。在进行网络规划时，需要合理分配和规划可用的地址范围。根据组织需求、网络规模和未来扩展需求，确定所需的 IP 地址数量，并分配给不同的子网或区域。

（2）IP 地址分配。根据规划好的 IP 地址范围，为每个设备或主机分配唯一的 IP 地址。可以使用静态 IP 分配或动态 IP 分配（如 DHCP）来实现。确保每个设备都有正确配置的 IP 地址，并避免冲突。

（3）子网划分。根据组织需求和网络拓扑，将 IP 地址范围划分为不同的子网。每个子网都有自己的 IP 地址范围和子网掩码。确保子网划分合理，并根据需要进行调整和优化。

（4）IP 地址管理工具。使用 IP 地址管理工具帮助管理和跟踪 IP 地址分配情况。这些工具可以帮助记录和监控 IP 地址的使用情况，并提供报表和警报功能，以便及时发现和解决 IP 地址资源问题。

（5）定期审查与优化。定期审查地址资源配置，并根据实际需求进行优化。随着网络变化和设备增加，可能需要重新评估地址资源分配，并进行相应的调整。

12.3.3　虚拟资源管理

虚拟资源是通过软件技术模拟出来的计算机网络资源，包括计算虚拟资源、存储虚拟资源和网络虚拟资源。网络虚拟资源是指通过虚拟化技术将物理网络划分为多个虚拟网络，实现网络资源的隔离和管理。网络虚拟资源管理主要包括虚拟资源的分配、监控和调度。虚拟资源的分配策略可以根据需求进行静态或动态分配，以满足不同应用的需求；虚拟资源的监控可以实时监测资源的使用情况，为调度提供参考依据；虚拟资源的调度可以通过优化算法来实现，提高资源的利用效率和系统性能。网络虚拟资源的主要管理任务包括虚拟资源的分配、虚拟资源的监控与调度、虚拟资源的容错与备份、虚拟资源的安全管理。

（1）虚拟资源的分配。虚拟资源的分配应遵循公平性、高效性和灵活性的原则。公平性要求资源在各用户之间分配均匀，避免资源的过度占用；高效性要求资源分配过程快速、准确，以提高资源利用效率；灵活性要求资源可以根据需求进行动态分配，以适应不同的应用场景。

（2）虚拟资源的监控与调度。虚拟资源的监控是指对资源的实时监测，包括资源的利用率、负载情况等。通过监控可以及时发现资源的使用情况，以便进行合理的资源调度。资源调度是根据监控结果，对资源进行合理调度，以提高资源利用效率和系统性能。

（3）虚拟资源的容错与备份。虚拟资源的容错是指在资源故障时，能够及时切换到备用资源，保证系统的连续性和可用性。容错可以通过冗余部署、故障恢复等机制来实现。备份是指将虚拟资源的数据进行备份，以防止数据丢失或损坏。备份可以通过定期备份、增量备份等方式来实现。

（4）虚拟资源的安全管理。虚拟资源的安全管理包括对资源的访问控制、数据加密、漏洞修复等措施，以保护资源的安全性和机密性。访问控制可以通过权限管理、身份认证等方式来实现；数据加密可以通过对数据进行加密处理，以保护数据的机密性；漏洞修复可以通过及时更新补丁、加强安全策略等方式来实现。

虚拟资源管理的趋势是向自动化、智能化发展。通过引入机器学习、人工智能等技术，实现资源的自动分配和优化，提高资源管理的效率和质量。自动化和智能化的发展可以减少人工干预，提高资源管理的自动化程度和智能化水平。

12.4　网络应用管理

网络应用管理包括安装、配置和维护各种网络应用程序，如邮件服务器、文件服务器和数据库服务器等。网络管理员需要确保这些应用程序的正常运行，并根据需要进行升级和扩展。他们还需要确保应用程序的安全性，防止未经授权访问和数据泄露等安全威胁。网络应用管理是网络系统管理中非常重要的管理工作，常见的网络应用服务有动态主机配置协议（Dynamic Host Configuration Protocol，DHCP）应用管理、域名系统（Domain Name System，DNS）服务器管理、文件服务器管理、打印服务器、邮件管理系统和门户网站管理等。

12.4.1　DHCP应用管理

DHCP 服务器是采用动态主机配置协议（DHCP），对网络中的 IP 地址自动动态分配的服务器，旨在通过服务器集中管理网络上使用的 IP 地址和其他相关配置的详细信息，以减少管理地址配置的复杂性。DHCP（动态主机配置协议）是用于自动分配 IP 地址和其他网络配置参数的协议。在网络应用管理中，管理员需要配置并管理 DHCP 服务器，包括设置 IP 地址池、分配规则、租期等。通过 DHCP 应用管理，可以简化网络配置，提高网络管理效率。通过配置 DHCP 服务器、定义 IP 地址范围、配置网络参数、设置租约时间、监控和管理以及考虑安全性，可以有效地管理和配置 DHCP，并简化网络设备的部署和维护。

（1）定义 IP 地址范围。根据组织需求和网络规模，定义可用的 IP 地址范围。确保该范围不与其他静态分配的 IP 地址冲突，并足够满足所有设备的需求。同时，可以设置保留 IP 地址以供特定设备使用。

（2）配置网络参数。配置子网掩码、默认网关、DNS 服务器等。这些参数将帮助设备正确地连接到网络并进行通信。

（3）设置租约时间。租约时间是指 DHCP 服务器分配给设备的 IP 地址的有效期。根据组织需求和网络设备的使用情况，设置适当的租约时间。较短的租约时间可以更快地回收未使用的 IP 地址，而较长的租约时间可以减少设备重新获取 IP 地址的频率。

（4）监控和管理。定期监控 DHCP 服务器，确保其正常运行并满足网络设备的需求。检查 IP 地址池中可用地址的数量，及时处理资源不足或冲突问题。同时，定期审查和更新 DHCP 配置，以适应网络变化和需求变化。

（5）安全性配置。为了确保网络安全，可以采取一些安全措施来保护 DHCP 服务器，例如限制对 DHCP 服务器的访问、启用身份验证、使用安全协议等。

12.4.2　DNS服务器管理

域名系统（DNS）是一种 TCP/IP 的标准服务，负责 IP 地址和域名之间的转换。DNS 服务允许网络上的客户机注册和解析 DNS 域名。这些名称用于为搜索和访问网络上的计算机提供定位。

域名服务器负责控制本地数据库中的名字解析。DNS 的数据库结构形成一个倒立的树状结构，树的每一个节点都表示整个分布式数据库中的一个分区（域），每个域可再进一步划分成子分区（域）。每个节点有一个至多达 63 个字符长的标识，命名标识中一律不区分大小写。节点的域名是从根到当前域所经过的所有节点的标记名，从右到左排列，并用点（"."）分隔。域名树上的每一个节点必须有唯一的域名。每个域名对应一个 IP 地址，一个 IP 地址可以对应多个域名。

在网络应用管理中，管理员需要配置和管理 DNS 服务器，包括添加和管理域名解析记录、设置域名转发和反向解析、进行缓存管理等。通过 DNS 服务器管理，可以实现高效的域名解析和网络通信。通过配置 DNS 服务器、设置区域、添加资源记录、配置转发器、监控和管理以及考虑安全性，可以有效地管理和配置 DNS，并确保用户能够准确地访问所需的网络资源。

（1）配置 DNS 服务器。选择合适的 DNS 软件（如 BIND、Microsoft DNS 等）并进行安装和配置。确保服务器与网络设备连接，并具有足够的资源来处理域名解析请求。

（2）设置区域。在 DNS 服务器上设置区域（zone），每个区域对应一个或多个域名。根据组织需求和网络规模，设置主区域（master zone）和从属区域（slave zone）。确保每个区域都有正确的起始授权机构（Start Of Authority，SOA）记录和名称服务器（Name Server，NS）记录。

（3）添加资源记录。为每个区域添加适当的资源记录。常见的资源记录类型包括 A 记录（将主机名映射到 IPv4 地址）、AAAA 记录（将主机名映射到 IPv6 地址）、CNAME 记录（提供别名）、MX 记录（指定邮件交换器）等。根据需要添加和管理这些记录。

（4）配置转发器。如果 DNS 服务器需要与其他 DNS 服务器进行通信，可以配置转发器（forwarder）。转发器将未知的域名解析请求转发给其他 DNS 服务器，以获取所需的解析结果。确保配置正确的转发器地址和设置适当的超时时间。

（5）监控和管理。定期监控 DNS 服务器，确保其正常运行并满足网络设备的需求。检查域名解析请求的响应时间和准确性。同时，定期审查和更新 DNS 配置，以适应网络变化和需求变化。

（6）安全性配置。为了确保网络安全，可以采取一些安全措施来保护 DNS 服务器，例如，限制对 DNS 服务器的访问、启用防火墙规则、使用安全传输协议等。

12.4.3　文件服务器管理

文件服务器是用于存储和共享文件的服务器。在网络应用管理中，管理员需要配置和管理文件服务器，包括设置文件共享权限、创建用户账号、管理文件夹和文件、定期备份等。通过文件服务器管理，可以实现高效的文件共享和安全的文件存储。通过配置文件服务器、设置共享目录、定期备份、安全性配置、监控和管理以及容灾和恢复，可以有效地管理和配置文件服务器，并确保数据的安全性和可用性。

（1）配置文件服务器。选择合适的操作系统和文件系统，并进行安装和配置。确保服务器与网络设备连接，并具有足够的存储空间来满足组织的需求。

（2）设置共享目录。在文件服务器上设置共享目录，以便用户可以访问和共享文件。根据组织需求和安全策略，设置适当的访问权限，并确保只有授权用户可以访问共享目录。

（3）定期备份。设置定期备份计划，并选择合适的备份介质（如磁带、硬盘等）。同时，测试并验证备份数据的可恢复性。

（4）安全性配置。为了确保数据安全，可以采取一些安全措施来保护文件服务器，例如，限制对文件服务器的访问，启用防火墙规则，使用加密传输协议（如 SFTP）等。同时，定期审查和更新安全策略，以适应不断变化的威胁环境。

（5）监控和管理。定期监控文件服务器，确保其正常运行并满足组织的需求。检查存储空间的使用情况，及时处理资源不足或冲突问题。同时，定期审查和更新文件共享权限，以确保只有授权用户可以访问和共享文件。

（6）容灾和恢复。制订容灾计划，并设置合适的备份策略。考虑使用冗余存储、备份服务器等技术来确保数据的可用性和快速恢复能力。定期测试容灾计划，并进行恢复演练以验证其有效性。

12.4.4　打印系统管理

打印服务器是用于管理和控制打印机的服务器，网络打印系统是用于管理和控制组织中的打印设备和打印任务的关键应用。在网络应用管理中，管理员需要配置和管理打印服务器，包括添加和配置打印机、设置打印队列、监控打印作业、进行打印资源的管理等。通过打印服务器管理，可以实现统一管理和控制打印任务，提高打印效率。通过配置网络打印服务器、添加和管理打印机、设置访问权限、配置队列和优先级、监控和管理以及安全性配置，可以有效地管理和配置网络打印系统，并满足用户的需求。

（1）配置网络打印服务器。选择合适的操作系统和打印服务器软件，并进行安装和配置。确保服务器与网络设备连接，并具有足够的资源来处理打印任务。

（2）添加和管理打印机。在网络打印服务器上添加和管理打印机。根据组织需求和用户需求，选择合适的打印机型号，并配置适当的默认设置（如纸张大小、颜色模式等）。确保每个用户都能够访问所需的打印机。

（3）设置访问权限。根据组织安全策略，设置适当的访问权限。确保只有授权用户可以访问特定的打印机，并限制对敏感文档的访问权限。同时，定期审查和更新访问权限，以适应组织变化和需求变化。

（4）配置队列和优先级。为了更好地管理打印任务，可以配置打印队列和优先级。根据用户需求和打印机资源，设置适当的队列和优先级规则。确保高优先级的任务能够及时得到处理。

（5）监控和管理。定期监控打印系统，确保其正常运行并满足用户需求。检查打印机状态、打印任务队列和资源使用情况。同时，定期审查和更新打印设置，以适应组织变化和需求变化。

（6）安全性配置。为了确保数据安全，可以采取一些安全措施来保护打印系统，例如，限制对打印服务器的访问、启用防火墙规则、使用加密传输协议等。同时，定期审查和更新安全策略，以适应不断变化的威胁环境。

12.4.5　邮件系统管理

电子邮件是 Internet 服务的重要组成部分，随着 Internet 技术日新月异的发展，电子邮件以其方便、快速、廉价的特点越来越赢得人们的喜爱。邮件管理系统中有两个重要的服务器：SMTP（发件）服务器和 POP3（收件）服务器。安装和配置电子邮件服务器的主要工作就是对这两个服务器（逻辑上的）进行操作。人们平时在发送邮件时，其实只是把邮件发送到发件服务器上，而服务器使用一种叫作"存储转发"的技术，把它收到的电子邮件排队，依次发送到收件服务器上面，而邮件就一直存储在收件服务器上，直到收件人收信或直接删除。

在网络应用管理中，管理员需要配置和管理邮件服务器，包括设置邮件接收和发送规则、管理用户账号、备份和恢复邮件数据等。通过邮件管理系统，可以实现有效的邮件组织和管理。通过配置邮件服务器、设置域名和邮箱、配置收发规则、设置备份策略、安全性配置以及监控和管理，可以有效地管理和配置邮件管理系统，并满足用户的需求。

（1）配置邮件服务器。选择合适的邮件服务器软件，并进行安装和配置。确保服务器与网络设备连接，并具有足够的资源来处理电子邮件通信。

（2）设置域名和邮箱。在邮件服务器上设置域名和邮箱。根据组织需求，设置合适的域名，并为每个用户创建相应的邮箱。确保每个用户都能够访问自己的邮箱，并设置适当的访问权限。

（3）配置收发规则。根据组织需求和安全策略，配置收发规则。例如，设置垃圾邮件过滤规则、白名单/黑名单规则等。确保只有合法的电子邮件能够进入用户的收件箱，并减少垃圾邮件对系统资源的消耗。

（4）设置备份策略。定期备份是确保数据安全性的重要步骤。设置定期备份计划，并选择合适的备份介质（如磁带、硬盘等）。同时，测试并验证备份数据的可恢复性。

（5）安全性配置。为了确保电子邮件通信的安全，可以采取一些安全措施来保护邮件管理系统，例如，启用加密传输协议、设置访问控制规则、启用身份验证等。同时，定期审查和更新安全策略，以适应不断变化的威胁环境。

（6）监控和管理。定期监控邮件管理系统，确保其正常运行并满足用户需求。检查邮箱存储空间的使用情况、邮件传输状态和系统资源消耗情况。同时，定期审查和更新邮箱设置和访问权限，以适应组织变化和需求变化。

12.4.6　门户网站管理

门户网站是一个集成多种信息和服务的网站，旨在为用户提供方便的访问和导航。门户网站管理是指对门户网站进行规划、组织、实施和监控的过程。门户网站管理涉及对内容、用户体验、安全性和性能等方面的管理和维护。在网络应用管理中，管理员需配置和管理门户网站服务器，包括设置网站结构、发布和管理内容、处理用户反馈等。通过门户网站管理，可以提供用户友好的访问界面和丰富的信息服务。

通过确定目标和需求、选择合适的平台、设计用户界面、配置功能模块、管理内容、安全性配置以及监控和维护，可以有效地管理和配置门户网站，并提供用户友好的访问和信息交流平台。

（1）确定目标和需求。确定希望通过门户网站实现的目标，并了解用户的需求。这将有助于确定网站的功能、内容和设计。

（2）选择合适的平台。根据目标和需求，选择合适的门户网站平台。确保选择具有良好可扩展性、易用性和安全性的平台。

（3）设计用户界面。考虑用户体验、导航结构和页面布局。确保信息易于查找，并提供清晰而吸引人的内容展示。

（4）配置功能模块。根据目标和需求，配置适当的功能模块，如新闻发布、论坛、博客、在线支付等。确保功能模块与目标和用户需求相匹配，并提供良好的用户体验。

（5）管理内容。定期更新和管理门户网站的内容。确保提供准确、及时和有价值的信息。使用内容管理系统（CMS）来简化内容发布和维护过程。

（6）安全性配置。采取一些安全措施来保护网站免受潜在威胁，如使用强密码、定期备份数据、更新软件补丁等。

（7）监控和维护。定期监控门户网站，确保其正常运行并满足用户需求。检查网站性能、链接可达性、访问日志和错误日志。同时，定期审查和更新功能模块、插件和主题，以适应组织变化和需求变化。

12.5 网络安全

网络安全是指网络系统的硬件、软件及其系统中的数据受到保护，不因偶然的或者恶意的原因而遭受到破坏、更改和泄露，系统连续、可靠、正常地运行，网络服务不中断。网络安全管理是网络系统管理的重要组成部分，涉及配置和管理网络安全设备，如防火墙和入侵检测系统，以及制定安全策略和措施来保护网络免受威胁和攻击。网络管理员需要定期更新防病毒软件和安全补丁，监视网络流量和异常行为，实施访问控制和用户认证等安全措施。通过综合应用这些安全措施，网络管理员能够保障网络系统和用户数据的安全。

在网络的世界中，网络安全不仅关乎个人隐私和数据的安全，也关乎国家安全和经济稳定。为了保护网络信息的安全可靠，除了运用法律和管理手段外，还需依靠技术方法来实现。任何形式的网络服务都会存在安全方面的风险，问题是如何将风险降到最低程度。目前有基于加解密技术的数字证书、网络防火墙、入侵监测与防御系统、网络攻防演练和网络安全态势感知平台等多种技术和防护措施。通过综合运用这些手段，可以建立一个安全可靠的网络系统，保护用户数据和系统资源免受各种网络威胁和攻击的侵害。

12.5.1 加解密与数字证书

数字证书用于验证通信方的身份和确保数据的完整性，是网络安全的基石。通过使用加密算法，可以将敏感数据转化为不易被窃取和篡改的形式，确保数据的机密性和完整性。同时，数字证书用于验证通信双方的身份信息，防止身份伪造和数据被篡改。

加解密技术通过使用密码算法保护数据机密性，对称加密和非对称加密是常见的加解密技术，哈希函数用于验证数据完整性，而数字证书用于验证通信方身份和确保数据完整性。

（1）加解密技术。加解密技术是通过使用密码算法将明文转换为密文，以保护数据的机密性。加密是将明文转换为不可读的密文，解密则是将密文还原为明文。在加解密过程中，使用一个或多个密钥来进行转换。

（2）对称加密。对称加密使用相同的密钥来进行加解密操作。发送方和接收方必须共享同一个密钥。常见的对称加密算法有 DES、AES 等。对称加密具有高效性能，但密钥分发和管理可能存在安全隐患。

（3）非对称加密。非对称加密使用一对相关联的密钥：公钥和私钥。公钥用于加密数据，而私钥用于解密数据。发送方使用接收方的公钥进行加密，只有接收方拥有相应的私钥才能解开数据。常见的非对称加密算法有 RSA、ECC 等。非对称加密提供了更好的安全性和密钥管理机制。

（4）哈希函数。哈希函数是一种将任意长度的数据转换为固定长度哈希值的算法。哈希函数具有单向性，即无法从哈希值还原出原始数据。常见的哈希函数有 MD5、SHA-1、SHA-256 等。哈希函数常用于验证数据完整性和生成数字签名。

（5）数字证书。数字证书是一种用于验证通信方身份和确保数据完整性的安全工具。数字证书由认证机构（Certificate Authority，CA）颁发，包含通信方的公钥和其他身份信息，并由 CA 使用其私钥进行签名。接收方可以使用 CA 的公钥来验证数字证书的真实性，并使用其中的公钥进行加密操作。

12.5.2　防火墙管理

防火墙是一种位于网络边界的安全设备，它对两个或多个网络之间的通信进行控制。它可以根据预先设定的规则来允许或拒绝特定类型的流量通过，常用于网络安全的第一道防线。通过配置防火墙规则，可以限制对网络资源的访问，并保护敏感数据免受未经授权的访问。防火墙是一种非常有效的网络安全模型，通过它可以隔离风险区域（即非信任网络）与安全区域（信任网络）的连接，同时不会影响人们对风险区域的访问。防火墙的作用是监控进出网络的信息，仅让安全的、符合规则的信息进入内部网络，为用户提供一个安全的网络环境。

防火墙管理的主要任务包括确定安全策略、了解网络拓扑、配置访问控制列表、启用日志记录和监控、定期更新和升级、进行漏洞扫描和渗透测试等。

（1）确定安全策略。在开始配置防火墙之前，需要明确安全策略，包括确定哪些类型的流量应该被允许通过，哪些应该被拒绝。组织可以根据其需求和风险评估来制定安全策略。

（2）了解网络拓扑。在配置防火墙之前，了解网络拓扑非常重要。这将帮助组织确定哪些设备和应用程序需要被保护，并确定防火墙的最佳部署位置等。

（3）配置访问控制列表（ACL）。ACL 是防火墙规则的基础。通过配置 ACL，组织可以定义允许或拒绝特定 IP 地址、端口或协议的流量。组织需要确保 ACL 规则与安全策略的一致性，并定期审查和更新这些规则。

（4）启用日志记录和监控。启用防火墙的日志记录功能非常重要，以便及时检测和应对潜在的安全事件。监控防火墙日志，并设置警报可以获得网络异常活动。

（5）定期更新和升级。网络威胁不断演变，因此定期更新和升级防火墙软件非常重要。组织需要确保及时安装最新的安全补丁和固件，以提高防火墙的安全性。

（6）进行漏洞扫描和渗透测试。定期进行漏洞扫描和渗透测试是评估防火墙安全性的重要步骤。这将帮助组织发现潜在的漏洞并采取相应措施来修复它们。

12.5.3 入侵检测与防御

入侵检测是一种主动保护自己免受攻击的网络安全技术。作为防火墙的合理补充，入侵检测技术能够帮助系统对付网络攻击，扩展系统管理员的安全管理能力（包括安全审计、监视、攻击识别和响应），提高信息安全基础结构的完整性。它从计算机网络系统中的若干关键点收集信息，并分析这些信息。入侵检测被认为是防火墙之后的第二道安全闸门，在不影响网络性能的情况下能对网络进行监测。

防火墙是实施访问控制策略的系统，对流经的网络流量进行检查，拦截不符合安全策略的数据包。入侵检测技术（IDS）通过监视网络或系统资源，寻找违反安全策略的行为或攻击迹象，并发出警报。传统的防火墙旨在拒绝那些明显可疑的网络流量，但仍然允许某些流量通过，因此防火墙对于很多入侵攻击仍然无计可施。绝大多数 IDS 系统都是被动的，而不是主动的。也就是说，在攻击实际发生之前，它们往往无法预先发出警报。入侵防护系统（IPS）则倾向于提供主动防护，其设计宗旨是预先对入侵活动和攻击性网络流量进行拦截，避免其造成损失，而不是简单地在恶意流量传送时或传送后才发出警报。IPS 是通过直接嵌入到网络流量中来实现这一功能的，即通过一个网络端口接收来自外部系统的流量，经过检查，确认其中不包含异常活动或可疑内容后，再通过另外一个端口将它传送到内部系统中。这样一来，有问题的数据包以及所有来自同一数据流的后续数据包，都能在 IPS 设备中被清除。

入侵检测系统（IDS）、入侵防御系统（IPS）提供了多种功能和特点，帮助管理员有效地监测和防御网络入侵，保护网络系统的安全。

入侵检测系统（IDS）主要功能包括：

- 监测并分析用户和系统的活动；
- 核查系统配置和漏洞；
- 评估系统关键资源和数据文件的完整性；
- 识别已知的攻击行为；
- 统计分析异常行为；
- 操作系统日志管理。

入侵防御系统（IPS）主要功能包括：

- 嵌入式运行。只有以嵌入模式运行的IPS设备才能够实现实时的安全防护，实时阻拦所有可疑的数据包，并对该数据流的剩余部分进行拦截。
- 深入分析和控制。IPS必须具有深入分析能力，以确定哪些恶意流量已经被拦截，根据攻击类型、策略等来确定哪些流量应该被拦截。
- 入侵特征库。高质量的入侵特征库是IPS高效运行的必要条件，IPS还应该定期升级入侵特征库，并快速应用到所有传感器。
- 高效处理能力。IPS必须具有高效处理数据包的能力，对整个网络性能的影响保持在最低水平。

12.5.4　网络攻防演练

网络安全攻防演练是提高组织网络安全能力的重要手段，是一种实践性的训练活动，旨在提高组织对网络安全威胁的应对能力。通过模拟真实攻击场景，演练参与者可以了解攻击者的思维方式和技术手段，并学习如何有效地防御和应对网络攻击，不断提升对网络攻击的应对能力，保护关键信息资产的安全。网络攻防演练的主要活动包括确定目标、设计攻击场景、确定参与者、进行演练、收集反馈、分析总结和持续改进等。

（1）确定目标。在进行网络安全攻防演练之前，需要明确演练的目标和范围，例如，测试特定系统或应用程序的安全性，评估团队的响应能力等。明确目标有助于确定演练的重点和设计相应的攻击场景。

（2）设计攻击场景。根据目标确定的范围，设计合适的攻击场景。这些场景可以包括钓鱼邮件、恶意软件传播、系统入侵等。确保场景具有现实性，并考虑不同类型的威胁和攻击手段。

（3）确定参与者。确定参与演练的人员和角色，包括攻击者、防御团队、系统管理员等。每个角色都有不同的职责和任务，以模拟真实的攻击和防御情况。

（4）进行演练。在演练过程中，攻击者将尝试利用各种技术手段攻击目标系统，防御团队则负责检测、分析和应对这些攻击。演练可以包括实时监控、日志分析、事件响应等环节。

（5）收集反馈。在演练结束后，收集参与者的反馈和观察结果。这有助于评估演练的效果，并发现改进的空间。重点关注参与者在攻击和防御过程中遇到的问题和挑战。

（6）分析总结。根据收集到的反馈和观察结果，进行演练结果的分析总结。评估参与者的表现、系统的弱点以及防御策略的有效性。根据分析结果制订改进计划，并进行相应的修复和加固工作。

（7）持续改进。网络安全攻防演练是一个持续改进的过程。根据分析总结中提出的问题和建议，及时修复系统漏洞和加强安全策略，并定期进行新一轮的演练。

12.5.5　网络安全态势感知平台

网络安全态势感知平台是一种基于最新技术的安全工具，用于实时监测、分析和预测网络安全威胁。通过实时监测、威胁分析、智能预警、可视化展示、自动化响应、高级威胁预测和合规性与报告等功能，它能够帮助组织及时发现和应对潜在的攻击，提高网络安全防护水平。

（1）实时监测。网络安全态势感知平台能够实时监测组织内外的网络流量、日志和事件数据。通过收集和分析这些数据，可以及时发现网络异常活动、入侵行为和其他潜在威胁等。

（2）威胁分析。网络安全态势感知平台利用先进的威胁情报和分析技术，对收集到的数据进行深入分析。它可以识别出已知攻击模式、恶意软件、漏洞利用等，并提供相应的警报和建议。

（3）智能预警。基于机器学习和人工智能技术，网络安全态势感知平台可以自动学习正常网络行为模式，并识别出异常活动。它能够生成智能预警，帮助管理员及时发现并应对潜在的威胁。

（4）可视化展示。网络安全态势感知平台提供直观的可视化界面，将复杂的安全数据转化为易于理解的图表、图形和报表。管理员可以通过这些可视化展示，快速了解网络安全状况，并做出相应决策。

（5）自动化响应。网络安全态势感知平台可以与其他安全设备和系统集成，实现自动化响应。例如，它可以自动阻断恶意流量、隔离受感染的主机并触发警报，通知相关人员。

（6）高级威胁预测。网络安全态势感知平台利用大数据分析和机器学习算法，能够预测未来可能发生的高级威胁。它可以通过分析历史数据、行业情报和趋势提前发现潜在的攻击，并采取相应措施进行防范。

（7）合规性与报告。网络安全态势感知平台能够生成合规性报告，帮助组织满足法规和合规要求。它可以记录和跟踪安全事件、响应措施和修复进展，并生成详尽的报告供审核和审计使用。

12.6　本章练习

1. 选择题

（1）局域网管理中，通常不包括：_____。

  A. 网络设备管理

  B. 网络拓扑管理

  C. 网络安全管理

  D. 自治系统管理

参考答案：D

（2）网络中所有相关的被管对象信息都集中在_____中。

  A. 数据湖

  B. 管理信息库（MIB）

  C. 虚拟专用网（VPN）

  D. 域名系统（DNS）

参考答案：B

（3）_____不属于 DHCP 应用管理活动。

  A. 配置转发器

  B. 定义 IP 地址范围

  C. 设置租约时间

  D. 配置 DHCP 服务器

参考答案：A

（4）SHA-256 属于_____。

  A. 加密技术

  B. 对称算法

C. 哈希函数

D. 非对称算法

参考答案：C

（5）_____不属于入侵防御系统 IPS 的主要功能。

A. 核查系统配置和漏洞

B. 高质量的入侵特征库

C. 以嵌入式模式运行

D. 高效处理数据包

参考答案：A

2. 思考题

（1）网络管理的目标是什么？

（2）网络资源管理主要包括什么？其作用是什么？

参考答案：略

第 13 章　数据中心管理

数据中心（Data Center，DC）为集中放置的电子信息设备并提供运行环境的建筑场所，用来存放组织的关键应用程序、数据的空间和物理设施。数据中心的关键组件通常包括路由器、交换机、防火墙、存储系统、服务器、各种类型应用程序和相应监控系统。由于这些组件都会关联组织的关键业务数据和应用程序，因此数据中心的安全性至关重要。数据中心管理是由负责管理数据中心持续运营的人员执行的任务集合，包括服务管理和未来规划等，是由技术人员在统称为数据中心基础设施管理（DCIM）工具的帮助下执行的一系列工作，包括基础管理、机房基础设施管理、物理资源管理、虚拟资源管理、平台资源管理等。

13.1　基础管理

数据中心作为组织信息系统集中管理的场所，承载业务运行，与关联服务各方互动，实现服务价值。数据中心建设与运行应遵守国家法律法规，接受相关行业管理部门的指导与监督，保障数据中心安全、可靠、稳定地运行，提高业务连续性水平。数据中心建设根据运营效率、管理水平、风险防范等要求，可以建设一个或多个，可以同城，也可以异地。数据中心可以组织自建，也可以租用第三方服务。数据中心提供机房基础设施、物理资源、虚拟资源、平台资源、应用资源和数据，这些对象的集合构成一至多个业务信息系统。业务信息系统为了满足业务要求，可以部署在一个或多个数据中心。业务信息系统可由用户端和中心服务端组成，可与第三方服务机构发生信息交互，从而确保服务完整性和有效性等。数据中心运行维护工作可根据数据中心建筑与使用性质不同，由维护方统一或分别进行维护，所有维护工作均应满足服务级别协议（Service Level Agreement，SLA）的要求。图 13-1 所示为数据中心与组织业务、第三

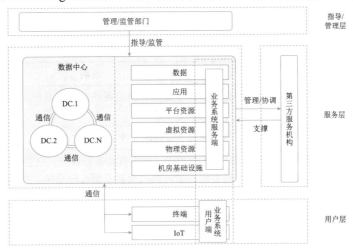

图 13-1　数据中心业务关系示意图

方服务、监管要求、终端及 IoT 设备的相互关联关系。

13.1.1 对象与内容

数据中心按照规模划分，可分为超大型（规模大于 10 000 个标准机架）、大型（规模 3000 ～ 10 000 个标准机架）和中小型（规模小于 3000 个标准机架）等。数据中心按照类型划分，可以分为政府与企事业单位数据中心、托管数据中心和云数据中心等。

1. 管理对象

数据中心管理的对象包括机房基础设施、物理资源、虚拟资源池、平台资源、应用资源和数据，这六类对象的集合构成了一至多个业务系统，以及不同的对外服务模式，如图 13-2 所示。

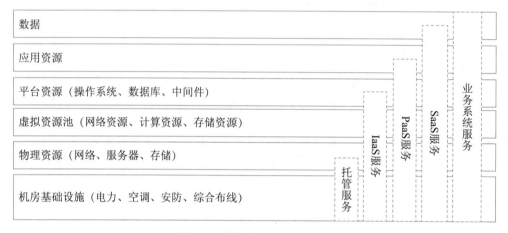

图 13-2 数据中心的管理对象

数据中心的管理对象分为六个层次，包括机房基础设施、物理资源、虚拟资源池、平台资源、应用资源和数据，具体内容如表 13-1 所示。

表 13-1 数据中心管理对象说明

层次	内容	说明
机房基础设施	电气系统	包括高低压供配电系统、电源系统、照明系统、电缆及母线槽、防雷与接地等
	通风空调系统	包括空调水系统、空调风系统、机房空调系统等
	消防系统	包括消防供配电设施、火灾自动报警系统、应急照明与疏散指示系统、应急广播系统、消防供水设施及消火栓系统、自动灭火系统、防烟排烟系统、防火分隔设施、建筑灭火器、空气（氧气）呼吸器等
	智能化系统	环境和设备监控系统、安全防范系统等

层次	内容	说明
物理资源	网络及网络设备	包括局域网、广域网、互联网、网络线路（包括专线、拨号网络、VPN）和网络设备（包括路由器、交换机、防火墙、入侵检测、负载均衡、语音以及通信传输设备等）
	服务器设备	包含 x86 服务器、小型机和大型机等
	存储设备	包括磁盘阵列、磁带库等
虚拟资源池	虚拟网络资源	如虚拟网卡、虚拟网络设备、虚拟链路、虚拟机网络等
	虚拟计算资源	如虚拟机、虚拟机宿主机、虚拟计算资源集群等
	虚拟存储资源	如虚拟存储卷、服务控制器、存储链路等
平台资源	应用运行环境	如操作系统、数据库、中间件等
应用资源	业务应用	指实现业务功能的各种软件，如财务软件、人力资源管理软件、办公自动化软件等
	自身管理	用于自身运营管理的工具软件，如监控软件、网管软件、运维管理软件等
数据	数据	指由业务系统产生、处理并存储于数据中心的各种信息载体

2. 管理内容

数据中心管理内容是指针对上述六类对象进行的调研评估、例行操作、响应支持和优化改善服务。根据数据中心提供的服务外延的不同，数据中心管理的对象层次也不同，一般情况下，各类服务所对应的管理对象如下。

- 托管服务管理对象：机房基础设施以及物理资源中的网络及网络设备。
- IaaS服务管理对象：机房基础设施、物理资源、虚拟资源池和平台资源。
- PaaS服务管理对象：机房基础设施、物理资源、虚拟资源池、平台资源以及应用资源中的应用组件。
- SaaS服务及业务系统服务向用户提供端到端的全面服务，其管理对象涵盖机房基础设施以及物理资源、虚拟资源池、平台资源、应用资源及其产生的数据。

13.1.2　管理模型

除了业务设计、营销和绩效考核等关键因素之外，组织业务运营依赖数据中心的健康度和快速适配业务需求的能力。无论是发生系统故障还是系统功能／容量不能满足业务需求的情况，都需要快速感知、科学决策和有能力进行干涉，因此数据中心管理可采用如图 13-3 所示的模型进行。

在数据中心管理过程中，通过"观察、定位、决定和行动"的管理模型，能够快速、有效形成决策，改善运维过程中的反应时间，更成功地完成管理保障任务。

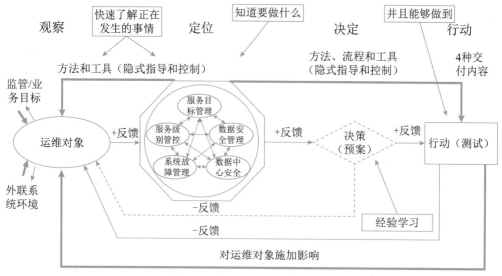

图 13-3　数据中心管理模型示意

1. 观察

观察的目标是通过多维监控和信息采集，明确当前的现状，包括管理对象观察、促成要素观察和内外部环境观察。管理对象观察包括资产管理、容量管理、故障管理等；促成要素观察包括供需双方人员、技术、资源、流程等；内外部环境观察包括业务 / 监管目标，以及外联系统的运行情况等。

2. 定位

定位的目标是准确了解管理对象发生了什么问题及如何解决。在明确数据中心运行维护管理要求的前提下，开展必要的分析，制定事前防御措施。数据中心运行维护管理要求包括目标管理、服务管控、故障处理、数据中心安全和数据安全。

3. 决定

决定的目标是制定相应的行动措施。根据观察和定位阶段掌握的信息，考虑实施的效率和风险管理能力，定义和选择最适合的解决方案。

4. 行动

行动的目标是决定的实现。根据决定选择最佳实施方案，保障业务的健康运行，在出现故障时采取必要的纠正措施，总结分析故障的原因并形成相关预案。

13.1.3　目标管理

数据中心管理是以保证数据中心对外所提供服务的可用性、安全性为目标，以组织业务为视角，确保运行维护内容满足 SLA 要求。提供数据中心运行维护的供方和需方，应制定运行维护策略，以保证数据中心的业务连续性和信息安全。数据中心管理是通过对数据中心服务能力的测量和调整，持续保持服务质量达到组织业务的要求，包括业务关系可视化，分析数据中心服务需求，控制服务期望，确定数据中心服务目标，监控服务质量，服务的评估、改善和终止等活动。

1. 业务关系可视化

数据中心管理者需要明确组织业务和数据中心运维服务的对应关系，并能通过一定的方法实现显性化的展现形式，主要的活动包括：

- 在组织战略或IT战略的指导下，对组内业务流程进行分析，确定各项业务流程的业务目标。
- 从业务视角出发，结合组织架构、业务流程、应用功能和数据中心服务能力，进行组织业务与IT服务的关联性分析。
- 通过配置管理流程或相关监控工具，获取和展示业务与信息系统的关系。
- 定义组织业务与数据中心服务的关系，形成数据中心服务目录，并以服务目录作为业务与数据中心服务的连接点，有效协调双方需求。

2. 分析数据中心服务需求

数据中心管理者为了明确组织业务对数据中心服务的需求和绩效指标，主要的活动包括：

- 分析组织中各种业务对数据中心服务的依赖程度。
- 量化组织对各项数据中心服务的需求，如可用性、连续性、系统容量、最大故障时长，形成数据中心服务级别需求。
- 将服务级别需求分拆到技术架构中的六类对象上，形成设备或系统级的运维需求。
- 在服务目录的指导下提出服务级别需求（SLR）和相关测量指标（KPI）。
- 定义数据中心服务目录中的服务内容和服务要求。

3. 控制服务期望

组织中的业务部门可能会倾向提出过高的服务水平要求，因此数据中心管理者必须有能力评估这些要求的合理性。需要评估服务级别需求的合理性，控制需方所期望的服务水平，主要的活动包括：

- 综合评价供方服务能力，如IT服务的可用性、连续性、容量等，形成IT服务能力基线。
- 评估某个IT服务停止时有无替代手段来维持业务的运行。
- 分析供方现有服务能力水平，识别与需方IT服务需求间的差距。
- 应将业务部门对IT服务的期望值和IT部门的实施能力进行权衡。
- 供需双方对服务级别需求进行协商，以确定最终的或阶段性的服务级别需求。

4. 确定数据中心服务目标

数据中心管理者在与组织中的各业务部门协商服务水平时，应分析数据中心现有服务能力水平并识别差距，形成确实可行的数据中心服务目标，主要的活动包括：

- 在服务目录的指导下，形成服务级别协议（SLA），用于在服务过程中评价数据中心服务质量。

- SLA的内容包括服务的容量、可用性以及业务维系所需的服务水平。服务水平应考虑IT服务所需成本之间的平衡。
- 识别组织内/外部的其他IT服务资源，确定分包或外包需求，形成内部服务级别协议（OLA）或外包合同（UC）。
- 服务目标的内容则包括服务台的支持时间以及IT服务紧急停止时向业务部门通报的时间等，供方应提供多种方案，供需方能够在权衡各项服务的重要性和成本的基础上做出选择。

5. 监控服务质量

数据中心管理者需要建立监控服务质量水平的机制，持续监控数据中心服务质量水平，主要的活动包括：

- 服务过程中应对SLA中规定的服务水平目标的达成状况进行定期监控。
- 建立服务评审机制，对服务水平目标的达成状况等进行定量考核，对组织中业务部门的满意度等指标进行定性考核。
- 通过有效的手段对数据中心服务质量进行量化分析和展示。

6. 服务的评估、改善和终止

数据中心管理者需要定期评估服务的质量，并根据业务需求的变化及时调整、改善服务能力或终止服务，主要的活动包括：

- 建立服务评审机制，对服务水平目标的达成状况等进行定量考核，对业务部门的满意度等指标进行定性考核。
- 对于继续提供的数据中心服务，根据服务评估报告，分析未达成服务目标的原因，制订服务扩展与改善计划。
- 对于决定中止的数据中心服务，与业务部门协商中止方案；业务部门和数据中心各司其职，就中止时间、中止后的替代手段等达成共识。
- 按照中止方案，制订数据中心系统报废计划，并进行相应准备工作。
- 按照中止方案，督促业务部门按约定的时间完成人员或设备的调配及相关准备工作。

13.1.4　服务管控

为了保证数据中心运行维护的规范性，数据中心管理者应建立运维服务组织和管理制度，管理数据中心服务对象包括系统可用性管理、系统容量管理、配置信息管理、系统的变更与发布、知识管理和供应商管理等。对数据中心服务能力进行整体策划，为实施数据中心服务能力管理和按SLA规定交付服务内容提供必要的资源支持，保证数据中心服务质量满足SLA要求，对数据中心服务过程、结果以及相关管理活动进行监督、测量、分析和评审，并实施改进计划。

1. 系统可用性管理

数据中心管理者为了保证数据中心可用性的主要活动包括：

- 建立各系统容量和可用性监测管理机制，配备合适的监控、分析工具，实现对数据中心内的设备或系统运行状态、容量的有效监控和管理。
- 通过信息化的手段持续监视IT基础架构的可用性指标和容量变化情况，以分析业务对IT性能需求的满足程度。
- 对可用性进行持续监控，在可用性需求发生变化时，重新评估系统配置，涉及供应商则需评估采购合同条件，以降低业务运行风险，提高运维效率。
- 建立完善的EOP和应急响应管理机制，必要时按数据中心运行要求制定系统冗余和备份规范。

2. 系统容量管理

系统结构应与业务的容量和可用性需求保持协调，因此对容量与可用性的监控非常重要。数据中心管理者为了获取系统容量水平，以调整系统容量，确保数据中心服务持续满足业务需求和 SLA 要求，主要的活动包括：

- 通过信息化的手段持续监视IT基础架构的可用性指标和容量变化情况，以分析业务对IT性能需求的满足程度。
- 根据分析结果及时调整系统容量水平，以保持业务需求与系统容量的协调，防止因容量超期造成IT服务中断。
- 标准化系统结构，以快速分配系统资源并有效利用系统空余资源。
- 容量有超期风险时，能迅速扩容及响应。
- 建立系统容量评审机制，持续保持系统容量能满足当前及未来的业务需求。

3. 配置信息管理

数据中心管理者需要对数据中心内的设备或系统的组成要素，即硬件、软件等资产信息和合同信息等进行统一管理。实施有效的配置信息管理，梳理数据中心承载的业务与设备或系统的逻辑关系，主要的活动包括：

- 明确设备或系统的组成要素和联接关系。
- 数据中心服务的组成信息，包括数据中心服务中所有的设备或系统组成要素，通常指硬件和软件、设计书、操作手册等文档、SLA等合同文件，以及运维过程文档等。
- 建立完善的CMDB，以及对应的管理流机制。
- 宜采用自动化手段管理配置信息的收集和更新。
- 对无法自动收集的IT服务的组成信息，应定期盘点、核对，并更新到自动化管理中。

4. 系统的变更与发布

数据中心管理者需要通过高效、安全可控的方式，对数据中心管理对象进行变更实施，最大限度地降低业务的安全风险，主要的活动包括：

- 对变更目的、内容、影响进行评估确定，确保变更合规、可控的实施。
- 对变更过程中各类操作活动等建立操作记录或日志。
- 对变更过程形成变更记录或日志的结果，形成审计报告并归档保存。

5. 知识管理

数据中心管理者需要建立知识管理体系，制定技术操作手册或实施方案，并进行风险评估及分析，采取相应的风险规避措施和回退手段，包括但不限于制定设备及系统的 SCP、MOP、SOP，主要活动包括：

- 建立记录所有活动及管理对象状态的运行维护档案，形成服务文档。
- 在业务及系统可视化形成的IT服务目录基础上，对数据中心技术进行盘点。
- 根据技术盘点结果，针对各系统领域和基础技术领域，明确知识管理重点。

6. 供应商管理

供应商是供方服务能力的补充，是数据中心运维服务能力的组成部分，数据中心管理者需要对候选供应商进行调查，确认外部服务商提供的服务水平，保证服务水平一致性，主要的活动包括：

- 供方自身的服务能力和外部服务能力应实现一体化的管理。
- 明确与供应商的合作策略。
- 对候选供应商进行调查，调查内容包含供应商的擅长领域、技术人员规模、产品及特点、组织用户数量及客户满意度等，如涉及多地区/渠道销售的供应商，需对其定点服务提供能力进行调查；如涉及供应商子组织，则需对其子组织负责领域进行调查。
- 宜设立一站式的供应商协调管理办公室（VMO）。
- 在使用IT服务时使用云计算外部服务，对外部服务应提供同等的服务运营，保证服务水平一致，并建立信息共享。
- 明确与外部服务商之间共享的信息，建立信息共享的流程和渠道。
- 指定人员与外部服务商建立信息共享的窗口和沟通体制。

13.1.5　故障管理

为了保证数据中心管理的及时性，达到 SLA 中所规定的事项，数据中心管理者需要：①建立应对系统故障的管理办法，对故障进行探测、应对、确定原因，以防止再次发生；②建立系统故障的分类分级，根据业务对恢复时间的需求、系统故障的影响范围及持续时间等因素明确故障等级；③建立系统故障基于场景分析、故障树分析等方法分析故障根本原因的机制，并形成规避、改进措施的解决方案和预防措施，以避免类似的业务影响再次发生，配备合适的运行维护故障管理和分析工具，实现对故障进行快速反应；④建立事后评估和总结管理机制，跟踪系统故障处理的全过程，监督检查系统故障处理进度和制度流程的执行情况。

1. 故障分类分级和定级

数据中心管理者需要设计数据中心故障的类别和等级，以便在故障处理过程中能迅速评估其对业务的影响范围，明确故障级别以及响应系统之间的关系，并上报相关职能部门。

2. 故障原因调查与分析

建立快速恢复系统故障的应对措施，在故障发生后开展系统故障原因调查与分析，可以利用配置管理过程中建立的系统组成信息，以便在发生大规模系统故障时，快速分析原因。

3. 防止问题再次发生

在数据中心服务暂时恢复后，需要继续调查系统故障的根本原因，可以使用故障树分析（Fault Tree Analysis，FTA）等方法，不仅分析技术层面的问题，还要深入到规则、流程、组织运营以及负责人员意识的层面，对原因进行深入挖掘，制定最终解决方案和预防措施，彻底恢复服务。还应该在日常数据中心管理中主动识别对业务运行造成严重影响的系统故障或频繁出现的系统故障，建立调查此类故障根本原因的机制，并制定最终解决方案和预防措施，避免类似的业务故障影响再次发生。

4. 事后评估与总结

数据中心管理者还应建立故障处置后的评估机制，跟踪信息系统故障处理全过程，监督检查信息系统故障处理进度和制度流程的执行情况，确保预防措施的有效性，总结并明确系统故障处置工作的整体过程存在的问题，提出改进措施和实施计划等。还应该在日常数据中心管理中定期开展对故障现象、原因、影响范围、处理时间和过程、解决方案、预防措施的分析总结，以优化故障管理流程。对于已解决的信息系统故障，总结故障管理经验并纳入知识库；对于未解决的信息系统故障，分析评估故障管理中存在的问题，制订专项措施和计划确保故障解决。

13.1.6　安全管理

数据中心的正常运行，必须保证数据中心的基础设施、应用、数据和业务的安全性。实施数据中心运行维护时，数据中心管理者需要建立满足国家网信办、政府机构或行业监管部门相关法律法规、标准规范要求的信息安全管理体系，制定内部安全管理制度和操作规程，确定安全职责，定期对安全管理人员进行安全教育；建立数据中心安全监测、记录安全运行状态，防范网络安全事件、危害数据中心安全行为的技术措施；制定对数据中心在安全事件上报、处置、总结的管理办法，对不同安全事件对数据中心影响程度的应急管理制度；还应按照等保、监管、审计等各方面的要求，定期对数据中心内的设备或系统、人员、工具和流程进行安全评估、合规检查，持续改进优化。

1. 安全管理制度

数据中心运行维护要符合等保、监管、审计方面的要求与目标，应对数据中心安全运行维护活动中的各类管理内容建立符合等保、监管、审计方面的安全管理制度，对参与安全运维管理的人员和事件进行统一管理，主要包括：

- 安全职责及权限。根据安全管理制度和实际管理需求，划分安全运维管理活动的岗位角色，定义人员职责，授予相应的权限。

- 安全运维流程。建立安全运维管理流程，明确安全运维操作规范，形成安全运维管理人员的工作标准流程，实施具体安全管理活动，保障数据中心业务系统的安全性。
- 安全教育与培训。安全运维管理人员的职责、素质、技能、安全意识等方面应进行定期培训和考核，保证人员具有与其岗位职责相适应的技术能力和管理能力。

2. 安全状态监控

为持续保障数据中心业务系统的安全稳定运行，需要对影响业务系统安全性的关键要素进行梳理，确定数据中心管理对象的安全状态监控指标，主要包括：

- 监控对象及指标分析。确定安全状态监控对象，分析安全状态监控指标，通过安全监控工具，收集安全状态监控的信息，识别威胁和入侵行为，对数据中心管理对象的安全状态进行实时监控。
- 安全状态监控分析报告。根据安全状态监控的数据，进行状态分析、影响分析、趋势分析等，并形成安全状态分析报告。

3. 安全事件处理

为持续保障数据中心业务系统的安全稳定运行，需要制定对安全事件响应及处理流程的管理规范和制度，主要包括：

- 根据安全状态分析报告分析的安全事件，明确安全事件等级、影响程度以及优先级等，按照安全事件报告程序上报安全事件。
- 针对突发的安全事件，应该启动应急预案响应机制进行安全事件处置；针对未知安全事件，应根据安全事件影响程度，制定安全事件处置应对措施的方案，按照安全事件处置流程和方案进行安全事件处置。
- 需要对于未知的安全事件进行事件记录、分析记录信息等，使安全事件成为已知事件，对安全事件处置过程进行总结，制定安全事件处置报告。

4. 应急预案和演练

为提高处置数据中心安全运维突发事件的能力，需要制定有效的应急预案，并定期开展演练，针对不同的安全事件迅速、高效、有序地处理，主要包括：

- 根据安全事件管理办法，对安全事件的影响程度和范围进行分析，以确定是否启动应急响应。
- 针对不同的安全事件等级以及业务影响范围制定相应的应急预案，按照应急预案的指导，定期开展应急演练，保证业务系统的稳定性及应急预案的可执行性。

5. 安全检查和优化

定期对数据中心安全的运维问题，按照等保、监管、审计等各方面的要求进行安全合规检查，为数据中心安全的运维服务提出持续改进优化的评估和建议，确保业务系统的安全性，满足相应安全合规要求，主要包括：

- 制订安全合规检查的工作计划和检查方案，确定安全检查的范围、对象、工作方法等。
- 根据安全检查计划，进行安全合规检查，记录检查活动的结果数据，分析数据中心管理对象存在的风险和威胁，提出符合等保、监管、审计的持续优化改进的建议，针对存在的安全隐患制定优化实施方案，在可控范围内按照计划进行持续优化。

13.2　机房基础设施管理

在数据中心的机房基础设施的管理维护方面，需要从例行操作、响应支持、优化改善和调研评估四方面入手，主要针对电气系统、通风空调系统、消防系统和智能化系统进行管理。

13.2.1　例行操作

数据中心的机房基础设施的例行操作内容通常包括监控、预防性检查和常规作业。

1. 监控

在数据中心运行维护过程中，对机房基础设施进行监控时，应根据具体的管理对象，确定监控内容和指标。根据数据中心的机房基础设施配置情况，各类机房基础设施监控的内容应至少包括表 13-2 所示的内容。

表 13-2　机房基础设施监控内容

管理对象		监控内容
电气系统	高低压配电柜	开关状态、电压、电流、频率、功率因数、有功功率、无功功率、故障信息以及相关保护装置的工作状态、控制电压等
	变压器	高 / 低压侧电压、电流、频率、功率因数、有功功率、无功功率、负载比例、电压谐波总畸变率、电流谐波总畸变率、绕组温度、风扇开关状态
	发电机	频率、功率因数、各相电压、电流、负载比例、发动机转速、机油 / 燃油压力、冷却液温度、油箱液位等
	UPS	开关状态、电压、电流、频率、功率因数、有功功率、无功功率、负载比例、电池组电压、电流、后备时间
	电池	电压、电流、内阻、温度
	直流电源	开关状态、电压、电流、频率、功率因数、有功功率、无功功率、负载比例
通风空调系统	制冷机组、冷却塔	运行 / 停止、故障 / 正常、手动 / 自动状态；冷冻水 / 冷却水供回水温度；负载率；蒸发器 / 冷凝器压力；报警
	空调水系统	各类泵阀的运行状态、手动 / 自动状态；变频器频率、进出口压差
	空调风系统	新风温湿度；送风温湿度

管理对象		监控内容
通风空调系统	直膨式机房空调	回风温度 / 湿度；风量；压缩机、加湿器、风机、空调开 / 关机状态；报警
	水冷机房空调	回风温度 / 湿度；供 / 回水温度；风量；加湿器、风机、空调开 / 关机状态；报警
	加 / 除湿设备	开 / 关机状态；室内湿度；报警
消防系统	消防报警系统	手动 / 自动状态、告警信息
	消防水系统	各类泵阀的运行状态、手动 / 自动状态；消防水箱液位、系统压力
智能化系统	环境和设备监控系统、安全防范系统	系统运行状态、网络通信、存储空间、告警信息

2. 预防性检查

在数据中心管理过程中，对机房基础设施进行预防性检查时，应根据具体的管理对象，确定性能检查内容和脆弱性检查内容。根据数据中心的机房基础设施配置情况，各类机房基础设施预防性检查的内容应至少包括表 13-3 所示的内容。

表 13-3　机房基础设施预防检查内容

管理对象		性能检查内容	脆弱性检查内容
电气系统	配电柜	接地电阻、零序电流、器件发热情况、保护装置状态、计量仪表显示等	导线、器件发热情况，防浪涌器件情况等
	变压器	输入 / 输出电压、电流、温控器绕组温度、风扇运转情况	负载比、电缆、母线连接发热情况，运行噪音等
	发电机	输出电压、电流、转速、冷却液温度、仪表显示等	负载比、油位、吸气、排烟通道、运行噪音等
	UPS	输入 / 输出电压、电流、器件及导线连接发热情况、通风情况（风扇、入气口、出气口）、控制面板显示等	负载比、器件、导线连接发热情况，电池后备时间，通风情况，运行噪音等
	电池	温度、导线发热情况	温度、导线连接发热情况；是否氧化；漏液检查、变形
	直流电源	输入 / 输出电压、电流、器件及导线连接发热情况、通风情况、控制面板显示等	负载比、器件、导线连接发热情况，电池后备时间，通风情况，运行噪音等
通风空调系统	制冷机组、冷却塔	振动、运行噪音；压力、温度；控制面板信息	负载比、振动、运行噪音、漏水检查
	空调水系统	运行噪音、各类仪表信息	运行噪音、压力、漏水检查
	空调风系统	风机运行情况、风速，预处理系统工作状态，上下水情况等	过滤网检查、风压差检查
	直膨式机房空调	高压压力、低压压力、风机运行情况、灰尘情况等	机房热点情况、冷凝漏水检查、室外风机运转情况、加湿罐阳极棒检查、过滤网检查等

管理对象		性能检查内容	脆弱性检查内容
通风空调系统	水冷机房空调	冷冻水压力、温度，风机运行情况，灰尘情况等	机房热点情况、室内机漏水检查、过滤网检查等
	加/除湿设备	控制面板信息、上下水情况等	漏水检查
消防系统	消防报警系统	工作状态、探头污染等	报警检查、电源状态等
	消防水系统	水箱液位、系统压力等	各类泵阀工作状态、压力等
	气体消防	钢瓶压力、有效期	启动瓶、管道开关、气体压力等
智能化系统	BA 系统	服务器、DDC 状态、网络通信、存储容量等	系统运行状态、工况选择、阈值、执行逻辑等
	动力环境监控	服务器、网络通信、存储容量等	系统运行状态、阈值、联动告警逻辑、PUE、负载比等
	视频监控系统	画面清晰度（不同照度情况下）、录像硬盘（磁带）容量、云台运行等	监控系统运行状态、监控死角问题等
	门禁系统	服务器、控制器、读卡器、门磁等工作状态，记录存储容量等	门禁系统与消防系统和视频监控系统的联动检查（如果有此功能）、异常情况报警检查
	综合布缆系统	光纤、铜缆链路测试，性能测试等	线缆识别标签的完整性、准确性

3. 常规作业

机房基础设施的常规作业包括基础类操作、测试类操作和数据类操作。

- 基础类操作：参照设备设施的相关手册和数据中心的配置基准（SCP），制定相应的SOP、MOP，并按SOP、MOP规定的程序执行设备的日常运行、维护和保养等作业。
- 测试类操作：按相应的SOP、MOP对机房基础设施各系统功能、性能进行测试作业。
- 数据类操作：按相应的SOP、MOP对机房基础设施运行日志、记录等数据进行备份、清除、更新等操作。

在数据中心管理过程中，对机房基础设施进行常规作业时，应根据具体的管理对象，确定操作内容和周期。根据数据中心机房基础设施配置情况，各类机房基础设施常规作业的内容应至少包括表 13-4 所示的内容。

表 13-4　机房基础设施常规作业示意

管理对象		基础类操作	测试类操作	数据类操作
电气系统	配电柜	除尘、合闸、分闸等	互投测试等	运行记录备份
	发电机	更换三滤、清洁等	空载测试、带载测试、切换演练等	运行日志备份，报警记录备份、清除等
	UPS	旁路、清洁等	旁路测试、电池放电测试、周期性主/备切换、应急演练等	运行日志备份，报警记录备份、清除等

管理对象		基础类操作	测试类操作	数据类操作
通风空调系统	制冷机组、冷却塔	启/停机、主备切换	周期性主/备切换、应急演练等	运行日志备份，报警记录备份、清除等
	空调风系统	启/停机、清洗更换滤网等	消防联动测试	运行记录备份（如果有）
	直膨式机房空调	启/停机、清洗更换滤网、清洁更换加湿系统、清洁冷凝器、补充冷媒更换故障元器件等	漏水报警测试、周期性主/备切换、应急演练等	运行日志备份，报警记录备份、清除等
	水冷机房空调	启/停机、清洗更换滤网、更换故障元器件等	漏水报警测试、周期性主/备切换、应急演练等	运行日志备份，报警记录备份、清除等
消防系统	消防报警系统	探头清洗、更换故障元器件等	联动测试、告警测试等	报警记录备份、清除
	消防水系统	更换故障设备等	消防泵启动测试	报警记录备份、清除
	气体消防	更换失效钢瓶	启动测试	报警记录备份、清除
智能化系统	BA 系统	运行工况调整、完善 DDC 控制逻辑及系统联动逻辑、传感仪表检定、更换故障元器件等	控制测试、联动测试、告警测试等	运行数据导出、备份，运行日志备份，报警记录备份、清除等
	动力环境监控	传感仪表检定、阈值调整、PUE 公式调整、更换故障元器件等	漏水测试、温/湿度测试、告警测试等	运行数据导出、备份，运行日志备份，报警记录备份、清除等
	视频监控系统	视频监控头清洁、云台保养	器件灵敏度、画面清晰度（不同照度情况下）、云台运行等	出入记录导出、备份，监控图像记录备份、清除，报警记录备份、清除等
	门禁系统	门禁授权等	门禁系统与消防系统和视频监控系统的联动检查测试（如果有此功能），掉电测试	运行日志备份，报警记录备份、清除等
	综合布缆系统	线路整理、跳接等	链路测试、性能测试	布线系统拓扑图数据更新

13.2.2　响应支持

在数据中心管理过程中，对机房基础设施进行响应支持时，应根据不同的管理对象和系统运行要求，确定事件驱动响应和服务请求响应的具体服务内容。

1. 事件驱动响应

针对设备的软硬件故障引起的业务中断或运行效率无法满足正常运行要求而进行的响应服务，包括但不限于：

- 电气系统：①配电系统包括故障排查，投入备用电源回路，关闭非重要回路等；②发电机系统包括故障排查，启动发电机，油料补充，冷却液更换，电瓶更换等；③UPS系统包括故障排查，旁路系统，关闭非重要输出等；④直流电源系统包括故障排查，整流模块维修更换等；⑤防雷接地系统包括浪涌保护器复原和更换，接地电阻降阻等。
- 通风空调系统：故障排查，关闭部分设备以维持数据中心温湿度指标，关闭新风系统等。
- 消防系统：包括故障排查，系统启动，报警联动，疏散警示等。
- 智能化系统：①BA系统包括故障排查，检测元件（设备）、DDC，执行器更换，软硬件升级等；②动力环境监控系统包括故障排查，检测元件（设备）更换，软硬件升级等；③视频监控系统包括故障排查，摄像机或硬盘更换，检查告警，数据恢复等；④门禁系统包括故障排查，手动开启或关闭门禁系统，检查告警或监控记录等；⑤综合布缆系统包括更换线缆、模块等。

2. 服务请求响应

根据应用系统运行需要或需方的请求而进行的响应服务，包括但不限于：

- 电气系统：①配电系统包括增减回路，增减供电类型（如直流、110V），分支回路相位调整等；②发电机为指定负载供电等；③UPS系统包括旁路操作，为指定负载供电等；④防雷接地系统包括新设备接地等。
- 通风空调系统：调整温度、湿度参数，调整新风量等。
- 消防系统：包括增减设备，更新联动逻辑，检查及提供告警及监控记录，备份或清除记录等。
- 机房监控与安全防范系统：①BA系统包括数据中心扩容或改造时增减或调整相应的传感器、DDC、执行器等，更新点表，调整阈值设定等，在季节转换时变更工况设置等；②动力环境监控系统包括增减或调整检测元件（设备），数据中心扩容或改造时屏蔽告警，连接新的被监控设备，更新系统PUE计算公式等；③视频监控系统包括调整摄像机位置，增加摄像机和录像机容量等；④门禁系统包括增加、删减、变更门禁权限等；⑤综合布缆系统包括链路跳接，跳线更换，布线扩容等。

13.2.3　优化改善

在数据中心管理过程中，对机房基础设施进行优化改善时，应根据数据中心容量的变化情况以及不同的管理对象和系统运行要求，确定适应性改进，增强性改进和预防性改进的具体服务内容。

1. 适应性改进

根据数据中心容量的变化情况以及业务系统及其软硬件环境的运行要求，对机房基础设施进行必要的调整，包括但不限于：

- 电气系统：配电系统根据数据中心容量情况，包括更换开关、导线以适配负载容量等，发电机包括调整启动方式等，调整防雷接地系统等。

- 通风空调系统：调整机组主备运行模式，以适应数据中心容量变化；调整温湿度参数，调整机组位置，增减新风风量等。
- 智能化系统：①调整BA系统的控制逻辑，以适应数据中心的工况、容量变化；②调整环境和设备监控系统、视频监控系统和门禁系统，以适应数据中心容量、防护等级等的变化；③调整综合布缆系统，以适应应用系统的变化。

2. 增强性改进

根据数据中心容量的变化情况以及业务系统及其软硬件环境的运行状况，对机房基础设施进行调整、扩容或升级，包括但不限于：

- 电气系统：①电力系统增容；②配电系统包括增加回路，增加ATS设备等；③UPS系统包括增加主机数量，增加电池数量等；④防雷接地系统包括增加冗余引下线、接地装置，降低接地电阻阻值等。
- 通风空调系统：增减空调机组，改善气流组织（如增减气流增强装置、封闭冷/热通道等），增加新风机组、预处理装置等。
- 消防系统：包括增加检测元件（设备）和喷头数量，更换高性能控制主机。
- 智能化系统：①环境和设备监控系统包括增加检测元件（设备）密度，提高检测元件（设备）精度或更换功能更完善的检测元件（设备）等，升级环境和设备监控软硬件等；②视频监控和门禁系统包括增加报警联动，增加终端数量，增加存储容量等；③综合布缆系统包括线路扩容，提升布线系统级别等；④使用物联网等技术对数据中心的各类设备进行全生命周期的管理，包括但不限于设备状态、位置、异动信息等。

3. 预防性改进

根据业务系统及其软硬件环境的运行趋势，对机房基础设施的脆弱点实施改进作业，包括但不限于：

- 电气系统：配电系统包括更换开关，更换导线，调整回路等；发电机包括更换电瓶，更换或添加适应环境温度的防冻液和油料等；防雷接地系统包括焊接点加固、防腐处理等。
- 通风空调系统：调整机组位置，调整出/回风方式等。
- 消防系统：包括消防系统预防性改进（按照当地消防管理部门管理要求）。
- 智能化系统：①BA系统与工单系统的联动；②环境和设备监控系统与运维管理系统联动；③安防系统的视频监控和门禁系统与消防系统联动，安防系统的门禁系统与工单系统、人员定位系统联动等；④综合布缆系统弱电线缆与强电线缆的物理隔离、线缆整理、鼠患排查等。

13.2.4　调研评估

根据数据中心管理需求，对机房基础设施的运行现状进行调查分析，建立各系统的 SCP 及

MOP、SOP 等规范性文档。

13.3　物理资源管理

在数据中心中通常运行着大量的网络及网络设备、服务器设备、存储设备等物理资源，需要从例行操作、响应支持、优化改善和调研评估四方面入手进行管理。

13.3.1　例行操作

1. 监控

在数据中心管理过程中，对物理资源进行监控时，应根据具体的管理对象，确定监控内容和指标。根据数据中心的物理资源配置情况，各类物理资源监控的内容应至少包括表 13-5 所示的内容。

表 13-5　物理资源监控内容示意

管理对象	监控内容
网络及网络设备	● 网络设备的健康状况、整体运行状态、各项硬件资源开销状况 ● 链路健康状况，如端到端时延变化、链路端口工作稳定性、链路负载情况、部署路由策略情况下端到端选路变化、路由条目变化 ● 管理权限用户的行为审计 ● 设备软件配置变动审计 ● 设备日志审计 ● 端口流量速率、丢包、错包以及广播风暴等情况 ● 管理权限用户的行为审计 ● 安全事件审计
服务器	● 服务器整体运行情况 ● 服务器电源工作情况 ● 服务器CPU工作情况 ● 服务器内存工作情况 ● 服务器硬盘工作情况 ● 服务器接口工作情况
存储设备	● 存储设备控制器工作情况 ● 存储设备电源工作情况 ● 存储设备数据存储介质工作情况 ● 存储设备接口工作情况 ● 存储设备数据存储介质空间使用情况 ● 存储设备读写速率情况 ● 存储设备读写命中率情况

2. 预防性检查

在数据中心管理过程中，对物理资源进行预防性检查时，应根据具体的管理对象，确定性能检查内容和脆弱性检查内容。根据数据中心的物理资源配置情况，各类物理资源预防性检查的内容应至少包括表 13-6 所示的内容。

表 13-6　物理资源预防性检查内容示意

管理对象	性能检查内容	脆弱性检查内容
网络及网络设备	● 设备机身、板卡或模块的工作情况 ● CPU使用峰值情况 ● 内存使用峰值情况 ● FLASH存储空间 ● 板卡风扇温度等运行情况 ● 主要端口的利用率 ● 链路的健康状态，包括IP包传输时延、IP包丢失率、IP包误差率、无效IP包（包括攻击性IP包、欺骗性IP包、垃圾IP包等） ● 主要端口的状态，例如STP、VRRP等协议 ● 路由协议状态，例如OSPF/BGP等协议 ● 检查其他关键指标项，例如各类关键表项、会话连接数等	● 系统版本是否需要升级或修复 ● 设备链路的冗余度要求 ● 安全事件周期性整理分析 ● 设备生命周期评估 ● 备件可用性周期性检查 ● 业务带宽是否满足业务高峰需求 ● 网络边界防护控制评估
服务器	● 服务器的资源分配情况和策略 ● CPU使用峰值情况 ● 内存使用峰值情况 ● 文件系统空间使用情况 ● I/O读写情况 ● 网络流量情况等 ● 与存储的链路运行状态 ● 硬件日志情况	● 服务器资源使用是否超过预定阈值 ● 服务器关键部件是否满足运行冗余度要求 ● 服务器关键部件的微码版本是否需要升级 ● 服务器硬盘是否RAID保护 ● 系统微码、操作系统版本一致性检查 ● 硬件型号、系统版本兼容性检查 ● 接口链路状态是否有异常情况
存储设备	● I/O读写速率情况 ● 读写缓存分配比例情况 ● 数据读写命中率情况 ● 存储硬盘空间使用情况 ● 存储系统日志情况 ● 磁带读取和写入速率情况 ● 磁带池使用情况	● 存储关键硬件部件是否满足运行冗余度要求 ● 当前微码版本是否需要升级 ● 存储配置备份机制是否完善 ● 存储管理软件是否需要升级或打补丁 ● 存储空间使用比例是否达到预定告警阈值 ● 存储设备的离线记录检查 ● 存储介质的坏块记录检查 ● 系统微码版本一致性检查

3. 常规作业

在数据中心管理过程中，对物理资源进行常规作业时，应根据具体的管理对象，确定操作内容和周期。根据数据中心的物理资源配置情况，各类物理资源常规作业的内容应至少包括表 13-7 所示的内容。

表 13-7　物理资源常规作业内容示意

管理对象	常规作业内容
网络及网络设备	<ul><li>设备操作系统软件备份及存档</li><li>系统微码升级</li><li>设备软件配置备份及存档</li><li>监控系统日志备份及存档</li><li>监控系统日志数据分析与报告生成</li><li>网络配置变更文件的审核</li><li>网络配置变更的操作</li><li>网络配置变更的记录</li><li>安全设备特征库升级</li><li>安全审计类分析报告</li><li>周期性关键设备主备切换/应急演练</li></ul>
服务器	<ul><li>系统微码升级</li><li>配置文件备份</li><li>过期日志和文件系统空间清理</li><li>服务器硬盘RAID配置检查（如有RAID控制器）</li><li>更换控制器电池（如有RAID控制器）</li><li>系统重启</li></ul>
存储设备	<ul><li>系统微码升级</li><li>更换控制器电池</li><li>介质读写正常性测试</li><li>配置文件备份</li><li>过期运行日志清理</li><li>链路端口访问测试</li></ul>

13.3.2　响应支持

在数据中心管理过程中，对物理资源进行响应支持时，应根据不同的管理对象和系统运行要求，确定事件驱动响应和服务请求响应的具体服务内容。

1. 事件驱动响应

针对物理资源的故障引起的业务中断或运行效率无法满足正常运行要求而进行的响应服务，包括但不限于：

- 网络及网络设备事件驱动响应：①故障定位；②停止、启动进程；③中断、连通网络连接；④关闭、启动端口；⑤网络备件更换；⑥更改、恢复配置。
- 服务器事件驱动响应：①服务器重启；②更换故障部件，包括主板、电源、CPU、内存、硬盘等；③服务器关键部件微码升级；④服务器硬盘RAID配置修复。

- 存储设备事件驱动响应：①存储重启；②配置文件恢复；③更换故障部件，包括电源、硬盘等；④微码升级；⑤存储管理软件补丁安装；⑥数据修复。

2. 服务请求响应

根据应用系统运行需要或需方的请求而进行的响应服务，包括但不限于：

- 网络及网络设备服务请求响应：①增加、降低网络接入的数量或速度；②更改网络设备配置；③启动、关闭端口或服务；④更换、更新或升级设备硬件或软件。
- 服务器服务请求响应：①服务器设备搬迁；②服务器设备停机演练；③服务器设备清洁维护等；④服务器硬件扩容；⑤集群环境搭建和切换演练。
- 存储设备服务请求响应：①存储设备搬迁；②存储设备停机演练；③存储设备清洁维护；④存储硬盘空间扩容；⑤存储结构调整；⑥新增主机分配存储空间；⑦主机端多路径软件的安装配置。

13.3.3　优化改善

在数据中心管理过程中，对物理资源进行优化改善时，应根据不同的管理对象和系统运行要求，确定适应性改进、增强性改进和预防性改进的具体服务内容。

1. 适应性改进

根据业务系统及其软硬件环境的运行要求，对物理资源进行必要的调整，包括但不限于：

- 网络及网络设备适应性改进：①路由策略调整；②设备或链路负载调整；③网络安全加固；④网络敏感数据加密；⑤监控对象覆盖范围调整；⑥局部交换优化；⑦局部冗余优化。
- 服务器适应性改进：①服务器硬盘RAID配置调整；②服务器网络、光纤链路冗余调整；③服务器电源供电接入冗余调整。
- 存储设备适应性改进：①存储设备读写高速缓存（Cache）比例调整；②存储设备RAID保护级别调整；③存储设备新增硬盘，包括新增磁盘扩展柜；④存储设备逻辑盘的容量调整；⑤存储设备分配主机的调整；⑥磁带池的配置调整；⑦光纤交换机存储网络区域（zone）规划调整。

2. 增强性改进

根据业务系统及其软硬件环境的运行状况，对物理资源进行调整、扩容或升级，包括但不限于：

- 网络及网络设备增强性改进：①硬件容量变化，如网络设备硬件、软件升级，带宽升级等；②整体网络架构变动；③安全设备特征库升级；④网络架构容量变化，如网络子系统的增减等；⑤系统功能变化，如新增功能区、新增安全系统、新增审计系统等；⑥路由协议应用及部署调整；⑦整体安全策略收紧；⑧交换优化；⑨冗余优化。
- 服务器增强性改进：①为本服务器从存储系统上分配更大空间；②服务器CPU个数增加；③服务器内存容量增加；④服务器磁盘空间扩容；⑤服务器网卡和HBA接口卡增加等。

- 存储设备增强性改进：①存储设备控制器、硬盘等部件的微码升级；②存储设备新增硬盘扩容，包括新增磁盘扩展柜；③存储设备高速缓存（Cache）容量增加；④磁带池的容量调整，包括新增磁带；⑤磁带驱动器的新增；⑥存储设备光纤模块的升级；⑦光纤交换机的光纤模块升级；⑧光纤交换机的端口激活扩容，包括新增光模块；⑨存储设备管理软件的版本升级。

3. 预防性改进

根据业务系统及其软硬件环境的运行趋势，对物理资源的脆弱点实施改进作业，包括但不限于：

- 网络及网络设备预防性改进：①配置参数优化，例如关闭不必要的服务，打开默认的增强功能，加快三层网络路由收敛速度，加快二层网络生成树收敛速度等；②网络安全优化，例如添加防火墙、IPS、WAF、DDOS等安全设备；③提高软件配置命令可读性。
- 服务器预防性改进：①检查服务器硬盘RAID配置，及时修复或更换故障硬盘；②增加服务器网卡、光纤卡以及链路冗余情况；③增加服务器电源供电模块冗余。
- 存储设备预防性改进：①收集磁盘空间的使用情况，及时清理垃圾数据或增加存储设备容量；②查看存储控制器电池的使用情况，及时更换新的电池；③检查存储设备的电源是否老化，及时更换新的电源；④查看磁带驱动器的使用情况，及时清洗磁头；⑤查看存储设备的读写性能，适时调整存储控制器的高速缓存（Cache）容量。

13.3.4 调研评估

在数据中心管理过程中，基于对物理资源运行情况统计与分析，并且结合整体情况（如使用时间、灰尘与噪声情况等），提出物理资源优化、升级的建议方案。

13.4 虚拟资源管理

在数据中心中的虚拟资源通常是由物理资源通过虚拟化技术衍生而来，与物理资源保持着密切的关系，通常包括虚拟网络资源、虚拟计算资源和虚拟存储资源，也需要从例行操作、响应支持、优化改善和调研评估四方面入手进行管理。

13.4.1 例行操作

1. 监控

在数据中心管理过程中，对虚拟资源进行监控时，应根据具体的对象确定监控内容和指标。根据数据中心的虚拟资源配置情况，各类虚拟资源监控的内容应至少包括表 13-8 所示的内容。

表 13-8　虚拟资源监控内容示意

管理对象	监控内容
虚拟网络资源	● 虚拟网络资源分配状况 ● 虚拟网络资源的健康状态 ● 虚拟网络资源的链路状况，如端到端时延变化、链路端口工作稳定性、链路负载 ● 虚拟网络资源配置变动 ● 虚拟网络资源操作日志 ● 虚拟网络资源安全事件 ● 虚拟网络控制器性能的监控
虚拟计算资源	● 虚拟计算资源分配状况 ● 虚拟计算资源群集容量状况、性能状况 ● 虚拟机宿主机及虚拟机CPU负荷 ● 虚拟机宿主机及虚拟机磁盘I/O负荷 ● 虚拟机宿主机及虚拟机内存负荷 ● 虚拟机宿主机及虚拟机网络I/O负荷 ● 虚拟机宿主机及虚拟机网络链路状态 ● 虚拟机宿主机及虚拟机管理代理进程 ● 虚拟机宿主机及虚拟机计算资源分配 ● 虚拟机宿主机及虚拟机系统日志异常 ● 引发性能问题的虚拟机快照管理（如捕获、克隆） ● 虚拟机宿主机使用存储的相关属性状态监控（如多路径状态监控） ● 自动化事件监控（发生自动迁移、虚拟机重启等自动化事件）
虚拟存储资源	● 虚拟存储资源分配策略与空间使用状况 ● 瘦供给模式下容量监控 ● 服务控制器CPU负载情况 ● 服务控制器内存消耗情况 ● 服务控制器整体数据吞吐带宽、IOPS、响应时间和请求队列时间 ● 服务控制器后端数据吞吐带宽、IOPS、响应时间和请求队列时间 ● 服务控制器高速缓存（Cache）利用情况 ● 虚拟存储卷访问吞吐率、IOPS、响应时间和请求队列时间 ● 仲裁控制点（磁盘、光纤链路、服务器等）健康性 ● 服务控制器前后端I/O链路 ● 服务控制器后端分布式物理存储健康性 ● 服务控制器各服务网络端口监听情况 ● 服务控制器服务进程的运行状态 ● 服务控制器日志

2. 预防性检查

在数据中心管理过程中，对虚拟资源进行预防性检查时，应根据具体的管理对象，确定性能检查内容和脆弱性检查内容。根据数据中心的虚拟资源配置情况，各类虚拟资源预防性检查的内容应至少包括表 13-9 所示的内容。

表 13-9　虚拟资源预防性检查内容示意

管理对象	性能检查内容	脆弱性检查内容
虚拟网络资源	● 虚拟网络的资源分配情况 ● 虚拟网络资源及控制器健康状态 ● 虚拟网络资源CPU使用峰值情况 ● 虚拟网络资源内存使用峰值情况 ● 虚拟网络资源端口运行情况 ● 虚拟网络资源链路的健康状况，包括IP包传输延时、IP包丢失率、IP包误差率、无效IP包（包括攻击性IP包、欺骗性IP包、垃圾IP包等） ● 虚拟网络资源存储空间 ● 虚拟网络资源板卡风扇温度情况 ● 虚拟网络路由协议状态，例如OSPF/BGP邻居等 ● 虚拟网络控制器网络资源调度情况	● 虚拟网络资源的链路冗余度要求 ● 虚拟网络资源使用度和调度情况评估 ● 虚拟网络资源可用性周期性检查 ● 虚拟网络资源安全事件周期性整理分析 ● 虚拟网络资源及控制器是否存在软件bug问题 ● 虚拟网络业务带宽是否满足业务高峰需求
虚拟计算资源	● 虚拟计算资源的资源分配情况 ● 计算资源的资源分配情况与分配策略 ● 虚拟机宿主机及虚拟机CPU使用峰值情况 ● 虚拟机宿主机及虚拟机内存使用峰值情况 ● 虚拟机宿主机及虚拟机文件系统空间使用情况 ● 虚拟机宿主机及虚拟机I/O读写情况 ● 虚拟机宿主机及虚拟机网络流量情况等	● 物理服务器关键硬件部件是否存在故障 ● 计算资源分配是否超过预定阈值 ● 当前虚拟机宿主机版本是否安装相关风险补丁 ● 虚拟机宿主机服务进程的健康状态 ● 虚拟机宿主机文件空间使用是否达到预定阈值 ● 虚拟机宿主机系统数据安全防护设置是否满足要求 ● 虚拟计算资源安全隔离有效性
虚拟存储资源	● 存储资源分配策略与空间使用率 ● 服务控制器的数据吞吐带宽、IOPS、响应时间和请求排队时间 ● 虚拟存储卷访问吞吐率、IOPS、响应时间和请求队列时间 ● 各服务控制器高速缓存（Cache）利用率，作为后端存储优化依据 ● 虚拟存储卷后端存储的性能匹配 ● 服务控制器日志 ● 用户请求的错误率 ● 所有服务所接受的请求错误率	● 服务控制器冗余度 ● 服务仲裁控制点健康性 ● 服务控制器微码版本 ● 存储资源分配策略避免过度分配 ● 控制器存储虚拟化软件版本一致性 ● 虚拟存储资源授权的全局性和统一性 ● 数据副本数 ● 数据保存的出错率 ● 数据传输的出错率 ● 数据副本的一致性 ● 统计数据恢复的时间

3. 常规作业

在数据中心管理过程中，对虚拟资源进行常规作业时，应根据具体的管理对象，确定操作内容和周期。根据数据中心的虚拟资源配置情况，各类虚拟资源常规作业的内容应至少包括表 13-10 所示的内容。

表 13-10　虚拟资源常规作业内容示意

管理对象	常规作业内容
虚拟网络资源	● 虚拟网络资源的分配与回收 ● 虚拟网络资源配置备份及存档 ● 监控虚拟网络资源日志备份及分析 ● 虚拟网络资源日志数据分析与报告生成 ● 虚拟网络资源配置变更文件的审核 ● 虚拟网络资源配置变更的操作 ● 虚拟网络资源配置变更的记录 ● 虚拟网络控制器配置日常变更备份等
虚拟计算资源	● 虚拟计算资源的分配与回收 ● 虚拟计算资源扩容与配置更改 ● 虚拟机模板的创建、保存、部署、维护 ● 虚拟机映像的设计、创建、保存、部署、维护、销毁 ● 虚拟化软件升级及许可管理 ● 虚拟机迁移与脚本维护 ● 虚拟机备份、克隆与恢复 ● 虚拟机创建及启动、停止、删除、回收、转换 ● 虚拟计算资源日志文件备份和分析 ● 虚拟计算资源的访问控制与权限管理 ● 可靠性计划制订与演习
虚拟存储资源	● 虚拟存储资源的分配与回收 ● SAN 拓扑、端口、存储网络区域（zone）配置维护 ● 服务控制器配置备份和恢复 ● 虚拟存储资源映射配置 ● 存储资源容量配置 ● 制订和实施异构存储资源数据快照、镜像和容灾计划 ● 存储资源内数据在线迁移 ● 数据分层管理 ● 数据副本数管理 ● 资源使用情况统计 ● 用户使用情况统计 ● 服务控制器微码升级 ● 存储虚拟化软件版本升级 ● 日志文件分析和备份

13.4.2　响应支持

在数据中心管理过程中，对虚拟资源进行响应支持时，应根据不同的管理对象和系统运行要求，确定事件驱动响应和服务请求响应的具体服务内容。

1. 事件驱动响应

针对虚拟资源及所依赖的硬件故障引起的业务中断或运行效率无法满足正常运行要求而进行的响应服务，包括但不限于：

- 故障定位。
- 虚拟资源重新调配、紧急迁移、紧急扩容。
- 解决虚拟资源所依赖的物理资源故障和缺陷，包括服务器、网络及网络设备、虚拟网络控制器、存储、仲裁控制点（磁盘、光纤链路、服务器等）等。
- 虚拟资源紧急操作，如更换、中断、连通网络连接，关闭、启动端口，更改、恢复配置，停止及启动进程、重启等。

2. 服务请求响应

根据应用系统运行需要或需方的请求而进行的响应服务，包括但不限于：

- 虚拟机、配置信息、数据的备份与恢复。
- 虚拟机创建、迁移、回收、变更。
- 虚拟资源的容灾、高可用配置、计划实施与演练。
- 虚拟网络控制器配置变更下发。
- 数据统一备份。
- 数据访问性能优化。
- 数据在线迁移与分级存储。
- 新增主机分配存储空间。
- 现有主机存储空间调整。
- 主机端多路径软件的安装配置。
- 虚拟资源的扩容、调配、变更。
- 增加、降低虚拟网络资源，网络接入数量或速率。
- 更改虚拟网络资源配置。
- 启动、关闭端口或服务。
- 更换、更新或升级虚拟网络资源硬件或软件。

13.4.3 优化改善

在数据中心管理过程中，对虚拟资源进行优化改善时，应根据不同的管理对象和系统运行要求，确定适应性改进、增强性改进和预防性改进的具体服务内容。

1. 适应性改进

根据业务系统及其软硬件环境的运行要求，对虚拟资源进行必要的调整，包括但不限于：

- 虚拟网络设备或链路负载调整。
- 虚拟网络安全策略调整。

- 虚拟网络监控对象覆盖范围调整。
- 虚拟网络路由策略调整。
- 虚拟网络交换及冗余优化。
- 虚拟网络资源调配。
- 虚拟网络控制器配置优化调整。
- 虚拟机计算资源CPU、内存容量、硬盘容量、网络的调整。
- 虚拟机计算资源迁移。
- 虚拟化计算资源调度的算法。
- 虚拟存储服务控制器前后端网络（SAN或IP）端口吞吐速率的调整。
- 根据数据生命周期，进行存储资源分层调整。
- 数据存储平衡算法调整。
- 虚拟存储卷保留份数调整。
- 虚拟存储卷镜像复制级别调整。

2. 增强性改进

根据业务系统及其软硬件环境的运行状况，对虚拟资源进行调整、扩容或升级，包括但不限于：

- 虚拟网络资源调整，如CPU、内存、端口的调配、扩容回收。
- 虚拟网络资源网络架构变动。
- 虚拟网络架构容量变化，如网络子系统的增减等。
- 虚拟网络系统功能变化，如新增安全系统、新增审计系统等。
- 虚拟网络路由协议应用及部署调整。
- 虚拟网络整体安全策略收紧。
- 虚拟网络资源冗余优化。
- 虚拟网络控制器软件版本升级。
- 虚拟计算资源宿主机服务器和虚拟机计算能力扩容。
- 虚拟计算资源宿主机服务器和虚拟机内存扩容。
- 虚拟计算资源宿主机服务器和虚拟机网络吞吐能力扩容。
- 虚拟计算资源高可用性增强与演练。
- 虚拟计算资源容错机制增强与演练。
- 虚拟计算资源备份恢复测试。
- 虚拟存储服务控制器节点数量增加。
- 虚拟存储服务控制器内存容量增加。
- 虚拟存储服务控制器CPU性能增强。
- 虚拟存储服务控制器前后端网络（SAN或IP）端口增加。
- 虚拟存储服务控制器后端分布式物理存储的高速缓存（Cache）、容量等增加。

- 虚拟存储服务控制器微码升级。
- 安全设备特征库升级。
- 存储虚拟化软件升级。

3. 预防性改进

根据业务系统及其软硬件环境的运行趋势，对虚拟资源的脆弱点实施改进作业，包括但不限于：

- 虚拟网络配置参数优化，例如虚拟网络资源的VLAN、QoS、ACL、带宽等。
- 虚拟网络部署路由策略情况下端到端选路变化、端口流量变化、路由条目变化。
- 根据系统监控得到的信息替换可能存在问题的内存、CPU、硬盘、网络设备等。
- 根据系统的压力增长趋势主动对物理服务器的数量进行必要的扩容。
- 根据系统的发展趋势对网络系统采取必要的扩容。
- 收集存储资源空间的使用情况，及时清理垃圾数据或增加存储资源的容量。
- 监控服务控制器的负载情况，必要时增加硬件数量或提高硬件规格。
- 监控服务控制器的硬件出错率，替换存在问题的硬件。
- 监控服务控制器后端分布式物理存储的硬件出错率，替换存在问题的硬件。
- 监控仲裁控制点（磁盘、光纤链路、服务器等）的运行情况。
- 服务控制器微码升级。
- 网络安全优化，例如添加防火墙、IPS、WAF、DDOS等安全设备。
- 存储虚拟化软件升级。

13.4.4　调研评估

通过对虚拟资源的运行现状进行分析，根据需方管理的需求提出服务方案。

13.5　平台资源管理

平台资源是指支撑应用系统运行的资源，用于管理和调度物理资源，并应用资源运行所需的各类环境需求，如操作系统、数据库、中间件等。随着云计算的持续发展，平台资源变得越来越丰富，定位与价值各有千秋，为应用系统的敏捷等提供了更为强大的支撑。

13.5.1　例行操作

1. 监控

在数据中心管理过程中，对平台资源进行监控时，应根据具体的管理对象，确定监控内容和指标。根据数据中心的平台资源配置情况，各类平台资源监控的内容应至少包括表 13-11 所示的内容。

表 13-11　平台资源监控内容示意

管理对象	监控内容
操作系统	● 操作系统CPU使用情况 ● 操作系统内存使用情况 ● 操作系统磁盘使用情况 ● 操作系统网络接口状态和流量 ● 操作系统光纤接口状态和流量 ● 操作系统重要文件系统空间使用情况 ● 操作系统日志情况
数据库	● 数据库主要进程运行情况 ● 数据库连接是否正常 ● 数据库表空间使用情况 ● 数据库日志是否有异常 ● 数据库会话数 ● 数据库日常备份是否正常等
中间件	● 中间件运行状态 ● 主要进程运行状态 ● 应用服务运行情况 ● 中间件通信网络连接情况 ● 中间件日志是否有报错信息

2. 预防性检查

在数据中心管理过程中，对平台资源进行预防性检查时，应根据具体的管理对象，确定性能检查内容和脆弱性检查内容。根据数据中心的平台资源配置情况，各类平台资源预防性检查的内容应至少包括表 13-12 所示的内容。

表 13-12　平台资源预防性检查内容示意

管理对象	性能检查内容	脆弱性检查内容
操作系统	● 操作系统CPU使用峰值情况 ● 操作系统内存使用峰值情况 ● 操作系统硬盘使用情况 ● 操作系统重要文件系统空间使用情况 ● 磁盘I/O读写情况 ● 网络I/O读写情况等	● 操作系统是否安装相关风险补丁 ● 是否需要升级系统微码 ● 是否关闭不必要的服务进程或监听端口 ● 关键机密系统数据安全防护设置是否满足要求 ● 系统使用资源是否超过预定阈值 ● 操作系统版本一致性检查
数据库	● 数据库的TOP SQL情况（如果数据库支持） ● 数据库CPU使用情况 ● 数据库内存使用情况 ● 数据库表空间使用情况 ● 数据库锁情况 ● 数据库会话数和操作系统进程数情况 ● 数据库缓冲区（BUFFER）等命中率情况 ● 数据库等待事件情况（如果数据库支持）	● 数据库是否安装相关风险补丁 ● 表空间的使用是否达到了预定阈值 ● 数据库关键文件是否做了镜像 ● 数据库备份策略是否合理 ● 数据库是否存在异常用户（如果数据库支持） ● 数据库版本一致性检查 ● 操作系统配置是否符合数据库运行的要求

续表

管理对象	性能检查内容	脆弱性检查内容
中间件	● 中间件服务器业务CPU使用峰值情况 ● 中间件服务器业务内存使用峰值情况 ● 中间件服务器业务会话连接数情况	● 中间件是否满足运行冗余度要求 ● 中间件是否安装相关风险补丁 ● 中间件的数据库连接密码配置文件是否存在明文 ● 相关重要运行程序是否有保留备份 ● 操作系统配置是否符合中间件运行的要求 ● 系统使用资源是否超过预定阈值等 ● 中间件版本一致性检查

3. 常规作业

在数据中心管理过程中，对平台资源进行常规作业时，应根据具体的管理对象，确定操作内容和周期。根据数据中心的平台资源配置情况，各类平台资源常规作业的内容应至少包括表 13-13 所示的内容。

表 13-13　平台资源常规作业内容示意

管理对象	常规作业内容
操作系统	● 操作系统版本升级和补丁安装 ● 操作系统磁盘读写正常性测试 ● 操作系统输入/输出设备读写测试（光驱、内置磁带机） ● 操作系统配置文件备份 ● 操作系统备份 ● 操作系统过期运行日志清理 ● 网络通信正常性测试 ● 操作系统临时文件清理 ● 操作系统端口访问测试 ● 周期性关键设备主备切换/应急演练
数据库	● 监听连接正常性测试 ● 数据库正常登录测试 ● SQL执行正常性测试 ● 表空间正常访问测试 ● 表读写正常性测试 ● 客户端连接测试 ● 数据库备份 ● 过期归档日志清除
中间件	● 备份配置文件 ● 备份重要运行日志 ● 清除过期日志 ● 交易连接正常性测试

13.5.2　响应支持

在数据中心管理过程中，对平台资源进行响应支持时，应根据不同的管理对象和系统运行要求，确定事件驱动响应和服务请求响应的具体服务内容。

1. 事件驱动响应

针对设备的软硬件故障、误操作等引起的业务中断或运行效率无法满足正常运行要求而进行的响应服务，包括但不限于：

- 操作系统事件驱动响应：①操作系统崩溃；②操作系统CPU、内存等资源耗尽；③操作系统服务进程无效；④操作系统文件系统空间不够；⑤操作系统接口无法通信；⑥操作系统无法识别外置存储空间。
- 数据库事件驱动响应：①数据库宕机、锁死；②数据文件坏块修复；③数据库重启；④数据库监听端口冲突；⑤数据库备份恢复；⑥数据库解锁。
- 中间件事件驱动响应：①服务进程假死；②应用服务掉线或重启；③配置文件恢复；④守护服务调整。

2. 服务请求响应

根据应用系统运行需要或需方的请求而进行的响应服务，包括但不限于：

- 操作系统服务请求响应：①操作系统版本升级；②操作系统死机修复；③操作系统文件系统损坏修复；④操作系统文件系统空间扩容；⑤操作系统IP地址修改；⑥操作系统参数调整；⑥操作系统日志清理。
- 数据库服务请求响应：①数据库版本升级；②数据库灾难恢复；③数据清理和维护。
- 中间件服务请求响应：①中间件新增应用服务；②中间件参数调整；③中间件软件版本升级。

13.5.3　优化改善

在数据中心管理过程中，对平台资源进行优化改善时，应根据不同的管理对象和系统运行要求，确定适应性改进、增强性改进和预防性改进的具体服务内容。

1. 适应性改进

根据业务系统及其软硬件环境的运行要求，对平台资源进行必要的调整，包括但不限于：

- 操作系统适应性改进：①操作系统交换区容量调整；②操作系统内核参数调整；③操作系统文件系统使用空间调整划分。
- 数据库适应性改进：①数据库索引调整；②数据库执行SQL计划调整；③数据表参数调整；④数据库对象的调整；⑤主机操作系统内核参数调整；⑥数据库参数调整；⑦临时表空间、用户表空间调整；⑧数据库物理部署的调整（迁移至新服务器或者数据库存储阵列调整）；⑨调整数据库备份策略。
- 中间件适应性改进：①中间件参数配置优化；②数据库连接参数调整；③连接池参数调整；④相关操作系统参数调整。

2. 增强性改进

根据业务系统及其软硬件环境的运行状况，对平台资源进行调整、扩容或升级，包括但不限于：

- 操作系统增强性改进：①操作系统版本升级；②操作系统内存扩容；③操作系统磁盘空间扩容；④操作系统增加网卡、光纤卡数量；⑤操作系统参数调优。
- 数据库增强性改进：①数据库版本升级、打补丁；②由于主机CPU个数、内存容量增加调整数据库相应的参数；③由于主机存储的增加调整数据库表空间容量；④数据库安全备份架构构建以提高可用性；⑤数据库调优等。
- 中间件增强性改进：①中间件版本升级、打补丁；②由于主机CPU个数、内存容量增加调整中间件相应的参数。

3. 预防性改进

根据业务系统及其软硬件环境的运行趋势，对平台资源的脆弱点实施改进作业，包括但不限于：

- 操作系统预防性改进：①操作系统删除垃圾数据，释放数据空间；②操作系统文件系统扩容；③操作系统增加网卡、光纤卡冗余；④操作系统用户权限合理分配；⑤操作系统进程服务端口调整。
- 数据库预防性改进：①增加数据库表空间、数据文件空间使用范围；②对数据库存在的无效对象处理；③数据库用户的权限合理分配或收回。
- 中间件预防性改进：①删除临时文件，释放数据空间；②监控主要参数以及时调优；③应用备份策略调整；④定期备份。

13.5.4　调研评估

通过对平台资源的运行现状进行分析，根据需方管理的需求提出服务方案。

13.6　本章练习

1. 选择题

（1）关于数据中心的描述，不正确的是：_____。

A. 数据中心的关键组件包括各种类型应用程序和相应监控系统

B. 数据中心是为集中放置的电子信息设备提供运行环境的建筑场所

C. 数据中心用来存放组织的关键应用程序、数据的空间和物理设施

D. 数据中心按照类型可以划分为托管数据中心和云数据中心两类

参考答案：D

（2）_____不是数据中心的管理对象。

A. 电气系统　　　　B. 虚拟存储资源　　　　C. 服务器设备　　　　D. DHCP 配置

参考答案：D

（3）_____不是 IaaS 服务的管理对象。

　　　A. 机房基础设施　B. 应用资源　　　　　C. 物理资源　　　　　D. 虚拟资源

参考答案：B

（4）_____不属于平台资源的管理对象。

　　　A. 操作系统　　　B. 数据库　　　　　C. 应用软件　　　　　D. 中间件

参考答案：C

（5）在数据中心中的虚拟资源管理中，_____属于事件驱动的响应。

　　　A. 虚拟机、配置信息、数据的备份与恢复

　　　B. 操作系统崩溃

　　　C. 服务器硬件扩容

　　　D. 存储结构调整

参考答案：B

2. 思考题

（1）针对大型数据中心的管理，需要重点注意哪些方面的内容。

（2）请简述数据中心的"观察、定位、决定和行动"管理模式是如何工作的。

参考答案：略

第 14 章　桌面与外设管理

桌面及外围设备的数量多、功能复杂、移动化特点明显、多样化需求高，使得它们的运行维护变得更加复杂。因此，对于桌面及外围设备管理人员来说，要保证这些设备的正常运行，就需要对这些设备的运行维护相关的管理工作给予高度重视，并采取有效的措施来提高设备的运行可用性、可靠性和稳定性，以保证业务连续性。

14.1　概述

桌面及外围设备的运行维护对象包括台式计算终端、移动计算终端、输入输出设备、存储设备和通信设备。这些设备是用户使用和管理信息系统应用的终端设备，具有数量多、分布广、功能复杂和移动化的特点。

首先，桌面及外围设备的数量非常多，它们广泛分布在各种办公场所、学校、医院、家庭等各种场合。这些设备的数量多，使得它们的管理变得更加复杂。如果没有进行有效的运行维护，设备的故障率会很高，从而影响到整个信息系统的正常运行。

其次，这些设备的功能越来越多，越来越复杂。现代的桌面设备不仅可以用于基本的办公文字处理、电子表格处理等工作，还可以用于多媒体处理、图像处理、视频处理等工作。移动设备除了具备桌面设备的功能外，还具备更加便携、易用等特点。这些设备功能的增加，也使得它们的运行维护变得更加复杂。

再次，这些设备的移动化特点也越来越明显。随着移动互联网的发展，越来越多的人使用移动设备来处理工作和生活中的事务。这些设备的移动化特点，使得它们的使用场景更加多样化，同时也增加了它们的维护难度。

最后，这些设备的多样化特点也很明显。不同的用户对于设备的要求也不同，有的用户需要高性能的设备来处理复杂的工作任务，有的用户则需要便携、易用的设备来处理日常工作。这些多样化的需求，也使得设备的运行维护变得更加复杂。

各类台式计算终端、移动计算终端、输入输出设备、存储设备和通信设备如图 14-1 所示。

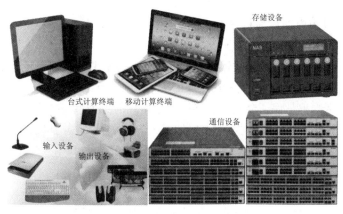

图 14-1　常见桌面及外围设备

14.2   台式计算终端运维管理

台式计算终端是指具有数据收发及处理能力，通过软件为用户提供信息服务的设备及其配件，包括台式计算终端、瘦客户机、自助服务终端、行业专用终端和其他固定终端等。下面从例行操作、响应支持、调研评估和优化改善几方面描述台式计算终端运维管理的具体内容。

14.2.1   例行操作

为了保证台式计算终端的正常运行，我们需要对其进行定期监控、定期检查和日常维护。

1. 定期监控

监控是保证台式计算终端正常运行的一个重要步骤，需要对台式计算终端的硬件配置，包括 CPU、内存、硬盘等进行监控。这些硬件的监控可以通过专用监控软件来实现，专用监控软件可以实时监控计算机的硬件配置是否正常，发现异常后可及时报警。监控台式计算终端的系统软件，例如操作系统、驱动程序、办公软件等，这些软件的检查可以通过系统的更新和定期安装来实现，定期安装这些软件可以保证计算机的运行环境稳定，并且可以避免一些不必要的故障。

2. 定期检查

（1）定期检查台式计算终端的外部环境是否有灰尘和杂物等异常情况，例如键盘、鼠标、散热器、机箱等。

（2）定期检查台式计算终端的内部部件，例如主板、CPU、内存、硬盘等，这些部件的检查可以通过打开计算机的机箱来实现。定期检查可以及时发现问题，从而及时进行维修或更换，以保证计算机的正常运行。

3. 日常维护

（1）定期清理台式计算终端的散热器。散热器是保证计算机正常散热的重要部件，如果散热器不定期清理，就会导致散热不良，从而影响计算机的正常运行。

（2）定期除尘。台式计算终端的机箱内部容易积累大量的灰尘和杂物，如果不定期除尘，就会影响计算机的正常运行。可以使用专业的清洁工具进行除尘。

（3）定期检查和维修。定期检查和维修可以及时发现问题，并及时进行修复，从而保证计算机的正常运行。如果发现问题，可以选择自行维修或者找专业的技术人员进行维修。

总之，实时监控、定期检查和日常维护是保证台式计算终端正常运行的三个重要措施。只有对台式计算终端进行实时监控、定期检查和日常维护，才能够保证其使用寿命，并且使其性能得到最大的发挥，以确保计算机的正常运行。

14.2.2   响应支持

在桌面及外围设备运行维护过程中，对台式计算终端进行响应支持时，应根据不同的运行维护对象的使用要求，确定事件驱动响应和服务请求响应的具体服务内容。

1. 硬件故障

硬件故障是计算机故障中最常见的一种，它可能是由于电源故障、内存故障、硬盘故障、CPU 故障等原因引起的。一旦出现硬件故障，计算机就无法正常工作，这将导致业务中断。因此，及时进行硬件维修和更换是必要的。硬件维修通常需要专业技术人员进行，而且有时需要更换整个硬件设备。在进行硬件维修时，需要注意以下几点。

- 确保故障部件已经得到了正确处理，并且不会再次损坏。
- 使用原厂的配件，以确保硬件设备的兼容性和可靠性。
- 进行必要的测试和验证，以确保硬件设备已经正常工作。
- 加强日常维护和保养，以减少硬件故障的发生。

2. 软件故障

软件故障可能是由于操作系统错误、软件冲突、应用程序错误等原因引起的。软件故障可能会导致计算机无法正常工作或者出现错误提示，软件故障的处理方法与硬件故障类似，但需要使用专业的软件工具来进行诊断和修复。

3. 操作系统故障

操作系统故障可能是由于系统文件损坏、驱动程序问题、操作系统版本问题等原因引起的。操作系统故障会导致计算机无法正常启动或者出现错误提示，在处理操作系统故障时，需要注意以下几点。

- 使用原厂的操作系统软件和驱动程序，以确保系统的稳定性和可靠性。
- 进行必要的数据备份，以防止数据丢失。
- 对系统进行全面的检查和清理，以删除不必要的文件和程序。
- 使用专业的系统维护工具，以快速诊断和修复操作系统故障。

4. 性能降级

性能降级是指计算机的性能下降到无法正常工作的情况，这可能是由于硬件故障、软件故障、病毒感染、系统文件损坏等原因引起的。性能降级会导致计算机无法正常运行或者出现错误提示，在处理性能降级时，需要注意以下几点。

- 进行必要的数据备份，以防止数据丢失。
- 使用专业的系统维护工具，以快速诊断和修复性能降级问题。
- 清除病毒木马，以保证系统的稳定性和安全性。
- 对系统进行全面的检查和清理，以删除不必要的文件和程序。

5. 清除病毒木马

病毒木马是一种恶意软件，可以通过电子邮件、下载软件、不安全的网络连接等途径感染计算机。清除病毒木马可以保证计算机的安全性和稳定性，并且可以恢复被破坏的数据。在清除病毒木马时，需要注意以下几点。

- 使用专业的杀毒软件，以清除计算机中的所有病毒木马。

- 定期对计算机进行全面检查和清理，以防止病毒木马再次感染。
- 不要下载不可信的软件和程序，以防止被感染。
- 保持良好的上网习惯，以减少感染病毒木马的机会。

6. 数据恢复

数据恢复是指对已经丢失或者损坏的数据进行恢复。数据恢复可以通过使用专业的数据恢复软件来实现，但需要注意以下几点。

- 保护好数据备份，以防止数据丢失。
- 选择可靠的数据恢复软件，以确保数据恢复的准确性和可靠性。
- 对数据进行全面分析和检测，以确定数据恢复的可行性。
- 尽可能完整地恢复数据，以减少数据丢失的影响。

7. 功能置换

功能置换是指将计算机的某些功能进行置换或者更换，以满足不同的需求。功能置换可以通过购买新的硬件或者软件来实现，但需要注意以下几点。

- 选择合适的功能置换方案，以确保其可行性和可靠性。
- 对新的功能进行全面测试和验证，以确保其稳定性。

14.2.3　调研评估

台式计算终端调研评估的内容包括评估台式计算终端的使用和管理与国家、行业、单位相关标准和规范的符合程度，提出完善方案；调研台式计算终端的资源利用和成本占用情况，提出优化方案；评估台式计算终端的防非法操作、防入侵、防病毒等安全情况，并提出改进方案；调研台式计算终端的性能检测结果，评估台式计算终端的使用、维修、报废等价值，并提出处置方案；调研正版软件的使用情况，评估由于版权问题引发的信息安全风险或司法风险。

1. 评估与国家、行业、单位相关标准和规范的符合程度

1）与国家标准和规范的符合程度

在国家标准和规范方面，台式计算终端的相关标准和规范主要包括 GB/T 9813.1《计算机通用规范 第 1 部分：台式微型计算机》、GB/T 31371《废弃电子电气产品拆解处理要求 台式微型计算机》、《中华人民共和国计算机信息系统安全保护条例》等，这些标准和规范的制定和实施，对于提高台式计算终端的质量和可靠性、保护用户的合法权益、促进信息技术的发展和应用具有重要意义。

2）与行业标准和规范的符合程度

在行业标准和规范方面，台式计算终端的相关标准和规范主要包括 SJ/T 11944《安全可靠一体式台式微型计算机技术要求》、SJ/T 11943《安全可靠 台式微型计算机技术要求》等，这些标准和规范的制定和实施，对于提高台式计算终端的使用和管理水平、保证信息系统的安全和可靠、促进信息技术的应用和发展具有重要意义。

3）与单位标准和规范的符合程度

在单位标准和规范方面，一般有制定好的台式计算终端相关标准和规范，这些标准和规范的制定和实施，对于提高台式计算终端的使用和管理水平、保证信息系统的安全和可靠、加强单位的信息化建设和应用具有重要意义。

针对于不符合国家、行业、单位相关标准和规范要求的，应提出完善方案，经客户方审批后实施。完善方案一般包括预期达到的目标、完善目的、方案实施计划、实施成本、实施周期、验收方案等内容。

2. 制定合理的优化方案，提高台式计算终端的资源利用率和降低成本

在制定优化方案时可以参考以下内容。

（1）合理配置硬件。在资源利用方面，合理配置硬件是提高台式计算终端资源利用率的关键。首先，要根据用户的实际需求，选择合适的处理器、内存、硬盘等硬件配置。然后，要尽可能提高硬件配置的利用率，如选择高性能的处理器、高速的硬盘等。最后，要注意硬件的兼容性，尽可能选择同一品牌、同一型号的硬件，以保证硬件的兼容性和稳定性。

（2）优化系统结构。在系统结构方面，要尽可能减少不必要的程序和进程，以提高系统的运行效率。同时，要注意系统的可扩展性，为今后的资源升级和扩展预留足够的空间。

（3）提高资源利用率。在资源利用率方面，可以采用一些技术手段来提高资源利用率。如使用虚拟机技术，可以在同一台计算机上运行多个操作系统和应用程序，以充分利用计算机的资源。此外，还可以使用文件系统的优化技术、内存管理技术等提高资源利用率。

（4）采用合适的配件。在配件选择方面，要根据用户的实际需求和预算，选择合适的配件。如选择高性能的处理器、高速的硬盘等，可以提高计算机的性能和效率，但同时也会增加成本。因此，要根据用户的实际情况选择合适的配件。

（5）降低配件成本。在配件选择方面，要注意降低配件的成本，如选择二手配件、降低配件的规格等。同时，要注意保证配件的质量和稳定性，以保证计算机的正常运行。

（6）优化应用系统设计。在应用系统设计方面，要注意降低运行成本，尽量低地占用台式计算终端的 CPU、内存等资源。

综上所述，要提高台式计算终端的资源利用率和降低成本，需要在硬件配置、系统结构和设计等方面进行优化。同时，要根据用户的实际情况，选择合适的配件和应用系统设计，以满足用户的实际需求。在实际操作中，还要注意对计算机的维护和管理，以保证计算机的正常运行和延长使用寿命。

14.2.4　优化改善

在桌面及外围设备运行维护过程中，对台式计算终端进行优化改善时，应根据服务级别、使用环境、管理要求的变化情况，优化改善运行维护对象的性能、使用者感受、使用成本等。优化改善包括硬件性能升级或扩容、软件版本升级、调整参数／配置、调整设备摆放位置、调整安全策略、设置节能模式等方面，对台式计算终端的优化改善。

1. 硬件性能升级或扩容

对于一些需要更高性能的应用场景，可以考虑升级或者扩容台式计算机的硬件设备。

（1）CPU 升级。处理器是计算机的核心，对于提高计算机的性能至关重要。随着技术的不断进步，CPU 的频率和核心数量等指标也在不断提高，因此，对于一些需要更高处理能力的应用场景，可以考虑升级 CPU。

（2）内存升级。内存是指计算机的运行内存，对于提高计算机的性能也有着至关重要的作用。随着应用的不断扩展，需要的内存也越来越多，因此，对于一些需要更高内存的应用场景，可以考虑升级内存。

（3）硬盘升级。硬盘是计算机的存储设备，对于提高计算机的性能也有着一定的影响。随着数据量的不断增大，需要的存储速度和容量也越来越大，因此，对于一些需要更高存储能力的应用场景，可以考虑升级硬盘。

2. 软件版本升级

对于一些需要更高性能的应用场景，可以考虑升级软件版本。

（1）操作系统升级。操作系统是计算机的核心，对于提高计算机的性能至关重要。随着技术的不断进步，操作系统的版本也在不断更新，因此，对于一些需要更高稳定性和性能的应用场景，可以考虑升级操作系统。目前市场上主流的操作系统有 Windows 10、Windows 11 等，其中 Windows 11 的安全性和性能都有了一定的提升。

（2）应用程序升级。应用程序是计算机的处理器执行的指令和数据的集合，对于提高计算机的性能也有着不可或缺的作用。随着技术的不断进步，应用程序的版本也在不断更新，因此，对于一些需要更高性能的应用场景，可以考虑升级应用程序。

3. 调整参数 / 配置

对于一些台式计算机，可以通过调整电源设置、散热设置以及内存设置来提高其性能。目前市场上主流的电源有 ATX、ATX12V、EPS 等，其中 ATX 电源的功率最大，适用于一些高性能的台式计算机。主流的散热器有 CPU 散热器、GPU 散热器、机箱风扇等，其中 CPU 散热器的散热效果较好，适用于一些高性能的台式计算机。

4. 调整设备摆放位置

对于一些需要更高性能的应用场景，可以考虑调整设备摆放位置来提高其性能，例如改变机箱风道、改变显卡位置等。

5. 调整安全策略

安全策略是保证计算机安全的一种手段，但是对于一些台式计算机，可能会影响其性能。因此，对于一些需要更高性能的应用场景，可以考虑调整安全策略来提高性能。

（1）关闭不必要的防护软件。一些防护软件可能会占用一定的系统资源，从而影响计算机的性能。因此，对于一些需要更高性能的应用场景，可以考虑关闭一些不必要的防护软件。

（2）开启高性能模式。一些操作系统提供了高性能模式，可以提高计算机的性能。对于一些需要更高性能的应用场景，可以考虑开启高性能模式来提高性能。目前市场上主流的操作系统有 Windows 10、Windows 11 等，其中 Windows 11 的性能较好，但是需要更高的配置要求。

（3）开启防火墙保护。对于一些需要更高性能的应用场景，可以考虑开启防火墙保护来提高性能。

6. 设置节能模式

对于一些台式计算机，可以通过设置节能模式来提高其性能。电源设置是影响计算机性能的一个重要因素。对于一些性能不足的台式计算机，可以考虑调整电源设置来提高性能。目前市场上主流的电源有 ATX、ATX12V、EPS 等，其中 ATX 电源的功率最大，适用于一些高性能的台式计算机。

14.3　移动计算终端运维管理

移动计算终端至少包括便携式计算机、平板式计算机、手持终端和其他移动终端等。例行操作、响应支持、调研评估和优化改善是保证移动计算终端正常运行的重要手段，有助于及时发现问题并采取相应的解决措施，以保证移动计算终端的正常使用和数据安全。同时，还可以提高使用人员的信息安全意识和使用技能，并同步提高设备的使用效率。下面从例行操作、响应支持、调研评估、优化改善几方面描述移动计算终端运维管理的具体内容。

14.3.1　例行操作

针对移动计算终端的例行操作内容应包括实时监控、定期检查和日常维护。

1. 实时监控

对移动计算终端进行监控时，应根据具体的运行维护对象，确定监控内容和指标。监控的内容包括：

- 系统和软件版本信息。监控设备的操作系统和软件版本信息，确保设备的软件环境和硬件环境符合要求，避免因软件版本过旧或过新导致的问题。
- 操作行为。监控用户对设备的操作行为，包括但不限于文件操作、应用程序安装和使用、网络连接等，以及设备的使用频率、使用时间等，确保设备的使用符合组织规定和安全要求。
- 电池使用/老化情况。监控设备的电池使用情况，包括电池容量、电池使用时间等，以及电池老化情况，确保设备的电池使用寿命符合要求。
- 系统安全性。监控设备的系统安全性，包括但不限于病毒、木马、恶意软件等，以及设备的防火墙设置和数据加密等，确保设备的安全性符合要求。
- 资产信息。监控设备的资产信息，包括设备的编号、型号、生产日期、使用状态等，以及设备的维修记录、报废记录等，确保设备的资产管理符合要求。

通过对移动计算终端进行监控，可以及时发现设备的问题和隐患，提前进行处理和维修，避免设备故障和损坏，提高设备的使用效率和寿命。同时，监控还可以帮助组织对设备的使用情况和资产信息进行统计和分析，为组织的设备管理和资源优化提供数据支持。

2. 定期检查

定期检查的内容包括：

- 外观完好情况。检查设备的外观是否有破损、划痕、氧化等现象，如有问题应及时进行维修或更换。
- 软硬件运行状态。检查设备的操作系统、应用软件、驱动程序等是否正常运行，如有问题应及时进行修复或更新。
- 资源占用情况。检查设备的内存、硬盘、CPU等资源的占用情况，如有问题应及时释放资源或优化软件配置。
- 电池续航能力。检查设备的电池容量、电池充电状态、电池使用寿命等，如有问题应及时更换或优化电池使用策略。
- 信息安全防护情况。检查设备的防病毒、防恶意软件、防钓鱼、防欺诈等信息安全防护措施是否正常运行，如有问题应及时升级安全软件或采取其他措施。
- 配置/数据备份情况。检查设备的配置信息、数据备份情况等，如有问题应及时进行数据备份或更新配置信息。
- 使用人员信息。检查设备的使用人员信息、使用记录等，如有问题应及时进行权限管理或数据清理。

在进行定期检查时，应根据具体的运行维护对象，确定检查内容和周期。例如，对于便携式计算机，可能需要检查屏幕、键盘、电池等部件的完好情况，同时检查操作系统和应用软件的运行状态以及资源占用情况等。对于平板式计算机和手持终端，可能需要重点检查屏幕、电池续航能力和信息安全防护情况等。对于其他移动终端，可能需要根据设备类型，针对性地检查相关部件和功能。同时，还应定期检查网络连接状态，确保设备能够正常接入网络。

3. 日常维护

日常维护的内容包括：

- 数据备份。定期将设备中的重要数据进行备份，以避免数据丢失和损坏。备份数据的频率可以根据数据的重要性和设备的使用频率来确定，一般建议每周或每月进行一次数据备份。
- 系统版本更新。定期更新设备的操作系统版本，以保证设备的安全性和稳定性。更新操作系统版本的频率可以根据操作系统的更新频率和设备的使用频率来确定，一般建议每月或每季度进行一次操作系统版本更新。
- 软件版本更新。定期更新设备中的应用软件版本，以保证设备的安全性和稳定性。更新应用软件版本的频率可以根据软件的更新频率和设备的使用频率来确定，一般建议每月或每季度进行一次应用软件版本更新。

- 病毒库更新。定期更新设备中的病毒库，以保证设备的安全性和稳定性。更新病毒库的频率可以根据病毒库的更新频率和设备的使用频率来确定，一般建议每周或每月进行一次病毒库更新。

- 密码变更。定期更改设备的登录密码，以保护设备的安全性和隐私性。更改密码的频率可以根据密码的重要性和设备的使用频率来确定，一般建议每月或每季度更改一次密码。

- 漏洞扫描。定期对设备进行漏洞扫描，以保证设备的安全性和稳定性。扫描漏洞的频率可以根据设备的使用频率和漏洞扫描软件的更新频率来确定，一般建议每周或每月进行一次漏洞扫描。

- 易耗部件更换。定期更换设备中的易耗部件，以保证设备的正常运行和续航能力。更换易耗部件的频率可以根据易耗部件的使用寿命和设备的使用频率来确定，一般建议每月或每季度进行一次易耗部件更换。

- 外观保养和破损保护。定期保养设备的外观，清洁设备的屏幕、键盘、电池等部件，以保证设备的外观完好和使用寿命。同时，还应保护设备免受外力损坏，避免设备的屏幕、键盘、电池等部件受到损坏。

- 为用户提供信息安全风险教育。定期为设备使用人员提供信息安全风险教育，教育使用人员如何正确使用设备，如何保护设备的数据安全和网络安全，以提高使用人员的信息安全意识。

- 为用户提供简易明了的使用说明、注意事项或操作培训。定期为设备使用人员提供简易明了的使用说明、注意事项或操作培训，教育使用人员如何正确使用设备，以提高使用人员的使用技能和操作水平。

总之，日常维护是保证设备正常运行和续航能力的重要手段。通过日常维护，可以及时发现设备存在的问题，并采取相应的措施进行解决，以保证设备的正常使用和数据安全。同时，日常维护还可以提高使用人员的信息安全意识和使用技能，提高设备的使用效率和续航能力。因此，日常维护是移动计算终端维护的重要组成部分，应该得到足够的重视和关注。

14.3.2 响应支持

在桌面及外围设备运行维护过程中，对移动计算终端进行响应支持时，应根据不同的运行维护对象的使用要求，确定事件驱动响应和服务请求响应的具体服务内容。

1. 事件驱动响应

在进行响应支持时，针对设备的软硬件故障引起的业务中断或运行效率无法满足正常运行要求而进行的响应服务，包括：

- 修复移动计算终端硬件故障。当移动计算终端出现硬件故障时，需要进行修复。硬件故障包括但不限于屏幕损坏、键盘损坏、电池损坏、硬盘损坏、内存损坏等。修复移动计算终端硬件故障，可以采用更换部件或维修部件的方式进行。更换部件的方式需要购买新的部件并更换到故障设备上，维修部件的方式需要将故障部件拆下并维修后重新安装到设备上。在进行修复时，需要注意保护设备的外观完好和使用寿命。

- 修复移动计算终端操作系统或系统软件故障。当移动计算终端出现操作系统或系统软件故障时，需要进行修复。操作系统或系统软件故障包括但不限于操作系统崩溃、系统软件卡死、系统软件漏洞等。修复移动计算终端操作系统或系统软件故障，可以采用重新安装操作系统或系统软件的方式进行。重新安装操作系统或系统软件的方式需要将操作系统或系统软件从安装介质安装到设备上。在进行修复时，需要注意保护设备的数据完整性和使用人员信息。

- 修复应用软件故障。当移动计算终端出现应用软件故障时，需要进行修复。应用软件故障包括但不限于应用软件崩溃、应用软件卡死、应用软件漏洞等。修复移动计算终端应用软件故障，可以采用重新安装应用软件的方式进行。重新安装应用软件的方式需要将应用软件从安装介质安装到设备上。在进行修复时，需要注意保护设备的数据完整性和使用人员信息。

- 恢复网络连接。当移动计算终端出现网络连接故障时，需要进行恢复。网络连接故障包括但不限于网络信号弱、网络连接中断、网络连接不稳定等。恢复移动计算终端网络连接，可以采用重新连接网络或更换网络设备的方式进行。重新连接网络的方式需要将设备连接到正确的网络上。更换网络设备的方式需要更换故障的网络设备。在进行恢复时，需要注意保护设备的数据完整性和使用人员信息。

- 删除恶意软件。当移动计算终端出现恶意软件感染时，需要进行删除。恶意软件感染包括但不限于病毒、木马、广告软件等。删除移动计算终端恶意软件，可以采用清除恶意软件或安装反恶意软件的方式进行。清除恶意软件的方式需要使用反恶意软件扫描并删除恶意软件。安装反恶意软件的方式需要在设备上安装反恶意软件并定期扫描。在进行删除时，需要注意保护设备的数据完整性和使用人员信息。

- 恢复性能降级的移动计算终端到性能基线水平。当移动计算终端性能降级时，需要进行恢复。性能降级包括但不限于设备运行缓慢、设备反应迟钝、设备续航能力下降等。恢复移动计算终端性能降级的方式可以采用优化软件配置、升级硬件、更换部件等方式进行。优化软件配置，需要关闭不必要的软件进程并卸载不必要的应用软件。升级硬件需要更换性能更高的部件。更换部件需要更换性能更高的部件。在进行恢复时，需要注意保护设备的外观完好和使用寿命。

- 必要时提供功能置换服务。当移动计算终端功能失效时，需要进行功能置换。功能置换包括但不限于设备操作失效、设备无法连接网络、设备无法使用某些应用软件等。必要时提供功能置换服务，可以采用更换部件或升级软件的方式进行。更换部件需要更换功能失效的部件。升级软件需要升级功能失效的软件。在进行功能置换时，需要注意保护设备的外观完好和使用寿命。

2. 服务请求响应

在进行服务请求响应时，应根据需方的服务请求而进行响应，内容包括：

- 解答用户提出的操作方法咨询或疑问。当用户在使用移动计算终端时遇到操作方法咨询或疑问时，需要进行解答。解答用户提出的操作方法咨询或疑问，可以采用电话、在线、实地等方式进行。在进行解答时，需要注意使用简单易懂的语言，让用户能够理解操作方法。同时，还需要注意提供详细的操作步骤和注意事项，以保证用户能够正确使用设备。

- 易耗品/易损件更换。当移动计算终端的易耗品或易损件出现故障时，需要进行更换。易耗品/易损件包括但不限于电池、屏幕、键盘、电源适配器等。更换易耗品/易损件，可以采用更换新的易耗品/易损件的方式进行。在进行更换时，需要注意保护设备的外观完好和使用寿命。

- 移动计算终端设备的采购、领用、借用、归还、报废等。当移动计算终端设备需要采购、领用、借用、归还、报废时，需要进行相应的操作。采购移动计算终端设备，可以采用向供应商购买或向其他单位租赁的方式进行。领用移动计算终端设备，可以采用从设备库房领用的方式进行。借用移动计算终端设备，可以采用从设备库房借用的方式进行。归还移动计算终端设备，可以采用将设备归还到设备库房的方式进行。报废移动计算终端设备，可以采用将设备报废的方式进行。在进行相应的操作时，需要注意保护设备的外观完好和使用寿命。

- 移动计算终端软件安装、升级、数据迁移等。当移动计算终端需要安装、升级、数据迁移时，需要进行相应的操作。安装移动计算终端软件，可以采用从软件下载中心下载并安装的方式进行。升级移动计算终端软件，可以采用从软件下载中心下载并升级的方式进行。数据迁移移动计算终端，可以采用从旧设备迁移到新设备的方式进行。在进行相应的操作时，需要注意保护设备的数据完整性和使用人员信息。

- 密码变更、重置等。当移动计算终端需要进行密码变更或重置时，需要进行相应的操作。密码变更，可以采用从设备设置中更改密码的方式进行。密码重置可以采用从设备设置中重置密码的方式进行。在进行相应的操作时，需要注意保护设备的数据完整性和使用人员信息。

- 提供备用设备。当移动计算终端出现故障或需要更换时，需要提供备用设备供使用人员使用。备用设备可以采用从设备库房调用的方式进行。在提供备用设备时，需要注意保护设备的外观完好和使用寿命。

14.3.3 调研评估

移动计算终端调研评估的内容包括评估移动计算终端的使用和管理与国家、行业、单位相关标准和规范的符合程度，提出完善方案；调研移动计算终端的资源利用和成本占用情况，提出优化方案；评估移动计算终端的防非法操作、防入侵、防病毒等安全情况，并提出改进方案；调研移动计算终端的性能检测结果，评估使用、维修、报废等价值，并提出处置方案；调研正版软件的使用情况，评估由于版权问题引发的信息安全风险或司法风险。

1. 评估

评估与国家标准和规范的符合程度、与行业标准和规范的符合程度，以及与单位标准和规范的符合程度，针对不符合国家、行业、单位相关标准和规范要求的，应提出完善方案，经客户方审批后实施。完善方案一般包括预期达到的目标、完善目的、方案实施计划、实施成本、实施周期、验收方案等内容。

2. 优化

针对移动计算终端的资源利用和成本占用情况，可以从以下几方面进行优化。

1）软件优化

- 采用轻量级的应用程序，减少资源占用。例如，使用Web应用程序替代原生应用程序，后者通常需要更多的计算资源。
- 优化操作系统设置，关闭不必要的服务和进程，减少资源消耗。
- 定期清理缓存和临时文件，以释放有限的存储资源。
- 使用虚拟化技术，将多个应用程序和操作系统在单个设备上运行，以提高资源利用率。

2）硬件优化

- 选择性能适中的硬件设备，避免过度配置，以降低成本，同时保证基本的计算需求。
- 定期维护和清理设备，以确保硬件性能稳定。
- 使用可拆卸的电池，以便在需要时更换，延长电池使用寿命。
- 选用低功耗的无线网络设备，降低能源消耗。

3）数据优化

- 采用云存储技术，减少本地存储资源的需求。
- 对数据进行压缩，以减少传输和存储的成本。
- 使用数据同步和备份策略，避免重复数据的存储。
- 对移动计算终端的数据进行加密，以保护数据安全和隐私。

4）方案优化

- 根据业务需求选择合适的移动计算终端方案，如Windows、macOS、Linux等操作系统，以及各自的设备类型。
- 采用模块化设计，灵活配置设备，以满足不同场景的需求。
- 结合组织的网络和安全策略，制定合适的移动计算终端政策。

综上所述，针对移动计算终端的资源利用和成本占用情况，可以从软件、硬件、数据和方案等方面进行优化，以提高效率和降低成本。

3. 调研正版软件的使用情况

评估由于版权问题引发的信息安全风险或司法风险，调研正版软件使用情况一般包括：

（1）在调查正版软件的使用情况时，要采用问卷调查、网络调查等方式，了解广大用户对正版软件的使用情况，具体调查方式可以根据用户的实际情况确定。

（2）要对正版软件的使用情况进行深入分析，了解广大用户使用正版软件的情况及其原因，具体分析方式可以根据用户的实际情况确定。

14.3.4　优化改善

在桌面及外围设备运行维护过程中，对移动计算终端进行优化改善时，应根据服务级别、使用环境、管理要求的变化情况，优化改善运行维护对象的性能、使用者感受、使用成本等因素，具体内容包括：

- 软件版本升级。当移动计算终端的软件版本需要升级时，需要进行相应的操作。软件版本升级，可以采用从软件下载中心下载并安装的方式进行。在进行升级时，需要注意保护设备的数据完整性和使用人员信息。
- 新软件或新功能使用指导。当移动计算终端需要使用新软件或新功能时，需要进行相应的操作。新软件或新功能可以采用从软件下载中心下载并安装的方式进行。在进行使用指导时，需要注意使用简单易懂的语言，让用户能够理解新软件或新功能的使用方法。同时，还需要注意提供详细的操作步骤和注意事项，以保证用户能够正确使用新软件或新功能。
- 调整系统参数/配置。当移动计算终端的系统参数或配置需要调整时，需要进行相应的操作。系统参数/配置调整，可以采用从设备设置中调整的方式进行。在进行调整时，需要注意保护设备的数据完整性和使用人员信息。
- 调整安全策略。当移动计算终端的安全策略需要调整时，需要进行相应的操作。安全策略调整，可以采用从设备设置中调整的方式进行。在进行调整时，需要注意保护设备的数据完整性和使用人员信息。
- 安装外观保护或功能增强装置。当移动计算终端需要安装外观保护或功能增强装置时，需要进行相应的操作。外观保护或功能增强装置包括但不限于外观保护膜、功能增强卡等。安装外观保护或功能增强装置，可以采用从设备购买中心购买并安装的方式进行。在进行安装时，需要注意保护设备的外观完好和使用寿命。

14.4　输入输出设备运维管理

输入输出设备至少包括信息采集、指令输入、打印、显示、播放设备等。下面从例行操作、响应支持、调研评估和优化改善几方面描述输入输出设备运维管理的具体内容。

14.4.1　例行操作

针对输入输出设备的例行操作内容应包括监控、定期检查和日常维护。

1. 监控

在计算机系统中，输入输出设备的选择和使用对于系统的性能和效率有着重要的影响。因此，对输入输出设备进行监控是非常有必要的。

1）支撑软件及硬件配置变动

输入输出设备的支撑软件及硬件配置变动是监控输入输出设备的重要内容之一。支撑软件是指用于管理、控制、监控输入输出设备的软件，例如设备驱动程序、设备管理软件等。硬件配置变动是指输入输出设备的硬件配置发生变化，例如设备的更换、升级等。在监控输入输出设备时，应该密切关注支撑软件及硬件配置变动情况，及时进行相应的调整和优化，确保输入输出设备的正常运行。

2）易损件使用情况

输入输出设备的易损件是指容易损坏或磨损的部件，例如打印机的硒鼓、显示器的屏幕等。易损件的使用情况是监控输入输出设备的重要内容之一。在监控输入输出设备时，应该密切关注易损件的使用情况，及时进行更换或维修，确保设备的正常运行。

3）耗材使用情况

输入输出设备的耗材是指在使用过程中需要消耗的物品，例如打印机的墨盒、显示器的电源等。耗材的使用情况是监控的重要内容之一。在监控输入输出设备时，应该密切关注耗材的使用情况，及时进行补充或更换，确保设备的正常运行。

4）操作行为

输入输出设备的操作行为是指用户在使用时的操作行为，例如打印机显示器的分辨率的设置等。操作行为的正确性和合理性是监控的重要内容之一。在监控输入输出设备时，应该密切关注操作行为，及时进行相应的调整和优化，确保设备的正常运行。

5）告警信息

输入输出设备的告警信息是指在使用过程中出现的故障或异常情况，例如打印机无法打印、显示器花屏等。告警信息的及时性和准确性是监控的重要内容之一。在监控输入输出设备时，应该密切关注告警信息，及时进行相应的处理和解决，确保设备的正常运行。

6）资产信息

输入输出设备的资产信息是指设备的基本信息，例如设备名称、设备型号、设备编号等。资产信息的准确性和完整性是监控的重要内容之一。在监控输入输出设备时，应该密切关注资产信息，及时进行相应的更新和维护，确保设备的正常运行。

7）能耗

输入输出设备的能耗是指设备在使用过程中消耗的电能，例如打印机、显示器的功率等。能耗的合理性和节能性是监控的重要内容之一。在监控输入输出设备时，应该密切关注能耗，及时进行相应的调整和优化，确保设备的正常运行。

总之，输入输出设备的监控是计算机系统中非常重要的组成部分。在监控输入输出设备时，应该根据具体的运行维护对象，确定监控内容和指标。监控的内容包括支撑软件及硬件配置变动、易损件使用情况、耗材使用情况、操作行为、告警信息、资产信息、能耗等。通过对输入输出设备的监控，可以及时发现和解决问题，确保设备的正常运行，提高计算机系统的性能和效率。

2. 定期检查

1）软硬件运行状态

输入输出设备的软硬件运行状态是定期检查的重要内容之一。软硬件运行状态包括软件的安装、配置、运行情况，硬件的连接、工作环境等方面的情况。在定期检查输入输出设备时，应该密切关注软硬件的运行状态，及时进行相应的调整和优化，确保设备的正常运行。

2）支撑软件及硬件配置变动情况

输入输出设备的支撑软件是指用于管理、控制、监控的软件，例如设备驱动程序、设备管理软件等。硬件配置变动是指输入输出设备硬件配置的变化，例如设备的更换、升级等。在定期检查输入输出设备时，应该密切关注支撑软件及硬件配置变动情况，及时进行相应的调整和优化，确保设备的正常运行。

3）机械、传动、传感部件运转情况

输入输出设备的机械、传动、传感部件是指用于控制、监控设备的机械部件，例如打印机的硒鼓、显示器的屏幕等。机械、传动、传感部件的运转情况是定期检查的重要内容之一。在定期检查输入输出设备时，应该密切关注机械、传动、传感部件的运转情况，及时进行相应的维修和更换，确保设备的正常运行。

4）指令响应灵敏度、准确度及指令反馈情况

指令响应灵敏度、准确度是指输入输出设备对用户指令的响应速度和准确性。指令反馈情况是指输入输出设备对用户指令的反馈情况，例如打印机的打印速度、显示器的显示效果等。在定期检查输入输出设备时，应该密切关注指令响应灵敏度、准确度，以及指令反馈情况，及时进行相应的调整和优化，确保设备的正常运行。

5）操作面板指示清晰度

操作面板是指用于控制、监控输入输出设备的面板，例如打印机的按键、显示器的菜单等。操作面板的指示清晰度是定期检查的重要内容之一。在定期检查输入输出设备时，应该密切关注操作面板指示清晰度，及时进行相应的调整和优化，确保设备的正常运行。

6）打印输出清晰度和颜色准确度情况

打印输出是指输入输出设备将计算机处理的结果转换为外部可以理解的形式的过程，例如打印机的打印效果。打印输出清晰度和颜色准确度是定期检查的重要内容之一。在定期检查输入输出设备时，应该密切关注打印输出清晰度、颜色准确度，及时进行相应的调整和优化，确保设备的正常运行。

7）显示清晰度、亮度、对比度、比例、颜色等情况

显示是指输入输出设备将计算机处理的结果转换为外部可以理解的形式的过程，例如显示器的显示效果。显示清晰度、亮度、对比度、比例、颜色等情况是定期检查的重要内容之一。在定期检查输入输出设备时，应该密切关注显示清晰度、亮度、对比度、比例、颜色等情况，及时进行相应的调整和优化，确保设备的正常运行。

8）播放音量、失真度、信噪比情况

播放是指输入输出设备将计算机处理的结果转换为外部可以理解的形式的过程，例如播放器的播放效果。播放音量、失真度、信噪比是定期检查的重要内容之一。在定期检查输入输出设备时，应该密切关注播放音量、失真度、信噪比，及时进行相应的调整和优化，确保设备的

正常运行。

9）易损件老化情况

输入输出设备的易损件是指容易损坏或磨损的部件，例如打印机的硒鼓、显示器的屏幕等。易损件的老化情况是定期检查的重要内容之一。

3. 日常维护

输入输出设备的日常维护内容包括设备配置备份，测试类操作，补充耗材，易损部件更换，对图像聚焦度、清晰度、亮度、对比度、比例、颜色等参数调校，对音量、失真度、信噪比的调校，机械部位加油、调校，设备清洁除尘，为用户提供简易明了的使用说明，注意事项或操作培训，为用户提供降低能耗或减少耗材使用的指导培训等。

14.4.2　响应支持

在桌面及外围设备运行维护过程中，对输入输出设备进行响应支持时，应根据不同的运行维护对象的使用要求，确定事件驱动响应和服务请求响应的具体服务内容。

1. 事件驱动响应

输入输出设备的响应服务内容包括修复输入输出设备硬件故障、修复外围输入输出设备软件和驱动程序故障、修复支撑软件及硬件故障、恢复性能降级的输入输出设备到性能基线水平、必要时提供功能置换服务等。

输入输出设备的响应服务是非常重要的，它能够有效地解决设备出现的故障或损坏，确保设备的正常运行。在实施输入输出设备的响应服务时，应该根据设备的使用情况，及时调整参数，确保正常运行。同时，输入输出设备的响应服务也能够有效地降低设备出现故障或损坏时对业务的影响，确保业务的正常运行。

2. 服务请求响应

输入输出设备的服务请求响应内容包括解答用户提出的操作方法咨询或疑问，输入输出设备耗材更换，输入输出设备的采购、领用、借用、归还、报废等，新输入输出设备的安装调试，在用输入输出设备的迁移，共享设备的账号开立、管理和注销等。

输入输出设备的服务请求响应是非常重要的，它能够有效地解决用户在使用过程中遇到的问题和困难，确保设备的正常运行。在实施输入输出设备的服务请求响应时，应该根据用户的问题，提供详细的操作方法或使用方法说明，确保用户能够正确使用。同时，输入输出设备的服务请求响应也能够有效地降低设备出现故障或损坏时对业务的影响，确保业务的正常运行。

14.4.3　调研评估

在计算机系统中，输入输出设备是非常重要的组成部分。输入设备用于将外部信息转换为计算机可以理解的电信号，输出设备则负责将计算机处理后的结果呈现给用户。为了确保计算机系统的正常运行，我们需要对输入输出设备进行调研，以了解其故障率、平均使用寿命和耗材使用情况等信息，从而优化采购策略。

1. 评估使用情况和综合使用成本

输入输出设备的使用情况和综合使用成本是评估的重要指标。使用情况评估主要包括设备的使用频率、使用环境、使用人员等方面。综合使用成本评估则包括设备购买成本、维修成本、能源消耗成本等方面。

1）使用情况评估

- 设备使用频率。使用频率是评估输入输出设备使用情况的重要指标。设备使用频率越高，说明使用量越大，使用寿命和性能也会受到一定的影响。因此，在评估输入输出设备时，应该考虑设备的使用频率，选择性能稳定、使用寿命长的设备。
- 使用环境。输入输出设备的使用环境对设备的性能和寿命也有着重要的影响。例如，高温、潮湿、强磁场等环境会对设备产生不利影响，缩短使用寿命。因此，在评估输入输出设备时，应该考虑使用环境，选择适应性强且能够在恶劣环境下正常工作的设备。
- 使用人员。使用人员也是评估输入输出设备使用情况的重要因素。不同的使用人员对设备的使用习惯和技能水平不同，会对设备的使用效率和寿命产生影响。因此，在评估输入输出设备时，应该考虑使用人员的技能水平和使用习惯，选择易于操作、人性化设计的设备。

2）综合使用成本评估

输入输出设备的综合使用成本评估包括设备购买成本、维修成本、能源消耗成本等方面的评估。

- 设备购买成本。设备购买成本是评估输入输出设备综合使用成本的重要因素。设备购买成本越高，说明设备的价格越高，使用成本也会相应增加。因此，在评估输入输出设备时，应该考虑购买成本，选择性价比高的设备。
- 维修成本。输入输出设备的维修成本是评估设备综合使用成本的另一个重要因素。设备维修成本越高，说明设备的故障率越高，维修费用也会相应增加。因此，在评估输入输出设备时，应该考虑设备的维修成本，选择故障率低、易于维修的设备。
- 能源消耗成本。输入输出设备的能源消耗成本也是评估综合使用成本的重要因素。设备能源消耗越高，说明设备的功耗越大，能源成本也会相应增加。因此，在评估输入输出设备时，应该考虑设备的能源消耗成本，选择节能的设备。

2. 评估非法使用、信息安全风险等情况

输入输出设备的非法使用、信息安全风险等情况是评估输入输出设备的重要指标。非法使用可能导致设备被恶意破坏或者被非法使用者窃取数据，信息安全风险可能导致数据泄露或者被攻击者篡改。因此，在评估输入输出设备时，应该考虑设备的非法使用、信息安全风险等情况，选择具有防护功能、安全可靠的设备，并提出相应的改进方案。

3. 调研设备的性能，评估使用或维修价值

输入输出设备的性能是评估的重要指标。设备性能越高，说明设备的处理速度、处理能力、存储容量等方面的表现越好。因此，在评估输入输出设备时，应该调研设备的性能，评估设备

的使用价值和维修价值，并提出相应的处置方案。

4. 评估报废价值及对环境污染情况

输入输出设备报废价值及对环境污染情况是评估的重要指标。设备报废价值越高，说明设备的回收利用价值越高，对环境污染的影响也越小。因此，在评估输入输出设备时，应该考虑设备的报废价值及对环境污染情况，选择环保、可回收利用的设备，并提出相应的处置方案。

14.4.4　优化改善

在桌面及外围设备运行维护过程中，对输入输出设备进行优化改善时，应根据服务级别、使用环境、管理要求的变化情况，优化改善运行维护对象的性能、使用者感受、使用成本等因素。输入输出设备的优化改善内容包括调整共享策略和设备使用位置与环境、调校机械部件、调整设备参数、升级设备固件程序和驱动程序、增加外观保护和安全防护部件、更换老化和易损配件、优化耗材 / 易损件采购和使用策略等。

输入输出设备的优化改善内容的具体实施如下。

1）调整共享策略和设备使用位置与环境

共享策略是指对共享设备的使用进行管理和控制的策略，例如限制用户使用某些共享设备、限制共享设备的使用时间等。设备的使用位置与环境指的是设备被安装、放置并运行的具体地点以及该地点所具备的各种物理、化学和生物条件。例如设备的使用位置是否符合安全要求、设备的使用环境是否符合使用要求等。在实施调整共享策略和设备使用位置与环境时，应该根据输入输出设备的使用情况，及时调整共享策略和设备使用位置与环境，确保输入输出设备的正常运行。

2）调校机械部件

输入输出设备中的机械部件，例如打印机的硒鼓、投影仪的镜头等。调校是指对机械部件进行调整和校准，以确保机械部件的正常运行。在实施调校时，应该根据输入输出设备的使用情况，及时调整和校准机械部件，确保设备的正常运行。

3）调整设备参数

调整设备参数是指对输入输出设备的参数进行设置，例如打印机的打印速度、投影仪的分辨率等参数的设置。调整设备参数等可以确保设备的正常运行。在实施调整设备参数等时，应该根据输入输出设备的使用情况，及时调整和设置设备参数，确保输入输出设备的正常运行。

4）升级设备固件程序和驱动程序

固件程序是指运行在特定硬件设备（如 USB 接口芯片、微控制器等）中的程序，它是这些设备实现其特定功能的软件基础。

驱动程序是一种特殊的程序，充当了计算机和硬件设备之间的通信桥梁，确保了硬件设备的正常运行和性能优化。通过为操作系统提供控制硬件设备的接口，驱动程序实现了计算机与硬件设备之间的无缝连接。

5）增加外观保护和安全防护部件

外观保护和安全防护部件是指产品外部的装饰和保护结构，是为了预防操作者和其他人员接触机械设备中的危险部件或进入危险区域而设计的辅助装置。

6）更换老化和易损配件

老化和易损配件是指使用过程中，随着时间的推移，由于物理、化学或生物等因素的作用，其性能逐渐降低或丧失，容易损坏和在规定期间必须更换的零部件。

7）优化耗材／易损件采购和使用策略

耗材／易损件是指消耗很频繁／使用期间容易损坏的配件类产品，例如打印机的硒鼓、投影仪的电源等。优化耗材／易损件采购和使用策略是指对耗材和易损件进行优化和改善，以确保输入输出设备的正常运行。在实施优化耗材／易损件采购和使用策略时，应该根据输入输出设备的使用情况，及时优化和改善耗材和易损件的采购和使用策略，确保输入输出设备的正常运行。

14.5 存储设备运维管理

存储设备至少包括闪存盘、移动硬盘、数字存储卡、光盘、磁盘、网络存储器（NAS）等。下面从例行操作、响应支持、调研评估和优化改善几方面描述存储设备运维管理的具体内容。

14.5.1 例行操作

针对存储设备的例行操作内容应包括定期检查和日常维护。

1. 定期检查

存储设备定期检查的详细内容包括：

- 外观完好情况。在检查过程中，应该注意设备表面是否有划痕、破损、变形等情况。如果发现设备存在以上问题，应该及时进行维修或更换，以防止设备故障导致数据丢失。
- 存储介质空间使用情况。在检查过程中，应该确保设备的存储空间充足，以便于数据的存储和备份。如果发现设备的存储空间不足，应该及时进行扩容或更换新的设备，以确保数据的安全性。
- 存储设备传输速率、数据格式等参数。在检查过程中，应该确保设备的传输速率和数据格式符合使用需求，以便于数据的传输和处理。如果发现设备存在传输速率慢、数据格式不兼容等问题，应该及时进行调整或更换新的设备，以确保数据的安全性和可靠性。
- 存储设备损坏情况。存储设备存在的坏区、坏道、坏块情况是存储设备定期检查的重要内容之一，在检查过程中，应该使用专业的检测工具对设备进行检测，以确保设备的正常运行和数据安全。如果发现设备存在坏区、坏道、坏块等问题，应该及时进行维修或更换新的设备，以确保数据的安全性和可靠性。
- 存储设备接入情况。存储设备的接入情况是存储设备定期检查的重要内容之一，在检查过程中，应该确保设备能够正常接入计算终端、网络和其他设备，以便于数据的传输和共享。如果发现设备存在接入问题，应该及时进行调整或更换新的设备，以确保数据的安全性和可靠性。

- 存储设备内数据的加密情况。在检查过程中，应该确保设备内的数据已经进行加密，以防止数据泄露和安全问题。如果发现设备内数据没有加密或加密方式不符合要求，应该及时进行加密或更换新的设备，以确保数据的安全性。
- 使用人员信息。在检查过程中，应该确保设备的使用人员信息准确、完整，以便于数据的安全管理。如果发现设备使用人员信息不准确或缺失，应该及时进行更新或补充，以确保数据的安全性。
- 资产信息变更情况。在检查过程中，应该确保设备的资产信息准确、完整，以便于数据的安全管理。如果发现设备资产信息不准确或缺失，应该及时进行更新或补充，以确保数据的安全性。

2. 日常维护

1）设备编号与标识

在维护过程中，应该确保设备的编号和标识准确、完整，以便于设备的管理和安全。如果发现设备编号和标识不准确或缺失，应该及时进行更新或补充，以确保设备的安全性。

2）对存储设备进行除尘、清理外观

在维护过程中，应该使用专业的清洁工具对设备进行清理，以防止灰尘、污垢等影响设备的正常运行和数据安全。如果发现设备存在灰尘、污垢等问题，应该及时进行清理，以确保设备的正常运行和数据安全。

3）备份验证

在维护过程中，应该确保设备的备份数据准确、完整，以便于数据的安全管理。如果发现设备备份数据存在问题，应该及时进行修复或更换，以确保数据的安全性。

4）存放环境整理

在维护过程中，应该确保设备的存放环境整洁、通风，以便于设备的正常运行和数据安全。如果发现设备存放环境存在问题，应该及时进行整理，以确保设备的正常运行和数据安全。

5）升级驱动程序和固件

在维护过程中，应该确保设备的驱动程序和固件符合使用需求，以便于设备的正常运行和数据安全。如果发现设备存在驱动程序或固件问题，应该及时进行升级或更换，以确保设备的正常运行和数据安全。

6）对存储设备查杀病毒

在维护过程中，应该使用专业的病毒查杀工具对设备进行查杀，以防止病毒对设备和数据安全造成影响。如果发现设备存在病毒问题，应该及时进行查杀，以确保设备的正常运行和数据安全。

7）数据清除与设备报废

在维护过程中，应该确保设备的数据已经进行清除，以防止数据泄露和安全问题。如果发现设备存在数据泄露或安全问题，应该及时进行数据清除或设备报废，以确保数据的安全性。

8）老化检测与易耗部件更换

在维护过程中，应该定期对设备进行老化检测，以确保设备的正常运行和数据安全。如果发现设备存在老化或易耗部件问题，应该及时进行检测或更换，以确保设备的正常运行和数据安全。

9）资产信息变更

在维护过程中，应该确保设备的资产信息准确、完整，以便于数据的安全管理。如果发现设备资产信息存在问题，应该及时进行更新或补充，以确保设备的安全性。

10）为用户提供信息安全风险教育

在维护过程中，应该为用户提供信息安全风险教育，以提高用户的信息安全意识和能力。如果发现用户存在信息安全风险问题，应该及时进行教育和培训，以确保设备的安全性。

14.5.2　响应支持

在桌面及外围设备运行维护过程中，对存储设备进行响应支持时，应根据不同的运行维护对象的使用要求，确定事件驱动响应和服务请求响应的具体服务内容。

1. 事件驱动响应

存储设备的事件驱动响应的详细内容包括：

1）修复存储设备硬件故障

在支持过程中，应该使用专业的维修工具对设备进行维修，以修复设备的硬件故障，确保设备的正常运行和数据安全。

2）修复支撑软件及硬件故障

在支持过程中，应该使用专业的维修工具对设备进行维修，以修复设备的支撑软件和硬件故障，确保设备的正常运行和数据安全。

3）修复存储设备软件及驱动程序故障

在支持过程中，应该使用专业的维修工具对设备进行维修，以修复设备的软件和驱动程序故障，确保设备的正常运行和数据安全。

4）隔离并恢复感染病毒的存储设备

在支持过程中，应该使用专业的病毒查杀工具对设备进行查杀，以隔离感染病毒的设备，并恢复设备的正常运行和数据安全。

5）恢复丢失的信息数据

在支持过程中，应该使用专业的数据恢复工具对设备进行恢复，以恢复丢失的信息数据，确保设备的正常运行和数据安全。

6）必要时提供功能置换服务

在支持过程中，应该根据用户的需求，提供功能置换服务，以确保设备的正常运行和数据安全。

2. 服务请求响应

存储设备的服务请求响应是确保设备正常运行和数据安全的重要手段，详细内容包括：

1）解答用户提出的操作方法咨询或疑问

在服务过程中，应该使用专业的知识库和技术支持团队，解答用户提出的操作方法咨询或疑问，以确保用户能够正确使用设备，确保设备的正常运行和数据安全。

2）存储设备加密与解密

在服务过程中，应该使用专业的加密工具对设备进行加密，以确保设备的数据安全。如果发现设备存在数据安全问题，应该及时进行加密；如果发现设备需要解密，应该使用专业的解密工具进行解密，以确保设备的正常运行和数据安全。

3）存储设备的采购、分发、领用、借用、归还、报废

在服务过程中，应该根据用户的需求采购、分发、领用、借用、归还、报废存储设备，以确保设备的正常运行和数据安全。

4）提供存储设备所需的存储介质

在服务过程中，应该根据用户的需求，提供存储设备所需的存储介质，以确保设备的正常运行和数据安全。

5）存储设备软件和硬件安装、升级

在服务过程中，应该根据用户的需求，安装、升级存储设备的软件和硬件，以确保设备的正常运行和数据安全。

6）存储设备用户访问权限分配，账号的开立、变更和注销

在服务过程中，应该根据用户的需求，分配存储设备用户的访问权限，开立、变更和注销账号，以确保设备的正常运行和数据安全。

14.5.3 调研评估

存储设备的调研评估是非常重要的，它能够有效地评估存储设备的安全性、性能、质量、使用率和综合使用成本等情况，确保存储设备的正常运行。

1. 评估与国家、行业、单位、部门相关标准和规范的符合程度

针对于不符合国家、行业、单位、部门相关标准和规范要求的，应提出完善方案，经客户方审批后实施。完善方案一般包括预期达到的目标、完善目的、方案实施计划、实施成本、实施周期、验收方案等内容。

2. 存储设备的调研评估内容

存储设备的调研评估内容包括评估由于存储设备接入而产生信息安全风险的可能性，调研

存储设备的性能、质量、使用率和综合使用成本等情况，提供采购政策优化的建议等。

3. 存储设备的调研评估内容的具体实施

1）评估由于存储设备接入而产生信息安全风险的可能性

信息安全风险是指由于计算机系统中存在的安全漏洞、恶意软件等，导致计算机系统中的信息被窃取、篡改或删除等情况。存储设备接入可能会导致信息安全风险的产生，因此需要对存储设备进行评估，以确保存储设备的安全性。

2）调研存储设备的性能、质量、使用率和综合使用成本等情况

存储设备的性能是指存储设备的读写速度、存储容量等。存储设备的质量是指存储设备的可靠性、稳定性等。存储设备的使用率是指存储设备的使用情况，例如存储设备的使用率是否饱和等。存储设备的综合使用成本是指存储设备的购买成本、维护成本、运行成本等。在实施调研时，应该根据存储设备的使用情况，及时调研存储设备的性能、质量、使用率和综合使用成本等情况，确保存储设备的正常运行。

3）提供采购政策优化的建议

采购政策是指计算机系统中采购存储设备的政策和规定，例如采购存储设备的标准、流程等。采购政策优化是指对采购政策进行优化和改善。应该根据存储设备的使用情况，及时提供采购政策优化的建议，确保采购存储设备的正常运行。

14.5.4 优化改善

在桌面及外围设备运行维护过程中，对存储设备进行优化改善时，应根据服务级别、使用环境、管理要求的变化情况，优化改善运行维护对象的性能、使用者感受、使用成本等因素。针对存储设备的优化，为用户提供基于新技术的更高效的存储方式的建议一般包括以下几方面。

- 存储类型选择。根据用户的业务需求和数据特征，推荐合适的存储类型，如机械硬盘、固态硬盘、混合硬盘、云存储等。不同类型的存储设备在性能、容量、成本等方面各有优劣，选择合适的存储类型可以提高存储效率和数据安全性。
- 存储架构优化。根据用户的数据量和访问频率，推荐合适的存储架构，如RAID、分布式存储、集群存储等。合理的存储架构可以提高数据读写速度、容错能力和可扩展性，降低系统故障率和数据丢失风险。
- 数据备份与恢复。建议用户制定合理的数据备份策略，定期对重要数据进行备份，并选择适合的备份介质和备份方式，如本地备份、异地备份、云备份等。同时，提供数据恢复方案，确保在数据丢失或损坏的情况下能够快速恢复。
- 数据压缩与加密。利用先进的数据压缩技术，对大量的数据进行无损压缩，节省存储空间，提高存储效率。同时，建议用户对敏感数据进行加密存储，确保数据安全和隐私保护。
- 存储管理工具。提供实用的存储管理工具，如存储监控、性能优化、故障诊断等，帮助用户实时了解存储设备的运行状况，及时发现并解决问题，提高存储系统的可靠性和稳定性。

- 节能与绿色存储。推荐用户采用节能型存储设备和绿色存储技术，降低能耗和碳排放，减轻对环境的影响，提高数据中心的可持续发展能力。
- 技术支持与服务。提供全面的技术支持和服务，包括咨询、安装、调试、维护、升级等，确保用户在使用高效存储方式的过程中得到及时、专业的帮助。

14.6　通信设备运维管理

通信设备至少包括调制解调器、外置网卡、无线接入点（无线 AP）、信息点、非核心路由器、交换机、集线器、IP 电话等。下面从例行操作、响应支持、调研评估和优化改善几方面描述通信设备运维管理的具体内容。

14.6.1　例行操作

针对通信设备的例行操作内容应包括监控、定期检查和日常维护。

1. 监控

在桌面及外围设备运行维护过程中，对输入输出设备进行监控时，应根据具体的运行维护对象，确定监控内容和指标，监控的内容可包括：

- 通信设备的健康状况、整体运行状态、各项硬件资源开销状况。
- 链路健康状况，如端到端时延变化、链路端口工作稳定性、链路负载情况、部署路由策略情况下端到端选路变化、路由条目变化。
- 支撑软件及硬件配置变动。
- 易损件的使用情况。
- 操作行为。
- 告警信息。
- 资产信息。

2. 定期检查

在桌面及外围设备运行维护过程中，对通信设备进行定期检查时，应根据具体的运行维护对象，确定检查内容和周期。定期检查的内容可包括：

- 通信设备是否存在信息安全风险。
- 通信设备软硬件运行状态。
- 备份通信设备的配置文件及其他日志文件。
- 检查链路的健康状态，包括IP 包传输时延、IP 包丢失率、IP 包误差率、无效IP 包（包括攻击性IP 包、欺骗性IP 包、垃圾IP 包等）。
- 支撑软件及硬件配置变动情况。
- 通信设备的资源占用情况。

- 接口使用情况。
- 易损件老化情况。
- 资产变更情况。

3. 日常维护

在桌面及外围设备运行维护过程中，对通信设备进行日常维护时，应根据具体的运行维护对象，确定操作内容和频率。日常维护的内容可包括：

- 对通信设备进行除尘清理、老化检测、易耗部件更换。
- 通信设备驱动程序和固件升级。
- 调整通信设备的连接对象、时间与网络配置信息。
- 设备软件配置备份及存档。
- 审计通信设备的网络连接和数据通信情况。
- 审计设备日志。
- 安全事件周期性整理分析。
- 设备密码变更。
- 为用户提供信息安全风险教育。
- 为用户提供简易明了的使用说明、注意事项或操作培训。
- 为用户提供网络资源使用报告及高效利用网络资源的使用培训。

14.6.2　响应支持

在桌面及外围设备运行维护过程中，对通信设备进行响应支持时，应根据不同的运行维护对象的使用要求，确定事件驱动响应和服务请求响应的具体服务内容。

1. 事件驱动响应

针对设备的软硬件故障引起的业务中断或运行效率无法满足正常运行要求而进行的响应服务包括：

- 修复通信设备硬件故障。
- 修复通信设备软件、参数配置或驱动程序故障。
- 修复通信设备所连接的网络链路故障。
- 排查并隔离导致恶意攻击、病毒等威胁的通信设备。
- 恢复性能下降的通信设备，恢复网络连接性能至性能基线水平。
- 必要时提供功能置换服务。

2. 服务请求响应

在服务级别协议规定的服务范围内，根据需方的请求而进行的响应服务包括：

- 解答用户提出的操作方法咨询或疑问。
- 通信设备的采购、领用、借用、归还、报废。
- 通信设备及网络链路的权限分配，用户账号的开立、变更和注销。

- 通信设备软件和硬件的安装、更新或升级。
- 调优网络资源分配机制。
- 调整通信设备的访问控制策略。
- 通信设备参数配置变更。
- 启动、关闭端口或服务。
- 易耗品/易损件更换。
- 提供备用设备。

14.6.3　调研评估

针对通信设备的调研评估内容包括：

- 评估通信设备的使用和管理与国家、行业、单位相关标准和规范的符合程度，提出完善方案。
- 评估通过通信设备产生信息安全风险的可能性，并提出改进方案。
- 调研通信设备及所连接网络资源的利用情况、网络结构和综合使用成本等，提出优化方案。
- 调研通信设备的设备质量、性能，优化采购策略。
- 设备报废价值评估。

14.6.4　优化改善

在桌面及外围设备运行维护过程中，对通信设备进行优化改善时，应根据服务级别、使用环境、管理要求的变化情况，优化改善运行维护对象的性能、使用者感受、使用成本等，具体优化改善内容包括：

1）根据需方需求，规划、改善网络接入策略和访问控制策略

在网络接入和访问控制方面，可以根据用户的需求，对网络接入策略进行优化，例如限制某些 IP 地址的访问；增加安全策略，如防火墙和入侵检测等。同时，可以对访问控制策略进行优化，例如添加认证和授权机制，以确保网络资源的安全访问。

2）局部网络拓扑优化

根据网络的负载情况，对网络拓扑进行优化，例如将某些设备连接到高性能的交换机上，以提高网络性能和带宽。

3）局部网络通信链路带宽及使用效能优化

根据网络的负载情况，对通信链路带宽进行优化，例如升级网络设备的带宽，以满足网络流量的需求。同时，可以对网络通信链路的使用效能进行优化，例如实施流量控制策略，以减少网络拥塞。

4）通信设备配置参数优化

根据设备的负载情况，对通信设备配置参数进行优化，例如调整设备的 CPU、内存和硬盘

等资源的分配，以提高设备的性能和响应速度。

5）通信设备运行环境优化

根据设备的负载情况，对通信设备运行环境进行优化，例如调整设备的温度、湿度和空气流通等因素，以确保设备的稳定运行。

6）优化通信设备运行环境

优化通信设备运行环境包括物理环境、电气环境、网络环境，例如增加空调、电力保护设备和网络设备等，以确保设备的稳定运行。

7）优化通信设备通信端口的利用率

在通信设备方面，可以对通信端口的利用率进行优化，例如增加通信端口的数量，以满足网络流量的需求。

8）优化通信设备的备份策略和冗余设计

在通信设备方面，可以对备份策略和冗余设计进行优化，例如增加备份设备的数量，以确保设备的可靠性和稳定性。

9）优化通信设备的故障检测和自愈能力

在通信设备方面，可以对故障检测和自愈能力进行优化，例如增加设备的监控功能，以及自动恢复功能，以确保设备的稳定运行。

10）优化通信设备的安全防护策略

在通信设备方面，可以对安全防护策略进行优化，例如增加设备的防火墙和入侵检测等安全功能，以确保设备的安全性。

11）优化通信设备的管理系统和工具

在通信设备方面，可以对管理系统和工具进行优化，例如增加设备的远程管理功能，以及自动化管理工具，以提高设备的管理效率。

12）优化通信设备的运行状态监测和维护工单系统

在通信设备方面，可以对运行状态监测和维护工单系统进行优化，例如增加设备的监控功能，以及自动化维护工单系统，以提高设备的维护效率。

13）优化通信设备的升级和维修流程

在通信设备方面，可以对升级和维修流程进行优化，例如增加设备的自动升级功能，以及自动化维修流程，以提高设备的维修效率。

14）优化通信设备的维修资源和备件供应策略

在通信设备方面，可以对维修资源和备件供应策略进行优化，例如增加维修资源的数量，以及备件供应的及时性，以确保设备的稳定运行。

14.7　桌面与外设安全

14.7.1　补丁管理

台式计算机和移动计算终端的操作系统补丁管理方案是保障计算机安全和性能的重要手段，包括定期更新、定期扫描系统漏洞和定期备份数据等方式。

- 定期更新。目前市场上主流的操作系统有Windows、Linux、iOS、Android等，其中Windows、iOS系统的补丁更新较为频繁，需要用户定期手动更新。Linux、Android系统的补丁更新则较为自动化，用户只需要在系统更新时选择更新即可。
- 定期扫描系统漏洞。目前市场上主流的扫描系统漏洞的工具有Nessus、Nmap、F-Secure、AVG等，用户可以根据自己的需求选择合适的工具进行扫描。
- 定期备份数据。目前市场上主流的备份数据工具有Acronis、Veeam、iCloud、Google Drive等，用户可以根据自己的需求选择合适的工具进行备份。

14.7.2　权限控制

对于台式计算机和移动计算终端而言，设置用户权限、设置访问控制以及设置软件权限是保障其安全和性能的重要手段。用户应该根据自己的需求合理设置用户权限，以保障计算机的安全和性能。

- 设置用户权限。Windows、iOS系统的用户权限设置较为复杂，需要用户具备一定的计算机知识。Linux、Android系统的用户权限设置较为简单，用户只需要在系统设置中进行设置即可。
- 设置访问控制。目前市场上主流的访问控制工具有各自对应的防火墙，用户可以根据自己的需求选择合适的工具进行设置。
- 设置软件权限。目前市场上主流的软件权限管理工具有Windows软件管理、Linux软件管理、iOS软件管理、Android软件管理等，用户可以根据自己的需求选择合适的工具进行设置。

14.7.3　上网审计

台式计算机和移动计算终端的上网审计方案是保障计算机安全和性能的重要手段，用户应该根据自己的需求进行网络流量监控和网络安全策略，以保障计算机的安全和性能。同时，用户还应该根据自己的需求选择合适的工具和方案，以保障计算机的安全和性能。

- 网络流量监控。目前市场上主流的网络流量监控工具有Windows网络监控、Linux网络监控、iOS网络监控、Android网络监控等，用户可以根据自己的需求选择合适的工具进行设置。
- 网络安全策略。目前市场上主流的网络安全策略工具有Windows网络安全策略、Linux网络安全策略、iOS网络安全策略、Android网络安全策略等，用户可以根据自己的需求选择合适的工具进行设置。

14.7.4　防病毒管理

对于台式计算机和移动计算终端而言，定期更新杀毒软件、定期扫描病毒和定期备份数据是保障其安全和性能的重要手段。因此，用户应该根据自己的需求合理更新杀毒软件、扫描病毒以及备份数据，以保障计算机的安全和性能。

- 定期更新杀毒软件。目前市场上主流的杀毒软件有卡巴斯基、诺顿、腾讯手机管家、360手机卫士等，用户可以根据自己的需求选择合适的杀毒软件进行更新。
- 定期扫描系统病毒。目前市场上主流的扫描系统病毒工具有诺顿扫描、卡巴斯基扫描、腾讯手机管家扫描、360手机卫士扫描等，用户可以根据自己的需求选择合适的工具进行扫描。
- 定期备份数据。目前市场上主流的备份数据工具有Acronis、Veeam、腾讯手机管家备份、360手机卫士备份等，用户可以根据自己的需求选择合适的工具进行备份。

14.8　本章练习

1. 选择题

（1）病毒库更新属于终端运维管理的_____。

    A. 调研评估　　　　B. 日常维护　　　　C. 响应支持　　　　D. 优化改善

参考答案：B

（2）移动计算终端运维管理过程中，_____无需定期检查。

    A. 外观完好情况　　　　　　　　B. 资源占用情况

    C. 电池续航能力　　　　　　　　D. 采购人员信息

参考答案：D

（3）_____不属于桌面外设安全权限控制的范畴。

    A. 设置用户权限　　　　　　　　B. 设置访问控制

    C. 设置门禁权限　　　　　　　　D. 设置软件权限

参考答案：C

（4）桌面及外围设备运行维护对象具有的特点：_____。

    A. 数量多、分布广、功能复杂、移动化

    B. 数量少、分布集中、功能单一

    C. 数量多、分布集中、功能复杂

    D. 数量少、分布广、功能单一

参考答案：A

（5）存储设备的调研评估不包括：_____。

    A. 评估由于设备接入而产生信息安全风险的可能性

    B. 调研设备的性能、质量、使用率等情况

  C. 提供采购政策优化的建议

  D. 评估设备报废价值

参考答案：D

2. 思考题

（1）请简述台式计算终端和移动计算终端在响应支持方面的异同。

（2）请列举在通信设备运维管理中主要包括哪些优化改善措施。

参考答案：略

第 15 章　数据管理

通常情况下，数据管理是指通过规划、控制与提供数据和信息资产的职能，包括开发、执行和监督有关数据的计划、策略、方案、项目、流程、方法和程序，以获取、控制、保护、交付和提高数据和信息资产价值。国际数据管理协会（Data Management Association International，DAMA International）指出，数据资源管理致力于发展处理组织数据生命周期的适当的构建、策略、实践和程序。数据管理框架是对组织的管理平台或者能够产生业务数据的平台所产生的数据进行统一的跟踪协调管理的功能模型。

15.1　数据管理基础

国内外常用的数据管理模型包括数据管理能力成熟度评估模型（Data management Capability Maturity Model，DCMM）、数据治理框架（国际数据治理协会定义的框架），以及数据管理模型（DAMA 定义的模型）等。

15.1.1　数据管理能力成熟度评估模型

数据管理能力成熟度评估模型（DCMM）是国家标准 GB/T 36073《数据管理能力成熟度评估模型》中提出的，旨在帮助组织利用先进的数据管理理念和方法，建立和评价自身数据管理能力，持续完善数据管理组织、程序和制度，充分发挥数据在促进组织向信息化、数字化、智能化发展方面的价值。如图 15-1 所示为 DCMM 数据管理能力模型。

图 15-1　DCMM 数据管理能力模型

DCMM 定义了数据战略、数据治理、数据架构、数据应用、数据安全、数据质量、数据标准和数据生存周期 8 个核心能力域。DCMM 将组织的管理成熟度划分为 5 个等级，分别是初始级、受管理级、稳健级、量化管理级和优化级。

- 初始级。数据需求的管理主要是在项目级体现，没有统一的管理流程，主要是被动式管理。
- 受管理级。组织意识到数据是资产，根据管理策略的要求制定管理流程，指定相关人员进行初步管理。
- 稳健级。数据已被当作实现组织绩效目标的重要资产，在组织层面制定系列的标准化管理流程，促进数据管理的规范化。
- 量化管理级。数据被认为是获取竞争优势的重要资源，数据管理的效率能量化分析和监控。
- 优化级。数据被认为是组织生存和发展的基础，相关管理流程能实时优化，能在行业内进行最佳实践分享。

15.1.2   DGI数据治理框架

国际数据治理协会（Data Governance Institute，DGI）发布了 DGI 数据治理框架，是组织在进行数据治理的操作层面的框架体系，为组织做出决策和采取行动的复杂活动提供的方法，此框架从组织结构、治理规则和治理过程这三个维度提出了关于数据治理活动的 10 个关键通用组件，并在这些要素的基础上构建了数据治理框架，如图 15-2 所示。

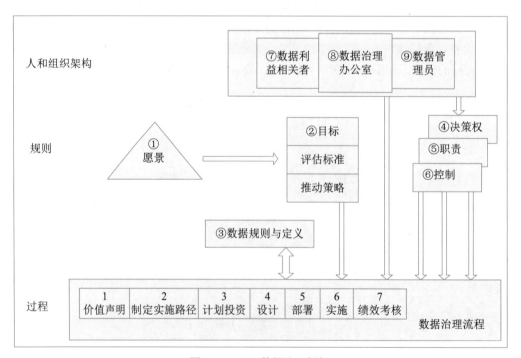

图 15-2   DGI 数据治理框架

15.1.3　DAMA数据管理模型

国际数据管理协会（DAMA）2018 年发行了 DAMA-DMBOK2（数据管理知识体系指南第 2 版），用于指导组织的数据管理职能和数据战略的评估工作，并建议和指导刚起步的组织去实施和提升数据管理。DAMA-DMBOK2 理论框架由 11 个数据管理职能领域和 7 个基本环境要素共同构成"DAMA 数据管理知识体系"，每项数据职能领域都在 7 个基本环境要素约束下开展工作。DAMA-DMBOK2 职能框架如表 15-1 所示。

表 15-1　DAMA-DMBOK2 职能框架（示意）

数据管理职能	环境要素						
	目标与原则	组织与文化	工具	活动	角色和职责	交付成果	技术
数据治理							
数据架构							
数据建模和设计							
数据存储和操作							
数据安全							
数据集成和互操作							
文档和内容管理							
参考数据和主数据管理							
数据仓库与商务智能							
元数据管理							
数据质量管理							

15.2　数据战略与治理

数据战略与治理是组织开展数据管理的总体管控，往往是组织开展数据活动的总体纲领，是确立数据资源权限和分工的关键定义活动。

15.2.1　数据战略

组织的数据战略通常包括数据战略规划、数据战略实施和数据战略评估三个能力项建设。

1. 数据战略规划

数据战略规划是在组织所有利益相关者之间达成共识的结果。从宏观及微观两个层面确定开展数据管理及应用的动因，并综合反映数据提供方和消费方的需求。其主要活动和工作要点包括：

● 识别利益相关者。明确利益相关者的需求。

- 数据战略需求评估。组织对业务和信息化现状进行评估，了解业务和信息化对数据的需求。
- 数据战略制定。主要包括：①愿景陈述，包含数据管理原则、目的和目标；②规划范围，包含重要业务领域、数据范围和数据管理优先权；③所选择的数据管理模型和建设方法；④当前数据管理存在的主要差距；⑤管理层及其责任，以及利益相关者名单；⑥编制数据管理规划的管理方法；⑦持续优化路线图。
- 数据战略发布。以文件、网站、邮件等方式正式发布审批后的数据战略。
- 数据战略修订。根据业务战略、信息化发展等方面的要求，定期进行数据战略的修订。

2. 数据战略实施

数据战略实施是组织完成数据战略规划后，逐渐实现数据职能框架的过程。实施过程中依据组织数据管理和数据应用的现状，确定与愿景、目标之间的差距；依据数据职能框架制定阶段性数据任务目标，并确定实施步骤。其主要活动和工作要点包括：

- 评估准则。建立数据战略规划实施评估标准，规范评估过程和方法。
- 现状评估。对组织当前数据战略落实情况进行分析，评估各项工作开展情况。
- 评估差距。根据现状评估结果与组织数据战略规划进行对比，分析存在的差异。
- 实施路径。利益相关者结合组织的共同目标和实际业务价值进行数据职能任务优先级排序。
- 保障计划。依据实施路径，制定开展各项活动所需的预算。
- 任务实施。根据任务开展工作。
- 过程监控。依据实施路径，及时对实施过程进行监控。

3. 数据战略评估

组织在数据战略评估过程中需要建立对应的业务案例和投资模型，并在整个数据战略实施过程中跟踪进度，同时做好记录供审计和评估使用。其主要活动和工作要点包括：

- 建立任务效益评估模型。从时间、成本、效益等方面建立数据战略相关任务的效益评估模型。
- 建立业务案例。建立基本的用例模型、项目计划、初始风险评估和项目描述，能确定数据管理和数据应用相关任务（项目）的范围、活动、期望的价值以及合理的成本收益分析。
- 建立投资模型。作为数据职能项目投资分析的基础性理论，投资模型确保在充分考虑成本和收益的前提下对所需资本合理分配，投资模型要满足不同业务的信息科技需求，以及对应的数据职能内容，同时要广泛沟通以保障对业务或技术的前瞻性支持，并符合相关的监管及合规性要求。
- 阶段评估。在数据工作开展过程中，定期从业务价值、经济效益等维度对已取得的成果进行效益评估。

15.2.2　数据治理

数据治理（Data Governance）是组织中涉及数据使用的一整套管控行为，由组织治理部门发起并推行，关于如何制定和实施针对整个组织内部数据的应用和技术管控的一系列政策和流程。DAMA 认为数据治理是对数据资产管理行使权力和控制的活动集合；DGI 认为数据治理是一个通过一系列信息相关的过程来实现决策权和职责分工的系统，这些过程按照达成共识的模型来执行，该模型描述了谁（Who）能根据什么信息，在什么时间（When）和情况（Where）下，用什么方法（How），采取什么行动（What）。

数据治理的最终目标是提升数据的价值，数据治理非常有必要，是组织实现数字战略的基础，它是一个管理体系，包括组织、制度、流程、工具。从范围来讲，数据治理涵盖了从前端事务处理系统、后端业务数据库到终端的数据分析，从源头到终端再回到源头形成一个闭环负反馈系统（控制理论中趋稳的系统）。从目的来讲，数据治理就是要对数据的获取、处理、使用进行监管（监管就是我们在执行层面对信息系统的负反馈），而监管的职能主要通过 5 个方面的执行力来保证，即发现、监督、控制、沟通、整合。

组织的数据治理通常包括数据治理组织、数据制度建设和数据治理沟通三个能力项建设。

1. 数据治理组织

数据治理组织需要包括组织架构、岗位设置、团队建设、数据责任等内容，他是各项数据职能工作开展的基础。其对组织在数据管理和数据应用行使职责规划和控制，并指导各项数据职能的执行，以确保组织能有效落实数据战略目标。其主要活动和工作要点包括：

- 建立数据治理组织。建立数据体系配套的权责明确且内部沟通顺畅的组织，确保数据战略的实施。
- 岗位设置。建立数据治理所需的岗位，明确岗位的职责、任职要求等。
- 团队建设。制订团队培训、能力提升计划，通过引入内部、外部资源定期开展人员培训，提升团队人员的数据治理技能。
- 数据归口管理。明确数据所有人、管理人等相关角色，以及数据归口的具体管理人员。
- 建立绩效评价体系。根据团队人员职责、管理数据范围的划分，制定相关人员的绩效考核体系。

2. 数据制度建设

为保障数据管理和数据应用各项功能的规范化运行，组织需要建立对应的制度体系。数据制度体系通常分层次设计，遵循严格的发布流程并定期检查和更新。数据制度建设是数据管理和数据应用各项工作有序开展的基础，是数据治理沟通和实施的依据。其主要活动和工作要点包括：

- 制定数据制度框架。根据数据职能的层次和授权决策次序，数据制度框架可分为策略、办法、细则三个层次，该框架规定了数据管理和数据应用的具体领域、各数据职能领域内的目标、遵循的行动原则、完成的明确任务、实行的工作方式、采取的一般步骤和具体措施等。

- 整理数据制度内容。数据管理策略与数据管理办法、数据管理细则共同构成组织数据制度体系，其基本内容包括：①数据策略说明数据管理和数据应用的目的，明确其组织与范围；②数据管理办法是为数据管理和数据应用各领域内活动开展而规定的相关规则和流程；③数据管理细则是为确保各数据方法执行落实而制定的相关文件。
- 数据制度发布。组织内部通过文件、邮件等形式发布审批通过的数据制度。
- 数据制度宣贯。定期开展数据制度相关的培训、宣传工作。
- 数据制度实施。结合数据治理组织的设置，推动数据制度的落地实施。

3. 数据治理沟通

数据治理沟通旨在确保组织内全部利益相关者都能及时了解相关策略、标准、流程、角色、职责、计划的最新情况，开展数据管理和应用相关的培训，掌握数据管理相关的知识和技能。数据治理沟通旨在建立与提升跨部门及部门内部数据管理能力，提升数据资产意识，构建数据文化。其主要活动和工作要点包括：

- 沟通路径。明确数据管理和应用的利益相关者，分析各方的诉求，了解沟通的重点内容。
- 沟通计划。建立定期或不定期沟通计划，并在利益相关者之间达成共识。
- 沟通执行。按照沟通计划安排实施具体沟通活动，同时对沟通情况记录。
- 问题协商机制。包括引入高层管理者等方式，以解决分歧。
- 建立沟通渠道。在组织内部明确沟通的主要渠道，例如邮件、文件、网站、自媒体、研讨会等。
- 制订培训宣贯计划。根据组织人员和业务发展需要，制订相关的培训宣贯计划。
- 开展培训。根据培训计划的要求，定期开展相关培训。

15.3 数据管理组织与职能

数据管理组织作为组织数据相关工作机制建设中不可或缺的重要组成部分，直接关系到数据要素价值的实现。高效的数据管理组织是数据工作的有力推手，是组织开展数据资产管理、实施数据工作的基础及重要保障，起到重要的管理与协调作用，关乎数据所有工作能否真正落地。

15.3.1 组织模式

数据管理组织模式不仅与组织架构有关，还与组织规模、业务管控模式等有着较强关联性，总部对数据的管理粒度、范围不同，也会对数据组织架构产生影响。常见的数据管理组织模式通常有集中式、分布式、离散式三种，不同的组织模式适用于不同类型的组织及其不同的发展阶段，组织可以根据自身业务和数据能力建设情况，实时调整、优化或组合不同的组织模式。

1. 集中式

采用集中式实施数据管理的组织，通常设立专门的数据管理团队/部门，并明确数据管理相关负责人，采用专职岗位与角色，对组织所有数据的产生、采集、存储、传输、交换等进行一体化管理。

如图 15-3 所示，采用集中式实施数据管理的组织会有一个组织级的数据管理专业部门/团队，如数据治理与管理部、数据开发与应用部等，该部门/团队对上支撑和接受组织数据治理与管控团队，如数据治理委员会、数据管理领导小组等，并按照技术专业或者功能区域等，部署专业化数据团队和人员，从而驱动组织数据管理能力的持续建设。

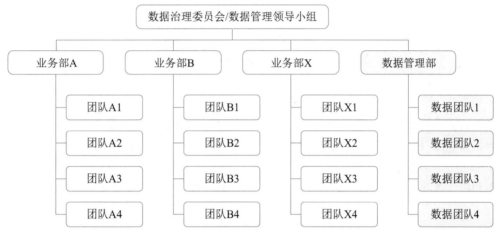

图 15-3　集中式数据管理组织示意图

采用集中式实施数据管理需要组织具备专业的数据管理和数据技术人员，精通组织业务、工艺和技术发展等，方能为组织发展实施数据赋能。这种模式一般适用于业务模式相对单一的中大型组织或集团等。

2. 分布式

分布式数据管理模式是按照职能和业务流程进行纵向和横向的划分，即在信息化部门和各业务部门中设置专门的岗位实施数据管理，信息部门的数据管理岗位负责统筹数据管理的政策、制度和流程等，各业务部门设置专门的岗位或角色，实施本部门的数据管理和技术操作执行等。

如图 15-4 所示，采用分布式的数据管理能够强化数据要素与各类业务管理和执行的融合，高效推动业务部门的数据创新及数据能力建设。但需要组织具备良好的数据文化氛围，以及较强的数据治理能力、持续优化的数据管理流程体系，并配套适当的绩效牵引，从而保障组织数据管理的一致性。

分布式数据管理模式适用于业务类型众多、业务模式复杂多变的中大型组织或集团。

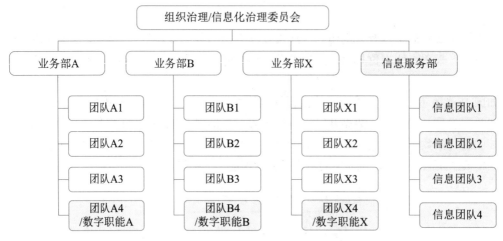

图 15-4   分布式数据管理组织示意图

3. 离散式

离散式数据管理模式是指组织不指定统筹数据管理的团队或部门，数据工作由各业务体系自行设置和承担，相关人员与业务部门深度融合，从而支撑业务的数据能力建设和数据创新等。如图 15-5 所示，采用离散式的数据管理组织架构比较容易设置，但往往因为缺乏组织级数据管理视角和统一管理，跨业务部门的协作难度大，沟通成本高，资源重复建设的情况会比较多。

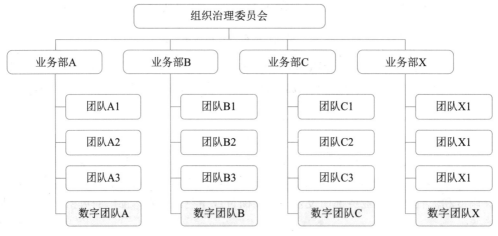

图 15-5   离散式数据管理组织示意图

离散式数据管理模式适用于中小组织或者刚刚起步建设组织数据管理能力的组织。

15.3.2   组织架构确立

不论组织的数据管理采用哪种模式，都建议建立自上而下完整的组织架构体系，明确各层级、岗位的职责，从而保证数据治理工作的有序开展。组织数据管理层级通常包括决策层、管理层和执行层，实际操作中根据每个组织的实际情况，每一层由不同的人员或组织担任，形成实体或虚拟的数据管理组织，如图 15-6 所示。

图 15-6　数据管理组织层次结构

1. 成立数据治理委员会

一个标准完整的数据组织应包含组织级的数据治理委员会。数据治理委员会由组织高级管理层领导组成，承接组织数据战略，确立数据治理的愿景和目标，指明组织数据治理策略，明确数据治理相关部门的职责，从战略层面整体把控共享数据的意义与价值。该委员会作为组织数据治理高级组织，将履行以下职责：

- 根据外部数据治理相关的法律法规，落实相关方针政策，制定战略规划。
- 决议裁定数据治理相关的重大工作事项。
- 执行监督、审批、指导、协调等工作。
- 颁布数据治理相关的重要制度、流程等。

2. 设立数据管理办公室

数据管理办公室作为管理层级，包括业务管理专家、数据管理专家及技术管理专家等角色。业务管理专家负责组织制定数据资源目录、数据标准、数据质量规则、数据安全定级、定期发布数据质量分析报告；数据管理专家负责推动落实数据管理体系、拟定数据管理制度及标准规范，推动数据管理在组织内部的有效运转，协调跨部门、跨领域的数据管理问题；技术管理专家负责整体数据架构标准的制定，数据治理成果在数据治理平台、信息系统的落地，挖掘数据潜在价值。总体来看，数据管理办公室负责推进数据工作的日常开展和各项组织管理工作，其职责如下：

- 推动各项决策落地，部署规划具体工作内容。
- 根据上层指导意见和战略规划制定、修订各项数据治理/管理相关制度、规则、标准。

- 执行监督、审计工作，通过推动标准的制定和流程的迭代对组织数据安全和数据质量负责。
- 发现、协调、追踪、解决数据质量和数据治理工作中的问题；受理、调解跨部门的数据需求或问题。
- 定期向上级执行汇报、交付工作等。

3. 定义数据管理团队

数据管理团队作为执行层级，设置业务架构师、数据架构师、技术架构师等角色。业务架构师负责落实数据管理各项规定和要求，组织本部门、数据支持团队、信息系统项目组开展数据管理活动，负责数据资源目录、数据标准、数据质量规则的维护更新；数据架构师负责数据采集、数据模型、数据分析应用等方案设计及评审；技术架构师负责技术架构设计、组织技术人员开展数据治理平台建设和运维工作。

组织内与数据工作相关的各部门，都应设置数据协调员岗位。各部门数据协调员可代表所属部门参与数据治理相关决策，并传达上级发布的政策、制度、规定，配合推动该部门数据治理相关工作的落地执行。同时，数据协调员的职责范围还包括监控、跟踪所属部门数据质量情况，发现、过滤数据质量问题，督促所属部门人员提出解决方案，推动问题的解决等。

4. 关键成功要素

数据管理组织建设的关键成功要素包括：

- 数据工作需要依靠常设机构来落实，避免因为现有业务的工作量、工作优先级等因素难以推动。
- 数据管理组织需要建立高层领导组成的数据治理委员会，制定数据治理方针政策，推动跨部门协调工作，同时设立数据治理/管理办公室，组织各方共同推进数据工作。
- 数据工作不能由一个部门独立完成，需要由各部门通力合作、共同推动、共同完成，业务部门的参与程度将会影响数据治理工作的成败。
- 在数据管理组织建立基础上，进一步建立数据管理规章制度，明确各方职责，能够确保数据治理工作的有效落实。
- 在数据工作过程中，需要确定一个专门的组织架构来负责管理和维护数据。这个组织架构需要包括数据治理委员会、数据管理办公室和各专业部门。

15.3.3 主要岗位设定

在数据治理与管理组织中，设定主要岗位是确保数据资产被有效管理和保护的关键一步。在数据治理与管理组织中涉及的主要岗位包括：

- 首席数据官（Chief Data Officer，CDO）。负责制定和监督数据治理战略，确保数据资产的合规性、质量和价值。CDO在组织中推动数据文化，确保数据在业务决策中发挥重要作用。
- 数据治理经理（Data Governance Manager）。负责制定和执行数据治理策略，建立数据治理流程和规范，监督数据资产的分类、质量、隐私和安全管理。

- 数据质量经理（Data Quality Manager）。负责确保数据的准确性、一致性和完整性。他们监督数据质量度量、数据清洗和数据质量改进计划。
- 数据隐私与合规官（Data Privacy and Compliance Officer）。负责确保数据隐私法规的合规性，制定隐私政策、流程和培训，监督数据处理活动的合法性和合规性。
- 数据安全经理（Data Security Manager）。负责数据安全策略和实施，确保数据受到适当的保护，预防数据泄露和安全事件。
- 数据架构师（Data Architect）。负责设计和维护数据架构，确保数据流程的高效性和一致性，支持数据整合和分析。
- 数据分析师（Data Analyst）。负责分析数据，提供洞察和见解，支持业务决策和战略规划。
- 元数据管理师（Metadata Manager）。管理数据的元数据信息，确保数据定义、业务规则和数据血缘得到准确记录和维护。
- 数据培训与宣传经理（Data Training and Communication Manager）。负责组织内部的数据培训和沟通活动，促进员工的数据素养和数据文化。
- 数据持续改进经理（Data Continuous Improvement Manager）。监督数据治理流程和策略的不断改进，确保数据管理实践与业务需求保持一致。

这些岗位可以根据组织的规模、业务需求和数据治理目标进行调整和适应。重要的是，这些岗位之间需要紧密合作，确保数据资产得到全面的管理和保护。

15.3.4　关键绩效定义

在组织数据治理/管理活动中，关键绩效指的是衡量数据管理和数据治理活动成功与否的关键性指标和度量标准。这些指标可以帮助组织评估其数据管理流程和数据治理策略的有效性，以确保数据质量、可靠性和合规性。相关关键绩效的一般步骤包括：

（1）明确业务目标。首先，确保明确业务目标，这些目标应该与数据管理和数据治理活动的目标紧密相关。这有助于确保所选择的关键绩效指标与组织的战略方向一致。

（2）识别关键绩效指标。根据业务目标，识别与数据管理和数据治理相关的关键绩效指标。这些指标可能涵盖数据质量、数据可用性、数据安全、合规性、数据生命周期管理等方面。

（3）量化指标。将每个关键绩效指标量化，以便能够进行测量和比较。确保指标能够定量地表示组织在特定领域的绩效。

（4）设定目标和标准。为每个关键绩效指标设定目标和标准，以便衡量绩效是否达到预期水平。这些目标和标准应该是可衡量的、合理的，并与业务目标一致。

（5）数据收集和监测。建立数据收集和监测机制，以跟踪和记录关键绩效指标的实际表现。这可能涉及数据仪表板、报告、分析等工具和流程。

（6）分析和解释。对收集到的数据进行分析，评估绩效是否符合预期目标和标准。如果绩效未达到预期，进行深入分析以确定潜在的问题和改进机会。

（7）持续改进。基于分析结果，制订和实施持续改进计划，以提高数据管理和数据治理的绩效。这可能包括调整策略、流程、培训和技术工具。

（8）沟通与透明度。在整个组织内部分享关键绩效指标和绩效结果，以确保透明度并获得支持。沟通对于将所有利益相关者（包括高层管理人员、数据管理团队、业务部门等）纳入绩效改进过程非常重要。

综上所述，定义关键绩效是数据治理与管理中的重要环节，它有助于确保组织的数据管理和治理活动能够实现预期的业务目标，并持续不断地提升绩效水平。

15.4 数据采集与预处理

有效且高质量的数据获取是组织数据要素建设的重要活动，关系到组织数据质量基础、容量规模、价值化开发等。广泛多元的数据采集以及必要的预处理，是支撑和保障数据获取的主要活动。

15.4.1 数据采集

数据采集又称数据收集，是指根据用户需要收集相关数据的过程。采集的数据类型包括结构化数据、半结构化数据、非结构化数据。结构化数据是以关系型数据库表管理的数据；半结构化数据是指非关系模型的、有基本固定结构模式的数据，例如日志文件、XML 文档、Email 等；非结构化数据是指没有固定模式的数据，如所有格式的办公文档、文本、图片、HTML、各类报表、图像和音频/视频信息等。

数据采集的方法可分为传感器采集、系统日志采集、网络采集、其他数据采集等。

传感器采集是通过传感器感知相应的信息，并将这些信息按一定规律变换成电信号或其他所需的信息输出，从而获取相关数据，是目前应用非常广泛的一种采集方式。数据采集传感器包括重力感应传感器、加速度传感器、光敏传感器、热敏传感器、声敏传感器、气敏传感器、流体传感器、放射线敏感传感器、味敏传感器等。

系统日志采集是通过平台系统读取收集日志文件变化。系统日志是记录系统中硬件、软件和系统运行情况和问题的信息。系统日志一般为流式数据，数据量非常庞大，常用的采集工具有 Logstash、Filebeat、Flume、Fluentd、Logagent、rsyslog、syslog-ng 等。

网络采集是指通过互联网公开采集接口或者网络爬虫等方式从互联网或特定网络上获取大量数据信息方式，是实现互联网数据或特定网络采集的主要方式。数据采集接口一般通过应用程序接口（API）的方式进行采集。网络爬虫（Web Crawler、Web Spider）是根据一定的规则来提取所需要信息的程序。根据系统结构和实现技术，网络爬虫可分为通用网络爬虫（General Purpose Web Crawler）、聚焦网络爬虫（Focused Web Crawler）、增量式网络爬虫（Incremental Web Crawler）、深层网络爬虫（Deep Web Crawler）等类型。

还有一些其他的数据采集方式，如通过与数据服务商合作、使用特定数据采集方式开展获取数据等。

15.4.2　数据预处理

数据的预处理一般采用数据清洗的方法实现。数据预处理是一个除去数据集重复记录、发现并纠正数据错误，并转换成符合标准的过程，从而使数据实现准确性、完整性、一致性、唯一性、实时性、有效性等。一般说来，数据预处理主要包括数据分析、数据检测和数据修正三个步骤，如图 15-7 所示。

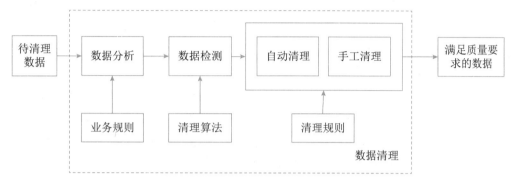

图 15-7　数据预处理的流程

- 数据分析。数据分析是指从数据中发现控制数据的一般规则，例如字段域、业务规则等。通过对数据的分析，定义出数据清理的规则，并选择合适的算法。
- 数据检测。数据检测是指根据预定义的清理规则及相关数据清理算法，检测数据是否正确，例如是否满足字段域、业务规则等，或检测记录是否重复。
- 数据修正。数据修正是指手动或自动地修正检测到的错误数据或重复的记录等。

15.4.3　数据预处理方法

一般而言，需要进行预处理的数据主要包括数据缺失、数据异常、数据不一致、数据重复、数据格式不符等情况，针对不同问题需要采用不同的数据处理方法。

1. 缺失数据的预处理

数据缺失产生的原因主要分为环境原因和人为原因，需要针对不同的原因，采取不同的数据预处理方法，常见的方法有删除缺失值、均值填补法、热卡填补法等。

删除缺失值是最常见的、简单有效的方法，当样本数很多时，并且出现缺失值的样本占整个样本的比例相对较小时，可以将出现缺失值的样本直接丢弃。

均值填补法是根据缺失值的属性相关系数最大的属性把数据分成几个组，再分别计算每个组的均值，用均值代替缺失值。

热卡填补法通过在数据库中找到一个与包含缺失值变量最相似的对象，然后采用相似对象的值进行数据填充。

其他方法还有最近距离决定填补法、回归填补法、多重填补法、K- 最近邻法、有序最近邻法、基于贝叶斯的方法等。

2. 异常数据的预处理

对于异常数据或有噪声的数据，如超过明确取值范围的数据、离群点数据，可以采用分箱法和回归法进行处理。

分箱法通过考察数据的"近邻"（即周围的值）来平滑处理有序数据值，这些有序的值被分布到一些"桶"或"箱"中，进行局部光滑。一般而言，宽度越大，数据预处理的效果越好。

回归法用一个函数拟合数据来光滑数据，消除噪声。线性回归涉及找出拟合两个属性（或变量）的"最佳"直线，使得一个属性能够预测另一个。多线性回归是线性回归的扩展，它涉及多于两个属性，并且数据拟合到一个多维面。

3. 不一致数据的预处理

不一致数据是指具有逻辑错误或者数据类型不一致的数据，如年龄与生日数据不符。这一类数据的清洗可以使用人工修改，也可以借助工具来找到违反限制的数据，如知道数据的函数依赖关系，可以通过函数关系修改属性值。但是大部分的不一致情况都需要进行数据变换，即定义一系列的变换纠正数据，有一些商业工具可以提供数据变换的功能，例如数据迁移工具和ETL 工具等。

4. 重复数据的预处理

数据本身存在或数据清洗后可能会产生的重复值。重复值的存在会影响后续模型训练的质量，造成计算及存储浪费。去除重复值的操作一般最后进行，可以使用 Excel、VBA（Visual Basic 宏语言）、Python 等工具处理。

5. 格式不符数据的预处理

人工收集或者应用系统用户填写的数据容易存在格式问题。一般需要将不同类型的数据内容清洗成统一类型的文件和统一格式，如将 TXT、CSV、Excel、HTML 以及 PDF 清洗成统一的 Excel 文件，将显示不一致的时间、日期、数值，或者内容中有空格、单引号、双引号等情况进行格式的统一调整。

15.5　数据存储与容灾

通过数据采集和预处理获得的数据，往往是组织具备较高价值的数字资源，确保这些数据得到适当的保管和管理，是数据价值化的基础，往往组织根据数据规模和数据的重要性等，采用最合适的存储介质、存储方法、管理体系、管理措施等。

15.5.1　数据存储

数据存储就是根据不同的应用环境，通过采取合理、安全、有效的方式将数据保存到物理介质上，并能保证对数据实施有效的访问。这包含两个方面：一是数据临时或长期驻留的物理媒介；二是保证数据完整安全存放和访问而采取的方式或行为。数据存储就是把这两个方面结合起来，提供完整的解决方案。

1. 数据存储介质

数据存储首先要解决的是存储介质问题。存储介质是数据存储的载体，是数据存储的基础。存储介质并不是越贵越好、越先进越好，要根据不同的应用环境合理选择存储介质。存储介质的类型主要有磁带、光盘、磁盘、内存、闪存、云存储等，其描述如表 15-2 所示。

表 15-2　常见数据存储介质的描述

介质	描述
磁带	磁带是存储成本低、容量大的存储介质，主要包括磁带机、自动加载磁带机和磁带库。其主要缺点是速度比较慢
光盘	光盘的全称是高密度盘（Compact Disk），常见的格式有 VCD（Video Compact Disk）和 DVD（Digital Video Disk）两种，前者能提供 700MB 左右的空间，后者容量要大得多，可提供 4.7GB ～ 60GB 的存储空间。光盘具有三个特点：一是光盘上的数据具有只读性；二是不受电磁的影响；三是光盘容易大量复制。这些特点使得光盘特别适用于对数据进行永久性归档备份
磁盘	利用磁盘存储数据时，一般采用独立冗余磁盘阵列 RAID（Redundant Array of Independent Disks）。RAID 将数个单独的磁盘以不同的组合方式形成一个逻辑磁盘，不仅提高了磁盘读取的性能，也增强了数据的安全性
内存	内存是计算机用于存放 CPU 中的运算数据，与硬盘等外部存储器交换数据的硬件。内存的性能决定了计算机运行的稳定性、反应速率。通常内存数据会在断电后丢失所有数据
闪存	闪存是一种一种固态技术，使用闪存芯片来写入和存储数据，具有集内存的访问速度和存储持久性于一体的特点，常作为磁盘的替代品
云存储	与将数据存储到本地硬盘驱动器或存储网络相比，云存储提供了一种可扩展的替代方案，将数据存储在异地位置，可通过公共互联网或者专用私有网络进行访问

2. 存储形式

主要有三种形式来记录和存储数据，分别是文件存储、块存储和对象存储，如表 15-3 所示。

表 15-3　主要数据存储形式的描述

形式	描述
文件存储	文件存储也称为文件级或基于文件的存储，是一种用于组织和存储数据的分层存储方法。换言之，数据存储在文件中，文件被组织在文件夹中，文件夹则被组织在目录和子目录的层次结构下
块存储	块存储有时也称为块级存储，是一种用于将数据存储成块的技术。这些块随后作为单独的部分存储，每部分都有一个唯一的标识符。对于需要快速、高效和可靠的数据传输的计算场景，开发人员一般倾向于使用块存储
对象存储	对象存储通常称为基于对象的存储，是一种用于处理大量非结构化数据的数据存储架构。这些数据无法轻易组织到具有行和列的传统关系数据库中，或不符合其要求，如电子邮件、视频、照片、网页、音频文件、传感器数据以及其他类型的媒体和 Web 内容（文本或非文本）

3. 存储管理

存储管理在存储系统中的地位越来越重要，例如如何提高存储系统的访问性能，如何满足数据量不断增长的需要，如何有效地保护数据、提高数据的可用性，如何满足存储空间的共享等。存储管理的具体内容如表 15-4 所示。

表 15-4　存储管理的主要内容

管理	主要内容
资源调度管理	资源调度管理的功能主要是添加或删除存储节点、编辑存储节点的信息、设定某类型存储资源属于某个节点，或者设定这些资源比较均衡地存储到节点上。它包含存储控制、拓扑配置以及各种网络设备（如集线器、交换机、路由器和网桥等）的故障隔离
存储资源管理	存储资源管理是一类应用程序，它们管理和监控物理和逻辑层次上的存储资源，从而简化资源管理，提高数据的可用性。被管理的资源包括存储硬件，如 RAID、磁带以及光盘库。存储资源管理不仅包括监控存储系统的状况、可用性、性能以及配置情况，还包括容量和配置管理以及事件报警等，从而提供优化策略
负载均衡管理	负载均衡是为了避免存储资源由于资源类型、服务器访问频率和时间不均衡造成浪费或形成系统瓶颈而平衡负载的技术
安全管理	存储系统的安全主要是防止恶意用户攻击系统或窃取数据。系统攻击大致分为两类：一类以扰乱服务器正常工作为目的，如拒绝服务攻击（DoS）、勒索病毒攻击等；另一类以入侵或破坏服务器为目的，如窃取数据、修改网页等

15.5.2　数据归档

因数据量海量增长和存储空间容量有限的矛盾，需要制定合理的数据归档方案，并及时清除过时的、不必要的数据，从而保证数据库性能的稳定。

数据归档是将不活跃的"冷"数据从可立即访问的存储介质迁移到查询性能较低、低成本、大容量的存储介质中，这一过程是可逆的，即归档的数据可以恢复到原存储介质。数据归档策略需要与业务策略、分区策略保持一致，以确保最需要数据的可用性和系统的高性能。在开展数据归档活动时，需注意以下三点：

（1）数据归档一般只在业务低峰期执行。因为数据归档过程需要不断地读写生产数据库，这个过程将会大量使用网络，会对线上业务造成压力。

（2）数据归档之后，会删除生产数据库的数据，将会造成数据空洞，即表空间并未及时释放，当长时间没有新的数据填充，会造成空间浪费的情况。

（3）如果数据归档影响了线上业务，一定要及时止损，结束数据归档，进行问题复盘，及时找到问题和解决方案。

15.5.3　数据备份

数据备份是为了防止由于各类操作失误、系统故障等意外原因导致的数据丢失，而将整个应用系统的数据或一部分关键数据复制到其他存储介质上的过程。这样做的目的是保证当应用系统的数据不可用时，可以利用备份的数据进行恢复，尽量减少损失。

1. 备份结构

当前最常见的数据备份结构可以分为 4 种，即 DAS 备份结构、基于 LAN 的备份结构、LAN-FREE 备份结构和 SERVER-FREE 备份结构，如表 15-5 所示。

表 15-5 常见的备份结构及描述

管理	主要内容
DAS 备份结构	最简单的备份结构就是将备份设备（RAID 或磁带库）直接连接到备份服务器上。DAS 备份结构往往适合数据量不大、操作系统类型单一、服务器数量有限的情况
基于 LAN 的备份结构	基于 LAN 的备份结构是一种 C/S 模型，多个服务器或客户端通过局域网共享备份系统。这种结构在小型的网络环境中较为常见，用户通过备份服务器将数据备份到 RAID 或磁带机上。与 DAS 备份结构相比，这种结构最主要的优点是用户可以通过 LAN 共享备份设备，并且可以对备份工作进行集中管理。缺点是备份数据流通过 LAN 到达备份服务器，这样就和业务数据流混合在一起，会占用网络资源
LAN-FREE 备份结构	为了克服基于 LAN 备份结构的缺点，该结构将备份数据流和业务数据流分开，业务数据流主要通过业务网络进行传输，而备份数据流通过 SAN 进行传输。主要缺点是由于备份数据流要经过应用服务器，因此影响到应用服务器提供正常的服务
SERVER-FREE 备份结构	SERVER-FREE 备份结构是 LAN-FREE 备份结构的改进。它不依赖应用服务器，而是通过第三方备份代理直接将数据从应用服务器的存储设备传送到备份设备上。第三方备份代理是一种软、硬结合的智能设备，使用网络数据管理协议（Network Data Management Protocol，NDMP）发送命令，从需要备份的应用服务器上获得需要备份数据的信息，然后通过 SAN 直接从应用服务器的存储设备将需要备份的数据读出，然后存储到备份设备上

2. 备份策略

备份策略是指确定需要备份的内容、备份时间和备份方式，主要有三种备份策略：完全备份（Full Backup）、差分备份（Differential Backup）和增量备份（Incremental Backup）。三种备份策略的对比如图 15-8 所示。

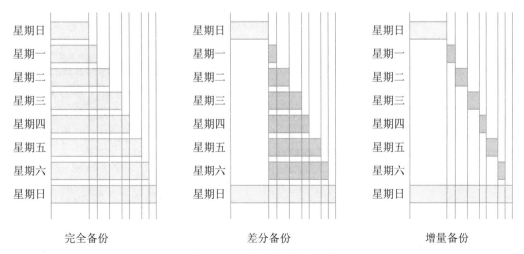

图 15-8 三种备份策略的对比

- 完全备份。每次都对需要进行备份的数据进行全备份。当数据丢失时，用完全备份下来的数据进行恢复即可。这种备份主要有两个缺点：一是由于每次都对数据进行全备份，会占用较多的服务器、网络等资源；二是在备份数据中有大量的数据是重复的，对备份介质资源的消耗往往较大。
- 差分备份。每次备份的数据只是相对上一次完全备份之后发生变化的数据。与完全备份相比，差分备份所需时间短，而且节省存储空间。另外差分备份的数据恢复很方便，管理员只需两份备份数据，如星期日的完全备份数据和故障发生前一天的差分备份数据，就能将系统数据进行恢复。
- 增量备份。每次备份的数据只是相对于上一次备份后改变的数据。这种备份策略没有重复的备份数据，节省备份数据存储空间，缩短了备份的时间。但是进行数据恢复时会比较复杂，如果其中有一个增量备份数据出现问题，那么后面的数据也就无法恢复了。因此增量备份的可靠性没有完全备份和差分备份高。

15.5.4 数据容灾

数据备份是数据容灾的基础。传统的数据备份主要采用磁带进行冷备份，备份磁带一般存放在机房中进行统一管理，一旦整个机房出现了灾难，如火灾、盗窃和地震等，这些备份磁带也随之毁灭，起不到任何容灾作用。

因此，真正的数据容灾就是要避免传统冷备份所具有的先天不足，它在灾难发生时能全面、及时地恢复整个系统。容灾按其灾难恢复能力的高低可分为多个等级，例如国际标准 SHARE 78 定义的容灾系统有 7 个等级：从最简单的仅在本地进行磁带备份，到将备份的磁带存储在异地，再到建立应用系统实时切换的异地备份系统。恢复时间也可以从几天到小时级到分钟级、秒级或零数据丢失等。从技术上看，衡量容灾系统有两个主要指标：RPO（Recovery Point Object）和 RTO（Recovery Time Object）。其中 RPO 代表当灾难发生时允许丢失的数据量；RTO 则代表了系统恢复的时间。

数据容灾的关键技术主要包括远程镜像技术和快照技术。

1. 远程镜像技术

远程镜像技术是在主数据中心和备份中心之间进行数据备份时用到的远程复制技术。镜像是在两个或多个磁盘子系统上产生同一个数据镜像视图的数据存储过程：一个称为主镜像；另一个称为从镜像。按主从镜像所处的位置分为本地镜像和远程镜像。本地镜像的主从镜像处于同一个 RAID 中，而远程镜像的主从镜像通常分布在城域网或广域网中。由于远程镜像在远程维护数据的镜像，因此在灾难发生时，存储在异地的数据不会受到影响。

2. 快照技术

所谓快照就是关于指定数据集合的一个完全可用的复制，该复制是相应数据在某个时间点（复制开始的时间点）的映像。快照的作用有两个：①能够进行在线数据恢复，可以将数据恢复成快照产生时间点时的状态；②为用户提供另外一个数据访问通道，例如在原数据在线运行时，利用快照数据进行其他系统的测试、应用开发验证、数据分析、数据模型训练等。

15.6　数据标准与建模

数据标准化主要为复杂的信息表达、分类和定位建立相应的原则和规范，使其简单化、结构化和标准化，从而实现信息的可理解、可比较和可共享，为信息在异构系统之间实现语义互操作提供基础支撑。数据标准化的主要内容包括元数据标准化、数据元标准化、数据模式标准化和数据分类与编码标准化。

在数据标准化活动中，首先要依据信息需求，并参照现行数据标准、信息系统的运行环境以及法规、政策和指导原则，在数据管理机构、专家组和开发者共同参与下，运用数据管理工具，得到注册的数据元素、物理模式和扩充的数据模型。数据标准化的具体过程包括确定数据需求、制定数据标准、批准数据标准和实施数据标准。

（1）确定数据需求。本阶段将产生数据需求及相关的元数据、域值等文件。在确定数据需求时应考虑现行法规、政策，以及现行的数据标准。

（2）制定数据标准。本阶段要处理"确定数据需求"阶段提出的数据需求。如果现有的数据标准不能满足该数据需求，可以建议制定新的数据标准。也可建议修改或者封存已有数据标准。推荐的、新的或修改的数据标准记录于数据字典中。这个阶段将产生供审查和批准的成套建议。

（3）批准数据标准。本阶段的数据管理机构对提交的数据标准建议、现行数据标准的修改或封存建议进行审查。一经批准，该数据标准将扩充或修改数据模型。

（4）实施数据标准。本阶段涉及在各信息系统中实施和改进已批准的数据标准。

15.6.1　元数据

简单来说，元数据是关于数据的数据（Data About Data）。在信息技术及其服务行业，往往元数据被定义为提供关于信息资源或数据的一种结构化数据，是对信息资源的结构化描述。其实质是用于描述信息资源或数据的内容、覆盖范围、质量、管理方式、数据的所有者、数据的提供方式等有关的信息。

1. 信息对象

元数据描述的对象可以是单一的全文、目录、图像、数值型数据以及多媒体（声音、动态图像）等，也可以是多个单一数据资源组成的资源集合，或是这些资源的生产、加工、使用、管理、技术处理、保存等过程及其过程中产生的参数的描述等。

2. 元数据体系

根据信息对象从产生到服务的生命周期、元数据描述和管理内容的不同以及元数据作用不同，元数据可以分为多种类型，从最基本的资源内容描述元数据开始，指导描述元数据的元元数据，形成了一个层次分明、结构开放的元数据体系，如图 15-9 所示。

信息内容	内容元数据
	标记数字对象内容及结构的元数据
内容对象	专门元数据
	描述单一数字对象的内容、属性及外在特征的元数据
内容对象集合	资源集合元数据
	按照科学、主题、资源类型、用户范围、生成过程、使用管理范围形成的信息资源集合的描述
对象的管理与保存	管理元数据
	数字对象加工、存档、结构、技术处理、存取、控制、版权管理以及相关系统等方面的信息描述
对象的服务过程服务系统	服务元数据
	数字资源服务的揭示与表现、服务过程、服务系统等方面的相关信息的描述
元数据的管理	元元数据
	对元数据的标记语言、格式语言、标识符、扩展机制、转换机制等的描述

图 15-9　元数据体系与元数据类型

　　元数据为数据的管理、发现和获取提供一种实际而简便的方法。通过元数据，数据的使用者能够对数据进行详细、深入的了解，包括数据的格式、质量、处理方法和获取方法等各方面细节，对于数据生产者来说，可以利用元数据进行数据维护、历史资料维护等。具体作用包括描述、资源发现、组织管理数据资源、互操作性、归档和保存数据资源等，如表 15-6 所示。

表 15-6　元数据对数据使用者的作用说明

作用	说明
描述	用于描述数据的内容、覆盖范围、质量、管理方式、数据的所有者、数据的提供方式等信息，是数据与用户之间的桥梁
资源发现	元数据的功能起到如同一个好的目录一样的作用，帮助用户便捷、快速地检索和确认所需要的资源
组织管理数据资源	随着基于 Web 的信息资源指数级的增长，按照用户和主题来链接信息资源的复合式网站或门户网站的作用越来越大，但是这种链接是用名称或位置硬编码在 HTML 文件中，是一些静态的 Web 网页。利用存储在数据库中的元数据来组织动态网页，将更有效率和普遍意义，可以用软件工具为 Web 应用程序自动析取信息资源
互操作性	互操作性是不同硬件软件平台、数据结构和接口，以最少的内容和功能损失进行数据交换的能力。利用元数据描述的数据资源既可以被人类也可以被机器理解。使用良好定义的元数据语义和共享的转换协议，分布在网络上的数据资源就可以更加容易地被查找和转换，从而提高系统之间的互操作性
归档和保存数据资源	数据是脆弱的，它可能被无意识或有意识地破坏、修改，也可能由于存储介质、硬件和软件技术的变化而使它不能使用。元数据是使数据资源保存下来，并能在将来继续被访问的关键，归档和保存数据需要特殊的数据元素来跟踪数字对象的来源（它来自何处、保护条件、保存责任等）。数据元素详细描述数字对象的物理特性和适应未来技术变化的行为

15.6.2　数据质量

数据质量指在特定的业务环境下，数据满足业务运行、管理与决策的程度，是保证数据应用效果的基础。数据质量管理是指运用相关技术来衡量、提高和确保数据质量的规划、实施与控制等一系列活动。衡量数据质量的指标体系包括完整性、规范性、一致性、准确性、唯一性、及时性等。数据质量是一个广义的概念，是数据产品满足指标、状态和要求能力的特征总和。

1. 数据质量描述

数据质量可以通过数据质量元素来描述，数据质量元素分为数据质量定量元素和数据质量非定量元素。

2. 数据质量评价过程

数据质量评价过程是产生和报告数据质量结果的一系列步骤，如图 15-10 所示为数据质量评价过程。

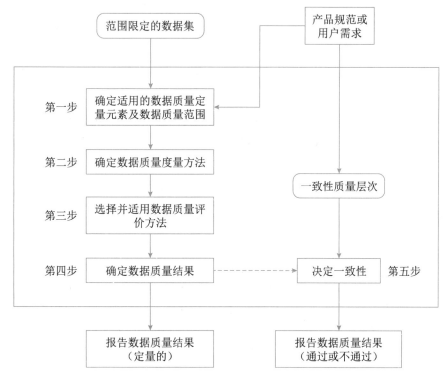

图 15-10　数据质量评价过程

3. 数据质量评价方法

数据质量评价程序是通过应用一个或多个数据质量评价方法来完成的。数据质量评价方法分为直接评价法和间接评价法。直接评价法通过将数据与内部或外部的参照信息，如理论值等进行对比，确定数据质量；间接评价法利用数据相关信息，如数据日志对数据源、采集方法等的描述，推断或评估数据质量。

4. 数据质量控制

数据产品的质量控制分成前期控制和后期控制两部分。前期控制包括数据录入前的质量控制、数据录入过程中的实时质量控制；后期控制为数据录入完成后的处理质量控制与评价。

在数据质量的前期控制中，在提交成果（即数据入库）之前对所获得的原始数据与完成的工作进行检查，进一步发现和改正错误；在数据质量管理过程中，通过减少和消除误差和错误，对数据在录入过程中进行属性的数据质量控制；在数据入库后进行系统检测，设计检测模板，利用检测程序进行系统自检；在数据存储管理中，可以通过各种精度评价方法进行精度分析，为用户提供可靠的数据质量。

15.6.3　数据模型

数据模型是指现实世界数据特征的抽象，用于描述一组数据的概念和定义，是用来将数据需求从业务传递到需求分析，以及从分析师、建模师和架构师到数据库设计人员和开发人员的主要媒介。根据模型应用的目的不同，可以将数据模型划分为三类：概念模型、逻辑模型和物理模型。

1. 概念模型

概念模型也称信息模型，它是按用户的观点来对数据和信息建模，即把现实世界中的客观对象抽象为某一种信息结构，这种信息结构不依赖于具体的计算机系统，也不对应某个具体的 DBMS（DataBase Management System，数据库管理系统），它是概念级别的模型。概念模型的基本元素如表 15-7 所示。

表 15-7　概念模型基本元素说明

基本元素	说明
实体	客观存在的并可以相互区分的事物称为实例，而同一类型实例的抽象称为实体，如学生实体（学号、系名、住处、课程、成绩）、教师实体（工作证号、姓名、系名、教研室、职称）。实体是同一类型实例的共同抽象，不再与某个具体的实例对应。相比较而言，实例是具体的，实体则是抽象的
属性	实体的特性称为属性。学生实体的属性包括学号、系名、住处、课程、成绩等，教师实体的属性包括工作证号、姓名、系名、教研室、职称等
域	属性的取值范围称为该属性的域。例如，性别的域是集合 {" 男 "，" 女 "}。域的元素必须是相同的数据类型
键	能唯一标识每个实例的一个属性或几个属性的组合称为键。一个实例集中有很多个实例，需要有一个标识能够唯一地识别每一个实例，这个标识就是键
关联	在现实世界中，客观事物之间是相互关系的，这种相互关系在数据模型中表现为关联。实体之间的关联包括一对一、一对多和多对多三种

2. 逻辑模型

逻辑模型是在概念模型的基础上确定模型的数据结构，目前主要的数据结构有层次模型、网状模型、关系模型、面向对象模型和对象关系模型。其中，关系模型成为目前最重要的一种逻辑数据模型。

关系模型的基本元素包括关系、关系的属性、视图等。关系模型是在概念模型的基础上构建的，因此关系模型的基本元素与概念模型中的基本元素存在一定的对应关系，如表 15-8 所示。

表 15-8　关系模型与概念模型的对应关系

概念模型	关系模型	说明
实体	关系	概念模型中的实体转换为关系模型的关系
属性	属性	概念模型中的属性转换为关系模型的属性
联系	关系外键	概念模型中的联系有可能转换为关系模型的新关系，被参照关系的主键转化为参照关系的外键
视图	视图	关系模型中的视图在概念模型中没有元素与之对应，它是按照查询条件从现有关系或视图中抽取若干属性组合而成

关系数据模型的数据操作主要包括查询、插入、删除和更新数据，这些操作必须满足关系的完整性约束条件。关系的完整性约束包括三大类型：实体完整性、参照完整性和用户定义的完整性。其中，实体完整性、参照完整性是关系模型必须满足的完整性约束条件，用户定义的完整性是应用领域需要遵照的约束条件，体现了具体领域中的语义约束。

3. 物理模型

物理数据模型是在逻辑数据模型的基础上，考虑各种具体的技术实现因素，进行数据库体系结构设计，真正实现数据在数据库中的存放。物理数据模型的内容包括确定所有的表和列，定义外键用于确定表之间的关系，基于性能的需求可能进行反规范化处理等内容。在物理实现上的考虑，可能会导致物理数据模型和逻辑数据模型有较大的不同。物理数据模型的目标是如何用数据库模式来实现逻辑数据模型，以及真正地保存数据。物理模型的基本元素包括表、字段、视图、索引、存储过程、触发器等，其中表、字段和视图等元素与逻辑模型中基本元素有一定的对应关系。

15.6.4　数据建模

通常来说，数据建模过程包括数据需求分析、概念模型设计、逻辑模型设计和物理模型设计等过程。

1. 数据需求分析

数据需求分析就是分析用户对数据的需要和要求。数据需求分析是数据建模的起点，数据需求掌握的准确程度，将直接影响后续阶段数据模型的质量。数据需求分析通常不是单独进行的，而是融合在整个系统需求分析的过程之中。开展需求分析时，首先要调查清楚用户的实际要求，与用户充分沟通，形成共识，然后再分析和表达这些要求与共识，最后将需求表达的结果反馈给用户，并得到用户的确认。数据需求分析采用数据流图作为工具，描述系统中数据的流动和数据变化，强调数据流和处理过程。

2. 概念模型设计

经过需求分析阶段的充分调查，得到用户数据应用需求，但是这些应用需求还是现实世界的具体需求，应该首先把它们抽象为信息世界的结构，下一步才能更好地、更准确地用某个DBMS来实现用户的这些需求。将需求分析得到的结果抽象为概念模型的过程就是概念模型设计，其任务是确定实体和数据及其关联。

3. 逻辑模型设计

概念模型独立于机器，更抽象，从而更加稳定，但是为了能够在具体的DBMS上实现用户的需求，还必须在概念模型的基础上进行逻辑模型的设计。由于现在的DBMS普遍都采用关系模型结构，因此逻辑模型设计主要指关系模型结构的设计。关系模型由一组关系模式组成，一个关系模式就是一张二维表，逻辑模型设计的任务就是将概念模型中实体、属性和关联转换为关系模型结构中的关系模式。

4. 物理模型设计

经过概念模型设计和逻辑模型设计，数据模型设计的核心工作基本完成，如果要将数据模型转换为真正的数据库结构，还需要针对具体的DBMS进行物理模型设计，使数据模型走向数据存储应用环节。物理模型考虑的主要问题包括命名、确定字段类型和编写必要的存储过程与触发器等。

15.7 数据仓库和数据资产

随着"数字中国"等国家战略持续深化，以及各类组织数字化转型的全面实施和持续推进，数据资产逐步成为各类组织的重要资产类型，也是组织高质量发展和可持续竞争优势建设的关键。

15.7.1 数据仓库

数据仓库是一个面向主题的、集成的、随时间变化的、包含汇总和明细的、稳定的历史数据集合。数据仓库通常由数据源、数据的存储与管理、OLAP服务器、前端工具等组件构成。

1. 数据源

数据源是数据仓库系统的基础，是整个系统的数据源泉。通常包括组织内部信息和外部信息。内部信息包括存放于关系型数据库管理系统中的各种业务处理数据和各类文档数据。外部信息包括各类法律法规、市场信息和竞争对手的信息等。

2. 数据的存储与管理

数据的存储与管理是整个数据仓库系统的核心。数据仓库的真正关键是数据的存储和管理。数据仓库的组织管理方式决定了它有别于传统数据库，同时也决定了其对外部数据的表现形式。要决定采用什么产品和技术来建立数据仓库的核心，则需要从数据仓库的技术特点着手分析。针对现有各业务系统的数据，进行抽取、清理，并有效集成，按照主题进行组织。数据仓库按照数据的覆盖范围可以分为组织级数据仓库和部门级数据仓库（通常称为数据集市）。

3. OLAP 服务器

OLAP（On-Line Analysis Processing，联机分析处理）服务器对分析所需要的数据进行有效集成，按多维模型予以组织，以便进行多角度、多层次的分析，并发现趋势。其具体实现可以分为 ROLAP（关系数据的关系在线分析处理）、MOLAP（多维在线分析处理）和 HOLAP（混合在线分析处理）。ROLAP 基本数据和聚合数据均存放在 RDBMS 中；MOLAP 基本数据和聚合数据均存放于多维数据库中；HOLAP 基本数据存放于 RDBMS 中，聚合数据存放于多维数据库中。

4. 前端工具

前端工具主要包括各种查询工具、报表工具、数据分析工具、数据挖掘工具以及各种基于数据仓库或数据集市的应用开发工具。其中数据分析工具主要针对 OLAP 服务器，报表工具、数据挖掘工具主要针对数据仓库。

15.7.2　主题库

主题库建设是数据仓库建设的一部分。主题库是为了便利工作、精准快速地反映工作对象全貌而建立的融合各类原始数据、资源数据等，围绕能标识组织、人员、产权、财务等的主题对象，长期积累形成的多种维度的数据集合，例如人口主题库、土地主题库、组织主题库、产权主题库、财务主题库、组织主题库等。由于每类主题对象具有不同的基本属性、不同的业务关注角度，因此每类主题对象具有不同的描述维度。主题库建设可采用多层级体系结构，即数据源层、构件层、主题库层。

（1）数据源层。存放数据管理信息的各种管理表和存放数据的各类数据表。

（2）构件层。构件层包括基础构件和组合构件。基础构件包括用户交互相关的查询数据、展现数据和存储数据构件，以及数据维护相关的采集数据、载入数据和更新数据构件。组合构件由基础构件组装而成，能够完成相对独立的复杂功能。

（3）主题库层。按业务需求通过构建组合，形成具有统一访问接口的主题库。

15.7.3　数据资产管理

数据资产管理（Data Asset Management）是指对数据资产进行规划、控制和提供的一组活动职能，包括开发、执行和监督有关数据的计划、政策、方案、项目、流程、方法和程序，从而控制、保护、交付和提高数据资产的价值。数据资产管理需充分融合政策、管理、业务、技术和服务等，从而确保数据资产保值、增值。在数字时代，数据是一种重要的生产要素，把数据转化成可流通的数据要素，重点包含数据资源化、数据资产化两个环节。

（1）数字资源化。通过将原始数据转为数据资源，使数据具备一定的潜在价值，是数据资产化的必要前提。数据资源化以数据治理为工作重点，以提升数据质量、保障数据安全为目标，确保数据的准确性、一致性、时效性和完整性，推动数据内外部流通。

（2）数据资产化。通过将数据资源转变为数据资产，使数据资源的潜在价值得以充分释放。数据资产化以扩大数据资产的应用范围、显性化数据资产的成本与效益为工作重点，并使数据供给端与数据消费端之间形成良性反馈闭环。

在数据资产化之后，将关注数据资产流通、数据资产运营、数据价值评估等流程和活动，为数据价值的实现提供支撑。

（1）数据资产流通是指通过数据共享、数据开放或数据交易等流通模式，推动数据资产在组织内外部的价值实现。数据共享是指打通组织各部门间的数据壁垒，建立统一的数据共享机制，加速数据资源在组织内部流动。数据开放是指向社会公众提供易于获取和理解的数据，对于政府而言，数据开放主要是指公共数据资源开放，对于组织而言，数据开放主要是指披露组织运行情况、推动政企数据融合等。数据交易是指交易双方通过合同约定，在安全合规的前提下，开展以数据或其衍生形态为核心的交易行为。

（2）数据资产运营是指对数据服务、数据流通情况进行持续跟踪和分析，以数据价值管理为参考，从数据使用者的视角出发，全面评价数据应用效果，建立科学的正向反馈和闭环管理机制，促进数据资产的迭代和完善，不断适应和满足数据资产的应用和创新。

（3）数据价值评估是数据资产管理的关键环节，是数据资产化的价值基线。狭义的数据价值是指数据的经济效益，广义的数据价值是在经济效益之外，考虑数据的业务效益、成本计量等因素。数据价值评估是指通过构建价值评估体系，计量数据的经济效益、业务效益、投入成本等活动。

15.7.4 数据资源编目

数据资源编目是实现数据资产管理的重要手段。数据资源目录体系设计包括概念模型设计和业务模型设计等，概念模型设计明确数据资源目录的构成要素，通过业务模型设计规范数据资源目录的业务框架。数据资源目录概念模型由数据资源目录、信息项、数据资源库、标准规范等要素构成。

1. 数据资源目录

数据资源目录是站在全局视角对所拥有的全部数据资源进行编目，以便对数据资源进行管理、识别、定位、发现、共享的一种分类组织方法，从而达到对数据的浏览、查询、获取等目的。数据资源目录分为资源目录、资产目录和服务目录。

（1）资源目录。能够准确浏览组织所记录或拥有的线上、线下原始数据资源的目录，如电子文档索引、数据库表、电子文件、电子表格、纸质文档等。

（2）资产目录。对原始数据资源进行标准化处理，识别数据资产及其信息要素，包括基本信息、业务信息、管理信息和价值信息等，按照分类、分级，登记到数据资产目录中。

（3）服务目录。是基于资源和资产目录，对特定的业务场景以信息模型、业务模型等形式对外提供的可视化共享数据目录。服务目录主要分为两类，一类是指标报表、分析报告等数据应用，可以直接使用；另一类是共享接口，提供鉴权、加密、计量、标签化等功能，并对接外部系统。服务目录应以应用场景为切入、应用需求为导向进行编制。

2. 信息项

信息项是将各类数据资源（如表、字段）以元数据流水账的形式清晰地反映出来，以便更好地了解、掌握和管理数据资源。信息项需要通过数据标识符挂接到对应的数据目录。信息项常分为数据资源信息项、数据资产信息项和数据服务信息项三种类型。

（1）数据资源信息项。记录原始数据资源的元数据流水账，是对原始数据资源的定义描述。

（2）数据资产信息项。记录经过一系列处理后形成的主题数据资源、基础数据资源的元数据流水账，是对数据资产的定义描述。

（3）数据服务信息项。记录需要对外提供数据应用、数据接口两类数据服务的元数据流水账，是对数据服务的定义描述。

3. 数据资源库

数据资源库是存储各类数据资源的物理数据库，常分为数据资源库、主题数据资源库和基础数据资源库。

4. 标准规范

数据资源目录体系标准规范包括数据资源元数据规范、编码规范、分类标准等相关标准。元数据规范描述数据资源所必需的特征要素；编码规范规定了数据资源目录相关编码的表示形式、结构和维护规则；分类标准规定了数据资源分类的原则和方法。

15.8　数据分析及应用

数据的分析及应用是数据要素价值实现环境的重要活动，是组织实施数据驱动发展的基础，通常涉及数据集成、数据挖掘、数据服务和数据可视化等。

15.8.1　数据集成

数据集成是将驻留在不同数据源中的数据进行整合，向用户提供统一的数据视图，使用户能以透明的方式访问数据。其中，数据源主要是指不同类别的 DBMS，以及各类 XML 文档、HTML 文档、电子邮件、普通文件等结构化、半结构化和非结构化数据。这些数据源存储位置分散、数据类型异构、数据库产品多样。

数据集成的目标是充分利用已有数据，在尽量保持其自治性的前提下，维护数据源整体上的一致性，提高数据共享利用效率。实现数据集成的系统称为"数据集成系统"，它为用户提供了统一的数据源访问接口，用于执行用户对数据源的访问请求。典型的数据集成系统模型如

图 15-11 所示。

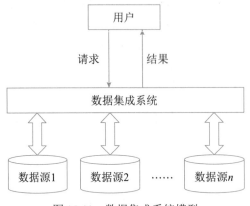

图 15-11　数据集成系统模型

1. 数据集成方法

数据集成的常用方法有模式集成、复制集成和混合集成等。

（1）模式集成。也叫虚拟视图方法，是人们最早采用的数据集成方法，也是其他数据集成方法的基础。其基本思想是，在构建集成系统时，将各数据源共享的视图集成为全局模式（Global Schema），供用户透明地访问各数据源的数据。全局模式描述了数据源共享数据的结构、语义和操作等，用户可直接向集成系统提交请求，集成系统再将这些请求处理并转换，使之能够在数据源的本地视图上被执行。

（2）复制集成。将数据源中的数据复制到相关的其他数据源上，并对数据源的整体一致性进行维护，从而提高数据的共享和利用效率。数据复制可以是整个数据源的复制，也可以是仅对变化数据的传播与复制。数据复制方法可减少用户使用数据集成系统时对异构数据源的访问量，提高系统的性能。

（3）混合集成。该方法为了提高中间件系统的性能，保留虚拟数据模式视图为用户所用，同时提供数据复制的方法。对于简单的访问请求，通过数据复制方式，在本地或单一数据源上实现访问请求；对数据复制方式无法实现的复杂的用户请求，则用模式集成方法。

2. 数据访问接口

常用的数据访问接口标准有 ODBC、JDBC、OLEDB 和 ADO 等。

（1）ODBC（Open DataBase Connectivity）。ODBC 是当前被业界广泛接受的、用于数据库访问的应用程序编程接口（API），它以 X/Open 和 ISO/IEC 的调用接口规范为基础，并使用结构化查询语言（SQL）作为其数据库访问语言。ODBC 由应用程序接口、驱动程序管理器、驱动程序和数据源 4 个组件组成。

（2）JDBC（Java DataBase Connectivity）。JDBC 是用于执行 SQL 语句的 Java 应用程序接口 API，它由 Java 语言编写的类和接口组成。JDBC 是一种规范，其宗旨是各数据库开发商为 Java 程序提供标准的数据库访问类和接口。使用 JDBC 能够方便地向任何关系数据库发送 SQL

语句。同时，采用 Java 语言编写的程序不必为不同的系统平台、不同的数据库系统开发不同的应用程序。

（3）OLEDB（Object Linking and Embedding DataBase）。OLEDB 是一个基于组件对象模型 COM（Component Object Model）的数据存储对象，能提供对所有类型数据的操作，甚至能在离线的情况下存取数据。

（4）ADO（ActiveX Data Objects）。ADO 是应用层的接口，它的应用场合非常广泛，不仅可用在 VC、VB、DELPHI 等高级编程语言环境，还可用在 Web 开发等领域。ADO 使用简单，易于学习，已成为常用的实现数据访问的主要手段之一。ADO 是 COM 自动接口，几乎所有数据库工具、应用程序开发环境和脚本语言都可以访问这种接口。

3. Web Services 技术

Web Services 技术是一个面向访问的分布式计算模型，是实现 Web 数据和信息集成的有效机制。它的本质是用一种标准化方式实现不同服务系统之间的互调或集成。它基于 XML、SOAP（Simple Object Access Protocol）、WSDL（Web Service Description Language）和 UDDI（Universal Description，Discovery and Integration）等协议，开发、发布、发现和调用跨平台、跨系统的各种分布式应用。其三要素 WSDL、SOAP 和 UDDI 及其组成如图 15-12 所示。

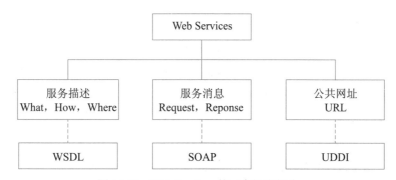

图 15-12　Web Services 的三个组成部分

（1）WSDL。WSDL 是一种基于 XML 格式的关于 Web 服务的描述语言，主要目的是 Web Services 的提供者将自己的 Web 服务的所有相关内容，如所提供的服务的传输方式、服务方法接口、接口参数、服务路径等，生成相应的文档，发布给使用者。使用者可以通过这个 WSDL 文档，创建相应的 SOAP 请求（request）消息，通过 HTTP 传递给 Web Services 提供者；Web 服务在完成服务请求后，将 SOAP 返回（response）消息传回请求者，服务请求者再根据 WSDL 文档将 SOAP 返回消息解析成自己能够理解的内容。

（2）SOAP。SOAP 是消息传递的协议，它规定了 Web Services 之间是怎样传递信息的。简单地说，SOAP 规定了：①传递信息的格式为 XML。这就使 Web Services 能够在任何平台上用任何语言进行实现。②远程对象方法调用的格式。规定了怎样表示被调用对象以及调用的方法名称和参数类型等。③参数类型和 XML 格式之间的映射。这是因为，被调用的方法有时需要传递一个复杂的参数。怎样用 XML 来表示一个对象参数，也是 SOAP 所定义的范围。④异常处理以及其他的相关信息。

（3）UDDI。UDDI 是一种创建注册服务的规范。简单地说，UDDI 用于集中存放和查找 WSDL 描述文件，起着目录服务器的作用，以便服务提供者注册发布 Web Services，供使用者查找。

4. 数据网格技术

数据网格是一种用于大型数据集的分布式管理与分析的体系结构，目标是实现对分布、异构的海量数据进行一体化存储、管理、访问、传输与服务，为用户提供数据访问接口和共享机制，统一、透明地访问和操作各个分布、异构的数据资源，提供管理、访问各种存储系统的方法，解决应用所面临的数据密集型网格计算问题。数据网格的透明性体现为：

- 分布透明性。用户感觉不到数据是分布在不同的地方。
- 异构透明性。用户感觉不到数据的异构性，感觉不到数据存储方式的不同、数据格式的不同、数据管理系统的不同等。
- 数据位置透明性。用户不用知道数据源的具体位置，也没有必要了解数据源的具体位置。
- 数据访问方式透明性。即不同系统的数据访问方式不同，但访问结果相同。

15.8.2　数据挖掘

数据挖掘是指从大量数据中提取或"挖掘"知识，即从大量的、不完全的、有噪声的、模糊的、随机的实际数据中，提取隐含在其中的、人们不知道的，却是潜在有用的知识，它把人们对数据的从低层次的简单查询，提升到从数据库挖掘知识，提供决策支持。数据挖掘是一门交叉学科，其过程涉及数据库、人工智能、数理统计、可视化、并行计算等多种技术。

1. 数据挖掘与数据分析

数据挖掘与传统数据分析存在较大的不同，主要表现在以下 4 个方面。

（1）两者分析对象的数据量有差异。数据挖掘所需的数据量比传统数据分析所需的数据量大，数据量越大，数据挖掘的效果越好。

（2）两者运用的分析方法有差异。传统数据分析主要运用统计学的方法手段对数据进行分析，而数据挖掘综合运用数据统计、人工智能、可视化等技术对数据进行分析。

（3）两者分析侧重有差异。传统数据分析通常是回顾型和验证型的，通常分析已经发生了什么，而数据挖掘通常是预测型和发现型的，预测未来的情况，解释发生的原因。

（4）两者成熟度不同。传统数据分析由于研究较早，其分析方法相当成熟，而数据挖掘除基于统计学等方法外，部分方法仍处于发展阶段。

2. 数据挖掘目标

数据挖掘的目标是发现隐藏于数据之后的规律或数据间的关系，从而服务于决策。数据挖掘的主要任务包括数据总结、关联分析、分类和预测、聚类分析和孤立点分析。

（1）数据总结。数据总结的目的是对数据进行浓缩，给出它的总体综合描述。通过对数据的总结，将数据从较低的个体层次抽象总结到较高的总体层次上，从而实现对原始数据的总体把握。传统的，也是最简单的数据总结方法是利用统计学中的方法计算出各个数据项的和值、均值、方差、最大值、最小值等基本描述统计量。还可以利用统计图形工具，对数据制作直方图、散点图等。

（2）关联分析。数据库中的数据一般都存在着关联关系，即两个或多个变量的取值之间存在某种规律性。关联分析就是找出数据库中隐藏的关联网，描述一组数据项的密切度或关系。有时并不知道数据库中数据的关联是否存在精确的关联函数，即使知道也是不确定的，因此关联分析生成的规则带有置信度，置信度度量了关联规则的强度。

（3）分类和预测。使用一个分类函数或分类模型（也常称为分类器），根据数据的属性将数据分派到不同的组中，即分析数据的各种属性，并找出数据的属性模型，确定哪些数据属于哪些组，这样就可以利用该模型分析已有数据，并预测新数据将属于哪个组。

（4）聚类分析。当要分析的数据缺乏描述信息，或者无法组织成任何分类模式时，可以采用聚类分析。聚类分析是按照某种相近程度度量方法，将数据分成一系列有意义的子集合，每一个集合中的数据性质相近，不同集合之间的数据性质相差较大。统计方法中的聚类分析是实现聚类的一种手段，它主要研究基于几何距离的聚类。人工智能中的聚类是基于概念描述的。概念描述就是对某类对象的内源进行描述，并概括这类对象的有关特征。概念描述又分为特征性描述和区别性描述，前者描述某类对象的共同特征，后者描述非同类对象之间的区别。

（5）孤立点分析。数据库中的数据常有一些异常记录，与其他记录存在着偏差。孤立点分析（或称为离群点分析）就是从数据库中检测出偏差。偏差包括很多潜在的信息，如分类中的反常实例、不满足规则的特例、观测结果与模型预测值的偏差等。

3. 数据挖掘流程

数据挖掘流程一般包括确定分析对象、数据准备、数据挖掘、结果评估与结果应用 5 个阶段，如图 15-13 所示，这些阶段在具体实施中可能需要重复多次。为完成这些阶段的任务，需要不同专业人员参与其中，专业人员主要包括业务分析人员、数据挖掘人员和数据管理人员。

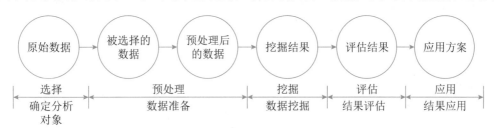

图 15-13　数据挖掘流程图

（1）确定分析对象。

定义清晰的挖掘对象，认清数据挖掘的目标是数据挖掘的第一步。数据挖掘的最后结果往往是不可预测的，但要探索的问题应该是可预见、有目标的。在开始数据挖掘之前，最基础的就是理解数据和实际的业务问题，对目标有明确的定义。

（2）数据准备。

数据准备是保证数据挖掘得以成功的先决条件，数据准备在整个数据挖掘过程中占有重要比重，数据准备包括数据选择和数据预处理，具体描述为：

- 数据选择。数据选择就是在确定挖掘对象之后，搜索所有与挖掘对象有关的内部和外部数据，从中选出适合于数据挖掘的部分。
- 数据预处理。选择后的数据通常不完整、有噪声且不一致，这就需要对数据进行预处理。数据预处理包括数据清理、数据集成、数据变换和数据归约。

（3）数据挖掘。

数据挖掘是指运用各种方法对预处理后的数据进行挖掘。然而任何一种数据挖掘算法，不管是统计分析方法、神经网络，还是遗传算法，都不是万能的。不同的社会或商业问题，需要用不同的方法去解决。即使对于同一个社会或商业问题，也可能有多种算法。这时就需要运用不同的算法，构建不同的挖掘模型，并对各种挖掘模型进行评估。数据挖掘过程细分为模型构建过程和挖掘处理过程，具体描述为：

- 模型构建。挖掘模型是针对数据挖掘算法而构建的。建立一个真正适合挖掘算法的挖掘模型是数据挖掘成功的关键。模型的构建可通过选择变量、从原始数据中构建新的预示值、基于数据子集或样本构建模型、转换变量等步骤来实现。
- 挖掘处理。挖掘处理是对所得到的经过转化的数据进行挖掘，除了完善与选择合适的算法需要人工干预外，其余工作都可由分析工具自动完成。

（4）结果评估。

当数据挖掘出现结果后，要对结果进行解释和评估。具体的解释与评估方法一般根据数据挖掘操作结果所制定的决策成败来定，但是管理决策分析人员在使用数据挖掘结果之前，希望能够对挖掘结果进行评价，以保证数据挖掘结果在实际应用中的成功率。

（5）结果应用。

数据挖掘的结果要经过决策人员的许可才能实际运用，以指导实践。将通过数据挖掘得出的预测模式和各个领域的专家知识结合在一起，构成一个可供不同类型的人使用的应用程序。也只有通过对分析知识的应用，才能对数据挖掘的成果做出正确的评价。

15.8.3　数据服务

数据服务主要包括数据目录服务、数据查询与浏览及下载服务、数据分发服务。

1. 数据目录服务

数据目录服务是用来快捷地发现和定位所需数据资源的一种检索服务，是实现数据共享的重要基础功能服务之一。由于专业、领域、主管部门、分布地域和采用技术的不同，数据资源呈现的是海量、多源、异构和分布的特点。对于需要共享数据的用户来说，往往存在不知道有哪些数据、不知道想要的数据在哪里、不知道如何获取数据等困难。

2. 数据查询与浏览及下载服务

数据查询、浏览和下载是网上数据共享服务的重要方式，用户使用数据的方式有查询数据和下载数据两种。数据查询与浏览服务一般通过关键字检索来进行。用户通过输入关键字或选择相应的领域及学科，对数据进行快速定位，得到相应的数据集列表。数据下载服务是指用户提出数据下载要求，在获得准许的情况下，直接通过网络获得数据的过程。对于需要数据下载的用户来说，首先需要查询数据目录，获得目标数据集的信息，然后到指定的网络位置进行下载操作。

3. 数据分发服务

数据分发是指数据的生产者通过各种方式将数据传送到用户的过程。通过分发，能够形成数据从采集、存储、加工、传播向使用流动，实现数据的价值。数据分发服务的核心内容包括数据发布、数据发现、数据评价等。数据发布是指数据生产者可以将已生产和标准化的数据传送到一个数据分发体系中，为用户发现、评价做好基础的准备工作。数据发布的内容包括元数据、数据本身、用于数据评价的信息及其他相关信息。数据发现是指用户通过分发服务系统搜索到所需数据相关信息的过程，可通过数据目录服务来实现。数据评价指用户对数据的内容进行判断和评定，以此判断数据是否符合自己的要求。

15.8.4　数据可视化

数据可视化（Data Visualization）概念来自科学计算可视化。数据可视化主要运用计算机图形学和图像处理技术，将数据转换成图形或图像在屏幕上显示出来，并能进行交互处理，它涉及计算机图形学、图像处理、计算机辅助设计、计算机视觉及人机交互技术等多个领域，是一门综合性的学科，如图 15-14 所示。

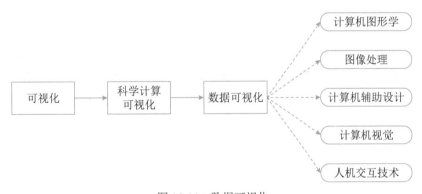

图 15-14　数据可视化

由于所要展现数据的内容和角度不同，可视化的表现方式也多种多样，主要分为 7 类，即一维数据可视化、二维数据可视化、三维数据可视化、多维数据可视化、时态数据可视化、层次数据可视化和网络数据可视化，如表 15-9 所示。

表 15-9　常见数据可视化表现方式

表现方式	说明
一维数据可视化	一维数据就是简单的线性数据，如文本或数字表格、程序源代码都基于一维数据。一维数据可视化取决于数据大小和用户想用数据来处理什么任务
二维数据可视化	在数据可视化中，二维数据是指由两种主要描述属性构成的数据。如一个物体的宽度和高度、一个城市的平面地图、建筑物的楼层平面图等都是二维数据可视化的实例。最常见的二维数据可视化就是地理信息系统（Geographic Information System，GIS）
三维数据可视化	三维数据比二维数据更进了一层，它可以描述立体信息。三维数据可以表示实际的三维物体，因此可视化的许多应用是三维数据可视化。物体通过三维数据可视化构成计算机模型，供操作及试验，以此预测真实物体的实际行为
多维数据可视化	在可视化环境中，多维数据描述事物的属性超过三维，为了实现可视化，往往需要降维
时态数据可视化	时态数据实际上是二维数据的一种特例，即二维中有一维是时间轴。它以图形方式显示随着时间变化的数据，是可视化信息最常见、最有用的方式之一
层次数据可视化	层次数据，即树形数据，其数据内在结构特征为，每个节点都有一个父节点（根节点除外）。节点分兄弟节点（拥有同一个父节点的节点）和子节点（从属该节点的节点）。拥有这种结构的数据很常见，如商业组织、计算机文件系统和家谱图都是按树形结构排列的层次数据
网络数据可视化	网络数据指与任意数量的其他节点有关系的节点的数据。网络数据中的节点不受与它有关系的其他节点数量的约束（不同于层次节点有且只有一个父节点），网络数据没有固有的层次结构，两个节点之间可以有多条连接路径，即节点间关系的属性和数量是可变的

15.9　数据安全

数据的广泛应用（尤其是跨组织应用）需要确保数据隐私得到保护，这不仅涉及个人隐私数据，也包括组织隐私数据，这就需要各类组织对其管理、存储和使用的各类数据进行数据脱敏，并依托适当的分级分类，确保数据相关活动能够在确保数据安全和隐私保护的前提下进行。

15.9.1　数据脱敏

数据使用常常需要经过脱敏处理，即对数据进行去隐私化处理，实现对敏感信息的保护，这样既能够有效利用数据，又能保证数据使用的安全性。数据脱敏就是一项重要的数据安全防护手段，它可以有效地减少敏感数据在采集、传输、使用等环节中的暴露，进而降低敏感数据泄露的风险，确保数据合规。

1. 敏感数据

敏感数据又称隐私数据或者敏感信息。《中华人民共和国保守国家秘密法》中规定，敏感信息是指不当使用或未经授权被人接触或修改后，会产生不利于国家和组织的负面影响和利益损失，或不利于个人依法享有的个人隐私的所有信息。

敏感数据可以分为个人敏感数据、商业敏感数据、国家秘密数据等。目前日常应用中，常见的敏感数据有姓名、身份证号码、地址、电话号码、银行账号、邮箱地址、所属城市、邮编、密码类（如账户查询密码、取款密码、登录密码等）、组织机构名称、营业执照号码、银行账号、交易日期、交易金额等。

为了更加有效地管理敏感数据，通常会对敏感数据的敏感程度进行划分，例如可以把数据密级划分为 5 个等级，分别是 L1（公开）、L2（保密）、L3（机密）、L4（绝密）和 L5（私密）。

2. 数据脱敏

数据脱敏是对各类数据所包含的自然人身份标识、用户基本资料等敏感信息进行模糊化、加扰、加密或转换后形成无法识别、无法推算演绎、无法关联分析原始用户身份标识等的新数据，这样就可以在非生产环境（开发、测试、外包、数据分析等）、非可控环境（跨组织或团队数据应用）、生产环境、数据共享、数据发布等环境中安全地使用脱敏后的真实数据集。

加强数据脱敏建设，建立数据脱敏制度，完善和制定生产数据使用管理制度，并明确生产数据中敏感信息数据字典规范和生产数据申请、提取、安全预处理、使用、清理销毁等环节的处理流程，有助于提高生产数据使用管理规范化、制度化水平，防范生产数据泄露等安全隐患，完善信息科技风险管理体系。

3. 数据脱敏方式

数据脱敏方式包括可恢复与不可恢复两类。可恢复类指脱敏后的数据可通过一定的方式恢复成原来的敏感数据，此类脱敏规则主要指各类加解密算法规则。不可恢复类指脱敏后的数据被脱敏的部分使用任何方式都不能恢复，一般可分为替换算法和生成算法两类。

数据脱敏方式主要由应用场景决定，例如对于发布数据场景，既要考虑直接表示信息，又要非表示信息，防止通过推算演绎、关联分析等手段，能够定位到用户身份。

4. 数据脱敏原则

数据脱敏通常需要遵循一系列原则，从而确保组织开展数据活动以及参与这些活动人员能够在原则的牵引下，实施相关工作。数据脱敏原则主要包括算法不可逆原则、保持数据特征原则、保留引用完整性原则、规避融合风险原则、脱敏过程自动化原则和脱敏结果可重复原则等。

（1）算法不可逆原则。指除一些特定场合存在可恢复式数据复敏需求外，数据脱敏算法通常应当是不可逆的，必须防止使用非敏感数据推断、重建敏感原始数据。

（2）保持数据特征原则。指脱敏后的数据应具有原数据的特征，因为它们仍将用于开发或测试场合。带有数值分布范围、具有指定格式（如信用卡号前四位指代银行名称）的数据，在脱敏后应与原始信息相似。姓名和地址等字段应符合基本的语言认知，而不是无意义的字符串。在要求较高的情形下，还要求具有与原始数据一致的频率分布、字段唯一性等。

（3）保留引用完整性原则。指数据的引用完整性应予保留，如果被脱敏的字段是数据表主键，那么相关的引用记录必须同步更改。

（4）规避融合风险原则。指应当预判非敏感数据集多源融合可能造成的数据安全风险。对所有可能生成敏感数据的非敏感字段同样进行脱敏处理，例如，在病人诊治记录中为隐藏姓名与病情的对应关系，将"姓名"作为敏感字段进行变换，但是，如果能够凭借某"住址"的唯一性推导出"姓名"，则需要将"住址"一并变换。

（5）脱敏过程自动化原则。指脱敏过程必须能够在规则的引导下自动化进行，才能达到可用性要求，更多强调的是不同环境的控制功能。

（6）脱敏结果可重复原则。指在某些场景下，对同一字段脱敏的每轮计算结果都相同或者都不同，以满足数据使用方可测性、模型正确性、安全性等指标的要求。

15.9.2 分类分级

数据分类是数据保护工作中的关键部分之一，是建立统一、准确、完善的数据架构的基础，是实现集中化、专业化、标准化数据管理的基础。通常，数据分级是在数据分类的基础上，采用规范、明确的方法区分数据的重要性和敏感度差异，按照一定的分级原则对其进行定级，从而为组织数据的开放和共享安全策略制定提供支撑的过程。

1. 数据分类

数据分类是根据内容的属性或特征，将数据按一定的原则和方法进行区分和归类，并建立起一定的分类体系和排列顺序。

数据分类有分类对象和分类依据两个要素。分类对象由若干个被分类的实体组成，分类依据取决于分类对象的属性或特征。任何一种信息都有多种多样的属性特征，这些属性特征有本质和非本质属性特征之别。分类应以相对最稳定的本质属性为依据，但是对具有交叉、双重或多重本质属性特征的信息进行分类，除了需要符合科学性、系统性等原则外，还应符合交叉性、双重或多重性的原则。

数据分类是数据保护工作中的关键部分之一，是建立统一、准确、完善的数据架构的基础，是实现集中化、专业化、标准化数据管理的基础。数据分类具有多种视角和维度，其主要目的是便于数据管理和使用。数据处理者进行数据分类时，应优先遵循国家、行业的数据分类要求，如果所在行业没有行业数据分类规则，也可从组织经营维度进行数据分类。

2. 数据分级

数据分级是指按照数据遭到破坏（包括攻击、泄露、篡改、非法使用等）后对受侵害客体合法权益（国家安全、社会秩序、公共利益以及公民、法人和其他组织）的危害程度，对数据进行定级，主要是为数据全生命周期管理进行的安全策略制定。

数据分级常用的分级维度有按特性分级、基于价值（公开、内部、重要核心等）分级、基于敏感程度（公开、秘密、机密、绝密等）分级、基于司法影响范围（境内、跨区、跨境等）分级等。

从国家数据安全角度出发，数据分级基本框架分为一般数据、重要数据、核心数据三个级别。数据处理者可在基本框架定级的基础上，结合行业数据分类分级规则或组织生产经营需求，考虑影响对象、影响程度两个要素进行分级，如表 15-10 所示。

表 15-10　数据分级参考表

级别	影响对象及影响程度			
	国家安全	公共利益	个人合法权益	组织合法权益
核心数据	一般危害、严重危害	严重危害		
重要数据	轻微危害	一般危害、轻微危害		
一般数据	无危害	无危害	无危害、轻微危害、一般危害、严重危害	无危害、轻微危害、一般危害、严重危害

15.9.3　安全管理

根据 DCMM 中所述，组织的数据安全能力域通常包括数据安全策略、数据安全管理和数据安全审计三个能力项。

1. 数据安全策略

数据安全策略是数据安全的核心内容，在制定的过程中需要结合组织管理需求、监管需求以及相关标准等统一制定。数据安全策略主要活动和工作要点包括：

- 了解国家、行业等监管需求，并根据组织对数据安全的业务需要，进行数据安全策略规划，建立组织的数据安全管理策略。
- 制定适合组织的数据安全标准，确定数据安全等级及覆盖范围等。
- 定义组织数据安全管理的目标、原则、管理制度、管理组织、管理流程等，为组织的数据安全管理提供保障。

2. 数据安全管理

数据安全管理是在数据安全标准与策略的指导下，通过对数据访问的授权、分类分级的控制、监控数据的访问等进行数据安全的管理工作，满足数据安全的业务需要和监管需求，实现组织内部对数据生存周期的数据安全管理。数据安全管理主要活动和工作要点包括：

- 数据安全等级的划分。根据组织数据安全标准，充分了解组织数据安全管理需求，对组织内部的数据进行等级划分并形成相关文档。
- 数据访问权限控制。制定数据安全管理的利益相关者清单，围绕利益相关者需求，对其数据访问、控制权限进行授权。
- 用户身份认证和访问行为监控。在数据访问过程中对用户的身份进行认证识别，对其行为进行记录和监控。
- 数据安全的保护。提供数据安全保护控制相关的措施，保证数据在应用过程中的隐私性。
- 数据安全风险管理。对组织已知或潜在的数据安全风险进行分析，制定防范措施并监督落实。

3. 数据安全审计

数据安全审计是一项控制活动，负责定期分析、验证、讨论、改进数据安全管理相关的策略、标准和活动。审计工作可由组织内部或外部审计人员执行，审计人员应独立于审计所涉及的数据和流程。数据安全审计的目标是为组织以及外部监管机构提供评估和建议。数据安全审计主要活动和工作要点包括：

- 过程审计。分析实施规程和实际做法，确保数据安全目标、策略、标准、指导方针和预期结果相一致。
- 规范审计。评估现有标准和规程是否适当，是否与业务要求和技术要求相一致。
- 合规审计。检索和审阅组织相关监管法规要求，验证其是否符合监管法规要求。
- 供应商审计。评审合同、数据共享协议，确保供应商切实履行数据安全义务。
- 审计报告发布。向高级管理人员、数据管理专员以及其他利益相关者报告组织内的数据安全状态。
- 数据安全建议。提出数据安全的设计、操作和合规等方面的改进工作建议。

数据安全是一个持续的过程，需要不断地更新和改进，定期评估和调整数据安全策略，以适应不断变化的安全威胁和技术发展。

15.10   本章练习

1. 选择题

（1）DCMM 是_____。

    A. 数据管理能力成熟度评估模型　　　　B. 数据治理框架

    C. 数据管理能力评价模型　　　　　　　D. 数据管理模型

参考答案：A

（2）_____不属于组织的数据战略主要能力项建设内容。

    A. 数据战略规划　　　　　　　　　　　B. 数据战略实施

    C. 数据战略评估　　　　　　　　　　　D. 数据组织建设

参考答案：D

（3）_____不属于常见数据管理组织模式。

    A. 集中式　　　　　　　　　　　　　　B. 融合式

    C. 分布式　　　　　　　　　　　　　　D. 离散式

参考答案：B

（4）数据资源目录分为三个层面，不包括_____。

    A. 资源目录　　　　　　　　　　　　　B. 资产目录

    C. 权限目录　　　　　　　　　　　　　D. 服务目录

参考答案：C

（5）关于数据脱敏的描述，不正确的是_____。

    A. 数据脱敏是一项重要的数据安全防护手段

    B. 数据脱敏可以有效地减少敏感数据在采集、传输、使用等环节中的暴露

    C. 数据脱敏需要遵循算法可逆原则

    D. 通过数据脱敏，可以保障数据合规

参考答案：C

2. 思考题

（1）请结合自身组织或某种类型的组织，阐述其数据管理组织的建设模式和主要岗位 / 角色设定。

（2）请根据自身实践，阐述数据服务的主要内容及价值体现。

参考答案：略

第 16 章 信息安全管理

当前社会已经进入了数字时代，其突出的特点表现为信息的价值在很多方面超过其信息处理设施，包括信息载体本身的价值，例如一台计算机上存储和处理的信息价值往往超过计算机本身的价值。另外，现代社会的各类组织，包括政府、企业，对信息以及信息处理设施的依赖也越来越大，一旦信息丢失或泄密、信息处理设施中断，很多组织的业务也就无法运营。新时代对于信息的安全提出了更高的要求，对信息安全的内涵也不断进行延伸和拓展。

CIA 三要素是保密性（Confidentiality）、完整性（Integrity）和可用性（Availability）三个词的缩写。CIA 是系统安全设计的目标。保密性、完整性和可用性是信息安全最为关注的三个属性，因此这三个特性也经常被称为"信息安全三元组"，这也是信息安全通常所强调的目标。信息安全已经成为一门涉及计算机科学、网络技术、通信技术、密码技术、信息安全技术、应用数学、数论和信息论等多种学科的综合性学科。从广义上来说，凡是涉及信息的保密性、完整性、可用性、真实性和可核查性的相关技术和理论都属于信息安全的研究领域。

16.1 安全管理体系

信息安全管理体系是指对组织内部和外部信息资产进行全面有效管理的体系，旨在保护信息资产的机密性、完整性和可用性，防止信息泄露、破坏和滥用，确保信息资源的安全运行。

16.1.1 管理体系概述

信息安全管理体系内涵的核心是整合各方面的管理工作，形成一个协调一致、全面完善的体系，确保信息安全管理的有效性和持续性。通过信息安全管理体系的建立和运行，组织能够更好地保护信息资产，降低信息安全风险，提高业务的稳定性和可持续发展能力。信息安全管理体系主要包括：

（1）方针与目标。建立明确的信息安全方针和目标，明确组织对信息安全的重视和承诺，为信息安全管理提供指导和支持。

（2）组织与人员职责。明确信息安全管理的组织结构，明确各岗位和人员在信息安全管理中的职责和权限，确保信息安全职责得到有效分配和履行。

（3）资产管理。对重要的信息资产进行识别、分类、归档和保护，制定信息资产的访问控制策略，确保信息资产的合规性和完整性。

（4）人力资源安全。制定适合的人员招聘、培训、管理和离职制度，确保员工对信息安全的认知和重视，减少员工导致的信息安全风险。

（5）物理与环境安全。保护信息资源设备、网络设备和服务器的物理安全，制定安全访问控制制度，防止未经授权的人员进入机房和关键区域。

（6）通信与操作管理。制定合理的网络安全策略和防火墙规则，保障网络通信的机密性和完整性；建立安全的操作管理规范，监控和限制用户对系统的操作行为。

（7）访问控制。建立用户身份认证、授权和审计机制，确保用户只能访问和操作其所需的信息，并留下操作痕迹以便追踪和审计。

（8）密码管理。制定安全的密码策略，包括密码复杂度要求、定期更新和安全存储，避免密码被猜测或泄露。

（9）供应商与合同管理。对外部供应商进行风险评估和审查，建立供应商合作协议，明确信息安全要求和保密责任，避免外部供应商给信息安全带来的风险。

（10）信息安全事件管理。建立响应机制和演练计划，及时发现和处理信息安全事件，降低事件对组织的影响，并及时采取措施防止类似事件再次发生。

16.1.2　安全组织体系

安全组织体系是指为了有效保护组织信息资产，在其内部建立的专门管理和负责信息安全工作的部门或团队。安全组织体系的主要目的是确保信息安全工作的专业性和高效性，从而提升组织的整体信息安全管理水平。信息安全组织体系建设需要重点关注以下几方面：

（1）高层管理支持。组织中的高层管理层要对信息安全工作给予足够的重视和支持，制定明确的信息安全方针和策略，并提供相应的资源和预算。高层管理支持是信息安全工作成功的基础。

（2）安全管理委员会。设立组织内的安全管理委员会，由高层管理人员和相关部门的代表组成，负责制定信息安全方针与目标，并对信息安全管理工作进行监督和评估。安全管理委员会是信息安全决策和协调的核心机构。

（3）安全管理部门。建立专门的信息安全管理部门，负责制定信息安全政策、标准和流程，组织信息安全培训和意识提升活动，开展风险评估和安全审计工作，跟踪和响应信息安全事件。安全管理部门是信息安全管理的执行和监督机构。

（4）安全工作团队。在组织内部设立安全工作团队，由具备信息安全技术和知识的专业人员组成，负责日常的安全事务处理和安全技术支持。安全工作团队是信息安全实施的执行和支撑力量。

（5）安全责任人。在各部门和岗位设立安全责任人，负责本部门或岗位的信息安全工作，协助安全管理部门落实各项安全要求，并进行监督和评估。安全责任人是信息安全管理的推动者和实施者。

（6）安全培训和意识提升。组织定期开展信息安全培训和意识提升活动，提高员工对信息安全的认知和重视，使其具备应对各类信息安全风险和威胁的能力。

（7）安全合作与沟通。组织内外安全管理部门和团队之间要建立良好的合作关系和沟通机制，及时分享安全信息和经验，共同应对各类信息安全挑战。

（8）安全评估和持续改进。定期进行风险评估和安全审计，对信息安全管理体系进行评估和改进，不断提升组织的信息安全管理水平和管理效能。

通过建立完善的信息安全管理的安全组织体系，能够有效管理信息安全工作，从而保障信息资产的安全可靠。此外，安全组织体系还能够提升组织的整体信息安全文化，培养员工的安全意识，加强对信息安全事件的预防和应对能力，降低组织面临的信息安全风险。

16.1.3　主要管理内容

信息安全管理是一个综合、系统的体系，需要综合考虑过程、技术、方法、人员、工具、环境等各方面的要素，其主要内容涵盖整个信息安全领域的各个方面，包括信息资产管理、风险管理、安全控制、安全策略、事件管理、安全培训与意识提升、安全审计与合规性和持续改进等。

（1）信息资产管理。信息资产管理是指对组织内的信息资产进行有效的管理和保护。首先，需要对信息资产进行分类和标识，确定其价值和重要性。然后，制定适合的安全控制措施，确保信息资产的机密性、完整性和可用性，包括物理安全控制、访问控制、备份与恢复、灾难恢复等措施。

（2）风险管理。风险管理是指识别、评估和处理信息安全风险的过程。通过风险评估，确定系统和数据的安全风险，并制定相应的应对措施，包括安全威胁分析、脆弱性评估、安全控制的选择和实施等。

（3）安全控制。安全控制是保护信息安全的技术和管理措施，包括访问控制、身份验证、加密、防火墙、入侵检测和防御系统等。控制措施旨在防止非授权的访问和使用，确保系统和数据的机密性和完整性。

（4）安全策略。安全策略是为了保护信息资产和信息资源而制定的规范和程序，包括信息安全政策、安全标准、安全流程等。安全策略提供了指导和规范，确保组织在信息安全方面的一致性和合规性。

（5）事件管理。事件管理是及时发现、响应和处理信息安全事件的过程。信息安全事件有未经授权的访问、数据泄露、恶意代码感染等。组织通过建立事件管理机制和响应流程，以便及时发现和处理安全事件，减少损失。

（6）安全培训与意识提升。安全培训与意识提升是提高员工对信息安全的认识和保护意识。通过定期的培训和意识提升活动，可以帮助员工了解信息安全的重要性，并提供相关的安全知识和技能。

（7）安全审计与合规性。安全审计与合规性是检查和评估信息安全管理和控制措施的有效性和合规性。组织通过定期进行安全审计，确保安全控制措施的实施和合规性。

（8）持续改进。信息安全管理是一个持续不断的过程。组织通过评估和监测，不断改进安全控制措施和策略，以适应新的威胁和技术发展。

16.2　安全风险管理

信息安全风险管理是风险管理在信息领域的应用，是指导和控制组织关于信息安全风险的相互协调活动，是组织完整管理体系中的重要组成部分。

16.2.1　原则与主要活动

信息安全风险管理的目标是在确保安全合规的前提下，平衡组织发展与信息安全之间的关系。通过全面识别风险、科学评价风险、合理处置风险和持续监视风险，将风险控制在可接受程度。促进组织业务的安全、持续、稳定运行，提升组织数字化应用水平，增强可持续发展能力。

1. 管理原则

信息安全风险管理的原则主要有分级管理、全面管理、动态调整和科学合理等。

（1）分级管理。组织根据风险发生的可能性，风险发生后对国家安全、社会秩序、公共利益以及公民、法人和其他组织的合法权益等产生的影响程度，依据风险评价准则对风险进行合理分级管理。

（2）全面管理。组织根据需要对网络和系统安全风险、数据安全风险、个人信息安全风险、供应链安全风险、新技术新应用安全风险等进行全面识别、控制和监视。同时，对信息安全风险管理涉及的过程、技术、方法、人员和工具等进行全面管理。

（3）动态调整。组织通过持续监视风险要素变化和风险管理过程，适应相关法律法规、政策、主管部门、自身业务相关要求和技术运行环境的变化，动态调整风险管理的对象、准则、风险处置措施等内容，持续优化和提升风险管理能力。

（4）科学合理。基于组织面临的信息安全形势和环境，综合考虑信息安全投入和收益、风险可接受程度，以促进组织的业务的安全、持续、稳定运行为视角，平衡安全与发展之间的关系，实现信息安全风险管理的科学性和合理性。

2. 主要活动

国家标准 GB/T 24364《信息安全技术 信息安全风险管理实施指南》中指出，信息安全风险管理活动包括语境建立、风险评估、风险处置、批准留存、监视与评审、沟通与咨询 6 个方面的内容。语境建立、风险评估、风险处置和批准留存是信息安全风险管理的 4 个基本步骤，监视与评审、沟通与咨询则贯穿于这 4 个基本步骤中，如图 16-1 所示。

组织信息安全管理需要遵循分级管理、全面管理、动态调整、科学合理等管理原则，建立健全信息安全风险管理保障机制、保障措施，并在资产识别、威胁识别、脆弱性识别、已有措施有效性评价、风险分析与评价、风险处置、风险监测预警和风险信息共享等风险管理能力的基础上，执行语境建立、风险评估、风险处置、批准留存、监视与评审、沟通与咨询等风险管理过程，以实现信息安全风险管理目标。

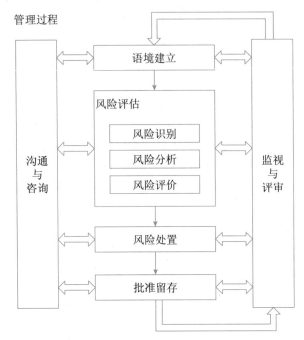

图 16-1　信息安全风险管理的内容和过程

16.2.2　语境建立

根据 GB/T 24364，语境建立是信息安全风险管理的第一步，确定风险管理的对象和范围，确立实施风险管理的准备，进行相关信息的调查和分析，目的是明确信息安全风险管理的范围和对象，以及对象的特性和安全要求，对信息安全风险管理工作进行规划和准备，保障后续风险管理活动顺利进行。

语境建立的过程包括风险管理准备、风险管理对象调查与分析、信息安全要求分析三个工作阶段。在信息安全风险管理过程中，语境建立过程是一次信息安全风险管理主循环的起始，为风险评估提供输入，监视与评审、沟通与咨询贯穿其三个阶段，如图 16-2 所示。

1. 风险管理准备

风险管理准备工作阶段的主要活动包括以下几方面：

（1）确定风险管理范围和边界，以确保在风险管理中考虑所有相关业务、资产。此外，需要识别边界以解决通过这些边界可能产生的风险。收集组织的信息，以确定其所处的环境及其与信息安全风险管理过程的相关性。

（2）确定信息安全风险管理的目标。

（3）制定风险管理总体规划，包括风险管理的目标、意义、范围、基本准则、组织结构、经费预估和实施计划等。风险管理实施计划需要包括：

● 实施团队架构、各团队负责人、可能涉及的部门。

● 每个阶段的时间、涉及地点、具体包含和除外的内容。

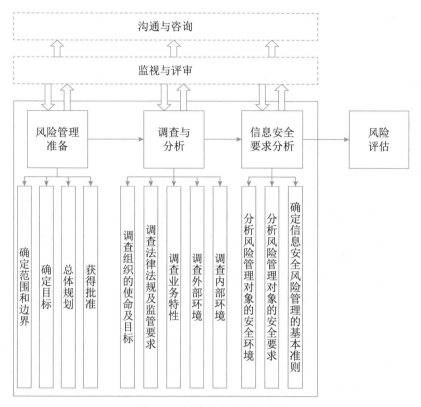

图 16-2　语境建立过程示意图

- 各阶段负责人、入口及出口标准、预期在每一步流程中取得的成果。
- 需要的资源、职责和记录。
- 预算。
- 对过程实施监视的监视内容及规则。
- 实施过程需要遵守的原则、最终完成标准等。

（4）最高管理者批准风险管理总体规划，并将风险管理总体规划由决策层对管理层和执行层进行传达。

2. 调查与分析

调查方式主要包括问卷回答、人员访谈、现场考察、辅助工具等多种形式，组织根据实际情况灵活采用和结合使用。相关工作主要包括以下几方面：

（1）调查组织的使命及目标。了解组织的使命，包括战略背景和业务目标等，从中明确支持组织完成其使命的风险管理对象的业务目标。

（2）调查法律法规及监管要求。了解与组织业务相关的国家、地区或行业的相关法律、法规、政策和标准。

（3）调查业务特性。了解组织的业务，包括业务内容和业务流程等，从中明确支持组织业务运营的风险管理对象的业务特性、可能涉及的信息资产及载体类别。

（4）调查外部环境。了解组织的地点及其地理特征，组织外部利益相关方的期望，影响组织业务安全的制约因素。

（5）调查内部环境。了解包括组织风险管理的思路、方法、控制策略、风险偏好等方面的内容。

（6）汇总上述调查结果，形成描述报告，其中包含组织使命及目标，法律、法规及监管要求，业务特性，外部环境和内部环境等方面的内容。

3. 信息安全要求分析

信息安全要求分析工作阶段的主要活动包括以下几方面：

（1）分析风险管理对象的安全环境。依据国家、地区或行业的相关法律、法规、政策和标准，综合考虑各类要求，对风险管理对象的安全保障环境进行分析，明确环境因素对风险管理对象安全方面的影响和要求。

（2）分析风险管理对象的安全要求。依据风险管理对象的描述报告和分析报告，结合安全环境的分析结果，分析和提出对风险管理对象的安全要求，包括保护范围、保护等级以及与相关法律法规或行业标准的符合性要求等。

（3）确定信息安全风险管理的基本准则。选择或设置适合当前风险管理对象的风险管理原则，与风险管理实施框架相一致，并基于风险管理对象的安全环境和安全要求进行针对性设计。具体包括风险评价准则和风险可接受准则。

（4）汇总上述分析结果，形成风险管理对象的安全要求分析报告，其中包含风险管理对象的安全环境、安全要求和风险管理基本准则等方面的内容。

风险评价准则是在考虑国家信息安全监管要求及行业背景和特点的基础上建立的，用以实现对风险的控制与管理。风险可接受准则是根据被评估对象风险评估结果，依据国家相关信息安全要求，组织收集相关方的信息安全诉求，明确风险处置对象应达到的最低保护要求，结合组织的风险可承受程度，确立的风险可接受程度。

风险可接受准则可参考以下内容：

- 风险等级为很高或高的风险建议进行处置，对于现有处置措施技术不成熟的，建议加强监视。
- 风险等级为中的风险可根据成本效益分析结果确定，对于处置成本无法承受或现有处置措施技术不成熟的，可持续跟踪、逐步解决。
- 风险等级为低或很低的风险可选择接受，但需综合考虑组织所处的政策环境、外部相关方要求、组织的安全目标等因素。

16.2.3　风险评估

根据 GB/T 24364，风险评估是信息安全风险管理的第二步，针对确立的风险管理对象所面临的风险进行识别、分析和评价。风险评估的过程包括风险评估准备、风险要素识别、风险分析和风险评价 4 个阶段，如图 16-3 所示。

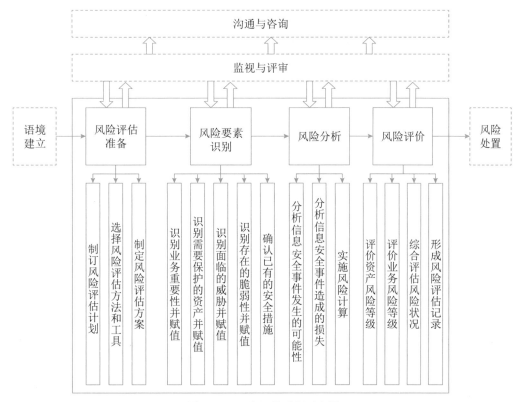

图 16-3　风险评估过程示意图

1. 风险评估准备

风险评估准备工作阶段的主要活动包括以下几方面：

（1）制订风险评估计划。依据语境建立的文档，制订风险评估的实施计划，包括风险评估的目的、意义、范围、目标、组织结构、经费预算和进度安排等，形成风险评估计划书。风险评估计划书需要得到风险管理对象和信息安全风险管理决策层的认可和批准。

（2）选择风险评估方法和工具。可依据国家标准 GB/T 20984《信息安全技术 信息安全风险评估方法》附录 C 进行。

（3）制定风险评估方案。依据语境建立的文档，整合风险评估计划书、风险评估方法和工具列表，确定风险评估的实施方案，包括风险评估的工作过程、输入数据和输出结果等，形成风险评估方案。风险评估方案需得到风险管理对象和信息安全风险管理管理层的认可和批准。

2. 风险要素识别

风险要素的识别方式包括文档审查、人员访谈、现场考察、辅助工具等多种形式，可以根据实际情况灵活采用和结合使用。如图 16-4 所示，该工作阶段的主要活动包括以下几方面：

（1）识别业务重要性并赋值。可参照 GB/T 20984 中 5.2.1.2 和国家标准 GB/T 31509《信息安全技术 信息安全风险评估实施指南》执行。

（2）识别需要保护的资产并赋值。可参照 GB/T 20984 中 5.2.1 和 GB/T 31509 执行。

（3）识别面临的威胁并赋值。可参照 GB/T 20984 中 5.2.2 和 GB/T 31509 执行。

（4）识别存在的脆弱性并赋值。可参照 GB/T 20984 中 5.2.4 和 GB/T 31509 执行。

（5）确认已有的安全措施。可参照 GB/T 20984 中 5.2.3 和 GB/T 31509 执行。

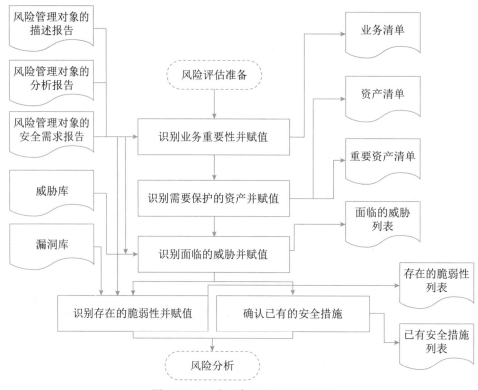

图 16-4　风险要素识别活动示意图

3. 风险分析

如图 16-5 所示，风险分析工作阶段的主要活动包括以下几方面：

（1）分析信息安全事件发生的可能性。依据面临的威胁列表和存在的脆弱性列表，根据威胁属性（威胁发生频率、威胁能力程度等）及脆弱性属性（脆弱性被利用程度等），计算威胁利用脆弱性导致安全事件发生的可能性。

（2）分析信息安全事件造成的损失。依据存在的脆弱性列表和需要保护的信息资产列表，根据业务属性（业务重要性程度等）、资产属性（资产重要性程度等）及脆弱性属性（脆弱性影响程度等），计算安全事件一旦发生后造成的损失。

（3）实施风险计算。可依据 GB/T 20984 附录 F 执行。

4. 风险评价

如图 16-6 所示，风险评价工作阶段的主要活动包括以下几方面：

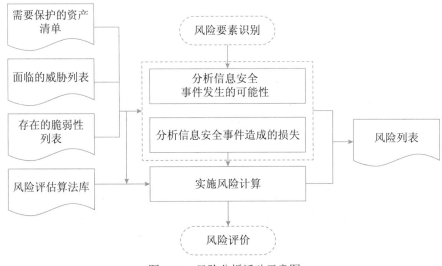

图 16-5　风险分析活动示意图

（1）评价资产风险等级。可参照 GB/T 20984 中 5.4.1 和 GB/T 31509 执行。

（2）评价业务风险等级。可参照 GB/T 20984 中 5.4.2 和 GB/T 31509 执行。

（3）综合评估风险状况。汇总各项输出文档和风险程度等级列表，综合评估风险状况，形成风险评估报告。

（4）形成风险评估记录。汇总风险评估过程中的各种现场记录和问题，后期可复现评估过程，以作为产生歧义后解决问题的依据。

评价等级级数可以根据评价对象的特性和实际评估的需要而定，如"高、中、低" 3 级，或者"很高、较高、中等、较低、很低" 5 级。

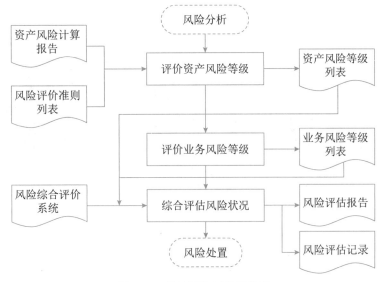

图 16-6　风险评价活动示意图

16.2.4 风险处置

根据 GB/T 24364，风险处置是信息安全风险管理的第三步，依据风险评估的结果，选择并执行合适的安全措施来处置风险的过程。其目的是依据风险评估的结果，针对不同类型、不同规模、不同概率的风险，采取相应的对策、措施或方法，使风险损失对组织、业务或风险管理对象的影响降到最小限度。风险处置方式主要包括风险规避、风险转移、风险消减和风险接受。

（1）风险规避。可能的情况下停止有风险的活动，消除风险源头或通过不使用存在风险的资产避免风险的发生。

（2）风险转移。通过将面临风险的资产或其价值转移到更安全的地方，或者转移给能有效管理特定风险的另一方来改变风险发生的可能或风险发生的后果，也可采用购买保险、分包合作的方式分担风险。

（3）风险消减。通过对面临风险的资产采取保护措施来降低风险，使残余风险再被评估时能达到可接受的级别。可以从构成风险的 5 个方面（即威胁源、威胁行为、脆弱性、资产和影响）采取保护措施来降低风险。

（4）风险接受。在明显满足组织发展战略和业务安全发展的条件下，有意识地、客观地选择对风险不采取进一步的处置措施，接受风险可能带来的结果。

风险处置的过程包括风险处置准备、风险处置实施、风险处置效果评价三个阶段，如图 16-7 所示。

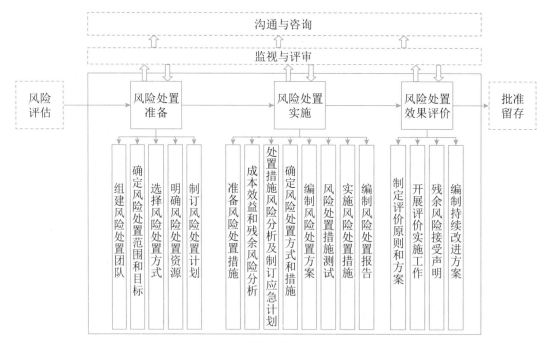

图 16-7 风险处置活动示意图

1. 风险处置准备

风险处置准备工作阶段的主要活动包括以下几方面：

（1）组建风险处置团队。信息安全风险处置是基于风险的信息资源的一种安全管理过程，因此风险处置团队既包括信息安全风险管理的直接参与人员，也包括其他相关人员。信息安全风险处置主要划分为管理层和执行层。管理层负责信息安全风险处置的决策、总体规划和批准监督，以及各过程中的管理、组织和协调工作；执行层负责信息安全风险处置的具体规划、设计和实施、过程监督、记录并反馈实施效果。如果采用的风险转移方式中涉及第三方组织，需将其纳入风险处置团队。

（2）确定风险处置范围和目标。依据风险评估报告，确定可处置的风险范围和目标，即把风险评估得出的风险等级划分为可接受和不可接受两种，形成风险接受等级划分表。如分为治理层的组织战略风险、管理层的业务过程风险、执行层的系统风险等。

（3）选择风险处置方式。根据风险可接受准则，明确需要处置的风险和可接受的残余风险，对于需要处置的风险，初步确定每种风险拟采取的处置方式，形成风险处置列表和风险处置方式。

（4）明确风险处置资源。根据既定的风险处置目标，明确风险处置涉及的部门、人员和资产以及需要增加的设备、软件、工具等所需资源。

（5）制订风险处置计划。处置计划应主要包含风险处置范围、依据、目标、方式、所需资源等。风险处置计划需得到组织最高管理者的批准。

2. 风险处置实施

风险处置实施工作阶段的主要活动包括以下几方面：

（1）准备风险处置措施。依据组织的使命，并遵循国家、地区或行业的相关法律、法规、政策和标准的规定，依据风险评估报告，按照风险处置计划，选择对应的风险处置措施，编制风险处置措施列表。

（2）成本效益和残余风险分析。针对风险处置目标，结合组织实际情况，依据最佳收益原则选择适当的处置方案。依据组织的风险评估准则对可接受的、不予处置的残余风险进行分析。对于成本效益分析可以采用定量分析和定性分析两种方法。对于定量分析首先需要确定各资产价值，为各风险输入资产价值，确定资产面临的损坏程度，之后估计发生的可能性，进而以损失价值与发生概率相乘计算出预期损失。由于评估无形资产的主观性本质，没有量化风险的精确算法，可以根据组织情况明确成本和效益的一到两个关键值，并设立期望值，进而选择可行方案。

（3）处置措施的风险分析及制订应急计划。对每项处置措施实施可能带来的风险进行分析，确认是否会因为处置措施不当或其他原因引入新的风险。制订应急计划，对仍会残留的风险和可能继发的风险，以及主动接受的风险和不可预见的风险进行技术和人员储备。

（4）确定风险处置方式和措施。在完成成本效益分析和残余风险分析后，对每项风险选定一种或者几种处置措施，完成最终的风险处置措施列表。

（5）编制风险处置方案。依据组织的使命和相关规定，结合风险处置依据和目标、范围和方式、处置措施、成本效益分析、残余风险分析以及风险处置团队分工，编制风险处置方案。

（6）风险处置措施测试。风险处置措施测试是在风险处置措施正式实施前，验证风险处置措施是否符合风险处置目标，判断措施的实施是否会引入新的风险，同时检验应急计划是否有效。

（7）实施风险处置措施。在完成风险处置措施的测试工作后，按照风险处置方案实施具体的风险处置措施。在实施过程中，实施风险处置的操作人员应对具体的操作内容进行记录、验证实施效果，并签字确认，形成风险处置实施的记录，以便后期回溯和责任认定。

（8）编制风险处置报告。记录风险处置措施的实施过程和结果，形成风险处置实施报告，在整个组织内部传达风险管理的活动和成果，为决策提供信息，改进风险管理活动，协助与利益相关方的互动，包括对风险管理活动负有责任的相关方、用户和主管部门等。

3. 风险处置效果评价

风险处置效果评价工作阶段的主要活动包括以下几方面：

（1）制定评价原则和方案。评价原则可包括风险处置目标实现原则、安全投入合理准则以及其他效果评价准则。评价方案包括评价方法、评价目标、评价内容、团队组成和总体工作计划等。

为有效实施风险处置效果评价，可以根据风险处置前期的风险评估和风险处置成果，确定评价对象、评价目标、评价方法与评价准则、评价项目负责人及团队组成等，做好评价工作总体计划，并编制评价方案。评价方案应通过专家评审，并获得组织管理层和风险处置实施团队相关利益方的认可。其中，评价方法根据风险处置结果不同，可以分为残余风险评价方法和效益评价方法，根据评价对象不同可以分为控制措施有效性评价方法和整体风险控制有效性评价方法。具体如下：

- 残余风险评价方法。遵照GB/T 20984中提供的流程和方法，评价实施风险处置后的残余风险。
- 效益评价方法。通过分析安全措施产生的直接和间接的经济社会效益与安全投入之间的成本效益比、所实施的安全措施的成本效益比与可替代安全措施的成本效益比的比值等对所采取的安全措施的效益进行评价。
- 控制措施有效性评价方法。针对每个所选择的控制措施采用残余风险评价方法和效益评价方法。
- 整体风险控制有效性评价方法。基于业务的风险控制评价，结合风险评估报告中相关信息，综合评价实施风险处置措施后，残余安全风险可接受程度以及安全投入的合理性。

（2）开展评价实施工作。组建风险处置效果评价实施团队，团队成员包括风险处置实施负责人员、评价人员、监督人员等。处置实施负责人员配合评价人员开展评价工作，如组织和协调工作；评价人员依据评价方案对风险处置实施结果进行评价并编制评价效果报告，将评价结果与相关方进行沟通；监督人员监视评价过程，确保评价过程客观公正。

（3）残余风险接受声明。对于可接受的残余风险，要形成残余风险接受声明，并经风险管理决策层和管理层的认可批准；对于不可接受的残余风险，需继续进行风险处置，直至可接受。对于处置后仍不符合风险接受准则的残余风险，组织宜根据风险处置的成本收益等因素，经风险管理决策层和管理层的认可批准后，调整风险接受准则，或给出接受该残余风险的理由。

（4）编制持续改进方案。根据风险处置效果评价报告，针对需要持续改进的风险编制改进方案，为风险管理的批准留存提供重要依据。

16.2.5　批准留存

根据 GB/T 24364，批准留存是信息安全风险管理的第四步，批准是指组织的决策层依据风险评估和风险处置的结果是否满足组织的方针目标和信息安全要求，做出是否认可风险管理活动的决定；留存是指将风险管理所产生的信息形成文档保存。

风险评估结果和风险处置结果的批准原则主要有：

- 业务优先。组织的风险关注是对组织业务可能造成的不良影响或带来机会的风险。
- 风险可控。合理利用风险和控制风险，使其为组织的发展带来良性支持。
- 成本适宜。做到成本效益符合组织相关方的利益诉求。
- 措施有效。采取的风险控制措施力求实效。

风险评估结果和风险处置结果的批准依据主要有：

- 风险评价准则。
- 风险接受准则。
- 信息安全方针与目标。
- 支持风险处置的资源保障能力。

风险管理的文档留存原则主要有：

- 保全证据。风险管理全过程的文档得到留存。
- 统一规范。核心文档采用统一的模板格式。
- 简明易读。文档描述清晰，语义易于理解。
- 适度使用。控制文档在合适范围内使用，特别是风险评估报告要严格控制使用范围。

16.2.6　监视与评审

监视与评审包括对风险因素和信息安全风险管理循环的 4 个主体步骤（即语境建立、风险评估、风险处置和批准留存）的监视和评审。监视是定期或不定期对风险管理过程的运行情况进行查看，了解风险管理过程的执行情况。评审是对监视的结果进行分析和评价，从而确定风险管理过程的有效性（有效性包括执行情况和执行效果），最后得出评价结果文件，以持续改进风险管理工作。

风险因素的监视和评审包括语境建立过程中关注的内外部环境以及风险评估过程中识别信息的变化，主要包括的方面和内容有：

- 风险管理范围的变化，包括新的信息资产、新的部门等。
- 评估对象价值的变化，例如业务的变动带来的价值变化。
- 新的或变化的威胁，或之前未评价的威胁信息。
- 新发现的或者是变化的脆弱点。
- 残余风险的变化，例如风险接受原则变化带来的残余风险处置的变化。

- 网络安全预警的变化，例如评估对象价值和威胁的变化带来预警级别和流程的变化。
- 风险发生带来的后果的变化。
- 新发布的相关法律、法规、行业监管要求和标准。
- 相关组织架构的变化。
- 管理层的变化。
- 相关方要求的变化。

风险管理的监视与评审包括的方面和内容有：

- 风险管理过程的执行情况。
- 风险因素识别的全面性和合理性。
- 风险管理目标的实现情况。
- 风险处置计划的实施情况。
- 风险控制措施的运行有效性。
- 风险控制成本效益的合理性。
- 风险评估原则和风险接受原则的合理性。
- 当前风险评估方法的有效性和产生结果的一致性，以及新的风险评估方法的适用性。

16.2.7　沟通与咨询

沟通与咨询为信息安全风险管理主循环的 4 个步骤（即语境建立、风险评估、风险处置和批准留存）中相关方提供沟通和咨询。沟通与咨询是通过相关方之间交换与共享关于风险的信息，就如何管理风险达成一致的活动。沟通是为所有参与人员提供交流途径，以保持参与人员之间的协调一致，共同实现信息安全目标。咨询是相关方需要时为其提供学习途径，以增强风险意识、知识和技能，配合实现安全目标。

沟通与咨询的双方角色不同，所采取的方式也有所不同，如表 16-1 所示。

表 16-1　沟通与咨询方式参考表

方式		接受方				
		决策层	管理层	执行层	支持层	用户层
发出方	决策层	交流	指导和检查	指导和检查	表态	表态
	管理层	汇报	交流	指导和检查	宣传和介绍	宣传和介绍
	执行层	汇报	汇报	交流	宣传和介绍	培训和咨询
	支持层	培训和咨询	培训和咨询	培训和咨询	交流	培训和咨询
	用户层	反馈	反馈	反馈	反馈	交流

- 指导和检查。部门上级对下级工作的指导和检查，用以保证工作质量和效率，适用于决策层对管理层、决策层对执行层和管理层对执行层等。
- 表态。组织高层支持信息安全风险管理的对外表态，用以得到外界认同和支持，适用于决策层对支持层和决策层对用户层等。
- 汇报。部门下级对上级做工作汇报，用以得到上级认可，适用于管理层对决策层、执行层对决策层和执行层对管理层等。

- 宣传和介绍。部门的风险管理对象和信息安全风险管理的对外宣传和介绍，用以得到外界支持和配合，适用于管理层对支持层、管理层对用户层和执行层对支持层等。
- 培训和咨询。专业人员对信息安全风险管理相关方的培训和咨询，用以提高人员的安全意识、知识和技能，适用于执行层对用户层、支持层对决策层、支持层对管理层和支持层对执行层等。
- 反馈。部门风险管理对象使用者对部门信息安全风险管理的意见反馈，用以了解实施效果和用户需求，适用于用户层对决策层、用户层对管理层、用户层对执行层和用户层对支持层等。
- 交流。同级或同行之间的对等交流，用以共享信息和协调工作，适用于决策层对决策层、管理层对管理层、执行层对执行层、支持层对支持层和用户层对用户层等。

16.3　安全策略管理

安全策略是指在一个特定的环境里，为保证提供一定级别的安全保护所必须遵守的规则。根据安全策略的内容，还需要对所有涉及的人员进行安全教育。

根据组织的规模、业务发展、安全需求的不同，安全策略可以繁简不同，但是语言描述都应该简单明了、通俗易懂并直接反映主题，避免含糊不清的情况出现。信息安全策略是组织安全的最高方针，由高级管理部门支持，形成书面文档、广泛发布到组织所有员工手中。同时，要对所有相关人员进行安全策略如何实施的培训，对于特殊责任人员要进行特殊的培训，使得安全策略能够真正在组织的正常运营过程中得到贯彻、落实、实施。

16.3.1　方针与策略

国际标准《信息安全技术信息安全控制》（ISO 27002）中指出，根据业务、法律、法规、规章和合同要求，为确保信息安全的管理方向以及相应支持的持续适宜性、充分性、有效性，组织定义的信息安全方针和特定主题策略，应由管理层批准后发布，传达并让相关工作人员和相关方知悉，并按计划的时间间隔以及在发生重大变更时对其进行评审。

信息安全方针可考虑以下方面产生的要求：

- 业务战略和需求。
- 法律、法规和合同。
- 当前和预期的信息安全风险和威胁。

信息安全方针内容可包括：

- 信息安全的定义。
- 信息安全目标或设定信息安全目标的框架。
- 指导所有信息安全相关活动的原则。
- 满足信息安全相关适用要求的承诺。

- 持续改进信息安全管理体系的承诺。
- 对既定角色分配的信息安全管理责任。
- 处理豁免和例外的规程。

在局部层面，信息安全方针可根据需要由特定主题策略予以支持，以进一步强制实施信息安全控制。特定主题策略通常被构建为解决组织内某些目标群体的需求或涵盖某些安全领域。特定主题策略可与组织的信息安全方针保持一致并与之互补。这样的主题包括访问控制、物理和环境安全、资产管理、信息传输、用户终端设备的安全配置和处理、网络安全、信息安全事件管理、备份、密码技术和密钥管理、信息分级和处理、技术脆弱性管理、安全开发等。

开发、评审和批准特定主题策略的责任可根据相关工作人员的职权等级和技术能力进行分派。评审可包括评估组织信息安全方针和特定主题策略的改进机会，并管理信息安全以应对下列变化：

- 组织的业务战略。
- 组织的技术环境。
- 法律、法规、规章和合同。
- 信息安全风险。
- 当前和预期的信息安全威胁环境。
- 从信息安全事态和事件中总结的经验教训。

信息安全方针和特定主题策略的评审可考虑管理评审和审计的结果。某个策略发生变化时应考虑其他相关策略的评审和更新，以保持一致性。

信息安全方针和特定主题策略应以意向读者适合的、可访问的和可理解的形式传达给相关工作人员及相关方。要求策略的接收者确认已理解并同意遵守适用的策略。组织可自行决定满足需求的这些策略文件的格式和名称。一些组织的信息安全方针和特定主题策略可列入单独的文件。组织可以将这些特定主题策略命名为标准、导则、策略或其他。如果信息安全方针或任何特定主题策略在组织外进行分发，应注意不要不当披露保密信息。

16.3.2　规划实施

组织安全策略的规划实施主要涉及确定安全策略保护的对象、开发安全策略、安全策略制定原则、安全策略制定过程、安全策略管理模式等方面。

1. 确定安全策略保护的对象

安全策略保护的对象主要包括信息资源相关硬件、软件、数据和人员等。

（1）信息资源的硬件和软件。

硬件和软件是支持组织运作的平台，是信息资源的主要构成因素，它们应该首先受到安全策略的保护。所以，整理一份完整的系统软硬件清单是首要的工作，其中还要包括系统涉及的网络结构图等。建立这份清单及网络结构图有多种方法。不管用哪种方法，都必须确定系统内所有的相关内容都已经被记录。例如，组织信息资源硬件清单包括个人计算机、邮件系统服务器、数据库系统服务器、系统服务器、应用系统工作站、打印机、网络通信线路、交换机、路由器、防火墙、调制解调器等；组织信息资源软件清单包括操作系统、数据库系统、电子邮件系统、应用系统、办公系统、图形处理系统、反病毒程序、诊断程序、工具软件、财务软件、统计软件与业务软件等。

在绘制网络结构图以前，先要理解数据是如何在系统中流动的。根据详细的数据流程图可以显示出数据的流动是如何支持具体业务运作的，并且可以找出系统中的一些重点区域。重点区域是指需要重点应用安全控制措施的区域。也可以在网络结构图中标明数据（或数据库）存储的具体位置，以及数据如何在网络系统中备份、审查与管理。

（2）信息资源的数据。

计算机和网络所做的每一件事都是数据的流动和使用，所以各类组织不论在从事什么工作，都在收集和使用数据。即使是生产制造组织的日常操作也离不开关键数据的处理，包括定价、生产自动化和存货清单控制等。由于数据处理的重要性，在定义策略需求和编制清单时，了解数据的使用和结构（包括存储区域）是编写安全策略的基本要求。

在编写策略时，有许多关于数据处理的事情是必须考虑的。策略必须考虑数据是如何处理的，怎么保证数据的完整性和保密性。除此以外，还必须考虑如何监测数据的处理。数据是组织的命脉，必须有完整的机制来监测它在整个系统的活动。

当使用第三方的数据（可能是机密和私有的）时，大部分的数据源都有关联的使用和审核协议，这些协议可以在数据的获取过程中得到。作为数据清单的一部分，外部服务和其他来源也应该被加入到清单中。清单中要记录谁来处理这些数据，以及在什么情况下这些数据被获得和传播。

外部数据是指所有从组织外部搜集、购买或者被赠与的信息。通常这些数据都有版权或者保密协议来说明信息的使用方式。无论是信息还是厂商的最新版本文件，都必须有适当的机制来保证那些数据获取和使用协议的执行。

从属于其他组织的公共数据源搜集信息时，从网站或者其他地方把信息利用复制粘贴功能加入到内部文档中是非常容易的。尽管没有明确规定使用这些信息是非法的，但是应该加以适当的提醒，特别是在一字不差地引用别人的信息时更应该注意。

无论是否因为合伙协议或者其他商业关系，都必须确立机制，把数据扩散和技术转让作为知识产权来保护。当编写这些策略时，关于知识产权要考虑的事情有：

● 非商业目的使用组织信息。

● 定义知识产权处理需求。

● 在向第三方转让信息时，是否有保密协议，是否有完整的信息扩散记录。

● 被公开数据的保护。

由业务环境来决定什么数据可以公开、如何公开是很困难的，但是策略应该包括对这些过程的审查。清楚当前协议的处理方式有助于了解它们对策略的影响。作为编制清单过程的一部分，信息安全委员会的任何人都可以搜集这些协议，并且在当前的讨论中提醒大家注意。依靠这些信息，策略可以作为指导，在信息和技术转让中保护组织的利益。

常被策略所忽略的是对信息分类的需求，常用的方法是使用安全标号。虽然使用安全标号并不是一种对所有操作系统、数据库和软件程序都通用的解决方案，但仍然应该考虑根据数据的安全级别标记数据，这在许多环境下是非常必要的。

在业务运作过程中，可以通过很多方法来搜集个人数据。涉及电子商务的组织可以从对它们网站的访问中搜集信息。提供产品和服务的组织可以从定单和客户服务电话中搜集客户数据信息。甚至销售电话或者潜在顾客调查都可以得到个人或者组织的个人信息。无论数据是如何获得的，都必须制定策略以使所有人明白数据是如何使用的。

涉及隐私策略时，必须定义好隐私条例，使组织不仅保护员工和客户的隐私权，员工也要保护组织的隐私权。策略里面应该声明私有物、专有物以及其他类似信息在未经预先同意之前是不能被公开的。

策略是指导方针而不是程序，一些组织更倾向于在程序文档中准确定义什么是被保护的。有效区分的方法之一就是搜集应该包括在隐私策略里面的事项，并且寻找简短的语句。这些语句就构成了策略，然后怎样处理数据就属于程序的范畴了。

（3）人员。

在考虑人员因素时，重点应该放在哪些人在何种情况下能够访问系统内资源，如授权的财务部职员可以访问财务的信息，而普通职员不行。策略对那些需要的人授予直接访问的权力，并且在策略中还要给出"直接访问"的定义。当然，对那些不应该访问的人策略就会限制他们的访问。

在定义了谁能够访问特定的资源以后，接下来要考虑的是强制执行制度和对未授权访问的惩罚制度。组织的运作是否有制度保护，对违反策略的员工是否有纪律上的处罚，在法律上又能做些什么，这些都应该考虑到。

组织行为的合法性很重要，公开说明违反策略导致的后果是非常严重的。有时只要在策略里面说明违反者可能被解雇和被起诉就足够了，在有些地方可能需要清楚地写出相关的法律条文。在这种情况下，如果在策略编写委员会里面有一名律师会很有帮助。

以上内容可以扩展到通过外部手段对组织系统的访问。这里的"外部手段"不仅指互联网，还可以包括虚拟专用网络（VPN）、私有网络或者调制解调器等。必须为这些访问方式创建策略，来定义它们可以访问什么，不能访问什么。访问策略对任何组织来说都是一个很重要的基本保护。

随着软件开发周期被压缩得非常紧张，遇到漏洞（bug）和出现用户错误的情况在所难免。它们是系统安全操作的无意识入侵者，也许还会中断关系任务的操作。虽然在故障出错的情况下很难预料该做什么，但是仍然应该把它们列入分析计划中，以分析系统的运行能力。

2. 开发安全策略

信息安全策略从本质上来说是描述组织具有哪些重要信息资产，并说明这些信息资产如何被保护的计划。制定信息安全策略的目的是对组织成员阐明如何使用组织中的信息资源、如何处理敏感信息、如何采用安全技术产品、用户在使用信息时应当承担什么样的责任，并详细描述对人员的安全意识与技能要求，列出被组织禁止的行为等。

安全策略通过为组织的每个人提供基本的规则、指南和定义，从而在组织中建立一套信息资源保护标准，防止由于人员的不安全行为引入风险。安全策略是进一步制定控制规则和安全程序的必要基础。安全策略应当目的明确、内容清楚，能广泛地被组织成员接受与遵守，而且要有足够的灵活性和适应性，能够涵盖较大范围内的各种数据、活动和资源。建立了信息安全策略，就是设置了组织的信息安全基础，强调了信息资源安全对组织业务目标的实现以及业务活动持续运营的重要性，可以使组织人员了解与自己相关的信息安全保护责任。

制定正确策略是规范各种保护组织信息资源安全活动的重要一步，安全策略可以由组织中的安全负责人、业务负责人及信息资源专家等制定，但最终都必须由组织的高级管理人员批准和发布。安全策略的发布应当得到管理层无条件的支持，组织的安全策略是管理层表明对信息安全已明确承诺，并期望人员遵守安全规则和承担责任的有效工具。安全策略应当解决如下问题：

- 如何处理敏感信息。
- 如何正确地维护用户身份与口令，以及其他账号信息。
- 如何对潜在的安全事件和入侵企图进行响应。
- 如何以安全的方式实现内部网络及互联网的连接。
- 如何正确使用电子邮件系统等。

3. 安全策略制定原则

在安全策略制定过程中，通常需要遵守以下原则：

- 起点进入原则。在系统建设一开始就考虑安全策略问题，避免留下基础性隐患，导致为保证系统的安全需要花费成倍的代价。
- 长远安全预期原则。对安全需求要有总体设计和长远打算，包括为安全设置一些可能不会立刻用到的潜在功能。
- 最小特权原则。不应给用户超出执行任务所需权限以外的权限。
- 公认原则。参考当前在基本相同的条件下通用的安全措施，据此作出决策。
- 适度复杂与经济原则。考虑机制的经济合理性，尽量减小安全机制的规模和复杂程度，使之具有可操作性。

4. 安全策略制定过程

安全策略制定过程通常包括理解组织业务特征、得到管理层的明确支持与承诺、组建安全策略制定小组、确定信息安全整体目标、确定安全策略范围、风险评估与选择安全控制、起草安全策略、评估安全策略、实施安全策略和持续改进等。

（1）理解组织业务特征。

充分了解组织业务特征是设计信息安全策略的前提。只有了解组织业务特征，才能发现并分析组织业务所处的风险环境，并在此基础上提出合理的、与组织业务目标相一致的安全保障措施，定义出技术与管理相结合的控制方法，从而制定有效的信息安全策略和程序。对组织业务的了解包括对其业务内容、性质、目标及其价值进行分析。在信息安全中，业务一般以资产形式表现出来，包括信息的数据、软件和硬件、无形资产、人员及其能力等。对组织文化及人员状况的了解有助于掌握人员的安全意识、心理状况和行为状况，为制定合理的安全策略打下基础。

（2）得到管理层的明确支持与承诺。

要制定一个有效的信息安全策略，必须与决策层进行有效沟通，并得到组织高层领导的支持与承诺。这样做是为了：①使制定的信息安全策略与组织的业务目标一致；②使制定的安全方针、政策和控制措施，可以在组织的上上下下得到有效贯彻；③可以得到有效的资源保证，例如在制定安全策略时的资金与人力资源的支持、部门之间的协调问题等，都必须由高层管理人员来推动。

（3）组建安全策略制定小组。

成员可以包括高级管理人员、信息安全管理员、信息安全技术人员、负责安全策略执行的管理人员、用户部门人员等。小组成员人数的多少视安全策略的规模与范围大小而定。在制定较大规模的安全策略时，小组应指定安全策略起草人、检查审阅人和测试用户等，要确定策略由什么管理人员批准发布，由什么人员负责实施。

（4）确定信息安全整体目标。

目标是描述信息安全宏观需求和预期达到的要求。一个典型的目标：通过防止和最小化安全事故的影响，保证业务连续性，使业务损失最小化，并为业务目标的实现提供保障。

（5）确定安全策略范围。

组织需要根据自己的实际情况确定信息安全策略涉及的范围，可以在整个组织范围内，或者在个别部门或领域制定信息安全策略，这需要与组织实施的信息安全管理体系范围结合起来考虑。具体包括：

- 物理安全策略。包括环境安全、设备安全、媒体安全、信息资产的物理分布、人员的访问控制、审计记录、异常情况的追查等。
- 网络安全策略。包括网络拓扑结构、网络设备的管理、网络安全访问措施（防火墙、IDS、VPN等）、安全扫描、远程访问、不同级别网络的访问控制方式、识别/认证机制等。
- 数据加密策略。包括加密算法、适用范围、密钥交换和管理等。
- 数据备份策略。包括适用范围、备份方式、备份数据的安全存储、备份周期、负责人等。
- 病毒防护策略。包括防病毒软件的安装、配置、对移动盘使用和网络下载等做出的规定等。
- 系统安全策略。包括WWW访问策略、数据库系统安全策略、邮件系统安全策略、应用服务器系统安全策略、个人桌面系统安全策略、其他业务相关系统安全策略等。
- 身份认证及授权策略。包括认证及授权机制、方式、审计记录等。
- 灾难恢复策略。包括负责人员、恢复机制、方式、归档管理、硬件、软件等。
- 事故处理、紧急响应策略。包括响应小组、联系方式、事故处理计划、控制过程等。

- 安全教育策略。包括安全策略的发布宣传、执行效果的监督、安全技能的培训、安全意识的教育等。
- 口令管理策略。包括口令管理方式、口令设置规则、口令适应规则等。
- 补丁管理策略。包括系统补丁的更新、测试、安装等。
- 系统变更控制策略。包括设备、软件配置、控制措施、数据变更管理、一致性管理等。
- 商业伙伴、客户关系策略。包括合同条款安全策略、客户服务安全建议等。
- 复查审计策略。包括对安全策略的定期复查、对安全控制及过程的重新评估、对系统日志记录的审计、对安全技术发展的跟踪等。

（6）风险评估与选择安全控制。

组织信息安全管理现状调查与风险评估工作是建立信息安全策略的基础与关键。在信息安全管理体系建立的整个过程中，风险评估工作占了很大比例，风险评估的工作质量直接影响安全控制的合理选择和安全策略的完备制定。风险评估的结果是选择适合组织的控制目标与控制方式的基础，组织选择出适合自己安全需求的控制目标与控制方式后，安全策略的制定才有最直接的依据。

（7）起草安全策略。

根据风险评估与选择安全控制的结果，起草安全策略。安全策略要尽可能地涵盖所有的风险和控制，没有涉及的内容要说明原因，并阐述如何根据具体的风险和控制来决定制定什么样的安全策略。

（8）评估安全策略。

安全策略制定完成后，要进行充分的专家评估和用户测试，以评审安全策略的完备性和易用性，确定安全策略能否达到组织所需的安全目标。评估时需考虑以下问题：

- 安全策略是否符合法律、法规、技术标准及合同的要求。
- 管理层是否已批准了安全策略，并明确承诺支持政策的实施。
- 安全策略是否损害组织、组织人员及第三方的利益。
- 安全策略是否实用、可操作并可以在组织中全面实施。
- 安全策略是否满足组织在各方面的安全要求。
- 安全策略是否已传达给组织中的人员与相关利益方，并得到了他们的同意。

（9）实施安全策略。

安全策略通过测试评估后，需要由管理层正式批准实施。可以把安全方针与具体安全策略编制成组织信息安全策略手册，然后发布给组织中的每个人员与相关利益方，明确安全责任与义务。为了使所有人员更好地理解安全策略，要在组织中开展各种方式的政策宣传和安全意识教育工作，要营造"信息安全，人人有责"的信息安全氛围。宣传方式可以是管理层的集体宣讲、小组讨论、网络论坛、内部通信、专题培训以及安全演习等。

（10）持续改进。

安全策略制定实施后，并不能"高枕无忧"，因为组织所处的内外部环境是不断变化的，信息资产所面临的风险也是一个变数，人的思想和观念也在不断变化。组织要定期评审安全策略，并对其进行持续改进，在这个不断变化的环境中，组织要想把风险控制在一个可以接受的范围内，就要对控制措施及信息安全策略进行持续改进，使之在理论上、标准上及方法上持续改进。

5. 安全策略管理模式

常见的安全策略管理模式有集中式管理和分布式管理。

（1）集中式管理。

所谓集中式管理就是在整个组织中，由统一、专门的安全策略管理部门和人员对信息资源和信息资源使用权限进行计划和分配。集中式管理模式简单、易于控制，但是工作量过于集中，操作起来会有一定的困难。

（2）分布式管理。

分布式管理就是将信息资源按照不同的类别进行划分，然后根据资源类型的不同，由负责此类资源管理的部门或人员负责安全策略的制定和实施。分布式管理存在一定的风险，即各部门制定的安全策略之间可能存在不一致。它的优点也很明显，即分布式管理可以大大减轻集中式管理给信息安全管理人员带来的巨大压力。

16.3.3　管理要点

管理者需要按照策略的形式描述其目标和约束，制定出策略文件，以约束系统行为、系统实体执行策略。安全策略管理要点主要包括安全策略统一描述技术、安全策略自动翻译、安全策略冲突检测与消解、安全策略发布与分发技术、安全策略状态监控技术等。

（1）安全策略统一描述技术。

信息安全管理员通过描述策略实现管理思想，体现管理意志，因此安全策略描述是实现策略管理的基础。目前，随着信息资源规模和应用复杂程度日趋增高，部署的安全设备种类多、型号杂、性能参差不齐、功能时有交叉。要实现对不同类型、不同厂家安全设备的统一策略管理，必须解决安全策略的统一描述问题，从而确保策略管理的规范性，提高系统的安全性。

（2）安全策略自动翻译。

安全策略翻译是指将统一描述的安全策略翻译成不同设备对应的配置命令、配置脚本或策略结构的过程。由于安全策略配置的复杂性，人工配置时常会因为失误造成安全策略配置出现问题，同时安全策略配置工作会给信息安全管理员带来大量的工作，于是人们提出了安全策略自动翻译技术的研究，通常采用编译原理的思想实现。

（3）安全策略冲突检测与消解。

在大型的分布式系统中需要为不同的安全设备或安全目的配置不同的策略，策略的种类多样，数量众多，而且可能有多个管理员编辑和修改策略，因此策略之间的冲突很难避免，所以需要进行策略的一致性验证。策略一致性验证主要包括策略的语法、语义检查和策略冲突检测两方面。

（4）安全策略发布与分发技术。

安全策略发布与分发是安全策略管理的一个重要环节。目前，人们提出的安全策略发布与分发模式主要有"推"和"拉"两种策略分发模式。对内部网络设备而言，"推"模式下，策略服务器解析从策略库中提取的策略，将策略发送到相应的策略执行体；"拉"模式下，策略服务器接受设备的策略请求，查询策略库，决定分发的策略，并将该策略返回给发送请求的设备。对外网设备而言，策略发布服务器作为设备和策略服务器之间分发策略的代理，使用"推"或"拉"策略时都由策略发布服务器和策略服务器通信，并将最终的策略决策转交给外网设备，从而保证策略服务器的安全。

（5）安全策略状态监控技术。

安全策略状态监控技术主要用于支持安全策略生命周期中各种状态的监测，并控制状态之间的转换。策略的生命周期状态包括休眠态、待激活态、激活态和挂起态。休眠态是指策略刚生成时的状态；待激活态是指策略已被分发到被管设备上，但还未执行时的状态；激活态是指策略装入设备内核上运行的状态；挂起态则是指策略从设备内核被卸载的状态。

16.4　应急响应管理

应急响应通常是指组织为了应对各种意外事件的发生所做的准备，以及在事件发生后所采取的措施，其目的是减少突发事件造成的损失，包括人民群众的生命、财产损失，国家和组织的经济损失，以及相应的社会不良影响等。信息安全应急响应是指针对已经发生或可能发生的安全事件进行监控、分析、协调、处理、保护信息资产安全的活动。主要是为了对信息安全有所认识、有所准备，以便在遇到突发信息安全事件时做到有序应对、妥善处理。

应急响应所处理的问题，通常为突发公共事件或突发的重大安全事件。通过由政府、组织推出的针对各种突发公共事件而设立的各种应急方案，使损失降到最低。应急响应方案是一项复杂而体系化的突发事件应急方案，包括预案管理、应急行动方案、组织管理、信息管理等环节。其相关执行主体包括应急响应相关责任组织、应急响应指挥人员、应急响应工作实施组织、事件发生当事人。另外，在发生确切的信息安全事件时，应急响应实施人员应及时采取行动，限制事件扩散和影响的范围，限制潜在的损失与破坏，实施人员协助用户检查所有受影响的系统，在准确判断安全事件原因的基础上，提出基于安全事件的整体解决方案，排除系统安全风险，并协助追查事件来源，提出解决方案，协助后续处置。

信息安全的应急响应需要组织在实践中从技术、管理、法律等各角度综合应用，保证突发信息安全事件应急处理有序、有效、有力，确保涉事组织损失降到最低，同时威慑肇事者。信息安全应急响应就是要对信息安全有清晰认识，有所预估和准备，从而在发生突发信息安全事件时有序应对，妥善处理。

16.4.1　应急响应体系建立

为提高组织的网络与信息资源处理突发事件的能力，形成科学、有效、反应迅速的应急响应体系，减轻或消除突发事件的危害和影响，确保组织信息资源安全运行，最大限度地减少信息安全突发公共事件的危害，需要建立信息安全应急响应体系。在应急响应的准备阶段，需要制定和实施安全防御策略、明确应急响应机制等。建立应急响应体系属于应急响应常用方法的准备阶段，即在事件真正发生前为应急响应做好预备性工作。

1. 应急事件类型

组织的信息资源受到攻击，绝大多数情况是因为互联网网站、办公区终端、核心重要业务服务器或邮件服务器等遭到了网络攻击，影响了系统运行和服务质量。常见应急（安全）事件涉及网站安全、终端安全、服务器安全和邮箱安全等。

（1）网站安全。

网站主要面临的威胁包括网页被篡改、非法子页面、网站 DDoS 攻击、CC 攻击、网站流量异常、异常进程与异常外联等，如表 16-2 所示。

表 16-2　网站安全常见应急（安全）事件

类型	主要现象	主要危害	攻击方法	攻击目的
网页被篡改	首页或关键页面被篡改，出现各种不良信息，甚至出现反动信息	散布各类不良或反动信息，影响政府机构、组织声誉，降低公信力	黑客利用 WebShell 等木马后门，对网页实施篡改	宣泄对社会或政府的不满，炫技挑衅"中招"组织，对组织进行敲诈勒索
非法子页面	网站存在赌博、色情、钓鱼等非法子页面	通过搜索引擎搜索相关网站，将出现赌博、色情等信息；通过搜索引擎搜索赌博、色情信息，也会出现相关网站；对于被植入钓鱼网页的情况，当用户访问相关钓鱼页面时，安全软件可能不会给出风险提示等	黑客利用 WebShell 等木马后门，对网站进行子页面的植入	恶意网站的 SEO 优化，为网络诈骗提供"相对安全"的钓鱼页面
网站DDoS攻击	组织网站无法访问或访问迟缓	网站业务中断，用户无法访问网站。特别是对政府官网而言，将影响民众网上办事，降低政府公信力	黑客利用多类型 DDoS 技术对网站进行分布式拒绝服务攻击	敲诈勒索组织，组织间的恶意竞争，宣泄对网站的不满
CC攻击	网站无法访问，网页访问缓慢，业务异常	网站业务中断，用户无法访问网站，网页访问缓慢	主要采用发起遍历数据攻击行为、发起 SQL 注入攻击行为、发起频繁恶意请求攻击行为等攻击方式进行攻击	敲诈勒索，恶意竞争，宣泄对网站的不满
网站流量异常	异常现象不明显，偶发性流量异常偏高，且非业务繁忙时段也会出现流量异常偏高	尽管从表面上看，网站受到的影响不大，但实际上，网站已经处于被黑客控制的高度危险状态，各种有重大危害的后果都有可能发生	黑客利用 WebShell 等木马后门，控制网站；某些攻击者甚至会以网站为跳板，对组织的内部网络实施渗透	对网站进行挂马、篡改、暗链植入、恶意页面植入、数据窃取等

类型	主要现象	主要危害	攻击方法	攻击目的
异常进程与异常外联	操作系统响应缓慢，非繁忙时段流量异常，存在异常系统进程及服务，存在异常的外联现象	系统异常，系统资源耗尽，业务无法正常运作。同时，网站也可能会成为攻击者的跳板，或者是对其他网站发动 DDoS 攻击的攻击	使用网站系统资源对外发起 DDoS 攻击；将网站作为 IP 代理，隐藏攻击者，实施攻击	长期潜伏，窃取重要数据信息
……	……	……	……	……

表 16-2 所示的威胁也是网站安全应急响应服务所要解决的主要问题。组织可采取的安全防护措施主要包括：①针对网站建立完善的监测预警机制，及时发现攻击行为，启动应急预案，并对攻击行为进行防护；②有效加强访问控制 ACL 策略，细化策略粒度，按区域、业务严格限制各网络区域及服务器之间的访问，采用白名单机制，只允许开放特定的业务必要端口，其他端口一律禁止访问，仅管理员 IP 可对管理端口进行访问，如 SFTP、数据库服务、远程桌面等管理端口；③配置并开启网站应用日志，对应用日志进行定期异地归档、备份，避免在攻击行为发生时，无法对攻击途径、行为进行溯源等，加强安全溯源能力；④加强入侵防御能力，在网站服务器上安装相应的防病毒软件或部署防病毒网关，及时对病毒库进行更新，并且定期进行全面扫描，加强入侵防御能力；⑤定期开展对网站系统、应用及网络层面的安全评估、渗透测试、代码审计工作，主动发现目前存在的安全隐患；⑥部署全流量监测设备，及时发现恶意网络流量，同时可进一步加强追踪溯源能力，在安全事件发生时提供可靠的追溯依据；⑦加强日常安全巡检制度，定期对系统配置、网络设备配置、安全日志及安全策略落实情况进行检查，常态化信息安全工作。

（2）终端安全。

终端主要面临的威胁包括运行异常、勒索病毒、终端 DDoS 攻击等，如表 16-3 所示。

表 16-3　终端安全常见应急（安全）事件

类型	主要现象	主要危害	攻击方法	攻击目的
运行异常	操作系统响应缓慢，非繁忙时段流量异常，存在异常系统进程及服务，存在异常的外联现象	终端被攻击者远程控制，组织的敏感、机密数据可能被窃取；个别情况下，会造成比较严重的系统数据破坏	针对组织各类终端的攻击，很多情况下是由高级攻击者发动的，而高级攻击者的攻击行动往往动作很小，技术也更隐蔽，所以通常情况下并没有太多的异常现象，被攻击者往往很难发觉	长期潜伏，收集信息，以便进一步渗透；窃取重要数据并外传；使用终端资源对外发起 DDoS 攻击
勒索病毒	内网终端出现蓝屏、反复重启和文档被加密的现象	组织向攻击者支付勒索费用，造成内网终端无法正常运行，数据可能泄露	通过弱口令探测、软件和系统漏洞、传播感染等攻击方式，使内网终端感染勒索病毒	向组织勒索钱财，以达到获利目的

类型	主要现象	主要危害	攻击方法	攻击目的
终端 DDoS 攻击	内网终端不断进行外网恶意域名的请求	造成内网终端资源的浪费；攻击者可能对内网进行攻击，造成业务中止、数据泄露等	可通过网络连接、异常进程、系统进程注入可疑 DLL 模块及异常启动项等	使用组织的内网终端资源对外发起 DDoS 攻击，以达到敲诈、勒索及恶意竞争等目的
……	……	……	……	……

表 16-3 所示的威胁也是终端安全应急响应服务所要解决的主要问题。组织可采取的安全防护措施主要包括：①定期给终端系统及软件安装补丁，防止因为漏洞利用带来的攻击；②采用统一的防病毒软件，并定时更新，抵御常见木马病毒；③在网络层面采用能够对全流量进行持续存储和分析的设备，对已知安全事件进行定位溯源，对未知的高级攻击进行发现和捕获；④完善组织内部的 IP 和终端位置信息关联，并记录到日志中，方便根据 IP 直接定位机器位置；⑤加强员工对终端安全操作和管理的培训，提高员工安全意识。

（3）服务器安全。

服务器主要面临的威胁包括运行异常、木马病毒、勒索病毒、服务器 DDoS 攻击等，如表 16-4 所示。

表 16-4   服务器安全常见应急（安全）事件

类型	主要现象	主要危害	攻击方法	攻击目的
运行异常	操作系统响应缓慢，非繁忙时段流量异常，存在异常系统进程及服务，存在异常的外联现象	服务器被攻击者远程控制，组织的敏感、机密数据可能被窃取；个别情况下，会造成比较严重的系统数据破坏	针对组织服务器的攻击，很多情况下是由高级攻击者发动的，攻击过程往往更加隐蔽，难以被发现，技术也更隐蔽。通常情况下并没有太多的异常现象	长期潜伏，收集信息，以便进一步渗透；窃取重要数据并外传；使用服务器资源对外发起 DDoS 攻击
木马病毒	服务器无法正常运行或异常重启，管理员无法正常登录进行管理，重要业务中断，服务器响应缓慢等	服务器被攻击者远程控制，组织的敏感、机密数据可能被窃取；个别情况下，会造成比较严重的系统数据破坏	黑客通过弱口令探测、系统漏洞、应用漏洞等攻击方式，种植恶意病毒进行攻击	利用内网服务器资源进行虚拟货币的挖掘，从而赚取相应的虚拟货币，以达到获利目的
勒索病毒	内网服务器文件被勒索软件加密，无法打开，索要天价赎金	用户无法打开文件，组织向攻击者支付勒索费用；造成内网服务器无法正常运行；数据可能泄露	通过利用弱口令探测、共享文件夹加密、软件和系统漏洞、数据库暴力破解等攻击方式，使内网服务器感染勒索病毒	通过使服务器感染勒索病毒，向组织勒索钱财，以达到获利目的

类型	主要现象	主要危害	攻击方法	攻击目的
服务器 DDoS 攻击	向外网发起大量异常网络请求、恶意域名请求等	严重影响内网服务器性能，如影响服务器 CPU 及带宽等，导致服务器上的业务无法正常运行；攻击者可能窃取内网数据，造成数据泄露等	黑客可能利用弱口令、系统漏洞、应用漏洞等系统缺陷，通过种马的方式，让服务器感染 DDoS 木马，以此发起 DDoS 攻击	使用组织的内网服务器对外发起 DDoS 攻击，以达到敲诈、勒索及恶意竞争等目的
……	……	……	……	……

表 16-4 所示的威胁也是服务器安全应急响应服务所要解决的主要问题。组织可采取的安全防护措施主要包括：①及时清除发现的 WebShell 后门、恶意木马文件、挖矿程序，在不影响系统正常运行的前提下，建议重新安装操作系统，并重新部署应用，以保证恶意程序被彻底清理；②对受害内网机器进行全盘查杀，可进行全盘重装系统，同时该机器所属使用者的相关账号、密码信息应及时更改；③系统相关用户杜绝使用弱口令，应设置高复杂强度的密码，尽量包含大小写字母、数字、特殊符号等，加强运维人员安全意识，禁止密码重用情况的出现；④有效加强访问控制 ACL 策略，细化策略粒度，按区域、业务严格限制各网络区域及服务器之间的访问，采用白名单机制，只允许开放特定的业务必要端口，其他端口一律禁止访问，仅管理员 IP 可对管理端口进行访问，如远程桌面等管理端口；⑤禁止服务器主动发起外部连接请求，对于需要向外部服务器推送共享数据的情况，应使用白名单的方式，在出口防火墙加入相关策略，对主动连接 IP 范围进行限制；⑥加强入侵防御能力，建议在服务器上安装相应的防病毒软件或部署防病毒网关，及时对病毒库进行更新，并且定期进行全面扫描，加强入侵防御能力；⑦建议增加流量监测设备的日志存储周期记录，定期对流量日志进行分析，及时发现恶意网络流量，同时可进一步加强追踪溯源能力，在安全事件发生时可提供可靠的追溯依据；⑧定期开展对服务器系统、应用及网络层面的安全评估、渗透测试、代码审计工作，主动发现目前系统、应用中存在的安全隐患；⑨加强日常安全巡检制度，定期对系统配置、网络设备配置、安全日志及安全策略落实情况进行检查，常态化信息安全工作。

（4）邮箱安全。

邮箱安全主要面临的威胁包括邮箱异常、邮箱 DDoS 攻击等，如表 16-5 所示。

表 16-5　邮箱安全常见应急（安全）事件

类型	主要现象	主要危害	攻击方法	攻击目的
邮箱异常	邮箱异常，邮件服务器发送垃圾邮件	严重影响邮件服务器性能，邮箱运行异常	黑客通过多渠道获取员工邮箱密码，进而登录邮箱系统进行垃圾邮件发送操作	炫技或挑衅被攻击组织；向组织勒索钱财，以达到获利目的
邮箱 DDoS 攻击	无法正常发送邮件，服务器宕机	邮件服务器业务中断，用户无法正常发送邮件	黑客对邮件服务器进行邮箱暴力破解，发送大量垃圾数据包，投递大量恶意邮件等	通过 DDoS 攻击导致邮件服务器资源耗尽并拒绝服务，以达到敲诈、勒索及恶意竞争等目的
……	……	……	……	……

表 16-5 所示的威胁也是邮箱安全应急响应服务所要解决的主要问题。组织可采取的安全防护措施主要包括：①邮箱系统使用高复杂强度的密码，尽量包含大小写字母、数字、特殊符号等，禁止密码重用情况的出现；②邮箱系统建议开启短信验证功能，采用双因子身份验证识别措施，将有效提高邮箱账号的安全性；③邮箱系统开启 HTTPS 协议，通过加密传输的方式防止旁路数据遭遇窃听攻击；④加强日常攻击监测预警、巡检、安全检查等工作，及时阻断攻击行为；⑤部署安全邮件网关，进一步加强邮件系统安全。

2. 应急响应事件的损失划分

安全应急响应事件的损失是指由于安全事件对系统的软硬件、功能及数据造成破坏，导致系统业务中断，从而给事发组织造成的损失。其损失大小主要考虑恢复系统正常运行和消除安全事件负面影响所需付出的代价，可划分为特别严重的系统损失、严重的系统损失、较大的系统损失和较小的系统损失。

（1）特别严重的系统损失。

造成系统大面积瘫痪，使其丧失业务处理能力，或系统关键数据的保密性、完整性、可用性遭到严重破坏，恢复系统正常运行和消除安全事件负面影响所需付出的代价十分巨大，对于事发组织是不可承受的。

（2）严重的系统损失。

造成系统长时间中断或局部瘫痪，使其业务处理能力受到极大影响，或系统关键数据的保密性、完整性、可用性遭到破坏，恢复系统正常运行和消除安全事件负面影响所需付出的代价巨大，但对于事发组织是勉强可承受的。

（3）较大的系统损失。

造成系统中断，明显影响系统效率，使重要信息资源或一般信息资源业务处理能力受到影响，或系统重要数据的保密性、完整性、可用性遭到破坏，恢复系统正常运行和消除安全事件负面影响所需付出的代价较大，但对于事发组织是基本可以承受的。

（4）较小的系统损失。

造成系统短暂中断，影响系统效率，使系统业务处理能力受到影响，或系统重要数据的保密性、完整性、可用性受到影响，恢复系统正常运行和消除安全事件负面影响所需付出的代价较小。

3. 应急响应事件的等级划分

可根据事件本身、影响范围、危害程度、商业价值几个维度进行综合评分，确定应急响应事件的等级。通常分为四级：特别重大事件（红色等级）、重大事件（橙色等级）、较大事件（黄色等级）、一般事件（蓝色等级）。

（1）特别重大事件（红色等级）。

突发安全事件对计算机系统或网络系统所承载的业务、事发组织利益及社会公共利益有灾难性的影响或破坏，对社会稳定和国家安全产生灾难性的危害。如丢失绝密信息的安全事件、对国家安全造成重要影响的安全事件。

（2）重大事件（橙色等级）。

突发安全事件对计算机系统或网络系统所承载的业务、事发组织利益及社会公共利益有极其严重的影响或破坏，对社会稳定、国家安全造成严重危害。如丢失机密信息的安全事件、对社会稳定造成重要影响的安全事件。

（3）较大事件（黄色等级）。

突发安全事件对计算机系统或网络系统所承载的业务、事发组织利益及社会公共利益有较为严重的影响或破坏，对社会稳定、国家安全产生一定危害。如丢失秘密信息的安全事件、对事发组织人员的正常工作和形象造成影响的安全事件。安全事件暂时不会影响业务系统，但存在一定的隐患，需要准确定位并处理。

（4）一般事件（蓝色等级）。

突发安全事件对计算机系统或网络系统所承载的业务及事发组织利益有一定的影响或破坏，或者基本没有影响和破坏。如丢失工作秘密的安全事件、只对事发组织部分人员的正常工作秩序造成影响的安全事件。安全事件对业务没有任何影响，但需要人工加以处理。事件出现下列情况时，考虑划分等级升级：

● 三小时内未能做出明确问题判断和处理方案。
● 经过分析有产生严重一级事件的可能性。
● 处理过程中出现严重问题。

4. 应急响应组织体系

信息安全应急响应通常由一个应急响应组织负责提供，应急响应组织可以是正式的、固定的，也可以是因信息安全事件的发生而临时组建的。对于大部分组织来说，可由内部信息安全相关部门负责应急响应的组织工作，不必设置专门的应急响应岗位，但是职责的负责人一定要事先明确。

应急响应组织工作涵盖接收、复查、响应各类安全事件报告和活动，并进行相应的协调、研究、分析、统计和处理工作，甚至还可提供安全培训、入侵检测、渗透测试或程序开发等服务，其组织体系的设计要保障信息安全事件发生后，应急响应的及时到位、快速有效。

一般情况下，组织的应急响应工作和安全保障工作在组织上是合一的。应急响应工作的组织体系包括内部协调和外部协调。内部协调的对象主体是组织内部组建的信息安全应急响应领导小组（或决策中心）、信息安全保障与应急响应办公室（以下简称"应急办"）、相关业务线或受影响的业务部门、各专项保障组，以及技术专家组、顾问组、市场公关组；外部协调的对象主体包括各相关政府部门、业务关联方、供应商（包括相关的设备供应商、软件供应商、系统集成商、服务提供商等）、专业安全服务厂商等。

值得注意的是，如果组织的信息安全突发事件和经营业务的合作方、关联方有密切关系，那么应急办需考虑与合作方、关联方的协调，双方应保持密切沟通。其次，由于通常组织的高级安全人才缺乏，在出现重大安全事件之后，还要考虑引入专业安全服务力量，因为专业安全服务的安全专家应对高级别的网络黑客行为和网络攻击更有经验，在使用工具与制定策略上会更具优势。

另外，还要为组织的信息安全应急响应领导小组设置公关职能，因为在新媒体日益普及的环境下，组织越来越重视公共舆论的传播，一旦内部网络发生安全事件，组织一般会在新媒体官方账户上与公众互动，发布组织应急响应的动态信息等。

信息安全应急响应组织体系如图 16-8 所示。

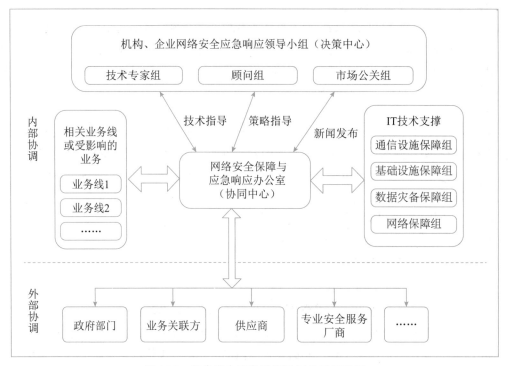

图 16-8　信息安全应急响应组织体系示意图

在具体职能上，安全应急响应领导小组对信息安全应急工作进行统一指挥，应急办负责具体执行，如应急办负责各类上报信息的收集和整体态势的研判、信息的对外通报等。相关业务线或受影响的业务部门的协调工作是指，信息安全事件影响了组织的某些业务，使之无法正常运行，甚至瘫痪，需要业务线相关人员参与到应急响应工作中，配合查明原因，恢复业务。各专项保障组在应急办的领导下，承担执行网络系统安全应急处置与保障工作。技术专家组的任务是指导技术实施人员采取有效技术措施，及时诊断信息安全事故、及时响应。顾问组则主要提供总体或专项策略支持。市场公关组负责对外消息的发布，以及应急处置情况的公开沟通与回应。

在外部协调上，应急办需要和相关政府部门及时通报情况，并沟通应急处置事宜。业务关联方、供应商也是外部协调对象。通常专业安全服务也是供应商的一种，但是根据近年来的应急响应实践，可以发现专业安全服务的作用越来越大，也受到各方的重视，因此在模型中会单独列出。

需要强调的是，应急办是应急响应执行的关键组织保障，其负责人需要在有足够的协调能力的同时，还要有足够的权力，才能调动内部部门、主营业务领域的协同力量。机构内部的顾问组和技术专家组对信息安全应急响应的制度流程建设完善有重要的支撑作用，在应急事件响应上也发挥参谋作用，并且需要与软件供应商、设备供应商、系统集成商、服务提供商的相关技术支持人员，以及专业安全服务的支持人员保持密切配合。

5. 应急响应能力建设

当前，许多组织已经初步建立了信息安全预警机制，实现了对一般信息安全事件的预警和处置。但是，由于网络与信息安全技术起步相对较晚，发展时间较短，与其他行业领域相比，其专项应急预案、应急保障机制和相关的技术支撑平台都还有很大的发展空间。

组织可根据自身情况，设计服务于自身的信息安全应急预案，建立相应的制度流程和保障队伍。但相关的应急流程和保障措施普遍存在自动化程度低、与实践脱节等共性问题。在面对重大信息安全事件时，表现出一定的不足，机制尚显薄弱，难以有效整合资源，或是难以实现从预警到评判再到应急处置的快速反应处置机制。

基于现实困境，在充分运用既有研究、建设成果的基础上，组织可进一步实现信息汇聚、信息分析、联合研判、辅助决策、应急指挥、应急演练、预案管理等核心处置流程，确保一旦发生重大安全事件，能够迅速研判，形成预案，迅速指挥调度相关部门执行应急预案，做好应对措施，避免给国家和社会造成重大影响和损失，防止威胁国家安全的情况发生。

随着网络安全组件的不断增多，网络边界不断扩大，信息安全管理的难度日趋增大，各种潜在的网络危险因素与日俱增。虽然网络安全的保障技术也在快速发展，但实践证明，现实中再完备的安全保护也无法抵御所有危险。因此，完善的信息安全体系要求在保护体系之外必须建立相应的应急响应体系。

建立良好的信息安全应急保障体系，能够真正有效地服务于信息安全保障工作。因此，应该重点加强综合分析与汇聚能力、综合管理能力、协同保障能力、信息安全日常管理能力等方面的建设。

（1）综合分析与汇聚能力。

信息安全领域的应急保障有其自身较为明显的特点。其对象灵活多变，信息复杂海量，难以完全靠人力进行综合分析决策，需要依靠自动化的现代分析工具，实现对不同来源海量信息的自动采集、识别和关联分析，形成态势分析结果，为指挥机构和专家提供决策依据。完整、高效、智能化是满足现实需求的必然选择。因此，应有效建立以信息汇聚（采集、接入、过滤、泛化、归并）、管理（存储、利用）、分析（基础分析、统计分析、业务关联性分析、技术关联性分析）、发布（多维展现）等为核心的完整能力体系，在重大安全事件发生时，能够迅速汇集各类最新信息，形成易于辨识的态势分析结果，最大限度地为应急指挥机构提供决策参考依据。

（2）综合管理能力。

随着互联网的飞速发展，信息安全领域相关的技术手段不断更新，对应急指挥的能力、效率、准确程度要求更高。在实现信息安全应急指挥的过程中，应注重用信息化手段建立完整的业务流程，注重建立集信息安全管理、动态监测、预警、应急响应为一体的信息安全综合管理能力。组织要切实认识到数据资源管理的重要性，结合日常应急演练和管理工作，做好应急资源库、专家库、案例库、预案库等重要数据资源的整合、管理工作，在应急处理流程中，能够依托自动化技术，针对具体事件的研判处置推送关联性信息，不断丰富数据资源。

（3）协同保障能力。

研判、处置重大信息安全事件，需要多个组织、部门和应急队伍进行支撑和协调，需要建立良好的通信保障基础设施，建立顺畅的信息沟通机制，并通过经常开展应急演练工作，使各组织、个人能够在面对不同类型的安全事件时，熟悉所承担的应急响应责任，熟练开展协同保障工作。

（4）信息安全日常管理能力。

信息安全日常管理与应急响应工作不可简单割裂，如两者都需要建立在对快速变化的信息进行综合分析、研判、辅助决策的基础之上，且两者拥有很多相同的信息来源和自动化汇聚、分析手段。同时，信息安全日常管理中的应急演练管理、预案管理等工作，本身也是应急响应能力建设的一部分。

信息安全日常管理也与应急响应工作有较为明显的区别，其主要体现在：①业务类型不同。信息安全日常管理主要包括对较小的安全事件进行处置，组织开展应急演练工作等；而应急响应工作一般面对较严重的安全事件，需要根据国家政策要求，进行必要的上报，并开展或配合开展专家联合研判、协同处置、资源保障、应急队伍管理等工作。②响应流程不同。信息安全日常管理对较小的安全事件的处理在流程上要求简单、快速，研判、处置等工作由少量专业人员完成即可；而应急响应工作，需要有信息上报、联合审批、分类下发等重要环节，响应流程较为复杂。③涉及范围不同。应急响应工作状态下，严重的信息安全事件波及范围广，需要涉事组织、技术支撑机构和个人进行有效协同，也需要调集更多的应急资源进行保障，其涉及范围远大于信息安全日常管理工作状态。

因此，在流程机制设计、自动化平台支撑等方面，应充分考虑两种工作状态的联系，除对重大突发信息安全事件应急响应业务进行能力设计实现外，还应注重强化信息安全日常管理的能力，确保最大限度地发挥管理机构的能力和效力。

16.4.2 应急响应演练

《中华人民共和国网络安全法》中已明确要求：关键信息基础设施的运营者应制定网络安全事件应急预案，并定期进行演练；负责关键信息基础设施安全保护工作的部门应当制定本行业、本领域的网络安全事件应急预案，并定期组织演练。从 2016 年开始，国家监管机构每年组织开展针对不同行业、地域的网络实战攻防演练，且涉及的行业范围越来越广。关键信息基础设施的运营者积极组织国内网络攻防实力较强的网络安全组织对其所负责的关键信息基础设施开展真实环境下的网络攻防演练，既是检验其对关键信息基础设施的安全防护和应急处置能力，也有助于积极应对网络安全新变化。

实战攻防演练以实战化、可视化、专业化为原则，对实际目标系统以不进行破坏攻击为底线，进行实战攻防对抗，攻击模式不限于单个系统，不限于内网渗透，不限于通过周边系统迂回，以达到如下目的：

- 拿到目标业务系统的控制权限。
- 深入挖掘组织信息资源可能存在的安全风险。
- 全面检验组织网络安全防御体系的有效性。
- 检验组织人员的应急响应能力和协作配合能力。
- 促进组织增强网络安全意识、认清所面临的网络安全风险、完善网络安全保障体系。

通过对攻击者主要攻击思路和攻击手法的了解，组织可以有针对性地在攻击实施的各阶段做好安全检测、分析、处置和防御等工作，发现存在的薄弱环节和漏洞，并在演练后的总结复盘过程中，根据详尽的安全整改建议，提高信息安全防御能力。网络安全演练已经从原来的桌面推演检验流程向实战演练过渡，组织的层级和规模也越来越大。从我国网络安全演练形式看，一般可分为桌面推演、模拟演练和实战演练三种形式。

（1）桌面推演。

参演人员利用演练方案、流程图、计算机模拟、视频会议等辅助手段，针对事先假定的演练情景，讨论和推演应急决策及现场处置，从而促使相关人员掌握应急预案所规定的职责和程序，提高指挥决策和协同配合能力。桌面演练通常在室内完成，更侧重于演练制度、流程的检验。

（2）模拟演练。

搭建测试环境，模拟真实系统及网络环境。组建攻击队进行安全检测，检验模拟环境里系统的安全现状，并由运维人员组建防守队伍，监测攻击行为，采取防守措施。模拟演练不会对生产环境产生影响，但是，由于模拟环境无法进行 1 ：1 仿真实际系统，与真实环境存在差异，因此，无法真实反映现在安全防御体系的防护能力和水平。

（3）实战演练。

以真实生产环境为战场，采用攻击者视角，以不破坏目标系统为基础，具有攻击能力的"红队"对真实目标系统进行攻击，以拿到目标系统控制权限及获取核心数据为目标，采用多维度技术手段，检测系统的健壮性及防守体系的有效性。目标系统责任组织组建防守队伍，监测攻击行为，深入分析攻击事件，并采取有效的防守与反制措施。最终，通过实战演练的方式，对系统安全防护能力、安全运维保障能力及安全事件监测、响应能力进行全面检验。其主要特点是在真实生产环境中进行，从攻击者的角度全面检验现有安全防护体系的有效性，真实反映安全防护能力现状。

16.4.3　应急处置过程

应急响应处置通常被划分为准备、检测、抑制、根除、恢复、报告与总结等阶段。

（1）准备阶段。在事件真正发生之前应该为事件响应做好准备，这一阶段十分重要。准备阶段的主要工作包括建立合理的防御和控制措施、建立适当的策略和程序、获得必要的资源和组建响应队伍等。

（2）检测阶段。检测阶段要作出初步的动作和响应，根据获得的初步材料和分析结果，估计事件的范围，制定进一步的响应战略，并且保留可能用于司法程序的证据。

（3）抑制阶段。抑制的目的是限制攻击的范围。因为许多安全事件可能迅速失控，所以抑制措施十分重要，典型的例子就是具有蠕虫特征的恶意代码的感染。抑制策略一般包括关闭所有的系统、从网络上断开相关系统、修改防火墙和路由器的过滤规则、封锁或删除被攻破的登录账号、提高系统或网络行为的监控级别、设置陷阱、关闭服务以及反击攻击者的系统等。

（4）根除阶段。在事件被抑制之后，通过对有关恶意代码或行为的分析结果，找出事件根源并彻底清除。对于单机上的事件，可以根据各种操作系统平台的具体检查和根除程序进行操作。但是大规模爆发的带有蠕虫性质的恶意程序，要根除各个主机上的恶意代码是十分艰巨的任务。很多案例数据表明，众多用户并没有真正关注他们的主机是否已经遭受入侵，有的甚至持续一年多，任由感染蠕虫的主机在网络中不断地搜索和攻击别的目标。造成这种现象的重要原因是各网络之间缺乏有效的协调，或者是在一些商业网络中，网络管理员对接入到网络中的子网和用户没有足够的管理权限。

（5）恢复阶段。恢复阶段的目标是把所有被攻破的系统和网络设备彻底还原到它们正常的任务状态。恢复工作应该十分小心，应避免出现误操作导致数据的丢失。另外，恢复工作中如果涉及机密数据，需要额外遵照机密系统的恢复要求。对不同任务的恢复工作的承担组织，要有不同的担保。如果攻击者获得了超级用户的访问权，一次完整的恢复应该强制性地修改所有口令。

（6）报告与总结阶段。报告与总结是最后一个阶段，却是绝对不能忽略的重要阶段。这个阶段的目标是回顾并整理发生事件的各种相关信息，尽可能地把所有情况记录到文档中。这些记录的内容，不仅对有关部门的其他处理工作具有重要意义，而且对将来应急工作的开展也是非常重要的积累。

16.4.4   重要活动应急保障

近些年来，国内重要活动或者会议的组织方及网络安全监管机构，均开始要求在这些活动或者会议期间开展网络安全重保工作，以确保重要活动或者会议的圆满顺利完成。随着信息安全成为国家安全和社会稳定的重要组成部分，以及我国国际影响力的不断增大，重要活动或者会议的网络安全保障及重大事件的应急响应（简称"重保"）也将进入常态化。

1. 重保风险和对象

要顺利完成重保工作，首先应该明确重保的对象，从而对重保工作范围进行确定，并根据重保对象的特点，对其可能存在的安全风险进行分析和识别，进而采取相应措施，为后续重保工作的顺利开展提供必要依据。

（1）明确重保对象。

重保对象即对重要活动或者会议的顺利举办有帮助的、需要保护的信息资源。大部分重保经验表明，所有会为重保工作带来风险的相关信息资源都应纳入重保范围，防止疏漏。根据信息资源所属的组织及重要程度，可将重保对象大致分为三类：①与重要活动或者会议主办方相关的信息资源；②与负责重保工作的监管机构相关的信息资源；③与其他重点保障组织相关的信息资源。另外，根据活动或者会议举办方的需求，当临时有新业务系统开发时，也应及时纳入重保整体解决方案中进行保护。

同时，各类基础网络环境的保障也是重保工作中的重要保护对象，是重保工作顺利进行的支撑性设施。常见重保对象如表 16-6 所示。

表 16-6　常见重保对象

序号	所属组织	重保对象
1	主办方	主办方官网、注册类系统、认证系统
2		主办方官方微博、公众号
3		与重要活动或者会议举办场地有关的网络环境
4	监管机构	监管机构内部重要信息资源
5		监管机构针对被监管组织进行监测的信息资源
6	其他重点保护组织	可能涉及的党政机关、金融、媒体、交通、能源、水利、教育等行业的重要信息资源
7		各重点保障组织承载业务系统的基础网络环境
8		其他重要的系统
……	……	……

（2）重保风险分析。

针对表 16-6 所示的重保对象，根据各类信息资源所具有的特点，可大致从面向互联网开放的信息资源、不面向互联网开放的内部信息资源两大类进行风险识别和评估。针对前者类型的信息资源，重点关注这类资源自身的脆弱性和在重保期间可能面临的外部威胁；针对后者类型的信息资源，重点关注这类资源自身的脆弱性和在重保期间可能面临的内部和外部威胁。对重保对象主要面临的高风险，应重点关注解决。重点关注的风险及解决方案的基本建议如表 16-7 所示。

表 16-7　重点关注的风险及解决方案的基本建议

序号	风险描述	重保对象
1	网站被篡改风险	代码检测
		业务逻辑测试
		渗透测试
		可信众测
		部署防篡改设备
		网站 7×24 小时监控
2	网站可用性风险	协调运营商进行流量清洗
		部署抗 DDoS 设备
		网站接入云防护系统
		静态页面开发
		主备机房备份
		运行状态监测

续表

序号	风险描述	重保对象
3	网站数据泄露安全风险	数据库渗透测试
		集成环境评估
		可信众测
		漏洞扫描
		部署 DLP 系统
		部署天眼流量分析系统
4	流量劫持风险	协调运营商处理
5	未知资产暴露风险	资产发现
6	重要互联网信息资源漏洞风险	远程安全扫描
7	重要组织现场环境风险	现场安全检查
8	紧急事件应急响应处置不熟练风险	专业应急组织
		攻防演习演练
		应急预案演练
……	……	……

不同重要活动或者会议的重保工作可能存在一定的差异，但都围绕一个共同的目标，即为重保期间网络安全提供有力保障，确保重要活动或者会议顺利圆满完成。针对这一重保目标，分别从主要设计思路、总体方案架构、重保工作过程和重保技术保障体系方面对重保方案进行设计。

2. 重保方案设计思路

重保方案的设计思路，主要基于重保期间的威胁特点和保障需求，并结合重要活动或者会议自身的侧重点，以当前安全行业普遍适用的安全模型或防御体系为指导，加强系统生命周期安全管理的实施。采用主动安全运营机制的理念，凭借数据驱动的威胁对抗能力等方面，确保重保方案满足重保工作的需求，主要包括以下几方面内容。

（1）构建重保期的积极防御体系。

基于重保期的威胁特点和保障需求，安全保障体系构建要针对信息资源自身安全打下坚实的基础，并要配套必要的安全防护措施，满足国家网络安全相关法律法规要求，并且要有可持续监测和响应的能力，强化威胁情报的引入，构建一套积极防御体系。积极防御体系可参考网络安全滑动标尺模型。该模型涵盖基础架构、被动防御、积极防御、威胁情报和反制进攻五大类别，这五大类别之间具有连续性关系，并有效展示了逐步提升防御的理念。

（2）加强系统生命周期安全管理。

为了确保重保期信息资源的安全稳定运行，需要加强应用系统生命周期的安全管理。对应用系统的需求、设计、开发、上线和运行等阶段，同步进行安全保障工作，从而确保信息资源自身的安全性。

（3）全面建立主动安全运营机制。

重要活动或者会议安全保障工作将基于自适应安全架构的主动安保运营体系，建设积极防御的循环机制，实现由被动安全向主动安全的转换，确保重保时期信息资源的安全稳定运营。

（4）提升数据驱动的威胁对抗能力。

基于云端威胁情报数据，一方面可以将云端的威胁情报信息推送到本地，与本地的原始数据做快速比对，及时发现隐藏在本地的安全威胁；另一方面也可以利用互联网端的资源获取与组织外网强相关的 Web 攻击情报、漏洞情报、DDoS 攻击情报等，形成"云端＋本地"的主动风险发现能力，实时监测和分析网络安全风险，及时进行网络安全应急响应和处置，整体提升威胁对抗的能力。

3. 重保总体方案架构

面对重保期间攻击的强隐蔽性、多样性和高频发性特点，根据重保安全能力需求的分析，重要活动安全保障的总体思路是通过威胁建模，实现对威胁的分析、识别和监测，构建重保期间积极防御体系，加强对信息资源生命周期的安全管理。遵循"同步规划、同步设计、同步运行"的安全原则，建立主动安全运营机制，提升威胁对抗能力，以具备全面安全防护、威胁监测预警、安全事件分析研判、应急处置和追踪溯源等方面的能力，同时完善通告协调机制，建立协同联动的保障机制。重保总体方案架构如图 16-9 所示。

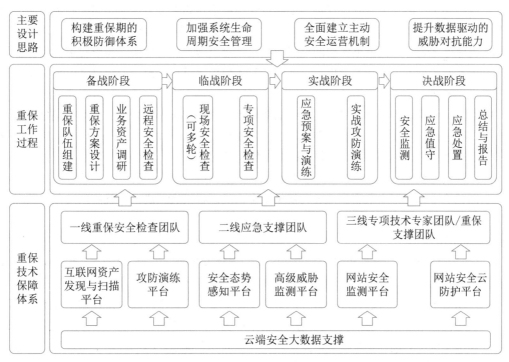

图 16-9　重保总体方案架构示意图

最终依托技术平台和重保服务能力（主要指依靠专业的安全服务的技术和能力），分阶段地落实安全保障的各项具体工作内容，以确保在重保期间能够形成"安全健壮"的信息资源、"纵深防御"的网络架构、"可持续监测和响应"的运营机制，并通过"云端＋本地"的威胁情报数据，提升安全保障过程的威胁对抗能力，最终构建数据驱动的积极防御安全保障体系。

4. 重保工作过程

重保安全保障整体工作分为备战阶段、临战阶段、实战阶段和决战阶段 4 个阶段。其中备战阶段、临战阶段是在重要活动或者会议开始前为安全保障工作做准备，主要负责重保期间队伍组建、重保方案设计、重保重要组织安全检查等工作；实战阶段、决战阶段是为重要活动或者会议过程中的安全保障工作提供技术支撑，主要负责重保期间各重要组织网络安全监测、应急值守、应急处置、实战攻防演练等工作。

（1）备战阶段。

备战阶段主要通过互联网资产发现和自动化远程检查等手段为重保过程中的人员、信息资源安全保障，提供基础数据和攻击面总体安全态势，为后续重保工作方向提供决策依据，保证重保工作的有序进行。主要包括重保队伍组建、重保方案设计、业务资产调研、远程安全检查等活动。

- 重保队伍组建。主要是成立重保领导小组，建设实体指挥中心，成立重保专家组及技术支撑组，与运营商、国家互联网应急中心等外部机构建立联动工作模式。由重保重要组织、安全厂商及第三方监管机构依据重保组织架构和重保工作需要建立相关团队，确保重要活动或者会议期间信息资源网络安全保障工作能够顺利开展。
- 重保方案设计。依据重保期间可能面临的安全风险，并结合实际需求对重保工作过程中所需要的服务内容、人员投入、软硬件设备使用等进行分析，形成总体的重保安全保障设计方案。
- 业务资产调研。根据重保重要组织的业务系统资产情况、网络情况及业务安全需求等，对其进行技术和管理方面的调研。全面收集相关信息，并根据这些基础信息制作相应的资产信息列表，为后续重保安全检查工作提供支撑。
- 远程安全检查。主要是对重保重要组织的信息资产、网络架构、业务流程等以远程渗透测试的方式进行安全测试，对其基本安全情况进行摸底调研，并就测试过程中发现的问题提供整改建议。

（2）临战阶段。

临战阶段通过现场安全检查对备战阶段发现的各种安全问题进行"清零"，根据被检查组织的行业特点，还会通过专项安全检查，有针对性地解决安全隐患。

- 现场安全检查。可进行多轮检查，首轮安全检查主要采用现场访谈、人工技术检查等方式对被检查组织（包括机房、网络、基础环境、应用和数据安全各层面安全措施的建设和落实情况）进行安全检查，发现现场存在的安全问题。后续现场安全检查主要是对首轮安全检查中发现的安全问题进行复查，可采用不同组织交叉检查的方式，对各相关组织安全问题整改情况进行验证，并对首轮检查统计的资产信息、网络架构、业务流程等信息进行复核，排查是否出现新的安全问题。

- 专项安全检查。根据重保涉及的重要组织的行业和业务特点，组织专门的队伍，采用针对性的技术检查方法对重保重要组织相关信息资源进行专项安全检查，发现可能存在的安全问题和隐患，并对检查中发现的安全问题提供整改建议。

（3）实战阶段。

实战阶段向各重保重要组织进行重保实战阶段的工作部署，主要通过开展应急预案与演练、实战攻防演练等工作，检验前期重保检查工作的成效。

- 应急预案与演练。为重保工作的顺利进行而做的实战准备工作，由重保领导小组组织各重保组织负责人召开安全工作部署会议。要求各重保重要组织根据自身情况制定详细的网络安全应急预案等，并根据实际工作情况形成具体的演练方案，开展应急演练工作。
- 实战攻防演练。根据重保重要组织实际情况开展，通过部署各类攻击队伍对系统进行攻击，一方面检验临战阶段安全检查工作及整改落实情况；另一方面检验在发生真实网络攻击时，网络安全保障队伍的实战应对能力。

（4）决战阶段。

决战阶段是指在重要活动或者会议召开期间的现场安保阶段，本阶段的安全保障工作一般要求 7×24 小时的现场安全服务保障。在重要活动或者会议举办期间，安排专业技术人员进行现场值守，并成立应急响应队伍，能够快速发现并处置信息安全事件，防止信息安全事件对重要活动或者会议造成影响。主要工作内容包括安全监测、应急值守、应急处置、总结与报告等工作。

- 安全监测。在重保期间，通过对重要信息资源进行实时安全监测，及时发现并处理各类告警及系统存在的信息安全问题，在提高重要信息资源安全性的同时，可以减少因信息安全事件造成的负面影响。
- 应急值守。主要是在活动现场配合运维值守人员对保障组织网络、设备、应用系统的运行情况等进行安全监测，对出现的信息安全事件快速响应、快速处置。在发生信息安全事件时，值守人员应在现场通过信息收集、流量分析、日志分析等多种技术手段对事件进行分析，确保信息安全事件能快速得到处置。
- 应急处置。当发生信息安全事件时，现场值守人员根据上报机制，上报信息安全事件情况，由研判专家及时对事件进行分析后，将分析结果上报重保领导小组，重保领导小组根据实际情况，安排对应的应急处置团队赶赴现场进行应急处置，减少因信息安全事件对重保工作造成的影响。
- 总结与报告。在完成值守工作后，重保工作还不能真正结束，最后还需要对整个重保工作进行总结并形成报告，对于重保过程中的经验和教训进行归纳总结，为后续重保工作留下可借鉴的文档与经验。

5. 重保人员技术保障

为了国家网络安全建设工作的需要，使国家重要活动或者会议举办期间所涉及的重要信息资源能得到有效的安全保障，根据重保工作各阶段的工作重点，重保服务团队需有针对性地投入各类人员，以满足重保各阶段的实际工作要求，主要包括一线重保安全检查团队、二线应急支撑团队、三线专项技术专家团队和重保支撑团队等。

（1）一线重保安全检查团队。

一线重保安全检查团队属于重保服务团队的先锋力量。在每次重保工作中，根据工作安排，对重保重要组织的信息资源开展安全检查工作，为后续整改工作提供依据。该团队由安全技术过硬、检查经验丰富的专业安全人员组成，专业安全人员涵盖主机、网络、应用、数据等信息资源所涉及的各层面人员。

（2）二线应急支撑团队。

二线应急支撑团队属于重保服务团队的技术支撑力量。面对复杂的环境，不可避免地存在一线团队技术人员难以处理的安全问题，需通过二线应急支撑团队人员提供技术支持，以确保问题得以解决。

（3）三线专项技术专家团队。

三线专项技术专家团队由在各行业或某方面研究较深入的安全专家组成。主要负责值守期间信息安全事件的分析和研判，为重保领导小组提供决策支持。

（4）重保支撑团队。

重保工作除了技术类工作，还会涉及众多非技术类工作，如重保人员安排工作、部门之间沟通协作工作、用户其他支撑工作，以及重保工作结束后的总结与报告工作等，因此需要有专门的重保支撑团队来负责该方面工作，从而保证重保工作的顺利开展。

6. 重保技术平台保障

重要活动或者会议的信息安全保障工作都会面临检查对象多、人员投入有限、各类安全检查或监测工作要求相对专业且周期紧、任务繁重的问题，仅仅依靠人力难以胜任，因此需要通过专业的安全设备或者安全监测平台，才能完成大量的安全检查工作。同时针对重保期间重保对象所面临多样威胁的特点，也需通过专业的安全监测平台及云防护平台来保障重要信息资源的安全运行。

常见的重保技术平台主要包括互联网资产发现与扫描平台、高级威胁监测平台、攻防演练平台、网站安全监测平台、网站安全云防护平台和安全态势感知平台等。

（1）互联网资产发现与扫描平台。

互联网资产发现与扫描平台是采用安全大数据进行互联网资产梳理与暴露面筛查的理念，部署使用的自动化扫描平台。通过数据挖掘和调研的方式确定资产范围，之后进行主动精准探测，发现暴露在外的 IT 设备、端口及应用服务，并由安全专家对每个业务进行梳理分析，结合业务特点对资产的重要程度、业务安全需求进行归纳，最终有针对性地形成资产画像，精准探测互联网暴露面。

通过互联网资产发现与扫描平台，针对用户授权范围内的信息资源资产进行扫描和人工确认，可及时了解暴露在互联网上的资产信息情况，为重保工作中的资产摸底工作提供技术支撑。

（2）高级威胁监测平台。

高级威胁监测平台基于数据驱动的安全方法论，依靠多维度海量大数据，结合安全服务数据运营分析团队多年的攻防经验，实现提前洞悉各类安全威胁。通过该平台可对受害目标及攻击源头进行精准定位，最终达到对入侵途径及攻击者背景的研判与溯源，切实帮助用户发现并及时消除各层面的安全风险。

通过使用高级威胁监测平台，并由安全服务人员针对告警信息进行安全分析，可协助重要保障组织及时发现内部系统中已经感染的主机和终端，以及内部系统中存在的不合理的暴露面、漏洞、违规访问和内部攻击等威胁。结合威胁情报大数据进行分析、研判、追踪和溯源，可完成安全威胁的深度处置，从而提高重保组织在重保期间主动发现安全事件的能力。

（3）攻防演练平台。

攻防演练平台是在攻击终端、网络通道、数据分析等环节充分保障演练的安全性、可靠性、时效性和灵活性。

攻防演练平台可为重保实战阶段的攻防演练工作提供攻击人员统一接入、攻击过程实时展现、现场环境全程监控、漏洞信息实时提交及攻击过程溯源审计等方面的技术支撑，满足重保工作中攻防演练的需求。

（4）网站安全监测平台。

网站安全监测平台是利用云计算、安全大数据技术，实时监测网站安全状态。网站安全监测平台可以对漏洞、网页篡改、网页挂马、内容变更、黑词、暗链、敏感词、网站可用性等方面进行监测，并具备标准的报表管理和通报管理模块。

重保期间，通过网站安全监测平台，可以将大量的重保重要组织业务系统批量加入，进行 7×24 小时的安全监测，快速准确地了解系统运行情况，并能及时将网站存在的安全问题进行告知，为重保重要组织的信息资源安全运行提供有力的技术保障。

（5）网站安全云防护平台。

网站安全云防护平台通过云计算与大数据技术，用集群化协同防御体系代替传统的单点防御体系，可有效解决用户网站面临的网站恶意篡改、网站敏感信息泄露、网站域名劫持、网站拒绝服务等安全威胁。同时该平台还可集成威胁情报技术，在威胁刚进入云平台时，就能判断出威胁来源并对威胁进行阻断。使用该平台可以为用户提供网站安全防护服务，从而可以在攻击进入网络前，在云端对 Web 攻击进行检测和拦截，为网站提供安全防护服务。

（6）安全态势感知平台。

安全态势感知平台是一个分布式、高可用、高性能的大数据存储、处理、分析平台。该平台可运用大数据的搜索引擎、数据可视化、海量数据还原等多种技术，对平台重点保护目标的网络与网站安全进行全方位持续监测，从而洞察高级威胁、追查 DDoS 攻击、预防查杀木马，并根据平台给出的漏洞修补建议对自身网络、系统进行整改，以提高用户网络、系统防护能力。

16.5　安全等级保护

我国信息安全等级保护（简称"等保"）的历程经历了不断完善和发展的过程，取得了显著的成果。信息安全等级保护在国家安全、组织发展和个人隐私保护等方面发挥了重要作用。信息安全等级保护与时俱进，充分发挥保护信息资源安全的作用，为我国信息安全事业做出重大贡献。

16.5.1 基础与发展

信息安全等级保护指对国家秘密信息、法人和其他组织及公民的专有信息以及公开信息和储存、传输、处理这些信息的信息资源分等级实行安全保护，对信息资源中使用的信息安全产品实行按等级管理，对信息资源中发生的信息安全事件分等级响应、处置。等保保护对象主要包括运营商和服务提供商、重点行业和重要机关等。

- 运营商和服务提供商。电信、广电行业的公用通信网、广播电视传输网等基础信息网络，经营性公众互联网信息服务组织、互联网接入服务组织、数据中心等组织的重要信息资源。
- 重点行业。铁路、银行、海关、税务、民航、电力、证券、保险、外交、科技、发展改革、国防科技、公安、人事劳动和社会保障、财政、审计、商务、水利、国土资源、能源、交通、文化、教育、统计、工商行政管理、邮政等行业、部门的生产、调度、管理、办公等重要信息资源。
- 重要机关。市（地）级以上党政机关的重要网站和办公信息资源。

2007 年，随着我国信息技术的快速发展，加快信息化建设已经成为我国的重要战略，信息安全等级保护也逐渐成为国家安全的重要组成部分。为了进一步推动信息安全等级保护工作的发展，由公安部、国家保密局、国家密码管理局和国务院信息化工作办公室联合发布的《信息安全等级保护管理办法》，规定了信息安全等级保护的组织机构、工作职责、评定程序等方面的内容，为信息安全等级保护制度化提供了法规依据和操作指导。

2016 年，信息安全等级保护迎来了重要的里程碑。2016 年 11 月第十二届全国人民代表大会常务委员会第二十四次会议通过《中华人民共和国网络安全法》，其中第二十一条规定，国家实行网络安全等级保护制度。同年，国家标准化管理委员会发布了一系列等保国家标准，包括 GB/T 22239《信息安全技术 网络安全等级保护基本要求》、GB/T 25070《信息安全技术 网络安全等级保护安全设计技术要求》、GB/T 28448《信息安全技术 网络安全等级保护测评要求》，明确了信息安全等级保护评定的基本要求、技术要求和评估指南，使信息安全等级保护的评定更加科学和规范。

2017 年，随着网络安全法的出台，我国对信息安全的保护进一步加强。网络安全法明确了信息基础设施的安全保护责任，对信息资源的特定领域进行了安全等级分类，并要求相关部门和组织按照安全等级分类要求进行安全保护。网络安全法的实施为我国信息安全等级保护提供了更加明确的法律依据。

近年来，我国对信息安全等级保护的发展进一步加快。国家保密局逐步完善了信息安全等级保护的评定制度，推动了信息安全等级保护的规范化和标准化。同时，积极引进国际标准和先进技术，与国际接轨，提高我国信息安全等级保护的水平。

未来，我国信息安全等级保护将继续保持快速发展。一方面，进一步加强法律法规的制定和完善，明确信息安全等级保护的责任和义务，加强对信息安全的监管和执法。另一方面，不断研究和引进先进的信息安全技术和方法，提高信息安全等级保护的能力和水平。同时，加强与各方面的合作和交流，加强国际信息安全合作，共同应对全球化的信息安全挑战。

16.5.2　分级与框架

1. 等保分级

信息系统的安全保护等级是信息系统的客观属性，不以采取的措施或即将采取的措施为依据，而是以信息系统的重要性和信息系统遭到破坏后对国家安全、社会稳定和人民群众合法权益遭到破坏的危害程度为依据，确定信息系统安全保护的等级，如表 16-8 所示。

表 16-8　信息系统的安全保护等级

受损害客体	对客体的损害程度		
	一般损害	严重损害	特别严重损害
公民、法人和其他组织的合法权益	第一级	第二级	第二级
社会秩序和公共利益	第二级	第二级	第三级
国家安全	第三级	第四级	第五级

信息系统的安全保护等级定义如下。

- 第一级（自主保护级）。等级保护对象受到破坏后，会对公民、法人和其他组织的合法权益造成损害，但不损害国家安全、社会秩序和公共利益。
- 第二级（指导保护级）。等级保护对象受到破坏后，会对公民、法人和其他组织的合法权益产生严重损害，或者对社会秩序和公共利益造成损害，但不损害国家安全。
- 第三级（监督保护级）。等级保护对象受到破坏后，会对公民、法人和其他组织的合法权益产生特别严重损害，或者对社会秩序和公共利益造成严重损害，或者对国家安全造成损害。
- 第四级（强制保护级）。等级保护对象受到破坏后，会对社会秩序和公共利益造成特别严重损害，或者对国家安全造成严重损害。
- 第五级（专控保护级）。等级保护对象受到破坏后，会对国家安全造成特别严重损害。

2. 等保基本框架

如图 16-10 所示，等保充分体现了"一个中心三重防御"的思想，一个中心指"安全管理中心"，三重防御指"安全计算环境、安全区域边界、安全通信网络"，同时等保 2.0 强化可信计算安全技术要求的使用。

等保包含技术要求与管理要求，技术要求覆盖安全物理环境、安全通信网络、安全区域边界、安全计算环境和安全管理中心等；管理要求覆盖安全管理制度、安全管理机制、安全管理人员、安全建设管理和安全运维管理等。

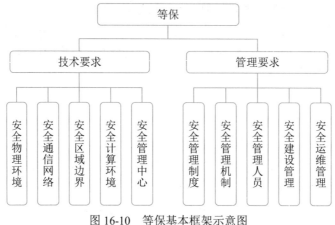

图 16-10   等保基本框架示意图

16.5.3　方案与配置

等保相关方案与配置主要涉及技术方案规划、设备 / 系统配置规划、安全管理规划等。

1. 技术方案规划

等保技术方案规划主要涉及安全管理中心、安全通信网络、安全区域边界和安全计算环境等方面的内容。

（1）安全管理中心。

安全管理中心建设要点主要包括：对安全进行统一管理与把控，实施集中分析和审计，并定期识别漏洞与审计。

设计技术内容主要包括：大数据安全、IT 运维管理、堡垒机、漏洞扫描、网站检测预警、等保安全一体机、等保建设咨询服务等。

（2）安全通信网络。

安全通信网络建设要点主要包括：构建安全的网络通信架构，保障信息传输安全等。

设计技术内容主要包括：下一代防火墙、VPN、路由器、交换机等。

（3）安全区域边界。

安全区域边界建设要点主要包括：强化安全边界防护及入侵防护，优化访问控制策略等。

设计技术内容主要包括：下一代防火墙、入侵检测 / 防御、上网行为管理、安全沙箱、动态防御系统、身份认证管理、流量安全分析、Web 应用防护、准入控制系统等。

（4）安全计算环境。

安全计算环境建设要点主要包括：强调系统及应用安全、加强身份鉴别机制及入侵防范等。

设计技术内容主要包括：入侵检测 / 防御、数据库审计、动态防御系统、网页防篡改、漏洞风险评估、数据备份、终端安全等。

2. 设备 / 系统配备规划

以等保二级和三级为例，安全技术设备 / 系统的配备如表 16-9 所示。

表 16-9　等保二级和三级的安全技术设备 / 系统配备表

序号	设备 / 系统	等保二级	等保三级	序号	设备 / 系统	等保二级	等保三级
1	防火墙	必备	必备	13	安全流量分析	可选	可选
2	入侵防御	必备	必备	14	等保一体机	可选	可选
3	日志审计	必备	必备	15	垃圾邮件网关	可选	必备
4	漏洞扫描	必备	必备	16	沙箱系统	可选	可选
5	上网行为管理	必备	必备	17	态势感知	可选	可选
6	WFA 应用防火墙	可选	必备	18	终端准入系统	可选	必备
7	堡垒机	可选	必备	19	VPN 网关	可选	必备
8	数据库审计	可选	可选	20	虚拟化安全系统	可选	必备
9	网站防篡改	可选	必备	21	网闸	可选	可选
10	运维管理系统	可选	可选	22	动态防御系统	可选	可选
11	网络版杀毒软件	必备	必备	23	网站监测预警系统	可选	可选
12	未知威胁防御	可选	可选	24	备份与恢复系统	可选	必备

3. 安全管理规划

安全管理规划主要涉及安全管理制度、安全管理机构、安全管理人员、安全建设管理、安全运维管理等方面的内容。

（1）安全管理制度。

安全管理制度主要包括：制定安全策略、建立安全管理制度、专人负责制定和发布管理、定期评审和修订管理制度等。

（2）安全管理机构。

安全管理机构主要包括：建立相应领导、管理、审计、运维机构和岗位；配备系统管理、审计管理和安全管理员；明确授权和审批事项和制度；加强内外部安全专家沟通协作；定期审核和检查安全策略与安全管理制度等。

（3）安全管理人员。

安全管理人员主要包括：考核录用人员专业技能，签署保密协议；离岗人员及时回收权限、证照等；加强安全意识和安全技能教育培训；定期进行安全技术考核等。

（4）安全建设管理。

安全建设管理主要包括：等保定级和备案，安全方案设计，安全产品采购和使用，自主和外包软件开发管理，安全防护测试验收，系统验收交付，定期等保测评，监督、评审和审核安全服务提供商等。

（5）安全运维管理。

安全运维管理主要包括：运行环境管理，被保护资产管理，信息存储介质管理，设备维护管理，漏洞和风险管理，网络和系统安全管理，恶意代码防范管理，系统、变更配置和密码管理，备份与恢复管理，安全事件和应急预案管理，外包运维管理等。

16.5.4　实施方法与过程

1. 实施方法

等保的实施方法中主要涉及以下内容：

- 安全定级。对系统进行安全等级的确定。
- 基本安全要求分析。对应安全等级划分标准，分析、检查系统的基本安全要求。
- 系统特定安全要求分析。根据系统的重要性、涉密程度及具体应用情况，分析系统特定安全要求。
- 风险评估。分析和评估系统所面临的安全风险。
- 改进和选择安全措施。根据系统安全级别的保护要求和风险分析的结果，改进现有安全保护措施，选择新的安全保护措施。
- 实施。实施安全保护。

2. 实施过程

等保实施过程通常包括定级、规划与设计、实施及等级评估与改进三个阶段。

（1）定级。

定级阶段主要包括两个步骤，分别为：

- 系统识别与描述。根据需要将复杂系统进行分解，描述系统和子系统的组成及边界。
- 等级确定。完成信息资源总体定级和子系统的定级。

（2）规划与设计。

规划与设计阶段主要包括三个步骤，分别为：

- 系统分域保护框架建立。通过对系统进行安全域划分和保护对象分类，建立系统的分域保护框架。
- 选择和调整安全措施。根据系统和子系统的安全等级，选择对应等级的基本安全要求，并根据风险评估的结果，综合平衡安全风险和成本，以及各系统特定的安全要求，选择和调整安全措施，确定出系统、子系统和各类保护对象的安全措施。
- 安全规划和方案设计。根据所确定的安全措施，制定安全措施的实施规划，并制定安全技术解决方案和安全管理解决方案。

（3）实施及等级评估与改进。

实施、等级评估与改进阶段主要包括三个步骤，分别为：

- 安全措施的实施。依据安全解决方案建设和实施等级保护的安全技术措施和安全管理措施。
- 评估与验收。按照等级保护的要求，选择相应的方式来评估系统是否满足相应的等级保护要求，并对等级保护建设的最终结果进行验收。
- 运行监控与改进。运行监控是在实施等级保护的各种安全措施之后的运行期间，监控系统的变化和系统安全风险的变化，评估系统的安全状况。如果经评估发现系统及其风险环境已发生重大变化，新的安全保护要求与原有的安全等级已不相适应，则应进行系统重新定级。如果系统只发生部分变化，如发现新的系统漏洞，而这些改变不涉及系统的信息资产和威胁状况的根本改变，则只需要调整和改进相应的安全措施。

16.6　信息安全控制措施

体系化管理信息安全，并不意味着建立一套绝对完美的安全制度，因为无论从成本角度考虑，还是从组织经营风险的角度考虑，绝对完美的安全制度既无必要，也不可实现。因此可参考一个成熟的标准应用于组织信息安全的体系化管理，从而设计一套适合于组织特点和具体需求的信息安全管理解决方案。

《信息安全技术 信息安全控制》（ISO 27001）标准为普遍应用于各类组织的广泛的信息安全控制提供了指导，控制被定义为改变或维持风险的措施。ISO 27001 中的某些控制是修改风险，而其他控制则是维持风险，如信息安全方针只能维持风险，而遵守信息安全方针则能改变风险。此外，某些控制描述了不同风险环境下相同的通用措施。ISO 27001 提供了一系列组织、人员、物理和技术的信息安全控制。

16.6.1　组织控制

ISO 27001 提供的组织控制主要包括信息安全策略、信息安全角色和责任、职责分离、威胁情报、云服务使用的信息安全等。详细内容如表 16-10 所示。

表 16-10　ISO 27001 提供的组织控制

控制名	控制措施	控制类型	信息安全属性	安全概念	运行能力	安全领域
1. 信息安全策略	定义信息安全方针和特定主题策略，由管理层批准后发布，传达并让相关工作人员和利益相关方知悉，按计划的时间间隔或在发生重大变化时对其进行评审	预防	CIA	识别	治理	治理和生态体系、弹性
2. 信息安全角色和责任	信息安全角色和责任应根据组织需求进行定义和分配	预防	CIA	识别	治理	治理和生态体系、防护、弹性
3. 职责分离	分离相互冲突的职责和责任范围	预防	CIA	防护	治理身份和访问管理	治理和生态体系
4. 管理责任	要求所有工作人员根据组织已建立的信息安全方针、特定主题策略和规程，履行信息安全责任	预防	CIA	识别	治理	治理和生态体系
5. 与职能机构的联系	建立并维护与相关职能机构的联系	预防、纠正	CIA	识别、防护、响应、恢复	治理	防御、弹性

控制名	控制措施	控制类型	信息安全属性	安全概念	运行能力	安全领域
6. 与特定相关方的联系	建立并维护与特定相关方或其他专业安全论坛和专业协会的联系	预防、纠正	CIA	防护、响应、恢复	治理	防御
7. 威胁情报	收集并分析与信息安全威胁相关的信息，以产生威胁情报	预防、检测、纠正	CIA	识别、发现、响应	威胁和脆弱性管理	防御、弹性
8. 项目管理中的信息安全	项目管理中纳入信息安全	预防	CIA	识别、防护	治理	治理和生态体系、防护
9. 信息及其他相关资产的清单	开发和维护信息和其他相关资产（包括所有者）的清单	预防	CIA	识别	资产管理	治理和生态体系、防护
10. 信息及其他相关资产的可接受使用	确定、记录和实施处理信息和其他相关资产的可接受的使用规则和程序	预防	CIA	防护	资产管理信息保护	治理和生态体系、防护
11. 资产归还	员工和其他相关方在变更或终止其雇佣关系、合同或协议时，应归还其拥有的所有组织资产	预防	CIA	防护	资产管理	防护
12. 信息分级	根据组织的信息安全需求，基于机密性、完整性、可用性和相关方的要求，对信息进行分类	预防	CIA	识别	信息保护	防护、防御
13. 信息标记	根据组织采用的信息分类方案，制定并实施一套适当的信息标签程序	预防	CIA	防护	信息保护	防御、防护
14. 信息传输	组织内部以及组织与其他方之间所有类型的信息传递设施都应当有信息传递的规则、程序或协议	预防	CIA	防护	资产管理信息保护	防护
15. 访问控制	根据业务和信息安全要求建立和实施控制规则，控制对信息和其他相关资产的物理和逻辑访问	预防	CIA	防护	身份和访问管理	防护
16. 身份管理	管理身份的整个生命周期	预防	CIA	防护	身份和访问管理	防护
17. 鉴别信息	身份鉴别信息的分配和管理应由管理流程控制，包括就身份鉴别信息的适当处理向员工提供建议	预防	CIA	防护	身份和访问管理	防护
18. 访问权	根据组织关于访问控制的特定主题策略和规则来提供、评审、修改和删除对信息和其他相关资产的访问权限	预防	CIA	防护	身份和访问管理	防护
19. 供应商关系中的信息安全	定义和实施流程和程序，以管理与使用供方产品或服务相关的信息安全风险	预防	CIA	识别	供应商关系安全	治理和生态体系、防护

控制名	控制措施	控制类型	信息安全属性	安全概念	运行能力	安全领域
20. 在供应商协议中强调信息安全	建立相关的信息安全要求，并根据供方关系的类型与每个供方达成一致	预防	CIA	识别	供应商关系安全	治理和生态体系防护
21. 管理 ICT 供应链中的信息安全	定义和实施流程和程序，以管理与 ICT（信息与通信技术）产品和服务供应链相关的信息安全风险	预防	CIA	识别	供应商关系安全	治理和生态体系、防护
22. 供应商服务的监视、评审和变更管理	定期监视、评审、评估和管理供方信息安全实践和服务提供方面的变化	预防	CIA	识别	供应商关系安全、信息安全保障	治理和生态体系、防护、防御
23. 云服务使用的信息安全	根据组织的信息安全要求，建立云服务的获取、使用、管理和退出过程	预防	CIA	防护	供应商关系安全	治理和生态体系、防护
24. 信息安全事件管理规划和准备	通过定义、建立和传达信息安全事件管理过程、角色和责任，规划和准备管理信息安全事件	纠正	CIA	响应、恢复	治理、信息安全事态管理	防御
25. 信息安全事态的评估和决策	评估信息安全事态，并决定是否将其归类为信息安全事件	检测	CIA	发现、响应	信息安全事态管理	防御
26. 信息安全事件的响应	按照文档化的规程响应信息安全事件	纠正	CIA	响应、恢复	信息安全事态管理	防御
27. 从信息安全事件中学习	使用从信息安全事件中得到的知识来加强和改进信息安全控制	预防	CIA	识别、防护	信息安全事态管理	防御
28. 证据收集	建立并实施包括识别、收集、获取和保存信息安全事态相关证据的规程	纠正	CIA	发现、响应	信息安全事态管理	防御
29. 中断期间的信息安全	规划如何在中断期间将信息安全保持在适当的级别	预防、纠正	CIA	防护、响应	连续性	防护、弹性
30. 业务连续性的 ICT（注1）就绪	根据业务连续性目标和 ICT 连续性要求，规划、实施、维护和测试 ICT 准备情况	纠正	可用性	响应	连续性	弹性
31. 法律、法规、规章和合同要求	识别、记录和更新与信息安全相关的法律、法规、监管和合同要求以及组织满足这些要求的方法	预防	CIA	识别	合法合规	治理和生态体系、防护
32. 知识产权	实施适当的程序来保护知识产权	预防	CIA	识别	合法合规	治理和生态体系
33. 记录的保护	防止记录丢失、毁坏、伪造、未经授权的访问和未经授权的发布	预防	CIA	识别、防护	合法合规、资产管理信息保护	防御

控制名	控制措施	控制类型	信息安全属性	安全概念	运行能力	安全领域
34. 隐私和PII（注2）保护	根据适用的法律法规和合同要求，确定并满足有关PII（个人身份信息）隐私和保护的要求	预防	CIA	识别、防护	信息保护、合法合规	防护
35. 信息安全的独立评审	管理信息安全的方法及其实施（包括人员、流程和技术）应在计划的时间间隔或发生重大变化时进行独立评审	预防、纠正	CIA	识别、防护	信息安全保障	治理和生态体系
36. 符合信息安全的策略、规则和标准	定期评审是否符合组织的信息安全策略、特定主题策略、规则和标准	预防	CIA	识别、防护	合法合规信息安全保障	治理和生态体系
37. 文件化的操作规程	信息处理设施的操作程序应记录在案并可供需要的人使用	预防、纠正	CIA	防护、恢复	资产管理、物理安全、系统和网络安全、应用安全、安全配置、身份和访问管理、威胁和脆弱性管理、连续性管理、信息安全事态管理	治理和生态体系、防护、防御

1. 威胁情报

为了解组织的威胁环境，以便采取适当的缓解措施，组织应收集并分析信息安全威胁相关的信息，以生成威胁情报。

（1）对已有或新出现的威胁进行信息收集和分析，以便：

- 采取知情的行动，防止威胁对组织造成损害。
- 减轻此类威胁的影响。

（2）威胁情报可分为三个层级：

- 战略级的威胁情报。关于不断变化的威胁形势的高层信息交换（如攻击者类型或攻击类型）。
- 战术级的威胁情报。关于攻击者所用方法、工具和所涉技术的信息。
- 运营级的威胁情报。关于特定攻击的详细信息，包括技术指标。

（3）威胁情报具有以下特点：

- 具有相关性（即与组织的保护相关）。
- 具有洞察力（即能够让组织准确而详细地理解威胁形势）。

- 具有情境性，可提供态势感知（即根据事件的时间、发生的地点、既往经验和类似组织中的普遍性等增加信息的上下联系）。
- 具有可行动性（即组织可根据信息做出快速而有效的行动）。

（4）威胁情报活动包括：

- 建立威胁情报生成的目标。
- 识别、审查并选择必要且适当的内外部信息源，以提供生成威胁情报所需的信息。
- 从选定的来源中收集信息，可以是内部和外部的来源。
- 对收集到的信息进行处理，为分析做好准备（如对信息的翻译、格式化或证实）。
- 分析信息以理解其与组织的关系及其对组织的意义。
- 以可理解的方式与相关人员沟通和分享信息。

（5）威胁情报予以分析并留待后续使用，具体包括：

- 通过实施过程将从威胁情报来源中收集到的信息纳入组织的信息安全风险管理过程。
- 作为防火墙、入侵检测系统或反恶意软件解决方案等技术预防和检测控制的附加输入信息。
- 作为信息安全测试过程和技术的输入信息。

组织与其他组织相互分享威胁情报，以改进总体的威胁情报。

2. 云服务使用的信息安全

为确立并管理云服务使用的信息安全，组织需根据组织的信息安全要求，建立云服务的获取、使用、管理和退出过程。组织需建立云服务使用的特定主题策略，并向所有相关方传达。组织需明确并沟通将如何管理与云服务使用相关的信息安全风险，它可以是组织如何管理外部方提供服务的现有方法的一部分或扩展。云服务的使用可能涉及云服务提供者和作为云服务客户的组织间的信息安全责任共担和协作。恰当地界定和落实云服务提供者和作为云服务客户的组织的责任是至关重要的。

（1）组织定义以下内容：

- 所有与云服务使用相关的信息安全要求。
- 云服务选择准则和云服务使用范围。
- 与云服务的使用和管理相关的角色和职责。
- 哪些信息安全控制由云服务提供者管理，以及哪些信息安全控制由作为云服务客户的组织管理。
- 如何获取和利用云服务提供者提供的信息安全能力。
- 如何获得对云服务提供者实施的信息安全控制的保证。
- 当一个组织使用多个云服务，尤其是来自不同云服务提供者的服务时，如何管理服务中的控制、接口和变更。
- 处理与使用云服务使用有关的信息安全事件的规程。
- 以监视、审查和评估云服务持续使用的方法管理信息安全风险。
- 如何改变或停止使用云服务，包括云服务的退出策略。

（2）云服务协议通常是预定义且不开放协商。对于所有云服务，组织宜与云服务提供者审查云服务协议。云服务协议宜满足组织的保密性、完整性、可用性和信息处理的要求，并具有适当的云服务级别目标和云服务质量目标。组织还宜进行相关风险评估，以识别与使用云服务相关的风险。与使用云服务相关的任何剩余风险都宜被明确识别，并被组织合适的管理者接受。云服务提供者与作为云服务客户的组织间的协议，宜包括以下保护组织数据和服务可用性的规定：

- 按照行业公认的架构和基础设施标准提供解决方案。
- 管理云服务的访问控制，以满足组织的要求。
- 实施恶意软件监视和保护方案。
- 在获批的地点（如特定国家或地区）或特定管辖区内/受特定管辖区管辖的地方处理和存储组织的敏感信息。
- 在云服务环境中发生信息安全事件时提供专门支持。
- 确保在云服务分包给外部供应商（或禁止分包云服务）的情况下，满足组织的信息安全要求。
- 支持组织收集数字证据，同时考虑不同司法管辖区的数字证据法律法规。
- 当组织想要退出云服务时，在适当的时间范围内提供适当的支持和可用性的服务。
- 作为云服务客户的组织基于其使用的云服务提供者的能力，提供所需的数据和配置信息备份，并安全地管理备份使其可用。
- 作为云服务客户的组织，要求云服务提供者在服务提供期间或服务终止时，提供并退回自己的信息，如配置文件、源代码和数据等。

（3）作为云服务客户的组织，宜考虑该协议是否要求云服务提供者在对服务交付方式作出任何具有实质性影响的变更之前，提前进行通知，具体包括：

- 技术基础设施变更，影响或改变云服务产品（如重新定位、重新配置或硬件/软件变更）。
- 在新的地理或法律管辖区处理或存储信息。
- 使用对等云服务提供者或其他分包商（包括变更现有或使用新的相关方合作商）。
- 使用云服务的组织宜与其云服务提供者保持密切联系，联系人可为云服务的使用相互交换有关信息安全的信息，包括云服务提供者机制和作为云服务客户的组织机制，监视每个服务特征并报告协议中未能履行的承诺。

3. 业务连续性的信息通信技术就绪

为确保组织的信息及其他相关资产在中断期间的可用性，组织需根据业务连续性目标和 ICT 连续性要求，计划、实施、维护和测试 ICT 的就绪。业务连续性的信息通信技术就绪是业务连续性管理和信息安全管理的重要组成部分，以确保在中断期间继续完成组织的目标，ICT 连续性需求是业务影响分析（BIA）的结果。BIA 过程宜使用影响类型和准则来评估交付产品和服务的业务活动中断带来的后续影响。影响的大小和持续时间用于确定宜分配给优先活动的恢复时间目标（RTO）。BIA 随后宜确定支持优先活动所需的资源，还宜为这些资源指定 RTO。这些资源的一个子集宜包括 ICT 服务。涉及 ICT 服务的 BIA 可以扩展为确定 ICT 系统的性能与容量要求，以及在中断期间支持活动所需的信息恢复点目标（RPO）。基于 BIA 的输出和涉及 ICT 服务的风险评估，组织宜识别和选择 ICT 连续性策略，仔细考虑中断前、中断期间和中断后的选项。业务连续性策略可以包括一个或多个解决方案。根据这些策略，宜制订计划，并实施和测试，以在关键过程中断或失效后的规定时间内达到 ICT 服务的可用性水平要求。

组织确保有：

（1）由具有必要的职责、权威性和能力的人员支持的合适的组织架构，为中断做准备，减轻和应对中断。

（2）ICT 连续性计划，包括详细说明组织计划如何管理 ICT 服务中断的响应和恢复规程：

● 通过演练和测试进行定期评估；

● 经管理者批准。

（3）ICT 连续性计划包含以下 ICT 连续性信息：

● 达到 BIA 中规定的业务连续性要求和目标的性能和容量规格；

● 每个优先的 ICT 服务的RTO 和恢复这些组件的规程；

● 定义为信息的优先 ICT 资源的 RPO 和恢复信息的规程。

4. 隐私和个人可识别信息保护

为确保遵守与信息安全相关的 PII 保护方面的法律、法规、规章和合同要求。组织需根据适用的法律、法规和合同要求，识别并满足有关隐私保护和 PII 保护的要求。

组织需制定并向所有相关方传达关于隐私和 PII 保护的专题策略；组织需制定并实施隐私和个人识别信息保护的规程，这些规程宜传达给处理个人身份信息的所有相关方；遵守这些规程以及与隐私保护和 PII 保护有关的所有相关法律法规，需要设置适当的角色、责任和控制，通常，这最好通过任命一名负责人来实现，如隐私官员，该负责人宜就个人责任和宜遵循的具体规程向个人、服务提供者和其他相关方提供指导；处理 PII 的责任宜考虑基于相关的法律法规；采取适当的技术和组织措施来保护 PII。

16.6.2　人员控制

ISO 27001 提供的人员控制主要包括审查、任用条款和条件、违规处理过程、远程工作等。具体内容如表 16-11 所示。

表 16-11　ISO 27001 提供的人员控制

控制名	控制措施	控制类型	信息安全属性	安全概念	运行能力	安全领域
1. 审查	在加入本组织之前对所有候选人进行背景核查，并持续考虑适用的法律、法规和道德规范，与业务要求、需要访问的信息的分类和感知的风险相称	预防	CIA	防护	人力资源安全	治理和生态体系
2. 任用条款和条件	任用合同协议应规定员工和组织的信息安全责任	预防	CIA	防护	人力资源安全	治理和生态体系

控制名	控制措施	控制类型	信息安全属性	安全概念	运行能力	安全领域
3. 信息安全意识教育和培训	组织的人员和相关利益方，应按其工作职能，接受关于组织的信息安全策略、特定主题策略和程序的适当的、定期更新的信息安全意识、教育和培训	预防	CIA	防护	人力资源安全	治理和生态体系
4. 违规处理过程	正式制定并传达违规处理过程，以对违反信息安全方针的工作人员和其他相关方采取措施	预防、纠正	CIA	防护、响应	人力资源安全	治理和生态体系
5. 任用终止或变更后的责任	定义并执行任用终止或变更后仍有效的信息安全责任及其职责，并传达给相关工作人员和其他相关方	预防	CIA	防护	人力资源安全、资产管理	治理和生态体系
6. 保密或不泄露协议	识别、文件化、定期评审反映组织信息保护需要的保密或不泄露协议，并与工作人员和其他相关方签署	预防	保密性	防护	人力资源安全、信息保护、供应商关系安全	治理和生态体系
7. 远程工作	在工作人员远程工作时实现安全措施，以保护在组织场所外所访问的、处理的或存储的信息	预防	CIA	防护	资产管理、信息保护、物理安全、系统和网络安全	防护
8. 报告信息安全事态	提供一种机制，让员工通过适当的渠道及时报告观察到的或怀疑的信息安全事态	检测	CIA	发现	信息安全事态管理	防御

16.6.3 物理控制

ISO 27001 提供的物理控制主要包括物理安全边界、物理入口、物理安全监视、在安全区域工作等。具体内容如表 16-12 所示。

表 16-12 ISO 27001 提供的物理控制

控制名	控制措施	控制类型	信息安全属性	安全概念	运行能力	安全领域
1. 物理安全边界	定义并使用安全边界来保护包含信息及其他相关资产的区域	预防	CIA	防护	物理安全	防护
2. 物理入口	安全区域应由适当的入口控制和访问点保护	预防	CIA	防护	物理安全、身份和访问管理	防护
3. 办公室、房间和设施的安全保护	设计和实施办公室、房间和设施的物理安全	预防	CIA	防护	物理安全、资产管理	防护

续表

控制名	控制措施	控制类型	信息安全属性	安全概念	运行能力	安全领域
4. 物理安全监视	对场所进行持续监视，防止未经授权的物理访问	预防、检测	CIA	防护、发现	物理安全	防护、防御
5. 物理和环境威胁防范	设计和实施针对物理和环境威胁的保护措施，如自然灾害和对基础设施的其他有意或无意的物理威胁	预防	CIA	防护	物理安全	防护
6. 在安全区域工作	设计并实施在安全区域工作的安全措施	预防	CIA	防护	物理安全	防护
7. 清理桌面和屏幕	定义并适当地执行纸质和可移动存储介质的桌面清理规则和信息处理设施的屏幕清理规则	预防	保密性	防护	物理安全	防护
8. 设备安置和保护	设备应安全放置并受到保护	预防	CIA	防护	物理安全、资产管理	防护
9. 组织场所外的资产安全	保护场外资产	预防	CIA	防护	物理安全、资产管理	防护
10. 存储介质	根据组织的分类方案和处理要求，在采购、使用、运输和作废的整个生命周期中对存储介质进行管理	预防	CIA	防护	物理安全、资产管理	防护
11. 支持性设施	对信息处理设施进行保护，使其免受电力故障和其他由支持设施故障造成的中断的影响	预防、检测	完整性、可用性	防护、发现	物理安全	防护
12. 布缆安全	承载电力、数据或支持信息服务的电缆应受到保护，以免被截取、干扰或损坏	预防	CIA	防护	物理安全	防护
13. 设备维护	设备应予以正确地维护，以确保信息的可用性、完整性和保密性	预防	CIA	防护	物理安全、资产管理	防护、弹性
14. 设备的安全处置或再利用	验证包含存储介质的设备，以确保任何敏感数据和许可软件在作废或再利用之前已被删除或安全覆盖	预防	保密性	防护	物理安全、资产管理	防护

16.6.4　技术控制

ISO 27001 提供的技术控制主要包括配置管理、信息删除、数据掩蔽、数据防泄露、监视活动、网页过滤和安全编码等。具体内容如表 16-13 所示。

表 16-13　ISO 27001 提供的技术控制

控制名	控制措施	控制类型	信息安全属性	安全概念	运行能力	安全领域
1. 用户终端设备	保护通过用户终端设备进行存储、处理或访问的信息	预防	CIA	防护	资产管理、信息保护	防护

控制名	控制措施	控制类型	信息安全属性	安全概念	运行能力	安全领域
2. 特许访问权	限制和管理特权访问权的分配和使用	预防	CIA	防护	身份和访问管理	防护
3. 信息访问限制	按照已建立的访问控制的特定主题策略，对信息及其他相关资产进行限制	预防	CIA	防护	身份和访问管理	防护
4. 源代码的访问	适当对源代码、开发工具和软件库的读写访问进行管理	预防	CIA	防护	身份和访问管理、应用安全、安全配置	防护
5. 安全的鉴别	根据信息访问约束和访问控制的特定主题策略来实施安全的身份认证技术和程序	预防	CIA	防护	身份和访问管理	防护
6. 容量管理	根据当前和预期的容量要求监视和调整资源的使用	预防、检测	完整性、可用性	识别、防护、发现	连续性	治理和生态体系、防护
7. 恶意软件防范	实施恶意软件的防护，并通过适当的用户意识支持	预防、检测、纠正	CIA	防护、发现	系统和网络安全、信息保护	防护、防御
8. 技术脆弱性管理	获取正在使用的信息资源的技术脆弱性的信息，评估组织暴露于此类脆弱性的情况，并采取适当措施	预防	CIA	识别、防护	威胁和脆弱性管理	治理和生态体系、防护、防御
9. 配置管理	建立、记录、实施、监视和评审硬件、软件、服务和网络的配置，包括安全配置	预防	CIA	防护	安全配置	防护
10. 信息删除	当不再需要时，应删除存储在信息资源、设备或任何其他存储介质中的信息	预防	保密性	防护	信息保护、合法合规	防护
11. 数据掩蔽	根据组织访问控制和其他相关的特定主题策略、业务需求和适用的法律，实施数据遮蔽	预防	保密性	防护	信息保护	防护
12. 数据防泄露	数据防泄露措施应适用于处理、存储或传输敏感信息的系统、网络和任何其他设备	预防、检测	保密性	防护、发现	信息保护	防护、防御
13. 信息备份	信息、软件和系统的备份副本应按照批准的特定主题备份政策进行维护和定期测试	纠正	完整性、可用性	恢复	连续性	防护
14. 信息处理设施的冗余	信息处理设施应具有足够的冗余以满足可用性要求	预防	可用性	防护	连续性、资产管理	防护、弹性

续表

控制名	控制措施	控制类型	信息安全属性	安全概念	运行能力	安全领域
15. 日志	生成、存储、保护和分析记录活动、异常、故障和其他相关事态的日志	检测	CIA	发现	信息安全事态管理	防护、防御
16. 监视活动	监视网络、系统和应用程序的异常行为，并采取适当的措施来评估潜在的信息安全事件	检测、纠正	CIA	发现、响应	信息安全事态管理	防御
17. 时钟同步	组织使用的信息处理系统的时钟应与批准的时间源同步	检测	完整性	防护、发现	信息安全事态管理	防护、防御
18. 特权实用程序的使用	对于可能超越系统和应用控制的实用程序的使用应予以限制并严格控制	预防	CIA	防护	系统和网络安全、安全配置、应用安全	防护
19. 运行系统软件的安装	实现规程和措施以安全地管理运行系统上的软件安装	预防	CIA	防护	安全配置、应用安全	防护
20. 网络安全	对网络和网络设备进行保护、管理和控制，以保护系统和应用程序中的信息	预防、检测	CIA	防护、发现	系统和网络安全	防护
21. 网络服务的安全	识别、实施和监控网络服务的安全机制、服务级别和服务要求	预防	CIA	防护	系统和网络安全	防护
22. 网络隔离	信息服务、用户和信息资源应在组织的网络中按分组进行隔离	预防	CIA	防护	系统和网络安全	防护
23. 网页过滤	应对外部网站的访问进行管理，以减少恶意内容的暴露	预防	CIA	防护	系统和网络安全	防护
24. 密码技术的使用	制定和实施有效的加密技术使用规则，包括加密密钥管理	预防	CIA	防护	安全配置	防护
25. 安全开发生命周期	建立和施行软件和系统安全开发的规则	预防	CIA	防护	应用安全、系统和网络安全	防护
26. 应用程序安全要求	在开发或获取应用程序时，应识别、规定和批准信息安全要求	预防	CIA	防护	应用安全、系统和网络安全	防护、防御
27. 安全体系架构和工程原则	建立、记录、维护安全系统工程的原则，并将其应用于任何信息资源开发活动	预防	CIA	防护	应用安全、系统和网络安全	防护
28. 安全编码	软件开发中应该应用安全编码原则	预防	CIA	防护	应用安全、系统和网络安全	防护、防御
29. 开发和验收中的安全测试	在开发生命周期中定义和实现安全测试过程	预防	CIA	识别	应用安全、信息安全保障、系统和网络安全	防护

续表

控制名	控制措施	控制类型	信息安全属性	安全概念	运行能力	安全领域
30. 外包开发	管理、监督和审查与外包系统开发相关的活动	预防、检测	CIA	识别、防护、发现	系统和网络安全、应用安全、供应商关系安全	治理和生态体系、防护
31. 开发、测试和生产环境的分离	开发、测试和生产环境应该分离并加以保护	预防	CIA	防护	应用安全、系统和网络安全	防护
32. 变更管理	信息处理设施和信息资源的变更应遵守变更管理程序	预防	CIA	防护	应用安全、系统和网络安全	防护
33. 测试信息	适当地选择、保护和管理测试信息	预防	CIA	防护	信息保护	防护
34. 在审计测试中保护信息资源	涉及运行系统的审计测试和其他评估保证活动应在测试人员和适当的管理层之间得到规划和取得批准	预防	CIA	防护	系统和网络安全、信息保护	治理和生态体系、防护

1. 配置管理

为确保硬件、软件、服务和网络在要求的安全配置下正常运行，并且配置不会因未经授权或不正确的变更而改变。组织应建立、记录、实施、监视和评审硬件、软件、服务和网络的配置，包括安全配置。

（1）总则。

组织应明确并实施过程和工具，以在硬件、软件、服务（如云服务）和网络、新安装的系统以及操作系统的整个生存周期内强制执行已定义的配置（包括安全配置）。角色、职责和规程宜配备到位，以确保对所有配置变更进行恰当的控制。

（2）标准模板。

组织应定义硬件、软件、服务和网络安全配置的标准模板，具体包括：

- 使用公开可用的指南（如来自供应商和独立安全组织的预定义模板）。
- 考虑所需的保护级别，以确定足够的安全级别。
- 支持组织的信息安全方针、特定主题策略、标准和其他安全要求。
- 考虑安全配置在组织环境中的可行性和适用性。

组织应定期评审模板，并在需要解决新的威胁或脆弱性时，或在引入新的软件或硬件版本时更新模板。在为硬件、软件、服务和网络的安全配置建立标准模板时，宜考虑以下事项：

- 最小化具有特权或管理员级别访问权限的身份的数量。
- 禁用不必要、未使用或不安全的身份。
- 禁用或限制不必要的功能和服务。

- 限制对强大实用程序和主机参数设置的访问。
- 同步时钟。
- 安装后立即更改厂商默认的鉴别信息，并查看其他重要的默认安全相关参数。
- 调用超时功能，以此在预定的不活动期后自动注销计算设备。
- 验证是否满足许可证要求。

（3）管理配置。

组织应记录硬件、软件、服务和网络的既定配置，并维持所有配置变更的日志。这些记录宜安全保存，并可通过多种方式实现，诸如配置数据库或配置模板。配置变更宜遵循变更管理过程。配置记录可包含以下相关信息：

- 资产的最新拥有者或联系信息。
- 上次配置变更的日期。
- 配置模板的版本。
- 与其他资产配置的关系。

（4）监控配置。

组织应使用一套全面的系统管理工具（如维护工具、远程支持、管理工具、备份和恢复软件等）对配置进行监控，并宜定期评审，以验证配置设置、评估口令强度和评估执行的活动。可将实际配置与定义的目标模板进行比较，且宜通过自动执行定义的目标配置或手动分析偏差并采取纠正措施来解决所有偏差。

2. 信息删除

组织应防止敏感信息不必要的暴露，并遵守法律、法规、规章和合同等有关信息删除的要求。在不再需要时，宜删除存储在信息资源、设备或任何其他存储媒体中的信息。

（1）总则。

敏感信息的保存时间不宜超过其所需的时间，以降低不当披露的风险。删除有关系统、应用程序和服务的信息时，宜考虑以下事项：

- 根据业务需求并考虑相关法律、法规和规章，选择删除方法（如电子覆盖或加密擦除）。
- 记录删除结果作为证据。
- 当使用信息删除服务供应商时，要获取信息删除证据。

如果第三方代表组织存储其信息，该组织宜考虑将信息删除的要求纳入第三方协议，以便在此类服务存续期间和终止时强制执行。

（2）删除方法。

根据本组织关于数据保留的特定主题策略，并考虑到相关法律、法规和规章，当不再需要时，宜通过以下方式删除敏感信息：

- 将系统配置为当不再需要时安全地销毁信息（如在数据保留的特定主题策略或主题访问请求所规定的期限之后）。
- 删除任何位置的过时版本、副本和临时文件。

- 使用经批准的安全删除软件永久删除信息，以帮助确保无法使用专业恢复或取证工具恢复信息。
- 使用经批准、认证的安全处置服务提供者。
- 使用适合于被处置存储媒体类型的处置机制（如对硬盘驱动器和其他磁性存储媒体进行消磁）。

在使用云服务的情况下，组织宜验证云服务提供者提供的删除方法是否可接受，如果可接受，组织宜使用该方法，或要求云服务提供者删除信息。在可用且适用的情况下，组织宜根据特定主题策略自动执行这些删除过程。组织应根据被删除信息的敏感性，日志跟踪或验证这些删除过程是否已发生。

为了避免在将设备送回供应商时无意中暴露敏感信息，组织宜在设备离开组织场所之前移除辅助存储器（如硬盘驱动器）和内存，以保护敏感信息。考虑到某些设备（如智能手机）的安全删除只能通过销毁或使用这些设备中嵌入的功能（如"恢复出厂设置"）来实现，组织宜根据此类设备处理的信息分级选择适当的方法。

组织应物理销毁存储设备，同时删除其包含的信息。在分析可能的信息泄露事件的原因时，信息删除的正式记录非常有用。

3. 数据脱敏

组织应限制敏感数据（包括 PII）的暴露，并遵守法律、法规、规章和合同要求。根据组织关于访问控制的特定主题策略和其他相关的特定主题策略以及业务要求使用数据脱敏，并考虑到适用的法律法规。如果需要保护敏感数据（如 PII），组织应考虑使用诸如数据掩蔽、假名化或匿名化的技术来隐藏此类数据，并断开 PII 与 PII 主体身份或与其他敏感信息之间的链接。

当使用假名化或匿名化技术时，宜验证数据是否已进行了充分的假名化或匿名化。数据匿名化宜考虑敏感信息的所有元素是有效的。

（1）数据脱敏的其他技术包括：

- 加密（要求授权用户拥有密钥）。
- 清空或删除字符（防止未经授权的用户看到完整的消息）。
- 不同的数字和日期。
- 替换（将一个值替换为另一个值以隐藏敏感数据）。
- 用散列替换值。

（2）在实施数据脱敏技术时，组织宜考虑以下几点：

- 不允许所有用户访问所有数据，因此设计查询和掩码，以便仅向用户显示所需的最小数据。
- 在有些情况下，对于一组数据中的某些记录，用户不宜看到某些数据。在此情况下，设计和实施数据混淆处理机制（例如，如果患者不希望医院工作人员看到他们的所有记录，即使在紧急情况下，呈现给医院工作人员的也只是部分混淆数据，并且只有在数据包含用于适当治疗的有用信息的情况下，具有特定角色的工作人员才能访问数据）。
- 当数据被混淆时，PII主体可要求用户不知道数据是否被混淆（如混淆了混淆过程，在医疗设施中可能使用，患者不想让工作人员知道诸如怀孕或血液检查结果等敏感信息被混淆）。

● 任何法律、法规或规章要求（如要求在处理或存储期间掩藏支付卡信息）。

（3）在使用数据掩蔽、假名化或匿名化时，组织宜考虑以下事项：

● 根据所处理数据的使用情况确定数据掩蔽、假名化或匿名化的程度强弱。

● 对所处理数据的访问控制。

● 对所处理数据使用方法的协议或限制。

● 禁止将所处理数据与其他信息进行核对，以识别PII主体。

● 跟踪所处理数据的提供和接收。

4. 数据防泄露

为检测（detect）并防止个人或系统未经授权披露和提取信息，数据防泄露措施宜用于处理、存储或传输敏感信息的系统、网络和任何其他设备。

（1）组织宜考虑以下事项以减少数据泄露的风险：

● 识别并对信息进行分级以防止泄露（如个人信息、定价模型和产品设计）。

● 监视数据泄露的渠道（如电子邮件、文件传输、移动设备和便携式存储设备）。

● 采取措施防止信息泄露（如隔离包含敏感信息的电子邮件）。

（2）数据防泄露工具宜用于以下事项：

● 识别并监视处于未经授权披露风险中的敏感信息（如用户系统上非结构化数据中的敏感信息）。

● 检测敏感信息的泄露（如信息上传到不受信任的第三方云服务或通过电子邮件发送时）。

● 阻止暴露敏感信息的用户行为或网络传输（如防止将数据库条目复制到电子表格中）。

组织宜确定是否有必要限制用户复制、粘贴或将数据上传到组织外的服务、设备和存储媒体的能力。如果存在这种情况，组织宜实施技术措施允许用户查看和操作远程保存的数据，如采用数据防泄露工具或对现有工具进行配置，但需防止在组织控制之外进行复制和粘贴。如果需要导出数据，宜由数据拥有者批准，并要求用户对其行为负责。

组织宜通过使用条款和条件、培训及审计等方式解决屏幕截图或拍照问题。在备份数据的位置，组织宜确保使用加密、访问控制和对保存备份的存储媒体进行物理保护等措施来保护敏感信息。数据防泄露还宜考虑用于防止对手的情报活动获取保密或秘密信息（地缘政治、人力、金融、商业、科学或任何其他信息），这些信息可能利于间谍活动或对社会至关重要。无论作为独立措施还是对对手情报活动的回应，数据防泄露措施宜着眼于混淆对手的决策，如将真实信息替换为虚假信息。此类措施包括逆向社会工程或使用蜜罐吸引攻击者。

5. 监视活动

为发现（detect）异常行为和潜在的信息安全事件。组织应监视网络、系统和应用程序，以发现异常行为，并采取适当措施评价潜在的信息安全事件。

监视范围和级别应根据业务及信息安全要求，并考虑相关法律法规予以确定。宜根据业务及信息安全要求，并考虑相关法律法规，确定监视范围和级别。监视记录宜在规定的保存周期内进行维护。

（1）组织应考虑将以下事项纳入监视系统：

- 网络、系统和应用程序的出入流量。
- 系统、服务器、网络设备、监视系统、关键应用程序等的访问。
- 关键或管理级系统和网络配置文件。
- 来自安全工具的日志，如反病毒、IDS、入侵防御系统（IPS）、Web 过滤器、防火墙、数据防泄露系统等。
- 与系统和网络活动相关的事态日志。
- 检查正在执行的代码是否被授权在系统中运行，并且未被篡改（如通过重新编译添加不必要代码）。
- 资源（如CPU、硬盘、内存、带宽）的使用及其性能。

（2）组织应建立正常行为的基线，并根据该基线监视异常情况。建立基线时，宜考虑以下事项：

- 评审系统在平常和高峰期的使用情况。
- 每个用户或用户组的正常访问时间、访问位置、访问频率。

监视系统宜根据既定基线进行配置，以识别异常行为，如：

- 过程或应用程序的意外终止。
- 通常与恶意软件有关的活动或者源于已知恶意 IP 地址或网络域（如与僵尸网络命令和控制服务器有关）的流量。
- 已知攻击特征（如拒绝服务和缓冲区溢出）。
- 异常的系统行为（如击键记录、过程注入和标准协议的使用偏差等）。
- 瓶颈和过载（如网络排队、延迟级别和网络抖动）。
- 系统或信息未经授权的访问（实际或尝试）。
- 业务应用程序、系统和网络的未经授权扫描。
- 对受保护资源（如DNS 服务器、门户网站和文件系统）成功和失败的访问尝试。
- 与预期行为相关的异常用户和系统行为。

组织可使用监视工具进行持续监视。宜根据组织需要和能力，实时或定期进行监视。监视工具宜包括处理大量数据、适应不断变化的威胁形势及允许实时通知的能力。这些工具还宜能够识别特定的签名和数据、网络或应用程序行为模式。

将自动化监视软件配置为根据预定义阈值生成告警（如通过管理控制台、电子邮件或即时通信系统）。告警系统宜根据组织的基线进行调整和训练，以尽量减少误报；宜有专人对告警作出响应，并接受适当培训，以准确解释潜在事件；宜配备冗余系统和过程来接收和响应告警通知。

组织应将异常事态传达给相关方，以改进审计、安全评价、脆弱性扫描和监视等活动。宜制定规程，及时响应监视系统的正指标，以尽量减少不良事态对信息安全的影响。还宜建立识别和处理误报的规程，包括调整监视软件以减少未来误报的数量等。

6. 网页过滤

为保护系统不受恶意软件的危害，并防止访问未授权的网页资源。组织宜管理对外部网站的访问，以减少对恶意内容的暴露。

组织宜降低工作人员访问包含非法信息或包含病毒或钓鱼内容的网站的风险。可采用阻止相关网站 IP 地址或域的技术。一些浏览器和反恶意软件会自动地或进行人工配置后执行此操作。组织宜为工作人员确定应当或不应当访问的网站类型，宜考虑阻止对以下类型网站的访问：

- 具有信息上传功能的网站，除非有合理的业务原因。
- 已知或可疑的恶意网站（如传播恶意软件或网络钓鱼内容的网站）。
- 命令和控制服务器。
- 从威胁情报中获取的恶意网站。
- 分享非法内容的网站。

在部署此控制之前，组织宜建立安全适当使用在线资源的规则并保持更新，包括对不良或不适宜的网站以及基于 Web 的应用程序的任何限制。

组织需向工作人员提供有关安全适当使用在线资源（包括访问网页）的培训。培训宜包括组织的规则、提出安全问题的联系人以及出于合理业务需要访问受限网页资源的例外过程。还宜培训工作人员，确保在浏览器上报网站不安全但允许用户继续使用的情况下，他们不会拒绝浏览器建议。

7. 安全编码

为确保安全地编写软件，以减少软件中潜在的信息安全脆弱性。软件开发中宜应用安全编码原则。

（1）总则。

在组织层面建立过程，以对安全编码进行良好的治理。宜建立并应用最低层级的安全基线。此外，这些过程和治理宜扩展以覆盖来自第三方的或者开源软件的软件组件。

组织监视已存在的软件威胁以及有关软件脆弱性的最新建议和信息，可通过持续改进和学习来指导组织的安全编码原则。这有助于确保实施有效的安全编码实践，以应对快速变化的威胁。

（2）规划和编码前。

安全编码原则宜用于新开发和重用场景中。这些原则宜应用于组织内部自研及组织对他方提供产品及服务的开发活动。编码前的计划和前置条件宜包括：

- 特定于组织的期望和已批准用于内部自研和外包代码开发的安全编码原则。
- 导致信息安全脆弱性的常见原因和以往编码实操与缺陷。
- 配置开发工具，如集成开发环境，以帮助创建安全的代码。
- 如适用，遵循开发工具供应商及执行环境供应商发布的指南。
- 维护和使用更新的开发工具（如编译器）。

- 编写安全的代码的开发人员的资格。
- 安全设计和架构，包括威胁建模。
- 安全编码标准，并在相关情况下强制使用这些标准。
- 使用受控环境进行开发。

（3）编码期间。

编码期间的注意事项包括：

- 针对所使用编程语言和技术的安全编码实践。
- 使用安全编程技术，如结对编程、重构、同行评审、安全迭代和测试驱动开发。
- 使用结构化编程技术。
- 文档化代码并消除那些可能导致信息安全脆弱性被利用的编程缺陷。
- 禁止使用不安全的设计技术（如使用硬编码口令、未经批准的代码示例和免鉴别可访问的 Web 服务）。

测试宜在开发期间和开发后进行。静态应用程序安全测试过程可识别软件中的安全脆弱性。在软件投入运行之前，宜评估以下内容：

- 攻击面和最小特权原则。
- 对最常见的编程错误进行分析，并对这些已得到缓解的错误进行文档记录。

（4）评审和维护。

代码进入运行状态后：

- 宜对更新进行安全的打包和部署。
- 宜处理报告的信息安全脆弱性。
- 宜记录错误和可疑攻击，并定期评审日志，以便在必要时对代码进行调整。
- 宜保护源代码免受未经授权的访问和篡改（如通过使用可提供诸如访问控制及版本控制的配置管理工具）。

如果使用外部工具和库，组织需考虑：

- 确保对外部库进行管理（如通过维护所用库及其版本的清单），并随发布周期定期更新。
- 选择、授权和重用经过充分审查的组件，尤其是鉴别和密码组件。
- 外来组件的许可、安全和历史记录。
- 确保软件可维护、已追踪，并且源于被证实、有信誉的来源方。
- 开发资源和制品的长期可用性。

当软件包需要修改时，宜考虑以下几点：

- 内置控制和完整性过程受到损害的风险。
- 是否获得厂商的同意。
- 从厂商处获得标准程序更新所需变更的可能性。
- 因组织对软件进行变更，可能造成本组织未来要负责该软件的维护所带来的影响。
- 与其他在用软件的兼容性。

16.7 本章练习

1. 选择题

（1）ISO 27001：《信息安全技术 信息安全控制》标准提供了源于国际公认最佳实践的一系列_____的信息安全控制。

    A. 组织、人员、物理和技术   B. 组织、人员、物理和资源

    C. 策略、人员、物理和技术   D. 组织、人员、环境和技术

参考答案：A

（2）信息安全风险管理的原则包括：_____。

    ①分级管理   ②全面管理   ③动态调整   ④科学合理   ⑤局部防御

    A. ①②③⑤   B. ①③④⑤   C. ①②③④   D. ②③④⑤

参考答案：C

（3）_____不是信息安全关注的属性。

    A. 保密性（Confidentiality）   B. 完整性（Integrity）

    C. 可用性（Availability）   D. 公正性（Impartiality）

参考答案：D

（4）_____为普遍应用于各类组织的广泛的信息安全控制提供了指导，控制被定义为改变或维持风险的措施。

    A. GDPR（General Data Protection Regulation）

    B. HIPAA（Health Insurance Portability and Accountability Act）

    C. ISO/IEC 27001（Information Security Management System）

    D. NIST（National Institute of Standards and Technology）

参考答案：C

（5）应急响应处置通常被划分为_____、根除、恢复、报告与总结等阶段。

    A. 准备、检测、抑制   B. 分析、检测、纠正

    C. 准备、分析、抑制   D. 分析、纠正、抑制

参考答案：A

2. 思考题

（1）信息安全组织体系建设需要重点关注哪几个方面？

（2）信息安全风险管理的原则有哪些？请分别阐述。

参考答案：略

第 17 章　人员管理

人力资源不仅是组织中最重要的资源之一，同时也是最昂贵的资源，有时甚至是最容易引起问题的资源。高层管理者之所以日益重视人力资源的战略地位，其根本原因在于对人力资源的有效利用是组织在国内外保持竞争优势的必要条件。新生代员工的管理、移动互联网及智能制造时代的到来等因素都为人力资源管理带来新的挑战，员工的行为表现是组织能否达成目标的关键，在组织不断提高竞争力和努力完成各种使命的过程中，人力资源管理起着至关重要的作用。组织是由人构成的，也是由人来管理的，优秀的人力资源将助力于组织的生存和发展。正确处理组织中"人"和"与人有关的事"所需要的观念、理论和技术是人力资源管理的关键。

17.1　概述

人力资源管理工作直接影响整个组织的经营状况，具体取决于人力资源的具体政策、体制设计和贯彻实施。在人力资源管理方面，组织整体目标是尽可能拥有高素质的员工，力求通过改进员工的职责、技能和动机，调动员工的积极性和提高工作效率，以使组织得以保持竞争优势，人力资源管理部门则主要侧重与这一整体目标有关的更为具体的目标。

人力资源管理目标包括：

（1）建立员工招聘和选择系统，以便雇用到最符合组织需要的员工。

（2）最大化每个员工的潜质，既服务于组织的目标，也确保员工的事业发展和个人尊严。

（3）保留那些通过自己的工作绩效帮助组织实现目标的员工，同时淘汰那些无法给组织提供帮助的员工。

（4）确保组织遵守政府关于人力资源管理方面的法令和政策。

如上所述，人力资源管理的广义目标是充分利用组织中的所有资源，使组织的生产率水平达到最高；狭义的目标是帮助各部门的业务经理更加有效地管理员工。人事管理部门制定和解释人事政策，通过相应的人事管理活动来完成这两个目标。人力资源管理主要包括：

- 吸引。指确认组织中的工作要求，确定这些工作需要的人数与技术，向有资格的工作申请人提供均等的雇用机会。本环节主要进行工作分析，根据各工作岗位任务的特点，确定组织中各工作岗位的性质及岗位要求，预测组织的人力需求，为开展招聘工作提供依据。
- 录用。指根据工作需要确定最合适人选的过程，确保组织能够从工作申请人中选拔出符合组织需要的员工。
- 保持。指保持员工有效工作的积极性，保持安全健康的工作环境。包括决定如何管理员工的工资和薪金，做到按照员工的贡献等因素进行收入分配，做到奖惩分明，并通过奖赏、福利等措施激励员工。

- 发展。指提高员工的知识、技能和能力等方面的素质，保持和增强员工的工作能力。包括对新员工进行工作指导和业务培训，训练和培养各级经理人员，以及为了使员工保持理想的技能水平而开展的一系列活动。
- 评价。指对工作结果、工作表现与人事政策的执行情况进行观察和做出鉴定。包括决定如何评价员工的工作绩效，如何通过面谈、辅导和训话等方式与员工进行面对面的交流。

17.2　工作分析与岗位设计

工作分析是对组织分工和分工内容进行清晰的界定，让任职者更清楚工作的内容，甚至未从事过某项工作的人也能清楚该工作是怎样完成的。岗位设计是指如果岗位工作内容和工作设置不是最优的，则需对工作的内容进行重新界定。岗位设计是确定完成工作的方式、所需要完成的任务，以及界定该项工作在组织中与其他岗位工作的关系的过程。

为了更好地进行岗位设计，需要全面了解现有的岗位工作，发现工作设置上的问题。岗位设计是把工作内容、从事工作所需的资格条件和薪酬结合起来，从而满足员工和组织建设与发展需要。

17.2.1　工作分析

工作分析的目的是明确所要完成的任务以及完成这些任务所需要的人员能力特征。工作分析将每项工作所包含的任务、责任和任职资格用正式的文件明确下来，确保组织中的每项工作都按照管理人员的意愿进行分配。

1. 工作分析用途

如表 17-1 所示为工作分析的用途。

表 17-1　工作分析用途

招聘和选择员工	发展和评价员工	薪酬政策	组织与岗位设计
<ul><li>人力资源计划</li><li>识别人才招聘</li><li>选择安置</li><li>公平就业</li><li>工作概览</li></ul>	<ul><li>工作培训和技能发展</li><li>角色定位</li><li>员工发展计划</li></ul>	<ul><li>确定工作的薪酬标准</li><li>确保同工同酬</li><li>确保工作薪酬差距公正合理</li></ul>	<ul><li>高效率和优化激励</li><li>明确权责关系</li><li>明确工作群之间的内在联系</li></ul>

2. 工作分析过程

工作分析通常划分为 4 个阶段，包括 10 个具体步骤，如表 17-2 所示。

表 17-2　工作分析步骤

阶段	步骤	内容
第一阶段： 明确工作分析范围	1	确立工作分析的目的
	2	确定工作分析的对象
第二阶段： 确定工作分析方法	3	确定所需信息的类型
	4	识别工作信息的来源
	5	明确工作分析的具体步骤
第三阶段： 工作信息收集和分析	6	收集工作信息
	7	分析收集的信息
	8	向组织报告结果
	9	定期检查工作分析情况
第四阶段： 评价工作分析方法	10	以收益、成本、合规性和合法性等为标准评价工作分析的结果

3. 工作分析方法

在开展工作分析时，收集工作分析信息的方法有很多，但是人力资源管理人员需要注意的是，各种方法都有自己的优缺点，没有一种收集信息的方法能够获得非常完整的信息，应该综合使用这些收集方法，从而实现各类信息的相互融合。我们可以将工作分析的方法划分为定性和定量两类。定性的工作分析方法主要有工作实践法、直接观察法、面谈法、问卷法和典型事例法；定量的工作分析方法主要有职位分析问卷法、管理岗位描述问卷法和功能性工作分析法等。

17.2.2　岗位设计

岗位设计的目的是明确某类或某组工作的内容和方法，明确能够满足技术上和组织上所要求的工作与员工的社会和个人方面所要求的工作之间的关系。岗位设计关注工作、任务和角色如何被构建、制定和修正，以及其对个人、群体和组织的影响。

1. 岗位设计内容

岗位设计的主要内容包括工作内容设计、工作职责设计和工作关系设计三方面。

（1）工作内容设计是岗位设计的重点，一般包括工作的广度、工作的深度、工作的完整性、工作的自主性以及工作的反馈性 5 个方面：①工作的广度，即工作的多样性。在设计工作时，应尽量使工作多样化，使员工在完成任务的过程中能进行不同的活动，保持对工作的兴趣。②工作的深度。设计的工作应具有从易到难的层次，对员工工作的技能提出不同程度的要求，从而增强工作的挑战性，激发员工的创新力和克服困难的能力。③工作的完整性。保证工作的完整性能使员工有成就感，即使是流水作业中的一个简单程序，也要是全过程，让员工见到自己的工作成果，感受到自己工作的意义。④工作的自主性。适当的自主权利能增强员工的工作责任感，使员工感到自己受到信任和重视，认识到自己工作的重要性，增强工作的责任心，提高工作的热情。⑤工作的反馈性。工作的反馈性包括两方面信息：一是同事及上级对自己工作意见的反馈，如对自己工作能力、工作态度的评价等；二是工作本身的反馈，如工作的质量、数量、效率等。

（2）工作职责设计主要包括工作的责任、权利、方法以及工作中的相互沟通等方面。其中，工作责任设计是员工在工作中应承担的职责及压力范围的界定，即工作负荷的设定；工作权利与责任需要满足一定程度的对应，否则会影响员工的工作积极性；工作方法包括领导对下级的工作方法、组织和个人的工作方法设计等；相互沟通是整个工作流程顺利进行的信息基础，包括垂直沟通、平行沟通、斜向沟通等形式。

（3）工作关系设计表现为岗位之间的协作关系、监督关系等方面。

2. 岗位设计方法

一个适宜有效的岗位设计，必须综合考虑各种因素，需要对工作进行周密的、有目的的计划安排，既要考虑员工素质、能力及其他方面的因素，也要考虑组织的管理方式、劳动条件、工作环境、政策机制等因素。岗位设计方法包括科学管理方法、人际关系方法、工作特征模型方法（如图 17-1 所示）、高绩效工作系统等。

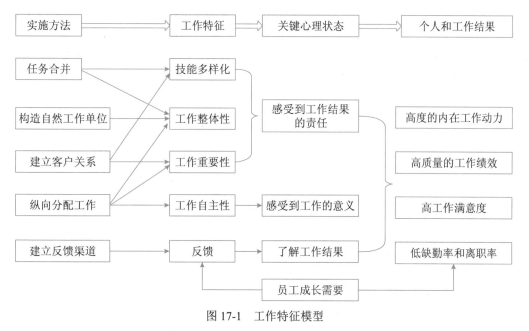

图 17-1　工作特征模型

17.3　人力资源战略与计划

人力资源战略是人力资源管理的方向规划，表明了组织人力资源管理的战略定位。人力资源计划则是人力资源战略在较短时期内的体现，是预测未来一定时期的组织任务和环境对组织的要求，以及为了完成这些任务和满足这些要求而设计的提供人力资源的过程。人力资源战略与计划的实质是决定组织的发展方向，并在此基础上确定组织需要什么样的人力资源，以实现组织的最高管理层确定的目标。

17.3.1　人力资源战略

　　人力资源战略管理的目标是有效运用人力资源去实现组织的战略性要求和目标。人力资源战略管理主要是关于整合适应性的概念，它致力于保证：①人力资源管理充分与组织的战略和战略性需求相整合；②人力资源政策应该涵盖政策本身和各层级；③人力资源实践作为一线管理者和员工日常工作的一部分不断得到调整、接受和运用。

　　人力资源战略管理被分成两部分，一是人力资源战略，二是人力资源管理系统。人力资源战略是指人力资源在组织目标实现的过程中产生何种作用，即根据自身情况选择人力资源实践模式。人力资源管理系统是指人力资源管理的实践，即在人力资源战略模式的指引下，具体如何实现选人、育人、用人和留人，包括招聘、培训开发、薪酬福利、绩效考核等具体的人力资源管理行为。人力资源战略管理过程包括两个相辅相成的阶段：战略制定和战略执行。在人力资源战略的制定阶段，需要确定组织的文化、绩效、目标等决定组织的战略方向，组织的战略方向将直接影响组织在人力资源战略管理上的选择。在战略的执行阶段，组织要按照所选择的人力资源战略管理开始贯彻实施，例如，通过招聘甄选确保组织获得高技能的员工，建立能够促使员工行为与组织战略目标保持一致的薪酬体系。最后，组织还要根据人力资源战略管理的结果——人力资源绩效、组织绩效、财务绩效等，对人力资源战略管理的制定和实施进行评估反馈，实现人力资源战略管理的动态管理。如图 17-2 所示为人力资源战略管理过程。

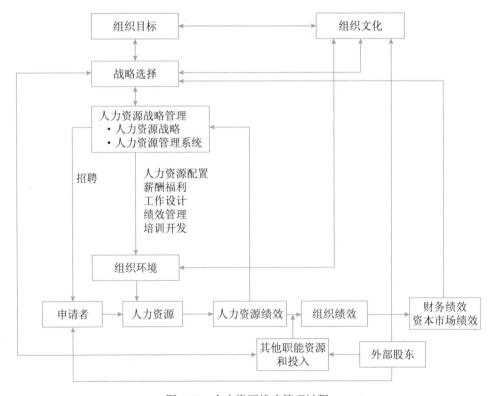

图 17-2　人力资源战略管理过程

不同组织的人力资源战略往往有很大差异。许多学者提出了不同的人力资源战略模式，下面详细介绍两种被广泛接受的人力资源战略模式。

1. 戴尔（Dyer）和霍德（Holder）的人力资源战略模式分类

根据戴尔和霍德的分类方法，我们可以将组织的人力资源战略分为三种类型：诱因战略、投资战略和参与战略。

（1）诱因战略。采用诱因战略的组织的主要目的是寻求具有高度稳定性和可靠性的员工，并且依赖高薪策略留住员工，与员工之间表现为纯粹的利益互换关系。诱因战略主要特点：①强调对劳工成本的控制。采用该战略的组织一方面会严格控制员工的数量，另一方面在招聘中多选择有经验、技能高度专业化的求职者，以降低员工招聘和员工培训的费用。②明确员工的工作职责。这类组织强调目标管理，用合理的分工和明确的工作责任来降低服务过程中的不确定性。③富有竞争力的薪酬水平。这类组织提供丰厚的薪酬，提高对人才的吸引力，力求吸引到业内的尖端人才，形成稳定的高素质员工队伍；同时，富有竞争力的薪酬水平可以帮助组织吸引技能高度专业化的员工，从而降低培训费用。④薪酬与绩效密切联系。这类组织提供的薪酬中绩效薪酬占有较大的比例，员工薪酬与个人绩效和努力程度之间的联系比较紧密。⑤员工关系比较简单。这类组织与员工之间的关系比较简单，以单纯的利益交换关系为主。

（2）投资战略。采用投资战略的组织多处于成长期或不断变化的环境中，将雇佣关系建立在长期的观点上，雇用多于组织需要的人力资源数量，同时相当重视员工的培训，以期拥有多技能的员工能为组织多做贡献。投资战略的特点：①强调人力资源的投资，重视人员的培训和开发。鼓励员工学习和自我发展，鼓励员工积累自身知识。②在招聘中强调人才的储备。采用这种战略的组织在招聘中会聘用数量较多的员工，并注意储备多种专业技能的员工，更看重员工的潜力和能力，而非工作经验。③员工被赋予广泛的工作职责。这类组织对分工和工作职责的界定不明晰，工作内容比较广泛，给员工提供充分展示自我的舞台，利于员工的创新。④注重良好的劳资关系和宽松的工作环境。这类组织把员工视为合作伙伴，对员工短期绩效要求较少，而更看重充分挖掘员工的工作潜质，注重员工的长期发展和长期服务。

（3）参与战略。采用参与战略的组织将权力下放到最基层，提高员工的参与性、主动性和创新性，让员工有参与感，并能与其他成员互动。参与战略的特点：①鼓励员工参与到组织的管理和决策中。这类组织为员工提供多种渠道和机会，赋予员工参与决策的权力。②管理人员是指导教练。管理人员不干预员工的工作，给员工较大的自主权，只为员工提供必要的咨询和帮助。③注重员工的自我管理和团队建设。充分授权是这类组织的最大特点，鼓励员工的团队工作，培养团队精神。

2. 巴伦（Baron）和克雷普斯（Kreps）的人力资源战略模式分类

根据巴伦和克雷普斯的分类方法，我们可以将组织的人力资源战略分为三种类型：内部劳动力市场战略、高承诺战略和混合战略。

（1）内部劳动力市场战略。内部劳动力市场战略要实现两个人力资源管理目标：维护组织独特的知识，使选拔和培训成本最小化。内部劳动力市场战略的特点：①组织内部层级分明，官僚等级式的制度，为员工提供较多的晋升机会。②强调内部招聘渠道。除了初级岗位，组织内的绝大多数职位通过内部晋升填补，鼓励员工长期效力。③提供工作保障和发展机会，鼓励员工忠诚于组织，以维护组织独特的知识资本。

（2）高承诺战略。高承诺战略的目标是最大限度地提高员工的产出，提高员工对组织的认同感。高承诺战略的特点：①更加认同扁平化的组织结构和团队合作，与内部劳动力市场战略提供的工作保障不同，高承诺战略通过保证一定的员工流动率，获取组织所需要的知识和能力。②体现工作成果差别的薪酬制度。以薪酬的形式承认员工工作成果的差异，鼓励员工最大限度地提高产出。

（3）混合战略。混合战略是介于内部劳动力市场战略和高承诺战略之间的一种战略模式，它既有内部劳动力市场战略的工作保障和内部晋升，也采用了高承诺战略中基于工作成果的绩效考核和薪酬方案。

17.3.2　人力资源供求预测

人力资源供求预测包括组织内部、外部的劳动力供给预测和组织的劳动力需求预测。内部供给预测与组织中的各类工作的劳动力年龄分布、离职、退休和新员工情况等组织内部条件有关。外部供给预测主要考量劳动力市场上相关劳动力的供给量与供给特点。组织的需求预测主要以与人力需求有关的预计业务量等组织因素的变化规律为基础进行预测。

人力资源计划是整个组织系列计划的一部分，包括组织在人力资源方面的战略计划、战术计划和行动方案，涉及组织在人事管理中的内部条件和外部环境、员工配置方案、工作补偿政策、培训计划、管理发展计划等方面的内容，以及短期具体战术与长期战略之间的配合关系等。人力资源计划的目标是随着组织所处的环境、组织战略与战术计划、组织目前的工作结构与雇员的工作行为的变化而不断变化的。在人力资源预测过程中，要预测未来的人员要求，包括需要的员工数量、预计的可供数量、所需要的技术组合、内部和外部劳动力供给量等。行动计划包括招募、录用、培训、工作安排、工作调动、晋升、发展和薪酬等，通过这些行动来增加合格的人员，弥补预计的空缺。

人力资源需求预测受许多因素的影响，包括技术变化、消费者偏好变化和购买行为、经济形势、组织的市场占有率、政府的产业政策等。人力资源需求预测的解释变量一般包括：①组织的业务量或产量，由此推算出人力需要量；②预期的流动率，指出由辞职或解聘等原因引起的职位空缺规模；③提高产品或劳务的质量，或者进入新行业的决策对人力需求的影响；④生产技术水平或管理方式的变化对人力需求的影响；⑤组织所拥有的财务资源对人力需求的约束。人力资源需求预测一般有以下方法：

- 集体预测方法。集体预测方法也称德尔菲（Dephi）预测技术。德尔菲预测技术是发现专家对影响组织发展的某一问题的一致意见的程序化方法。这种方法的目标是通过综合专家们的意见来预测某一领域的发展状况，适合对人力需求的长期趋势进行预测。德尔菲预测技术的操作方法是：首先，选择各方面的专家，每位专家都拥有关于人力预测的知识或专长。主持预测的人力资源部门要向专家们说明预测对组织的重要性，以得到他们对这种预测方法的理解和支持，同时通过对组织战略定位的审视，确定关键的预测方向、解释变量和难题，并列举出预测小组必须回答的一系列有关人力预测的具体问题。其次，使用匿名填写问卷等方法设计一个可使各预测专家在预测过程中畅所欲言地表达自己观点的预测系统。再次，人力资源部门在第一轮预测后，将专家们提出的意见进行归纳，并将这一综合结果反馈给他们。最后，重复上述过程，让专家们有机会修改自己的预测并说明原因，直到专家们的意见趋于一致。

- 回归分析方法。回归分析方法指的是根据数学回归原理对人力资源需求进行预测。最简单的回归是趋势分析，只根据整个组织中各部门在过去员工数量的变动趋势对未来的人力需求做出预测。比较复杂的回归方法是计量模型分析法，它的基本思想是确定与组织中劳动力的数量和构成关系最大的一种因素，一般是产量或服务业务量。然后研究在过去组织中的员工人数随着这种因素变化而变化的规律，得到业务规模的变化趋势和劳动生产率的变化趋势，再根据这种趋势对未来的人力需求进行预测。最后，预测需求数量减去供给预测数量的差额就是组织对人力资源净需求的预测量。如果这一差额是正值，就说明组织面临人力短缺；如果这一差额是负值，就说明组织面临人力过剩。
- 转换比率分析法。人力资源需求分析实际上是要揭示未来的经营活动所需要的各种员工的数量。人力资源预测中的转换比率分析法是首先估计组织需要的关键技能的员工的数量，然后再根据这一数量估计辅助人员的数量。

人力资源的供给分析与人力资源的需求分析的一个重要差别在于，需求分析是研究组织内部对人力资源的需求，而供给分析则是研究组织内部的供给和组织外部的供给两方面。在供给分析中，首先考察组织现有的人力资源的存量，然后假定组织现行的人力资源管理政策保持不变，并对未来的人力资源数量进行预测。在预测过程中，不仅要考虑组织内部的晋升、降职和调职等因素，还要考虑员工的辞职、下岗、退休、开除等因素的影响；而且得到的预测结果不应该仅仅是员工的数量，还应该是对员工的规模、经验、能力、多元化和员工成本等方面的一个综合反映。

预测内部人力资源供给的思路是：首先确定各工作岗位上现有的员工数量，然后估计在下一个时期每个工作岗位上留存的员工数量，这就要估计有多少员工将会调离原来的岗位，甚至离开组织。实际情况往往比较复杂，例如组织的职位安排可能会发生变化，员工的职位转换和离职的变化形式可能不同于以往。因此，在进行内部人力资源供给预测时，需要对人力资源计划人员的主观判断进行修正。常用的内部人力资源供给预测的方法有以下几种：

- 人才盘点与技能清单。人才盘点也称全面人才评价。首先，明确组织需要什么样的人才，统一组织内部对人才标准的确定。其次，在此基础上，清晰地了解组织人才队伍的现状，了解组织是否有充分的人才储备，发掘组织各岗位继任的高潜人才。最后，根据组织需要和目前的人才现状，人才盘点能够有针对性地拟定一系列的人才规划，包括人才的引进、晋升、流动、培养、激励等，形成人才管理的行动纲领。人才盘点的主要流程包括：①组织与岗位盘点。主要是从组织战略角度出发，梳理分析当前的组织架构，包括职位设计、职责划分是否合理，需不需要调整，分析组织内哪些岗位是关键岗位。

通常，关键岗位的人才（包括后备人才）是人才盘点的重点。②开展人才盘点。主要是对关键岗位的人才进行测评，包括能力和潜力等方面，并与绩效结合进行分析，从而形成本组织的人才地图。需要强调的是，进行人才测评的前提是明确本组织的人才标准，包括设定模型、绩效指标。③拟定人才盘点之后的行动计划。人才盘点是一个起点而不是终点，是一项基础性的工作，人才盘点的结果应当转化为具体的可操作的人才发展规划。

- 管理人员置换图。管理人员置换图也称职位置换卡，它记录管理人员的工作绩效、晋升的可能性和所需要的培训等内容，据此决定哪些人员可以补充组织的重要职位空缺。制订这一计划的过程是，确定计划包括的工作岗位范围，确定每个关键职位上的接替人选，评价接替人选目前的工作情况和是否达到提升的要求，确定职业发展需要，并将个人的职业目标与组织目标相互结合。其最终目标是确保组织在未来能够有足够的、合格的管理人员供给。

- 人力资源接续计划。人力资源接续计划的关键是根据工作分析信息明确工作岗位对员工的具体要求，然后确定显然可以达到这一工作要求的候选员工，或者确定哪位员工有能力经过培训可以胜任这一工作。

- 转换矩阵方法。转换矩阵方法也称马尔可夫方法，它的基本思想是找出过去人事变动的规律，以此推测未来的人事变动趋势。由于组织通常对根据判断进行的预测不满意，因此它们越来越强调运用统计技术来预测未来人力资源变化的趋势。转换矩阵实际上指的是转换概率矩阵，这一矩阵描述的是组织中员工流入、流出和内部流动的整体形式，我们可以把它作为预测内部人力资源供给的基础。

- 人力资源信息系统。人力资源信息系统为收集、汇总和分析与人力资源管理有关的信息提供了一种方法。人力资源信息系统是组织进行有关人和工作信息的收集、保存、分析和报告的过程。人力资源信息系统的一个重要用途是为人力资源计划建立人事档案。在执行具体的行动计划之前，完整的人力资源计划系统需要以下两种信息：一是人事档案，用来估计目前人力资源的知识、技术、能力、经验和职业抱负；二是对组织未来的人力资源需求的预测。建立人力资源信息系统，事先要进行周密的筹划，包括清楚地阐明目标，全面分析系统的要求，认真研究细节，特别是应该帮助管理者和员工了解人力资源信息系统的内容、作用及意义。

- 外部人力资源供给。当组织内部的人力供给无法满足需要时，组织才需要了解外部的人力供给情况。外部供给是组织在人力资源市场上采取的宣传活动引起的。与内部供给预测分析一样，外部供给分析也要研究潜在员工的数量、能力等因素。组织根据过去的录用经验可以了解那些可能进入组织的员工的数量，新进员工的工作能力、经验、性别和成本等方面的特征，以及新进员工能够承担组织中的哪些工作。当然，外部人力资源供给预测也不可能十分精确，但是这种分析的主要意义在于为组织提供一个研究新员工的来源及其进入组织的方式的分析框架。

17.3.3　人力资源计划的控制与评价

当把人力资源的供给预测和需求预测结果相互比照，就有三种可能的结果：第一，需求和供给彼此适应；第二，需求超过供给，这意味着组织在人力方面存在短缺；第三，需求小于供给，这意味着组织在人力方面存在过剩。

如果计划的人力资源需求超过供给，有两种解决方法：一是增加录用的数量，这通常需要借助寻找新的员工招聘来源、增加对求职者的吸引强度、降低录用标准、增加临时性员工和使用退休员工等办法解决；二是提高每位员工的生产率或延长他们的工作时间，这就需要提高员工的工作能力并增强他们的工作动力，可借助培训、新的工作设计、采用补偿政策或福利措施、调整管理人员与员工的关系等办法解决。一旦组织的人力供给超过需求，组织将面临非常困难的境地，组织可以选择的策略包括减少加班数量或工作时间、鼓励员工提前退休、减少新进员工的数量等，还可以让组织的供货商等上游合作伙伴以比较低廉的费率使用自己闲置的人力资源和生产设备。在没有其他选择时，组织只好采用辞退的办法。

人力资源计划应该具有整体性，这是指人事规划活动必须做到组织内部和组织外部各方面的协调一致。组织内部的一致性是指招聘、选才、安置、培训和绩效考核等人事管理工作必须相互配合。组织外部的一致性是指人事规划应该服从组织的整体规划，要考虑进入或退出某一行业、增盖厂房、购置新设备等对招聘和培训等活动的影响。整体性的人力资源计划应该包括三部分：一是供给报表，指明每个重要员工在今后五年内晋升的可能性；二是需求报表，指明各部门由于调遣、离职和新职位的产生等引起的今后五年中需要补充的职位；三是人力报表，是将供给报表和需求报表结合在一起得到的实际人事计划方案。

在对人力资源计划进行评价时，首先需要考虑人力资源计划目标本身的合理性问题。在评价人力资源计划目标的合理性时，认真考虑以下几方面是非常有帮助的：①人力资源计划者熟悉人事问题的程度以及对其重视程度。计划者对人力资源问题的熟悉、重视程度越高，那么他制订的人力资源计划就越可能合理。②人力资源计划者与提供数据以及使用人力资源计划的管理人员之间的工作关系。这三者之间的关系越好，制订的人力资源计划的目标就可能越合理。③人力资源计划者与相关部门进行信息交流的难易程度。这种信息交流越容易，越可能得到比较合理的人力资源计划目标。④管理人员对人力资源计划中提出的预测结果、行动方案和建议的重视与利用程度。这种重视和利用的程度越高，越可能得到比较好的人力资源计划。⑤人力资源计划在管理人员心目中的地位和价值。管理人员越重视人力资源计划，人力资源计划者也就越重视人力资源计划的制订过程，得到的结果才可能客观合理。

在评价人力资源计划时，还需要将行动结果与人力资源计划进行比照，目的是发现计划与现实之间的差距，指导以后的人力资源计划活动。主要的工作是进行以下比较：①实际的人员招聘数量与预测的人员需求量；②劳动生产率的实际水平与预测水平；③实际的和预测的人员流动率；④实际执行的行动方案与计划的行动方案；⑤实施计划的行动方案的实际结果与预期结果；⑥人力费用的实际成本与人力费用预算；⑦行动方案的实际成本与行动方案的预算；⑧行动方案的成本与收益。上述这些项目之间的差距越小，说明人力资源计划越符合实际。

组织经常要进行财务或税务方面的审计，同样，在人力资源管理活动中也存在审计的需要。人力资源审计主要是指考查人力资源管理活动是否按照原来的计划执行。例如，是否在规定的期限内完成了对全体员工的工作绩效考核，是否对每一位辞职的员工都进行了离职面谈，是否在员工加入组织时都建立了规定的保障计划等。

17.4　人员招聘与录用

人力资源是组织最重要的资源，而招聘是组织与潜在的员工接触的第一步。人们通过招聘环节了解组织，并最终决定是否愿意为它服务。从组织的角度看，只有对招聘环节进行有效的设计和良好的管理，才能得到高质量的员工。但是，如果高素质的员工不知道组织的人力需求信息，或者虽然知道但对这一信息不感兴趣，或者虽然有些兴趣但还没有达到愿意申请的程度，那么组织就没有机会选择这些有价值的员工。

员工的招聘环节之所以非常重要，是因为：①组织的绩效是由员工来实现的，做好员工进入组织前的选拔工作，可以避免日后的请职或解聘；②员工的雇用成本是很高的，通常包括人力资源市场的搜索费用、面试费用、体检费用、测评费用、旅行费用、安家费用、迁移费用和红利保证等；③员工的选拔工作还可能受到劳动就业法规的约束；④员工测评不仅能够帮助组织制定员工雇用的决策，也能够帮助组织制定晋升决策。

17.4.1　员工招聘的过程

招聘活动一般按照如下步骤进行。

1. 招聘计划的制订

在员工招聘开始之前，组织需要确定各工作职位空缺的性质，并在此基础上确定人力资源需求，包括需求数量、技术组合、等级和时间要求等。人力资源计划有助于我们了解所需要的工作申请人的类型和数量，而工作分析和任务分析有助于我们了解所需要的工作行为与申请人的个人特征。

招聘计划则是用人部门在组织发展战略的指导下，根据部门的发展需要，在人力资源规划和工作分析的基础上，对招聘的岗位、人员数量、素质要求、能力要求以及时间限制等因素做出的详细计划。招聘计划是招聘的主要依据。制订招聘计划的目的在于使招聘更合理化、更科学化。招聘计划的内容大致包括：①招聘的岗位、人员需求量、每个岗位的具体要求；②招聘信息发布的时间、方式、渠道与范围；③招聘对象的来源与范围；④招聘方法；⑤招聘测试的实施部门；⑥招聘预算；⑦招聘结束时间与新员工到位时间。招聘计划由用人部门制订，然后由人力资源部门进行复核，特别是要对人员需求量、费用等项目进行严格复查，签署意见后交上级主管领导审批。

2. 招聘信息的发布

招聘信息发布的时间、方式、渠道与范围是根据招聘计划来确定的。由于招聘的岗位、数量、任职者要求的不同，招聘对象的来源与范围的不同，以及新员工到位时间和招聘预算的限制，招聘信息发布时间、方式、渠道与范围也是不同的。常用的招聘渠道有互联网、媒体广告、现场招聘会、校园招聘、人才中介机构、猎头组织、雇员推荐等。组织需要选择最适合本组织的招聘渠道。

3. 应聘者申请

应聘者在获取招聘信息后，可向招聘单位提出应聘申请。组织可以建立应聘者数据库，保存符合当前招聘职位以及有可能以后会符合组织需要的应聘者资料，以便在组织需要时，从候选者库里快速搜索出具备工作所需的技能、经验和个人品质的员工，可以大量节省组织用于鉴别候选人的时间。

4. 人员甄选与录用

组织收到应聘者简历，从专业、工作经验等方面综合比较、初步筛选。初选是一种快速而粗略的挑选过程，可以只根据工作要求的某一个关键性需要进行选择。随后的录用环节应该比较严格和规范，需要进行比较全面的考察，如测试、个人面试、背景调查等。组织通过不同的甄选方法和环节，筛选并确定符合组织需要的候选人，确定录取人员。

在录用新员工后要开展入职培训，向新员工介绍组织政策、各项规定和福利待遇等情况。为了使新员工有能力达到合格的工作绩效水准，还要进行技能培训工作。

5. 聘评估与反馈

完整的招聘流程还包括后续对本次招聘工作的评估与反馈。招聘评估包括招聘周期、招聘完成率、招聘成本、用人单位满意率、录用人员评估等。工作绩效考核提供员工工作绩效水平的信息反馈，也是对招聘和录用工作质量的最终检验，并在此基础上对未来的招聘工作进行必要的优化。

17.4.2　招聘渠道类别

组织首先要确定自己的目标人力资源市场及其招聘收益的水平，然后选择最有效的吸引策略。招聘策略包括负责招聘的人员、招聘来源和招聘方法三方面。在设计外部招聘策略时可以按照以下步骤进行：①对组织总体的环境进行研究。这需要对组织的发展方向进行分析，然后进行工作分析。②在此基础上推断组织所需要的人力资源类型。这需要考虑员工的技术知识、工作技能、社会交往能力、需要、价值观念和兴趣等方面。③设计信息沟通的方式，使组织和申请人双方能够彼此了解各自相互适应的程度。

招聘渠道主要有以下几方面：

- 应征者的内部来源。在运用内部补充机制时，通常要在组织内部张贴工作告示，内容包括工作说明书和工作规范中的信息以及薪酬情况，说明工作机会的性质、任职资格、主管的情况、工作时间和待遇标准等相关因素。这样做的目的是让组织现有员工有机会将自己的技能、工作兴趣、资格、经验和职业目标与工作机会相互比较。
- 招聘广告。招聘广告是补充各种工作岗位都可以使用的宣传方法，使用最为普遍。阅读这些广告的不仅有工作申请人、潜在的工作申请人，还有客户和一般大众，所以组织的招聘广告代表着组织的形象，需要认真实施。组织使用广告作为宣传工具有很多优点：①工作空缺的信息发布迅速，能够在一两天之内就传达给外界；②与许多其他宣传方式相比，广告渠道的成本比较低；③在广告中可以同时发布多种类别工作岗位的招聘信息；④广告发布方式可以给组织保留许多操作上的优势，体现在组织可以要求申请人在特定的时间段内亲自来组织、打电话或者向组织人力资源部门邮寄自己的简历和工资要求等信息。

- 职业介绍机构。职业介绍机构的作用是帮助雇主选拔人员，节省雇主的时间，特别是在组织没有设立人事部门或者需要立即填补空缺时，可以借助职业介绍机构。在下述情况下，适合采用职业介绍机构的方式：①用人单位根据过去的经验发现难以吸引到足够数量的合格工作申请人；②用人单位只需要招聘很少数量的员工，或者是要为新的工作岗位招聘人力，无法或不值得设计和实施一个详尽的招聘方案；③用人组织急于填充某一关键岗位的空缺；④用人组织试图招聘到那些现在正在就业的员工，在人力资源市场供给紧张的形势下更是如此；⑤用人组织在目标人力资源市场上缺乏招聘经验。

- 猎头组织。猎头组织是一种专门为雇主"搜捕"并推荐高级主管人员和高级技术人员的组织，猎头组织的联系面很广，而且特别擅长接触那些正在工作并且没有积极性更换工作的人。它可以帮助组织的最高管理层节省很多招聘和选拔高级主管等专门人才的时间。

- 校园招聘。大学校园是专业人员与技术人员的重要来源。在选择学校时，组织需要根据自己的财务约束和所需要的员工类型进行决策。如果财务约束比较紧，组织可能只在当地的学校中进行选择；而实力雄厚的组织通常在全国范围内进行选择。一般而言，组织总是极力吸引最好的工作申请人进入自己的组织。组织要达到这一目的需要注意以下问题：①进行校园招聘时要选派能力比较强的工作人员，因为他们在申请人面前代表着组织的形象；②对工作申请人的答复要及时，否则会对申请人来组织服务的决心产生消极影响；③新的大学毕业生总是感觉自己的能力强于组织现有的员工，因此他们希望组织的各项政策能够体现出公平、诚实和顾及他人的特征。

- 员工推荐与申请人自荐。这种方式可以节省招聘人才的广告费等费用，还可以得到忠诚且可靠的员工。对于毛遂自荐的应征者，组织应该礼貌地接待，以免危害到组织和被推荐者之间的关系。这不仅是尊重自荐者，还有利于树立组织声誉和今后开展业务。

- 网络招聘。网络招聘打破了传统的求职方式，应聘者省去了奔波的劳累，依靠互联网，求职者能很快捕获到组织招聘信息，在最短的时间内做出响应。组织招聘工作时间由此大大缩短，这将有利于招聘工作效率的提高和招聘费用的节省。组织对求职者的处理结果、信息也能及时反馈给对方，减少求职者的等待时间。组织使用网络招聘主要有三种方式：组织自建网站、第三方招聘网站和社交媒体。组织自建网站招聘的优点在于，组织对自身人力资源需求的理解比外部网站更加深刻，同时有能力和意愿完善对求职者的反馈及配套服务。第三方招聘网站以数据的形式记录、储存组织的招聘信息和求职者的个人信息，组织在上面发布、搜集信息可以节省精力，扩大受众面。社交媒体是近几年蓬勃兴起的交流方式，并逐渐由计算机端转向移动端，利用应聘者的零碎时间可以更高效、更快速地进行招聘，微信、微博等社交平台迅速成为拓展职场人脉、寻求商业合作、进行招聘求职等活动的重要平台。

- 临时性雇员。随着市场竞争的加剧，组织面临的市场需求常常会发生波动，而且组织还要应对经济周期的上升和下降。在这种情况下，组织往往需要在保持比较低的人工成本的同时，使组织的运营具有很高的适应性和灵活性。为此，组织可以把关键员工数量限制在一个最低水平上，同时建立一种临时员工计划。这种计划可以有4种选择：第一种，内部临时工储备。组织可以专门向外部进行招聘，也可以把以前雇用过的员工作为储备。第二种，通过中介机构临时雇用。组织可以与那些保留和管理人力资源储备的就业服务机构签订合同，临时性地使用这些人力。第三种，利用自由职业者，如与担当顾问的教授专家签订短期服务合同。第四种，短期雇用，即在业务繁忙时期或者一个特定项目实施期间招聘一些短期服务人员。临时性雇员计划的缺点是：①增加招聘的成本；②增加培训成本；③产品质量的稳定性下降；④需要管理人员加强对临时性员工的激励。

17.4.3　员工录用方法

组织在招聘的录用环节需要开展许多具体工作来为录用决策寻找依据，最主要的筛选方法是申请表格、员工测评和录用面试。这些工作包括对工作申请人的背景材料进行调查、对工作申请人进行测试，以及建立工作申请人录用取舍的标准。

1. 推荐与背景调查

背景调查是指组织通过打电话或要求工作申请人提供推荐信等方式对应征者的个人资料进行验证。推荐信和背景调查可以提供关于工作申请人的教育与工作履历、个人品质、人际交往能力、工作能力以及过去或现在的工作单位重新雇用申请人的意愿等信息。

2. 录用测试方法

员工录用测试的方法有很多，可以将它们归纳为以下几类：

- 能力测试。常用的能力测试方法包括一般智力测试、语言能力测试、非语言能力测试、算术能力测试、空间感判断能力测试、运动能力测试、机械记忆能力测试、推理和理解能力测试、反应速度测试和逻辑归纳能力测试。在招聘经理人员时，智力素质测试一般包括谈吐的流利程度和空间想象能力，可以通过他们从文字或数字资料中归纳结论的能力来判断未来经理人员的才能。
- 操作能力与身体技能测试。操作能力测试指身体的协调性与灵敏度测试，身体技能测试指力量与耐力测试。这些测试包括手指灵敏度、手艺灵巧度、手臂移动速度、力量持续时间、静态的力气、动态的力气和身体的协调性等。
- 人格与兴趣测试。员工的工作绩效不仅取决于心智能力和身体能力，还决定于心理状态和人际沟通技巧等一些不太客观的因素。人格测试用来衡量受试者的内省性和情绪的稳定性等方面的基本状况。主要的人格测试法是影射法，即让受试者看一个不明显的刺激物（如图片），然后让受试者在不受约束的条件下做出反应，如根据自己对图片的理解叙述一个故事。由于刺激物很模糊，受试者的解释实际上是他们的内心状态、情感态度以及对生活的理解的准确反应，考官可以根据这个故事来了解受试者的想象推测方式和性格结构。

- 成就测试。成就测试是了解受试者已经掌握了的知识与能力，最常见的学历要求就属于成就测试。

- 工作样本法。前面我们讲过的能力测试、人格测试和兴趣测试等都是对工作绩效进行预测，而工样本法则强调直接衡量工作绩效。工作样本法的主要目的是测试员工的实际动手能力，而不是理论上的学习能力。工作样本法的测试可以是操作性的，也可以是口头表达的对管理人员的情景测试。实施工作样本法的程序是：①选择基本的工作任务作为测试样本；②让受试者执行这些任务，并由专人观察和打分；③求出各项工作任务的完成情况的加权分值；④确定工作样本法的评估结果与实际工作表现之间的相关关系，以此决定是否选择这个测试作为员工选拔的工具。工作样本法的优点是：①让受试者实际执行工作中的一些基本任务，效果直接而客观，受试者很难伪装；②工作样本法不涉及受试者的人格和心理状态，不可能侵犯受试者的隐私权；③测试内容与工作任务明显相关，不会引起公平就业方面的忧虑。

- 测谎器法。测谎器的工作原理是通过衡量受试者的心跳速度、呼吸强度、体温和出汗量等方面微小的生理变化来判断他是否在说谎。在提问的过程中，一般应该先问姓名和住址等中性的问题，然后再问实质性的问题。

- 笔迹判定法。笔迹判定法在员工录用中的应用呈现上升的趋势。笔迹判定专家可以根据工作申请人的写字习惯判断他是否倾向于忽视细节、是否在行为上前后保持一贯、是否是一个循规蹈矩的人、有没有创造力、是否讲求逻辑、办事是否谨慎、重视理论还是重视事实、对他人的批评是否敏感、是否容易与人相处、情绪是否稳定等。

- 体检。在员工录用测试中，体检是一项重要的工作。对工作申请人进行体检的目的是检查应征者身体的健康状况是否符合职位的要求，发现应征者在工作职位方面是否存在限制，同时也有助于建立保险和福利措施。

3. 工作申请表

工作申请表一般是由组织设计的由工作申请人填写并由组织人力资源部门保存的信息记录，它可以在组织出现职位空缺时用来选择员工。工作申请表除记录工作申请人的姓名、地址、联系电话等基本信息以外，还有一系列问题来了解申请人的个人特征与组织的空缺工作相互匹配的情况，包括年龄、性别、身体特征、婚姻状况、教育情况、培训背景等。有的组织还根据专家的意见或经验研究结果对每个因素赋予不同的权重，由此可以计算出每位申请人的总分，在制定录用决策时参考使用。

4. 录用原则

在招聘录用过程中，组织往往需要将多种测评工具结合在一起使用。在使用多元选择方法时，一般有三种原则。

（1）补偿性原则。所谓的补偿性原则是指工作申请人在招聘测评中成绩高的项目可以补偿成绩低的项目，因此在评价时可以对不同项目设置不同的权重。例如：

未来工作绩效预测值 $=0.6+0.4\times$ 工龄 $+0.3\times$ IQ 成绩 $+0.5\times$ 学历分值

这种补偿性原则适用于对申请人没有某种最低要求，而是强调申请人综合素质的情况。

（2）多元最低限制原则。所谓的多元最低限制原则是指申请人在测评的每个方面都必须达到某个最低标准。在运用这种原则时，申请人依次经过各种测试，只有在测试中没有被淘汰的才有资格参加下一种测试。为了进一步降低成本，在测试手段的安排上，应该首先选择成本较低的测试手段，成本越高的手段越应该安排在后面。

（3）混合原则。组织在招聘员工时经常遇到这样的问题，即在某几个方面对员工有最低的要求，但是在其他方面对员工没有最低的要求，这时就可以使用混合方法。具体的步骤是，首先对申请人使用多元最低限制原则淘汰一部分，然后依据补偿性原则对申请人进行综合评价。

17.4.4　招聘面试

尽管申请表格和录用测评都是非常有用的选拔工具，但是最常被使用的选拔工具还是面试。面试之所以受重视，原因有以下几点：①面试人员有机会直接判断应征者，并随时解决各种疑问，这是申请表格和测评无法做到的；②面试可以判断应征者是否具有热诚和才智，还可以评估应征者的面部表情、仪表及情绪控制能力等；③许多主管人员认为在录用员工之前必须与申请人面试一次，否则难以做出最终的录用决策。面试的缺点是面试人员容易情绪化，使得面试原有的优点无法充分发挥。面试的程序如下：

- 面试前的准备。在开展面试以前，首先要明确面试的目的。面试的目的可以是在申请人中间进行选择，也可以是只要求达到对申请人具有吸引的目的，或者收集申请人能够做什么事情和申请人愿意做什么工作的信息，或者检验申请人与组织要求的匹配程度，或者是向申请人提供组织的信息。因此，面试考官需要通过工作分析资料了解所招聘的工作岗位的要求，确定主要的工作职责，并严格根据工作分析结果编写设定的工作情景作为面试问题，设计并组织面试的程序，以便实现面试的目的。在准备面试问题时，一种方法是了解申请人过去的实际工作表现，其依据是过去的行为是未来的最佳预测。另一种方法是依据动机与未来的工作表现密切相关，可以用设计的工作情景进行测试。应设计申请人各种回答的评分标准，在面试结束后对申请人的表现做出一个量化的评价。
- 实施面试。面试的重点是通过与工作申请人的讨论和使用事先设计的情景问题，发现申请人的工作能力，工作申请人与未来的工作岗位相关的经验、教育和培训，以及申请人的工作兴趣和职业目标，据此对申请人的工作意愿和工作能力做出评价。
- 评估面试结果。在应征者离开后，面试人员应该仔细检查面试记录的所有要点，这有助于避免过早下结论和强调应征者的负面信息。面试考官应该根据申请人现有的技能和兴趣评价申请人能够做什么，根据申请人的兴趣和职业目标评价申请人愿意做什么，并在申请人评价表上记录对面试对象的满意程度。

按照面试问题的结构化程度，可以将招聘面试分为以下几种类型：

（1）非结构化面试。非结构化面试的特点是面试考官完全任意地与申请人讨论各种话题。面试人员可以即兴提出问题，不依据任何固定的线索，因此对于不同的应征者，可能会提出不同的问题。非结构化面试方法可以帮助组织全面了解工作申请人的兴趣。

（2）半结构化面试。所谓的半结构化面试其实有两种含义：一种是考官提前准备重要的问题，但是不要求按照固定的次序提问，而且可以讨论那些似乎需要进一步调查的题目；另一种是面试人员依据事先规划的一系列问题对应征者进行提问，一般是根据管理人员、业务人员和技术人员等不同的工作类型设计不同的问题表格，在表格上要留出空白以记录应征者的反应以及面试人员的主要问题。这种半结构化面试可以帮助组织了解工作申请人的技术能力、人格类型和对激励的态度。最后，面试人员要在表格上给出评估和建议。

（3）结构化面试。结构化面试就是提前准备好问题和各种可能的答案，要求工作申请人在问卷上选择答案，面试人员可以根据应征者的回答，迅速对应征者做出不理想、一般、良好或优异等各种简洁的结论。因此结构化面试是一种比较规范的面试方式。

17.4.5　招聘效果评估

从组织的角度看，招聘工作的成绩可以用多种方法检验，但所有的评价方法都要落实到花费的资源既定的条件下，为工作岗位招到的申请人的适用性。这种适用性可以用全部申请人中合格的数量所占的比例、合格申请人的数量与工作空缺的比例、实际录用到的数量与计划招聘数量的比例、录用后新员工的绩效水平、新员工总体的辞职率以及各种招聘渠道得到的新员工的辞职率等指标来衡量。

招聘效果主要从招聘周期、用人部门满意度、招聘成功率、招聘达成率、招聘成本 5 个方面进行评估。

（1）招聘周期是指完成一个职位所需要的招聘时间。对于组织而言，职位一旦发布，就说明这个岗位是组织所需要的，如果长时间招不到合适的人才，就会给组织的运营带来直接影响。即使这个岗位不是急缺的，招聘周期越长，组织花费在上面的人力、物力、财力会越多。

（2）用人部门满意度是指用人部门领导对所招员工的满意程度。招聘到的员工直接听从用人部门的安排，由用人部门使用，如果用人部门严重不满意就很可能重新启动该职位的招聘程序。

（3）招聘成功率是指实际上岗人数和面试人数的比例。很多组织发布职位后会收到很多投递来的简历，组织也会根据需要自主下载一些求职简历，经过筛选，对其中一部分求职者发出面试邀请。招聘成功率与用人单位的知名度有直接的联系。

（4）招聘达成率是指实际上岗人数与计划招聘人数的比率。特别是基层岗位，需要的员工人数较多、招聘量大，但往往因为各种因素的干扰，实际能上岗的人数不能达到计划人数，这一比率与组织岗位设置有必然的关系。

（5）招聘成本是指一个职位招聘需要花费的总费用，包括显性成本和隐性成本。组织对显性成本比较敏感，对隐性成本则认识不足。招聘成本的核算取决于多个因素，除了招聘广告费用招聘员工成本、内部推荐奖励资金，不可忽视的还有内部沟通、内部协商等隐性成本。另外，试用期离职率、人才库建立、新员工满意度、入职办理速效性、外部渠道依赖性等方面也应纳入招聘效果的评估范畴。

17.5　人员培训

组织的不断发展对员工技能的要求越来越高，越来越多的组织更加重视员工培训。员工培训指的是创造一个环境，使员工能够在这一环境中获得或学习特定的与工作要求密切相关的知识、技能、能力和态度。培训的目的是按具体的工作要求塑造员工的行为方式，使员工可能的行为方式类别减少的过程。员工培训是一个系统性的过程，它能够提高员工的技能水平，增强员工对组织的规则和理念的理解，改进员工的工作态度，旨在提高员工特征和工作要求之间的配合程度。

17.5.1　员工培训的基本程序与培训类型

员工培训是指将执行工作的各种基本技能提供给新进员工或现有员工，包括一系列有计划的活动。这些活动的目的是改进员工的知识、技能、工作态度和社会行为，为提高组织效益而服务。员工培训的基本步骤是：

（1）评估组织开展员工培训的需要，确定组织绩效方面的偏差是否可以通过员工培训来弥补。

（2）设定员工培训的目标。在确定培训目标的过程中，需要注意的是目标的设立与评价标准的确定密切相关，因此培训目标应该是可以衡量的。由于组织面临的问题会不断变化，培训项目在实施过程中会暴露出新的问题，因此培训目标也将不断变化。

（3）设计培训项目。对培训项目的设计涉及培训开展的很多方面，例如培训师的选择、培训地点的布置、培训方法的设计、培训教材的确定等。

（4）培训的实施和评估。在评估过程中要比较员工接受培训前后的绩效差异，以此考核培训计划的效果。

培训的类型包括入职培训及员工在职培训。

- 入职培训。入职培训是使新进员工熟悉组织、适应环境和形势的过程。新进员工进入组织会面临"文化冲击"，入职培训意味着员工必须放弃某些理念、价值观念和行为方式，要适应新组织的要求和目标，学习新的工作准则和有效的工作行为。在这一阶段要帮助新进员工建立与同事和工作团队的关系，建立符合实际的期望和形成积极的态度。员工入职培训的目的是消除员工新进组织产生的焦虑，而入职培训有助于消除这些焦虑。员工应尽力使自己与组织的要求相适应，这可以产生积极的工作态度和高的工作标准。

● 员工在职培训。在职培训能够为员工提供一个真实的工作环境和回报。在职培训可节约培训成本，受训者迅速得到工作绩效反馈，学习效果明显。缺点是经理人员对待在职培训的态度不够重视，常常没有很好地设计在职培训，不明确在职培训的目标，在实施过程中也不指派训练有素的教员，结果是员工在经过在职培训之后收获甚微。

17.5.2　员工培训内容与需求评估

一般来说，新员工需要的培训内容包括：①组织的标准、行为规范、期望、传统与政策，包括领薪的手续、证件的取得方法和工作时数等；②新员工需要被社会化，即需要学习整个组织和管理层所期望的态度、价值观和行为规范；③工作中技术方面的问题。人力资源部门对入职培训活动的计划和追踪负有总体责任，而人力资源部门和直线经理人应该明确各自的职责，以免发生信息传达的重复和遗漏。入职培训的形式有简单的口头介绍，也有手册形式的正式培训计划。

员工在职培训内容一般可通过培训需求的循环评估模型及前瞻性培训需求分析模型确定。循环评估模型是指针对员工培训需求提供一个连续的反馈信息流，以便周而复始地估计培训需求。在每个循环中，都需要依次从组织整体层面、作业层面和员工个人层面进行分析。具体而言，循环评估模型需要解决以下三个层面的问题：

（1）组织分析。组织分析是指确定组织范围内的培训需求，以保证培训计划符合组织的整体目标与战略要求。组织层面的分析目的是辨析培训活动开展的背景，确定在给定组织经营战略的前提下，培训如何支持特定战略的实施。组织层面的分析重点是组织的战略目标分析、资源分析及氛围分析，通过分析准确找出组织中存在的问题，明确培训是不是正确解决问题的手段。

（2）绩效分析。绩效分析是考察员工目前的实际绩效与理想的目标绩效之间是否存在偏差，然后决定是否可以通过培训来矫正偏差。员工培训的主要作用是提高员工的工作能力以改进工作绩效，因此培训能够解决员工能力方面的问题，而要改变员工的工作态度就需要改变奖励和惩罚等薪酬政策，采取工作设计等方法。

（3）任务分析。任务分析的目的在于分析员工达到理想的工作绩效所必须掌握的技能和能力，从而确定培训的内容。这一层面的分析包括系统地收集反映工作特性的数据，并以这些数据为依据，拟定每个岗位的工作标准，还要明确员工有效的工作行为所需要的知识、技能和其他特性。对任务进行分析的最终结果是形成工作活动的详细描述，包括员工执行的任务和完成任务所需要的知识、技能和能力等的描述。

随着技术的不断进步和员工在组织中个人成长的需要，即使员工目前的工作绩效是令人满意的，也可能需要为工作调动做准备、为员工职位的晋升做准备，或者适应工作内容要求的变化等而提出培训的要求。前瞻性培训需求分析模型为这种情况提供了良好的分析框架，如图 17-3 所示。

基于组织的职业发展通道，利用学习地图、领导梯队模型这样的工具进行前瞻性培训需求分析，是非常有效的途径。

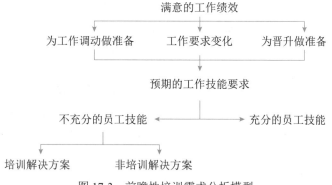

图 17-3　前瞻性培训需求分析模型

17.5.3　培训效果评估与培训迁移

培训效果是指在培训过程中受训者所获得的知识、技能、才干和其他特性应用于工作的程度。培训效果可能是积极的，这时工作绩效得到提高；也可能是消极的，这时工作绩效恶化；还可能是中性的，即培训对工作绩效没有明显的影响。

在对培训项目的结果进行评估时，需要研究以下问题：①员工的工作行为是否发生了变化？②这些变化是不是培训引起的？③这些变化是否有助于组织目标的实现？④下一批受训者在完成相同的培训后是否会发生相似的变化？

对变化的衡量涉及以下 4 个方面：

（1）反应。即受训者对这一培训项目的反应。受训者是否感到培训项目有好处，包括受训者对培训科目、培训教员和自身收获的感觉。

（2）学习效果。即受训者对所教授的内容的掌握程度，受训者能否回忆起和理解所培训的概念和技能。这可以用培训后的闭卷考试或实际操作测试来考察，如果受训者没有学会，那么培训者就没有发挥作用。

（3）行为变化。即员工因参加这一培训所引起的与工作有关的行为发生的变化，受训者是否在行为上应用了学到的这些概念和技能。工作经历的逐渐丰富、监督和工作奖励方式的变化都可能对员工的行为产生影响。为了克服这种干扰，可以使用控制组方法，即将员工分为培训组和未受培训的控制组。在实施培训之前，衡量各组的工作绩效；在实施培训之后，再衡量各组的工作绩效，通过比较发现培训的效果。这个绩效变化需要在培训结束后经过一段时间才能有所体现，这一性质对正确评估培训项目的效果很重要。

（4）培训效果。即受训者行为的变化是否对组织的结果有积极影响，有多少积极效果（如生产率的提高、质量的改进、离职率的下降和事故的减少）是由培训引起的，受训者在经过培训之后是否对组织或他们的工作产生了更加积极的态度。

组织都想通过培训获得新知识、技能、行为和态度，如果没有或不能迁移到工作中或在一定时间内不能维持，那么培训的价值是很小的。培训迁移重点关注的是知识、技能和态度能否转变为行为和结果，所以在人力资源开发领域，我们更关心的是在什么条件下更容易出现培训迁移。Baldwin 和 Ford 于 1988 年提出了一个培训迁移过程模型，如图 17-4 所示。这个模型指出培训输入包括受训者特征（Trainee Characteristics）、培训设计（Training Design）和工作环境（Work Environment），会影响学习、保存和迁移，并且受训者特征和工作环境将直接影响迁移效果。受训者特征包括影响学习的各种能力、个性和动机。培训设计指学习环境的重要特点，包括培训材料、学习目的、培训内容，以及培训场地的自然环境特征。工作环境指能够影响培训迁移的所有工作上的因素，包括管理者和同事支持、技术支持、转化氛围和在工作中应用新技能的机会。有利于培训迁移的各种工作环境特征如表 17-3 所示。

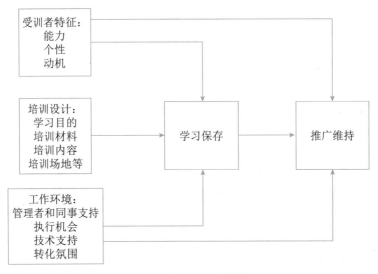

图 17-4　培训迁移过程模型

表 17-3　促进培训迁移的工作环境特征

特征	举例
直接主管：鼓励受训者使用培训中获得的新技能和行为方式并为其设定目标	刚接受过培训的管理者与主管人员和其他管理者共同讨论如何将培训成果应用到工作中
任务线索：受训者的工作特点会督促或提醒其应用培训过程中获得的新技能和行为方式	刚接受过培训的人员的工作就是按照使用新技能的方式来设计的
反馈结果：直接主管支持应用培训中获得的新技能和行为方式	直接主管应关注那些应用培训内容的刚受过培训的人员
不轻易惩罚：对使用从培训中获得的新技能和行为方式的受训者不会公开责难	当刚受过培训的人员在应用培训内容出现失误时，不会受到惩罚
外部强化：受训者会因应用从培训中获得的新技能和行为方式而受到外在奖励	刚受过培训的人员若成功应用了培训内容，他们的薪水会增加
内部强化：受训者会因应用从培训中获得的新技能和行为方式而受到内部奖励	直接主管和其他管理者应表扬刚受过培训就将培训所教内容应用于工作中的人员

17.6　人员职业规划与管理

职业生涯是指一个人在一生中所从事的各种工作职业的总称，也是一个人一生中价值观、为人处世的态度和动机变化的过程。组织在人力资源管理过程中，应该认清员工职业生涯的发展，给予一定的发展机会，帮助他们获得发展。

员工的职业规划方案必须能够适应组织性质的需要，适应组织在员工招聘方面竞争的需要，适应现存的或计划实施的组织结构。在向员工提供职业指导和咨询以前，组织应该首先确定员工可能选择的职业道路。职业道路是指一个人在一生中可能担任的一系列职务。员工的职业道路可以通过分析员工在组织中目前的工作情况来判断。对员工职业道路的要求是：①应该代表员工职业发展的真实可能性，无论是横向发展还是纵向升迁都不应该以通常的速度为依据；②应该具有尝试性，能够根据工作的内容、任职的顺序、组织的形式和管理的需要进行相应的调整，同时也不要过分集中于一个领域；③具有灵活性，要具体考虑每位员工的薪酬水平，以及对工作方式有影响的员工的薪酬水平；④说明每个职位要求员工具备的技能、知识和其他品质，以及具备这些条件的方法。在为员工确定职业道路时，首先应该进行工作分析，找出工作对员工要求的相同点和不同点，然后将对员工的行为要求类似的工作组合在一起，形成一个工作族，并在工作族或工作族之间找出一条职业道路，最后将确定的所有职业道路连接起来，构成一个完整职业系统。

组织的管理人员在员工的职业规划中应该承担的工作包括：①充当一种催化剂，鼓励员工为自己建立职业规划；②评估员工表达出来的发展目标的现实性和需要的合理性；③辅导员工做出双方都愿意接受的行动方案；④跟踪员工的前程规划并进行适当的调整。组织在员工职业前程规划中的责任包括：①提供员工制定自己的职业规划所需要的职业规划模型、信息、条件和指导；②为员工和管理人员提供建立职业规划所需要的培训；③提供技能培训和在职培训。

在组织的员工职业管理过程中，员工需要承担的责任是向组织的管理人员提供所需要的技能、工作经验和职业意愿等方面的准确信息。在这一过程中，管理人员的责任包括：①发挥员工提供的信息的作用；②向员工提供自己负责的职位空缺的信息；③管理人员要综合有关的信息，为职位空缺确定合格的候选人并进行选择，同时为员工发现职位空缺、培训项目和工作轮换等职业发展机会。组织在员工职业管理中的责任包括：①为管理人员的决策过程提供信息系统和程序；②负责组织内部各类信息的及时更新；③设计出收集信息、分析信息、解释信息和利用信息的便捷方法，以确保信息利用的有效性；④监控和评价员工职业管理过程的执行效果。

17.7　本章练习

1. 选择题

（1）正确处理组织中"人"和"与人有关的事"所需要的_____是人力资源管理的关键。

　　A. 观念、理论和技术

　　B. 监控、保证和服务支持

C. 创新、变革和优化

D. 谈判、管控和团队建设

参考答案：A

（2）人力资源管理目标不包括：_____。

A. 建立员工招聘和选择系统，以便雇用到最符合组织需要的员工

B. 最大化每个员工的潜质，既服务于组织的目标，也确保员工的事业发展和个人尊严

C. 保留年轻且工作能力强的员工，淘汰工作积极性不高的员工

D. 确保组织遵守政府关于人力资源管理方面的法令和政策

参考答案：C

（3）在招聘录用过程中，组织往往需要将多种测评工具结合在一起使用。在使用多元选择方法时的原则包括：_____。

①补偿性原则　　②多元最低限制原则　　③随机选择原则

④混合原则　　⑤年轻化原则

A. ①②④　　　　　B. ①②③　　　　　C. ③④⑤　　　　　D. ②③⑤

参考答案：A

（4）岗位设计的主要内容包括：_____。

A. 工作内容设计、工作职责设计和工作绩效设计

B. 工作内容设计、工作绩效设计和工作关系设计

C. 工作内容设计、工作职责设计和工作关系设计

D. 工作内容设计、工作关系设计和工作绩效设计

参考答案：C

（5）关于员工培训的描述不正确的是：_____。

A. 员工培训是一个系统性的过程，它能够提高员工的技能水平

B. 员工培训可增强员工对组织的规则和理念的理解

C. 员工培训能够改进员工的知识、技能、工作态度和社会行为，为提高组织效益而服务

D. 员工培训效果一定是积极的，工作绩效可以得到提高

参考答案：D

2. 思考题

（1）人力资源管理目标包括哪几个方面？

（2）在评价人力资源计划目标的合理性时，哪些方面是需要认真考虑的？

（3）招聘活动一般按照哪些步骤进行？

参考答案：略

第 18 章　知识管理

知识管理是协助组织和个人，围绕各种来源的知识内容，利用知识、技术等手段，实现知识的生产、分享、应用以及创新，并在个人、组织、业务目标、经济绩效和社会效益等方面形成知识优势和产生价值的过程。知识管理以"知识"为管理对象，包括知识的获取与收集、组织与存储、交流与共享、转移与运用、协同与创新，运用集体的智慧提高组织的应变能力和创新能力，以增加产品和服务的知识价值含量，提高组织的竞争力。知识管理是通过人、技术、环境的协同交互，将个体或组织内外知识进行系统的收集、共享、学习、交流、融合、应用和创新等活动，从而提高个体或组织的发展能力和竞争优势。

18.1　知识管理基础

知识管理旨在帮助组织和个人更好地利用和创造知识，以提高工作效率、促进创新和提升竞争力。知识管理是一个持续的过程，需要组织和个人的积极参与和持续投入。它能够帮助组织和个人更好地利用和创造知识，提高工作效率、促进创新、增强竞争力，从而实现长期可持续发展。知识管理从管理视角出发，它是一个系统化、程序化的过程。知识管理过程通常包括：知识获取与采集、知识组织与存储、知识交流与共享、知识转移与应用、知识管理审计与评估。

知识可以分为显性知识和隐性知识，显性知识与隐性知识可相互转换。基于显性知识生成隐性知识是人们学习显性知识以后，综合自身的人生经历和经验，将显性知识内化成属于自己的隐性知识，再通过不断地实践，随之变成习惯，潜移默化地加深对隐性知识的理解。基于隐性知识创造显性知识是人们将自身内部的隐性知识明示出来，让知识理念化，使大家更容易理解，之后综合显性知识，让知识系统化，以便更加容易归纳总结。

18.1.1　知识管理的内涵与特征

知识管理是提高组织应变能力和创新能力的重要途径。

1. 知识管理的定义

知识管理是以知识为对象，以知识、技术为手段，运用知识进行的管理。知识管理能给组织带来知识增值，进而为组织创造新的价值，驱动组织把握发展战略，带来决策的效能和水平提升。

2. 知识管理的特征

知识管理的特征包括：

（1）知识管理是优化的流程。知识管理具有可执行性和流程化特征，按照知识的存在过程与业务流程的结合分为若干环节，通过对每个环节的改进和增值，实现组织整体价值创造效率的提高。

（2）知识管理是管理。主要强调管理特性，突出知识管理可以帮助组织实现知识显性化和知识共享、知识转移等，是一条提升运行效率的捷径。

（3）知识管理依赖于知识。知识的基础管理是整个知识管理的前提，由于知识识别、获取、整理等过程的复杂性，只有加强对知识的基础管理才能确保组织中知识的稳定生成和发展。知识管理应把知识作为组织的战略资源，作为一种管理思想和方法体系，它以人为中心，以数据、信息为基础，以知识的创造、积累、共享及应用为目标。

18.1.2　知识管理的目标与原则

1. 知识管理目标

知识管理可以达成的目标包括：

（1）实现组织的可持续发展。将组织中的产品和服务研发与销售网络、专利技术、业务流程、专业技能等知识，作为核心资产进行管理、开发和保护。建立相应的管理体系，通过组织文化、知识库、信息通信技术等形式，把知识固化到组织中去，有助于实现组织的可持续发展。

（2）提高员工素质及工作效率。通过组织知识的共享与重用，可以提高员工的知识水平和创新能力，提高工作效率、研发水平、操作技能及服务能力等。

（3）增强服务对象满意度。通过为用户、社会提供更优质的产品、高效的服务，可以帮助提升组织的服务对象满意度、社会公众满意度。

（4）提升组织的运作绩效。通过将组织的知识运用于业务运作的各个环节，从而提高业务管理水平、产品研发能力、生产经营水平、市场开拓能力、产品附加值，提升服务水平，建立竞争优势。

2. 知识管理原则

实施知识管理一般遵循的原则包括：

（1）领导作用。领导者的支持和参与，是系统实施知识管理的前提和保障，是取得知识管理成功的关键。

（2）战略导向。组织需要基于对自身发展战略、知识管理现状及其需求的分析，将知识管理战略融入组织的业务战略中，以支撑组织战略目标实现。

（3）业务驱动。组织需要在不同的规划期间，以核心业务为向导，针对业务热点或主题来推进知识管理，实现组织结构、业务流程和知识管理流程的有效衔接与互动。

（4）文化融合。知识管理涉及人员、文化、制度、行为模式等多方面的问题。实施时，应抛弃单纯从技术出发的观念，应将知识管理思想、理念和方法与组织现有的文化和行为模式相融合。

（5）技术保障。组织应采用适宜的技术设施保障知识管理的实施，从业务或文化角度推进知识管理时，促进知识管理的成果固化和持久。

（6）知识创新。组织应制定制度鼓励员工创新，将知识管理与创新的绩效挂钩，激发员工的创新自主性。

（7）知识保护。在组织创造、积累、分享和使用知识的同时，应注重组织内部知识的安全保密，保护好知识产权，避免因人员的流动、合作伙伴变化、供应商变更等因素导致知识的流失与损失。

（8）持续改进。知识管理应定期检查和评审，并持续改进。

18.1.3　知识价值链及流程

1. 知识价值链含义

知识价值链是指将知识转化为实际价值的一系列过程和活动。它描述了从获取知识到运用知识的过程，涵盖了知识的各个阶段和环节。通过有效地管理知识价值链，组织和个人能够更好地利用和创造知识，提高工作效率、促进创新、增强竞争力，并最终实现长期可持续发展。

2. 知识价值链流程

知识管理的流程依附于知识价值链。知识工作者的主要任务是知识获得与知识发展，决策制定者的主要任务是应用知识得到较佳的决策与行动方案，以获得组织期待的结果。整个知识价值链是从知识工作者与决策制定者互相分享彼此的认知开始，再由获得数据、处理数据、分析信息、沟通知识、应用智能、制定行动方案、展开行动等步骤完成。知识价值链是一个包含知识输入端、知识活动面、价值输出端的整合模式，是指知识以多元管道汇集，并收敛至单一窗口进入组织中，通过各种知识活动运作后，再以发散式的多元价值贡献输出。一般来说，知识价值链流程主要包括以下几方面。

（1）知识创造。

组织所应用的知识应有其产生的来源，而且其来源应该是多元化的。除组织成员所贡献的专业意见和知识、理念、想法外，来自互联网的全球知识，与外部组织共同贡献知识、分享知识，也是关键所在。

（2）知识分类。

组织机构在日常运行中会自然产生各种文件，包括技术方案、操作手册、各类技术报告等，以及其他已经成为电子档案的文件。至于要采用何种文件分类方式，应依组织的需要而定。组织对知识进行分类时应以最高实用性为优先考量，管理者需选择最广泛及最可能被组织成员搜寻与获取知识的分类方法。

（3）知识审计。

知识分类的另一种方式是运用知识审计手段来完成。知识审计是指针对组织内部的专业领域与组织外部的需求，经由有计划的流程设计与审查，对组织知识进行系统的调查与分析。知识审计的目的是希望借助知识审计的结果，完成知识文件分类与核心竞争优势调查，有系统地挖掘组织与个人的竞争优势，提供组织变革、流程改造、策略规划与任务指派时的引导和方向，实现组织转型升级的目的。

组织进行知识审计可分为三个步骤：①定义组织目前存在的重要知识，包括隐性知识与显性知识，并建立知识地图；②定义组织有哪些重要知识正在流失，评估其对组织目标的影响，以及确认哪里需要那些正在流失的知识；③针对盘点结果所呈现的组织现状及可能改善的劣势，提出涵盖知识库、社群、实务学习、知识管理网站等执行方向的建议，作为知识管理活动优化的参考依据。

（4）知识储存。

组织在进行知识管理时，可以利用知识管理平台来储存。组织的知识不仅包含文件或程序，还包含图片、影像、多媒体、音频等类型的档案，这些档案经过数字化，也可储存至知识管理平台，即知识库。

（5）知识分享。

知识需要分享才能产生真正的价值，必须让组织成员理解：只要愿意将知识分享出去，所分享回来的知识将会更多，如果每个人都隐藏自己的优势，到最后所有的优势都将变成劣势。组织在进行知识分享时，需考虑分享的渠道能否分享过去的经验知识、已习得的未来新趋势、组织内部的知识、内隐的技术和经验、外显式的文件档案等，以及能否与外界专家交流及分享等。

（6）知识更新。

目前，知识更新大多是利用科技网络，按照需求配置各类系统平台来完成的，包括文件管理系统、知识社群、智库、工作流程自动化、核心专长调查表等。若知识能够实时更新，组织就能够随时掌握组织及个人的核心优势。当组织能掌握内部核心优势时，组织外部有任何机会和竞争需求，都可以在最短的时间内找出最适当的人，执行最新的任务。如果组织没有这样的机制，就没有办法掌握内部的成长过程，也就无法快速响应外部剧烈变化的环境。因此，知识的更新，除文件的更新之外，最重要的是要能实时更新组织及个人内隐的核心专长。

18.1.4　知识管理的主要类型

1. 基于内容对象的视角

知识管理是对组织适应知识经济的生产、知识在诸生产要素中的地位日益提高这一新形势的必然要求，并将随着知识经济的发展而发展。知识可以根据是否容易被外显表达分为显性知识和隐性知识。显性知识可以通过教育培训、书籍、网络等途径较为容易地获取和传播，隐性知识则通常需要通过亲身经历或与他人的交流与互动来传递和获取，两者相辅相成。

（1）显性知识管理。

显性知识是在一定条件下，即特定的时间里具有特定能力的人，通过文字、公式、图形等表述或通过语言、行为表述，并体现于纸、光盘、磁带、磁盘等客观存在的载体介质上的知识。它是客观存在的，不以个人意志为转移。显性知识作为可以借助于言语表达的明确性知识，是从隐性知识中分离出来的系统性知识，其构造极具系统性和体系性，具有明确的方法和步骤，有助于人们更好地理解各类信息，它也是客观性的、社会性的、组织化的知识，具有理性和逻辑性。显性知识也是数据知识，推动认识的知识。通过信息系统的应用支撑，可以实现显性知识的转移、转换和再利用，还可以通过语言媒介实现共享和编辑。

显性知识具有 4 个主要特征：①客观存在性。显性知识一旦表达出来就是脱离个人自身的知识，它通过言传、身教或附于某种介质上的编码等方式表现出来，它不依赖于个人而客观存在。正是由于显性知识的这种特性，才有利于显性知识的保存、记录、交流和传播等。②静态存在性。显性知识不随时间或环境的变化而变化，一旦表达出来就不再变化。③可共享性。显性知识可以被传播并共享，而隐性知识不具有这个能力，因此要实现知识的传播和共享必须将隐性知识转化为显性知识。④认知元能性。显性知识直接来源于实践技能等这类隐性知识，但最终来源于个人的心智模式和元能力。

（2）隐性知识管理。

隐性知识是指个人在实践和经验中所获得的、难以明确表达和传递的知识。与明确的书面知识不同，隐性知识通常存在于个人的思维、见解、洞察力、技能和直觉等方面，难以以明确的形式进行记录和传授。在组织环境中，隐性知识由技术技能、个人观点、信念和心智模型等认知维度构成，隐性知识交流在很大程度上依赖于个人经验和认知，难以交流和分享，例如主观见解、直觉和预感等这一类的知识。隐性知识交流是通过知识主体（知识拥有者）与知识客体（知识需求者）协同互动，以可接收、可理解、可消化的方式使知识客体获得、吸收并且消化知识，形成隐性知识供应方与隐性知识需求方相匹配的过程。隐性知识作为智力资本，可以提高决策质量。

隐性知识具有 6 个主要特征：①非陈述性。隐性知识嵌入在个人的心智或者知觉中，难以明确阐述或编码。隐性知识包括个人理解、技能、能力和经验等，难以定义和解释，难以评估和衡量。隐性知识需要被发现、提取和捕获，它必须创造性地传播与共享，从而有效地扩充知识库。②个体性。隐性知识为个人知识，来自于个人经验且存储在拥有它的个人头脑中。隐性知识由个体在某种情境下的心智模式构成，并深深地嵌入个体中，被个体认为是理所当然的，这也造成隐性知识难以表述。由于个体自身利益、兴趣爱好等方面的考虑，隐性知识拥有者不会将有价值的隐性知识轻易转移出去。③实践性。隐性知识是基于实践过程的，因为隐性知识的认知具有实践属性，缺少实践过程往往难以获得。隐性知识嵌入在组织的实践、流程及结构中，隐性知识交流并非按规划或计划进行，其交流过程是非正式的、缓慢积累的实践过程。④情境性。隐性知识是基于情境的，一般隐性知识是在工作和其使用情境中获得的，隐性知识深深扎根于特殊情境中。个体隐性知识存在于人头脑中，来自情境、动机、机遇和接触。通过特定情境，经验和教训的反复尝试，可以增强和扩充隐性知识。隐性知识需要嵌入特定的情境，包括组织文化、结构和流程中才可以发挥价值。⑤交互性。隐性知识通过个体交互过程可以获得，这些交互过程包括人与人之间的经历、反思、内化和个人才能的交流。因此，隐性知识不能以与显性知识相同的方式进行管理，学徒制、直接交互、交流和行动学习、面对面社交互动以及经验实践等交互方式更适合隐性知识交流。隐性知识交流中人与人交互的关键是个人愿意且有能力分享其所知。开放、信任和组织成员之间良好的沟通交互可以促进隐性知识的交流。⑥非编码性。隐性知识不像显性知识那样可以通过技术工具实现编码化，隐性知识大部分都是非结构化知识，难以用数字、公式和科学规则等来表达，也难以用文字、语言来表达，交流与转化速度相对较慢，且成本较高。

2. 基于行为主体的视角

按照知识管理的主体来分类，知识管理可分为个人知识管理和组织知识管理。个人知识管理和组织知识管理相互关联，通过个人知识管理的活动可以为组织知识管理提供源源不断的知识输入，组织知识管理的支持和平台则能够促进个人知识管理的活动和价值的发挥。

（1）个人知识管理。

个人知识管理关注的是个体在个人层面上对知识的获取、组织、应用和分享，包括个体如何有效地获取知识、如何将知识整理和存储、如何应用知识解决问题、如何与他人分享知识等个人层面的活动。个人知识管理的目标是提升个体的学习能力和工作效率，促进个人的成长和发展。个人知识管理具有以下特征：①主体性。个人知识管理是由个体自主进行的，个体可以自行选择获取、整理、应用和分享知识的方式和工具。每个人的知识需求和偏好都可能不同，因此个人知识管理注重个体的主观意愿和主动性。②多样性。个人知识管理涉及各种形式的知识，包括书籍、文章、文档、笔记、经验、技能等。个体可以通过多种途径和渠道获取和组织知识，例如阅读、学习、实践、反思等。个人知识管理也可以采用多种工具和方法，如笔记本、知识管理软件、个人知识库等。③循环性。个人知识管理是一个不断迭代的过程，包括获取、整理、应用和分享知识的循环。个体从不同的来源获取知识，经过整理和归纳后应用于实际问题中，通过分享和交流又能够重新获取新的知识，形成良性循环。④自适应性。个人知识管理需要根据个体的需求和环境进行灵活调整和自适应。个体需要根据自身的学习目标和工作需求来选择适合的知识获取和整理方式，也需要根据变化的情境和问题来灵活应用已有的知识。⑤社交性。个人知识管理并不是孤立的，它与他人的知识共享和合作密切相关。个体可以通过与他人的交流和分享来扩大知识的范围和深度，也可以通过参与社区、团队等协作环境来共同创造和应用知识。

（2）组织知识管理。

组织知识管理关注的是组织内部对知识的获取、创建、存储、分享和应用。它涉及组织内部的知识资产和知识流程的管理，包括建立知识库、知识共享平台、专家系统等，以促进知识在组织内部的流动和共享。组织知识管理的目标是提升组织的创新能力、竞争力和持续发展能力。组织知识管理具有以下特征：①组织性。组织知识管理是在组织层面进行的活动，关注的是组织内部对知识的获取、创建、存储、分享和应用。它涉及整个组织的知识资产和知识流程的管理，包括建立知识库、知识共享平台、专家系统等。组织知识管理需要有组织的支持和资源投入。②共享性。组织知识管理强调知识的共享和流动。通过建立合适的知识共享平台和机制，组织成员可以将各自的知识和经验分享给他人，实现知识的共享和互补。这不仅能够提高组织内部的创新能力和问题解决能力，还能够促进组织内部的学习和发展。③学习性。组织知识管理注重组织的学习能力和学习型组织的建设。通过不断获取、整理、应用和分享知识，组织可以积累和更新知识资产，提升组织的学习能力和适应能力。组织知识管理也强调组织成员的学习和成长，鼓励员工不断学习和创新。④文化性。组织知识管理与组织文化密切相关。知识共享和知识分享需要建立一种开放、信任和合作的组织文化。组织需要鼓励员工之间的交流和合作，营造良好的知识分享氛围，并通过奖励和认可来激励和支持知识管理的活动。⑤持续性。组织知识管理是一个持续的过程，要求组织能够不断更新和维护知识资产，并随着环境的变化进行调整和优化。组织需要关注知识的更新和创新，建立一套有效的知识管理机制和流程，使知识能够得到持续积累和应用。

18.2　获取与收集

知识获取与收集是知识管理中非常重要的步骤。它有助于组织获取并整理各种形式的知识，以便更好地应对挑战、提高效率和推动创新。

知识获取是对组织内部已经存在的知识进行整理积累或从外部获取知识的过程。知识获取的本质在于知识量的积累。对组织来说，知识获取应该收集整理多方面的知识，并使沉淀下来的知识具有再利用的价值。同时，还可以通过兼并、收购、购买等方式直接在某个领域突破知识的原始积累获取所需要的知识，或有针对性地引入相应人才。知识收集是指通过适当的方法、途径和工具，将知识聚集在一起的过程。

知识获取与收集分为主动式和被动式两类：主动式知识获取与收集是知识处理系统根据领域专家给出的数据与资料，利用工具直接自动获取或产生知识，并装入知识库中，所以也称知识的直接获取与收集。被动式知识获取与收集是间接通过一个中介人并采用知识编辑器之类的工具，把知识传授给知识处理系统，所以亦称知识的间接获取与收集。

知识获取与收集可以提高组织创新绩效。从外部引进知识可以形成创新，能够使组织快速感知新技术的发展趋势和社会的新需求趋势，把握外部新的信息流动，形成知识信息的"新组合"，引领新产品和新服务，提高创新效率。因此，有效地获取与收集知识对组织创新绩效有重要意义。

18.2.1　过程与步骤

知识获取与收集过程与步骤可能因个人或组织的需求而有所不同，重要的是根据自身的需求和目标，选择合适的方法和工具，积极主动地获取和更新知识。

知识获取与收集主要过程与步骤有：

（1）确定需求。明确个体或组织的知识需求和目标。这可以通过问题定义、目标设定和需求分析来实现。

（2）确定信息源。确定可以获取所需知识的信息源和渠道，包括书籍、学术论文、互联网、专家访谈、培训课程等。

（3）搜集信息。使用适当的工具和技术，搜集相关的信息和知识，包括图书馆研究、网络搜索、访谈、调查问卷等。

（4）评估信息质量。对搜集到的信息和知识进行评估和筛选，确保其可靠性、准确性和相关性。可以通过考虑信息来源的可信度、作者的资格、研究方法等来实现。

（5）整理和组织。整理和组织搜集到的信息和知识，使其更易于理解和使用。可以通过分类、标签、总结、摘要等方式来实现。

（6）分析和综合。对搜集到的信息和知识进行分析和综合，寻找其中的关联、模式和洞察力。这有助于深入理解知识，并将其应用于实际情境中。

（7）应用与实践。将获取到的新知识运用到实践中，通过实际运用和经验积累进一步加深理解和掌握。

（8）反思和反馈。在应用新知识的过程中，不断进行反思并获取反馈。这有助于识别知识获取过程中的不足和改进点，并调整相应的方法和策略。

（9）持续学习。知识获取是一个持续的过程。保持对新知识的求知欲望，持续学习和更新自己的知识储备，以适应不断变化的环境和需求。

18.2.2　途径与方法

知识获取与收集有多种途径和方法，重要的是根据需求和兴趣选择合适的途径和方法。多样化的途径有助于获取不同角度的知识，深化对特定领域的理解。在收集知识的过程中，要注重信息的可靠性和准确性，审慎甄别信息的来源和质量。

1. 知识获取与收集常见的途径和方法

知识获取与收集常见的途径和方法有：

（1）书籍和文献。阅读书籍、学术期刊、报纸、杂志等可以提供专业和系统化的知识。

（2）互联网搜索引擎。使用搜索引擎如谷歌、百度等进行关键词搜索，获取相关的在线文章、博客、论坛等信息。

（3）学术数据库。使用学术数据库，搜索和浏览学术论文和期刊。

（4）在线课程和教育平台。参加在线学习平台提供的课程，学习专业知识和技能。

（5）社交媒体和社区。加入相关领域的社交媒体群组、在线论坛、知识分享社区等，与其他人交流和分享知识。

（6）专家访谈和讨论会。参与专家讲座、行业研讨会、学术会议等活动，与专家和同行交流并获取新的见解。

（7）实地考察和实践经验。亲身体验、观察和实践，在实际场景中积累知识和经验。

（8）数据分析和统计报告。分析和解读相关领域的数据和统计报告，获取行业趋势、市场分析等方面的知识。

（9）科普媒体和科学博物馆。阅读科普书籍、观看科普视频、参观科学博物馆等，以浅显易懂的方式了解科学和知识。

（10）同行评审和同侪交流。参与同行评审、学术讨论会、研究小组等，借鉴他人的观点和反馈，互相交流和学习。

2. 显性知识获取与采集

显性知识可以用语言、文字、图形等方式表现出来，显性知识相对是容易获得、容易理解的结构化信息资源。显性知识获取与收集就是针对待解决的问题寻找和识别与之相关的关键性信息，并将这些信息进行提取，以为形成解决方案或决策提供依据。

（1）个人获取显性知识与收集的途径。

对个人来说，获取知识的过程就是学习的过程。个人获取显性知识与收集的途径为：①通过教育、培训等可以系统、完整、正规地获取知识。②通过计算机网络获取知识，如搜索引擎能根据使用者提供的关键词进行模糊搜索，可以十分方便地获取所需知识；利用现代化传播手段，如通过社群进行知识学习。③将数据挖掘技术作为知识获取的常用工具，使其成为知识发现的核心部分，这也是采用机器学习、统计等方法进行知识学习的阶段。④通过成果转让获取知识。知识转化为科技成果之后，成果转让也是获取知识的常用方法。⑤充分利用图书馆文献信息资源获取知识。

（2）组织显性知识获取与收集的途径。

组织显性知识获取与收集的途径有：①图书资料。组织通常会投资购买与组织发展相关的图书资料，并将其作为组织员工获取与收集显性知识最重要的来源。②数据访问。许多组织十分重视数据资源的开发利用，也会通过购买或采集工具获得内外部一些数据的使用权，员工可以通过内部网或授权访问这些数据，从而获取相关知识或信息。③数据挖掘。数据挖掘是指从大量的、不完全的、模糊的、随机的数据中挖掘出隐含的、先前未知的并有潜在价值的信息和知识的过程。组织通过数据挖掘工具，从无序的数据中获取有用的知识，包括广义型知识、特征型知识、差异型知识、关联型知识、预测型知识、偏离型知识等。④网络搜索。组织人员可以利用互联网和分布式搜索工具来对网上信息进行开放式搜索，然后从中提取需要的知识。⑤智能代理。组织可以部署智能代理应用系统，根据员工定义的准则，主动地通过智能化代理服务器为其搜集感兴趣的信息，并把加工过的信息按时推送给员工。⑥许可协议。许可协议帮助组织或员工为某个指定目的和在指定期间使用某种产品和服务。最常见的许可协议是软件的购买和使用。⑦营销与销售协议。组织可以通过供应商的信息报告、培训、知识转移机制等获得知识，可以通过营销手段了解有关产品和服务的客户偏好、定价偏好、爱好等研究成果等。

3. 隐性知识获取与采集

隐性知识是难以编码的知识，主要基于个人经验。隐性知识获取与收集的途径形式多样，例如，邀请专业人员演讲或培训时可以获得一部分经验与认识；举行一个头脑风暴法会议时，可以就某个主题融汇集体智慧；通过观察专业人员操作可以识别其专长。隐性知识获取方式主要有结构式访谈、行动学习、标杆学习、分析学习、经验学习、综合学习、交互学习等。

（1）个人获取和收集隐性知识的途径。

个人获取和收集隐性知识的途径有：①反思与回顾。个人可以通过反思自己的工作经验和项目实践，回顾成功和失败的经历，发现其中的隐性知识，包括思考自己在完成任务时使用了哪些技巧、遇到了哪些挑战以及如何解决问题等。定期进行自我反思能够帮助个人更好地认识和发掘自己的隐性知识。②学习与研究。持续学习和深入研究是获取隐性知识的重要途径。通过参加培训课程、学术研究、阅读相关文献等方式，个人可以拓宽自己的知识范围，并深入理解特定领域的隐性知识。③寻求导师或专家指导。与经验丰富的导师或领域专家建立联系，并寻求其指导和建议，可以帮助个人获取隐性知识。导师或专家能够分享他们的实践经验和洞察力，提供宝贵的指导和建议，从而帮助个人加速获取和理解隐性知识。④社交网络。积极参与专业的社交网络和在线论坛，与同行进行交流和讨论，可以获取到更多的隐性知识。通过与其他人分享问题、解决方案和经验，个人可以获得来自不同领域和背景的见解和经验，并从中汲取隐性知识。⑤实践与实验。通过实际工作和尝试新方法或技术，个人可以不断积累和发现隐性知识。在实际操作中，个人会面临各种挑战和问题，通过不断实践和实验，掌握解决问题的技巧和知识。⑥写作和记录。将个人的经验和观点记录下来，可以帮助梳理思路、整理知识，并发掘其中的隐性知识。写作能够促使个人深入思考和表达，进一步加深对某个主题或领域的理解和洞察。

（2）组织获取和收集隐性知识的途径。

组织获取和收集隐性知识的途径有：①内部沟通与知识共享。促进内部团队成员之间的沟通和知识共享是组织获取隐性知识的重要途径。组织可以建立协作平台、内部社交网络或知识管理系统，鼓励员工分享实践经验、解决方案和洞察力。定期组织会议、研讨会或工作坊，提供员工交流和分享的机会。②社交化学习与社区建设。组织可以鼓励员工参与专业社区、行业协会或利用在线社交平台，与同行进行交流和讨论。通过参与社交化学习活动，员工能够获取来自不同领域和背景的见解和经验，并从中学习到更多的隐性知识。③导师制度与知识传承。建立导师制度或专家顾问团队，通过与经验丰富的导师或专家的交流和指导，将他们的隐性知识传递给新人或其他有需要的员工。导师或专家可以分享他们的实践经验、技巧和洞察力，帮助员工快速获取和理解隐性知识。④后续总结与案例分析。组织可以鼓励员工在完成项目或任务后进行总结和案例分析，提取其中的隐性知识。可以通过组织会议、项目回顾会议或书面报告的形式进行，以便让员工分享他们在实践中获得的经验和教训。⑤外部资源与合作伙伴。组织可以寻求外部资源和合作伙伴的支持，以获取更多的隐性知识。可以包括与其他组织合作、参与行业研讨会、聘请顾问或专家等。通过与外部资源的交流和合作，组织可以获得新的视角、最佳实践和创新思维。⑥数据分析与学习挖掘。利用数据分析和学习挖掘的技术，组织可以从大量的内部和外部数据中发现隐藏的模式和知识。这些数据可以来自组织内部的系统、市场调研、客户反馈等。通过分析数据，组织可以了解组织内外的隐性知识，并将其应用于决策和创新。

18.3　层次与模型

知识组织是以知识为对象的，如整理、加工、表示、控制等一系列组织过程及方法，其实质是以满足各类客观知识主观化需要为目的，针对客观知识的无序化状态所实施的一系列有序化组织活动。知识存储是指在组织中建立知识库，将知识存储于组织内部，知识库中包括显性知识和隐性知识。

18.3.1　知识层次

由于知识具有动态性、复杂性、多样性的特点，需要从不同的角度和层次对知识进行划分和比较，总结出一些知识普遍性的规律和特点，这不仅有利于我们更深刻地认识知识，更灵活、有效地利用知识，而且从学科发展的角度讲，也有利于知识管理科学的长远发展。

1. 知识层次理论

从主体需求知识的层次角度出发，将知识分为 4 个层次：基于生存方面的知识（生存知识）、基于技能方面的知识（技能知识）、基于消遣需求方面的知识（消遣知识）、基于实现自我追求方面的知识（自我实现知识），如图 18-1 所示。

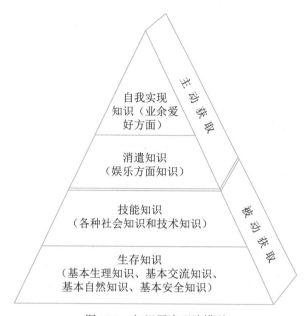

图 18-1　知识层次理论模型

该层次的划分需要注意两个原则：第一，对大多数主体而言，已经掌握的知识不再是推动知识学习的动力，取而代之的是追求学习较高层次知识。第二，作为主体的人，都潜藏着四种层次的知识追求（乐于不断学习）。

知识层次理论模型中四个层次的知识需要根据主体的成长历程不断学习，并且学习过程中对四个层次知识的追求是不断循环、相互补充的过程。具体说明如下：

（1）生存知识。作为主体的人出生后，需要通过其他已经具有知识的主体（成年人）的传授及观察、模仿等方式学习一些基本的知识，主要包括基本生理知识（人的吃穿住行等）、基本交流知识（听说读写知识和喜怒哀乐等）、基本自然知识（四季更替、风雨雷电等）和基本安全知识（好坏对错等）。由于人的生存是基本前提，只有了解有关自然界最基本的知识后，才能遵照其规律安排生产生活。所以这几个基本层面的最低层次的知识，是主体首先要学习的知识类型。

（2）技能知识。这个层次主要学习的知识类型分为社会知识和技术知识。此层次的学习是建立在第一个层次的基础上，从时间概念来讲，是发生在学习了生存知识之后的，但也只是在首次学习中。一旦主体学习到了此层次，还是可以再学习生存知识层面的知识，继续增强其生存的能力。学生在校期间学习的各种知识都属于此层次，例如，从简单算术到高等数学、从古代史到现代史、从医学知识到建筑知识。这个层次的知识具有以下特点：①专业性。知识的内容涉及主体现在或将来的发展，如社会知识可以涉及人际交往、沟通技巧、高级的思维方式等，这就需要主体专注学习某一领域的知识。②选择性。知识的结构比较复杂，主体仅学习其中部分知识。③强迫性。主体的学习欲望不强，只是为了更好地生活而不得不学习一些技能知识。

（3）消遣知识。主要包括娱乐方面的知识。当主体掌握了技能知识，可以较好地生存下来时，会追求一些具有消遣性质方面的知识，如小说、杂志、电影、游戏等，其目的在于缓解技能知识所带来的压力与不适。主体学习这个层次的知识具有较强的主动性。这个层次的知识具有以下特点：①具有主动性。②内容包罗万象，但是按照类型可以分为小说、杂志、电影、游戏等；按照知识的载体可以分为传统文献资料和现代多媒体资料。③该层次的知识追求可以与生存层面知识及技能层面知识交替学习，但是学习的目的是不同的。

（4）自我实现知识。主要体现在不同主体根据自身不同的特点和爱好，主动学习一些方面的知识。例如，爱好摄影的主体通过学习摄影方面的知识并通过实践满足自己的爱好追求。该层次的最大特点是主体学习知识的主动性最强，只要有学习条件，就会主动获取相关知识。有些主体可能对其他三层的某些知识具有浓厚兴趣，则其学习这些特定方面知识的效果与效率都会相对较好。这些知识此时也可以归类到自我实现知识层次。

2. 知识组织的层次模型

知识组织是以知识为对象的，诸如整理、加工、表示、控制等一系列组织化的过程及其方法。其实质是以满足人类的客观知识主观化的需要为目的、针对客观知识的无序化状态所实施的一系列有序化组织活动。知识组织的首要任务是将客观知识的元知识关系表示出来，以便人们识别、理解和学习知识。知识结构要想全面完整地表现出来，可以按照"知识组织层次模型"对知识的结构进行细分，得出合理的层次，继而在该层次上开展知识组织活动，这样不仅可以更快地对知识内容进行发现，还可以从另一角度清晰地反映出知识的结构。

（1）知识层次模型主要思想。

知识组织层次模型的主要思想是，在进行知识组织之前，按照 4 个层次把发现的知识体系进行划分，再将 4 个不同体系中的元知识利用知识链进行关联，如图 18-2 所示。

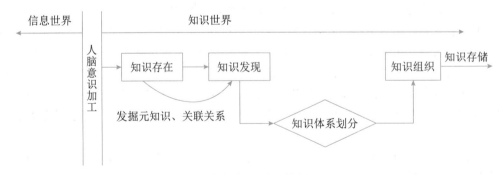

图 18-2　知识体系划分

（2）知识层次模型。

知识组织层次模型将知识划分成生存知识体系、技能知识体系、消遣知识体系和自我（实现）知识体系。生存知识体系中的知识属于最底层知识，起着基础性作用，这是作为主体的社会人为了确保最基本的生存而学习后形成的知识体系，主体的社会人往往是基于生存的需要而被迫地学习；技能知识体系中的知识具有专业性、选择性和强迫性的特点，主体的社会人通过学习（被迫性）该体系的知识，可以获得较好的社会生存环境与生活状态；消遣知识体系是基于技能知识体系上的，即作为主体的人为了缓解各种压力，通过自主地学习一些休闲、娱乐方面的知识可以更好地生存下去，所以学习这个层次的知识也是很有必要的；最高层次的知识体系是自我（实现）知识体系，该体系的知识是为了满足主体对更高层次知识的追求和享受而产生的，主要是由个人爱好方面的知识组成的知识体系，主体也是乐于主动获取的，如图 18-3 所示。

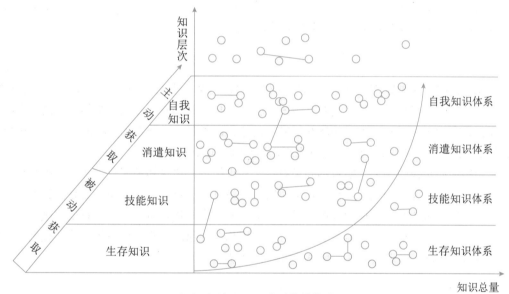

○表示元知识　—表示关联关系

图 18-3　知识组织层次模型

关于知识组织层次模型的说明如下：

（1）横坐标表示知识的总量，含义有两层：其一，整个人类社会知识的总量不断增加；其二，作为主体的个人的知识汲取总量也不断增加。

（2）纵坐标表示知识的 4 个层次，由此形成了知识的 4 层体系。在每层知识体系中，客观分布着众多的元知识，元知识之间的关系由知识链相联系，连接成众多知识聚类。知识聚类可以按照不同的标准分为学科聚类、主题聚类、人物聚类、用途聚类、时空聚类等，不同的知识聚类之间的关联性是体系形成的前提。

（3）尽管知识可以分为 4 个层次，但是这 4 个层次之间并不是相互独立的，而是具有很强的关联。将 4 个知识体系再按照知识组织的思想和方法进行关联，则会形成理想的知识地图——人类知识地图（包含了以人为主体的所有内容）。

（4）将知识以相关性原理与概念体系相结合可以形成特定领域内的知识地图。

（5）处于知识地图中的元知识存在两种状态：显性知识和隐性知识。

（6）在被动获取知识体系阶段（生存知识体系和技能知识体系），主体学习知识的过程是相对缓慢的，如果到了主动获取知识体系阶段（消遣知识体系和自我实现知识体系），则主体学习知识的效果相对比较明显，掌握的效果也相对较好。

（7）"徘徊"在 4 个体系之外的知识包含两方面：其一，指主体未发现的知识；其二，指对主体来说暂时没有用的知识。

知识组织层次模型是在"知识层次理论"基础上形成的。它是将整个人类知识体系进行细分，其主要目的是提高知识组织的活动的可行性与可操作性。其主要目标是在该模型下建立相关领域知识库，继而可以提高知识搜索的效果和质量。

18.3.2　知识库模型构建

知识库是按一定要求存储在计算机中的相互关联的某种事实、知识的集合，是经过分类、组织和有序化的知识集合，是构造专家系统（ES）的核心和基础。知识由最初分散的、孤立的元知识到具有较强关系知识库（领域知识库）的建立，需要经过一系列复杂的过程，其中包括最初的知识发现，到对发现的知识进行组织，再到最终知识库的构建。

影响知识库构建的因素主要包括知识发现、知识组织、构建知识库三方面。其中知识发现是指对客观存在的元知识进行认识，形成对特定主体具有一定意义的状态，这是知识库构建的前提；知识组织是在知识发现的基础上对客观知识的无序化状态所实施的一系列有序化组织活动；构建知识库则是进一步在前两者的基础上运用相关性原理、概念体系等方法和模型，形成特定领域内的概念（知识）体系，其关系如图 18-4 所示。

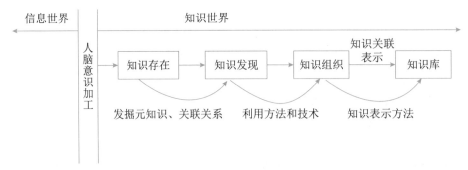

图 18-4　知识存在、知识发现、知识组织和构建知识库关系

下面分别从知识库构建的内容、知识库构建的过程以及知识库构建原则的角度进行分析，最终形成基于知识组织层次模型的知识库构建模型。

1. 知识库构建环节

从实现步骤看，知识库的构建包括定位目标知识库、抽取概念词汇、关联概念词汇、组织元数据、存储知识库 5 个环节。

（1）定位目标知识库是指确定要构建的知识库所属的知识体系。例如，要建立技能知识库，首先确定其所属的技能知识体系。

（2）抽取概念词汇是指对相关领域的元知识进行概念词抽取。一个具体学科体系是由概念体系支撑起来的，也是由这些概念及其体系解释说明的。具体包括基本概念、重要概念、相关概念和一般概念。基本概念是科学体系大厦根据一定学术规范加以严格界定，并予以准确定义的第一批基石。基本概念的研究是否深入、定义是否准确，是一门学科的理论基础是否坚实的基本保证，也是检验一门学科是否成熟的首要标准；重要概念与相关概念的准确定义对学科建设也至关重要。所以，此环节需要在领域专家指导下辅以一些技术方法来完成。

（3）关联概念词汇是整个环节的关键，直接关系到知识库构建的成败。关联主要在领域专家的协助下，对领域知识中的概念词汇进行比较、分析、归纳，按照知识自身的客观联系进行关联。

（4）组织元知识也叫知识表示。其不是简单地对领域知识进行汇总并表示出来，而是使用人造体系（如数学）对客观世界的运动规律进行概括和抽象。该表示方法具有逻辑推理、智能判断的特点。知识表示方法主要包括说明性的知识表示、直接式的知识表示、过程式的知识表示、可视化的知识表示和综合性的知识表示。

（5）存储知识库是知识库建立的最后一个环节。其存储的是事实、规则和概念等，其中事实是对基本知识的描述，是短期的；规则是从领域专家的经验中抽出来的知识，具有长期性。

通过以上 5 个环节，完成一个知识库的建立，形成特定知识体系下的知识子库。如此反复，可以构建出该知识体系下的其他知识子库。另外按照知识子库的关联关系对这些知识子库进行关联，形成该体系内的知识地图。

2. 知识库构建原则

为了保证知识库构建的质量，需要遵循以下原则：

（1）自顶而下原则。需要先定义知识库的总框架结构，在此基础上层层分解其总结构，形成二层、三层知识库结构。

（2）由外而内原则。确定知识库边界是十分重要的，不仅可以保证知识库的相对独立性，也可以保证知识库建立活动的效率。

（3）专家参与原则。要建立不同领域的知识库，必须在相关领域专家的帮助下完成，以保证知识库的质量。

（4）高内聚、低耦合原则。一个总的知识库包含若干个子知识库，每个子知识库内部的元知识必须要具有很强的相关性，即高内聚；各个子知识库之间的相关度不宜过高，这样可以保证后期知识库更新和知识检索的效率。

（5）定期更新原则。知识发现和知识组织是动态发展的过程，知识库的内容也要依据新的知识结构不断更新。

3. 组建知识库的步骤

组织知识库的建设，一般包括以下步骤。

（1）分析构建目标。根据所构建知识库的目标，分析实现该目标所需的知识类型、知形态和存储情况，确定知识库的规模、类型，明确知识库要解决的问题，使组织的知识具有针对性、结构合理、规模适度等特性，同时应考虑经济效益，既不铺张浪费，又不影响发挥知识库的应有作用。

（2）构建知识库框架。构建知识库的目的是实现知识共享，促进知识创新。因此，首先根据构建目标设计知识库的结构、检索界面和模型。根据目标需要选择数据型，如层次型、网状型、关系型、面向对象型、面向主题型等，针对不同用户设计界面友好、功能全面、不同风格和用途的检索系统。用户界面主要提供产品知识、组织形象、服务内容等，而内部人员使用界面以查询生产过程及项目有关的知识为主。

（3）净化数据、知识去冗。是将无序有噪音的数据进行净化处理，对于目标不相干的知识进行去冗处理。组织内部的知识多种多样、层出不穷，把组织内部的所有知识都存知识库是没有必要和不经济的，应根据构建目标收集相关知识，对选取知识进行检索，除去异类或缺值数据、去除重复知识，使得知识库中的知识更加精炼，针对性更强、更可靠。

（4）知识整序。经清理、去冗后的知识，通过知识的分类、聚类等方法，按构建目标进行重新组合，并对重新组合后的知识进行整序，对知识单元进行结构化处理。为了充分利用知识库中的知识、便于发现新知识，对相互关联的知识用多种形式将它们联系起来。这种联系可以按项目流程，也可以按知识的内在关联性，还可以按部门或工作流程连接，以便从不同角度查询不同类型的知识。

（5）实施和联网。将去冗净化、整序后的知识按构建的框架结构组织起来，形成有机整体，对各字段建立索引，并将数字化、有序化的知识存入数据库，接入互联网，在相应的软件支持下为用户（包括组织内部员工和外界用户）提供概念、事实规则等知识。

4. 知识库构建模型

根据知识库构建方法和原则，结合知识组织层次模型，可以形成一个知识库构建模型，如图 18-5 所示。其核心思想是按照知识组织层次划分体系，在不同的体系结构（生存知识体系、技能知识体系、精神知识体系、自我知识体系）中构建相关领域知识库（子库 1、子库 2……子库 N）是综合 4 个体系的相关领域知识库形成的。

有关领域知识库构建模型的说明如下。

（1）生存知识体系、技能知识体系、精神知识体系和自我知识体系 4 个知识体系分别对应生存知识库、技能知识库、精神知识库和自我（实现）知识库。

（2）图中元知识分为已组织的元知识和待组织的元知识，这两种状态的元数据都是以知识发现为前提，即它们都是已经发现的元知识。已组织的元知识是以有序的、关联的状态存储在各个体系的子知识库中；未组织的元知识暂时还没有被组织到相关体系中，需要知识组织主体的不断认知与关联。

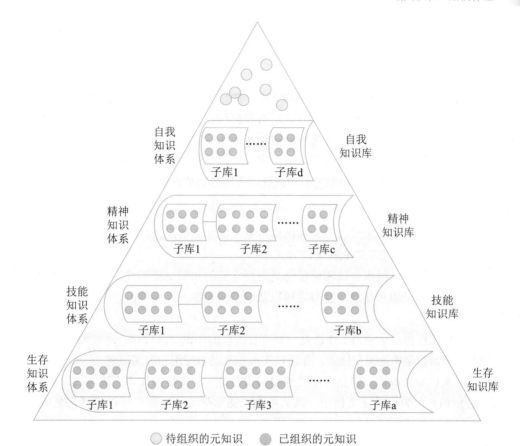

图 18-5 知识库构建模型

（3）不同体系的子知识库数量是不相同的，这是由不同层次的知识总量不同而决定的。在一个体系中的子知识库中的元知识量也是不同的，这是由具体领域（学科）知识决定的。

（4）在每一层知识体系中，存在 N 个子知识库，如生存知识库包括总数为 a 的子知识库，技能知识库包含着总数为 b 的子知识库；精神知识库包含着总数为 c 的子知识库；自我（实现）知识库包含着总数为 d 的子知识库。其中 a、b、c、d 的关系是：a>b>c>d。这些子知识库之间具有关联关系，进一步详细表示就可以编制出该知识体系的知识地图。

（5）宏观层次上看，整张图所表达的是人类知识的总和。微观层次上，将人类知识集划分为四个层次的知识库，但四个层次的知识库不是相互独立的，而是具有较强的关联性。每个体系下的知识库都可以编制出隶属于该体系的知识地图，如果将四个层次的知识地图按照知识本身的相关性特点，就可以编制出总的人类知识地图。

（6）构建完成的每个子知识库不是一成不变的。这包含两层含义：第一层含义是指子知识库中的内容（元知识）会随着知识发现和知识组织的发展而不断变化。第二层含义是指各个子知识库构成的"体系知识地图"会随着子知识库的数量变化而变化，会随着子知识库之间的关联关系变化而变化。

18.4　交流与共享

18.4.1　知识交流

知识交流是指知识载体进行知识的互动交流。知识交流是结构化信息的交流过程，在此过程中，知识生产者以易于理解和吸收的方式，有步骤地、系统地、详尽地讲解知识，而知识使用者以关注的方式，系统地或者有侧重点地吸纳或消化接收到的知识。知识交流是知识生产者与知识使用者之间互动的、迭代的过程，从而实现知识使用者可以获得所需的形式简洁、内容适用的知识，而知识生产者可以获得关于知识使用者需求的信息。

1. 知识交流的形式

知识交流可以采取多种形式，个人和组织可以根据实际情况选择适合的方式来促进知识的交流和共享。以下是几种常见的知识交流方式：

（1）会议和研讨会。组织会议和研讨会是一种常见的知识交流形式。通过邀请专家或内部成员进行演讲、分享经验和观点，参与者可以获取新的知识、互相学习，以及提出问题和讨论解决方案。

（2）培训和工作坊。培训和工作坊是一种有目的性的知识交流形式。通过教育和培训活动，组织成员可以学习特定的知识和技能，并通过实践和互动来应用和加深理解。

（3）内部文档和知识库。建立内部文档和知识库是一种便捷的知识交流方式。组织成员可以将自己的知识和经验记录在文档中，供其他人查阅和学习。知识库可以包括常见问题解答、最佳实践、案例分析等内容。

（4）社交媒体和协作平台。利用社交媒体和协作平台可以促进知识的交流和共享。通过在线论坛、组织微信、Slack 等工具，组织成员可以发布问题、分享见解，并与其他人进行交流和讨论。

（5）寻求专家咨询。当需要特定领域的知识和专业意见时，组织可以寻求专家的咨询。通过与专家进行交流和讨论，组织可以获取高质量的知识和建议，解决问题或提升自身能力。

（6）跨部门合作和团队项目。跨部门合作和团队项目是一种促进知识交流的形式。不同部门或团队的成员可以共同参与项目，分享各自的专业知识和经验，通过协同工作来创造新的知识和解决问题。

2. 知识交流的特征

知识交流具有如下特征：

（1）知识交流具有针对性。由于知识交流具有行业性，而且不同行业内部，知识交流会因知识主体（知识拥有者）和知识客体（知识需求者）的不同而形成差异性，并且由于知识需求发生的时间、选择的资源以及需求的侧重点不同，因此知识交流具有针对性。

（2）知识交流具有（社会）协同性。知识交流涉及不同的国家、区域、行业或者多个部门，需要进行跨（国家、区域、行业）组织的多个部门人员同时进行协调与配合。

（3）知识交流具有创新性。知识交流鼓励以创新性的方式实施交换、创新性地使用知识，并且需要跨部门进行资源整合。

（4）知识交流具有临时性。知识交流实施过程中，需要不同行业、不同部门的人员或者资源进行整合，并且需要彼此的合作与配合，知识交流结束后，原则上这些人员或者资源需要回到原有职能组织或者部门中。

（5）知识交流具有开放性。参与知识交流的组织、部门或者个人很多，他们以网络、媒介为手段，采取合同、协议或者其他的社会关系形式联系在一起。知识交流组织、形式、内容等没有严格的边界或者规范。

（6）知识交流具有动态性。知识交流过程中知识主体和知识客体在不同的时间可以相互转换、变换角色。

18.4.2　知识共享

知识共享是知识交流的一种重要形式，也是知识交流的核心目标。知识共享就是知识在人与人之间传递的过程，也是人与人之间进行沟通的过程。知识共享定义为，知识从一个个体、群体或组织向另一个个体、群体或组织转移或传播的行为。

1. 知识共享内涵

关于知识共享的内涵大致概括为 4 类视角：

（1）信息沟通 / 信息流动角度。知识共享是员工传播相关信息的行为，员工互相交流知识时，使知识由个体扩散到组织层面。在知识共享时，需要注意知识环境。知识环境是指在受控环境中实现知识从拥有者到接受者的传播，从而缩小个体或组织之间的差距并促进共同发展的过程。

（2）组织学习角度。知识共享不仅仅是一方将信息传给另一方，还包含愿意帮助另一方了解信息的内涵并从中学习，进而转化为另一方的信息内容，并发展个体的行动能力。基于组织学习的角度，知识共享可以理解为知识在组织成员之间传递，以达到组织对个人知识的共同拥有。

（3）市场角度。知识共享过程被看作组织内部的知识参与知识市场的过程，正如工业商品与服务那样，知识市场也有买方、卖方，市场的参与者都相信可以从中获得好处。从市场角度来看，知识共享可以看作是有价值的商品，参与知识市场的交易，提高知识产出。

（4）系统角度。从系统角度提出，组织知识共享是一个系统的工程，是多种因素综合作用的结果。知识转移是知识共享的过程，组织学习是知识共享的手段，知识创造是知识共享的目的。

2. 知识共享的要素

知识沟通的观点主要强调知识在个体之间的流动，过程的观点强调人通过知识产生的互动，组织学习的观点强调知识在组织学习中的获取和共享，市场角度则强调了知识共享的经济意义。总之，知识共享是知识在组织中转移、传递和交流的过程，通过知识共享将个人或者部门的知识扩散到组织系统。知识共享方式可在组织内人员或部门之间通过查询、培训、研讨或者其他方式获得。知识共享的要素有共享对象、共享主体和共享手段三方面。

（1）共享对象即知识的内容。共享是知识增长最迅速、最便捷的方式。在共享过程中，经过员工的共同讨论、分析和修正，原有知识得以扩大和创新，知识的质量和数量不断提高和增加，最终成为组织不断增长的知识财富，并实现其价值。知识在产生之后，若不能加以扩散，知识的应用范围就会受到限制，其作用就会下降，也不利于知识的更新。

（2）共享主体即人、团队和组织。主体拥有知识存量的多少固然重要，但更重要的是知识接收者能够知道并能及时利用这些知识。知识管理鼓励各种形式的知识交流与共享，其目标是使关键的知识能在关键的时候被关键的员工掌握和应用，以实现最佳决策和最佳实践。

（3）共享手段即知识网络、会议和团队学习等。手段的先进性取决于检索、传播和扩散知识的质量和速度。同时，那些传统的共享手段在许多隐性知识的共享方面更有效果，例如面对面的沟通、实践等。

3. 知识共享的模式和策略

在知识共享的三要素中，人和技术是两个主要维度，无论强化哪个维度的作用，都能够促进知识共享的过程，推动知识的发展。对组织来说，在选择哪个维度作为重点时，可参考的知识共享模式和策略有编码化管理和人格化管理。

知识共享是新时期科技创新的必要保障，是全民学习的组织基础，还是个体不断完善自身知识结构的有力途径。在 Web2.0 到来的社会大环境之下，知识共享模式跨越了空间的局限性，为社会发展带来了巨大的动力。从协同环境下知识共享的知识编码属性和社会属性的作用出发，结合国内外相关科研成果对知识共享模式进行探讨，探索知识共享模式下的协同绩效产出过程，为社会组织提升知识协同共享绩效与知识创新提供理论支持。

18.5　转移与运用

知识转移是由知识传输和知识吸收两个过程共同组成的统一过程。知识转移是一个复杂的动力系统工程，在其转移过程中会受到知识特性、转移情境、知识源与知识受体双方的认知结构和转移动机等多种因素的影响。只有当转移的知识保留下来，才是有效的知识转移。知识的成功转移必须完成知识传递和知识吸收两个过程，并使知识接收者感到满意。知识转移概念需包含三点：知识源和接受者、特定的情境或环境和特定的目的。即将知识拥有者的知识转移成为知识接受者的知识，缩小他们之间的知识差距。

知识运用是指知识在组织中只有得到应用时才能增加价值。知识运用是实现上述知识活动价值的环节，决定了组织对知识的需求，是知识鉴别、创新、获取、存储和共享的参考点。知识运用是指运用已有知识解决问题的阶段。只有当分布在组织各处的知识可以全面地在组织中流通并应用于解决实际问题时，知识才能产生价值。知识运用是组织持续学习的一部分，是组织及时回应技术的改变、利用知识和技术产生新产品和新流程的动态过程。组织知识运用的本质是持续地将智力资本转化为创新成果。只有知识的产生、储存和转移而不加以应用，就不会对提高组织的绩效产生积极的影响，只有将散布在组织各处的知识转移和应用到需要的地方，有效解决实际问题，才能充分体现知识的价值。

知识运用是知识从理论到实践的转化过程。当组织面临新的问题时，借助组织所掌握的显性或者隐性知识，应用到实践之中以解决问题，为组织创造价值。在知识的应用过程中，会涉及大量的知识开发工作，开发包括重新获取、整理和保存等。从节约成本的观点出发，必须平衡知识投入与知识所创造的价值的财务关系，即平衡知识开发和知识运用的关系。在知识开发过程中，尤其是核心技术和管理方法的研发成本是相当高的，所有组织对于知识的应用关键还要立足于对现有知识的消化和吸收，不要将花了巨大成本开发出来的知识搁置不用而去舍近求远，应尽量使关键性知识的应用量近似于关键性知识的获取量，最有效地利用好现有知识，实现知识产值的最大化。

18.5.1　层次与视角

知识总是附着在某些载体之中的，基于创新视角的知识转移与应用研究层次可以分为个人、创新团队、创新组织、创新联盟、创新集群、区域创新网络六个层次。创新联盟主要指以合作创新为目标结成的战略联盟、产业技术创新联盟、知识联盟、虚拟组织（或企业）、管理咨询联盟等。

国外对知识转移与运用的研究，分别从信息技术学、行为学、传播学等视角和综合几种视角切入。就信息技术视角而言，主要研究的重点集中于技术的层面，如计算机信息管理系统、人工智能、知识库等软件的设计开发等如何从技术上促进知识的有效转移；就行为学视角而言，主要从个体行为与组织行为的角度，研究人们如何参与知识转移与应用的行为动机、影响因素、激励等；传播学视角主要从知识的编码、发送、传播、接收、解码的过程对知识传播的机理进行研究；综合学派则呈现大一统的趋势，他们试图将各种学派兼收并蓄、融会贯通，用系统的观点、全面的观点研究知识转移与应用。这对知识转移与应用的研究层面在个体、团队（或组织内部单元）、组织、组织之间几个层面内部及之间均有涉及。

18.5.2　影响因素

个体知识转移与运用是一种社会交互行为，有其深刻的社会学、心理学和经济学根源。组织内部的知识转移与运用并不是自发形成的活动，它是在组织管理者的引导和控制下完成的管理活动环节，知识管理者在活动过程中所起到的作用是知识转移与运用有效性研究不容忽视的因素。从知识、关系、接受和活动的背景出发，影响知识转移与运用的因素主要有知识的嵌入性、可描述性，转移主体之间的组织距离、物理距离、知识距离和规范距离，接受方的学习文化和优先性，以及转移活动的数量等。

四因素分析法将知识转移与运用影响因素的研究归纳为知识自身特性因素、知识发送方因素、知识接受方因素和知识转移与应用过程因素 4 个方面。知识自身特性因素主要有知识的可表达性、知识的嵌入性、知识作用的可观察性。知识发送方因素主要有激励因素、知识源的可靠性、知识源的沟通与编码能力、知识源强烈的社会身份和群体本位可能会影响组织内知识的跨群体或部门转移。知识接受方因素主要有激励因素、沟通与解码能力、吸收能力、保持能力。知识转移与应用过程因素主要有个体关系特征、组织关系特征（组织距离、物理距离、知识距离、文化距离）、组织的学习文化、社会网络特征、目标任务特征。知识转移与运用双因素模型针对组织知识转移而言，即保障因素和促进因素，这两类因素共同决定组织知识转移与应用的成效，但在知识转移与应用过程中，保障因素和促进因素所发挥的作用不同。保障因素是知识转移与应用能够发生的必要条件，缺失其中任何一个因素，知识转移与应用活动就无法开展；促进因素是知识转移与运用的激励和约束因素，这些因素并非必不可少，但是如果具备这些因素，知识转移与运用的发生频率和效果就会大大提高，知识转移与运用的保障因素和促进因素相互作用、相互影响，共同决定了组织知识转移与应用活动的最终成效，如图 18-6 所示。

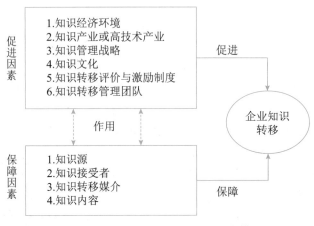

图 18-6　组织知识转移与运用双因素模型

18.5.3　过程模型

知识转移与运用的经典过程模型有知识螺旋模型、交流模型和五阶段过程模型。

1. 知识螺旋模型

知识螺旋（SECI）模型是根据知识创新活动的特点提出的，该模型将知识创新活动分为社会化（Socialization，个体到个体、隐性到隐性）、外化（Externalization，个体到团体、隐性到显性）、整合（Combination，团体到组织、显性到显性）、内化（Internalization，组织到个体、显性到隐性）4 种模式，这实际上是个体知识向组织知识转移与运用的 4 个阶段。通过这 4 个阶段，实现知识在个人之间、个人与组织之间的转移与转化，并最终产生新的知识，如图 18-7 所示。

2. 交流模型

交流模型认为知识转移与运用是在一定的情境中，从知识的源单元到接受单元的信息传播过程，并将知识转移与运用分为 4 个阶段。

图 18-7　SECI 知识螺旋模型

第一阶段是初始阶段，主要是识别可以满足对方要求的知识；第二阶段是实施阶段，双方建立起适合知识转移与运用情境的渠道，并且源单元对转移的知识进行调整，以适应接受单元的需要；第三阶段是调整阶段，主要是接受单元对转移的知识进行调整，以适应新的情境；第四阶段是整合阶段，接受单元通过制度化，使转移知识成为自身知识的一部分。

在 SECI 模型基础上，Non aka 进一步提出了场（BA）的概念，包括源发场、互动场、网络场和练习场。SECI 模型是对知识自身转化的一种机理研究，场是从组织的角度研究如何创造组织环境来促进知识创新的进程。

3. 五阶段过程模型

五阶段过程模型将知识转移与应用过程分为取得、沟通、应用、接受和同化五个阶段，整个过程是一个动态学习的过程。其中同化是知识转移与应用最重要的阶段，被转移的知识只有被同化后才是完全的吸收，成为组织的常规和日常工作。

18.6　协同与创新

知识管理视角的知识协同将目标定位于知识管理，将知识协同视为知识管理活动的高级形态，强调通过整合组织内外部知识资源，通过知识共享、知识集成、知识转移等管理方式实现知识管理效益最大化。知识协同是指知识管理中的主体、客体、环境等达到的一种在时间、空间上有效协同的状态，知识主体之间或"并行"或"串行"地协同工作，并实现在恰当的时间和场所（即空间，包括实体空间和虚拟空间），将适当的信息和知识传递给恰当的对象，以实现知识创新的"双向"或"多向"的多维动态过程。

知识协同定义为以创新为目标，以知识管理为基础，由多主体（组织、团队和个人）共同参与的互动过程，是各组织优化整合相关资源、促进整体业务绩效提升的管理模式和战略手段。

知识创新是指通过对已有知识的整合、转化和应用，创造出新的知识或解决问题的过程。它涉及对既有知识的重新组合和创造性的扩展，以产生新的见解、观点和方法。

18.6.1　影响因素

社会网络是影响知识协同和创新的关键因素。社会网络是基于社会成员的关系而组成的集合，它是研究创新的必要元素。社会网络可以是自发的或者自然而然形成的，其为成员提供了不同途径和方式进行知识的整合与应用，从而推动知识协同与创新。

社会网络成员按照个性化需求以不同方式获取有价值的知识，因此会形成具有网络成员个体特质的网络连接模式，这为如何配置交际网络中人际关系以达到知识创新提供了机遇和条件。

社会网络具有传递性和同质性，传递性意味着如果 A 与 B 互为节点，B 与 C 互为节点，那么 A 与 C 之间互为传递性节点。同质性是指个体希望认识那些与自己具有同样职业、教育背景、信仰、年龄、种族、阶层及价值理念等人的倾向。

密集的社会网络增加了发展牢固关系的可能性，因此促进了隐性知识的传播，这对知识创新有积极的影响。密集型社会网络推动了成员协同及思想的共享，促进了隐性知识的传播。同样，牢固关系保证了网络成员团结一致，这对知识识别和知识显性化非常重要。密集型社会网络产生的凝聚力不仅增加了知识传播的范围和速度，而且提高了随机使用相关知识的概率。成员间的相互沟通、交流和信任增加了分享知识的倾向，促进了知识在成员间的自由交流。

信任的社会网络氛围增加了社会成员间的互动和交流，为知识创造提供了机会。网络成员间的交流使得各方资源进行整合并分享知识，这些都需要网络成员间的信任。此外，高度信任感激励社会成员积极寻求和主动提供帮助，这同时也增加了网络成员间交流的机会。密集型社会网络不仅有助于营造信任氛围，而且能够促进共同语言、共同编码等的存在，这对帮助个体理解和吸收新知识是必不可少的。

组织的知识创新主要是指通过知识的产生、创造和发展过程，追求新发现，探索新规律，积累新知识，扩大组织的知识系统、知识存量和知识优势；技术创新则是指开发新技术、创造新工艺或者使用新原料、发明新产品，提高生产以及产品和服务的品质，增强组织的技术竞争力。技术创新以知识创新为基础，知识创新与技术创新在很多领域，特别是高科技领域，又呈现出一体化发展的趋势。但组织的技术创新不能简单地等同于知识创新。知识创新常常要求远离一般组织结构的束缚，给予个人以充分自由和激励的创新文化，以利其积极投入知识创新活动；组织的技术创新能力则并非其成员个体创新能力的简单总和，而是要求以现有的知识为基础，根据协同增效、相互依存和交互式组织学习等概念，将个人、组织和社会等许多层次错综复杂地相互作用、紧密地联系在一起，形成技术创新的组织系统和动力机制。

知识创新通过内外知识整合，新知识可以渗透组织及个体边界进行扩散和融合。知识创新通过利用、精炼和强化现有知识，在与网络成员的交互中，形成知识的扩散及传播，构建起知识创新的桥梁。

知识创新需要社会网络成员有能力去识别和吸收特定伙伴提供的知识，而这依赖于社会网络成员开发相关知识的程度。获取可利用的知识取决于行动者在网络结构中的位置。在这种情况下，社会网络的不同方面将会影响其成员知识创造和创新的能力。

密集关系限制了新思想或差异思想的流动，会造成知识滞后，这妨碍了创新精神和自我更新能力的提升。密集型社会网络中冗余的成员关系会妨碍成员获取新的、独特的知识，而针对环境的改变而进行社会网络的重新部署又并非轻而易举的事情。并且，创新收益和关系类型会随着关系网络的类型而变化，密集型社会网络有时会呈规模递减的效应，这是因为长期关系会形成知识库的融合，从而减少观点、看法和思想的多样性及差异性，影响知识创造的可能性。社会节点中的强关系和创新之间存在倒 U 型的关系，其研究表明社会成员的关系不应该变得过分牢固。这也说明社会资本在某些方面会产生饱和效应，信任及牢固关系只在一定程度上有积极影响，在此程度之后积极效应会减弱，甚至变成负值。

松散型社会网络可以使不相关的社会成员有机会接触到不同的信息和知识。这种类型的社会网络结构对创新是至关重要的，它允许成员增加他们的知识库，这种结构为其成员接触不同团体提供了机会。他们在知识传播中的战略位置允许他们吸收多样性知识，从而形成知识创新。

综上所述，在动态和复杂的环境中，密集型网络和松散型网络结合起来可以使成员获得更多的益处。密集型社会网络会增加组织惯性，并降低组织柔性，而牢固关系为知识创新提供了稳定的流程。但是，牢固关系对组织存在不利影响，这意味着长期的牢固关系会形成闭环结构，无法应对多变的环境。牢固关系会产生相关成员知识结构趋同的倾向，而相同知识结构不利于知识创新，差异性知识结构有利于新知识的探究与创造，而不同结构知识的融合及整合为知识创新提供了机会。因此，要保持高水平的知识创新能力，需要密集社会网络和松散社会网络相结合。

知识创新强调通过不同路径获取外部知识资源，弥补自身知识缺乏，通过内外知识资源整合加快知识创新速度，这也表明创新性知识能够渗透网络边界进行扩散及传播。知识创新的关键就是形成开放性的密集型社会网络与松散型社会网络结合的网络体系，获取更多的差异性互补知识，达到创新知识和资源互补的目的。

18.6.2　主要机制

知识传递、交流与整合是知识协同与创新的核心环节。在社会网络中，网络成员包括以不同方式参与的个人、团体、组织等。这些成员间的关系由资源流组成，资源流包括情感支持、社会支持、信息、专业知识、资金、商业交易、共享活动等有形及无形资源的流动。在这些有形及无形的资源流动过程中，形成知识的传递、交流及整合，从而产生知识创新。

在社会网络中，通过知识传递与交流，成员之间彼此影响，这体现在成员知识、价值及行为等方面的改变。由于持续交流知识、技能与经验等，社会网络中的成员推动了开放式知识创新。然而，某些障碍（激励因素、吸收能力、沟通能力、表达能力、不良关系等）限制了知识传递及交流的效果，影响社会网络成员获得知识的能力。这些障碍因素来自知识本身固有的特点（例如知识的隐性）或者与知识的接受者及知识来源有关。

至于知识本身的障碍，如不确定性的因果关系、信息垄断、委托代理问题、传递渠道、吸收能力、认知偏差等导致了知识传递及交流具有局限性。这反映了行动、结果和知识背景之间的不确定性。在特定情境中进行隐性知识的传递与交流时，知识对不同社会网络成员来说无法构建统一语言，从而妨碍了知识的传播与交流。接受者吸收知识的能力也是知识传递与交流的限制因素。吸收能力是逐渐积累的过程，需要将自有知识与新知识进行整合，因此，从明确渠道获取知识的能力是受接受者积累的经验影响的。

相应地，一系列促进知识传播及交流过程的正向变量可以消除上述提到的阻碍。这些正向变量包括：成员间的互惠性期望、学习能力的发展和相互联系的加强、成员知识来源的价值性和传递及交流渠道的丰富多样性、学习、共识和网络构建机制、关联组织间知识重叠、成员间合作的持续。

社会网络不仅是知识从知识源传递到接受者的渠道，而且被视为成员间交换显性及隐性知识的有效机制。这个过程产生了协同效应，通过对话，允许传递方提升自身知识并接受反馈，同时使接受者从中学习并获取知识，使双方获得共赢。

知识整合是21世纪创新的主要动力。知识的交流与整合是新知识的来源，并因此形成知识创新。知识整合是指将之前无关联的知识整合到一起的过程，或者将相关知识以新的形式整合在一起的过程。知识可以在社会网络成员间整合，也可以在局部成员组成的团队间整合，当在成员间或团队间形成知识整合时，其成员观念会更新，并构成知识创新的潜力。

知识的本质及个人社会网络的结构是影响组织知识共享及创新活动的关键因素。个人需要与他人合作，参与经验、知识及能力的分享、传播及学习，以进行知识创新和整合。知识整合是内部与外部知识的互补性整合，这意味着在个体能力范围内整合内外知识。生产不同或相同知识意味着采用不同的模型、使用不同方法整合知识。尽管存在其他知识创新的过程，但是在个体层面，知识传递、交流与整合是知识创新的主要机制。个体有能力将自有知识与其他知识进行整合，从而创造新的知识。

18.7 个人知识管理

任何组织层面上知识管理的成功实施都要依赖于"个人"这个重要因素，实施个人知识管理。个人知识管理是一种新的知识管理的理念和方法，能将个人拥有的各种资料、随手可得的信息变成更具价值的知识，最终利于自己的工作、学习和生活。通过对个人知识的管理，人们可以养成良好的学习习惯，增强信息素养，完善自己的专业知识体系，提高自己的能力和竞争力，为实现个人价值和可持续发展打下坚实基础。个人知识管理是一套方法、技能、手段，通过对知识进行获取、存储、共享、应用、创新等一系列活动，实现知识转化，满足个人的知识需求，从而提升个人核心竞争力，满足个人生活和工作上的发展要求。

在当前知识型社会中，知识是个人核心竞争力的源泉。个人需要不断寻找新知识、新经验，不断学习并更新自我知识体系来应对不断变化的环境，进而保持个人竞争力、创新力以取得成功。个人知识管理帮助个人有针对性地吸收必要的知识，培养个人终身学习的习惯和意识，为个人的知识学习和能力提升奠定基础，从而提高个人专业技能和竞争力，促进个人发展。

在知识型社会中，个人知识分享为知识贡献者带来收益并促进个人知识学习。随着社会网络发展和共享经济的崛起，知识分享已成为一种热潮。同时，知识分享、知识问答平台为个人知识分享提供便捷途径，激发个体产生浓厚的知识分享意愿。知识分享是个人知识管理的重要组成部分，因此提高个人知识管理水平有助于提升个人知识分享的效果，更好地满足知识分享需求。

随着移动互联网技术以及社交网络的发展，基于移动设备的碎片化学习成为新型学习方式。个人利用碎片化时间学习的知识也多为碎片化形态，若不对其进行有效管理，将为学习者深度学习带来障碍。因此，亟待将个人知识管理引入碎片化学习，使个人加强对碎片化知识的组织、整合，与原有知识体系和知识库进行联系，以提高碎片化学习效果。

1. 个人知识管理意义

个人知识管理的实施在信息时代对学习者具有如下重要意义：

（1）随着现代信息技术的迅速发展，网络中充斥着各种杂乱和无序的信息，如何从信息的海洋中提取有用的信息，成为学习者必须面对和解决的问题。而个人知识管理是突破当前信息环境对个体发展的制约和对他人经验智慧的借鉴，提高工作、学习效率，提升个人的核心竞争力的需要。

（2）学习方式的变革使自主学习和合作学习都强调以学习者为主体，学习者需要培养自我管理的能力，并且在自主学习过程中实施个人知识管理，有助于信息获取、信息评价、整理加工、表达等能力的不断提高。

（3）更是提高个人工作效率、平衡知识产出的需要。知识的储备可以大大降低以后的知识搜寻成本，减少重复劳动。

2. 个人知识管理作用

个人知识管理在学习中具有如下重要作用：

（1）有利于培养良好的学习习惯。在自主学习过程中有意识地对知识进行获取、整理并分类存储，随着知识资源内容的增多，初步建立个人知识体系，并有针对性对知识体系中的知识进行补充、更新，通过对知识的应用、交流与共享，完善个人知识体系结构，使个人知识网络更加科学化、条理化。

（2）有利于提高个人工作、学习效率。个人知识管理通过建立个人知识体系，有针对性地获取和积累知识，便于个体知识的检索与提取，减少个人时间与精力的耗费，从而提高个人学习能力。

（3）有利于提升个人专业知识和竞争力。通过建立个人知识体系，在学习过程中不断获取、应用与交流知识，持续地更新个人专业知识，促进显隐性知识转化，更新与完善个人知识体系，从而提升个人价值和核心竞争力。

总之，学习者通过个人知识管理加深对事物的理解，并留下个人完整的档案，这有助于总结经验教训和知识创新，使别人为自己提供的帮助更有针对性，更有助于增强自信和自我评价，帮助实现自我管理，实现自己的梦想。

18.7.1　流程与系统

每个人都有一套自己处理信息、管理知识的方法和策略，知识管理流程的每个环节都对个人知识管理的绩效产生影响。研究个人知识管理能力的影响因素首先应该从个人知识管理的每个环节进行评估。

1. 个人知识管理流程

由于网络学习环境具有获取便捷性、形式多样性、交互性、实效性等特性，因此，个人知识管理一般流程可以归纳为以下几部分，如图18-8所示。

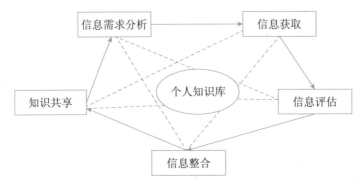

图 18-8   个人知识管理一般流程

（1）信息需求分析。

学习者进行学习时，为了达到学习目标、解决问题，就会产生知识需求，这样的需求越强烈，学习者的学习主动性就会越强，吸收和利用知识的效果越好，知识管理的效率就越高。学习者的学习需求越明确，知识管理的行为就越明显。

在学习者进行需求分析时，学习者会对原有知识体系进行整理，知晓自己知识存在的优势和不足，有计划地吸收和选择所需的知识类型和资源。学习者对自己的知识需求分析程度、学习目标的明确程度、学习者的学习动机等因素都会影响个人知识管理的效果。

（2）信息获取。

一旦知识需求确定，学习者将从学习环境中搜寻可以利用的知识，用以达到学习的目标。在学习中，知识获取能力是学习者能够顺利完成学习目标的先决条件，能够准确、快速、全面地获取知识的能力为知识管理提供了坚实的基础。一般来说，学习者在进行知识获取时通常会表现为两种行为：信息浏览和信息检索。信息浏览行为不一定具有明确的信息需求目标，也不一定具有计划性，不过它还是能够让学习者获取到一定的信息，能够增加学习者对相关内容的了解程度。信息检索行为则是学习者通过有目的的资源搜索行为，获取相关知识内容，利用一定的策略进行信息检索，从而获取自身所需要的知识。在知识获取过程中，学习者是否能够准确判断所需要的知识类型、能否使用合理的检索工具、学习者掌握的信息检索方法、检索表达式的使用等能力都将对知识获取的效率产生影响。

（3）信息评估。

学习环境信息丰富，知识内容也参差不齐，学习者对所获取知识的质量的评估能力直接决定了学习效果的好坏。学习者在进行知识管理时，应该具有对知识质量评估的能力，能够对所获取的知识进行筛选和评价，甄别出对自身有价值的知识内容并将其内化到自己的知识体系中。因此，在评价个人知识管理能力时，应该充分考虑知识管理者对信息的辨别能力，以及判断知识的可信度、准确性、相关性等方面的能力。

（4）信息整合。

信息整合是个人知识管理的中间环节，是将获取的数据、信息和知识与自身原有的知识体系建立联系的过程。在这个过程中，学习者将零散的知识内容在个人知识库中进行建构和迁移，把客观的知识内容通过同化和顺应的形式转化成个人知识，完成信息的整合。这是知识管理的关键环节，是个人知识增长的主要形式。

学习者知识的组织形式、知识建构方式、对信息的加工方式、对知识挖掘的深度和广度、进行个人知识更新的方式都对个人知识的整合程度影响很大，直接影响个人学习的效果。

（5）知识共享。

信息通过前面的知识管理流程转化成个人知识。只有在与他人的知识交流过程中，对知识的理解才能得到进一步深化。知识共享的过程，可以促使学习者将所学到的知识进行深度加工，并且转化成自己的方式共享出来，是学习者将自身的知识显性化的过程。知识拥有者在相互交流的过程中，可以碰撞出更多的知识灵感和火花，为知识的创新提供机会。

知识的共享过程，可以说是学习者学习成果的一种展现方式。学习者可以利用各种形式来表现自己学习到的知识，并且用显性化的方式再现内容，表明学习者对所学知识的掌握程度以及熟练使用程度。因此，评估学习者知识共享的程度，以及共享作品的质量，能够促进知识的传播与进一步转化。

2. 个人知识管理系统发展阶段

个人知识管理系统作为辅助个人进行知识管理的重要工具，其发展演化的三个阶段分别是个体阶段（Individual）、交互阶段（Interactive）、集成阶段（Integrative），简称"3I"。

（1）个体阶段。

早期个人知识管理系统具有区别组织知识管理系统的本质特征，即以"个人"为核心，强调个体在知识管理中的角色。其主要功能是辅助个体对其知识库的构建和管理，是一种封闭的个人管理过程，不具备与他人交流、分享知识的环节。此阶段较典型的个人知识管理系统包括电子概念地图、电子笔记本、文献管理系统等。

（2）交互阶段。

"交互"指个体间的交互，包括知识交流、共享与协作。个人知识管理系统在该发展阶段的特点是提供交互功能，扩展知识获取途径，提高知识获取效率，使个体在知识交流、共享与协作过程中实现知识传递与知识价值增值。

（3）集成阶段。

随着人工智能、云计算、数据挖掘等信息技术的发展，个人知识管理系统进入新阶段，即集成阶段。"集成"指在个体间知识交流、共享与协作的基础上，利用前沿信息技术实现对个体知识的综合、组织、分析、挖掘，以集成新知识和建立更完善的知识体系的形式反馈给个体，提高个人知识管理智能化水平。

3. 个人知识管理系统构架

基于简单有效和经济实用的原则，个人知识管理系统的构架包括两部分：三维信息网络架构和个人的知识系统架构。

1）三维信息网络架构

获取大量的有用信息是进行个人知识管理的基础。信息网络代表了收集信息的能力，数据的多少与品质的好坏，成为决定知识产出品质的第一影响因素。一般而言，个人知识管理至少应该建立三方面的信息网络。

（1）人际网络。

人际网络是一种无形的网络，也是个人学习知识的一个重要途径。人际网络的建立和维持并不容易，一旦建立，往往成为可以获得最直接、最深入问题的信息来源。人际交往中可以学到很多书本上、软件中学不到的知识——隐性知识。人际圈子越广，交往人员的素质越好，可以学到的知识越多。

（2）媒体网络。

媒体是一种实时与广度的信息来源，通过电视广播杂志与报纸，往往可以获得最新的讯息与来自不同角落的新闻。结合自身学习、工作的需要，将经常用到的媒体信息进行分类、鉴别。对主要的媒体保持长期密切关注，让信息的收集成为系统的，而非随机性的临时行为，及时收集主要媒体来源的数据信息，促进自己的知识结构良性发展。

（3）Internet 资源网络。

Internet 是人们进行学习的重要工具，能充分利用互联网的强大功能进行学习是现代人的一个重要标志。不论网站还是电子报，不管质量还是数量，Internet 的资源都已经超过现有的单一图书馆与媒体。有效地建立网络资源清单，熟悉相关资源，将大幅提升工作效率。

2）个人的知识系统架构

收集数据只是知识管理的第一步，接下来还要建立起自己的知识系统架构。知识系统架构，简单说就是储藏知识的架构。知识架构的系统化，有助于将收集到的数据有效储存和在未来快速索取。

（1）对所需管理的知识进行分类。

从个人的角度讲，需要管理的知识资源无外乎以下内容：人际交往资源（如联系人的通讯录、每个人的特点与特长等）、通信管理（书信、电子信件、传真等）、个人时间管理工具（事务提醒、待办事宜、个人备忘录）、网络资源管理（网站管理与连接）、文件档案管理等。

对知识的分类，应根据自身需求，按照"我需要什么信息，如何最快找到它"的原则进行操作。知识的专业分类可以根据学习的专业科目来划分，也可参照图书馆文献的分类方法。对于分类学无须深究，只要根据个人情况，在实践中逐渐摸索出自己知识库的最佳分类方法即可。

（2）选择合适的知识管理工具。

对个人来说，针对不同的信息可以采用不同的工具，不需要采用统一的入口，只要简单易用，适合自己就行。

（3）建立个人知识库。

在知识库中，所有知识都以目录结构分类存放。可以设置一个临时目录以存储那些无法及时处理的信息，待以后再分类，从而保持知识库的干净。此外，文件命名应该简单明了、见名知义，辅以数字编码、时间、来源等为原则。同时，也要建立文件安全、资源删除与更新、交流与共享的规则，以文件的形式妥善地保存下来，并在以后的实践中逐步扩展和完善，建立自己的知识结构体系。这样可以方便信息资源的分类存储、查找和操作，也可避免因时间推移和遗忘而导致的混乱管理，造成大量资源浪费。可以采用知识管理软件等。

选择有效的个人知识管理工具，对所有资源进行分类、命名以后，就可以将知识分批放入个人知识库。个人知识库建立起来之后，能否快速而方便地访问至关重要。随着知识的不断丰富和能力增强，也要持续不断地对个人知识库进行维护和管理。一般而言，个人应主要做好以下工作：增添新的学习资源和知识类别；删除、修改和更新部分资源；进一步完善个人知识管理准则；协作学习以交流和共享知识；在知识管理的实践过程中，逐步完善个人知识结构。

（4）应用已有的知识。

在个人知识管理上，我们不仅要关注知识积累，也要注重知识能量的释放。知识学习和积累的出发点就是对知识的使用，并在知识的利用、交流中创造新的知识。在知识的利用上，一些传统的方法可能对个人知识管理有所帮助，例如归纳和演绎。想要利用已有的知识，一方面可以在个人掌握大量知识的基础上进行归纳，找出事物间的规律，应用于实践，从而对这种归纳结果进行检验，再从实践中修正归纳出的知识；另一方面也可以对原有知识进行演绎，指导新的实践。

知识管理中知识的利用方法目前还处于探索阶段，因为它涉及不同个体的知识背景、生活环境、价值观等因素。一般来说，应用知识可以遵循以下规则：首先，进行知识收集，把与问题有关的知识找到，在互联网时代这一点并不难做到；其次，进行消化吸收，也就是阅读有关资料，包括向专家请教；然后，建立可比较的模型，以专业知识为基础，设计出比较及评价方案；最后，评估报告将完成知识运用过程，在这些模型中挑选出支持决策或得出结论以完成知识运用。头脑风暴、专业论坛、沙盘模拟甚至聊天谈话，也都是知识运用的准备阶段，可以帮助个人进行知识加工，形成应用知识的规则意识。

18.7.2　关键价值

个人知识管理的具体作用表现在：①帮助我们有计划地建立个人专业知识体系；②有针对性地吸收和补充所需的专业知识资源；③持续性地学习、更新、提高个人专业知识和工作技能以提升个人价值和竞争力；④有效率地提取所需的专业知识资源用于实际工作以获得良好的工作绩效；⑤更好地展示个人的学习能力和工作能力；⑥在所在的机构中成为知识交流的重要元素并获得更好的事业发展机遇。

18.8　本章练习

1. 选择题

（1）关于知识管理的描述，不正确的是：_____。

  A. 知识管理是以知识为对象，以知识、技术为手段，运用知识进行的管理

  B. 知识管理能给组织带来知识增值，进而为组织创造新的价值

　　C. 知识管理全过程是知识获取与采集、知识组织与存储、知识转移与应用

　　D. 知识管理是一个持续的过程，需要组织和个人的积极参与和持续投入

参考答案：C

（2）_____不是组织获取与收集显性知识的途径。

　　A. 图书资料　　　　　　　　　　B. 数据访问

　　C. 数据挖掘　　　　　　　　　　D. 内部沟通与知识共享

参考答案：D

（3）不属于影响知识库构建因素的是：_____。

　　A. 知识发现　　　　　　　　　　B. 知识组织

　　C. 构建知识库　　　　　　　　　D. 知识存储

参考答案：D

（4）关于知识共享的内涵的描述，不正确的是：_____。

　　A. 知识共享是员工传播相关信息的行为，员工互相交流知识时，使知识由个体扩散到组织层面

　　B. 知识共享不可以看作是有价值的商品，无法参与知识市场交易，提高知识产出

　　C. 知识共享不仅仅是一方将信息传给另一方，还包含愿意帮助另一方了解信息的内涵并从中学习，进而转化为另一方的信息内容，并发展个体的行动能力

　　D. 组织知识共享是一个系统的工程，是多种因素综合作用的结果

参考答案：B

（5）不属于 SECI 知识螺旋模型中知识创新过程的是 _____。

　　A. 社会化　　　　　　　　　　　B. 外化

　　C. 专业化　　　　　　　　　　　D. 内化

参考答案：C

（6）个人知识管理至少应该建立的信息网络不包括：_____。

　　A. 人际网络　　　　　　　　　　B. 工作网络

　　C. 媒体网络　　　　　　　　　　D. Internet 资源网络

参考答案：B

2. 思考题

（1）什么是知识获取？什么是知识收集？简述知识获取与收集的过程与步骤。

（2）知识库构建一般包括哪些步骤？

（3）什么是知识共享？知识共享要素有哪些？

参考答案：略

第 19 章　IT 管理标准化

标准化伴随 IT 服务的发展与成熟，从 20 世纪 80 年代发展至今，过程中不断丰富并与其他相关标准相互融合。标准化是确保 IT 管理实现专业化、规模化的前提，也是规范 IT 管理的重要手段。在 IT 管理标准化的过程中，标准化的核心作用是确定 IT 管理的范围和内容，规范组成 IT 管理各种要素，从而为 IT 管理的规划、实施和运行奠定基础。

19.1　标准化知识

标准是为了在一定范围内获得最佳秩序，经协商一致制定并由公认机构批准共同使用和重复使用的一种规范性文件，是标准化活动的核心产物。标准是研究制定法律、技术法规、政策和规划的依据，是组织从事生产经营活动、消费者选择产品和服务的主要依据。经过 100 多年的发展，标准化已成为全球政治和经济活动的主要组成部分，甚至是技术发达国家和跨国组织的发展战略。

标准化是指了在一定范围内获得最佳秩序，对现实问题或潜在问题制定共同使用和重复使用的条款的活动。标准化是一项活动，这种活动的结果是制定条款，制定条款的目的是在一定范围内获得最佳秩序，所制定的条款的特点是共同使用和重复使用，针对的对象是现实问题或潜在问题。再结合标准的定义可以得出：多项条款的组合构成了规范性文件，如果这些规范性文件符合相应的程序，经过公认机构的批准，就成为标准或特定文件（例如国家标准化指导性技术文件）。标准化活动涉及标准及其配套文件的编写过程、征求意见过程、审查发布过程和使用过程等。

19.1.1　标准体系

标准体系是一种由标准组成的系统，为了实现系统的目标而必须具备一整套具有内在联系的、科学的有机整体。标准体系内部各标准按照一定的结构进行逻辑组合，而不是杂乱无序的堆积，它是一个概念系统，是由人为组织制定的标准形成的人工系统。

1. 标准体系结构

标准体系结构是指标准系统内各标准内在有机联系的表现方式。形成标准体系的主要方式有层次和并列两种。层次是指一种方向性的等级顺序，彼此存在着制约关系和隶属关系；并列是指同一层次内各类或各标准之间存在的方式和秩序，如 ITSS 体系主要通过并列方式列出各类和各项标准。

2. 标准体系表

标准体系要用一定的形式表现出来，即标准体系表。如信息技术服务标准体系表是将信息技术服务范围内的标准，按照一定结构形式排列起来的图表，反映了信息技术服务标准体系的全貌，表明了标准之间的层次和并列关系。

19.1.2 标准的分类

标准的种类繁多，根据不同的目的或原则可以划分出不同的类别。主要划分方式包括按照适用范围划分、按照涉及的对象类型划分和按照标准的要求程度划分。

1. 按照适用范围划分

制定标准的重要基础是在一定的范围内充分反映各相关方的利益，并对不同意见进行协调与协商，从而取得一致。其中"一定的范围"和"各相关方"的范围可大可小，可以是全球的，也可以是某个区域或某个国家层次的，还可以是某个国家内行业部门（或协会）、地方或企业层次的。显而易见，不同层次标准化活动的协商一致程度是不同的，所制定标准的适用范围也是不同的。依据制定标准的参与者所涉及的范围，也就是标准的适用范围，可将标准分为国际标准、国家标准、行业标准、团体标准、地方标准、企业标准等。

（1）国际标准（International Standard）。指国际标准化组织（ISO）、国际电工委员会（IEC）和国际电信联盟（ITU）以及 ISO 确认并公布的其他组织制定的标准。ISO 确认并公布的其他国际组织主要包括国际计量局（BIPM）、国际原子能机构（IAEA）、国际海事组织（IMO）、联合国教科文组织（UNESCO）、世界卫生组织（WHO）等 49 个国际标准化机构。

（2）国家标准（National Standard）。指由国家标准机构通过并公开发布的标准。对我国而言，国家标准是指由国务院标准化行政主管部门组织制定，并对全国国民经济和技术发展有重大意义，需要在全国范围内统一的标准。国家标准由全国专业标准化技术委员会负责起草、审查，并由国务院标准化行政主管部门统一审批、编号和发布。

（3）行业标准（Branch Standard）。指在国家的某个行业通过并公开发布的标准。对我国而言，行业标准是对没有国家标准而又需要在全国某个行业范围内统一的技术要求所制定的标准。行业标准的发布部门由国务院标准化行政主管部门审查确定。凡批准可以发布行业标准的行业，由国务院标准化行政主管部门公布行业标准代号、行业标准的归口部门及其所管理的行业标准范围。

（4）团体标准（Group Standard）。指由团体按照团体确立的标准制定程序自主制定发布，由社会自愿采用的标准。团体标准可以涵盖各个领域和行业，例如产品规范、质量管理体系、环境管理、职业安全健康、信息安全、社会责任等。制定团体标准的目的是满足特定团体的需求和目标，促进内部或特定群体的统一管理、交流和合作。

（5）地方标准（Provincial Standard）。指在国家的某个地区通过并公开发布的标准。对我国而言，地方标准是针对没有国家标准和行业标准，而又需要在省、自治区、直辖市范围内统一的技术要求所制定的标准。地方标准由省、自治区、直辖市标准化行政主管部门统一编制计划、组织制定、审批、编号和发布。地方标准发布后，省、自治区、直辖市标准化行政主管部门应分别向国务院标准化行政主管部门和有关行政主管部门备案。

（6）企业标准（Company Standard）。指针对企业范围内需要协调、统一的技术要求、管理要求和工作要求所制定的标准。企业标准是企业组织生产、经营活动的依据。企业标准虽然只在某企业适用，但在地域上可能会影响多个国家。

2. 按照涉及的对象类型划分

标准涉及的对象类型不同，反映到标准的文本上体现为其技术内容及表现形式的不同。主要包括术语标准、符号标准、试验标准、产品标准、过程标准、服务标准、接口标准等。

（1）术语标准（Terminology Standard）。指与术语有关的标准，通常带有定义，有时还附有注、图、示例等。术语标准是按照专业范围划分的，包含某领域内某个专业的许多术语。术语标准的主要技术要素为术语条目，通常由条目编号、术语和定义几个部分内容组成，包含术语和相应定义的术语标准，其名称为《XXX 词汇》，如果仅有术语没有定义，则名称为《XXX 术语集》。

（2）符号标准（Symbol Standard）。指与符号相关的标准。符号是表达一定事物或概念，具有简化特征的视觉形象。通常分为文字符号和图形符号。文字符号又可分为字母符号、数字符号、汉字符号或它们组合而成的符号；图形符号又可分为产品技术文件用、设备用、标志用图形符号。

（3）试验标准（Testing Standard）。指与试验方法有关的标准，有时附有与测试有关的其他条款，例如抽样、统计方法的应用、试验步骤。试验标准是规定试验过程的标准。试验标准规定了标准化的试验方法。

（4）产品标准（Product Standard）。指规定产品应满足的要求以确保其适用性的标准。按照 ISO 对标准化对象的划分，产品标准是相对于过程标准和服务标准而言的一大类标准，与产品有关的标准都可以划入这一类别。产品标准可分为不同类别的标准，例如尺寸标准、材料标准等。

（5）过程标准（Process Standard）。指规定过程应满足的要求以确保其适用性的标准。按照 ISO 对标准对象的划分，过程标准是相对于产品标准和服务标准而言的一大类标准，与过程有关的标准都可以划入这一类别。

（6）服务标准（Service Standard）。指规定服务应满足的要求以确保其适用性的标准。按照 ISO 对标准化对象的划分，服务标准是相对于产品标准和过程标准而言的一大类标准，与服务相关的标准都可以划入这一类别。

（7）接口标准（Interface Standard）。指规定产品或系统在其互连部位与兼容性有关的要求的标准。从上述定义可看出，接口标准针对的是一个产品与其他产品连接使用时，其相互连接的界面的标准化问题。

3. 按照标准的要求程度划分

按照标准的要求程度不同，可划分为规范、规程、指南等。

（1）规范（Specification）。指规定产品、过程或服务需要满足的要求的文件。几乎所有的标准化对象都可以成为"规范"的对象，无论是产品、过程还是服务，或者是其他更加具体的标准化对象。

（2）规程（Code of Practice）。指为设备、构件或产品的设计、制造、安装、维护或使用而推荐惯例或程序的文件。规程所针对的标准化对象是设备、构件或产品。

（3）指南（Guideline）。指给出某主题的一般性、原则性、方向性的信息、指导或建议的文件。指南的标准化对象较广泛，但具体到每一个特定的指南，其标准化对象则集中到某一主题的特定方面，这些特定方面是有共性的，即一般性、原则性或方向性的内容。

19.1.3 标准制定

国家标准的制定有一套正常程序，分为预阶段、立项阶段、起草阶段、征求意见阶段、审查阶段、批准阶段、出版阶段、复审阶段以及废止阶段，如表 19-1 和图 19-1 所示。其他类型的标准制定过程，大多数情况下会参考国家标准的制定过程方法。

表 19-1 国家标准制定阶段划分

阶 段 代 码	阶 段 名 称	阶 段 任 务	阶 段 成 果
00	预阶段	提出新工作项目建议	PWI
10	立项阶段	提出新工作项目	NP
20	起草阶段	提出标准草案征求意见稿	WD
30	征求意见阶段	提出标准草案征求意见稿	CD
40	审查阶段	提出标准草案送审稿	DS
50	批准阶段	提出标准出版稿	FDS
60	出版阶段	提出标准出版物	GB，GB/T，GB/Z
90	复审阶段	对实施周期达 5 年的标准进行复审	继续有效 / 修改 / 修订 / 废止
95	废止阶段		废止

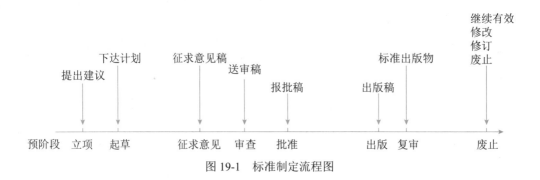

图 19-1 标准制定流程图

19.2 主要标准

国内外发布了较多的信息系统与软件工程、新一代信息技术以及信息技术服务相关的标准规范，有关标准为信息系统相关活动提供了最佳实践、规范要求等内容，相关信息系统活动需要根据活动的内容、预计达成的目标和技术使用情况等，遵循有关标准的规定和要求，从而确保有关活动的有效性和规范性等。

19.2.1　系统与软件工程标准

系统与软件工程相关标准主要分为基础标准、生存周期管理标准以及质量与测试标准。各标准关注的方向和侧重点不同，需要系统化融合应用。

1. 基础标准

基础标准方面，主要包含 GB/T 11457《信息技术 软件工程术语》、GB/Z 31102《软件工程 软件工程知识体系指南》等标准。

（1）GB/T 11457《信息技术 软件工程术语》标准给出了 1859 个软件工程领域的中文术语，以及每个中文术语对应的英文词汇，并对每个术语给出相应的定义。

（2）GB/Z 31102《软件工程 软件工程知识体系指南》作为指导性技术文件描述了软件工程学科的边界范围，按主题提供了访问支持该学科的文献的途径。制定软件工程知识体系（SWEBOK）指南有 5 个目标：①促进业界对软件工程看法趋于一致；②阐明软件工程的地位，并设定软件工程与计算机科学、项目管理、计算机工程和数学等其他学科之间的界线；③描述软件工程学科的内容；④提供使用软件工程知识体系的主题；⑤为课程制定、个人认证及特许资料提供依据。

2. 生存周期管理标准

生存周期管理标准方面，主要包含 GB/T 8566《信息技术 软件生存周期过程》、GB/T 22032《系统与软件工程 系统生存周期过程》等标准。

（1）GB/T 8566《信息技术 软件生存周期过程》为软件生存周期过程建立了一个公共框架，可供软件工业界使用。包括在含有软件的系统、独立软件产品和软件服务的获取期间以及在软件产品的供应、开发、运行和维护期间需应用的过程、活动和任务。此外，该标准还规定了用来定义、控制和改进软件生存周期的过程。

《信息技术 软件生存周期过程》适用于系统和软件产品以及服务的获取，还适用于软件产品和固件的软件部分的供应、开发、操作和维护，可在一个组织的内部或外部实施。适用于供需双方，如供需双方来自同一组织，同样适用；适用于从一项非正式协定直到法律约束的合同的各种情况。适用于系统和软件产品即服务的需方、软件产品的供方、开发方、操作方、维护方、管理方、质量保证管理者和用户。该标准可由单方作为自我改进工作使用。同时，不阻止现货软件的供方或者开发方使用该标准。

（2）GB/T 22032《系统与软件工程 系统生存周期过程》为描述人工系统的生存周期建立了一个通用框架，从工程的角度定义了一组过程及相关的术语，该标准定义了软件生存周期过程。这些过程可以应用于系统结构的各个层次。在整个生存周期中，被选定的过程集合可应用于管理、运行系统生存周期的各个阶段。这是通过所有与系统有关的各方参与，以实现顾客满意为最终目标来完成的。该标准还提供了一些过程，支持用于组织或项目中生存周期过程的定义、控制和改进。当获取和供应系统时，组织和项目可使用这些生存周期过程。

《系统与软件工程 系统生存周期过程》涉及一个或多个可由以下元素配置的人工系统：硬件、软件、数据、人员、过程（例如给用户提供服务的过程）、规程（例如操作指南）、设施、物资和自然存在的实体。当系统元素是软件时，ISO/IEC/IEEE 12207：2015 可以用于实现此系统元素。两个标准互相协调，可以在单个项目或单个组织中同时使用。

3. 质量与测试标准

质量与测试标准方面，主要包含 GB/T 25000《系统与软件工程 系统与软件质量要求和评价（SQuaRE）》等。

《系统与软件工程 系统与软件质量要求和评价（SQuaRE）》分为多个部分，各部分内容及相应的适用范围如表 19-2 所示。

表 19-2   GB/T 25000 标准各部分内容

标准号	各部分名称	主要内容	适用范围
GB/T 25000.1	第 1 部分：SQuaRE 指南	该部分为 GB/T 25000 整体标准提供使用指南。该部分旨在为 GB/T 25000 标准的内容、公共参考模型和定义以及各部分间的关系提供一个全面说明，允许用户根据其使用目的应用该部分	标准适用但不限于系统和软件产品的开发方、需方和独立的评价方，特别是那些负责定义系统和软件质量需求，及系统和软件产品评价的人员
GB/T 25000.2	第 2 部分：计划与管理	该部分通过提供技术、工具、经验和管理技能，为负责执行和管理系统与软件产品质量需求规约和评价活动的组织提供要求和建议	该部分适用于预期用户执行：①管理用于需求规约和评价执行的技术；②明确系统与软件产品质量要求；③支持系统与软件产品质量要求；④管理系统与软件开发组织；⑤与质量保证职能相关的事项
GB/T 25000.10	第 10 部分：系统与软件质量模型	该部分定义了：①使用质量模型，该模型由 5 个特性组成，每个特性又可进一步细分为一些子特性，这些特性关系到产品在特定的使用周境中使用时的交互结果；②产品质量模型，该模型由 8 个特性组成，每个特性又可进一步细分为一些子特性，这些特性关系到软件的静态性质和计算机系统的动态性质	使用质量模型可以应用于整个人机系统，既包括使用中的计算机系统，也包括使用中的软件产品。产品质量模型，模型既可以应用于计算机系统，也可以应用于软件产品
GB/T 25000.12	第 12 部分：数据质量模型	该部分针对计算机系统中以某种结构化形式保存的数据，定义了通用的数据质量模型。关注于作为计算机系统一个组成部分的数据的质量，并定义由人和系统使用的目标数据的质量特性	数据与数据设计之间的复合型包含在该部分的范围内

标准号	各部分名称	主要内容	适用范围
GB/T 25000.20	第 20 部分：质量测量框架	该部分规定了开展质量测量工作的框架	该部分可用于设计、识别、评价和执行系统与软件产品质量、使用质量和数据质量的测量模型。该参考模型可被开发方、需方、质量保证人员以及独立评价方，尤其是负责规定和评价信息通信技术系统质量的人员所使用
GB/T 25000.21	第 21 部分：质量测度元素	该部分旨在定义和 / 或设计质量测度元素（QME）的初始集，可将其应用在软件产品的整个生存周期，以实现系统和软件质量要求与评价（SQuaRE）标准的目的。还给出了设计 QME 或对已有 QME 设计进行验证的规划集	该部分旨在供（但不限于）开发方、需方、产品的独立评价方使用，特别是面向负责定义产品质量需求和产品评价的责任人。当定义拟用来获取质量测度（例如 GB/T 25000.22、GB/T 25000.23、GB/T 25000.24 中所规定的质量测度）相关的 QME 时，该部分是适用的
GB/T 25000.22	第 22 部分：使用质量测量	该部分提出的使用质量测度主要在基于真实使用效果的系统与软件产品的质量保证和管理中使用。测量结果的主要用户是软件与系统开发、获取、评价或维护的管理人员	该部分针对 GB/T 25000.10 所定义之特性的使用质量测度进行了定义，旨在与 GB/T 25000.10 搭配使用。该部分能与 GB/T 25000.30、GB/T 25000.40 和 GB/T 25000.41 等标准结合使用，并能在产品或系统质量方面更普遍地满足用户需要
GB/T 25000.23	第 23 部分：系统与软件产品质量测量	该部分基于 GB/T 25000.10 定义的特性和子特性，规定了用于量化评价系统与软件产品质量的测度	该部分定义的质量测度需要与 GB/T 25000.10 协同使用，并可以联合系统与软件质量要求和评价（SQuaRE）系列国际标准的质量需求分部（ISO/IEC 2503n）及评价分部（ISO/IEC 2504n），以便更广泛地满足用户对于软件产品和系统质量需求的定义与评价
GB/T 25000.24	第 24 部分：数据质量测量	该部分包含：①每一个特性的数据质量测度的基本集合；②在数据生存周期中应用了质量测度的目标实体的基本集合；③对如何应用数据质量测度的解释；④指导组织定义自己的针对数据质量需求和评价的测度	该部分可以应用到用于任何种类应用的计算机系统中的、保持结构化格式的任何种类的数据
GB/T 25000.30	第 30 部分：质量需求框架	该部分为系统、软件产品及数据提供了质量需求的框架，包括质量需求的概念及抽取、定义和管控它们的过程和方法	GB/T 25000 标准中部分引用的文件，其最新版本（包括所有的修改单）适用于该文件

续表

标准号	各部分名称	主要内容	适用范围
GB/T 25000.40	第 40 部分：评价过程	该部分包含软件产品质量评价的要求和建议，并阐明了一般概念。它为评价软件产品质量提供了一个过程描述，并为该过程的应用明确了要求。该部分建立了评价参考模型与 SQuaRE 文档之间的关系，也说明了在评价过程的每个活动应如何对应使用 SQuaRE 文档	该部分主要适合于软件产品的开发方、需方以及独立评价方。评价过程可用于不同的目的和方法。该过程用于预开发软件、商业现货软件或定制软件的质量评价，也可用于开发过程期间或开发之后。该部分不用于软件产品其他方面（如功能性需求、过程需求、业务需求等）的评价
GB/T 25000.41	第 41 部分：开发方、需方和独立评价方评价指南	该部分提供了软件产品质量评价的要求、建议和指南。该部分提供了对软件产品质量评价的过程描述，并从开发方、需方和独立评价方的视角陈述了应用评价过程的具体要求	该部分不限于任何特定的应用领域，可用于任何类型软件产品的质量评价方。评价过程可用于不同的目的和方法，也可用于预开发软件、商业现货软件或定制软件的软件产品质量评价，并可用于开发过程期间或开发之后。该部分旨在供负责软件产品质量评价的人员使用，并适用于产品的开发方、需方和独立评价。该部分不适用于软件产品其他方面（如功能性需求、过程需求、业务需求等）的评价
GB/T 25000.45	第 45 部分：易恢复性的评价模块	该部分提供了软件产品易恢复性质量评价的评价方法、过程、测度和结果说明。采用干扰注入方法和基于常见类别的操作故障和事件的干扰列表来评价承受力的质量测度。应用基于对每种干扰定义一组问题集，通过评估系统在没有人为干预的情况下检测、分析和解决干扰的程度，来评价自主恢复指数的质量测度	适用于软件产品（包括中间工作产品和最终产品）、支持单个或多个并发用户的交易系统的易恢复性质量评价。该部分旨在供负责软件产品质量评价的人员使用，并适用于产品的开发方、需方（用户）和独立评价方
GB/T 25000.51	第 51 部分：就绪可用软件产品（RUSP）的质量要求和测试细则	该部分确立了就绪可用软件产品（RUSP）的质量要求	用于测试 RUSP 的包含测试计划、测试说明和测试结果等的测试文档集要求
GB/T 25000.62	易用性测试报告行业通用格式（CIF）	该部分规范了用户测试过程中获取的信息类型。主要的可变因素是综合统计数据、任务描述、测试环境以及为规范研究发现而选择的特别变量	该部分适用于：①供方组织易用性专业人员编写供顾客组织使用的报告时；②顾客组织验证一个特定报告是否符合该文件时；③顾客组织内的人类工效学专家或其他易用性专业人员评价易用性测试的技术价值和产品易用性时；④顾客组织内的其他专业人员和管理者在利用测试结果对产品适宜性和购买进行商业决策时

19.2.2　新一代信息技术标准

新一代信息技术主要包括物联网、云计算、大数据、区块链、人工智能、虚拟现实、移动互联网等，针对物联网、云计算两个领域的重点标准介绍如下。

1. 物联网相关标准

物联网相关标准主要有 GB/T 33745《物联网 术语》、GB/Z 33750《物联网 标准化工作指南》、GB/T 33474《物联网 参考体系结构》等。相关标准的标准编号、标准名称、主要内容及适用范围等如表 19-3 所示。

表 19-3　现行主要物联网相关标准

标准号	标准名称	主要内容	适用范围	类别
GB/T 33745	物联网 术语	该标准界定了物联网中一些共性的、基础性的术语和定义	该标准适用于物联网概念的理解和信息的交流	国家标准
GB/Z 33750	物联网 标准化工作指南	该指南制定了物联网标准化工作原则、工作程序、标准名称的结构和命名以及物联网标准分类	该指导性技术文件适用于：①以物联网作为名称要素的国家标准的管理工作；②物联网基础共性标准的研制工作	国家标准
GB/T 33474	物联网 参考体系结构	该标准给出了物联网概念模型，并从系统、通信、信息三个不同的角度给出了物联网参考体系结构	该标准适用于各应用领域物联网系统的设计，为物联网系统设计提供参考	国家标准
GB/T 35319	物联网 系统接口要求	该标准规定了物联网系统实体间接口的具体功能要求	该标准适用于物联网系统实体间接口的设计、开发和应用	国家标准
GB/T 36478.1	物联网 信息交换和共享 第 1 部分：总体架构	该部分规定了物联网系统之间进行信息交换和共享包含的过程活动、功能实体和共享交换模式	该部分适用于物联网系统之间信息交换和共享的规划、设计、系统开发以及运行维护管理	国家标准
GB/T 36478.2	物联网 信息交换和共享 第 2 部分：通用技术要求	该部分规定了物联网系统间进行信息交换和共享的通用技术要求，包括数据服务、数据标准化处理、数据存储与管理、数据传递接口、目录管理、认证与授权、交换和共享监控及安全策略要求等内容	该部分适用于物联网系统之间信息交换和共享的规划、设计、系统开发以及运行维护管理	国家标准
GB/T 36468	物联网 系统评价指标体系编制通则	该标准规定了物联网系统评价指标体系的编制原则、体系结构以及指标描述和设计原则	该标准适用于具体行业物联网应用系统评价指标体系的编制	国家标准
GB/T 36478.3	物联网 信息交换和共享 第 3 部分：元数据	该部分规定了物联网系统间信息交换和共享的元数据，包括元数据概念模型、核心元数据和扩展元数据。	该部分适用于物联网系统间信息交换和共享系统的规划、设计以及维护管理	国家标准

标准号	标准名称	主要内容	适用范围	类别
GB/T 36478.4	物联网 信息交换和共享 第 4 部分：数据接口	该部分规定了物联网系统与外部物联网系统进行信息交换和共享时数据接口的数据推送请求、推送数据、数据获取请求、获取数据、目录获取请求、获取目录数据、目录数据推送请求和推送目录数据等接口参数	该部分适用于物联网系统之间信息交换和共享的设计、系统开发以及运行维护管理	国家标准
GB/T 37684	物联网 协同信息处理参考模型	该标准提出了物联网系统中对任务或服务的协同信息处理的参考模型，规定了实体功能和协同信息处理过程	该标准适用于物联网系统中协同信息处理的设计和开发	国家标准
GB/T 37685	物联网 应用信息服务分类	该标准规定了物联网应用信息服务分类的规则与类别	该标准适用于物联网应用系统规划、设计、研发与应用	国家标准
GB/T 37686	物联网 感知对象信息融合模型	该标准提出了物联网感知对象信息融合的概念模型，描述了感知对象信息融合在物联网参考体系结构中的位置	该标准适用于物联网系统感知对象信息融合的设计和开发	国家标准
GB/T 38637.1	物联网 感知控制设备接入 第 1 部分：总体要求	该部分规定了物联网系统中感知控制设备接入的接入要求、应用层接入协议和协议适配	该部分适用于物联网感知控制设备的规划和研发	国家标准
GB/T 38624.1	物联网 网关 第 1 部分：面向感知设备接入的网关技术要求	该部分规定了面向感知设备接入的物联网网关功能要求和通用数据配置要求	该部分适用于面向感知设备接入物联网网关的设计、开发和测试	国家标准
GB/T 38637.2	物联网 感知控制设备接入 第 2 部分：数据管理要求	该部分规定了物联网感知控制设备接入网关或平台时的数据采集、数据处理、数据交换和数据安全等数据管理要求	该部分适用于物联网感知控制设备接入网关或平台时数据管理功能的设计与实现	国家标准
GB/T 40684	物联网 信息共享和交换平台通用要求	该文件规定了物联网信息共享与交换平台的概念和功能要求，功能要求包括数据管理、目录管理、服务支撑、平台管理和安全机制	该文件适用于物联网信息共享和交换平台的设计、开发和实现	国家标准
GB/T 40688	物联网 生命体征感知设备数据接口	该文件规定了面向物联网应用的生命体征感知设备到生命体征监测系统的数据接口的总则、接口消息格式以及通用接口和业务接口的基本功能和参数的要求	该文件适用于面向物联网应用的生命体征感知设备的设计、生产和使用	国家标准

续表

标准号	标准名称	主要内容	适用范围	类别
GB/T 40687	物联网 生命体征感知设备通用规范	该文件规定了面向物联网应用的生命体征感知设备的要求和试验方法	该文件适用于面向物联网应用的生命体征感知设备的设计、生产和使用	国家标准
GB/T 40778.1	物联网 面向 Web 开放服务的系统实现 第 1 部分：参考架构	该文件规定了面向 Web 开放服务的物联网系统的参考架构和功能组件，并对协议适配、物体描述、物体发现、物体共享和安全保障等功能组件进行了描述	该文件适用于面向 Web 开放服务的物联网系统的顶层设计，为面向 Web 的开放服务与物体交互实现提供指导	国家标准
GB/T 40778.2	物联网 面向 Web 开放服务的系统实现 第 2 部分：物体描述方法	该文件规定了面向 Web 开放服务的物联网系统的物体描述模型和物体描述元数据的要求	该文件适用于面向 Web 开放服务的物联网系统设计和开发，为物联网应用服务提供技术支撑	国家标准
YD/T 2437	物联网总体框架与技术要求	该标准规定了物联网通用分层模型、物联网总体框架、主要部件及能力要求、参考点要求以及物联网共性能力要求	该标准适用于整个物联网	行业标准

2. 云计算相关标准

云计算相关标准主要有 GB/T 32400《信息技术 云计算 概览与词汇》、GB/T 32399《信息技术 云计算 参考架构》等。相关标准的标准编号、标准名称、主要内容及适用范围等如表 19-4 所示。

表 19-4　现行主要云计算相关标准

标准号	标准名称	主要内容	适用范围	类别
GB/T 32400	信息技术 云计算 概览与词汇	该标准给出了云计算概览、云计算相关术语及定义。该标准为云计算标准提供了术语基础	该标准适用于各类组织（例如企业、政府机关和非营利性组织）	国家标准
GB/T 32399	信息技术 云计算 参考架构	该标准规定了云计算参考架构（CCRA），包括云计算角色、云计算活动、云计算功能组件以及他们之间的关系	该标准适用于云计算架构参考使用	国家标准
GB/T 35301	信息技术 云计算 平台即服务（PaaS）参考架构	该标准规定了平台即服务（PaaS）参考架构的术语定义和缩略语、图例说明、PaaS 参考架构概念、PaaS 用户视图和功能视图	该标准适用于 PaaS 云计算系统的设计、实现、部署和使用	国家标准
GB/T 35293	信息技术 云计算 虚拟机管理通用要求	该标准规定了虚拟机的基本管理，以及虚拟机的生命周期、配置与调度、监控与告警、可用性和可靠性、安全性等管理通用技术要求	该标准适用于虚拟机相关产品的设计、开发、测评、使用等	国家标准

标准号	标准名称	主要内容	适用范围	类别
GB/T 36327	信息技术 云计算 平台即服务（PaaS）应用程序管理要求	该标准提出了平台即服务（PaaS）应用程序的管理流程，并规定了 PaaS 应用程序的一般要求与管理要求	该标准适用于与平台即服务（PaaS）应用程序管理相关的 PaaS 提供者的服务供应，平台即服务（PaaS）客户使用云平台服务部署运行应用程序，以及平台即服务（PaaS）协作者基于平台即服务（PaaS）应用程序管理的功能提供第三方服务的场景	国家标准
GB/T 36326	信息技术 云计算 云服务运营通用要求	该标准给出了云服务总体描述，规定了云服务提供者在人员、流程、技术及资源方面应具备的条件和能力	该标准适用于：①云服务提供者向云服务开发者提出需求的依据；②云服务提供者评估自身的条件和能力；③云服务客户选择和评价云服务提供者；④第三方评估云服务提供者的能力	国家标准
GB/T 36325	信息技术 云计算 云服务级别协议基本要求	该标准给出了云服务级别协议的构成要素，明确了云服务级别协议的管理要求，并提供了云服务级别协议中的常用指标	该标准适用于：①为云服务提供者和云服务客户（简称"双方"）建立云服务级别协议提供指导；②为客户对提供者交付的云服务进行考评提供参考依据；③为第三方进行云服务级别协议评估提供参考依据	国家标准
GB/T 36623	信息技术 云计算 文件服务应用接口	该标准规定了文件服务应用接口的基本接口和扩展接口，并针对 HTTP1.1 协议给出了实现例子	该标准适用于基于文件的云服务应用的开发、测试和使用	国家标准
GB/T 37741	信息技术 云计算 云服务交付要求	该标准规定了云服务交付的方式、内容、过程、质量及管理要求	该标准适用于：①CSP 评估和改进自身的交付能力；②CSC 及第三方机构评价和认定 CSP 的交付能力	国家标准
GB/T 37740	信息技术 云计算 云平台间应用和数据迁移指南	该标准规定了不同云平台间应用和数据迁移过程中迁移准备、迁移设计、迁移实施和迁移交付的具体内容	该标准适用于指导迁移实施方和迁移发起方开展应用和数据迁移活动	国家标准
GB/T 37737	信息技术 云计算 分布式块存储系统总体技术要求	该标准规定了分布式块存储系统的资源管理功能要求、系统管理功能要求、可扩展要求、兼容性要求和安全性要求	该标准适用于分布式块存储系统的研发和应用	国家标准

标准号	标准名称	主要内容	适用范围	类别
GB/T 37739	信息技术 云计算 平台即服务部署要求	该标准规定了云计算平台即服务（PaaS）部署过程中的活动及任务	该标准适用于平台即服务提供方进行平台即服务的部署规划、实施和评估	国家标准
GB/T 37736	信息技术 云计算 云资源监控通用要求	该标准规定了对云资源进行监控的技术要求和管理要求	该标准适用于云服务提供者建立云资源监控能力和云服务客户评价云资源的运行情况	国家标准
GB/T 37734	信息技术 云计算 云服务采购指南	该标准规定了云服务采购流程、云服务采购需求分析、云服务提供商选择、协议/合同签订和服务交付与验收的基本要求	该标准适用于云服务客户和云服务提供者，用于指导云服务客户采购云服务	国家标准
GB/T 37738	信息技术 云计算 云服务质量评价指标	该标准规定了云服务质量的评价指标	该标准适用于为云服务提供商评价自身云服务质量提供方法、为云服务客户选择云服务提供商提供依据和为第三方实施云服务质量评价提供参考	国家标准
GB/T 37735	信息技术 云计算 云服务计量指标	该标准规定了不同类型云服务的计量指标和计量单位	该标准适用于各类云服务的提供、采购、审计和监管	国家标准
GB/T 37732	信息技术 云计算 云存储系统服务接口功能	该标准规定了云存储系统提供的块存储、文件存储、对象存储等存储服务和运维服务接口的功能	该标准适用于指导云存储系统的研发、评估和应用	国家标准
GB/T 40690	信息技术 云计算 云际计算参考架构	该标准规定了云际计算参考架构的功能、角色与活动	该标准适用于云际计算架构的设计、实现、部署和使用，也适用于具有云际资源协作需求的各类云服务参与者	国家标准
YD/T 3148	云计算安全框架	该标准分析了云计算环境中云服务客户、云服务提供商、云服务伙伴面临的安全威胁和挑战，阐明了可减缓这些风险和应对安全挑战的安全能力	该标准提供的框架方法，用于确定在减缓云计算安全威胁和应对安全挑战方面，需要对其中哪些安全能力做出具体规范。该标准适用于云计算	行业标准
YD/T 2806	云计算基础设施即服务（IaaS）功能要求与架构	该标准规定了该标准规定了云计算基础设施即服务（IaaS）服务种类与服务模式，功能架构及功能需求，接口及安全要求以及关键业务流程	该标准适用于云计算基础设施即服务（IaaS）	行业标准

19.2.3　信息技术服务标准

　　信息系统管理涉及的标准国家及行业标准众多，其中关联性较强且内容覆盖较多的是信息技术标准（Information Technology Service Standards，ITSS），它是一套成体系和综合配套的信息技术服务标准库，全面规范了信息技术服务产品及其组成要素，用于指导实施标准化和可信赖的信息技术服务。ITSS 中包含了数字化转型、服务产品、IT 治理、服务管理、运维维护、云计算等相关标准。

ITSS 是在工业和信息化部、国家标准化管理委员会的联合指导下而开展相关标准研制工作的，是我国 IT 服务行业最佳实践的总结和提升，也是我国从事 IT 服务研发、供应、推广和应用等各类组织自主创新成果的固化。

1. 要素与生命周期

IT 服务由人员（People）、过程（Process）、技术（Technology）和资源（Resource）组成，简称 PPTR。

- 人员指提供IT服务所需的人员及其知识、经验和技能要求。
- 过程指提供IT服务时，合理利用必要的资源，将输入转化为输出的一组相互关联和结构化的活动。
- 技术指交付满足质量要求的IT服务应使用的技术或应具备的技术能力。
- 资源指提供IT服务所依存和产生的有形及无形资产。

IT 服务生命周期由规划设计（Planning & Design）、部署实施（Implementing）、服务运营（Operation）、持续改进（Improvement）和监督管理（Supervision）5 个阶段组成，简称 PIOIS。

- 规划设计。户业务战略出发，以需求为中心，参照ITSS对IT服务进行全面系统的战略规划和设计，为IT服务的部署实施做好准备，以确保提供满足客户需求的IT服务。
- 部署实施。在规划设计基础上，依据ITSS建立管理体系、部署专用工具及服务解决方案。
- 服务运营。根据IT服务部署情况，依据ITSS，采用过程方法，全面管理基础设施、服务流程、人员和业务连续性，实现业务运营与IT服务运营的全面融合。
- 持续改进。根据IT服务运营的实际情况，定期评审IT服务满足业务运营的情况，以及IT服务本身存在的缺陷，提出改进策略和方案，并对IT服务进行重新规划设计和部署实施，以提高IT服务质量。
- 监督管理。本阶段主要依据ITSS对IT服务质量进行评价，并对IT服务供方的服务过程、交付结果实施监督和绩效评估。

2. ITSS 标准体系 5.0

ITSS 是依据上述原理制定的一系列标准，是一套完整的信息技术服务标准体系，包含信息技术服务的规划设计、部署实施、服务运营、持续改进和监督管理等全生命周期阶段应遵循的标准，涉及咨询设计、集成实施、运行维护、服务管控、服务运营和服务外包等业务领域。

ITSS 5.0 标准体系的建设，结合了新形势下信息技术服务融合创新的特点，对其标准化对象的内涵与外延进行重新界定，明确了"支撑国家战略""引领产业高质量发展""促进新技术创新应用""指导信息技术服务业务升级""确保标准化工作有序开展"五大建设目标，并从"行业监管""产业基础发展""技术创新应用""融合业务场景"四重视角提炼标准化需求，最后提出了以基础服务标准为底座，以通用标准和保障标准为支柱，以技术创新服务标准和数字化转型服务标准为引领，共同支撑业务融合的 ITSS5.0 标准体系框架，如图 19-2 所示，其主要内容包括：

- 通用标准。指适用于所有信息技术服务的共性标准，主要包括信息技术服务的分类与代码、质量评价指标体系、服务基本要求、从业人员能力评价要求、服务级别协议指南、服务生存周期过程、服务工具及集成框架、服务成本度量指南和服务安全要求等。
- 保障标准。指对信息技术服务提出保障要求的标准，主要包括服务管控标准和外包标准。服务管控标准是指通过对信息技术服务的治理、管理和监理活动和要求，以确保信息技术服务管控的权责分明、经济有效和服务可控，服务外包则对组织通过外包形式获取服务所应采取的业务和管理措施提出要求。
- 基础服务标准。指面向信息技术服务基础类服务的标准，包括咨询设计、开发服务、集成实施、运行维护、云服务、数据中心等标准。
- 技术创新服务标准。指面向新技术加持下新业态新模式的标准，包含智能化服务、数据服务、数字内容处理服务和区块链服务等标准。

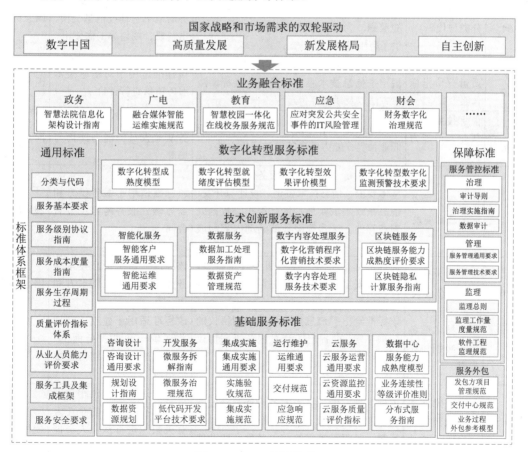

图 19-2　ITSS 标准体系 5.0

- 数字化转型服务标准。指支撑和服务组织数字化转型服务开展和创新融合业务发展的标准，包含数字化转型成熟度模型、就绪度评估模型、效果评价模型、数字化监测预警技术要求等标准规范和要求。
- 业务融合标准。指支撑信息技术服务与各行业融合的标准，包括面向政务、广电、教育、应急、财会等行业建立具有行业特点的信息技术服务相关的标准。

ITSS 标准体系是动态发展的，与信息技术服务相关的技术、服务和产业发展紧密相关，同时也与标准化建设工作的目标和定位紧密相关。

3. 主要通用标准

ITSS 相关标准中在本教程很多领域已经进行了介绍和引用，如数字化转系成熟度、运维通用要求、智能运维等。通用标准相关的标准编号、标准名称、主要内容及适用范围等如表 19-5 所示。

表 19-5　现行主要信息技术服务通用标准

标准号	标准名称	主要内容	适用范围	类别
GB/T 29264	信息技术 服务分类与代码	该标准规定了信息技术服务的分类与代码，是信息技术服务分类、管理和编目的准则，为信息技术服务体系的建立提供了范围基础	该标准适用于信息技术服务的信息管理及信息交换，供科研、规划等工作使用	国家标准
GB/T 33850	信息技术服务质量评价指标体系	该标准建立了信息技术服务质量模型，规定了信息技术服务质量评价指标、测量方法以及质量评价过程等	该标准适用于对信息技术服务质量进行评价	国家标准
GB/T 37696	信息技术服务从业人员能力评价要求	该标准规定了信息技术服务从业人员的职业种类、能力要素等级和评价方法	该标准适用于信息技术服务从业人员的能力评价与培养	国家标准
GB/T 37961	信息技术服务服务基本要求	该标准规定了信息技术服务中服务过程基本要求、信息技术咨询、设计与开发、信息系统集成实施、运行维护、数据处理和存储、运营等服务的活动内容和成果要求	该标准适用于服务供方和需方确立服务内容及签署合同	国家标准
GB/T 39770	信息技术服务服务安全要求	该标准提出了信息技术服务安全模型，规定了安全总则、生存周期和能力要素的安全要求	该标准适用于信息技术服务提供方、服务需求方和第三方	国家标准
SJ/T 11691	信息技术服务服务级别协议指南	该标准给出了信息技术服务级别协议的各项要素，并提出了针对服务级别协议的管理流程	该标准适用于建立、管理并评价一致的、全面的、可量化的服务级别协议提供指南	行业标准
T/CESA 1154	信息技术服务从业人员能力评价指南 设计与开发服务	该标准规定信息技术服务设计与开发专业从业人员的职责要求、职业序列以及等级、各职责等级的准入条件和职业能力要求	该标准适用于提供相关专业信息技术服务的企业及有关组织进行从业人员能力管理、能力评价和技能培训等	团体标准

续表

标准号	标准名称	主要内容	适用范围	类别
T/CESA 1155	信息技术服务从业人员能力评价指南 集成实施服务	该标准规定信息技术服务集成实施专业从业人员的职责要求、职责序列以及等级、各职责等级的准入条件和职业能力要求	该标准适用于提供相关专业信息技术服务的企业及有关组织进行从业人员能力管理、能力评价和技能培训等	团体标准
T/CESA 1156	信息技术服务从业人员能力评价指南 运行维护服务	该标准规定信息技术服务运营维护专业从业人员的职责要求、职责序列以及等级、各职责等级的准入条件和职业能力要求	该标准适用于提供相关专业信息技术服务的企业及有关组织进行从业人员能力管理、能力评价和技能培训等	团体标准
T/CESA 1157	信息技术服务从业人员能力评价指南 云计算服务	该标准规定信息技术服务云计算从业人员的职责要求、职责序列以及等级、各职责等级的准入条件和职业能力要求	该标准适用于提供相关专业信息技术服务的企业及有关组织进行从业人员能力管理、能力评价和技能培训等	团体标准
T/CESA 1158	信息技术服务从业人员能力评价指南 信息安全服务	该标准规定信息技术服务信息安全专业从业人员的职责要求、职责序列以及等级、各职责等级的准入条件和职业能力要求	该标准适用于提供相关专业信息技术服务的企业及有关组织进行从业人员能力管理、能力评价和技能培训等	团体标准

19.3 本章练习

1. 选择题

（1）GB/T 28827.3《信息技术服务 运行维护 第 3 部分：应急响应规范》规定了运维服务中应急响应的 4 个环节，即应急准备、检测与预警、_____、总结改进。

    A. 风险规避   B. 应急处置   C. 异地备份   D. 风险接受

参考答案：B

（2）关于标准和标准化的描述不正确的是：_____。

    A. 标准是为了在一定范围内获得最佳秩序，经协商一致制定并由公认机构批准共同使用和重复使用的一种规范性文件，是标准化活动的核心产物

    B. 标准是研究制定法律、技术法规、政策和规划的依据，是企业从事生产经营活动、消费者选择产品和服务的主要依据

    C. 世界上最早的标准化组织是国际标准化组织（ISO）

    D. 依据制定标准的参与者所涉及的范围，也就是标准的适用范围，可将标准分为国际标准、国家标准、行业标准、地方标准、企业标准等

参考答案：C

（3）国家信息技术服务标准（ITSS）中提出的 IT 服务四要素包括：_____。

    A. 人员、过程、质量、技术   B. 人员、容量、质量、技术

    C. 人员、过程、技术、资产   D. 人员、过程、技术、资源

参考答案：D

（4）根据 GB/T 29264《信息技术服务 分类与代码》中所定义的信息技术服务的分类，面向计算机网络设备的运维服务应属于_____。

    A. 基础环境运维   B. 硬件运维   C. 安全运维   D. 其他运维

参考答案：B

（5）国家标准的制定的正常程序分为_____。

    A. 预阶段、立项阶段、起草阶段、征求意见阶段、审查阶段、批准阶段、出版阶段、复审阶段以及废止阶段

    B. 预阶段、立项阶段、起草阶段、征求意见阶段、审查阶段、批准阶段、出版阶段

    C. 立项阶段、起草阶段、征求意见阶段、审查阶段、批准阶段、出版阶段、复审阶段以及废止阶段

    D. 起草阶段、征求意见阶段、审查阶段、批准阶段、出版阶段、复审阶段以及废止阶段

参考答案：A

2. 思考题

（1）依据制定标准的参与者所涉及的范围，也就是标准的适用范围，可将标准分为哪些？并分别进行简述。

（2）IT 服务生命周期由哪几个阶段组成？并对各个阶段进行简述。

参考答案：略

第 20 章　职业素养与法律法规

职业素养和法律法规作为行为规范，对信息技术的建设发展和管理服务起促进和规范作用，能够规范信息技术服务过程，为过程中的各类活动提供规则和指南。随着信息技术的飞速发展，以及信息技术服务的广泛应用，应充分利用职业素养和法律法规引导新技术在行业中的应用。

20.1　职业素养

20.1.1　职业道德

职业道德是所有从业人员在职业活动中应该遵循的行为准则，是社会上占主导地位的道德或阶级道德在职业生活中的具体体现，是人们在履行本职工作中所遵循的行为准则和规范的总和，它涵盖了从业人员与服务对象、职业与职工、职业与职业之间的关系。职业道德既是从业人员在职业活动中的行为规范，又是行业对社会所负的道德责任和义务。

通常，职业道德的含义包括以下 8 个方面：

（1）职业道德是一种职业规范，受社会普遍的认可。

（2）职业道德是长期以来自然形成的。

（3）职业道德没有确定形式，通常体现为观念、习惯、信念等。

（4）职业道德依靠文化、内心信念和习惯，通过员工的自律实现。

（5）职业道德大多没有实质的约束力和强制力。

（6）职业道德的主要内容是对员工义务的要求。

（7）职业道德标准多元化，不同组织可能具有不同的价值观。

（8）职业道德承载着组织文化和凝聚力，影响深远。

20.1.2　行为规范

行为规范从其职业责任与对客户和公众的责任两方面来规定。

1. 职业责任

职业责任主要包括：

（1）应遵守相关组织如甲方、乙方或业内共识的制度和政策。

（2）在合理和清楚的事实基础上，报告他人在项目管理方面可能违反行为准则的情况，检举和举报违反职业道德的行为。

（3）有责任向客户、用户、供应商说明可能潜在的利益冲突或明显不恰当的重大情况。

（4）在职业实践中，应该准确、真实地提供关于资格、经验和服务绩效的信息，并应在提供项目管理服务时，遵守所在地的有关项目管理实践的相关法律、规章和道德标准。

（5）在职业发展中，应认可和尊重他人开发或拥有的知识产权，以准确、真实和完整的方式在所有与项目有关的各项活动中遵守规则，并推动和支持向其同行宣传 IT 服务经理职业行为准则。

2. 对客户和公众的责任

对客户和公众的责任主要包括：

（1）应真正具备专业服务的资格、经验和技能，包括在投标书、广告、说明书及相关资料中向项目干系人提供准确而真实的陈述。

（2）满足项目管理的目标。

（3）维护和尊重在项目管理活动中获得的或者负有明确义务的敏感信息的保密。

（4）在发生利益冲突和其他被禁止的职业行为的情况下，应确保利益冲突既不会损害客户或用户的合法利益，也不会影响或妨碍职业判断。

（5）不提供或接受涉及个人利益的不恰当的付款、礼品或其他形式的补助。

20.2　法律法规

20.2.1　法律概念

法是由国家制定、认可并保证实施的，反映由特定物质生活条件所决定的统治阶段意志，以权利和义务为内容，以确认、保护和发展统治阶级所期望的社会关系和社会秩序为目的行为规范体系。

法律是指由国家行使立法权的机关依照立法程序制定和颁布的涉及国家重大问题的规范性文件，通常规定社会政治、经济以及其他社会生活中最基本的社会关系和行为准则。一般来说，法律的效力仅低于宪法，其他一切行政法规和地方性法规都不得与法律相抵触，凡有抵触，均属无效。

20.2.2　法律体系

法律体系通常是指一个国家全部现行法律规范分类组合为不同的法律部门而形成的有机联系的统一整体。

1. 世界法律体系

在世界范围内，延续时间较长且产生较大影响的法系包括大陆法系、英美法系、印度法系、中华法系等。对世界影响最大的法系是大陆法系和英美法系。这两种法系涉及历史、文化、信仰立场、社会背景等的不同，从本质到理念上均有较大差别。

大陆法系（Civil Law）又名欧陆法系、罗马法系、民法法系。大陆法系与罗马法在精神上一脉相承。12 世纪，查士丁尼的《国法大全》在意大利被重新发现，由于其法律体系较之当时欧洲诸领主国家的习惯法更加完备，于是罗马法在欧洲大陆上被纷纷效法，史称"罗马法复兴"，在与基督教文明与商业文明等渐渐融合后，形成了今天大陆法系的雏形。此为大陆法系的由来，故大陆法系又称罗马法系。

大陆法系沿袭罗马法，具有悠久的法典编纂传统，重视编写法典，具有详尽的成文法，强调法典必须完整，以致每一个法律范畴的每一个细节，都在法典里有明文规定。大陆法系崇尚法理上的逻辑推理，并以此为依据实行司法审判，要求法官严格按照法条审判。

英美法系（Common Law）又称普通法系、海洋法系。英美法系因其起源，又称为不成文法系。同大陆法系偏重于法典相比，英美法系在司法审判原则上更遵循先例，即作为判例的先例对其后的案件具有法律约束力，成为日后法官审判的基本原则。而这种以个案判例的形式表现出法律规范的判例法（Case Law）是不被实行大陆法系的国家承认的，最多只具有辅助参考价值。好像法律是被逐渐累积起来，而无须经过立法机关。

英美法是判例之法，而非制定之法，法官在地习惯法的基础上，归纳总结形成一套适用于整个社会的法律体系，具有适应性和开放性的特点。在审判时，更注重采取当事人进行主义和陪审团制度。下级法庭必须遵从上级法庭以往的判例，同级的法官判例没有必然约束力，但一般会互相参考。

在实行英美法系的国家中，法律制度与理论的发展实质上靠的是一个个案例的推动。因此，我们看英美等地的判决，法官、陪审团、律师之间的博弈都极为精彩，而往往一个史无先例的判决产生后，都为后世相同情况的判决提供了依据。

由于欧陆法系在形式上具有体系化、概念化的特点，便于模仿和移植，因此容易成为中国、日本等后进国家效仿的对象。我国目前的法律体系主要师于德国，属于大陆体系，大陆体系的诸多特征看我国的法律体系就能略知一二。在实行大陆法系的国家中，法律的进步与完善的标志是一部部新法律的出台与实施。

大陆法系与英美法系作为当今世界最重要的两大法系，并不是对立的，现在也多有交流和融合。

2. 中国特色社会主义法律体系

中国特色社会主义法律体系，是以宪法为统帅，以法律为主干，以行政法规、地方性法规为重要组成部分，由宪法相关法、民法商法、行政法、经济法、社会法、刑法、诉讼与非诉讼程序法等多个法律部门组成的有机统一整体。

（1）宪法相关法是与宪法相配套、直接保障宪法实施和国家政权运作等方面的法律规范，调整国家政治关系，主要包括国家机构的产生、组织、职权和基本工作原则方面的法律，民族区域自治制度、特别行政区制度、基层群众自治制度方面的法律，维护国家主权、领土完整、国家安全、国家标志象征方面的法律，保障公民基本政治权利方面的法律。

（2）民法商法是规范社会民事和商事活动的基础性法律。民法是调整平等主体的公民之间、法人之间、公民和法人之间的财产关系和人身关系的法律规范，遵循民事主体地位平等、意思自治、公平、诚实信用等基本原则。商法调整商事主体之间的商事关系，遵循民法的基本原则，同时秉承保障商事交易自由、等价有偿、便捷安全等原则。

（3）行政法是关于行政权的授予、行政权的行使以及对行政权的监督的法律规范，调整的是行政机关与行政管理相对人之间因行政管理活动发生的关系，遵循职权法定、程序法定、公正公开、有效监督等原则，既保障行政机关依法行使职权，又注重保障公民、法人和其他组织的权利。

（4）经济法是调整国家从社会整体利益出发，对经济活动实行干预、管理或者调控所产生的社会经济关系的法律规范。经济法为国家对市场经济进行适度干预和宏观调控提供法律手段和制度框架，防止市场经济的自发性和盲目性所导致的弊端。

（5）社会法是调整劳动关系、社会保障、社会福利和特殊群体权益保障等方面的法律规范，遵循公平和谐和国家适度干预原则，通过国家和社会积极履行责任，对劳动者、失业者、丧失劳动能力的人以及其他需要扶助的特殊人群的权益提供必要的保障，维护社会公平，促进社会和谐。

（6）刑法是规定犯罪与刑罚的法律规范。它通过规范国家的刑罚权，惩罚犯罪，保护人民，维护社会秩序和公共安全，保障国家安全。

（7）诉讼与非诉讼程序法是规范解决社会纠纷的诉讼活动与非诉讼活动的法律规范。诉讼法律制度是规范国家司法活动解决社会纠纷的法律规范，非诉讼程序法律制度是规范仲裁机构或者人民调解组织解决社会纠纷的法律规范。

我国的法律体系中大体包括法律、法律解释、行政法规、地方性法规、自治条例和单行条例以及规章等几种法律法规。

（1）法律。我国最高权力机关全国人民代表大会和全国人民代表大会常务委员会行使国家立法权，立法通过后，由国家主席签署主席令予以公布。因而，法律的级别是最高的。

（2）法律解释。法律解释是对法律中某些条文或文字的解释或限定。这些解释将涉及法律的适用问题。法律解释权属于全国人民代表大会常务委员会，其做出的法律解释同法律具有同等效力。还有一种司法解释，即由最高人民法院或最高人民检察院做出的解释，用于指导各基层法院的司法工作。

（3）行政法规。由国务院制定，通过后由国务院总理签署国务院令公布。这些法规也具有全国通用性，是对法律的补充，在成熟的情况下会被补充进法律，其地位仅次于法律。

（4）地方性法规、自治条例和单行条例。其制定者是各省、自治区、直辖市的人民代表大会及其常务委员会，相当于是各地方的最高权力机构。地方性法规大部分称作条例，有的为法律在地方的实施细则，部分为具有法规属性的文件，如决议、决定等。

（5）规章。其制定者是国务院各部、委员会、中国人民银行、审计署和具有行政管理职能的直属机构，这些规章仅在本部门的权限范围内有效。还有一些规章是由各省、自治区、直辖市和较大的市的人民政府制定的，仅在本行政区域内有效。

20.2.3　法的效力

法的效力，即法律的约束力，是指人们应当按照法律规定的那样行为，必须服从。通常，法的效力分为对象效力、空间效力和时间效力。

1. 对象效力

对象效力，即对人的效力，是指法律对谁有效力，适用于哪些人。根据我国法律，对人的效力包括两方面：

（1）对中国公民的效力。中国公民在中国领域内一律适用中国法律。在中国境外的中国公民，也应遵守中国法律并受中国法律保护。但是，这里存在着适用中国法律与适用所在国法律的关系问题。对此，应当根据法律区分情况，分别对待。

（2）对外国人和无国籍人的效力。外国人和无国籍人在中国领域内，除法律另有规定者外，适用中国法律，这是国家主权原则的必然要求。

2. 空间效力

法律的空间效力指法律在哪些地域有效力，适用于哪些地区，一般来说，一国法律适用于该国主权范围所及的全部领域，包括领土、领水及其底土和领空，以及作为领土延伸的本国驻外使馆、在外船舶及飞机。

3. 时间效力

法律的时间效力，指法律何时生效、何时终止效力以及法律对其生效以前的事件和行为有无溯及力。

（1）法律的生效时间。法律的生效时间主要有三种：

- 自法律公布之日起生效。
- 由该法律规定具体生效时间。
- 规定法律公布后符合一定条件时生效。

（2）法律终止生效的时间。法律终止生效，即法律被废止，指法律效力的消灭。它一般分为明示的废止和默示的废止两类。

（3）法的溯及力。法的溯及力是指法律对其生效以前的事件和行为是否适用。如果适用，就具有溯及力；如果不适用，就没有溯及力。

20.2.4　法律法规体系的效力层级

法律法规的效力层级是指法律体系中的各种法的形式，由于制定的主题、程序、时间、使用范围等的不同，具有不同的效力，形成法律法规的效力等级体系。

纵向效力层级。宪法具有最高的法律效力，随后依次是法律、行政法规、地方性法规、规章。按制定机关来说，全国人大及其常委会制定的法律高于国务院、国务院各部门、各地人大及政府制定的法规和规章；国务院制定的行政法规效力高于国务院各部门制定的规章以及各地制定的地方性法规、地方性规章；地方人大及其常委会制定的地方性法规效力高于当地政府的制定的规章。

横向效力层级。主要指同一机关制定的法律、行政法规、地方性法规、规章，特别规定与一般规定不一致的，适用特别规定。

时间序列效力层级。同一机关制定的法律、行政法规、地方性法规、规章，新的规定效力高于旧规定，也就是我们平常说的"新法优于旧法"。

特殊情况处理有以下处理原则：

（1）法律之间对同一事项新的一般规定与旧的特别规定不一致由全国人大常委会裁决。

（2）地方性法规、规章新的一般规定与旧的特殊规定不一致时，由制定机构裁决。

（3）地方性法规与部门规章之间对同一事项规定不一致，不能确定如何适用时，由国务院提出意见。国务院认为适用地方性法规的应当决定在该地方适用地方性法规的规定，认为适用部门规章的，应当提请全国人大常委会裁决。

（4）部门规章之间、部门规章与地方政府规章之间对同一事项的规定不一致时，由国务院裁决。

20.2.5　常用的法律法规

1.《中华人民共和国民法典》(合同编)

2020 年 5 月，中华人民共和国第十三届全国人民代表大会通过的《中华人民共和国民法典》（合同编）（以下简称合同编）是信息化法律法规领域的最重要的法律基础。根据合同编规定，合同是民事主体之间设立、变更、终止民事法律关系的协议。依法成立的合同，受法律保护。依法成立的合同，仅对当事人具有法律约束力，但是法律另有规定的除外。当事人对合同条款的理解有争议的，应当依法确定争议条款的含义。合同文本采用两种以上文字订立并约定具有同等效力的，对各文本使用的词句推定具有相同含义。各文本使用的词句不一致的，应当根据合同的相关条款、性质、目的以及诚信原则等予以解释。

2.《中华人民共和国招标投标法》

《中华人民共和国招标投标法》是国家用来规范招标投标活动、调整在招标投标过程中产生的各种关系的法律规范的总称。另外，国家还颁布《中华人民共和国招标投标法实施条例》作为执行补充。这两部法律法规中，对招投标保护及其具体措施作出了明确的规定。

3.《中华人民共和国政府采购法》

2014 年 8 月 31 日第十二届全国人民代表大会常务委员会修正了《中华人民共和国政府采购法》，该法律的制定是为了规范政府采购行为，提高政府采购资金的使用效益，维护国家利益和社会公共利益，保护政府采购当事人的合法权益，促进廉政建设。2015 年 3 月 1 日施行的《中华人民共和国政府采购法实施条例》规定，政府采购是指各级国家机关、事业单位和团体组织，使用财政性资金采购依法制定的集中采购目录以内的或者采购限额标准以上的货物、工程和服务的行为。政府集中采购目录和采购限额标准依照政府采购法规定的权限制定。

4.《中华人民共和国专利法》

2020 年 10 月 17 日第四次修正的《中华人民共和国专利法》通过，并于 2021 年 6 月 1 日正式实施。专利法规定发明创造是指发明、实用新型和外观设计。发明，是指对产品、方法或者其改进所提出的新的技术方案。实用新型，是指对产品的形状、构造或者其结合所提出的适于实用的新的技术方案。外观设计，是指对产品的整体或者局部的形状、图案或者其结合以及色彩与形状、图案的结合所作出的富有美感并适于工业应用的新设计。

5.《中华人民共和国著作权法》

2020 年 11 月 11 日发布第三次修正版《中华人民共和国著作权法》。同时，国家主席习近平在 2020 年 11 月 11 日发布主席令，其中指出《全国人民代表大会常务委员会关于修改〈中华人民共和国著作权法〉的决定》已由中华人民共和国第十三届全国人民代表大会常务委员会第二十三次会议于 2020 年 11 月 11 日通过，现予公布，2021 年 6 月 1 日正式施行。这部法律中，对著作权保护及其具体实施作出了明确的规定。

6.《中华人民共和国商标法》

2019 年 4 月 23 日通过，2019 年 11 月 1 日起施行的最新的《中华人民共和国商标法》（以下简称《商标法》）是信息化领域政策法规的重要的法律基础之一。国务院工商行政管理部门商标局主管全国商标注册和管理的工作。国务院工商行政管理部门设立商标评审委员会，负责处理商标争议事宜。经商标局核准注册的商标为注册商标，包括商品商标、服务商标和集体商标、证明商标；商标注册人享有商标专用权，受法律保护。

7.《中华人民共和国网络安全法》

2017 年 6 月 1 日起正式实施的《中华人民共和国网络安全法》（以下简称《网络安全法》），是我国第一部全面规范网络空间安全管理方面问题的基础性法律。《网络安全法》中给出了网络、网络安全、网络数据等定义，明确了部门、企业、社会组织和个人的权利、义务和责任。规定了国家网络安全工作的基本原则、主要任务和重大指导思想、理念。《网络安全法》的制定是为了保障网络安全，维护网络空间主权和国家安全、社会公共利益，保护公民、法人和其他组织的合法权益，促进经济社会信息化健康发展。适用于在中华人民共和国境内建设、运营、维护和使用网络，以及网络安全的监督管理。

8.《中华人民共和国数据安全法》

《中华人民共和国数据安全法》（以下简称《数据安全法》）于 2021 年 9 月 1 日起正式施行，从数据安全与发展、数据安全制度、数据安全保护义务、政务数据安全与开放的角度对数据安全保护的义务和相应法律责任进行规定。《数据安全法》作为数据安全领域最高位阶的专门法，与《网络安全法》一起补充了《中华人民共和国国家安全法》框架下的安全治理法律体系，更全面地提供了国家安全在各行业、各领域保障的法律依据。同时，《数据安全法》延续了《网络安全法》生效以来的"一轴两翼多级"的监管体系，通过多方共同参与实现各地方、各部门对工作集中收集和产生数据的安全管理。

20.3　本章练习

1. 选择题

（1）关于法律法规的描述，不正确的是：_____。

　　A. 法律是由国家制定、认可并保证实施的，反映由特定物质生活条件所决定的统治阶

段意志，以权利和义务为内容，以确认、保护和发展统治阶级所期望的社会关系和社会秩序为目的行为规范体系

　　B. 法律是指由国家行使立法权的机关依照立法程序制定和颁布的涉及国家重大问题的规范性文件

　　C. 法律体系通常是指一个国家全部现行法律规范分类组合为不同的法律部门而形成的有机联系的统一整体

　　D. 当前对世界影响最大的两大法系是英美法系和中华法系

参考答案：D

（2）关于职业道德的描述，不正确的是：_____。

　　A. 职业道德是一种职业规范，受社会普遍的认可

　　B. 职业道德标准多元化，不同企业可能具有不同的价值观

　　C. 职业道德有实质的约束力，但没有强制力

　　D. 职业道德是长期以来自然形成的

参考答案：C

（3）法的效力，即法律的约束力，是指人们应当按照法律规定的那样行为，必须服从。通常，法的效力分为_____。

　　①对象效力　　　②空间效力　　　③时间效力

　　④公正效力　　　⑤平衡效力

　　A. ①②③　　　B. ②③④　　　C. ①②⑤　　　D. ③④⑤

参考答案：A

（4）同一机关制定的法律、行政法规、地方性法规、规章，新的规定效力高于旧规定，也就是我们平常说的"新法优于旧法"。关于特殊情况处理原则的描述，不正确的是：_____。

　　A. 法律之间对同一事项新的一般规定与旧的特别规定不一致由全国人大常委会裁决

　　B. 地方性法规、规章新的一般规定与旧的特殊规定不一致时，由制定机构裁决

　　C. 地方性法规与部门规章之间对同一事项规定不一致，不能确定如何适用时，由地方机构向国务院提出意见。国务院认为适用地方性法规的应当决定在该地方适用地方性法规的规定，认为适用部门规章的，应当提请全国人大常委会裁决

　　D. 部门规章之间、部门规章与地方政府规章之间对同一事项的规定不一致时，由国务院裁决

参考答案：C

（5）法律的生效时间不包括：_____。

　　A. 自法律公布之日起生效

　　B. 由该法律规定具体生效时间

　　C. 规定法律公布后符合一定条件时生效

　　D. 民间协定

参考答案：D

2. 思考题

（1）法律法规的效力层级是指法律体系中的各种法的形式，由于制定的主题、程序、时间、使用范围等的不同，具有不同的效力，形成法律法规的效力等级体系。请简述相关效力等级体系。

（2）请阐述法律的时间效力。

参考答案：略

参 考 文 献

[1] 刘明亮，宋跃武. 信息系统项目管理师教程 [M]. 4 版. 北京：清华大学出版社，2023.

[2] 张树玲，宋跃武. 系统集成项目管理工程师教程 [M]. 3 版. 北京：清华大学出版社，2024.

[3] 宋跃武. 中国 IT 运维能力建设指南 [M]. 北京：清华大学出版社，2016.

[4] GB/T 36074.2—2018，信息技术服务 服务管理 第 2 部分：实施指南 [S].

[5] 崔静. 系统规划与管理师教程 [M]. 北京：清华大学出版社，2017.

[6] Project Management Institute. 项目管理知识体系指南（PMBOK® 指南）[M]. 6 版. 北京：电子工业出版社，2018.

[7] Project Management Institute. 项目管理知识体系指南（PMBOK® 指南）[M]. 7 版. 美国：美国国会图书馆，2021.

[8] 乔梁. 持续交付 2.0：业务引领的 DevOps 精要 [M]. 北京：人民邮电出版社，2019.

[9] T/CESA 1159—2022，软件过程能力成熟度模型 [S].

[10] SJ/T 11782—2021，信息系统集成及服务组织 质量管理规范 [S].

[11] ISO/IEC 9000：2015，质量管理体系 基础和术语 [S].

[12] ISO/IEC 9001：2015，质量管理体系 要求 [S].

[13] Project Management Institute. 项目管理知识体系指南（PMBOK® 指南）[M]. 5 版. 北京：电子工业出版社，2013.

[14] 肖建一. 中国云计算数据中心运营指南 [M]. 北京：清华大学出版社，2013.

[15] 云红艳，高磊，杜祥军，等. 计算机网络管理 [M]. 2 版. 北京：人民邮电出版社，2014.

[16] 雷震甲. 网络工程师教程 [M]. 5 版. 北京：清华大学出版社，2018.

[17] GB/T 28827.4—2019，信息技术服务 运行维护 第 4 部分：数据中心服务要求 [S].

[18] 谭志彬，柳纯录. 系统集成项目管理工程师教程 [M]. 2 版. 北京：清华大学出版社，2016.

[19] 张红旗，杨英杰，唐慧林，等. 信息安全管理 [M]. 2 版. 北京：人民邮电出版社，2017.

[20] GB/T 24364—2023，信息安全技术 信息安全风险管理实施指南 [S].

[21] 张晓伟，金涛. 信息安全策略与机制 [M]. 北京：机械工业出版社，2004.

[22] 奇安信安服团队. 应急响应：网络安全的防范、发现、处置和恢复 [M]. 北京：电子工业出版社，2018.

[23] ISO/IEC 27002：2022，信息技术 网络安全与隐私保护 信息安全控制 [S].

[24] GB/T 28827.6—2019，信息技术服务 运行维护 第 6 部分：应用系统服务要求 [S].

[25] GB/T 28827.1—2022，信息技术服务 运行维护 第 1 部分：通用要求 [S].

[26] SJ/T 11564.5—2017，信息技术服务 运行维护 第 5 部分：桌面及外围设备规范 [S].